한국 근대 농업체제의 형성과 변동

KB193089

이 저서는 2014년 대한민국 교육부와 한국학중앙연구원(한국학진흥사업단)의 한국학총서사업의 지원을 받아 수행된 연구임(AKS-2014-KSS-1230001)

한국 근대 농업체제의 형성과 변동

염정섭

국학자료원

머리말

한국 농업사의 한 대목을 전후좌우로 나름 살펴본 본서를 두 손 모아 세상에 선보인다. 오랫동안 고민하고 숙고하면서 확실한 사실史實을 찾기 위해 힘을 다해 애쓰고 기운을 몰아 써서 만들어낸 결과물이다. 실로 성마른 주장과 서투른 논증으로 온통 점철되어 있는 책이라 차마 연구의 완결된 결과라고 선언하듯 확언할 수 없다. 그렇지만 아쉬움을 떨쳐내고 고뇌의 순간과 희열의 기억을 뒤로하며, 연구실 한 켠에 몰아 쌓아두었던 애착의 원고 뭉치를 이제 떠나보내려 한다. 본서를 구성하는 장절 하나하나가 아직 완전하지 못한 원고이기 때문에 변명할 구실이 넘실대고 하소연할 거리가 넘쳐난다. 이 책을 펴낸 이후 다시금 기력을 하나로 끌어모아 봇물 터뜨리듯 힘차게 나아가며 날 선 연구를 해보리라 기약해 본다. 여기에서 지금까지 이어진 연구 과정의 자질구레한 전후 형편과 우연찮은 사정을 어지간히 설명하면서 본서를 소개하고자 한다.

본서는 한국 근대 농업의 역사적 전개 과정을 '농업체제의 형성과 변동'이라는 시각에서 조명하고 정리한 연구의 결과물이다. 좀 더 구체적으로 설명하자면 본서는 18세기 중반부터 20세기 초반까지의 시기에 나타난 한국 농업체제의 역사적 전개 과정을, 먼저 조선 후기 근세 농업체제의 성격, 변화와 변동에 대한 해명을 바탕으로 삼고, 이어서 19세기 중후반 조선왕조 말기와 대한제국 시기에 외래적 자극에 대응하면서 주체적으로 성취한 근대적 변화 과정 속에서 근대 농업체제가 형성되어 자리를 잡아나가는 양상을 정리하고, 나아가 20세기 초반 식민지 한국에서 일제의 농업식민책에 따라 한국의 근대 농업체제가 변동하면서 나타난 주요한 특징을 검토한 연구성과이다.

본서의 요지要旨를 일목요연하고 간단하게 안내하지 못하고 구구절절 장황하게 설명하게 된 것은 책에 담겨있는 내용이 간단하지 않고 복잡하며 내세울 것이 너무나 많기 때문이 아니다. 그동안 연구를 진행하면서 오랫동안 묵히고 여러 방향으로 변화하고 발전시켜서 만들어낸 크고 작은 생각과 주장들이 이 책의 여기저기에 딱지처럼 겹쳐지고 덧붙여져 있기 때문이다. 어떤 생각은 농익은 상태로 다른 어떤 주장은 설익은 채로 들어 있고, 또한 일부 논의는 맹아萌芽 상태로, 다른 일부 논지는 낙수落穗 상태로 드러나 있다. 이런 연유로 여기 소개하는 글이 조금 장황하게 늘어지게 되었다.

햇수로 따져 장장 10여 년의 세월이었다. 2013년 '한국 근대 농업체제의 형성과 변동'을 체계적으로 분석하고 정리하려는 취지의 연구계획을 작성할 때부터 출간을 눈앞에 둔 지금 시점까지 계산하면 꽉 찬 기간으로 따져 10여 년의 시일이 흘렀다. 물론 지나가버린 그 시간 동안 매일 매일 몽땅 본서의 원고 집필과 연관된 작업에 매달려 분주하게 힘쓴 것은 아니었다. 그렇지만 연구기간 동안 몇 개월마다 거의 주기적으로 닥쳐온 보고서 제출과 학술 발표로 말미암아 본서 원고 집필 작업은 끊어질 듯 끊어지지 않고 부단하고 연속적으로 이어졌다. 또한 최종보고서를 마무리한 이후에도 출간에 이르기까지 교열, 교정을 줄기차게 진행하였다.

본서를 집필하는 연구를 진행하던 중간인 2016년 초에 영국의 근대 산업혁명 관련 유적지를 돌아보는 현지조사를 연구팀에서 자체적으로 수행하면서 연구시각과 견문을 넓히는 데에 커다란 도움을 얻었다. 그리고 2017년 서양 경제사 연구자 두 분을 초빙하여 연구발표를 듣고 장시간 토론하는 자리를 통해 우리 연구팀의 연구 작업을 되돌아볼 수 있는 기회를 얻기도 하였다. 2017년 자체적으로 진행한 학술세미나 발표에서도 여러 토론자들의 논평에게 중요한 도움을 획득하였다.

연구사업을 시작한 뒤로 이어진 오랜 연구기간 동안 연구를 구체화하면서 내실을 다져나가는 과정이 줄기차게 이어나가고 있었지만, 실상 가장 중요한 부분을 해결하지 못하고 여전히 갈팡질팡 고민에 고민을 더하는 상황에 처해 있었다. 연구의 주요한 뼈대, 큰줄기를 잡지 못하고 있었기 때문에 애초에 마련했던 예상 목차가 때마다 이리저리 흔들리면서 부유하고 있었다. 목차를 확정하는 것이 곧 연구의 결실이라고 한다면 본서의 주요한 토대를 확정하는 데 많은 시일이 걸렸다. 결국 원래의 연구기간을 마칠 무렵에 이르러 비로소 어느 정도 고정된 목차를 만들 수 있었고 본서의 주요한 메시지를 확고하게 제시하는 것이 가능하게 되었다.

2013년 하반기에 "한국 근대 산업의 형성" 연구팀에 참여하면서 본래 염두에 두었던 연구 주제는 '한국 근대 농업'이 아니라 다른 것이었다. 그런데 처음에 연구팀을 구성하면서 맡아주실 것으로 기대하였던 연구자가 여러 가지 이유로 고사하면서 필자가 과분한 주제를 맡게 되었다. 몇 개월의 고민과 숙고를 거쳐 뽑은 연구서의 가제목은 "한국 근대 농업체제의 형성과 변동"이었다. 조선 후기에서 개항기, 대한제국기를 거쳐 일제강점기 초기에 이르는 시기에 걸쳐 나타난 '근대 농업체제'의 형성과 변동을 정리하려는 것을 연구 목표로 삼은 것이었다. 연구계획 자체는 일견 남다른 체제를 갖추고 있었던 것으로 보였지만 이때 제대로 숙성시키지 못한 지상紙上의 계획은 곧바로 많은 난관에 직면하면서 재조정되지 않을 수 없었다. 당시의 연구계획은 실질적인 연구 내용을 염두에 둔 것이 아니라 장차의 연구 목표를 내세운 것과 다르지 않은 수준이었던 것이다.

1차년도에 조선 후기 농업체제의 변동을 이리저리 꿰맞춰 정리하여 중간보고서로 제출하였다. 2차년도인 2015년 봄부터 본격적으로 개항기, 대한제국기를 다뤄야 하는 중차대하고 벅찬 과제를 눈앞에 두고 있었다. 그런데 공교롭게도 2015년 9월 부산대에서 열린 학술대회에서 조선 후기 사회성격에 대한 연구사를 심층적이고 비판적으로 정리하여 발표하는 과제를 맡아 봄부터 발표 준비를 진행하게 되었다. 조선 후기 내재적 발전론과 소농사회론에 연관된 연구성과를 검토하는 기회를 갖게 된 것이다. 조선 후기 사회 성격에 대한 두 가지 입론을 비판하고 어떠한 시각으로 새롭게 규명할 수 있는가를 다루는 연구발표를 준비하면서, 부수적으로 '한국 근대 농업체제의 형성과 변동'의 연구작업에 커다란 도움을 받게 되었다. 이때 '한국 근대 농업체제의 형성과 변동'을 정리하는 데 빛을 던져주는 제대로 된 실마리를 희미하게나마 얻게 되었다. 그동안 미처 제대로 정리하지 못한 묵은 숙제의 해답을 찾을 수 있는 단서를 포착하게 된 것이다.

돌이켜보건대 2015년 부산대에서 수행한 발표는 '한국 근대 산업의 형성' 연구 프로젝트와 밀접하게 연관된 것이었다. 조선 후기에서 개항기, 대한제국기, 그리고 식민지 시기를 관통하는 여러 논지를 살펴보면서 '근대 농업체제'의 전체 흐름을 정리할 입지를 본격적으로 정리해 나갈 수 있었다. 부산대에서 참여한 주제 발표와 당면해 있던 연구과제가 이렇게 연결된 것은 당시에는 느끼지 못했지만 이제와서 돌이켜 생각해 보니 '우연을 가장한 역사적 필연'이라고 개인적으로 정리할 수 있다고 생각하고 있다. 한국 근대 농업체제의 형성과 변동을 따지는 연구 작업은 필연적으로 선행연구에 대한 정리 작업으로 내재적 발전론의 역사적 전개 양상에 대한 고찰이 필요하였다. 전자를 한국학중앙연구원의 연구 과제로 수행하는 것과 후자를 부산대에서의 연구발표를 통해서 검토하게 된 것은 두 가지 우연적 요소가 필연적으로 결합한 것이라고 의미를 부여할 수 있을 것이다.

2016년 8월부터 2017년 6월까지 영국 케임브리지 대학 동아시아학부에서 방문교수로 연구할 수 있는 기회를 얻게 되었다. 강의에 참여하는 경험을 갖지는 못했지만, 여러 성격의 세미나에 참여하여 발표자들과 교류하고, 여러 기관의 각종 행사에 참가하여 다양한 전공의 연구자들과 만나는 기회를 가질 수 있었다. 이 기간 동안 본서와 관련된 연구시각과 관점 등을 풍요롭게 넓혀나갈 수 있었다. 케임브리지대학 중앙도서관에서 서양 경제사, 농업사 관련 논저를 서가에서 직접 읽어보거나 온라인으로 컴퓨터 화면에서 살펴보면서 시간 가는 줄 모르고 흠뻑 빠져들었다. 영국 경제사학계의 뿌리깊은 풍성한 연구업적에 놀라지 않을 수 없었다. 특히 영국 농업혁명에 대한 다양한 견해를 살피면서 '농업 발달의 역사적 흐름'에 대한 일론을 나름 정리할 수 있었다.

2015년 부산대 학술회의에서 연구사 정리를 수행한 연구 작업, 2016년에서 2017년까지 약 1년 동안 영국 방문 연구의 경험 등이 엮이면서

2017년 무렵에 이르러서 비로소 조금이나마 나름의 관점에서 '한국 근대 농업체제의 형성과 변동'을 정리할 수 있는 이른바 연구자로서의 내공內功을 얻을 수 있었다. 연구자로서 애초에 연구계획을 수립할 때 갖고 있어야 할 내적인 연구 동력을 연구 작업을 한창 진행하는 도중에 획득하게 되었다. 뒤늦게나마 이례적인 과정을 거쳐 연구 동력을 어느 정도 확고하게 확보한 것은 개인적으로 너무나 의미심장하면서도 필연적으로 맞이한 '좋은 운수運數' 때문이었다고 생각한다. 연구를 굳게 이끌어나갈 수 있는 동력을 갖게 된 것이 단순히 연구 의지를 단단하게 매조지하고 실행하는 것과 다른 차원의 일이라고 보기 때문이다. 비합리적인 개념으로 치부할 수도 있는 '운수'를 굳이 언급하는 것은 연구 작업이라는 현상적인 의식적인 노력으로만 해석하고 설명하는 것에 한계가 있다고 보기 때문이다. 그렇기 때문에 전후 사정을 좀 더 운세적으로 표현하고 개인적인 감상으로 설명하려고 한다.

2017년에 '좋은 운수'를 맞이한 다음 본격적으로 많은 선후배 연구자들의 연구성과를 오롯하게 본서의 문제 제기와 연구내용에 맞춰 제대로 정리할 수 있는 내구력을 갖게 되었다. 그동안 여러 갈래의 갈림길로 흩어져 각각 쌓여있던 티끌 같은 인연들이 이때에 이르러 하나로 모여 작은 언덕으로 변하는 '좋은 운수'를 맞이한 것이다. 뜻하지 않게 찾아온 것이기에 우연일 수도 있지만 여러 과정을 거친 것이라는 점에서 필연이기도 할 것이다. '좋은 운수'란 '우연의 필연'과 같은 의미로 간주할 수 있을 것이다. 여기까지의 설명을 누군가 듣는다면 마치 몇 가지 우연적 사건을 바탕으로 짝사랑하는 대상에게 자신과 사귀어야 하는 필연적 이유를 통보하듯 고백하는 것처럼 보일 것이다. 자신의 연구과정을 연구자료에 근거하지 않고 주관적인 억측에 얽매어 설명하는 것을 의아하게 생각할지도 모른다.

한 발 더 내딛으며 감성적인 표현을 덧붙이고, 지나온 연구 과정의 굴곡진 도정을 심정적으로 정리하면서 전체적으로 마무리하려고 한다. 당시 상황을 개인적으로 술회하자면 주변과 앞날이 보이지 않는 칠흑 같은 어두운 밤길에서 단지 눈앞에 보이는 작은 오솔길을 따라 타박타박 걸어 나가고 있었다. 그때 이렇게 '좋은 운수'를 만난 것은 제대로 가야 할 마땅한 길을 찾은 것과 다름아닌 상황이었다. 전체적인 사정을 달리 표현하면 밤중에 외줄기 산길에서 어떤 무엇을 만날지 걱정도 제대로 하지 못하면서도 뚜벅뚜벅 앞으로 나아가지 않을 수 없었다. 한발 한발 뜻없이 전진할 수밖에 없다는 것에 당황하면서 또한 체념하고 있을 때, 앞서 말한 '좋은 운수'가 마치 마법의 불꽃처럼 눈앞에 나타난 것이었다. 지금 머리말을 쓰면서 되돌아보는 순간에 이르러 마법의 불꽃이 내뿜는 불길이 더욱 거세졌다. 개인적으로 느낀 황홀한 기운을 적절하게 설명하려면 어차피 칠정七情에 기대지 않을 수 없다. 칠정 중에서도 가장 농도가 짙다고 할 수 있는 애정愛情에 빗대어볼 수 있을 것이다. 위에서 토로한 것은 마치 사랑하는 연인에게 필연성을 설득하려는 어리석은 인물에게 듣는 연애담처럼 일방적인 소통일 가능성이 높다. 하지만 연애 감정에 빠진 그에게 우연의 필연은 결국 필연의 우연일 수밖에 없고, 그는 이러한 설명방식을 결코 포기하지 않을 것이다. 그리하여 그의 연애사는 하나의 새로운 역사로 거듭나게 되어 사실이 될 수 있을 것이다.

좀 더 합리적인 다른 설명을 보태자면, 우물 안 개구리처럼 좁디 좁은 시야에 갇혀 있으면서 스스로 시야의 협소함을 느끼고 자책하던 도중이었다. 이때 예기치 않은 연구과제의 수행과 영국에서 보낸 연구년의 경험이 버무려지면서 만들어진 희미한 불빛 하나를 만나게 되었다. 손끝

맵시를 끝없이 끌어올려 하마터면 꺼질세라 작은 불꽃을 이리저리 소중하게 다루어 화톳불처럼 키워나가려 분투하였다. 이렇게 힘을 다해 싸우는 과정을 합리적인 사료 해석으로만 설명하는 것은 어려울 것이다. 어렵게 맞이한 '좋은 운수'를 현실화시켜 단단하게 고정하려는 노력의 소산이었다고 묘사하지 않을 수 없다. 장황하게 전후 사정에 대한 설명을 이렇게 표현하면서 나름 정리하고자 한다. 이를 통해 오랜 시간 동안 자신을 단단하게 옭아매고 있던 연구사적 갈등에서 벗어날 수 있었다는 것을 분명하게 밝히며 더불어 스스로를 위로한다.

한국 농업사에서 '근대'를 어떠한 관점과 시각에서 정리하는 것이 역사적 사실에 접근하는 연구가 될 것인가의 문제는 오랫동안 한국 근대사와 한국 농업사 연구의 숙제였다. 한국 농업사를 공부하는 많은 연구자들이 장시간에 걸쳐 머리를 싸매게 만들었던 난제였다. 마찬가지로 오랫동안 한국사에서 '근대'는 문제적 화두였다. 역사 전반에 대한 관심이 한국사로 이어지던 보통 교양인이었던 시절부터 '한국근대사'는 어느 시대보다 접근하고 이해하기 어려운 난관의 연속이었다. 한국사 연구를 조금 더 깊게 살펴보기 시작하였을 때 한국사에서 근대사 이해는 개인적으로 비유하자면 앞으로 나갈 수 없고, 뒤로 돌아설 수도 없는 진퇴양난의 형세와 비슷한 형국이었던 것 같다. 조선왕조, 대한제국을 거쳐 식민지 한국으로 이어지는 19세기 중후반에서 20세기 초반에 이르는 시기를 민족, 국가, 민중 등의 시각과 관점에서 설명하고자 하는 모색은 끝없이 이어지는 고민의 순간들이었다.

아주 오래전 1980년대 초반에 대학에 입학해서 처음으로 영접한 '내재적 발전론'이 갖고 있던 영험한 효력은 시간이 지나면서 여러 가지 도전을 받게 되었다. '부조적 수법'이라는 만만치 않은 반론의 전개와 더불어 절대적으로 요구되는 반증의 가능성이 희박하다는 점 때문에 '내재적 발전론'의 영향은 점차 크고 작은 오르내림을 반복하고 있었다. 이러한 문제 제기에서 출발한 연구시각, 연구 방법의 구체적인 내용은 이제 본서의 '서론'에 그 임무를 넘기고자 한다. 다만 이 책에서 다루는 '한국 근대 농업체제의 형성과 변동'의 장절 그리고 항목의 주요한 내용은 거의 모두 선학, 동료, 후학의 연구성과에 힘입은 것이라는 점을 분명히 밝히고 그럼에도 불구하고 본서의 모든 잘못은 필자의 책임이라는 점도 확실히 하고자 한다.

본서를 이렇게 펴낼 수 있었던 것은 많은 은사님, 선후배 연구자들이 베풀어준 끝 없는 도움 덕분이라는 점을 밝혀둔다. 한국사를 공부하는 많은 연구자들이 발표한 논저에서 본서의 구절과 문장을 이어나갈 실마리를 찾았기에 큰 감사 인사를 올린다. 특히 서울대학교 국사학과에서 한국사의 구체적인 내용뿐만 아니라 역사학의 본령, 역사 탐구의 방법, 그리고 역사학도의 사명을 깨우쳐주신 여러 은사님께 감사드린다. 인문대학 4동 4층에 자리한 좁은 연구실과 주변의 자그마한 세미나실에서 그리고 하다못해 복도와 난간에서 한국사 연구자로 자부하면서 수많은 시간을 함께하며 새로운 발견에 흥분하여 설명하고, 어려운 난관에 직면한 고생담을 나누면서, 지금까지 연구를 계속할 수 있는 토대를 만들어준 선후배 연구자들에게도 고맙다는 인사를 하고자 한다.

한림대학교에서 공부할 수 있는 자리를 만들어주시고 학생과 교수 사이에 맺어진 소중한 인연의 끈에 대해 몸소 알려주신 사학과 여러 선생님께 감사 인사를 올린다. 평생 갚을 수 없는 기회를 받게 된 첫 시작이 "조선 후기 농법과 농정책, 농업개혁론"이라는 주제 발표였는데, 그때 선생님들께 감당하지 못할 것을 알면서도 내질렀던 약속의 일부를 다행

스럽게 이번에 지킬 수 있게 되었다. 사학과에서 강의하면서 매번 학생들의 날카로운 질문과 흥미로운 발표에 감탄하면서 연구작업을 진행할 수 있었는데, 강의실이 아닌 여기에서 이제야 고마움을 표하고자 한다. 그리고 한림대학교 인문대학 선생님들의 다양한 관심과 조언, 주머니 속 송곳 같은 짜릿한 지적, 그리고 폭넓고 깊이 있는 평소의 금언 같은 발언들은 언제나 호기심을 불러일으키고 탐구의 심지를 돋우는 자극이었음을 고백하며 감사 인사를 드린다.

'한국 근대 산업의 형성' 연구팀에서 여러 차례 세미나와 학술대회를 통해 교감을 나누면서 본서의 문제의식이나 연구내용에 대하여 많은 가르침을 전해주신 이영학 선생님, 고동환 선생님, 배성준 선생님, 최병택 선생님, 양정필 선생님, 오진석 선생님께 감사드린다. 그리고 케임브리지대학에 방문교수로 이름을 올리고 연구활동을 할 수 있게 물심양면으로 도와주신 Michael Shin 선생님께 고맙다는 인사를 올린다. 또한 난삽한 원고를 맡아 편집과 교정에 정성을 다해주서서 아예 새로운 원고를 산출하게 도와주신 국학자료원 정구형 대표님과 편집부 선생님들께 크게 감사드린다. 마지막으로 뒤늦게 철이 든 남편과 아빠 때문에 속 썩이고 답답해하면서도 곧장 웃는 낯으로 감싸준 아내와 딸, 아들에게 이 기회에 감사 인사를 전한다.

이 책을 세상에 내보내는 마지막 자리이다. 이 자리는 새삼스럽게 심지心志를 다지는 순간이기도 하다. 이제 한 고비를 넘었을 뿐 바로 눈앞에 아직 넘지 못한 커다란 산마루가 솟아있다. 뿐만 아니라 저 멀리 가물가물하지만 연푸르거나 검푸른 산등성이들이 첩첩으로 늘어서 있다. 첩첩산중의 자취를 희미하게 그려내는 것뿐만 아니라 산골 속에 자리한 울창한 수목의 형상을 세밀한 분석과 탐구의 손길로 담아내는 것은 그 자체로 가슴이 벅차오르는 과제이고, 가지 않은 미지의 길이지만 가야만 하는 책무의 길이기도 하다. 굳이 앞선 비유를 풀어서 직설하자면 '한국 농업사'의 전체 모습을 체계적이고 구조적으로 분석 정리하고, 이와 더불어 한국 농민農民의 역사적 삶을 의미있게 재구성하는 연구 목표가 여전히 남아있다. 최근에 듣게 된 우주과학자의 설명 가운데 "우주의 미래를 알기 위해서 우주의 과거를 알아야 한다"는 교시가 들어 있었다. 역사학자가 가슴에 새겨야 할 필생의 언명과 동일한 의미를 갖고 있다. 앞선 연구 목표와 책무를 되새기면서 최근 차츰 둔탁해진 공부와 연구 작업의 성경誠敬을 다시 벼리고자 한다.

공교롭게도 오랫동안 붙잡고 있던 머리말을 쓰고 또 고치면서 새삼 본문의 서술 내용을 가다듬는 사이에 한국 사회가 안고 있던 내연內燃하는 '근대'의 문제가 극적으로 현실화되어 폭발적으로 표출되는 상황을 맞이하게 되었다. 우리가 서있는 이 지점에서 한국의 민주화를 이뤄내려는 피땀 어린 노력이 오랜 세월 지속되었지만, '한국 근대사회의 문제'는 여전히 들불처럼 타오르고 있는 현재의 문제라는 점을 다시 확인할 수 있다.

앞으로 한국 사회를 이론적으로 정의하고 역사적으로 해명하려는 모든 논의는 2025년 대한민국의 지금 모습 자체에 다시 한번 눈을 돌리고 귀를 기울여야 할 것이다. 어떠한 배경 속에 어떠한 과정을 거쳐 현재의 우리 모습으로 변화한 것 따져야 할 것이다. 총론과 각론으로 그리고 이론적으로 역사적으로 이 상황을 설명하기 위한 노력이 필요하다는 점을 새삼 깨닫게 된 시절이다.

이 책이 이러한 망막한 과제에 대한 직접적인 해명이 될 수 없을 뿐만 아니라 간접적인 도움을 미력하나마 보태는 것조차 어렵다는 점이 아쉽기 짝이 없다. 그럼에도 한국 근대 농업의 역사적 흐름을 정리하는 연구가 결과적으로 근대와 현대의 한국 사회를 이해하는 데 미미한 도움이라고 줄 수 있지 않을까 소망한다. 나아가 근세 사회의 구조와 체제를 이해하는 것이 현재를 관통하는 해결책의 단서를 제공해 줄 수도 있지 않을까 기대한다.

처음 본서를 집필하기 위한 연구계획을 만들고, 중간에 우여곡절을 겪으면서 목차와 체제를 만들어냈던 이후, 이제 드디어 책으로 세상에 내보내는 시점까지 많은 시일이 필요하였다. 학교의 업무와 학과의 과업, 그리고 또 다른 연구 작업을 진행하면서 본서의 페이지를 조금씩 늘려나갈 수 있었다. 마지막으로 본서의 본문에 들어있는 모든 개념과 구절, 문장은 모두 필자가 어깨에 짊어져야 할 부담이다. 또한 여기에서 서술한 주장과 설명의 모든 것은 명약관화하게 일말의 변호할 여지 없이 필자가 책임져야 할 것이다. 크고 작은 오류와 불필요한 비판, 과감한 주장 등에 대한 질정도 주저없이 냉큼 받아야 할 것이다. 앞으로 여기에서 이리저리 엮어 놓은 연구 결과를 디딤돌로 삼아 과거에서 현재로 이어지는 역사의 흐름을 되새기고 현대 사회에 시사를 던져줄 수 있는 연구 작업에 매진하자고 다시금 마음을 다지면서 글을 마무리한다.

2025년 2월 한림대 심학신귀(心鶴身龜) 연구실에서
염정섭 올림

목차

서론

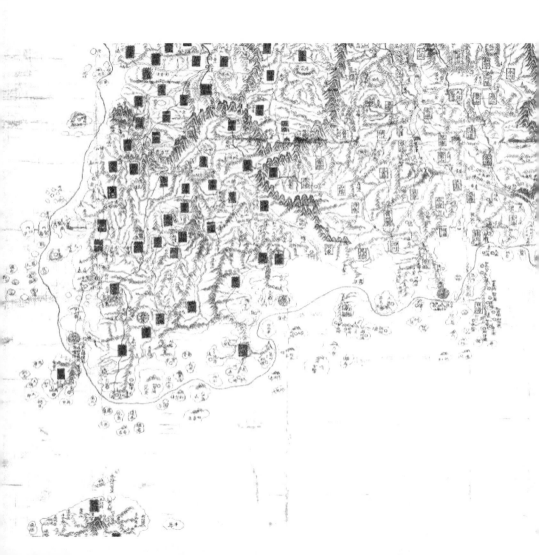

서론

제1절 문제 제기와 연구 동향

1. 문제 제기

본서는 한국 근대 농업체제의 형성과 변동을 역사적이고, 구조적으로 살핀 연구작업의 결과물이다. 19세기 후반에서 20세기 초반에 걸쳐 나타난 우리 농업의 역사적 전개 과정의 특징을 '근대 농업체제[Modern Agricultural System]'의 형성과 변동으로 규정하는 가설을 구체적으로 확인하는 연구과정의 일부이다. 좀 더 상세하게 본 연구를 소개하자면 18세기 중반부터 20세기 초반까지 이어지는 한국 농업체제의 역사적 전개 과정을, 먼저 조선 후기에 나타난 '근세 농업체제[Early Modern Agricultural System]'의 성격과 변동에 대한 해명을 바탕으로 삼고, 이어서 19세기 중후반 조선왕조 말기와 대한제국 시기에 외래적 자극에 대응하면서 주체적으로 성취한 근대적 변화 과정 속에서 근대 농업체제가 형성되어 자리를 잡아나가는 양상을 정리하며, 나아가 20세기 초반 식민지 한국에서 일제의 농업식민책에 따라 한국의 근대 농업체제가 변동하면서 나타난 주요한 특징을 주체적인 요인과 동시에 외래적인 요인이 작용한 근대적 변화 과정 속에서 특히 제도, 정책 등의 측면에서 정리하고자 한다.

한국 농업사를 전체적으로 정리하는 최종적이고 장기적인 목표[1]와 연관하여 본 연구에서 근세와 근대의 농업체제의 변화, 변동을 정리하는 것으로 설정한 연구작업은 사실 근세사회, 근대사회, 근대전환 등과 관련하여 반드시 궁구해야 할 여러 가지 세부 과제들을 포함하고 있다. 보다 구체적으로 농업체제를 구성하는 여러 요소에 대한 지속적이고 장기적인 검토, 그리고 변화와 변동과정에 대한 조망과 확증을 수행하는 것이 필요한 작업일 것이다. 본 연구는 그러한 장기적인 연구 작업을 수행하는 중간 과정에서 '근대 농업체제'의 주요한 특징에 주목한 일차적인 결과물이라고 하지 않을 수 없다.

한국 농업사의 과제로 근세사회와 근대사회의 농업체제를 살피는 연구를 진행하는 것이 합리적이고 타당하면서 동시에 지금 필요한 작업이라는 것을 논증하기 위해 몇 가지 문제 제기가 필요하다. 무엇보다도 '농업체제'라는 개념 설정의 타당성 자체를 따져보지 않을 수 없을 것이다. 장차 한국 농업사의 역사적 전개 과정을 구조적으로 검출하기 위해 '농업체제'라는 도구적 개념을 활용하여, 조선 근세 시대의 농업사와 근대의 농업사를 새로운 시각으로 재검토하여 재구성하고자 하는 목표를 갖고 있다. 앞으로 '농업체제[Agricultural System]'의 세부적인 측면을 분석하고 조망하는 연구가 계속 이어질 것으로 기대한다.

---

1) 한국사의 전체적인 흐름과 연결된 한국농업사의 정리는 보다 정교한 문제 제기, 그리고 치밀하고 풍부한 내용구성, 이와 더불어 한국사회의 미래전망 등이 씨줄, 날줄로 엮여야 하는 연구과제이다. 본 연구를 진행하는 10여 년 사이에 연구시각, 연구내용의 측면에서 개인적인 변화를 겪었고, 또한 학계의 연구성과도 크게 진전되었기 때문에 한국농업사의 종합적이고 체계적인 정리는 향후 연구과제로 염두에 두고자 한다.

'농업체제'라는 개념의 정의와 관련된 논의와 접근은 「제2절 연구 방법」에서 보다 세밀하게 다룰 것이지만 여기에서 개략적인 것을 소개하면 다음과 같다. 농업체제를 구체적으로 살피는 작업은 먼저 농업생산의 시대적 지역적 역사적 성격을 규정하는 농업기술 즉 농법農法의 성격, 특색을 파악하는 것을 먼저 따지는 데에서 시작한다고 생각된다. 그리고 국가와 향촌 사회에서 이루어지는 농업생산을 둘러싼 정책적인 노력인 농정책農政策의 특징에 각 농업체제의 변별점을 찾을 수 있을 것이다. 또한 다양한 농민農民 계층 사이에 소출所出, 지대地代 등의 경제적 이해관계의 조합 속에 전개되는 농업경영農業經營도 주요하게 밝혀야 할 역사적 실체이다. 끝으로 각 시대의 농업현실에 대한 개선방안, 개혁론과 관련된 농업론農業論, 농업개혁론農業改革論 또는 농업변통론農業變通論 등도 농업체제의 전망과 관련해서 의미 있는 시사점을 찾을 수 있는 과제이다. 이외에 농업체제와 관련하여 검토하고 분석해야 할 연구 과제를 많이 찾아볼 수 있는데, 이러한 모든 검토 대상이 바로 농업체제를 구성하는 구조, 요소라 할 수 있고, 각 시대, 각 사회의 농업체제를 검토 분석하는 연구는 이러한 구조, 요소에 대한 천착과 다름이 아닐 것이다. 또한 각 시대, 각 사회에서 농업체제를 구성하는 여러 요소 사이의 길항관계, 상호관계, 각각의 상대적 비중, 시기에 따른 비중의 변동 등 또한 눈여겨 보아야 할 연구대상일 것이다.

여기에서는 한국사의 시대구분에서 근세 사회에서 근대사회로 넘어가는 과정에 대한 설명을 '이행'이라는 개념 대신에 '전환'이라는 개념으로 설명하고자 한다. 18세기 중반에서 20세기 초반에 이르는 시기는 넓게 보아 '근대 전환기', 또는 '근대 이행기'로 명명하는 것이 일차적으로 가능할 것으로 생각하고 있다.[2] 여기에서 논의하는 '근대 전환'과 '근대 이행'의 역사적 의미 차이는 오래전부터 경제사에서 '이행론'으로 불리던 논쟁적 의견 교환을 떠올린다면 보다 분명하게 파악할 수 있을 것이다. 즉 이행은 한 단계에서 다른 단계로 순차적이거나 또는 필연적인 과정을 거치는 것을 당위적인 것으로 설정하면서 사용하는 용어로 보아야 할 것이고, 반면에 전환이란 한 사회에서 다른 사회로 연속적으로 또는 불연속적으로 변화하였지만, 두 사회 사이에 차이점이 분명하다는 점 정도를 강조하는 용어로 보인다. 즉 이행이 필연적으로 전개되는 단계의 획기적인 발전이라면, 전환은 시간의 흐름 속에서 나타나는 단계적이고 점진적인 변화 그 자체를 가리키는 것으로 이해해도 무방할 것이다. 다시 말해서 변화 또는 변동이 갖고 있는 양적인 측면, 질적인 측면 등을 포함한 변화의 성격에 대해서 어떻게 평가하는가 라는 문제가 '근대로 이행인가', 아니면 '근대로 전환인가'라는 상반된 시각 사이에 놓여 있다고 볼 수 있다. 그렇기 때문에 한국사에서 근대로 이행인가 아니면 전환인가를 다루는 문제는 결국 '한국사의 근대'를 어떻게 규정할 것인가의 문제에 대한 재검토로 이어질 수밖에 없다고 생각된다.

'근대 이행'에 방점을 찍은 입장에서 보자면, 내재적 발전론과 자본주의 맹아론에 공감하는 대부분의 논자들이 응시하는 시간과 공간에 주목하게 될 것이다. 이러한 입장에서는 '근대', '근대사회', '근대 자본주의사회'가 근대로 이행하는 시간 공간에 대한 의미부여라고 볼 수 있다. 그리고 내재적 발전의 지향점과 자본주의 맹아의 성장이 가리키는 것 또한 '근대화', '근대 자본주의화'라는 점에서 벗어나지 않는다.[3] 이러한 논리

---

2) 최근에 이영호는 1894년 갑오개혁 이후 1910년 토지조사사업에 이르기까지 한국 정부와 일제 당국의 토지정책에 대해 검토한 논문들을 재구성하여 펴낸 책에서 이 시기를 '근대전환기'로 표현하고 있다. 이영호, 2018, 「책머리에」, 『근대전환기 토지정책과 토지조사』, 서울대 출판부, v 쪽.

의 근저에 깔려있는 생각은 이른바 세계사적 보편성, 역사발전법칙 등으로 묘사되는 인류 역사 발전 경로의 절대성에 대한 믿음과 다른 것이 아닐 것이다.

근대사회는 목적론적으로 설정될 수 있는 사회발전의 목표가 될 수 없다는 점은 너무나 마땅하다. 왜냐하면 사회적 변화가 나아가는 과정에서 특정한 목표나 목적을 필연적인 것으로 설정하는 것은 한편으로는 인간의 자율성을 지극히 인용하는 것으로 볼 여지도 있지만 실제로 그러한 목표나 목적을 무조건적으로 추구해야 한다면 이는 최종적으로 인간의 자율성을 부정하는 잘못으로 이끌 위험성이 다분하다. 또한 근대 이전이라는 의미로 설정하는 전근대사회라는 개념 자체도 오류이다. 특정한 성격의 사회 바로 '이전의 사회'라는 방식으로 사회성격에 대하여 규정하는 것은 '이후의 사회'에서 벌어질 상황에 대한 가치판단을 이미 내재하고 있다는 점에서 역사의 전후 시기를 불필요한 시비의 대상으로 삼고 있다.[4]

'근대 전환'에 보다 주목하는 입장에서 보자면 조선사회의 내적 발전 계기를 강조하는 것은 동일하지만, 그것을 자본주의 맹아, 자본주의화로 평가하거나, 나아가 세계사적 보편성과 발전법칙 등으로 묘사하는 데에서 벗어나고자 한다. 이러한 문제의식에서 조선 사회의 변화 요인을 내부적으로 찾고 또한 역사상의 변화 발전이라는 점을 포착하기 위

---

3) 내재적 발전론에 대한 논의를 정리한 글로 다음 논문을 참고할 수 있다. 이헌창, 2007, 「한국사 파악에서 내재적 발전론의 문제점」, 『한국사시민강좌』 제40호., 일조각; 박찬승, 2007, 「한국학 연구 패러다임을 둘러싼 논의-내재적 발전론을 중심으로-」, 『한국학논집』 제35집, 계명대학교 한국학연구원, 74~75쪽.
4) 조선시대사를 근대 전망과 연결시켜 설명하는 논지에 대한 정리는 다음 글을 참고하였다. 김인걸, 2013, 「조선시대사 연구가 걸어온 길: '근대 기획' 넘어서기」, 『지식의 지평』 14, 아카넷.

한 이론적, 실증적 모색을 강조하고 '내재적 발전론의 재정립'이라는 방향성을 강조하는 입장으로 정리할 수 있을 것이다. 자본주의 맹아론이나 경영형 부농론에 얽매이지 않으면서, 또한 조선 전기와 연속적으로 이해되고 19세기 후반 조선사회의 변동과 연결되는 대안을 '지배체제의 성격·변화'에서 찾고자 하는 것이다. 당대의 사회경제적 변화에 대한 논의뿐만 아니라 지배체제의 변화양상에 대한 설명이 사회성격을 논의할 때 반드시 필요하다고 파악하고 이를 위해 조선 후기 지배체제의 변화양상을 살피고 그것을 개념화하는 귀납적인 연구 방법을 제시하고 있다.[5]

위에서 제기한 '한국사의 근대'를 어떻게 규정할 것인가, 또는 어떻게 접근할 것인가 이러한 문제를 보다 세밀하게 살펴본다. '근대'라는 화두는 시대구분의 한 명칭이자, 사회구조와 사회체제의 급격한 변화 과정 및 변화의 결과를 가리키는 용어이면서, 동시에 사람들의 가치 지향적 행동의 목표내지 동기에 해당하는 개념이라는 점에서 다양한 쓰임새 속에서 사용되어 왔다. 게다가 한국의 경우 '근대'는 한 국가나 민족 내부에서 해결되어야 할 '화두' 이상으로 대외적으로 침략주의로 무장한 국가의 식민지로 전락하는 역사적 과정 속에서 극복해야 하면서 동시에 성취해야 할 '소원'이기도 하였다. 이러한 사정은 대략 18세기 중반에서 20세기 초반에 이르는 시기를 탐색하고 연구하는 연구자들의 연구 작업에도 적지 않게 긍정적, 부정적 영향을 끼쳐왔고 또한 끼치고 있는 중이다.

근대라는 시대에 대한 선험적인 그리고 규정적인 설명은 근대사회에 대한 과도한 우월성을 부여하면서도 또한 근대사회의 폭압성을 지목하는 모순적인 내용을 갖고 있다. 이는 자본주의 체제의 일면에 대하여 근

---

5) 염정섭, 2016, 「조선 후기 사회성격을 어떻게 이해할 것인가: 내재적 발전론과 소농사회론」, 『지역과 역사』 38, 부경역사연구소, 87쪽.

거 없이 찬사를 보내면서 반면에 중세 사회의 실제를 뛰어넘는 비판적 비난을 덧붙이는 방식으로도 나타나고 있다. 근대사회와 자본주의 체제에 대한 설명을 중세 사회, 봉건 체제에 대한 비판으로 시작하는 서술방식, 전개양식은 위와 같은 방향으로 빠질 위험성에 항상적으로 노출되어 있는 것으로 보인다.

근대사회의 의미를 정치, 사회, 경제의 측면에서 이상적으로 다음과 같이 설명하기도 한다. 근대사회는 정치적으로 국민의 참정권이 전제되는 민주 정치가 구현되는 사회이고, 참된 민주 정치가 실현되기 위해서는 개인의 권리가 신장되고, 국민 각자가 공동체 구성원의 하나로서 자신의 역할을 충실히 수행해야 한다는 점을 강조하는 설명을 찾아볼 수 있다. 그리고 사회적으로는, 사회 각 계층이 법 앞에 평등한 사회를 근대사회로 강조하기도 한다. 이와 더불어 평등 사회의 출현은 지난날의 사회 체제를 붕괴시키고, 피지배층을 속박으로부터 벗어나게 하여 자유로운 인간이 되게 하는 것이라는 설명이다. 따라서, 근대사회는 세습적이고 폐쇄적인 권위주의가 거부되고, 사상과 행동의 자유가 보장되는 사회를 말한다. 또한 경제적으로는 단적으로 자본주의 사회의 성립을 뜻한다. 즉, 산업 활동이 다양해지고 활발해지면서 누구나 자유로이 생산 활동에 참여하고, 풍부한 자본력과 전문적 경영 방식에 의해 생산력의 증대가 추구되는 사회를 말한다. 마지막으로 사상적으로는, 과학적이고 논리적인 사고에 바탕을 둔 합리화의 추구를 뜻한다. 즉, 절대적 가치 체계에 의한 불합리한 구질서에서 인간을 해방시켜, 개인의 존엄성과 개인적 경험을 존중하는 사회를 말한다.[6]

---

6) 최근에 발표된 책에서 자본주의 체제에서 이중의 의미에서 자유로운 노동자가 법 앞에 자유롭고 평등하다고 강조하는 논지를 찾아볼 수 있는데, 근대사회의 '우월

위와 같은 근대사회에 대한 개략적인 설명은 사실 중세사회에 대한 비교평가에서 유래한 것이다. 하지만 위의 설명은 철저히 이념적이고 선험적인 근대사회, 자본주의 체제에 대한 설명에 불과한 것으로 보인다. 영국사회에서 자본주의 체제가 지배적인 경제체제로 자리를 잡게 만든 산업혁명을 거치면서 공장제 산업이 농업과 수공업을 대체하고 사회의 기본적인 생산부문으로 자리잡았던 과정을 되돌아본다면, 공장을 운영하는 자본가 계급이 기존에 권력을 잡고 있던 토지귀족 계급을 몰아냈고, 저임금 장시간 노동에 시달리던 노동자 계급은 노동조합을 결성해서 자본가 계급에 맞서기 시작한 것으로 설명할 수 있다. 공장노동자의 형성이 봉건영주, 토지귀족의 예속민으로 토지에 묶여 있던 인간을 해방시켜 이중의 의미에서 자유로운 노동자를 만들어낸 것이 아니었다. 새로운 경제적 지배체제 속에서 공장이라는 생산현장에서 노동력을 착취당하는 노동자를 탄생시킨 과정이 바로 산업혁명이었고, 자본주의 경제체제의 형성이었다. 그렇기 때문에 산업화가 진행되던 19세기 유럽 각국에서는 노동력의 수탈에 저항하는 혁명의 기운이 고조되었고, 노동자 계급을 대변하는 사회주의나 공산주의와 같은 이념이 물밀듯이 등장한 것이었다.

　　이상과 같은 검토를 통해 우리는 근대사회, 자본주의 체제로의 변화는 철저히 역사적으로 그리고 구체적으로 접근해야 한다는 점을 확인할 수 있다. 중세사회에서 근대사회로 변화에 주목하더라고 각각의 성격을 규명하는 것이 전제가 되고, 또한 사회적 전환의 전체적인 면모를 살피는 것이 과제가 되어야 한다는 점도 확인할 수 있다. 그리고 결정적으로

성'을 은연중에 강조하는 설명과 크게 다르지 않다. 김정인 외, 2016, 『한국근대사 ②』(한국역사연구회시대사총서 08), 푸른역사, 8~9쪽.

'근대사회'에 대한 실제가 박약한 허상에서 벗어난 시각에서 한국사회의 근대전환을 검토해야 마땅하다는 당위를 다시 한번 긍정하지 않을 수 없을 것이다. 이러한 입장에서 본서에서 검토하는 '근대 농업체제의 형성과 변동'이라는 탐구과제의 조사, 연구, 분석 작업도 조선왕조, 대한제국, 식민지 한국으로 이어지는 한국사회의 역사적 변동과정 속에서 나타나는 농업의 근대적 전환에 초점을 맞춰 이루어져야 할 것이다.

또한 한국의 근대를 규정하는 문제는 전체 한국사의 체계 속에서 마련되고 논의되고 있는 시대구분의 관점에서도 영향을 받고 있다. 한국(조선) 사회가 근대사회로 변화하는 과정은 역사적인 여러 과정을 거치는 것이었다. 이때 주목해야 하는 부분은 '조선 후기를 어떻게, 어떠한 사회로 규정하는가'라는 문제였다. 조선 후기에는 정치, 경제, 사회, 문화의 모든 부문에서 커다란 변동이 일어나고 있었다. 조선 후기 사회에서 나타난 변화의 속살을 중세적인 체제의 변동, 해체로 파악할 것인지 아니면 근세 사회의 변화, 변동으로 규정할 것인지 이에 대한 천착이 필요하다.

'근대' 개념은 시간의 변화라는 측면에서 접근하여 그 내용을 규정하는 방식으로 정리될 수 있다. 과거에서 현재를 거쳐 미래로 이어지는 시간적인 흐름 속에서 특정한 시점을 기준으로 근대 시작 시점을 설정하고, 그리하여 그 이전과 이후 시기를 구별하는 것이 가능할 것이다. 이때 주의할 점은 '특정한 시점을 결정하는 기준이 무엇인가'라는 점인데 이에 대해서는 결국 '사회성격을 나누는 기준을 어떻게 정의할 것인가'라는 논제를 중심으로 논의가 진행될 수밖에 없다. 사회성격을 시대를 구분하는 기준으로 설정하는 것은 이미 익숙하게 알고 있는 바와 같이 결코 단순한 과제가 아니다. 시대구분의 기준을 설정한다는 것 자체가 인위적인 것이며 가치판단과 사건평가 등이 내재되어 있는 것이기 때문에 더욱 어려운 과제가 될 수밖에 없다.[7]

  시대 구분의 기준이 일차적이고 기본적으로 사회성격, 생산방식 등 사람들의 삶과 생활을 크게 좌우하는 거대 체제의 내적인 변화, 사회성격의 근원적인 변동 등에서 그 단초를 찾아내고 구조화시키고 체계화시킨 결과물이어야 할 것이다. 하지만 한 국가에서 생존하는 사람들의 삶과 생활에 커다란 영향을 끼치는 외적인 요인에 대해서도 이를 사회변화, 경제변화를 가져오는 동력의 하나로 간주하는 것이 필요하다고 생각된다. 그리고 내재적 요인, 외재적 요인을 포함하여 사회, 시대에 근원적인 변화를 가져오는 주요한 요인, 원인이 무엇인지 살펴보는 것이 중요할 것으로 보인다. 주인主因, 즉 주요모순은 근인根因, 즉 기본모순과 마찬가지로 특정 시기 사회의 변화를 가져오는 엄청난 파급력을 갖고 있는 것으로 평가되는 어떤 요인이다. 특정한 역사적 환경 속에서는 근인根因이 사회변화를 불러일으키는 말할 필요도 없는 근원적인 요인으로 역할을 수행하지만, 또 다른 역사적 환경 속에서는 주인主因이 그러한 역할을 담당한다는 생각이다.

  근대를 설정하면서 사회성격의 변동, 거대체제의 내적인 변화 등을 고려한다면 '한국사의 근대'를 다루는 문제는 곧바로 '한국의 근대화'를 검토하는 문제와 동일한 것임이 긍정할 수 있을 것이다. 다시 말해서 근대 개념을 한국사에 적용하는 문제는 '근대화'의 내용과 성격을 규정하는 과제를 선결해야 한다고 생각된다. 예를 들어 조선 후기의 농업생산,

---

7) 한국사 시대구분론의 이론적 검토에 대한 다음 논문을 주요하게 참고할 수 있다. 차하순, 1970, 「時代區分의 理論的 基礎」, 『歷史學報』 45, 역사학회; 차하순, 1994, 「時代區分의 理論과 實際」, 『韓國史時代區分論』, 소화; 홍승기, 1997, 「한국사 時代區分論」, 『한국사시민강좌』 20, 일조각.

상업 활동 등에서 나타난 경제적 발전을 근대적인 변화로 평가할 것인가의 문제, 1876년 개항 이후 맞이한 조선과 한국의 지배체제의 변동, 경제적 변화 등에 대한 평가 문제, 그리고 20세기 초반 일본 식민권력에 의해 이루어진 한국사회의 변화에 대한 평가 문제 등이 '한국의 근대화'와 관련해서 깊이 다뤄져야 할 과제인 것이다.

한국의 근대화와 관련해서 19세기 후반 개항을 전후한 시기에 조선이 맞이하였던 대외적인 여건은 제국주의 유럽 국가들의 아시아 지역에 대한 침략, 침입이었다. 이는 조선이 이전에 경험하였던 대외적인 자극이나 교류, 대응과는 그 성격이 크게 다른 것이었다. 즉 19세기 조선을 비롯한 동아시아 국가들이 맞이하게 된 유럽 국가의 제국주의적 침탈은 단순한 자본의 확장, 자본의 침투가 아니었다. 이는 유럽 자본주의의 무제한적인 확장이 자국 내부의 계급적 이해관계를 초월하여 대외적으로 뻗어나가 타민족 타국가의 자유로운 성장과 발전을 저해하고 침해하면서 자신의 이해관계를 관철하는 제국주의로 전화된 상태였다. 즉 자본 침투와 병행하여 군사적 침략, 문화적 압박 등이 뒤따르는 정치적 자율의 박탈을 근원적인 기반으로 삼는 식민지화를 성취하려는 제국주의 국가의 식민지쟁탈의 와중에서 벌어진 일이었다.

이러한 상황에서 19세기 중후반 조선이라는 국가 사회는 많은 제국주의 국가들에게 새롭게 치고 들어가야 할 앞으로의 식민지로 부상하고 있었다. 결국 19세기 중후반 역사적 환경은 조선을 새로운 시대로 이끄는 주요한 요인, 주요모순으로 작동하였고, 조선은 역동적인 환경 조건 속에서 주요한 요인과 주요모순의 해결이라는 과제에 직면하게 되었다. 따라서 우리는 이 시기 제국주의 국가의 침입이라는 역사적 환경을 중심으로 '근대'라는 새로운 시대로 변화해나가는 조선을 설정하는 것이 온당할 것이다.

이상과 같은 한국의 농업체제, 근대 전환, 시대 구분, 한국의 근대화 등에 대한 논의를 바탕으로 '한국 근대 농업체제의 형성과 변동'을 살피는 본 연구는 시간적 범위로 18세기 중반부터 20세기 초반까지 상당히 긴 시간을 검토 대상으로 삼고 있다. 여기에서는 크게 세 개의 세부 시기로 나누어 각 세부 시기마다 살펴볼 주요한 논점을 다음과 같이 제시하고자 한다. 이와 더불어 근세 농업체제의 성격과 변동, 근대 농업체제의 형성과 변화, 근대 농업체제의 변동을 살펴볼 때 제기할 주요한 논점도 제시할 것이다.

첫 번째로 18세기 중반부터 19세기 후반까지 조선왕조의 지배체제의 성격, 농업경제의 변동과 관련해서 이른바 '자본주의 맹아'의 출현이나 '내재적 발전론'의 입론에 대한 검토가 필요하다.[8] 이 시기의 조선 사회에 대한 성격 규정과 발전방향에 대한 전망에 대해서 그동안 한국사 연구자들의 이해는 대체로 내재적 발전론에 입각한 것이었다.[9]

한편 조선 후기 사회 성격을 살피는 연구에서 내재적 발전론과 같이 검토해야 할 주장이 바로 소농사회론小農社會論이다.[10] 소농사회론이

---

8) 조선 후기 이래 사회경제의 내적 변화에서 자생적 근대화의 가능성을 전망하는 경향을 이른바 '내재적 발전론'의 주요한 계열의 하나로 지목되는데 이러한 연구경향에서 이른바 '자본주의 맹아론'이 등장한다고 설명되고 있다. 조선 후기 사회경제적 변동의 주요한 부문이 농업생산일 수밖에 없다면 농업변동을 가져온 농업기술의 변동에 대하여 주목하지 않을 수 없다.

9) 한국사학계에서의 내재적발전론에 대한 설명은 다음 글을 참고할 수 있다. 金仁杰, 1997, 「1960, 70년대 '內在的 發展論'과 韓國史學」, 『韓國史 認識과 歷史理論』, 金容燮教授停年紀念韓國史學論叢刊行委員會; 최윤오, 2002, 「조선 후기 사회경제사 연구와 근대-지주제와 소농경제를 중심으로-」, 『역사와 현실』 45, 한국역사연구회.

10) 소농사회론의 주요 내용은 다음 논문을 참고할 수 있다. 이영훈, 2002, 「조선 후기 이래 소농사회의 전개와 의의」, 『역사와 현실』 45, 한국역사연구회; 미야지마 히로

제시하는 조선 후기 역사상은 내재적 발전론의 그것과 일정 부분에서 공통적인 지점을 갖고 있다. 하지만 소농사회론이 제시하는 역사상의 전체적인 흐름을 눈여겨본다면, 소농사회론과 내재적 발전론이 전혀 다른 역사상을 제시하는 입장이라는 점을 분명히 파악할 수 있을 것이다.

여기에서는 후술하는 조선 후기 '근세 농업체제의 성격과 변동'의 주요 개념인 '농업체제'를 구성하는 여러 부문을 비교적 자세히 검토함으로써 조선 후기 내재적 발전론, 그리고 소농사회론과 차별적이고 개성적인 새로운 방향을 분명하게 모색하려고 한다. 농업체제를 구성하는 여러 부문에 대한 검토는 농업사의 지평을 확대하는 의미를 갖는 것일 뿐만 아니라 특정한 이론이나 입장을 적용하는 것이 아니라 조선왕조 특유의 '근세 농업체제'가 갖고 있는 성격, 특징을 이해하려는 의미를 갖고 있다고 생각된다.

두 번째로 현재까지 19세기 후반에서 20세기 초반에 이르는 조선왕조, 대한제국이 추진한 이른바 '근대화'와 관련하여 갑오개혁, 광무개혁 등에 의해서 이루어진 조선(한국)사회의 변화에 대하여 일면에서는 긍정적으로 파악하고 일면에서는 부정적으로 평가[11]하고 있다는 점을 주목한다. 갑오개혁의 조세문제 개혁, 광무정권의 광무양전에 대하여 치열한 갑론을박이 전개되고 있다. 갑오정권은 수취체제를 과세기구와 징세기구로 분리하고자 하였지만 이것은 기존 수취체계의 완강한 반대에

시, 2013, 『미야지마 히로시, 나의 한국사 공부 - 새로운 한국사의 이해를 찾아서 -』, 너머북스.
11) 김용섭, 1984, 「광무년간의 양전 지계사업」, 『한국근대농업사연구』 하, 일조각; 한국역사연구회 토지대장반, 1995, 『대한제국의 토지조사사업』, 민음사; 김홍식 外, 1989, 『대한제국기의 토지제도』, 민음사; 이영훈 외, 1996, 『조선토지조사사업의 연구』, 민음사; 宮嶋博史, 1992, 『朝鮮土地調査事業史の硏究』, 동경대학 동양문화연구소.

직면하여 곧 원상 복귀하고 말았다. 그리고 광무정권은 세원의 확대를 위해 전국적으로 실시한 광무양전사업은 현실에 적용되지도 못한 채 중지되었다. 이와 더불어 공전의 포흠逋欠을 막으려는 정부의 노력도 기존 징수 체계의 개혁 없이는 기대할 수 없는 상황이었다.

위에서 정리한 논점을 고려하여 여기에서는 조선왕조의 마지막 왕인 고종, 개화파 등의 근대화 방략과 그 실제 양상을 '근대 농업체제의 형성'이라는 측면에서 재고찰하여 당시의 여러 논점에 대한 비판적 검토를 수행하고자 한다. 그리하여 중앙정부의 정책 수행, 제도 정비, 기구(기관, 관청) 설치 등을 정리하고, 이와 더불어 서양 농업기술을 도입하려는 움직임을 검토한다. 이와 같은 역사적 전개 과정을 '근대 농업체제의 형성'을 지향하고 도모한 것으로 규정하고자 한다.

세 번째로 20세기 초반 한국이 식민지로 전락하면서 한국 사회가 '식민지 근대사회'로 변화하였다는 점에 주목하고자 한다. 앞서 조선정부와 대한제국이 추진하였던 근대화 방략이 내부적 외부적 환경조건 속에서 제대로 자리를 잡지 못하게 되면서 직면하게 된 현실이었다. 이후 한국사회가 직면하게 된 '근대'는 일제의 강점 '식민지'라는 특수한 상황과 분리하여 분석할 수 없게 되었다. 일제에 의하여 수립된 제도 및 법령, 당시의 독특한 사회 분위기와 가치관이 한국사회를 크게 변화시켜나갔던 것이다. 이는 한국의 근대 농업체제의 식민지적 변화, 즉 근대 농업체제의 변동으로 나타났다.

'식민지 근대사회'로 변화한 한국사회에 대한 설명 방식으로 일본 식민사학(식민사관)에 입각한 논자들은 '조선사회 정체론'과 '식민지 시혜론'을 주장하였고, 이에 대한 비판적 대안으로 해방 이후 한국 역사학계가 정립한 자본주의 맹아론에 입각한 내재적 발전론적 역사 인식이 제시되었다. 그리고 1990년대 이후 내재적 발전론적 인식에 대해 문제 제기하면서 조선 후기 사회의 정체와 체제적 위기를 주장하며 한국의 근대는 일제의 식민지배에 의해 이식·발전되었다는 '식민지 근대화론'이 나타났다. 여기에서는 식민지 근대화론에 대한 직접적인 비판이나 검토 대신, 일본 식민권력을 중심으로 형성되어 나간 '식민지 근대 농업체제의 구축'을 검토하려고 한다. 식민지 국가권력이 마련하고 시행한 농업 식민책, 식민농업정책 등을 '근대 농업체제의 변동'이라는 관점으로 정리하면서 식민지근대화론이 갖고 있는 문제점을 지적하고 식민지 근대 한국사회에 대한 이해를 제고하려는 것이다.

네 번째로 '한국의 근대화'를 살피는 연구는 근대화의 주체라는 문제를 근대화의 내용과 더불어 살펴야 한다. 수치 자료로 한국 경제의 총량의 증가를 따지는 방식의 근대화에 대한 담론 제기는 지극히 일면적인 것에 불과하다. 왜냐하면 역사적 변화를 이끌어나가는 실질적 주체임과 동시에 역사적 변동의 과정과 결과에 대응해야 하는 주체, 또한 사회변동, 정치변동을 기억하고 그것을 역사화시키는 역사 인식의 주체야말로 '한국의 근대화' 역사 자체를 온몸으로 보여주고 증명하는 가장 중요한 탐구대상으로 생각되기 때문이다.

'근대 농업체제'의 형성과 변동과정에서도 구체적으로 실제 농업생산에 노동력을 투하하고 수확에 이르는 생산과정을 담당하는 농민층이야말로 '농업 근대화의 주체'로 간주해야 할 것이다. 다만 농민층에 대하여 보다 구체적이고 살이 맞닿는 밀착된 실제 역사상을 탐색하는 것은 아직도 매우 어려운 작업이라는 점을 감안하지 않을 수 없을 것이다.

다섯 번째로 일본의 한국 식민지 통치에 대한 평가와 관련해서 이른바 긍정론, 미화론, 시혜론을 종합적으로 비판하는 시각을 견지하면서 논지를 전개할 것이다. 식민통치 자체가 한국 역사의 일반적인 흐름을 거스르는 것이었고, 근세사회의 유교사관에 따르자면 '천명天命의 거역拒逆'이었다. 근대사회의 유물사관에 따르자면 식민지 민중에 대한 제국주의 자본주의의 폭압적 수탈이었다. 이러한 식민통치의 본질적인 성격에서 일본의 한국 식민 통치에 대한 역사적 규명이 시작되어야 한다고 파악한다.

한국을 일본의 식민지로 통치하기 위해서 일본제국주의는 한국통감부, 조선총독부를 비롯한 각종 조직, 각종 기구를 조직하였다. 이와 더불어 이러한 식민통치 기구에서 종사하면서 직접적으로 또는 간접적으로 식민통치의 최일선에서 활동한 인물 등도 존재하였다. 식민통치조직, 기구에 대한 역사적 평가와 이들 조직, 기구에서 식민지배에 동조한 인물에 대한 역사적 평가 또한 위와 같은 시각에서 이루어져야 할 것이다. 식민지 근대 농업체제의 각 부문에서 벌어지는 역사적 사건들은 그냥 수치 자료로만, 숫자상의 의미로만 그 의의를 매길 수 없다. 여기에서 강조하고자 하는 것은 식민통치의 부정적인 측면에 대해서 지적하는 것이 아니라 식민통치의 본질을 '근대 농업체제의 변동'이라는 측면에서 재확인하는 것이다.

마지막으로 근대적 이념의 수용과 전파는 정치적 권력구조, 경제적 생산방식, 사회적 지배체제 등의 상호 영향 속에서 현실화되고 자리를 잡게 되는 것이라는 점을 주목하고자 한다. 인권, 자유, 평등이라는 근대 이념이 갖고 있는 천부적인 성격, 또는 선험적인 성격을 강조한다고 하더라도, 이념은 현실 속에서 그 파급력이 정해지는 것이지 이념 자체의 논리적 우월성, 시대적 정당성에 의해서 자리는 잡게 되는 것은 아니다. 관념 속에서는 근대 이념이야말로 사람들을 크게 변화시키는 무한한 능력을 지닌 것으로 수용되더라도, 근대 이념이 대체해야 하는 근세사회의 지배 이념의 관습적, 내재적 강제 능력을 도외시할 수 없기 때문이다.

2. 연구 동향

본서의 시간적인 연구 범위인 18세기 중반에서 20세기 초반을 대상으로 삼아 '한국 근대 농업체제의 형성과 변동'이라는 연구주제와 씨줄과 날줄로 엮인 각각의 연구성과를 전면적으로 총괄하여 검토하는 것은 논문과 저서로 이루어진 큰 산의 골짜기를 여기저기 헤매는 작업일 수밖에 없을 것이다. 18세기 중반 이후 조선 사회 변동기, 개항 이후 대한제국 시기, 한국이 식민지로 전락한 시기 등을 살펴본 수많은 연구성과가 학계에 보고되어 있는데, 이들 연구를 포괄적으로 정리하는 것은 당연히 매우 어려운 작업이고 연구자가 감당하기 곤란한 난제로 생각된다. 이러한 상황을 감안하여 여기에서는 앞서 살펴본 문제의식, 문제 제기와 관련해서, 그리고 뒤에 전개한 연구내용과 연관해서, 본서를 정리하는 데에 주요하게 참고한 연구성과를 중심으로 연구동향을 검토하려고 한다.

한국 역사에서 조선왕조의 후반기에 해당하는 18세기 중반부터 대한 제국이 일본 식민지로 전락하는 20세기 초반까지 200년에 조금 못미치는 시간적 간격 속에 정치, 경제, 사회, 문화 등 역사의 각 부문에서 커다란 변화와 변동이 일어났다. 이 기간 동안 국가와 사회 전체가 크게 조선 왕조에서 대한제국, 일본식민지로 변화하였고, 이러한 변화는 가장 직접적으로 국권, 국체의 변동을 수반한 것이었다. 역사의 전체적인 흐름이 크게 변동하였을 뿐만 아니라 개인적인 삶과 사회구조와 체제, 국가 권력의 통치제도와 정책 등에서도 변화가 뚜렷하게 나타났다. 그리하여 한국사의 전영역에서 시대를 크게 구획하지 않을 수 없는 여러 가지 변화·변동들이 지목되고 있다. 그렇기 때문에 한국사를 연구하는 역사학자는 말할 것도 없고 문학, 민속, 미술, 건축 등 한국학과 연관된 학문 분야의 연구자들도 관심을 기울이지 않을 수 없는 시기이기도 하다. 또한 연구자들의 학문적 호기심, 사회적 의무감 등이 복합적으로 작용하여 많은 연구가 집중적으로 이루어지고 있다.

조선왕조에서 대한제국을 거쳐 일본식민지로 변화하는 과정에 대한 연구는 '근대사회로 이행인가 전환인가'라는 문제뿐만 아니라 정치, 경제, 사회, 문화의 문제 부문을 같이 검토하는 것이 필요한 작업이다. 또한 조선왕조의 후기 사회의 성격에 대하여 '자본주의 맹아'의 출현이나 '내재적 발전론'에 입각한 연구가 진행되었고, 다른 한편으로 소농사회론에 근거한 연구도 발표되었다. 이러한 논쟁적인 연구에 대해서도 주의하지 않을 수 없다. 게다가 '식민지 근대사회'로 변화한 한국사회에 대한 설명도 일본 식민사학자들의 '조선사회 정체론'과 자본주의 맹아론에 입각한 내재적 발전론적 역사 인식, 한국의 근대는 일제의 식민지배에 의해 이식·발전되었다는 '식민지 근대화론'에 동조하는 연구도 주목해야 한다.

한편으로 한국의 근대화 또는 근대 한국사회의 전체적이고 역동적인 과정에 대하여 관심을 기울이기보다는 한국 근대화의 결과 또는 성과에 집착하는 연구도 진행되었다. 또 하나 주의해야 할 관점이 근대화 자체에 대한 일방적인 긍정론이라고 생각된다. 당시 한국인들이 근대화를 지향했어야 한다는 당위론이 제시되기도 한다. 근대 서양의 문물 도입에 앞장서야만 한다는 논리도 이러한 부류에 속한다. 나아가 근대사회의 성취 자체가 역사 발전으로 파악하고, 특별히 근대화 과정, 근대적 문물을 도입을 누군가에게 누군가가 내리는 시혜, 은혜 등으로 평가하기도 한다.

본서에서 정리하려고 하는 '한국 근대 농업체제의 형성과 변동'에 대한 기존의 연구성과는 이미 짐작할 수 있는 바와 같이 엄청나게 많이 쌓여 있다. 18세기 중반에서 20세기 초반에 이르는 시기 한국(조선)의 농업이 격심한 변화 변동을 겪었다는 점에서 많은 연구자들이 놀라운 연구를 수행한 것은 실로 당연한 일이라고 말할 수 있다. 한국사회에서 농업이 극히 최근까지 기본적인 사회적 생산의 주축이었다는 점에서도 현재까지 한국사 연구에서 특별히 수많은 연구성과가 발표된 것은 놀라운 일이 아닐 것이다. 따라서 이와 같이 이루 말할 수 없을 정도로 수많은 논문과 저서가 축적되어 있는 상황에서 개별 연구성과에 대한 연구사적 의의를 축차적으로 검토하는 것은 불가능한 일이라고 생각된다.

이러한 상황을 고려하여 여기에서는 3개의 세부 시기별 농업사 연구의 주요 쟁점과 관련된 논점, 농업체제의 연구 방법 및 연구내용과 연관된 논점을 중심으로 연구동향을 정리하고 검토하려고 한다. 한국 근대 농업체제의 형성과 변동을 살피는 본 연구에서는 특히 몇 가지 주목되는 논점에 한정하여 연구동향을 정리하려고 한다. 근세 농업체제의 변동과 관련하여 조선 후기의 농업발전, 경제변동에 대한 연구,[12] 그리고 19세기말 조선정부와 광무정권의 근대 농업체제 모색 과정과 연관된 연구,[13]

---

12) 조선 후기 사회성격, 조선 후기사 인식과 관련하여 내재적발전론, 소농사회론 등에 대한 연구사적 검토로 최근에 발표된 다음 논문을 참고할 수 있다. 권내현, 2015, 「내재적 발전론과 조선 후기사 인식」, 『역사비평』 2015년 여름호(통권 111호), 역사비평사; 염정섭, 2016, 「조선 후기 사회성격을 어떻게 이해할 것인가: 내재적 발전론과 소농사회론」, 『지역과 역사』 38, 부경역사연구소.

13) 광무정권이 추진한 광무개혁의 성격, 광무양전의 성격 등에 대한 논쟁적인 연구사에 대한 검토로 다음 연구를 참고할 수 있다. 이영훈, 1990, 「광무양전에 있어서

20세기초 일본 식민권력에 의해 이루어진 식민지 근대 농업체제의 구축 추진[14]에 대한 연구 등이 주요한 논쟁적인 연구 주제로 검토한다.

조선 후기 근세사회 변동기의 농업사에 대한 연구는 먼저 농업기술 즉 농법農法의 변화와 농서農書의 편찬에 대한 연구로 시작되었다. 김용섭은 조선 후기 사회경제의 변동을 내재적발전론적內在的發展論的 입장에서 파악하면서 수전水田과 한전旱田의 생산기술을 우선 정리하였다.[15] 이후 민성기는 한전농법을 중심으로 종맥법種麥法, 시비기술施肥技術, 여경犁耕 등에 관한 훌륭한 연구성과를 발표하였다.[16] 그리고 조선 전기와 후기에 편찬된 여러 농서農書의 내용을 종합적으로 분석하여 조선시대 농업기술 발달을 체계적으로 정리하고, 농법 발달의 특색을 밝힌 연구도 제출되었다.[17]

<hr />

<time主> 파악의 실상」,『대한제국기의 토지제도』, 민음사; 왕현종, 1991, 「광무양전사업의 다양한 성격과 좁은 시각-(『대한제국기의 토지제도』, 김홍식 외 4인 공저, 민음사, 1991)」,『역사와 현실』5, 한국역사연구회; 조석곤, 2003, 「제1장 연구사 정리와 과제 설정」,『한국 근대 토지제도의 형성』, 해남.

14) 토지조사사업, 미작개량정책 등에 대한 연구사 정리로 다음 논문을 참고할 수 있다. 한국역사연구회, 2010, 「제3부 연구의 쟁점과 歷程」,『대한제국의 토지제도와 근대』, 혜안; 조석곤, 2003, 「제1장 연구사 정리와 과제 설정」,『한국 근대 토지제도의 형성』, 해남.

15) 金容燮의 연구에서 직접적으로 農法과 연관된 연구성과는 다음 책에 종합 정리되어 있다. 김용섭, 1971,『朝鮮後期農業史研究-農業變動·農學思潮-』Ⅱ, 一潮閣.

16) 閔成基, 1979, 「동아시아의 古農法上의 耦犁攷-中國과 朝鮮의 耕種法 比較-」,『省谷論叢』10, 성곡학술문화재단; 민성기, 1980, 「朝鮮前期 麥作技術考-『農事直說』의 種麥法 分析」,『釜大史學』4, 부산대학교 사학회; 민성기, 1982, 「朝鮮後期 旱田 輪作農法의 展開」,『釜大史學』6, 부산대학교 사학회; 민성기, 1983, 「朝鮮時代의 施肥技術 研究」,『釜山大學校人文論叢』24, 부산대학교 인문대학; 민성기, 1985, 「『農家月令』과 16世紀의 農法」,『釜大史學』9, 부산대학교 사학회; 민성기, 1986·1988, 「『四時纂要』의 種木綿法에 대하여」 上·下,『釜山大學校 人文論叢』29·34, 부산대학교 인문대학(이상『朝鮮農業史研究』, 一潮閣, 1990 수록).

17) 염정섭, 2002,『조선시대 농법 발달 연구』, 태학사.

또한 조선 후기 신전新田 개간開墾과 관련하여 이경식은 한광지閑曠
地를 대상으로 하는 개간이 광범위하게 진행되면서 17세기 이후 지주제
地主制 전개의 기반이 되었다고 설명하였다.[18] 그리고 송찬섭은 17세기
에서 18세기에 걸쳐 신전新田 개간의 확대와 경영형태를 살펴보면서 개
간에 지주층을 비롯하여 상인 등도 참여하고 있었고, 개간에 투여한 물
력物力에 따라 개간지의 소유구조가 결정되었다고 설명하였다.[19] 한편
김경옥은 양안量案 자료를 활용하여 서남해 도서島嶼지역 간척 사례를
살펴보면서 개간주체, 개간방법, 토지규모 등의 특색을 정리하였다.[20]

또한 양안量案을 중심으로 지주제, 병작제 등에 대한 연구가 전개되
었다. 조선 후기에 양반관료층을 중심으로 한 상인층 및 부농층의 토지
겸병에 의하여 지주전호제[21](전주작인제)라는 형태의 병작제의 발전이
본격화되기 시작하였다. 조선 전기에 존재하였던 농장제, 자영농제, 병
작제의 세 가지 유형 가운데, 조선 후기에는 병작제가 점차 우세하여졌
다. 이러한 토지 소유집중에 의한 병작제의 발전과정은 농민층의 입장
에서는 자작농민에서 작인농민으로 사회적 처지의 변화를 의미하였
다.[22]

---

18) 李景植, 1973, 「17세기 농지개간과 지주제의 전개」, 『한국사연구』 9, 한국사연구회.
19) 송찬섭, 1985, 「17·18세기 新田開墾의 확대와 경영형태」, 『한국사론』 12, 서울대
    국사학과.
20) 김경옥, 2004, 『朝鮮後期 島嶼研究』, 도서출판 혜안, 112~113쪽.
21) 지주전호제 개념의 문제점을 지적하고 한국사에서 田主와 作人 사이의 역사적 관
    계를 검토하면서 '전주작인제'라는 개념의 사용을 제시한 다음 연구를 참고할 수
    있다. 염정섭, 2020, 「지주전호제」『한국학 학술용어』, 한국학중앙연구원.
22) 조선 후기 농업경영의 변화양상에 대한 연구로 다음 논문을 참고할 수 있다. 金容
    燮, 1970, 『朝鮮後期農業史研究』(Ⅰ), 一潮閣; 金建泰, 1997, 「16~18世紀 兩班地主
    層의 農業經營과 農民層의 動向」, 成均館大 博士學位論文; 崔潤晤, 2001, 「朝鮮後
    期 土地所有權의 發達과 地主制」, 연세대학교 사학과 대학원 박사논문.

양안 분석과 관련해서 김용섭은 기주起主가 독립 농가세대라는 전제하에 경자양안庚子量案을 분석하여 토지 소유문제를 비롯한 18세기 농촌사회의 실상을 밝히려고 하였다.[23] 그에 의하면 토지가 대부분 소수의 지주地主에게 집중됨으로써 다수의 농민들은 영세농으로 전락하여 생계마저 위협받고 있었지만, 일부의 농민들은 여러 경로로 부를 축적하기도 하였다고 한다.

한편 이영훈李榮薰은 경자양안 상의 기주起主가 적지 않게 분록分錄, 합록合錄되어 있다는 점을 근거로 기주=농가세대설을 부인하고, 이어 조선 후기 토지 소유 분화分化 양상은 대지주와 소규모 토지 소유가 줄어드는, 즉 하향 평준화하는 추세였다고 하였다.[24] 그리고 오인택吳仁澤은 경자양전庚子量田의 논의과정 및 갑술양전甲戌量田 이후에 진행된 개간의 실상과 그 성격에 대해 밝히려고 하였다.[25] 그에 의하면 경자양전은 수세실결收稅實結을 더 많이 확보하여 국가재정을 견실히 하고, 나아가 전답소유관계를 분명히 파악하려는 목적하에 진행되었다고 한다.

조선 후기 농업사의 연구는 농업기술(농법), 개간, 농업경영, 양안 등 여러 측면에서 많은 연구가 이루어졌다. 하지만 위에서 간략하게 제시한 연구를 비롯한 대부분의 연구는 1960년대 이래 한국사학계, 한국학계에 자리를 잡아나간 내재적발전론이라는 연구시각, 연구관점에 근거를 두고 이루어진 것이었다. 단적으로 말하자면 김용섭이 토로한 바와

---

23) 金容燮, 1987,「量案의 研究」,『朝鮮後期農業史研究 Ⅰ』, 一朝閣; 김용섭, 1993,「朝鮮後期 身分構成의 變動과 農地所有」,『東方學志』82, 연세대 국학연구원.
24) 李榮薰, 1988,「量案의 성격에 관한 재검토」,『朝鮮後期社會經濟史』, 한길사; 이영훈, 1996,「韓國史에 있어서 近代로의 移行과 特質」,『經濟史學』21, 경제사학회.
25) 吳仁澤, 1994,「朝鮮後期 新田開墾의 성격」,『釜山史學』18, 부산사학회; 오인택, 1998,「庚子量田의 시행 논의」,『釜山史學』23, 부산사학회.

같이, "중세적中世的인 농업체제農業體制의 해체解體과정이 현실적으로 여하히 근대적近代的인 농업체제農業體制로 연결되었는가."[26] 라는 문제의 해답을 찾는 연구작업이 바로 조선 후기 농업사 연구의 당면 과제였던 것이다.

김용섭이 한국근대 농업사를 탐구하던 연구시각이 바로 '중세적(조선후기) 농업체제의 해체와 근대적 농업체제로의 연결'이었던 것이다. 그리고 그는 농업사 연구를 시작하면서 "우리나라의 중세사회(전통사회)의 해체과정을 농업農業, 농촌農村, 농민農民에 관해서 그 내적內的 발전과정發展過程의 입장에서 해명하는 것"[27]을 연구 목표로 설정하고 있었다. 즉 조선 사회를 중세 사회로 규정하고 그것의 해체과정을 농업과 농촌, 농민과 관련해서 자본주의로의 내적 발전과정으로 해명하는 것을 자신의 연구 목표로 설정하고 있었다.

이와 같이 조선 후기 농업발전과 관련하여 검토해야 할 주요한 연구사의 흐름은 바로 내재적 발전론에 입각한 연구이다. 조선 후기 이래의 내재적 발전에 대하여 한국사의 발전과정에서 추출될 수 있는 내적 외적, 아래, 위로부터의 발전 계기를 확인하는 연구로 진행되었다.[28] 19세기 후반 이후 한국사회의 시대적 과제를 반봉건·반침략 민족국가 건설로 설정하고 그것을 통해 근대사회를 설명해 내려는 것이 내재적 발전론의 입장이라고 할 수 있다. 그리하여 농민층의 양극분해와 경영형부농의 등장[29], 그리고 유통경제의 발달과 사회경제적 변동에 따른 신분

---

26) 김용섭, 1988, 「序」(1975년 초판), 『增補版 韓國近代農業史研究』上, 一潮閣, 5쪽.
27) 金容燮, 1970, 「序」, 『朝鮮後期農業史研究[I] － 農村經濟·社會變動 －』, 一潮閣, 4쪽.
28) 내재적발전론의 입장에서 한국사의 성과를 집대성하려는 시도로 다음 책을 들 수 있다. 金容燮教授停年紀念 韓國史學論叢 刊行委員會, 1997, 『金容燮教授停年紀念 韓國史學論叢』, 지식산업사.

제 변동 등이 나타났고, 이러한 변화가 조선 후기 농민항쟁으로 이어져 나갔다는 설명이 바로 내재적발전론의 기본 설명 틀이다.[30] 19세기 후반 이후 한국사회의 발전은 외적 충격에 직면하여 그 발전의 맹아를 피워내지 못하고 원치 않는 방향으로 왜곡되고 말았다. 구체적으로 내재적발전론은 조선 후기 사회에서의 자본주의 맹아의 성립과 일본에 의한 맹아의 말살로 정리되기도 한다.[31]

내재적 발전론에 입각한 대표적인 연구성과로 김용섭의 조선 후기, 근대 농업사 연구를 꼽아볼 수 있다. 김용섭의 연구에 대한 비판적인 검토를 살펴보면, 조선 후기 발전發展 구조構造에 대한 지나친 과장과 갑오[甲午, 1894년] 이후 한국 농업변동과 일제의 식민지화 정책과의 관계에 대한 불명확한 단계 설정 등의 이론적 문제점을 갖고 있는 것으로 지적되기도 하였다.[32] 또한 내재적 발전의 추구라는 제의식에 대하여 민족주의적 접근방식이라는 비판도 제기되었다.[33]

조선 후기 사회경제의 내적 변화에서 자생적 근대화의 가능성을 전망하는 경향을 '내재적 발전론'이라고 명명되고 있다. 내재적발전론에 입각한 연구 입론 가운데 하나가 바로 '자본주의 맹아론'이다.[34] 조선 후기

29) 金容燮, 1990, 「朝鮮後期의 經營型富農과 商業的 農業」『增補版朝鮮後期農業史研究』Ⅱ, 一潮閣.
30) 金容燮이 관심을 기울이고 해명한 많은 주제들이 대부분 내재적발전론의 구성요소에 해당한다고 할 수 있다. 金容燮, 1970, 「序」, 『朝鮮後期農業史研究[Ⅰ]－農村經濟·社會變動－』, 一潮閣.
31) 박섭, 2003, 「내재적 발전론의 의의와 한계」, 『오늘의 우리 이론 어디로 가는가』, 생각의 나무, 111쪽.
32) 이호철, 1978, 「日帝侵略下의 農業經濟를 形成한 歷史的 背景에 關한 研究(上)-農民의 社會的 存在形態를 中心으로」, 『韓國史研究』20, 韓國史研究會.
33) 이훈상, 1996, 「회고와전망-朝鮮後期」, 『역사학보』152, 역사학회, 223쪽.
34) 이영호, 2011, 「'내재적 발전론' 역사 인식의 궤적과 전망」, 『한국사연구』152, 한국사연구회, 240쪽. 이영호는 내재적 발전론이 형성된 계열을 '한국사의 (과학적)

'내재적 발전론'의 핵심 내용이 바로 '자본주의 맹아론'이라고 규정할 수 있다. 그리고 조선 후기 농업변동에서 검출된 '경영형 부농'이 자본주의 맹아론의 주요 논거로 지목되었다. 경영형 부농층은 농지 경영에서 농법 전환을 통해 노동력의 절약과 소출의 증가 다시 말해서 농업생산력의 발전을 이끌었고, 경영 확대를 소유와 차경借耕의 측면에서 추구하였으며, 곡물 등 상품작물을 재배하는 상업적 농업을 수행하였고, 고용 노동을 통해 상업적인 농업을 수행하였다고 한다.[35] 그런데 경영형부농은 이론적인 측면에서나 실증적인 측면에서 확고한 기반을 잃어버리고 있고, 새로운 검증이 필요한 단계이며, 나아가 사학사적인 입론으로 평가하는 것이 마땅하다고 생각된다.[36]

본 연구는 조선 후기 내재적 발전론에 대해서 다음과 같은 입장을 갖고 있다. 조선 후기 사회 성격을 살피는 모든 연구, 그리고 조선 후기 사회를 각 분야로 나누어 살피는 구체적인 연구, 또한 조선 사회를 통시적으로 천착하는 연구 등은 당연히 '내재적 발전'이라는 논점을 기본 전제로 삼아야 한다고 생각한다. 이때의 내재적 발전론은 '내재'와 '발전'에 방점이 찍힌 것이며 그 어떤 선험론적인 편견이 미리 개재되지 않은 것이어야 한다고 보고 있다.

'내재'는 조선 사회 내부의 구성원, 제요소, 제요인의 주도적인 지위를 인정하는 것이고, '발전'이란 점진적인 개선, 또는 급격한 변혁, 아니면 퇴영적인 변화를 포함하여 상하로 요동치는 양상을 포함하는 것으로 파

체계화'와 '자본주의맹아론' 이렇게 두 가지로 구분하여 정리하고 있다.

35) 金容燮, 1971, 「朝鮮後期의 經營型富農과 商業的農業」, 『朝鮮後期農業史研究 [II]-農業變動·農學思潮-』, 一潮閣, 223쪽.

36) 염정섭, 2017, 「조선 후기 경영형부농론을 사학사에 내려놓기」, 『내일을 여는 역사』 69호, 내일을여는역사재단.

악한다. 즉 조선 사회의 구성원이 주변 환경 변화 속에서 펼쳐나가고 있는 역사적인 변화, 변동 등을 '내재적 발전'이라고 파악하고자 한다. 후술하는 바와 같이 지금까지 내재적 발전론의 '핵심요소'로 간주되었던 자본주의 맹아론과 경영형 부농의 존재를 불식하고, 다시 새로운 내재적 발전론의 핵심 구성 개념을 역사적 연구과정을 통해 논증적으로 계발하고 수정 보완해나가는 과제를 제기하는 것이다. 이러한 입장에서 본 연구는 조선 후기 근세 농업체제의 성격, 변화, 변동을 분석 정리할 것이다.

다음으로 대한제국의 광무개혁에 대하여 여러 연구성과를 살펴보면 역사적 해석과 평가의 커다란 간극을 찾아볼 수 있다. 일찍이 1970년대 후반에 시작된「광무개혁논쟁」의 핵심은 대한제국기 개혁의 추진주체가 대한제국의 정부측인가 독립협회측의 흐름인가, 또는 개혁의 성격을 어느 정도 인정할 수 있는가 여부에 관한 것이었다. 이중 정부측의 개혁을 주류라고 본 연구자는 김용섭·강만길·송병기 등이며, 개혁운동의 주류를 독립협회측으로 보는 대표적 연구자는 신용하이다. 김용섭은 정부가 광무년간에 시행한 양전사업을 조명하였고,[37] 강만길은 대한제국시기의 상공업을,[38] 송병기는「광무개혁」의 내용과 성격을 밝히고자 하였다.[39]

그런데 광무개혁논쟁의 핵심적인 지점은 근대 농업체제의 형성과 변

---

37) 金容燮, 1968,「光武年間의 量田事業에 關한 一研究」,『亞細亞研究』31, 고려대 아세아문제연구소; 김용섭, 1974,『韓國近代農業史研究』, 一潮閣. 김용섭의『韓國近代農業史研究』목차를 보면, I. 實學派의 農業改革論, II. 改革期의 農業論, III. 光武改革의 農業政策으로 구성되어 있고,「광무개혁」의 주요 논점은 III장의「光武年間의 量田·地契事業」에 들어 있다.
38) 姜萬吉, 1973,「大韓帝國 時期의 商工業問題」,『亞細亞研究』16-2호, 고려대 아세아문제연구소.
39) 宋炳基, 1976,「光武改革研究-그 性格을 中心으로」,『史學志』10, 단국대학교 사학회.

동이라는 연구시각에서 볼 때 광무양전사업의 성격 규정 문제였다. 김
용섭이 광무양전 지계발급 사업에 대하여 연구를 발표한 이후에 당시 지
세제도의 변화 등에 관한 연구가 진척되면서 광무개혁의 성격에 대한 논
의가 전개되었다. 김용섭은 지주적 성격을 갖는 개화파 개혁의 한계를
지적하면서 농민적 입장의 개혁운동과 대비시켜 설명하였다.[40] 즉 개항
이후의 근대적 개혁운동을 지주적 입장과 농민적 입장으로 대별하면서,
이 두 방안은 계급적 이해관계로 인해 대립될 수밖에 없었다고 보았다.
그리고 그러한 대립은 외세와 연합한 개화파의 승리로 귀착되어 농민적
입장의 근대화 방안은 좌절되었다고 분석한다. 결국 지주적 상품생산을
바탕으로 조선사회를 근대화 시키려는 갑신정변, 갑오개혁, 「광무개혁」
이 전개되었으며, 그것은 토지개혁 없는 부르주아 혁명의 시도였다는 주
장이었다.[41]

배영순은 광무양전사업은 지주적 개혁을 선택한 개화파 정권의 근대
화 노선을 이은 것으로서 근대적 토지 소유권의 확립을 지향한 것이라
고 평가하였다. 즉 대한제국기 개혁의 핵심을 이루는 양전·지계사업은
농민전쟁 이후 지주적 개혁을 선택한 개화파 정권에 의해 근대화 노선
을 계승하면서 근대적 토지 소유의 확립을 지향한 것이었지만, 개혁사
업을 추진할 지방기구를 장악하지 못한 데다가 일제의 침략에 의해 한
계에 직면할 수밖에 없었다는 주장이다.[42]

---

40) 金容燮, 1968, 「光武年間의 量田事業에 관한 一研究」, 『亞細亞研究』 31, 고려대 아
    세아문제연구소; 김용섭, 1974, 『韓國近代農業史研究』, 一潮閣.
41) 金容燮, 1988, 「近代化過程에서의 農業改革의 두 方向」, 『한국자본주의 성격논쟁』,
    大旺社.
42) 裵英淳, 1988, 「韓末·日帝初期 土地制度와 地稅改正에 關한 研究」, 서울대 경제학
    과 박사학위논문.

한편 이영훈은 충남 연기군의 광무양안에 관한 사례분석을 통해 광무양안의 '시주時主'의 의미를 재해석하고, 그를 통해 광무양전의 역사적 성격에 대한 자신의 입장을 제시하였다.[43] 즉 국가는 양전사업을 통하여 실소유자를 제대로 파악하지 못하였고, 그것은 농민이나 지주의 저항을 뜻하는 것으로서, 양전사업은 국가가 수조대상지를 최대한 조사, 확정하는 과정에 핵심이 있고, 정작 농민의 사적 토지 소유에 대한 전면 승인과 체제의 확립을 지향한 소유권 조사사업으로서의 성격은 하나의 의제擬制에 불과하였다는 주장이다.

이에 대하여 이영호는 갑오개혁 이전부터 전세제도는 개혁되고 있었고, 농민항쟁이나 개화파의 개혁론에 의하여 그러한 변화가 추동되어 갑오개혁에서 근대적인 지세제도로서의 결가제가 성립될 수 있었으며, 「광무개혁기」에는 광무양전지계사업을 통하여 지세제도의 개혁이 계속 추진될 것으로 전망되었다고 주장한다. 이러한 지세제도의 내재적 근대화 과정을 좌절시킨 것은 바로 일제의 침략이다. 일제는 재정財政 정리를 통하여 지세제도를 이식하였지만, 그것은 식민지 지배를 위한 물질적 기초를 확립하는 데 목표가 있었다. 결국 근대적 개혁이 요구되는 상황에서 일제는 내재적 근대화의 흐름을 차단하고 일본의 제도이식을 통하여 지세제도의 개편을 추진하였다는 분석이다.[44]

이상에서 살펴본 광무양전 관련 연구들이 갖고 있는 문제점은 광무양전과 이전 시기 조선왕조의 양전 사이의 특별한 차이점에 대해서 깊이 다루지 않는 부분이라고 생각된다. 또한 광무양전 사업이 조선정부가 추

---

43) 李榮薰, 1989, 「光武量田의 歷史的 性格-忠南 燕岐郡 光武量案에 관한 事例分析」, 『近代朝鮮의 經濟構造』, 比峰出版社.
44) 李榮昊, 1992, 「1894~1910년 地稅制度 연구」, 서울대 대학원 국사학과 博士學位 論文.

진해 온 근대화 추진, 근대 농업체제의 구축 지향 등의 관점에서 접근하는 부분이 빠져 있다는 점도 보완해야 할 사항이라고 생각된다. 이와 함께 여기에서는 개항기 이후 조선정부와 대한제국의 광무정권을 중심으로 추진되고 실행에 옮겨진 근대 농업체제 구축 시도를 정리할 것이다.

세 번째로 20세기 초반 일본의 식민지로 전락한 시점을 중심으로 농업체제와 관련된 연구를 살펴보면, 먼저 한국이 일본의 식민지로 지배되던 시기에 대하여 '침략과 저항'이라는 구도로 이해하는 연구들이 찾아볼 수 있다. 일제의 경제수탈을 규명하는 연구 성과가 축적됨에 따라 토지조사사업, 산미증식계획, 병참기지화정책으로 이어지는 지배정책사가 체계화되었으며, 일제의 억압과 수탈 및 이에 대한 민족적 저항으로 점철된 시대상이 정착되었다. 일본 식민지 시기 경제 침탈에 대한 연구로 19세기 후반기부터 일제 통치 말기까지 사회경제사를 개략적으로 정리한 연구성과가 1959년에 발표되었다.[45] '침략과 저항'의 논리는 앞서 일본 식민사학자들이 제시한 '식민통치미화론'이 일제의 침략과 식민지 지배를 정당화 합리화하기 위한 논리로 일제 식민주의 역사학자들에 의해 날조된 것이라는 점을 비판하고 극복하려는 것이었다.

한편 '침략과 저항'이라는 이해방식을 시대착오라고 비판하면서 '침략과 개발'이라는 인식으로 전환하자는 주장도 제기되었다.[46] 나아가 '침략'보다는 '개발'에 치중을 두어 살펴보는 인상마저 주는 연구도 제출

---

45) 전석담·최윤규, 1959, 『19세기 후반기-일제통치 말기의 조선사회경제사』, 조선노동당출판사; 한창호 외, 1971, 『日帝의 經濟侵略史』, 아세아문제연구소; 朴慶植, 1973, 『日本帝國主義の朝鮮支配』, 青木書店.

46) 안병직은 일제식민지 시기를 '침략과 수탈'이라는 일방적 구도로 보아서는 안 되고, '침략과 개발'이 교차하는 장으로 인식해야 한다는 주장을 제기하였다. 안병직, 1995, 「韓國에 있어서의 經濟發展과 近代史研究」, 『제38회 전국역사학대회발표요지』, 역사학대회준비위원회.

되었다.[47] 이러한 입장에서 출발하여 1990년대에 귀결된 주장이 이른 바 식민지근대화론이라고 할 수 있다. 식민지근대화론은 조선 후기 이래의 한국경제에 대한 평가로부터 식민지 경제현상에 대한 수치자료 분석에 이르기까지 여러 갈래의 연구를 포괄하고 있다.[48]

정연태는 '식민지수탈론'과 '식민지근대화론'을 대비시켜 설명하면서 21세기 신근대화론으로 '장기근대사론'을 제기한 바 있었다.[49] 그리고 허수열은 식민지 근대화론자의 주장을 논박하면서, 식민지기에 한국의 지역경제가 현상적으로 괄목할 만큼 개발됐으나, 그 개발은 본질적으로 '일본인들의, 일본인들에 의한, 일본인들을 위한 개발'이라고 평가하였다. 그렇기 때문에 한국인과 민족경제의 관점에서 봤을 때 한국 경제의 발달은 '한낱 신기루'에 불과한 것이라고 설명하였다.[50]

한편 이영훈이 19세기 지주경영의 단위면적당 지대량 감소를 단순히 토지생산성의 하락으로 해석하여 설명하는 주장에 대하여, 지대량과 지대 수취율, 작인의 항조에 따른 미봉액未捧額 증가 등의 요인에 의해서 지주의 지대 수취량 감소가 발생하는 것임을 지적하는 주장도 찾아볼 수 있다.[51] 이와 더불어 두락당 지대량이라는 수년 간에 걸쳐 오르락내리락하는 경제적 수량자료가 단순히 수확량에 지대율을 계산하여 만들

---

47) '침략과 개발'론에 대하여 이를 식민통치미화론의 아류로 비판하는 김용달의 주장을 참고할 수 있다. 김용달, 2003, 『일본의 농업정책과 조선농회』, 혜안, 15쪽~16쪽.
48) 이영훈 편, 2004, 『수량경제사로 다시 본 조선 후기』, 서울대 출판부; 김낙년 편, 2006, 『한국의 경제성장 1910~1945』, 서울대 출판부.
49) 정연태, 1999, 「'식민지근대화론' 논쟁의 비판과 신근대사론의 모색」, 『창작과비평』 27-1, 창작과비평사.
50) 허수열, 2005, 『개발 없는 개발』, 은행나무.
51) 염정섭, 2005, 「과잉해석의 성긴 틈새를 빠져나오지 못한 수량 자료-이영훈 편, 『수량경제사로 다시 본 조선 후기』(2004, 서울대 출판부)」, 『한국문화연구』 8호., 이화여대 한국문화연구원.

어진 숫자가 아니라 농업경영에 직접 관련된 이해관계자들 사이의 세력
관계, 우호적 또는 적대적 연관 관계 속에서 결정되어 나오는 역사적 산
물이라는 점을 놓쳐서는 안 된다는 점도 지적되고 있다.

그리고 허수열은 식민지근대화론의 주요 논점을 비판하는 가운데 조
선 후기 생산력 붕괴에 대한 주장이 허구라는 점을 지적하고 있다. 또한
그는 일제 강점기에 근대적 제도가 도입되면서 조선이 개발되고 조선인
의 생활수준이 향상되었다는 주장의 문제점, 식민지 개발의 경험과 유
산이 해방 후 한국경제의 고도성장의 역사적 배경이 되었다는 주장의
위험성 등을 모두 비판하고 있다.[52]

한편 조선총독부의 정책과 정책을 마련하는 관료에 주목하여 일제의
식민지통제정책의 구체적이고 세부적인 내용을 제대로 파악하는 연구
도 진행되었다. 예를 들어 식민지 한국을 통치하기 위하여 일본인 관료
들과 한국인 관료들을 어떻게 충원하였는지와 관련하여 인사, 임용을
살핀 연구가 발표되었다. 최근 식민지 조선에서 식민통치의 상당한 비
중과 실질적인 역할을 수행했던 농업기술관료에 대해 분석한 연구,[53]
또한 1920년대 산미증식계획으로 식민농정의 비중이 커졌던 시기 총독
부 내의 농업 고등기술관료들의 역할 및 구성을 살펴보는 연구[54]를 주
목할 수 있다.

위에서 간략하게 살펴보았지만 식민지 한국의 역사상을 살피는 연구

---

52) 허수열, 2015, 「식민지근대화론의 주요 주장의 실증적 검토」, 『내일을 여는 역사』
59호, 내일을 여는 역사.
53) 이송순, 2016, 「도쿄(東京) 제국대학 농대와 1910년대 조선총독부 농업고등기술관
료 그룹의 형성」, 『韓國人物史硏究』 25, 한국인물사연구회.
54) 이송순, 2018, 「1920년대 식민지 조선의 산미증식계획 실행과 농업기술관료」, 『史
叢』 94, 고려대학교 역사연구소, 177~222쪽.

과제는 '침략', '저항', '개발'이라는 단순한 개념의 논리구도만으로 정리될 수 없다는 점을 분명하게 알 수 있다. 조선총독부의 모든 정책을 침략정책 일변도로 폄하하는 것만으로는 일제의 식민지통제정책의 구체적이고 세부적인 내용을 제대로 파악하기 어려울 것이다. 마찬가지로 일제 강점기 조선의 GDP를 추계하여 경제성장을 추정하거나, 통계자료에 대한 질적인 분석이나 역사적 배경에 대한 설명 없이 수량으로만 해석하는 방식도 적절하지 않을 것이다.

이상에서 살펴본 바와 같이 20세기 초반 이후 일본의 한국식민지 통치, 특히 일본이 한국에 식민지근대 농업체제를 구축해 나가는 과정을 설명하기 위해서는 통감부의 농업조사와 농업식민책, 총독부의 토지조사사업과 미작개량책, 그리고 1920년대 산미증식계획을 중심으로 전면적인 분석과 재검토가 필요하다고 생각된다. 이러한 과정에서 한국을 식민지로 경영하면서 기획하고 실행한 정책, 그리고 그에 참여했던 일본인과 한국인 관리들의 행태와 지향 등을 구체적으로 접근하는 것도 요구된다. 그리하여 일본 식민 권력에 의해 주도된 식민지 한국의 근대 농업체제의 변동을 살펴볼 수 있을 것이다.

제2절 연구 방법과 연구 내용

1. 연구 방법

본서는 앞서 제시한 바와 같이 18세기 중반부터 20세기 초반까지 한국 농업체제의 역사적 전개 과정을 조선 후기 근세 농업체제의 성격과 변동의 해명을 바탕으로 삼고, 조선왕조 말기와 대한제국 시기에 주체적이고 외래적인 조건과 환경 속에서 근대적 변화가 이루어지고 이 과정에서 한국 근대 농업체제가 형성되고, 일제강점기 초반에 근대 농업체제가 식민지적으로 변동되는 과정을 정리하는 것을 연구 목표로 설정하고 있다. 이러한 연구작업은 상당히 장기간에 걸친 시간적 연구범위를 설정하고, 농업사의 역사적 전개 과정을 구조적으로 검출하기 위해 '농업체제'라는 도구적 개념을 활용하여, 조선 후기 농업사와 근대 농업사를 새로운 시각으로 재검토하여 구성하고자 하는 것이기 때문에 다음과 같은 여러 가지 연구 방법을 설정하고 이에 따라 연구를 진행할 것이다.

먼저 본 연구는 시기적으로 조선(근세) 후기, 개항기, 대한제국기, 식민지 근대시기를 포괄하여 검토한다. 한국 근대 농업체제의 형성과 변동의 전체적인 모습을 체계적으로 정리하기 위해 크게 3개의 세부 시기를 나누어 설정하였다. 각 세부 시기는 먼저 조선(근세) 후기에 해당하는 18세기 중반에서 19세기 중반까지, 다음으로 개항 전후부터 대한제국 말기까지, 그리고 통감부 설치에서 1920년대까지 이렇게 3시기로 나누었다. 이 가운데 개항을 전후하여 일본의 식민지로 변화하는 근대 전환기에 해당하는 기간을 본 연구의 가장 주요한 탐구 대상 시기로 설정하였다.

본서의 첫 번째 연구 방법은 '농업체제'를 주요한 분석 도구로 설정하여 연구를 수행한다는 점이다. 농업체제라는 개념의 연구사를 찾아보면, 1960년대 이후 김용섭의 문제 제기를 찾아볼 수 있다. 그는 자신이 수행한 한국근대 농업사연구에 대하여 "중세적中世的인 농업체제農業體制의 해체解體과정이 현실적으로 여하히 근대적近代的인 농업체제農業體制로 연결되었는가."[1] 라는 문제의 해답을 찾는 연구작업이라고 설명하였다. 그가 한국근대 농업사를 탐구하던 연구시각은 바로 '중세적(조선 후기) 농업체제의 해체와 근대적 농업체제로의 연결'이었던 것이다.

김용섭이 제시한 농업체제가 어떠한 것인지에 대해서는 그의 연구가 "우리나라의 중세사회(전통사회)의 해체과정을 농업農業, 농촌農村, 농민農民에 관해서 그 내적內的 발전과정發展過程의 입장에서 해명하는 것"[2]을 연구 목표로 설정하고 있다는 점에서 나름 짐작해 볼 수 있다. 그가 설정한 중세적 농업체제, 근대적 농업체제는 농업, 농촌, 농민을 망라하여 체계적으로 구조화된 농업생산을 둘러싼 사회의 전체적인 체제를 가리키는 것으로 추정할 수 있다.

---

1) 김용섭, 1988, 「序」(1975년 초판), 『增補版 韓國近代農業史硏究』上, 一潮閣, 5쪽.
2) 金容燮, 1970, 「序」, 『朝鮮後期農業史硏究[I] − 農村經濟·社會變動 −』, 一潮閣, 4쪽.

여기에서는 김용섭이 제시한 '농업체제' 개념을 시대구분, 사회변동과 연관시켜 좀 더 발전적으로 개념확장을 해볼 수 있을 것으로 생각된다. 농업, 농촌, 농민이라는 개념을 농업기술, 농업정책, 농업경영, 농촌사회, 농업론(농업개혁론) 등으로 보다 구체화시키는 것이 필요하다. 왜냐하면 농업기술 등으로 개념의 구성요소를 구체화시켜야 실질적인 변화와 변동의 모습을 좀 더 분명하게 제시할 수 있기 때문이다. 또한 구체화된 구성요소를 종합하여 하나의 시대구분, 사회변화와 연관시켜 '중세 농업체제', '근세 농업체제', '근대 농업체제'라는 개념을 정의하여 활용해 나갈 수 있기 때문이다.

위와 같은 논의를 바탕으로 여기에서는 '농업체제'라는 개념에 대한 검토와 분석을 통해 농업사의 연구범위와 연구 방법에 대한 새로운 접근을 하고자 한다. 농업체제라는 개념을 역사 시대구분에서 농업생산의 성격을 주요한 판별 기준으로 정립하기 위해 사용하려고 한다. 역사적 시대구분에서 지금까지 주요하게 활용한 개념은 사회구성체, 사회구조였다. 그런데 사회구성체와 사회구조의 경제적 측면에 대한 분석은 '생산양식'의 검토, 실증이라는 방향으로 이루어졌다. 특정한 생산양식을 설명하기 위한 하위 개념으로 생산력과 생산관계를 검토하였다.

좀 더 유기적으로 설명하자면 사람들은 자신들이 수행하는 사회적 생산에서 어떤 특정한 생산관계에 필연적으로 밀접하게 연관되어 있다. 이러한 생산관계는 물질적 생산력의 일정한 발전단계와 조응하고, 생산관계의 총체는 사회의 경제적 구조, 즉 법률적, 정치적 상부구조가 그 위에 성립하며, 또한 일정한 사회의식의 형태에 조응한다. 그리고 생산력과 생산관계의 조응과 충돌 속에서 생산양식의 변화가 야기된다. 이러한 측면에서 물질적 생활에서 생산양식은 사회적, 정치적, 정신적 생활

과정의 일반적 특징을 규정하고, 생산양식의 일정한 단계에 이르면 사회의 물질적 생산력은 기존의 생산관계와 충돌하게 되면서 사회적 혁명의 시기가 도래하게 된다는 것이다.

사회구성체의 성격을 생산양식, 생산력, 생산관계로 설명하는 것은 농업이 주요한 생산형태인 자본주의 이전 사회에 적용하는 것에 엄밀한 객관성과 실질적 역사성이 동반되지 못한다고 생각된다.[3] 이러한 문제의식을 바탕으로 농업생산이 사회적 생산의 기본형태이고, 또한 주요형태인 시대, 사회에서 사회구성체 또는 사회구조의 성격을 보다 구체적으로 규정하기 위해 농업체제라는 개념을 도구적으로 사용하려고 한다. 농업체제라는 개념은 농업을 둘러싼 온갖 용어, 사건, 논의, 주장을 크게 몇 가지 요소(분야)로 나누고 묶어서 그 주요한 특징을 찾아보려는 시도의 산물이다. 또한 특정한 시대, 특정한 시기의 농업생산의 성격을 규정하고 그것을 다른 시대, 다른 사회의 그것과 비교하기 위한 노력이기도 하다.

농업체제라는 개념은 각 시대마다 펼쳐지는 농업의 현상적인 특색에 따라 유연하게 구성될 수 있을 것으로 생각된다. 일국 내의 농업생산과 유통, 소비가 중심적인 시대의 농업체제와 다국적 기업의 농축산품 대량 생산과 국제적인 식량 교역이 활성화된 시대의 농업체제는 각각 주요한 부문과 기본 특성, 성격에서 차이를 갖지 않을 수 없다. 또한 국가의 지배체제, 지배층의 기본 성격에서 귀족적인 측면이나 관료적인 측면이 각각 부각되는 시대일 경우 그리고 사회 여러 신분 사이의 단계적,

---

3) 사회구성체, 생산관계, 생산력의 개념을 한국사의 역사적 전개 과정, 특히 농업사회의 변화 과정에 대한 역사적 분석연구에 어떻게 활용할 것인지, 나아가 새로운 분석 개념을 어떻게 정립할 것인지 등의 문제 제기와 대안 제안은 앞으로 역사적 실증적 검증 단계를 통과한 다음, 추후에 발표할 계획임을 혜량해주시기 바란다.

등급적 간극이 크게 벌어져 있는가 아니면 작은 간격에 불과한 경우인가 등의 조건에 따라 각각의 사회·국가에 연관된 농업체제의 귀결점이나 지향점이 달라질 수밖에 없을 것이다. 나아가 위에서 지적한 농업체제의 각 구성요소(분야)에 대해서도 시대에 따라 중점重點이 달라지게 마련이라고 보지 않을 수 없다.

그리고 특정한 시대의 농업체제의 성격 규정은 생산력, 생산관계, 생산조건生産條件[4])에 따라 달라지는 것으로 생각된다. 하지만 생산력, 생산관계, 생산조건은 역사 흐름 속에 개입하고 작용하는 여타 요소를 배제하고 단순하게 수치적으로 수량적으로 비교하는 것은 매우 비역사적인 연구일 것이다. 예컨대 조선 후기와 식민지시기를 비교할 때 각 시기 지주제 경영이 갖고 있는 수확량의 차이가 크게 나타나는 것은 확실하지만 그것이 각 시대의 민인民人들의 생산활동을 비롯한 경제활동, 국가권력의 법적 제도적 통제력, 향촌 사회에서 중층적으로 작용하는 관행 관습의 저력 등을 배제한 채 분석하는 것은 너무 단순하기 때문에 역사적 실상實像과 어긋난 결론으로 달려갈 수밖에 없을 것이다. 따라서 우리가 여기에서 상정하는 농업체제는 각 시대의 지배체제, 권력구조 등에 의해서 규정되면서 동시에 전주田主, 농민農民 등 민인民人의 자율적인 작업 활동에 의해서 미묘하게 차이점을 노출하고 있는 그러한 유연성을 갖고 있는 것으로 파악한다.

'농업체제'를 구체적으로 살피는 것은 그 구성요소(분야)를 세세하게 검토하는 것이다. 그리하여 먼저 농업생산의 시대적 지역적 역사적 성

---

4) 사회적 생산의 대부분을 농업생산이 차지하던 농업사회에서 각국의 생산양식의 차이를 초래하는 요인은 生産力, 生産關係 이외에 生産條件이 더해져야 한다고 생각된다. 이에 대한 자세한 논의는 추후에 발표할 계획이다.

격을 규정하는 농업기술 즉 농법農法의 성격, 특색을 파악하는 것을 '농업체제' 검토의 기초적인 연구작업으로 설정한다. 이와 더불어 대체로 국가적인 차원에서 또는 향촌 사회에서 간여하는 범위가 일정 정도 포함되는 농업생산을 둘러싼 정책적인 노력인 농정책農政策 또는 농업정책을 '농업체제'의 기본적인 성격을 파악하기 위한 후속 연구작업으로 규정한다. 이때 토지조사 작업인 양전量田, 양전의 결과물이자 수취의 기본장부인 양안量案의 역사적 전개 양상을 주목한다.

그리고 계속해서 경제적 능력이 상이한 다양한 농민 계층과 토지를 소유한 전주, 그리고 토지에서 유리된 고공雇工, 고농雇農 등이 참여하면서 지대地代를 매개로 벌어지는 다양한 형식과 내용의 농업경영農業經營을 주요하게 밝혀야 할 실체로 간주한다. 끝으로 각 시대의 농업현실에 대한 직접적이고 구체적인 분석을 바탕으로 농업생산에 대한 새로운 개선방안, 개혁론을 제기하는 농업론農業論, 농업개혁론農業改革論 또는 농업변통론農業變通論 등을 농업체제, 농업 자체의 장래의 전망이나 변화 방향을 보여주는 것으로 설정한다.

이상에서 정리한 바와 같이 농업체제는 농법(농업기술), 농정책(정책), 농업경영, 농업론 등을 중심으로 특정한 시대와 특정한 지역의 농업, 농업생산의 성격, 변화, 발전 방향 등을 설명하기 위한 도구적인 개념이다. 농업체제라는 개념의 활용은 한국농업사 연구가 조정의 농업정책을 권농勸農이라는 제한적인 측면만 강조하는 것에 대한 반성적인 의미를 갖고 있다. 또한 농업사 연구가 농업기술 즉 농법農法, 그리고 토지소유규모와 농업경영규모를 중심으로 농업경영農業經營 추이에 대하여 검토하는 연구에 치중하고 있는 점도 반성적으로 검토하기 위한 것이다. 또한 농업개혁론을 실학자의 개혁론과 동일시하는 것에 대한 비판적 재검토의 필요성에서 제기하는 것이기도 하다.[5] 농업체제를 구성하는 여러 요소(분야)를 종합적으로 검토하고 이를 바탕으로 각 시대의 농업체제의 특징과 성격, 각 사회의 성격을 규명하려는 것이다. 이를 위해 여기에서는 18세기 중후반에서 20세기 초반까지 한국의 농업체제의 변화 변동을 근세 농업체제에서 근대 농업체제로 전환되어 나가는 과정으로 설정하여 연구작업을 진행할 것이다.

본서의 두 번째 연구 방법은 '근세'라는 시대 용어를 사용하여 근세 농업체제에서 근대 농업체제로 전환되어 나가는 과정의 전반 시기를 검토하고 정리한다는 점이다.[6] 18세기 중후반에서 20세기 초반까지 한국의 농업체제의 변화 변동을 다루기 위해 먼저 앞 시기에 해당하는 18세기 중후반에서 19세기 중반까지 조선왕조 근세 농업체제를 깊이 천착할 것이다. 이는 근세사회에서 근대사회로 전환이라는 연구시각에 입각하여 근세 농업체제의 근간(성격과 변동)을 소개하고 정리하면서 이를 바탕으로 19세기 중후반 이후 한국 농업체제의 근대적 변화를 살펴보려는 것이다.

근세 농업체제에 기반을 둔 근세사회, 그리고 근세사회의 지배체제는 조선왕조가 개창된 이후 약 100년 정도가 지난 15세기 후반에 정립된 것으로 보인다. 이후 근세사회의 주요한 특징적인 양상은 19세기 중반

---

5) 실학자의 농업개혁론에 대한 재검토는 다음 연구성과를 참고할 수 있다. 김태영, 1988, 『실학의 국가 개혁론』, 서울대학교출판부; 염정섭, 2014, 『18~19세기 농정책의 시행과 농업개혁론』, 태학사.

6) 최근에 김동식은 근세조선과 근대사조를 구분하고 '근세조선'을 언급하고 있지만, 이는 백철의 용어 사용을 인용하는 것에 불과하고 '근세', '근세사회'에 대한 정의를 내리는 대목은 찾아볼 수 없다. 김동식, 2018, 「이식(移植)·근세조선(近世朝鮮)·후진성(後進性)-1970년대 근대 문학 기점 논의를 위한 예비적 고찰」, 『한국학연구』 48, 인하대학교 한국학연구소.

에 이르기까지 장기간에 걸쳐 존속하였다. 이러한 점에서 근세사회는 한국사회의 역사적 발전 단계를 지칭하는 개념으로 설정할 수 있을 것이다.[7] 근세사회의 지배체제의 주요 골자를 소개하면, 양반(사족) 지배층이 신분제와 관료제를 기본 골격으로 삼아 지배질서를 유지하고, 성리학적 이념을 현실화하기 위한 중앙정부와 향촌 사회 지배세력의 노력이 하층민에게 가해지는 지배 이념 내면화 과정을 진행하면서, 직접생산에 대한 부세 수취와 인신 노동력에 대한 신역부과를 국가와 사회의 재정적 기반으로 삼아 유지되는 체제라고 할 수 있다. 대체로 15세기 후반 성종 재위 시기를 전후하여『경국대전經國大典』과『국조오례의國朝五禮儀』라는 법치法治와 예치禮治의 두 기반이 마련되고, 향촌 사회에서 성장한 성리학적 이념질서의 현실화를 목표로 삼는 이른바 '사림士林' 세력이 중앙정계에서 관료로 활동하는 것이 본격화되었던 상황이 바로 근세사회의 정립단계에 나타난 것으로 파악한다.

그리고 16, 17, 18세기에 걸쳐 크고 작은 지배체제의 변동과정을 거치면서 관료제의 내포와 외연에서 변화가 있었고, 근세사회의 지배층의 범위와 권력도 부침이 있었지만, 그리고 그러한 지배권력의 변화 방향이 점차 양반(사족)의 등급적 특권이 점차 소잔되는 것이기는 하였지만, 그럼에도 불구하고 그들은 자신들의 지배권력을 계속 유지해나갔다.[8] 따라서 근세사회의 지배체제는 양반[士族]을 중심으로 형성된 것으로

---

7) 한국사의 시대구분에 근세를 편입하고, 근세사회를 15세기 후반에서 19세기 중반에 이르는 시기로 규정하는 시대구분론에 대해서는 차후에 연구발표할 예정임을 밝혀둔다.
8) 근대초기를 '근세(近世)'라 명명하는 경우도 찾아볼 수 있지만 '근세'에 대한 개념정리가 확실하게 제시된 상황에서 사용하는 것은 아닌 것으로 보인다. 이헌창, 2017,「근세 실학의 선구자이자 실천자인 金堉(1580∼1658)」,『한국실학연구』33, 한국실학학회.

이들이 신분제와 관료제의 틀 속에서 지배권력을 행사하는 것이었다.[9]

또한 양반 지배층은 국왕을 정점으로 관료제의 틀 속에서 천인賤人을 포함한 일반 민인民人들로부터 부세를 수취하고 신역을 부과하였다. 그런데 부세수취와 신역부과의 대상은 근세사회 전시기에 걸쳐 농업생산의 소출이거나 민인의 노동력이었고, 그것은 점차 지세地稅로 귀결되고 금납金納 방식으로 전환되고 있었다. 이렇게 본다면 지배층의 재생산을 포함한 근세사회의 유지와 발전은 전적으로 농업생산에서 연유하는 것이고, 결국 근세 농업체제는 이러한 근세사회의 유지 발전을 위해 조직되고 운영되었다고 할 수 있다.

근세사회라는 역사시대의 설정은 많은 글에서 무의식적으로 사용되는 전근대-근대라는 설명 틀 자체가 갖고 있는 문제거리를 해결하고자하는 의지도 담겨있다. 근대와 다른 이전 시기의 특징을 중세로 설명하는 것은 서양사에서의 단계 규정이고 사실 서양사에서의 근대는 상당히 넓은 시기를 포괄하고 있기 때문에 근대초기[Early Modern]라는 시대구분이 널리 받아들여지고 있다. 따라서 근대의 어떤 특정한 사건과 비교 설명하기 위한 목적이 있을 때에만 한정하여 '전근대'라는 용어를 사용하는 것이 마땅하다. 따라서 근대보다 이질적인 시대로서 전근대를 하나의 시대용어로 사용하는 것은 문제라고 할 수 있다. 전근대라는 용

---

9) 심희기는 "근세조선은 14세기 말부터 19세기 초반까지 『大明律』을 조선의 기본법제로 채택하여 근 500년 동안 중국법을 학습하고 법 실무에 직접 응용해왔다"는 점을 강조하면서 근세조선의 민사사법제도를 같은 시기의 중국의 그것과 같이 학습하는 것이 절대적으로 필요하다고 지적하였다. 그가 '근세조선'을 특화해 설명하고 있지만, 자신이 연구책임자로 수행하는 사업의 명칭이 '조선시대 결송입안집성-탈초및 역주-'로 설정되어 있다는 점으로 보아 '근세조선'을 뚜렷한 시대구분의 명칭으로 사용하지 않는 것으로 보인다. 심희기, 2017, 「근세조선의 민사재판의 실태와 성격」, 『법사학연구』 56, 한국법사학회, 89쪽.

어보다는 앞서 소개한 바와 같이 조선이라는 사회체제, 조선왕조국가의
지배체제 아래에서 전개된 역사를 전후 시대와 비교하여 설정한 근세라
는 시대 용어로 바꾸어 사용하는 것이 적당할 것이다. 이러한 입장에서
조선 후기를 중심으로 근세 농업체제의 성격, 변화와 변동의 여러 측면
을 분석 검토하고자 한다.

　세 번째로 여기에서 '근대' 개념에 대한 접근방식을 재구성하여 근대
라는 개념이 갖고 있는 우월성을 덜어낸 입장에서 연구를 진행할 것이
다. 사회 변화의 목표 또는 지향점으로 근대를 설정하는 것이 아니라, 조
선왕조국가의 지배체제, 대한제국의 지배체제에서 점차적으로 또는 급
격하게 변화하는 과정 및 그로 인해 만들어져 나간 근대, 또는 성취되거
나 지향된 근대, 즉 '한국(조선)의 근대화'를 설정하고 이에 따라 근대 농
업체제의 형성, 변동을 살펴보고자 한다.

　근대에 대한 서구중심적 시각과 목적론적 시각을 벗어나 근대를 설정
하는 것은 다른 연구에서도 연구 방법으로 주목되고 있다. 민중운동사
연구에 대한 새로운 문제 제기를 도출한 배항섭의 연구는 근대로의 전
환에 관한 일면적인 인식을 주의해야 한다고 강조하고 있다.[10] 그는 해
방 이후 농민전쟁에 대한 이해가 서구중심적·근대중심적 역사 인식에
기반하고 있으며, 이런 이해가 농민전쟁 연구의 주류를 차지하고 있다
고 파악한다. 그가 비판하는 대목은 서구적 문명화나 근대성을 진보의
입장에서 파악하는 단선적 발전론이다. 이러한 단선적 발전론이 근대에
특권적 지위를 부여하고 근대-전근대를 비대칭적인 이항대립의 관계로
편성하여 전근대는 근대를 향해 직선적으로 달려가야 할 시대적 책무를

---

10) 배항섭, 2015, 「동학농민전쟁에 대한 새로운 이해와 내재적 접근」, 『역사비평』
　　2015년 봄호(통권 110호), 역사비평사, 165∼166쪽.

갖고 있고, 그리하여 근대에 종속된 시간에 불과한 것으로 파악하고 있기 때문에, 근대로의 전환에 대한 일면적인 왜곡된 인식을 만들어내고 있다고 비판한다.

배항섭의 글에서 주목되는 것은 근대를 특권적으로 파악하는 목적론적 역사 인식, 단선적 발전론에 비판적인 문제 제기를 던져주고 있다는 점이다. 그리하여 그는 후카야 카즈미深谷克己가 제시한 "민중운동사 연구는 무엇보다 역사를 고정된 것, 목적론적인 무엇으로 파악하는 것이 아니라 인간의 삶이 주체적으로 대응해 나가는 속에서 역사를 어떤 가능성으로 이해하려는 데 그 의의가 있다"[11]는 점을 인용하면서, 농민군의 의식이나 지향을 민중들이 살아가던 삶의 현장이던 향촌 사회의 질서나 공동체의식, 그 속에서 형성된 다양한 관습, 특히 유교라는 지배 이념과의 관련 속에서 이해하려는 새로운 연구경향은 주목하고 있다.

또한 이영호는 1894년 갑오개혁 이후 1910년대 토지조사사업에 이르기까지 한국정부와 일제 당국의 토지정책에 대하여 검토한 논문을 재구성한 책을 내면서 '근대전환기'라는 개념을 사용하면서 근대화과정에 대한 유연한 검토를 지적하였다.[12] 그는 1980년대 널리 사용하던 '근대이행기'라는 개념이 "봉건사회에서 자본주의 사회로의 이행"이라는 법칙적 의미를 담고 있다는 점을 주목한다. 그런데 그는 "역사발전의 후진성을 수용한다면, 서양과 다른 동아시아의 지역성을 강조한다면, 근대국민국가 수립과정에서 경험한 식민성을 고려한다면, 이행의 법칙성으로 한국의 근대화과정을 설명하기 쉽지 않다"고 강조하면서 근대화과

---

11) 深谷克己, 2000, 「民衆運動史研究の今後」, 深谷克己 編, 『世界史のなかの民衆運動』, 東京, 青木書店, 23쪽.
12) 이영호, 2018, 「책머리에」, 『근대전환기 토지정책과 토지조사』, 서울대 출판부, Ⅴ쪽.

정을 유연하고 다양하게 사고할 필요가 있다고 지적하고 있다.

여기에서는 근대를 객관적인 개념으로 설정하여, 우월한 시대이거나 지향해야 할 목표로 간주하지 않을 것이다. 근세 사회와 마찬가지로 근대사회도 다양한 신분, 계층에 속한 사람들이 사회경제적 조건 속에서 삶을 영위해나가는 것이 본질적인 모습이다. 이러한 점을 고려하여 한국 근대 농업체제의 형성, 변동을 검토할 것이다.

네 번째로 본서는 '근세 농업체제'와 '근대 농업체제'의 동질적인 부분과 이질적인 부분, 그리고 두 농업체제 사이에서 계승되는 부분과 단절되는 부분에 주목하여 연구를 수행할 것이다. 이는 근세 농업체제와 근대 농업체제가 기본적으로 시간적인 순서에 의해서 나뉘어지는 것이지만 실제 두 농업체제가 갖고 있는 개별적인 성격을 보다 근원적으로 탐구해야 할 과제로 설정하는 것이다. 두 농업체제가 구분되는 지점을 파악하는 것과 근세 농업체제가 근대 농업체제로 전환되는 과정에서 나타나는 특징을 주목하고자 한다.

구체적으로 근세 농업체제의 성격을 규정할 때 가장 주요하게 살펴보아야 할 부분이 농업기술 즉 농법農法 현황이라면, 근대 농업체제의 형성과 변동을 살피는 작업에서는 서양농업기술의 도입, 수용 그리고 일본개량농법의 보급과정이라는 점을 대비시켜서 살펴볼 것이다. 또한 조선의 조정을 중심으로 전개된 농정책이 개항 이후 고종대 조정에서는 이른바 개화, 근대화 방략 속에서 농업정책으로 변화하였고, 그와 더불어 고종의 국왕 권농책이라는 측면에서 일부 계승되고 있었다는 점을 주목할 것이다. 또한 갑오개혁과 광무개혁에서 국가적 차원에서 역둔토에 대한 조사 정리사업과 광무양전 지계발급이 이루어진 점에 주의하면서 이러한 제도적 모색이 통감부 설치 이후 그리고 총독부의 식민농업정책 아래에서 어떻게 변화하게 되었는지 살펴볼 것이다. 마지막으로 조선 후기의 다양한 농업개혁론이 개항기와 대한제국 시기를 거치면서 어떻게 나타났는지 일본 식민지로 변한 시점에 주로 총독부의 농업정책의 기조가 어떻게 나타났는지 주목하려고 한다.

2. 연구 내용

본서는 조선 후기 18세기 중반부터 20세기 초반까지 근세 농업체제에서 근대 농업체제로 변화하는 역사적 전개 과정을 규명하는 연구결과이다. 상당히 장기간에 걸친 시기를 연구 범위로 삼고 있기 때문에 전체적인 차원에서 한국사의 정치, 경제, 사회 등 각 부문의 변화에 주목해야하고 나아가 구조와 체제 그리고 변화와 변동에도 주의를 기울여야 하는 연구작업을 수행하였다. 그리고 각 시기마다 민인들과 지배층 사이에 현시점에 대해 상이한 분석을 바탕으로 앞날에 대한 개별적인 전망과 추구 또한 서로 상이하게 나타나기 마련이기 때문에 이러한 사회계층 사이의 불일치, 불균형에도 귀를 기울이고자 하였다.

이와 더불어 외부로부터 들어오는 세력들이 침략과 종속을 목표로 정치적, 경제적 심지어 군사적 간섭과 침략을 불사하고 있는 상황이 전개되었기 때문에 이러한 외부적 요인에 대한 평가 문제도 눈여겨보려고 하였다. 본서는 이러한 입장을 가지고 연구작업을 수행하면서 장기간에 걸친 한국농업체제의 변화, 한국 근대 농업체제의 형성과 변동을 다음의 연구내용으로 정리할 것이다. 앞으로 계속해서 내용을 보완하고 수정하고 교정하지 않을 수 없을 것이라는 점을 밝혀둔다. 본서의 내용 구성을 간략하게 소개하면 다음과 같다.

서론에서는 본 연구를 하게 된 문제 제기와 '근세 농업체제', '근대 농업체제' 또는 조선 후기부터 20세기 초반에 이르는 농업사의 주요한 논점을 중심으로 정리한 연구동향을 먼저 제시한다. 그리고 이어서 본 연구의 주요한 도구적 개념인 '농업체제', '근세', '근대'의 개념 정리와 검토 내용을 설명하는 연구 방법을 서술한다. 그리고 서론의 마지막 부분에서는 본 연구의 목차를 중심으로 연구내용을 소개한다.

「제1부 조선 후기 근세 농업체제의 변동」에서는 조선 후기에 나타난 근세 농업체제의 성격과 변동 양상을 정리한다. '1장 농업기술의 전개 양상'에서는 농민들이 실제 활용하는 농업기술을 벼농사의 이앙법 보급, 한전 이모작 경작방식의 고도화, 시비법의 발달, 농기구와 수리시설의 발달을 중심으로 정리한다. 그리하여 조선 후기의 근세 농업체제에서 농업기술은 농민들의 자체적인 기술개발과 보급을 중심으로 전개되었고 국가적인 차원에서 수리시설의 관리, 축조, 수차의 보급 노력 등이 이루어지고 있었음을 살필 것이다.

'2장 농정책의 마련과 실시'에서는 조선 후기에 이루어진 농정책의 구조를 권농勸農, 감농監農, 황정荒政으로 나누어 개별적으로 살핀다. 순조대에도 권농책이 실행되었고, 추가로 암행어사 파견, 양전 추진 등이 시도되었음을 정리한다. 그리하여 근세 농업체제에서 국가의 농정책이 국가와 농민 사이에 농업생산을 안정적으로 유지 발전시키기 위한 장치였다는 점을 살필 것이다. 더불어 이러한 농정책의 구조가 제대로 제 기능을 발휘하지 못하고 삼정 문란이 심화되면서 부세체제의 합리적 수행이 어려워졌을 때 근세 농업체제가 위기를 맞게 되었다는 점을 설명한다.

'3장 양전 시행과 양안의 작성'에서는 양전의 실시 배경, 실제 양전 시행과정 및 절차 등을 먼저 살피고 이어서 양안의 농업사적 의의를 밝힌다. 특히 경자양전의 실시 논의과정과 경자양전의 결과물인 경자양안의 기재내용을 정리하면서 뒤에 살필 광무양전과의 비교를 염두에 두고 정리한다. 이러한 과정에서 양전과 양안이라는 조선 국가에서 펼친 사업과 장부가 곧 근세 농업체제의 특징을 보여준다는 점을 확인할 수 있을 것이다.

'4장 농업경영의 변동'에서는 지주경영과 소농경영으로 나누어 농업경영의 특색과 변동양상을 살펴본다. 지주 경영에서 두락당 지대량의 문제, 그리고 소농경영에서의 토지 소유 영세화 문제 등에 대한 설명을 수행한다. 그리고 궁방전과 아문둔전의 농업경영을 다루면서 특권 세력의 농업경영이 갖고 있는 특징을 살필 것이다.

마지막으로 '5장 농업개혁론의 추이'에서는 조정과 재야를 중심으로 다양한 방면으로 제기된 농정개선론, 농업개혁론을 검토한다. 이러한 연구를 통해 조선 후기 농업의 성격을 재규정하고, 그리하여 개항 이후 전개되어나간 농업변동의 방향과 비교 검토할 것이다. 특히 서유구와 정약용의 국가 개혁론이 국가적인 차원에서 농업체제를 재구성해야 한다는 논의를 포함하고 있으며, 서유구가 제시한 '조선 농사시험장'의 구상이 개항 이후 조선 정부에서 실행한 농무목축시험장의 설치와 운영, 대한제국에서 시도한 권업모범장의 설치 시도 등과 이어지는 것으로 평가할 수 있다는 점을 서술할 것이다.

「제2부 개항기·대한제국기 근대 농업체제의 형성」에서는 먼저 '1장 대원군의 농촌수습책과 고종의 권농정책'에서 대원군 집권기에 맞이한 근세 농업체제의 위기에 관련된 핵심적인 내용과 이러한 위기를 해소하기 위한 대원군의 농촌수습책을 살핀다. 대원군의 농촌수습책은 왕실을 강화하는 정책을 시도하면서 삼정 문란을 해결하려고 한 것이었지만 근원적인 해결책 자체를 제시한 것은 아니었다는 점을 설명한다. 이어서 고종이 선왕을 계승하여 수행한 권농책과 권농공간을 설명하면서 고종이 1880년대 새로운 농업체제로 전환하는 것을 준비하고 있었음을 서술할 것이다.

'2장 1880년대 근대적 농업정책의 등장'에서는 개항 이후 등장하는 근대적 농업기구의 설이와 농업정책을 정리한다. 농상사를 중심으로 농업정책을 마련하고 추진하는 집행과정 자체가 근대적인 것이라는 점을 서술한다. 이어서 외국 특히 일본으로 보낸 시찰단의 활동과 농무목축시험장 설치 운영 양상을 정리한다. 그리하여 고종대의 농업정책의 서양 농법의 도입이라는 방향으로 나아가는 것이었음을 서술할 것이다.

'3장 1890년대 이후 근대 농업체제의 형성'에서는 1890년대 이후 전개된 주요한 농업사의 변곡점으로 갑오개혁의 농업정책, 광무정권의 양전지계사업을 검토한다. 그리고 광무정권의 개간정책과 농림관련 회사의 설립을 정리할 것이다. 그리하여 이러한 일련의 기구 설치와 정책 추진을 통해서 1890년대 이후 근대적 농업체제의 틀이 형성되었음을 서술할 것이다.

마지막 '4장 서양 농업기술의 도입 시도'에서는 1880년대 농서 편찬의 주요한 특징이 서양농업기술의 소개와 더불어 조선의 이전 농서에 보이는 요소를 결합시키는 것임을 설명하고, 이어서 농서편찬자들이 시비기술에서 서양 기술의 도입을 주장하면서도 조선의 시비기술과 융합하는 데에 주목하고 있다는 점을 소개할 것이다. 그리고 농업시험장의 설치와 철폐 과정을 정리하면서 '공상소工桑所'라는 기관의 설치와 운영을 서술할 것이다.

「제3부 일제강점기 근대 농업체제의 변동」에서는 먼저 '1장 통감부의 농업조사와 농업식민책'에서 통감부의 설치 과정을 살피고 한국에 대한 농업조사의 내용을 정리한다. 그리고 통감부가 한국을 식민지로 통치하면서 특히 농업과 관련하여 수행한 식민농업책을 서술할 것이다. 또한 권업모범장과 관련된 통감부의 의지가 앞서 조선 후기와 고종대 이루어진 농사시험장 설치와 연관시켜 설명할 것이다.

'2장 총독부의 토지조사사업과 미작개량책'에서는 조선총독부의 농업식민책의 대강을 소개하면서 한국농민을 소작농민으로 강제한 과정을 서술한다. 그리고 조선토지조사사업의 대략적인 소개와 더불어 조선토지조사사업의 성격에 대한 나름대로의 규정을 덧붙일 것이다. 또한 1910년대 미작개량정책의 내용을 소개하면서 이러한 개량농법의 강제가 갖고 있는 폭압성에 대하여 자세히 설명할 것이다.

'3장 산미증식계획과 수리조합의 운영'에서는 1920년대 산미증식계획의 배경, 내용을 소개하고, 이어서 수리조합의 설치와 운영을 정리하여 서술한다. 또한 조선 후기, 고종대의 수리정책의 특징을 수리조합 설치 운영과 비교하면서 역사적 의의에 대하여 설명할 것이다. 그리고 전익수리조합의 사례를 검토하여 당시 수리조합이 한국농업에 미친 영향을 살필 것이다.

마지막으로 '4장 식민지 농업경영과 식민지근대 농업체제의 성격'에서는 식민지지주의 농업경영의 특징과 소작쟁의의 배경, 원인 등에 대하여 소개할 것이다. 그리고 끝으로 '식민지 근대 농업체제'의 성격에 대하여 서술할 것이다. 이때 앞서 정리한 조선 후기 '근세 농업체제의 변동', 1890년대 이후 '근대 농업체제의 형성' 등과 연결하고 대비하면서 '식민지 근대 농업체제의 변동'의 특질을 밝혀보려고 한다.

이상에서 살핀 바와 같이 본서는 '농업체제'라는 개념을 통해 18세기 중반 근세 농업체제에서 20세기 초반 근대 농업체제까지 농업사의 주요한 변화와 변동과정을 설명하려는 연구이다. 아직 해명이 불분명한 부분이 너무나 많고, 최근의 연구성과를 감안하지 못한 부분도 적지 않으며, 농업체제의 주요한 부문임에도 불구하고 눈길을 던지지 않은 것이 매우 많다. 앞으로 본 연구의 문제점을 더욱 보완하고, 오류를 수정하며, 새로운 내용을 추가하여 학계에 기여할 수 있는 결과물로 발표해야 할 장래의 과제가 태산처럼 바로 눈앞에 발끝에 걸려 있음을 명심할 것이다. 앞으로 계속해서 20세기 중후반을 거쳐 21세기에 이르는 한국 농업의 역사적 전개 과정을 보다 분명하게 이해하는 연구를 수행해야 할 것으로 생각하고 있다. 마찬가지로 선사시대 농경의 시작부터 근세 농업체제까지 한국 농업의 역사적 전개 과정 또한 장래의 연구과제로 설정하고 있다.

제1부

조선 후기
근세 농업체제의 변동

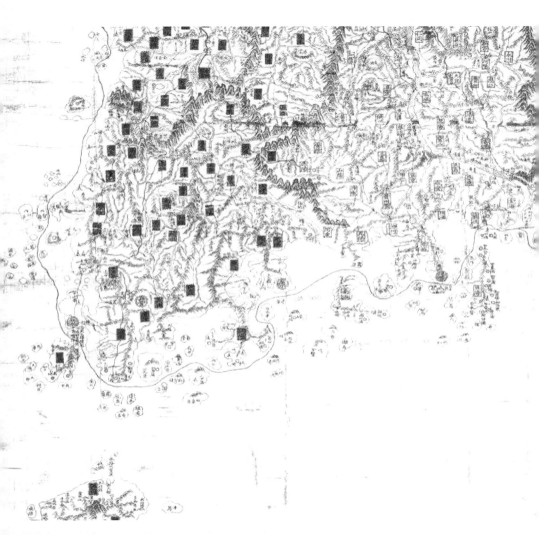

I. 농업기술의 전개 양상

1. 벼농사 이앙법의 보급

조선 후기 대략 17세기 중후반 이후에 해당되는 시기에 조선사회, 지배체제가 점진적으로 변화해 나가기 시작하였다. 정치운영에서 붕당정치의 주요한 요소들이 흔들리며, 환국, 탕평 등의 정치변동이 현실화되고 있었다. 또한 향촌 사회에서 사족士族 중심의 지배질서 운영이 유지되면서 또한 새로운 계층의 성장이 나타났다. 이와 더불어 농촌경제에서 장시가 활성화되고 시전상인, 공인 등의 활동과 사상私商의 움직임이 활발하게 펼쳐졌다. 근세사회의 변화, 변동이 여러 부문에서 점진적으로 전개되었고, 그러한 변화와 변동은 매우 농업체제의 측면에서도 찾아볼 수 있다.

조선왕조의 지배체제가 안정적으로 정립되고, 사회체제가 공고하게 구조화되면서 앞선 중세사회와 여러 가지 측면에서 구별되는 근세사회가 15세기 후반 무렵 형성되었다.[1) 근세사회의 농업체제는 농민들이 활

---

1) 15세기 후반 근세사회 성립 논의에 대해서는 다음 글을 참고할 수 있다. 유승원, 2014, 「한우근의 조선 유교정치론·관료제론: 조선근세론을 아울러서」, 『진단학보』 120, 진단학회; 최이돈, 2019, 「근세 조선의 형성: 나의 책을 말한다」, 『역사와 현실』 113, 한

용하는 농업기술의 대전환, 즉 휴한법休閑法에서 연작법連作法으로의 대전환에 기본적인 바탕을 두고 있었다. 14세기를 중심으로 전개된 농법의 대전환이야말로 근세 사회 성립의 경제적 기반이라고 볼 수 있다. 그리고 농업기술 특히 벼농사 기술의 발달은 경제적, 사회적 변화를 촉발시킨 주요한 요인이었다.

조선의 근세 농업체제는 16세기를 거치면서 17세기 이후로 농업기술의 점진적인 발달, 농서農書의 다층적인 편찬, 농업생산방식의 지역적인 변화 등과 더불어 지속적으로 변화, 변동하였다. 그리고 국가의 농업생산을 둘러싼 농정책農政策의 시행, 농업생산과 직접 연관된 양전量田의 시행과 양안量案의 작성, 당대의 현실 농업 문제를 해결하려는 농업개혁론의 전개 등 구체적인 측면에서 변화, 변동하였다. 여기에서는 18세기 중후반 이후 조선 사회의 변동과 궤를 같이하는 근세 농업체제의 구조와 변동에 주의하여 그 세부적인 내용을 살펴본다.

먼저 조선 후기 근세 농업체제의 변동을 농업기술의 측면에서 살펴볼 수 있다. 농업기술의 변화, 발달은 직접 생산자 농민들이 지역적인 농업환경에 맞춰 이룩한 성과였다. 농민들이 개발하고 습득하여 후대에 전승한 농업기술은 오랜 세월에 걸쳐 생산현장에서 실행되었다. 그러한 농민들의 농업기술이 일부 지식인의 손에 의해 농서農書에 정리되어 수록되었고, 그중의 일부 농서가 현재까지 전해지고 있다. 대략 18세기 이후에 중점을 두면서 전후 시기의 주요한 농업기술의 변화, 발달을 총괄하면서 근세 농업체제의 변동을 정리할 수 있을 것이다.[2]

국역사연구회; 이성무, 2006, 「제4장 조선 전기」, 『한국의 학술연구 - 역사학 - 』, 대한민국학술원; 고영진, 1995, 「해방 50년 조선시대사 연구의 동향과 과제」, 『한국학보』 79, 일지사; 염정섭, 2021, 「한국사 시대구분론의 전개와 과제-근세와 근대를 중심으로」 『한국사연구』 195, 한국사연구회.

조선 후기 농업기술의 변동, 그리고 농업 생산력의 발달은 먼저 농작물을 경작하는 구체적인 재배 기술의 발달에서 찾아볼 수 있다. 벼농사 기술과 잡곡농사 기술이 점진적으로 변화 발전하고 있었다. 그러한 기술의 발달이 곧바로 급격한 생산성의 향상으로 이어지는 것으로 보기는 어렵지만, 조선 전기에 비해서 조선 후기로 갈수록 농업기술이 지속적으로 발달하였다는 점은 여러 가지 측면에서 확인된다.

벼농사 기술 가운데 이앙법을 중심으로 조선 후기 벼농사 기술의 발달이 나타났다. 이앙법移秧法의 기술적인 특성은 이미 15세기에 편찬된 『농사직설農事直說』에 충실히 소개되어 있었다. 이앙법은 벼농사 작업에서 기경起耕, 파종播種, 앙묘秧苗 관리에 이르는 전반적인 과정을 포괄하는 경종법의 일종이었다. 수전 경종법으로 이앙법을 채택하게 되면 직파법直播法에 비해서 본논[본답本畓 또는 본전本田]과 못자리[앙기秧基 또는 앙판秧坂]를 구분하여 관리하기 때문에, 파종할 때부터 이앙하기 전까지 못자리에 더 집약적인 노동력을 투입하여 묘가 튼튼하게 자라도록 세심한 주의를 기울일 수 있었다.

그리고 이앙법의 채택은 노동력을 더욱 집약적으로 이용할 수 있다는 측면에서 벼농사 기술의 한 단계 발전을 의미하는 것이었다. 특히 물관리 문제에서도 벼의 묘가 자라는 초기에 본전 전체에 물을 대는 어려움을 경감시켜 주는 편리함도 가지고 있었다. 수전 이앙법의 실시를 계기로 못자리와 본논 두 곳의 지력을 이용할 수 있게 되어 수전에서의 생산성이 향상되었고 나아가 벼를 재배하고 이어서 보리를 재배하는 이른바

---

2) 조선 후기 농업기술의 발달과 특징에 대해서는 다음 연구를 참고하였다. 金容燮, 1988, 『朝鮮後期農學史硏究』, 一潮閣; 金容燮, 1990, 『增補版朝鮮後期農業史硏究』 Ⅱ, 一潮閣; 민성기, 1988, 『朝鮮農業史硏究』, 一潮閣; 염정섭, 2002, 『조선시대 농법 발달 연구』, 태학사.

도맥이모작稻麥二毛作도 가능하게 되었다.[3]

이앙법은 16세기를 거치면서 경상도 전역과 전라도·충청도의 일부 지역까지 보급되기에 이르렀다. 그 과정을 살펴보면 16세기 초반 무렵 경상도의 상당 지역과 영동 지역을 비롯한 강원도 지역에서 이앙법을 채택하고 있었다.[4] 이앙법이 이와 같이 경상도, 강원도 지역으로 점차 확산되고 있음에도 불구하고 중앙정부는 이를 적극적으로 제한하거나 금지하려고 하지 않았다. 앞서 태종대와 세종대 무렵에는 이앙법을 금지하는『경제육전經濟六典』의 금지조목을 언급하였다. 16세기 초반 무렵부터 조정의 이앙법에 대한 태도는 이앙법이 실행되는 현실을 용인하는 쪽으로 바뀌어 나간 것으로 보인다.[5]

16세기 중반 이후가 되면 이앙법은 경상도 지역에서 일반적인 경종법으로 자리매김되었다. 그리고 16세기 후반을 지나면서 이앙법의 보급이 특히 전라도·충청도 지역으로 확산되었다. 이 무렵이 되면 문집에 실려 있는 유력 인물의 글 속에서도 이앙을 언급하는 경우를 다수 찾아볼 수 있다.

17세기 초반에 이르면 삼남 지역을 전반적으로 지칭하면서 이앙법이 채택되고 있었던 상황을 보여주는 자료들도 등장하고 있었다. 대동법大同法 시행에 중요한 역할을 담당하였던 김육金堉이 "삼남三南의 백성들은 이앙移秧을 업業으로 삼는데, 묘묘가 이미 말라 있다. 지금 비록 비가 내리기는 하였지만 충분하지 못하다."[6]라고 묘사하였다. 김육의 묘

---

3) 金容燮, 1990,「朝鮮後期의 水稻作技術－移秧法의 普及에 대하여」,『增補版朝鮮後期農業史研究』Ⅱ, 一潮閣; 金容燮, 1990,「朝鮮後期의 水稻作技術－稻麥二毛作의 普及에 대하여」,『增補版朝鮮後期農業史研究』Ⅱ, 一潮閣.
4)『成宗實錄』권6, 成宗 원년 6월 壬戌 (영인본 8책 510면, 이하 동일하게 표기함).
5)『中宗實錄』권41, 中宗 15년 11월 戊辰 (16책 3면).

사에 보이는 것처럼 삼남 지역의 농민들이 이앙법을 일반적으로 채용하고 있었음을 짐작할 수 있다. 또는 전면적인 이앙법 채택으로 볼 수 없을지라도 17세기 중엽 이앙법이 하삼도 지역에 상당한 정도로 채용되었음을 추정할 수 있다.

숙종 재위 시기인 17세기 후반에 이르게 되면 농민들이 이앙법을 거의 전면적으로 채택하고 있었다. 조선의 조정은 이미 이앙법이 풍속이 되어 버렸기 때문에 갑자기 금지하기 어렵다는 평가를 내리고 있었다. 당시 수령이 수행하는 권농의 주요 내용을 정리한 「권농절목勸農節目」에 등장하는 조목이 위와 같은 내용을 분명하게 보여주고 있다. 1687년(숙종 13)에 숙종은 연이어 계속 기근이 들고 있어 지금의 급무가 권농보다 큰 것이 없다면서 절목을 만들어 각도各道의 도사都事로 하여금 주관 거행하고, 관찰사와 유수가 총괄해서 지휘하라는 뜻을 팔도와 양도兩都에 신칙하도록 하라는 명령을 내렸는데, 이에 따라 「권농절목」을 만든 것이었다.

「권농절목」은 『탁지지度支志』에 실려 현재 전해지고 있다.[7] 「권농절목」에 실린 이앙법에 관련된 조목의 내용을 보면, '이앙하는 법이 이미 풍속이 되어 버렸다. 이제 갑자기 금지하기는 어렵다'는 것이었다.[8] 1687년 「권농절목」을 만들 당시에 중앙정부가 이앙법이 거의 고착화된 풍속으로 성립되어 있음을 인정하고 있었던 것이다. 이러한 상황에서 갑자기 중앙정부에서 이앙법을 금지하는 명령을 내려도 실행에 옮기기

---

6) 金堉, 『潛谷遺稿』卷4, 應旨陳言箚; 三南之民 業於移秧 而苗已枯矣 今雖得雨 無可及矣.
7) 『度支志』外篇 권3, 版籍司 勸農 節目. 金容燮도 이 절목을 설명하였는데, 移秧法에 대한 禁令 부분에 강조점을 두고 있었다. 金容燮, 1990, 「朝鮮後期의 水稻作技術의 보급에 대하여」, 『증보판 조선 후기 농업사 연구』Ⅱ, 일조각, 26쪽.
8) 『度支志』外篇 권3, 版籍司 勸農 節目.

어렵다는 것을 토로하고 있었다. 즉 1687년(숙종 13년) 무렵에 이앙법은 보편적인 수전 경종법으로 채택되고 있었던 것이다.

조선 후기 이앙법 보급을 설명한 연구에서 이앙법이 하삼도 전역에 보급된 배경으로 여러 가지 요인을 지적하였다.[9] 천방[보洑], 제언과 같은 수리시설의 증가에 따라 수리 여건이 좋아졌다는 점, 농업에 관한 지식이 향상되면서 이앙법이 제초 노동력의 절감과 토지생산성의 향상이라는 이점을 갖고 있다는 것을 농민들이 알게 되었다는 점 등에서 이앙법 보급 요인을 찾았다.[10] 직파법에서 4~5차례의 제초작업이 필요하던 것이 이앙을 할 경우에는 2~3차례로 그칠 수 있었고, 이렇게 절감된 노동력을 다른 방면으로 투여할 수 있었다.[11] 그리고 이앙법에서의 수확량이 직파에 비해서 높게 나타난다는 점, 이앙을 하면 도맥이모작을 수행할 수 있다는 점 등 여러 가지 이앙법의 이점을 곧바로 이앙법의 보급 원인으로 이해하였던 것이다.[12]

이앙법을 수전경종법으로 채택하였을 때 농민이 거둘 수 있는 최대의

---

9) 李永鶴, 1987, 「朝鮮時期 農業生産力 研究現況」, 『韓國中世社會解體期의 諸問題』 下, 한울; 廉定燮, 1995, 「농업생산력의 발달」, 『한국역사입문』 ②, 한국역사연구회 엮음, 풀빛.

10) 조선 후기에 水利문제가 빈번하게 제기되고 논의되는 사정은 아직 移秧에서 부딪히는 물 관리 문제를 완벽하게 해결하는 수준에 이르지 못하였다는 점을 반증하는 것이다. 따라서 수리시설의 개선이라는 점을 이앙법 보급의 근본적인 배경으로 설정하기 힘든 상황이다. 金容燮, 1990, 「조선 후기의 수도작기술 – 이앙과 수리문제」, 『증보판 조선 후기농업사연구』II, 일조각, 110쪽.

11) 李瀷의 지적에 따르면 이앙법을 채택할 경우 구체적으로 功力을 播種直播에 비해서 5분의 4를 줄일 수 있었다고 한다. 李瀷, 『星湖僿說』 권3, 人事門 本政書 上 (영인본 251면).

12) 金容燮, 1990, 「朝鮮後期의 水稻作技術 – 移秧法의 普及에 대하여」, 『增補版朝鮮後期農業史研究』II, 一潮閣; 김용섭, 1990, 「朝鮮後期의 水稻作技術 – 稻・麥二毛作의 普及에 대하여」, 『增補版朝鮮後期農業史研究』II, 一潮閣.

이점은 역시 제초노동력의 절감이었다. 이앙법이 직파법에 비하여 제초 노동력을 절감시켜 준다는 점은 여러 연구에서 분명하게 지적되었다.[13] 이앙법이 지배적인 경종법으로 자리를 잡은 이후 이앙법이 직파법에 비해서 경종과 제초작업에 적은 노동력을 투하해도 경작이 가능하다는 점이 밝혀진 뒤로 이앙법을 금지하는 것은 결국 인력의 부족을 초래하는 것을 감수해야 했다. 이앙법은 직파법에 비해서 경종과 제초에 10분의 1 정도의 노력만 기울여도 가능하다는 지적도 나오고 있었다.[14]

이앙법이 지닌 경종법 상의 이점인 제초 노동력의 절감을 곧바로 이앙법의 보급을 가져온 요인으로 보기에는 커다란 의문점이 있다. 그것은 이앙법의 보급이 가능성에서 현실성으로 바뀌기 위해서는 이앙법이 여러 가지 이점이나 효과를 가지고 있어서 채택하면 경제적으로 유리하다는 것만으로는 설득력이 부족하다. 이앙법을 영농현실 속에서 어려움 없이 제대로 수행할 수 있는 기술체계와 농업여건이 구비되었는가라는 문제가 우선 해결되어야 하기 때문이다.

달리 말해서 이앙법을 채택할 때 맞부딪치게 되는 기본적인 난점, 즉 이앙기의 물 문제의 해결이라는 어려움을 극복할 수 있는 기술적인 발달이야말로 이앙법이 보급된 근본적인 요인이라고 할 수 있다. 따라서 이앙법이라는 경종법의 기술적인 체계와 세부적인 기술 요소의 측면에서 나타난 발달의 모습을 찾아볼 필요가 있다.[15]

---

13) 金容燮, 1990,『增補版朝鮮後期農業史硏究』Ⅱ, 一潮閣.
14)『承政院日記』1802책, 正祖 22년 12월 25일 甲寅 (영인본 95 − 591나, 이하 동일한 방식으로 표기함) 副司直 申禹相 上疏.
15) 移秧法 보급의 원인에 대하여 旱乾對策 등 이앙법의 결점을 보완하는 농법이 개발된 데 더 비중을 두어야 한다고 주장한 다음의 견해를 참고할 수 있다. 趙世烈, 1987,「朝鮮後期 水稻作法의 集約化傾向」,『慶熙史學 朴性鳳教授回甲論叢』14, 경희대 사학회.

실로 이앙법의 보급은 이앙법의 기술 수준의 진전에 힘입은 것이었다. 이앙법을 구성하고 있는 세부적인 기술 요소 가운데, 앙기秧基 관리와 앙기 시비에서 나타난 발전, 그리고 이앙 시기를 기후조건에 더욱 적합하게 맞추기 위한 파종 시기의 적절한 선택, 이러한 기술적인 측면에서의 발전이 바로 이앙법의 안정적인 실행을 가져다준 기술의 발전이라고 할 수 있다. 다른 한편으로 이앙법 실행의 안정성을 높일 수 있는 보조적인 기술로서 건앙법乾秧法의 개발이 이루어진 것도 이앙법 보급의 부가 요인이었다.[16]

또한 이앙법의 채택으로 일어나는 노동력의 집중적인 투입, 즉 이앙기에 필요한 대규모 노동력의 동원을 가능하게 하는 공동노동 조직으로서 두레의 형성이라는 농업여건의 변화도 이앙법 보급과 연관된 사회적 변화라고 할 수 있다. 이러한 여러 요인이 장기간에 걸쳐 등장하면서 삼남지방 전역에 이앙법이 보급될 수 있었던 것으로 보인다.[17] 이와 같이 본다면 조선 후기 근세사회의 변화 과정의 점진적인 모습을 찾아볼 수 있는 국면의 하나가 농업생산의 기술적인 측면에서의 변화 뿐만 아니라 농업노동에서 농업기술의 변화와 결부된 노동조직의 새로운 성격의 등장으로 지목할 수 있을 것이다.

조선 후기 이앙법 보급을 설명할 때 주목할 농서農書가 바로 신속申洬이 편찬한 『농가집성農家集成』이다. 그는 『농사직설農事直說』, 『금

---

16) 宮嶋博史, 1981, 「李朝後期における朝鮮農法の發展」, 『朝鮮史研究會論文集』 18, 朝鮮史研究會; 문중양, 1995, 「조선 후기의 수리학」, 서울대 과학사 협동과정 박사학위논문; 廉定燮, 1994, 「15~16세기 水田農法의 전개」, 『韓國史論』 31, 서울대 국사학과.
17) 朱剛玄에 따르면 두레의 보급은 이앙법의 중심적인 채택 지역인 삼남지방을 중심으로 하고 두레 전파의 계선은 바로 이앙법의 한계 지역과 일치한다고 한다. 朱剛玄, 1995, 『두레연구』, 경희대학교 대학원 박사학위논문.

양잠록衿陽雜錄』,『사시찬요초』, 세종의 권농교문, 주자朱子의 권농문勸農文 등을 묶어서『농가집성』을 편찬하였다. 당시 공주목사로 재직하던 신속申洬은『농가집성』을 편찬하면서 특히『농사직설』에 많은 증보를 수행하였다.『농사직설』에서 증보된 부분은 주로 이앙법에 관련된 것이었다. 이러한 이앙법 관련 증보야말로 17세기 중반 이후 이앙법의 광범위한 보급을 설명하는 데 중요한 논거가 되었다.[18]

신속이 이앙법을『농사직설』에 대대적으로 증보한 것은 이앙법의 보급이 이미 상당수준에 도달하였기 때문이라고 보아야 온당할 것으로 생각된다. 신속이 이앙법을 증보하여 적극적으로 보급하는 책무를 스스로 감당하려고 했다고 보기보다는 오히려 당시의 기술 수준에 입각하여 이앙법 등을 정리하려는 측면이 신속의 편찬 의도였을 것이다. 그렇기 때문에 신속은 속방俗方이라는 부가 설명을 붙여서 당시 활용하던 이앙법의 세부 기술을 선정하여『농사직설』증보에 활용한 것으로 생각된다.

또한 이앙법 기술체계의 발달은 이앙법을 수행할 때 따르는 물 관리 문제의 어려움을 극복할 수 있는 방안의 하나인 건앙법乾秧法의 개발로 이어졌다. 건앙법은 이앙법과 건경법乾耕法을 결합시킨 것이었다. 17세기 초반에 편찬된『농가월령農家月令』이라는 농서에 그 기술적인 내용이 설명되어 있었다.『농가월령』은 건앙법을 이앙법이 직면하게 되는 위험성을 줄이기 위한 방법이라고 소개하였다.[19] 특히 시비柴扉라는 독특한 농기구를 이용하여 건조한 토양에서 수분의 유지와 제초작업에 매우 효과를 거둘 수 있다고 지적하였다.[20] 이러한 건앙법의 개발은 이앙

---

18) 金容燮, 1989,「朝鮮後期의 水稻作技術－移秧法의 普及에 대하여－」,『增補版朝鮮後期農業史研究』Ⅱ, 일조각, 20~21쪽.
19) 金容燮, 1988,「『農家月令』의 農業論」,『朝鮮後期農學史研究』, 一潮閣, 139쪽.
20) 宮嶋博史, 1981,「李朝後期における朝鮮農法の發展」,『朝鮮史研究會論文集』18,

법의 안정에도 크게 기여하면서 또한 이앙법이 점진적으로 널리 보급되는 데에 중요한 배경요인으로 평가되었다.[21]

이앙법이 보급되어 나간 배경으로 지목할 수 있는 요인 가운데 수전의 위치와 토질 등 경작지의 주변 조건이 이앙법을 채택하지 않을 수 없는 지역에서 수전이 증대하고 있었다는 점이 있었다. 16세기를 경과하면서 수전결수가 증가한 것으로 나타나는데, 이는 수전이 많이 개발되었음을 보여주는 것이다.[22] 그런데 수전 결수의 증가는 생산조건의 측면에서 수전에 적합한 경작지뿐만 아니라 본래 수전으로 개발되지 않은 경작지가 수전으로 지목地目이 변동되는 사정을 포함한 것이었다. 이와 더불어 저지低地 개간과 언전堰田 개발 등에 힘입어 수전의 절대적인 결수 증대가 발생하였다.[23] 작답作畓이라고 칭할 수 있는 이러한 경로의 수전 증대는 사실 전반적인 개간의 증대뿐만 아니라 도작稻作의 성행이라는 사회적인 분위기에서 유래된 것이기도 하였다.

그리고 한전을 수전으로 바꾸는 번답反畓 또는 번전反田이라는 경작지 지목 변동의 성행이 수전의 증대를 가져온 커다란 요인이었다. 본래 수전으로 적당하지 않은, 오히려 한전 즉 밭으로 삼는 것이 적당한 경작지가 수전으로 널리 활용되고 있다는 점은 번답이 성행된 상황에서 유래된 것이다. 번답反畓의 확산은 결국 이전에 비해서 수리 조건이 열악한 수전이 대량으로 확대된다는 점을 의미하였다.[24] 번답의 열풍에 대

朝鮮史硏究會, 77~78쪽.
21) 宮嶋博史, 1987, 「朝鮮半島の稻作全開」, 『アジア稻作文化の全開: 稻のアジア史 2』, 小学館.
22) 16세기 下三道 지역 개발과 水田 증가에 대해서는 다음 논문을 참고할 수 있다. 李載龒, 1988, 「16세기의 量田과 陳田收稅」, 『孫寶基博士停年紀念論叢』, 정년기념논총간행위원회.
23) 李景植, 1979, 「17세기 土地開墾과 地主制의 전개」, 『韓國史硏究』 9, 한국사연구회.

하여 19세기 초반 서유구徐有榘는 당시의 전체 수전 가운데 10분의 3이 한전에서 수전으로 바뀐 번답의 경향에 따른 결과물이라고 지적할 정도였다.[25] 그런데 이러한 농업환경의 변화는 그대로 이앙법의 보급과 긴밀히 연관된 것이었다.

16~18세기 이앙법의 점진적인 확산 보급은 한전 2모작 경작방식의 고도화와 연결되어 도맥이모작이라는 경작방식을 산출하였다. 조선 후기 대체로 춘맥春麥보다는 추맥秋麥이 널리 관행으로 경작되었는데, 수전에서 벼농사를 수행하고 가을에 추수한 다음 바로 뒤이어 종맥種麥하는 방식인 도맥이모작이 수행될 수 있었다.[26] 도맥이모작은 한전농법과 수전농법이 실질적으로 하나로 결합하는 양상을 현실화시킨 것으로 윤작輪作이라고 할 수 있다. 신속하게 경작지의 지목을 수전에서 한전으로 변화시키는 토양 관리 기술의 발달에 힘입어, 벼를 수확한 다음 종맥種麥하고, 또 다시 보리를 수확한 뒤에 벼를 재배하는 방식을 수립한 것이었다.

조선 후기에 편찬된 농서 가운데 도맥이모작을 처음으로 수록한 것은 18세기 초반에 편찬된『산림경제山林經濟』였다.[27] 벼를 재배한 수전을 종맥할 수 있는 여건의 전토로 만드는 것은 이미 조선 전기부터 가능한 것이었다. 하지만 도맥이모작은 영농기술의 측면에서 이앙법을 수전농법으로 채택해야 한다는 전제조건이 깔려 있었다.[28] 이러한 전제조건이

24) 徐有榘,『杏浦志』田制 (『農書』36, 한국학문헌연구소, 7~57쪽).
25) 徐有榘,『杏浦志』(『農書』36, 한국학문헌연구소, 51쪽).
26) 金容燮, 1990,「朝鮮後期의 水稻作技術 - 稻麥二毛作의 普及에 대하여」『增補版朝鮮後期農業史研究』Ⅱ, 一潮閣; 金容燮, 1990,「朝鮮後期의 田作技術」『增補版朝鮮後期農業史研究』Ⅱ, 一潮閣.
27) 洪萬選,『山林經濟』治農 種大麥小麥 (『農書』3, 한국학문헌연구소, 118쪽).
28) 金容燮, 1990,『增補版朝鮮後期農業史研究』Ⅱ, 一潮閣.

거의 해결된 시기에 도맥이모작을 등재한 농서가 등장한 것은 전혀 이상할 것이 없는 일이었다. 『산림경제』종대소맥種大小麥 항목에 나오는 답중종모법畓中種牟法이 바로 도맥이모작의 기술 내용을 소개한 부분이었다.29)

16세기 중반 이후 점진적으로 이루어진 이앙법의 전반적인 확산 보급이라는 농법의 발달은 벼 품종의 분화에도 반영되었다. 벼 품종의 분화라는 성과는 당대의 농업기술 수준에서 지속적인 우량종자의 선정과 관리 과정에서 획득할 수 있었다. 전체적으로 볼 때 벼 품종의 분화는 한편으로는 이앙용 품종의 개발이라는 방향으로 진행되었고, 다른 한편으로는 지역적인 선호 품종의 등장이라는 방향으로 나아갔다.

이상에서 살핀 바와 같이 수전 즉 논에서 벼를 경작하는 기술체계는 이앙법의 확산 보급과 더불어 기술적인 안정화, 정교화라는 방향으로 정리되었다. 또한 이앙법이 지배적인 경종법의 자리를 차지하면서 지역적인 선호 품종도 정립되었고, 지역적인 기술적인 특색이 보다 강화되었다. 이러한 이앙법의 확산 보급 과정은 기술적인 측면과 더불어 수리기술의 변모도 반영된 것이었다. 생산력의 근간인 농업기술의 발달이 수전의 벼농사 기술에서 생산조건에 해당하는 토질, 기후 등을 감안하고 사회경제적 배경과 상호작용하면서 나타난 것이었다.

2. 한전 이모작 경작방식의 고도화

조선 후기 농업기술의 변화 가운데 한전에서 밭작물을 재배하는 방식은 앞선 시기에 비해 생산성을 향상시키고 안정성을 증대시키는 방향으

---

29) 洪萬選, 『山林經濟』種大小麥.

로 변화하였다. 한전에서 다양한 작물을 재배하는 기술의 변화는 특히 전지田地를 정리정돈하는 전무田畝 제도에서 찾아볼 수 있다. 15세기 초반에 편찬된 『농사직설』은 밭을 다스리는 치전治田과정에서 작무作畝작업을 분명하게 수행하면서 견무畎畝를 구별하여 전지에 조성하였다. 다만 이랑에 해당하는 무畝와 고랑에 해당하는 견畎을 가리켜 무畝와 무간畝間 또는 양무간兩畝間이라는 용어로 표현하였다. 그리고 작물을 파종한 지 일정기간이 지난 이후에 작물이 한창 성장하고 있을 때가 되면 한전은 무와 견, 즉 무와 무간(양무간)이 파종 당시 가지고 있던 전토의 고저高低 부분이라는 형태상의 차별이 거의 사라지면서 작물의 성장처인가 아닌가의 여부로 무와 무간을 나누어 설명하였다. 이렇게 『농사직설』에 정리된 전무제도는 한전의 전토 표면을 무와 견으로 작무하는 작업이 정밀한 수준에 이미 도달하였음을 보여주는 것이었다.

17세기 이후 한전 작무방식의 변화는 이전에 비해 보다 심화된 방식으로 수행하는 방향으로 나아갔다. 한전 작무작업이 더 정제되고 심화된 방식으로 수행되어 나갔다는 것은 곧 기경작업의 세밀한 수행과 이에 따른 작무의 심화 조성이 이루어진 것이었다. 18세기 후반에 편찬된 우하영禹夏永의 『농가총람農家總覽』에서 작무의 심화 수행의 자세한 사정을 찾아볼 수 있다.

『농가총람』에서 우하영은 작무작업이 기본적으로 경종의 일환임을 분명히 전제하였다. 그리고 한전에서 작무 조성의 방식에 대하여 "한전에서 작무할 때 양전良田은 보步를 넓게 하여 드물게 하고, 박전薄田은 보步를 좁게 하여 조밀하게 한다"라고 설명하였다.[30] 이는 전토의 비옥

---

30) 禹夏永, 『農家總覽』; 旱田作畝之時 良田則濶步而稀 薄田則窄步而稠下種 亦宜隨其良與薄 或稀或稠 方可.

도를 작무의 크기와 밀도를 조성하는 주요 기준으로 삼는 것이었다. 그리고 우하영이 작무의 기준으로 설정한 보는 말 그대로 걸음을 의미하는 것이었다. 걸음을 좁게 내디뎌 작무를 조밀하게 하거나 걸음을 넓게 내디뎌 작무를 드물게 하는 방식을 취하고 있었다. 즉 작물과 전토의 비옥도에 따라서 작무의 기준이 되는 걸음〔步〕의 폭을 조절하면서 무와 견의 크기와 밀도를 조절하고 있었다.

우하영은 한전 작무 조성의 융통성을 발휘해야 하는 것에 대해서 논리적인 논거를 제시하여 설명하였다. 이앙의 조밀도가 토양의 비옥도에 따라서 크게 달리해야 마땅한 것이라고 설명한 것을 원용한 것이었다. 그는 "수전에 이앙할 때 전토가 비옥하면 도앙稻秧을 조금씩 쥐어 널찍하게 심고, 전토가 척박하면 도앙稻秧을 많이 쥐고 조밀하게 심어야 한다"라고 주장하였다.31) 비옥한 전토일수록 드물게 앙묘秧苗를 심어야 하고, 척박한 전토라면 반대로 조밀하게 앙묘를 심어야 소기의 수확을 거둘 수 있다는 주장이었다.

위의 설명에 따르면 예를 들어 1두斗의 도종稻種을 주앙하여 키운 앙묘가 있는 상황에서 이것을 모두 소화하는 전토의 절대면적을 상정할 때, 척박한 수전에 비하여 비옥한 수전의 절대 면적이 더 크리라는 점을 알 수 있다. 비옥한 수전에는 드물게 앙묘를 이앙하여도 성장하여 무성하게 되기 때문에 충분히 소기의 수확을 거둘 수 있지만, 반대로 척박한 수전에서는 앙묘를 이앙하는 단계에서 빽빽하게 해야만 소기의 수확을 거둘 수 있다는 것이다. 이는 전토의 비옥도와 작물 종자의 발아율 및 성장 속도의 연관관계에 대한 이해를 기반으로 삼고 있는 기술적인 문제 해결방식으로 볼 수 있다.

---

31) 禹夏永, 『農家總覽』; 水田移秧之際 土沃則少把而濶揷 土薄則多把而稠揷.

한전에 작무를 만드는 것은 직접적으로 종자 파종의 간격과 관련된 것이라는 점에서, 한전의 비옥도와 파종량의 관계는 위의 수전의 경우와 마찬가지로 설정될 수 있을 것이다. 즉, 동일한 소출, 또는 기대하는 정도의 소출을 얻기 위해서는 비옥한 한전보다는 척박한 한전에서 더 많은 종자를 뿌려야 한다. 그렇기 때문에 척박한 한전에서는 작무作畝에서도 더 많은 종자를 파종하기 위해 빽빽하게 작무할 수밖에 없는 것이었다. 결국 우하영이 정리한 바와 같이 18세기 작무법은 토양의 비옥도에 따라서 견무畎畝의 크기와 깊이를 조절하는 단계에 도달한 것이었다. 이러한 심화된 수준의 작무법에 근거하여 한전의 다양한 작물을 재배하는 방식이 수립되어 있었다.

다음으로 한전에서 여러 작물을 다양한 방식으로 연관시켜 재배하는 재배방식을 살펴보면, 16세기를 거쳐 17·18세기를 경과하면 한전에서 작물을 경작하는 방식은 15세기 조선 전기에 1년 1작이 지배적이던 단계에서 1년 2작이 일반적으로 수행하는 단계로 발전하였다.『농사직설』에 보이는 한전 재배방식은 1년 1작 방식을 주된 경작방식으로 채택하면서, 여기에 병행하여 만종晩種의 서속黍粟과 양맥을 이어짓는 2년 3작식이 약간 곁들여 있는 것이었다. 16세기 후반을 거쳐 17세기에 이르면 근경根耕의 일반적인 채택, 간종間種의 확대 적용 등의 기술적인 진전이 나타났고, 여기에 맥전麥田에서의 조세법과 한전에 급재를 하지 않는 국가정책의 원칙 등을 고려할 때 한전에서의 1년 2작 즉 한전이모작이 보편화하였음을 확인할 수 있다.

16세기 후반 이후 한전이모작 경작방식의 발달은 양맥兩麥의 경종법의 세밀한 기술적 진전에서 뚜렷하게 나타났다. 한전이모작의 발달은 근경법과 간종법의 안정적인 수행을 의미하는데, 근경법과 간종법의 관건이 되는 작물이 바로 양맥이었다. 양맥의 경종법으로 확인되는 부분이 과연 이모작 체제를 안정적으로 실행할 수 있는 것이었는지 여부를 깊이 살펴보는 것이 필요하다. 16세기 중반 이후 양맥의 경종법과 이에 연관된 한전농법의 진전을 근경법과 간종법의 측면에서 고상안高尙顏의『농가월령農家月令』을 중심으로 찾아볼 수 있다.

『농가월령』에 보이는 양맥 경작법은 춘모맥春麰麥과 동모凍麰, 그리고 추모맥秋麰麥이라는 세 부류로 나뉘어졌다. 그리고 여기에 덧붙여 양맥의 후작後作으로 다른 작물을 경작하는 근경법이 설정되어 있었다. 한전 작물의 전후작 관계를 모맥麰麥을 중심으로 모맥과 전후작 관계를 맺고 있는 경우, 즉 간종이나 근경의 관계를 살펴보면, 모맥의 근경 후작 또는 간종 작물로 경작되는 작물로 숙속菽粟 즉 콩과 조가 대표적이었다. 숙속은 모맥과 연결되어 여러 차례 등장할 뿐 아니라, 모맥의 근경 후작 또는 간종 작물이 숙속이라는 것은 통상적으로 지적되는 것이었다.[32]

먼저 모맥의 근경 경작의 경우를 살펴보면 춘모맥→대소두·서속·녹두, 춘모맥→수임水荏 등 두 가지 경우가 모맥을 경작한 이후 다른 작물을 근경하는 경우였다. 그리고 모맥을 후작 작물로 경작하는 경우는 조서무黍·조속무粟→추맥秋麥, 숙속菽粟→추모맥 두 가지를 찾아볼 수 있다. 결국『농가월령』에 보이는 근경법은 춘모맥을 경작하고 대소두 등 다른 한전작물을 경작하는 경작방식과 조서·조속, 대두 등 숙속을 경작하고 추모맥을 근경으로 재배하는 경작방식으로 구성되어 있었다.

---

32) 雜令에서 浦田의 사례를 설명하는 부분에서도 麰麥의 間種으로 菽粟을 경작하고 있다는 점을 전제로 하고 있다. 高尙顏,『農家月令』雜令; 浦田 多水患 麰麥間所播菽粟 難保成熟 播菽粟時 雜以有毛稷播之 則雖無菽粟 而麥可收矣 有毛稷 號曰長者稷.

다음으로 간종법의 경우는 근경법에 비해서 훨씬 다양한 양상을 보이고 있었다. 세 가지 종류의 모맥 모두를 간종 경작에 활용할 수 있었다. 춘모맥→대두수임·당糖·마麻·수임水荏, 동모凍麰→속·적소두·대두, 추모맥→숙속 등으로 이어지는 경작방식이 그것이었다. 여기에 모맥 이외의 다른 작물도 간종 방식의 경작방식을 활발하게 진행시키고 있었다. 목화→수임, 목화→속粟 등과 같이 목화전에 여러 가지 작물을 간종으로 경작하는 방식이 있었다. 목화전에는 간종 외에도 호마胡麻를 혼종混種으로 경작할 수도 있었다.

이상에서 살펴본 바와 같이 『농가월령』에 보이는 근경법, 간종법 등은 앞선 15세기에 편찬된 『농사직설』에 비해 훨씬 상세한 내용을 담고 있었다. 그리고 근경과 간종에 붙어 있던 여러 가지 제약요소가 떨어져 나가면서 보다 자유롭게 수행할 수 있는 여지를 보여주고 있었다. 16세기 후반 17세기 초 『농가월령』에 보이는 한전작물의 작부체계는 사실상 17세기 중반 이후 1년 2작, 한전이모작이라는 방식을 전형적으로 보여주는 것이었다. 17세기 이후 모맥을 비롯한 한전작물의 경종법은 『농가월령』에 보이는 단계를 기반으로 세밀한 측면에서 발달을 보이고 있었다. 잡종·간종 등 경작법의 측면, 그리고 분전糞田이라는 시비법의 측면에서 한전 경작법의 점진적인 발달을 찾아볼 수 있다.

조선 후기 조정의 한전에 대한 급재給災[조정에서 재해를 입은 전답으로 인정해주는 것] 원칙에서도 1년 2작 즉 한전이모작 방식이 전형적인 한전 경작방식이었음을 확인할 수 있다. 조선 정부는 국가적인 조세체계에서 한전의 이모작 관행을 당연시하였고, 이에 따라 한전에 급재하지 않는 원칙을 세우고 강력하게 수행하고 있었다.[33] 한전에서 1년에

---

33) 金容燮, 1990, 「조선후기의 수도작기술 – 도·맥이모작의 보급에 대하여」 『증보판

2차례 농사를 짓고 있으니 한 차례 재해로 흉년이 발생하였다고 하더라도 급재를 해줄 수 없다는 논리였다. 숙종대에 한전 급재에 대한 논란을 살펴보면, 한전에 급재를 내리는 것은 수재가 아주 참혹하거나 재해가 아주 심각한 경우에 한정되어 있었다.

정조 초반에 편찬된 『탁지전부고度支田賦考』에 실린 연분年分 조목에 "한전은 1년에 재경再耕하기 때문에 본래 급재 사목에 응하는 것이 없다. 그러나 면전綿田은 예로부터 급재한 예가 많이 있다"라는 규정도 이러한 관행을 잘 보여준다.[34] 나아가 19세기 후반에 정리된 『육전조례六典條例』에서도 한전은 급재하지 않는 것을 수세조항의 원칙으로 세워놓고 있었다.[35] 조선 후기에 정부는 한전에 수전과 달리 급재하지 않았고 나아가 한전에서는 기경 여부에 관계없이 전세를 징수하였다. 근거는 바로 한전 경작이 1년에 두 차례에 걸쳐 수행된다는 점에 있었다.

한전에서의 작물 재배방식에 당시 경제적 변화와 결부되어 나타난 것이 상품작물의 재배라고 할 수 있다.[36] 한전 작물 가운데 주요하게 상품작물로 재배된 것이 연다烟茶로 통칭되었던 담배였다. 담배는 특히 18세기 이후에 상품작물로 주목되었고 또한 곡물을 재배해야 할 한전旱田의 양전良田을 많이 잠식하여 문제를 일으키고 있었다. 연다烟茶를 경작하기 위해 山田까지 일구면서 산에 쓸만한 材木이 사라지고 평지에 홍수 피해를 입게하는 요인이 되기도 하였다.

조선후기농업사연구』Ⅱ, 일조각, 53~54쪽.
34) 『度支田賦考』年分; 旱田 一年再耕 故本無應給災事目 而綿田 則自古多有給災之例.
35) 『六典條例』卷3, 戶典; 考驗豊凶 旱田及反畓 不許給災 而緜田 則有海西給災他道 或啓聞稟處.
36) 조선후기 상업적 농업의 전개와 상품작물의 재배에 대해서는 다음 연구에 잘 정리되어 있다. 金容燮, 1990, 『增補版朝鮮後期農業史硏究』(Ⅱ), 일조각; 李永鶴, 1993, 「조선후기 상품작물의 재배」, 『외대사학』 5, 한국외대 사학연구소, 221~242쪽.

18세기 말 응지농서를 올린 복태진卜台鎭은 당시 연다烟茶의 경작 풍조에 대하여 "서북西北 지역의 상상上上 양전良田 반 이상과 남쪽의 산전山田 등이 연다烟茶를 경작하기 위해 개간된 상태"라고 지적하였다.[37] 또한 윤재양尹在陽은 빈부귀천貧富貴賤 남녀노소男女老少를 따지지 않고, 시도 때도 없이 장소도 가리지 않고 모두 남초南草[담배]를 피워마시고 있다고 극단적으로 당시의 성행盛行을 소개하였다.[38] 연다전烟茶田이 이렇게 확장되는 상황은 연다烟茶가 상품작물이기 때문이었다.

한편 조선에서 산삼山蔘, 즉 인삼人蔘의 인공 재배 기술이 개발되어 상품작물로 재배되었다. 인위적으로 재배한 인삼을 가삼家蔘이라고 하였는데, 18세기 초반에 가삼 재배법이 개발되어 점차 보급되었다. 그리하여 18세기 후반 가삼 재배법이 조선 팔도 전역에 보급되는 단계에 이르고 있었다. 18세기 후반에 편찬된 농서에 가삼 재배법이 등재될 정도로 가삼재배가 일반화되었던 것이다.[39]

18세기에 이르러 사람들이 산삼의 인공적인 재배기술을 개발하고 가삼을 생산하게 된 것은 무엇보다도 민간에서 인삼의 소비가 증대하면서 수요가 증가하였는데 산삼의 채취로 이러한 수요의 증가를 감당하지 못하게 되었기 때문이다. 또한 17세기 이후 인삼의 대외 수출이 크게 증대되면서 18세기에도 인삼 상인 즉 삼상蔘商을 통한 무역이 계속되었다.

---

37) 『承政院日記』1802책, 正祖 22년 12월 20일 己酉 (95-560나) 副護軍 卜台鎭 上疏.
38) 『承政院日記』1802책, 正祖 22년 12월 22일 辛亥 (95-577가) 前 持平 尹在陽 上疏.
39) 조선 후기 가삼재배와 인삼무역에 대해서는 다음 글을 참고할 수 있다. 姜萬吉, 1973, 「제3장 開城商人과 人蔘栽培」, 『朝鮮後期 商業資本의 發達』, 高麗大學校出版部; 정성일, 1993, 「조선산 인삼 종자와 일본의 인삼 수입대체」, 『春溪 朴光淳教授 華甲紀念 經濟學論叢』, 광주광역시 전남대학교 경제학과; 李哲成, 1999, 「19세기 前半 包蔘貿易 전개 과정과 西路商人」, 『東西史學』 5, 韓國東西史學會; 염정섭, 2003, 「18세기 家蔘 재배법의 개발과 보급」, 『國史館論叢』 102, 국사편찬위원회.

그리하여 인삼이 대청무역對淸貿易의 주요 교역품으로 자리를 잡으면서 이른바 포삼제包蔘制가 18세기 말에 실시되었는데, 이러한 인삼 무역에 특히 개성상인이 주요한 역할을 담당하면서 이들은 홍삼을 제조하여 무역품으로 이용하는 단계까지 나아갔다.

이상에서 살펴본 바와 같이 조선 후기 한전농법의 기술적인 발전은 근경법, 간종법의 안정적인 발달에 바탕을 둔 1년 2모작 방식의 정착이라는 성취를 보였다. 이와 더불어 담배, 고구마 등 해외에서 도입된 작물의 경작법이 조선의 농업조건에 맞춰 '조선적인 경작법'으로 개발되었다. 또한 인삼을 삼포蔘圃에서 인위적으로 재배하는 가삼家蔘 재배법이 개발되고 전파되었다.

3. 수전과 한전의 시비법 발달

근세 사회의 농업체제에서 농업생산 기술은 토지의 지력地力 이른바 '땅심'만 이용하는 단계가 아니었다.[40] 작물을 경작하는 전답의 토질이 비옥한지 척박한지라는 조건이 농업생산의 질과 양을 좌우하는 관건이기는 하였다.[41] 하지만 조선초기에 이미 상당한 수준에서 시비施肥를 수행하고 있었고, 시비과정을 생략한 채 소기의 작물생산을 기대할 수 없

---

40) 조선 근세사회의 농업생산 뿐만 아니라 근대, 현대의 농업에서도 지력을 유지하는 위한 기술적인 방법의 가장 주요한 것이 바로 시비(거름주기)이고, 여기에 起耕방식(深耕 등), 작물 윤작법 등이 통용된다. 근대 농업체제의 가장 중요한 특징이 시비에 화학비료를 활용하게 된 것이다.
41) 15세기에 이미 조선 조정은 팔도 각 지역의 토질의 비옥도[田品]에 따른 생산성의 차이를 분명하게 파악하고 있었다. 앞서 고려시기에 통용된 田品制의 원리 가운데 하나가 道를 3等으로, 官을 3等으로, 그리고 하나의 官(군현) 안에서 다시 田을 3等으로 나누는 것이었다. 『度支志』外編 권4, 版籍司 田制部 二 量田 傳敎; (世宗 25년, 1443年) 其二 向者 分道爲三等, 分官爲三等, 分田爲三等 實爲未精.

는 단계에 이르러 있었다.[42] 이러한 단계는『농사직설』에 소개된 시비법에서 찾아볼 수 있는 것이었다. 이러한 바탕에 의거하여 조선 후기 수전과 한전의 시비법은 여러 측면에서 발전된 모습을 보여주고 있었다.

16세기 후반에 접어들면서 시비법施肥法에서 나타난 획기적인 변화는 바로 인분人糞의 이용이 더욱 집약화된 점이었다. 15세기 중반에 전토의 전면적인 시비방식인 분전糞田을 실시하고 있었다. 이때 사람들이 조밀하게 거주하고 있는 읍내 지역이 주변의 사면四面에 비해서 유리하다고 파악되고 있었다.[43] 읍내 지역은 다른 곳에 비해 인구가 밀집되어 있기 때문에 분전에 사용할 수 있는 시비재료를 충분히 확보할 수 있었다. 이때 가장 주요한 시비재료는 인분을 가리키는 것이었다. 이러한 파악방식이 등장하는 시기에 인분이 시비재료로 분명히 사용되고 있었다. 하지만 인분을 시비재료로 폭넓게 그리고 명백하게 농업기술의 틀 속에서 자리를 잡는 데에는 상당한 시간이 필요했다.

인분을 농경에 적극적으로 사용하는 시비법을 수록한 농서가 바로 고상안이 지은『농가월령』이다.[44]『농가월령』은 16세기 후반 경상도 상주尙州 지역의 농법의 특색을 보여주는 것으로 평가된다. 당시 상주지역 농법의 시비법은 비료肥料를 만들기 위한 조분造糞의 중요성을 특히 인분(대소변)과 관련해서 강조하는 것이었다.[45]

---

42) 李泰鎭은『農事直說』의 시비재료와 江南農法에 등장하는 시비원을 비교하여 조선 초기의 시비법 수준을 검토하여 중국 강남지역의 수준에 비견된다고 평가하였다. 李泰鎭, 1979,「14·5世紀 農業技術의 발달과 新興士族」,『東洋學』9, 단국대 동양학연구소.

43)『端宗實錄』권12, 端宗 2년 8월 丁未 (6-706); 邑內 則人居稠密 易以糞田 故地品 與四面頓殊.

44)『農家月令』의 施肥法을『農事直說』과 계승관계 속에서 파악한 閔成基의 연구가 많이 참고된다. 閔成基, 1988,「제7장 朝鮮時代의 施肥技術」,『朝鮮農業史硏究』, 일조각.

수도水稻의 시비법에서 가장 주목되는 것은 앙기에 대한 시비가 제일 강조되고 있는 점이다.[46] 『농가월령』 시비법에서 수도 시비방식은 기본적으로 기비基肥에 그치는 것이었다. 전토에서 수도가 자라고 있을 때 시비하는 모습은 전혀 보이지 않는다. 이른바 추비追肥로 파악할 수 있는 방식 자체가 전혀 없다. 그리고 『농사직설』에서 강조된 만도晚稻 수경水耕에 대한 강화된 시비의 모습도 보이지 않는다. 이러한 서술 내용은 월령식 농서라는 특성에서 연유한 것이다. 월령 즉 24절기 별 농작업을 기술하면서 농작업 자체가 연속적으로 이루어진다는 것을 기본 전제로 삼고 있기 때문에 앞서 자세히 설명한 시비 작업의 내용을 다음 절기 등에서는 생략하고 있었다. 따라서 절기별로 제시되어 있는 시비작업 지시 내용을 종합적으로 검토하는 것이 필요하다.

절기별 한전작물 시비작업을 정리하면 우선 맥류의 시비작업이 제일 중요하게 취급되고 있었다. 그런데 8월 중 추분의 추모맥을 파종하는 기사와 직접 연관되는 시비작업 서술이 누락되어 있다. 수임앙을 이식하는 데에도 분회糞灰와 같은 구하기 어려운 시비재료를 사용하고 있다는 점에서 농가에서 보릿고개, 즉 맥령麥嶺을 넘겨주는 접식接食 곡물로 매우 중요한 모맥을 경작하는 데 시비가 수반되지 않았다고 보기 어렵다. 따라서 추분의 추모맥을 파종할 무렵에도 당연히 시비가 동반되었을 것이다.

같은 맥락에서 춘경 모맥의 경우를 살펴보면 분회·재灰·사토沙土·우마분 등을 기경 후 파종 전 또는 파종시에 시비재료로 넣어주고 있다. 춘경 위주의 맥 경작이 아니라면 당연히 추모맥의 경우도 춘경 모맥과 동

45) 閔成基, 1988, 「朝鮮時代의 施肥技術」, 『朝鮮農業史研究』, 一潮閣, 225쪽.
46) 高尙顏, 『農家月令』 三月節 淸明.

등한 정도의 시비가 병행되었을 것이다. 또한 퇴비 만드는 작업이 거의 대부분의 농절 기간에 수행되고 있는데 이렇게 마련한 퇴비를 추모맥에 넣어 주지 않았을 리도 없다. 따라서 추분에 추모맥을 파종하는 과정에 병행된 시비는 우수와 경칩에 소개된 시비작업 내용을 참고하여 거의 동일하게 진행되었다고 추정할 수 있다.

17세기에서 18세기에 걸쳐 나타난 시비법의 발달은 다음과 같이 몇 가지 측면에서 더욱 심화된 양상으로 진행되었다. 우선 시비재료의 측면에서 인분 이용이 다양화되고 이것을 원료로 한 조비가 증가하고 있었다. 분회를 만들 때뿐만 아니라 야초野草나 호마각胡麻殼 등과 섞어서 비료를 만드는 방식에 인분을 이용하고 있었다. 또한 맥작의 성행을 반영하여 맥전에 시비하기 위한 조비 방법이 상당수 개발되고 있었다. 이 밖에도 여러 가지 시비재료를 다양하게 이용하였다.

두 번째로 시비대상의 측면에서 특기할 만한 것은 수전에서 나타난 이앙법의 확산과 보급에 결부시킬 수 있는 시비법의 발달이 이루어졌다는 점이었다. 즉 이앙법의 기술체계의 발전에 발을 맞추어 앙기에 대한 시비방식이 크게 다양화되고 강조되면서 바로 수도작에서 앙기의 시비재료로 분회가 사용되고 있었다.[47] 본래 『농사직설』에서는 한전용 비료였던 분회가 수전에서는 이앙법의 확산과 궤를 같이 하면서 앙기의 시비원으로 진출하였던 것이다.[48]

세 번째로 시비시기의 측면에서 기경하고 파종하는 경종의 중간단계로 자리잡혀 있던 분전이 점차 독립적인 농작업으로 자리를 차지하면서 변화와 발전이 나타나고 있었다. 그리고 작물이 경작지에서 자라고 있

---

47) 『農事直說』種稻 (『農書』1, 한국학문헌연구소, 10쪽).
48) 閔成基, 1988, 「朝鮮時代의 施肥技術」, 『朝鮮農業史硏究』, 一潮閣, 238~246쪽.

는 동안에도 시비재료를 넣어주는 추비가 확산되고 있었다.

16세기 중후반 이후 시비법의 발전을 농서의 서술체계에 나타난 분전의 위치, 지분에서 확인할 수 있다. 앞서『농가월령』잡령雜令 항목에서 16세기 후반 이후 점차 시비법이 농서에서 독립적인 지위를 획득하는 추세를 보이고 있었다.『농가월령』의 편찬자 고상안은 분전에 대한 강조를 24절기마다 배치하는 것에 어려움이 있자 뒷부분에 붙어 있는「잡령」이라는 항목에 모아놓은 것이라고 추정된다. 월령식 서술에 포함시키기 어려운 조목을 종합한 것이 잡령 항목이라고 할 수 있는데, 여기에 많은 시비 관련 조목을 포함시키고 있었다.

조선 후기 시비기술의 발달은 18세기 이후 농서의 서술방식에 본격적인 변화를 가져왔다. 18세기 초에 홍만선洪萬選이 편찬한『산림경제』는 치농治農에서 정리한 곡물 위주의 기술 내용 뿐만 아니라 치포治圃, 종수種樹, 양화養花, 양잠養蠶, 목양牧養, 구황救荒 등 다양한 농업생산관련 분야의 기술 내용까지 담아내는 종합농서를 지향한 것이었다. 그런데『산림경제』치농 항목은 이제까지의 다른 농서와 달리 시비기술과 연관된 여러 조목을 하나로 묶어 독립시켜 '수분收糞'이라는 항목으로 포괄하였다.[49] 즉 택종擇種과 경파耕播 항목의 중간에 수분이라는 시비기술에 관련된 항목을 새롭게 집어넣었다.[50] 홍만선의『산림경제』치농 항목은 실제의 시비기술 자체의 내용에서는『농사직설』의 내용에 비해 크게 진전된 부분은 없었지만, 농서의 구성체제를 크게 변화시킨 것이었고, 그 주요한 내용 가운데 하나가 시비기술의 종합정리였

---

49) 洪萬選,『山林經濟』治農, 收糞 (『農書』2, 한국학문헌연구소, 95쪽).
50) 洪萬選,『山林經濟』治農條의 項目 순서를 보면 驗歲, 祈穀, 擇種, 收糞, 耕播, 種稻의 순서였다.

던 것이다.

『산림경제』가 세상에 나와서 인구에 회자된 이후, 이제 시비기술을 독자적인 항목으로 설정하여 농서에 편입시키는 것은 아주 당연하게 농서 편찬의 기본 태도가 되었다. 『산림경제』를 증보한 유중림의 『증보산림경제』도 마찬가지의 편찬방침에 따라 치농조를 구성하였다. 그런데 유중림의 『증보산림경제』 치농조의 항목 순서는 『산림경제』의 그것과 약간 달랐다.

『증보산림경제』 치농은 『산림경제』의 작물 경작기술을 설명한 부분에 들어있던 시비 관련 조목을 수분 항목으로 이동시켜 놓았다. 예를 들어 "노초蘆草가 매우 좋지만 절기가 늦은 것이 흠으로, 날마다 부쩍 자라기 때문에 날짜를 계산하여 이앙할 수 있다"라고 설명한 조목은 본래 『산림경제』의 종도 삽앙법에 들어 있는 기사였다.[51] 그런데 『증보산림경제』는 이 시비 관련 조목을 수분 항목으로 옮겨 놓고 있다.[52]

『증보산림경제』는 치농조 전체의 항목 배열 순서를 『산림경제』그대로 준용하지 않고 약간 변형시켜서 설정하고 있다.[53] 수분에 관련된 항목의 전후 배열 관계를 살펴보면 약간의 차이점을 발견할 수 있다. 즉 『산림경제』가 택종 → 수분 → 경파의 순서로 항목을 배열하였는데, 『증보산림경제』는 경파 → 택종 → 수분으로 나열하고 있어서 경파와 수분의 순서가 완전히 뒤바뀌 놓았다. 유중림柳重臨은 원래의 7조목에 5조

---

51) 洪萬選, 『山林經濟』治農, 種稻; ○ 蘆草甚好 而可欠節晩 然日日苗長 可以計日移秧 (『農書』2, 한국학문헌연구소, 103쪽).

52) 柳重臨, 『增補山林經濟』治農, 收糞; ○ 蘆草甚好 而可欠節晩 然日日苗長 可以計日移秧 (『農書』3, 한국학문헌연구소, 83쪽).

53) 柳重臨, 『增補山林經濟』治農條의 項目 순서를 보면 農家要務, 農談, 驗歲, 祈穀, 荒地辨試法, 耕播, 擇種, 收糞, 種稻의 순서였다.

제1부 조선 후기 근세 농업체제의 변동 99

목이나 증보하여 총 12조목을 수분 항목에 포함시키고 있었지만, 이렇게 항목의 순서를 바꾼 이유에 대한 설명을 더하지 않았다. 수분 즉 시비의 독자적인 기술적 성격을 더 강하게 인식한 데서 비롯되었다고 생각된다.

『산림경제』 치농 이후 농서 편찬의 기본적인 원칙으로 설정된 시비기술의 독립 항목화는 서호수徐浩修가 편찬한 『해동농서海東農書』에서도 관철되었다. 서호수는 농무農務를 정리하는 부분에서 개황開荒 → 경전耕田 → 분전糞田 → 장종藏種이라는 순서로 서술항목을 배치하였다. 앞서 『산림경제』나 『증보산림경제』가 수분이라는 명칭을 사용하면서 시비재료의 수집이라는 측면을 강조한 반면에 서호수는 분전이라는 명칭을 사용하여 본격적인 작물에 대한 시비, 전토에 대한 시비를 앞세운 것이다.

『해동농서』 분전 항목의 서술 내용은 중국 농서인 『제민요술』의 답분법踏糞法, 왕정王禎 『농서農書』의 묘분법苗糞法 등 시비법, 『농가집성』의 2조목, 『증보산림경제』의 3조목 등에 불과한 것이었다. 앞선 편찬된 농서에 비해서 크게 새로울 것이 없는 내용을 담고 있었지만, 서술의 초점이 시비재료의 마련이라는 점보다는 작물과 전토에 대한 시비자체에 맞춰져 있다는 점에서 농업기술의 체제 정립이라는 의미를 부여할 수 있다고 생각된다.[54] 이상에서 살핀 바와 같이 조선 후기 시비기술의 발달은 농서 편찬에 커다란 영향을 끼쳤다. 이러한 점에서 근세 농업체제의 변화 발달의 일면을 수전과 한전의 시비기술이라는 측면에서 찾을 수 있다.

---

54) 徐浩修, 『海東農書』 권2, 糞田 (『農書』 10, 한국학문헌연구소, 112~117쪽).

4. 농기구와 수리시설의 발달

16세기 후반 이후 농업생산활동에 동원된 농기구農器具의 구성은 전체적인 측면에서 이전 시기와 동질적인 단계의 모습을 유지하고 있었다. 17세기를 거쳐 18세기 후반이라는 시점에서 농기구 구성체계, 농기구와 농작업의 결합체계의 양상도 이전 시기에 정립된 농기구 구성체계의 범위와 크게 보아 같은 것이었다. 하지만 17세기 이후 철제농기구와 농작업의 구성체계에서 점차적으로 농기구의 다양화와 세밀화라는 발전적 모습이 나타났다. 실제의 농업생산현장에서 농기구를 다루는 농민들은 다년간의 노동 경험을 통해 농기구의 구조와 형태 등에 개선을 더하고 있었다. 그리하여 농기구의 형태가 다양하게 나타나는 것과 동시에 농기구가 다양한 용도로 이용되었다. 이러한 다양화의 증대와 이에 따른 농기구의 기능 향상은 생산활동의 측면에도 긍정적인 영향을 주었다.

17세기 이후 농기구의 분화 양상 그리고 지역적 특성의 현실화라는 양상을 대표적인 농기구인 쟁기의 사례를 검토하면서 분명하게 찾아볼 수 있다. 쟁기의 경우 구조 형태의 분화와 지역적 특화라는 두 가지 양상이 중첩되어 나타났고, 그러한 전개 양상을 농서에서 구체적으로 확인할 수 있다. 즉 쟁기의 구조와 형태가 분화하는 과정은 보습과 볏 등 쟁기의 부속 부분이 점차 지역적으로 특화된 형태를 띠어나가는 과정과 병행하는 것이었다.

쟁기가 사용 지역의 조건에 따라 특징적인 성격을 나타내고 또한 이러한 지역적 특화가 쟁기의 분화로 이어지고 있었다. 우선 경려耕犁가 산간지역용 협려峽犁와 평야지역용 야려野犁로 구별되었고, 협려와 야려가 다시 각각 지역적으로 세분되는 상황이 전개되었다.[55] 그리고 쟁기를 끄는 경우耕牛의 숫자에 따라 양우兩牛를 사용하는 지역의 양우려兩牛犁와, 단우單牛를 사용하는 지역의 단우려單牛犁로 분화하면서 형태적으로도 각각 특색을 나타내고 있었다.[56] 양우려는 단우려에 비해서 성에가 길고 두필의 소의 목에 걸어주는 장원長轅이 달려 있었다.

그리고 기경起耕할 때 쟁기를 견인하는 방법에서도 보습의 형태에 따라 지역적으로 차이를 나타내고 있었다. 산간에서 이용하는 약간 타원형의 둔탁한 협참峽鑱의 경우 두 필의 소를 옆으로 병렬시키는 것에 반하여 양호兩湖지역에서 이용하는 좁고 길다란 호참湖鑱의 경우는 두 필의 소를 일렬종대로 세워 쟁기를 끌게 하고 있었다. 또한 강원도 산간지역의 경우 거리쟁기를 활용하는 밭농사가 주로 발달하여 거리농경문화권을 설정할 수도 있다.[57] 이와 같은 쟁기의 형태분화는 주로 한전에서 사용하는 한전려에서 나타난 것이었고 수전에서는 홀이〔胡犁〕라는 단우려單牛犁를 사용하고 있었다.[58] 쟁기의 지역적 분화가 정리되는 모습은 결국 농법의 '지역성'을 현실의 농서 편찬에 직접적으로 반영하는 추세를 명확하게 보여주는 것이었다.

18세기 후반에 편찬된 서적이나 농서에서 당시에 실제로 사용되던 농기구를 정리하는 작업의 자취를 찾아볼 수 있다. 1797년 무렵 유득공

---

55) 朴齊家, 『北學議』 外篇 農器六則.
56) 柳馨遠에 따르면 湖西와 湖南은 二牛耕을 하고 京畿와 嶺南은 一牛耕을 하고 있었다(『磻溪隨錄』 권 1, 田制上). 18세기 초에 만들어진 『山林經濟』에 胡犁單牛犁가 보이고 있다.
57) 閔成基, 1988, 「朝鮮犁의 特質과 犁耕法의 展開」, 『朝鮮農業史研究』, 一潮閣, 76~77쪽; 김세건, 2014, 「강원도 산간지역의 '쟁기'의 발달과 특징: 거리쟁기인가 아니면 거리연장인가?」, 『사회과학연구』 제53집 2호, 강원대 사회과학연구원; 정연학, 2004, 『한중농기구 비교연구: 따비에서 쟁기까지』, 민속원.
58) 徐有榘, 『林園經濟志』 本利志 권 4, 「南北耕法」. 朴趾源, 『課農小抄』 農器 犁.

柳得恭은『농정전서農政全書』를 참고로 하여 당시에 사용되던 농기구의 속명俗名을 한자어로 풀어서 설명하는 정리 작업을 수행하였다.[59] 또한 18세기 후반 응지농서를 올린 몇몇 응지인應旨人은 당시에 사용되고 있던 농기구의 현황에 근거하여 농기구 변통론을 제시하였다. 기본적인 생산수단인 농기구를 변통시켜 한 단계 진전시키고 이를 계기로 농업생산력의 발전을 도모하려는 주장으로 평가할 수 있다.

다음으로 조선 후기 수리시설의 변화 양상을 살펴보면서 근세 농업체제의 변화 모습을 살펴본다. 조선 후기에도 조선 전기와 마찬가지로 전답에 물을 공급하는 수리시설로 제언과 천방을 이용하였다. 수리시설은 농기구와 마찬가지로 농업생산의 구체적인 수준을 결정하는 요소라고 할 수 있다. 새로운 농기구의 도입이 현실의 농업생산력을 높이는 것과 마찬가지로 새로운 수리시설의 축조나 수리도구의 채용은 그만큼 농업생산의 소출량을 증대시키는 것이었다. 그리고 농기구와 수리시설의 발달과 발전은 구체적인 농업기술의 변화를 동반하는 것이었다.

17세기 이후 조선의 중앙정부는 수리 문제에 대한 기본 대처 방안, 즉 새로운 제언과 천방의 축조, 그리고 이미 축조된 수리시설의 보존 관리라는 정책 방향을 그대로 유지하고 있었다. 조선의 중앙정부가 세운 제언을 포함한 수리시설 전반에 대한 정책 수립의 방향을 현종대, 영조대, 정조대 각각 만들어진 사목事目 절목節目을 통해서 살필 수 있다.

제언사堤堰司를 새로 설치하면서 1662년(현종 3)에 마련한 「진휼청제언사목賑恤廳堤堰事目」은 제언과 천방<洑>의 축조에 주안점을 둔 것이었다.[60] 제언사를 다시 설치하면서 제언 등의 관리 책무를 분명하

---

59) 柳得恭,『古芸堂筆記』, 卷之六 農器俗名釋.
60) 『備邊司謄錄』顯宗 3년 1월 26일 賑恤廳堤堰事目 (2-729).

게 규정하였다. 사목의 내용은 주로 제언과 천방의 축조를 독려하는 내용으로 구성되어 있었다. 특히 제언을 축조하는 과정에서 인력을 동원하는 문제에 대해서 여러 가지 차원에서 자세한 안내를 덧붙이고 있었다. 용수로用水路의 확보도 중요한 요소로 간주하면서 결국 감사와 수령에게 제언 축조와 관리의 책임을 지우고 있었다. 현종대의 제언사목은 제언의 축조에 보다 중점을 둔 방책이었다고 볼 수 있다. 이러한 입장은 영조대의 제언 별단에서도 그대로 유지되고 있었다.[61] 그런데 정조대에 이르게 되면 제언의 신축이라는 과제보다는 기존의 제언 등 수리시설을 철저하게 관리하는 측면에 보다 주의를 기울이고 있었다.

조선 정부의 수리시책을 전체적으로 살펴보면, 우선 수령은 제언을 보수하거나 수축하여 관찰사에게 보고할 의무가 있었고, 신축新築인 경우에는 국왕에게도 보고해야 했다. 조선의 조정에서는 수리시설의 축조와 관리의 책무를 해당 수리시설이 축조되어있는 지역의 감사와 수령에게 직접적으로 부여하였다. 수령은 각 고을 제언의 안팎 양면에 잡목雜木을 많이 심어서 무너지지 않게 하고, 제언과 비보소裨補所[62]의 나무가 우거진 곳을 벌목伐木하여 전지로 경작한 자에게는 장 80으로 처벌하고 거기서 얻은 수익은 관에서 몰수하게 하였다.[63] 그리고 제언의 축조는 수령의 근무 성적을 평가하는 데에 주요한 참고사항이었다.[64] 결국 제언의 신축 등 축조와 관리의 일차적인 책무는 수령에게 부여되어

---

61) 『度支志』 外篇 권3, 版籍司 田制部一 堤堰 節目; 英宗 8년-壬子1732년 正月 備局堤堰別單.
62) 邑居를 처음 설치할 때 그 風水와 地勢를 보고 빈터에는 나무를 많이 심어서 그 氣를 보강하는 것인데 그러한 곳을 裨補所라 한다. 『經國大典註解』 後集 上, 戶典.
63) 『經國大典』 戶典 田宅.
64) 『文宗實錄』 卷4, 文宗 즉위년 10月 癸酉.

있었다.

　중앙정부는 제언의 관리를 각 군현의 수령에게 일임하는 체제만 구성하였던 것이 아니었다. 조정에 팔도의 제언을 총체적으로 관장하는 책무를 수행하는 아문으로 제언사를 설치하여 전반적인 제언에 관련된 일을 꾸려나가게 하였다. 제언사는 제언의 크기를 조사하고, 각 지역의 제언의 관리 상황을 적간摘奸하는 등의 일을 관장하였는데,65) 시기에 따라 치례를 거듭하다가 앞서 살핀 「진휼청제언사목」이 제정된 1662년(현종 3)에 다시 설치되었다.66) 『속대전續大典』에 규정된 제언사의 관장 업무를 보면 각도의 제언 수축을 구관句管하는 것으로 되어 있었다. 그러니까 직접적인 제언을 수축하는 일을 담당하는 것이 아니라 수축과 신축을 감독하는 역할을 담당하는 것이었다.

　제언사의 최상위 직위인 도제조都提調는 삼공三公이 겸하게 하여 3원을 두었고, 제조提調는 비변사 당상 가운데 겸하게 하였다. 실무를 담당하는 낭청도 비변사 낭청이 겸하게 하였다.67) 비변사 당상이 제언사 제조를 겸하게 되면서 제언당상이라고 불리웠다. 1731년에 제언 당상 2원을 따로 차출하여 제언의 사무를 전관專管하게 하고 비변사의 무낭청武郎廳 1인이 제언 낭청을 겸하게 하였다. 이들 제언 당상과 낭청이 제언에 관련된 중앙의 지시 사항 등을 외방에 보내고, 간혹 몇 군데를 집중적으로 적간하는 등의 일을 맡아 수행하게 되었다.68)

　수령은 관할 지역 내에 자리한 제언 등을 관리할 책무를 지고 있었다. 제언이 제 기능을 다하지 못 할 경우 감관監官 색리色吏와 더불어 처벌

---

65) 『續大典』 戶典 田宅.
66) 『度支志』 外篇 권3, 版籍司 田制部一 堤堰 事實.
67) 『續大典』 권1, 吏典 增置正一品衙門 堤堰司
68) 『新補受教輯錄』 戶典 堤堰.

을 받았다.[69] 결국 군현에 위치한 제언은 감관 → 색리 → 수령으로 이어지는 계통에서 관리가 이루어지고 있었다. 수령은 제언을 순심巡審하면서, 또한 면面에서 근간根幹한 사람을 선정하여 유사有司로 즉 제언 유사로 선정하기도 하였다. 그리고 축보築洑한 것도 보주洑主를 정하여 관리하게 하였다.[70] 그리고 제언을 수축할 때 관가는 양곡을 지급하여 완공시키는 데 도움을 주는 것이 일반적이었다. 제언의 축조는 상당한 인력과 재력이 투여되어야 가능한 것이었기 때문에 지역민의 힘만으로 완공하기는 어려웠다. 그리고 관가 즉 수령이 제언의 축조를 파악하고 조력을 기울여야 하는 배경은 농시農時를 맞이하기 이전에 축조 공정을 끝마쳐야 하기 때문이었다. 시간을 넘기기 전에 즉 농시가 시작되기 이전에 제언과 천방의 정비와 보수를 끝마쳐야만 농사일을 진행하는 데 어려움이 없었다.

1780년대 삼남 지역의 군현별 평균 제언수 현황에서 각도별 군현당 평균제언수를 보면 충청도가 10.7곳, 전라도 18.3곳, 경상도 23.1곳의 순서를 보이고 있었다. 특히 경상도 지역의 평균제언수가 다른 지역에 비해서 월등 많다는 점을 알 수 있다. 경상도 지역에 많은 제언이 분포하고 있다는 점은 여러 가지 자료에서도 동일하게 나오는 부분이다. 조선 전시기에 등장하는 몇몇 제언 숫자를 정리한 다음 <표1>을 보더라도 전라도와 충청도 지역의 제언수는 16세기 이래 20세기 초까지 이르도록 별다른 변화가 없는 것으로 보인다.[71]

---

69) 『續大典』戶典 田宅.
70) 『度支志』外篇 권3, 版籍司 田制部一 勸農節目 肅宗 13(1687년).
71) 宮嶋博史, 1983, 「李朝後期の農業水利-堤堰溜池灌漑を中心に-」, 『東洋史研究』 41-4, 東洋史研究會, 655쪽.

<표1> 조선시대 下三道 지역 堤堰數의 변천 내역

	15세기 후반 1	1518년 2	1782년 3	19세기 초 4	1908년 5	1910년경 6
경상도	721	800	1,522	1,666(99)	1,317	1,752
전라도	-	900여	913	912(24)	745	800
충청도	-	500여	503	518(17)	248	318

1 『慶尙道續撰地理誌』-1470년경
2 『中宗實錄』권46, 중종 18년 정월 庚戌
3 『增補文獻備考』권146, 田賦考 6:『度支志』外篇 권3, 版籍司 田制部一 堤堰
  各道堤堰總數
4 『萬機要覽』財用篇 5, 堤堰 <( )안의 숫자는 廢堤堰數>
5 『堤堰調査書』1909년 간행
6 『朝鮮農務彙報』1912년 간행

  18세기 후반에 조사된 제언의 각도별 숫자에서 충청도와 전라도의
제언의 숫자가 조선 전기의 제언 숫자와 거의 차이가 없는 수준에서 머
물러 있었던 것에 대한 해석은 조심스럽게 진행될 필요가 있다. 먼저 고
려해야 할 사정은 충청도와 전라도 지역에서 많이 이용하던 수리시설이
제언이 아니라 다른 것이었을 가능성이다. 아마도 이러한 가능성이 제
일 높을 것으로 생각된다. 왜냐하면 전라도나 충청도는 18세기 후반 당
시에 수전농법에서 이앙법을 지배적인 경종법으로 채택하고 있던 곳이
었다. 따라서 이 지역의 수전도 어떠한 방식으로든 수리시설의 혜택을
받고 있어야 하는데, 위의 <표1>에서 보이는 것처럼 해당 수리시설이
제언이 아니라면, 그것은 바로 천방이었던 것으로 추정하지 않을 수 없
다. 그리고 이러한 추론은 넉넉한 근거를 갖고 있었다. 조선 후기의 수리
기구와 경영문제는 수익과 관련된 것이었고 이에 따라 수세水稅의 징수
까지 이루어지고 있었다.[72] 천방의 경우 충청도와 전라도에서 널리 활

---

72) 崔元奎, 1992, 「朝鮮後期 水利기구와 經營문제」, 『國史館論叢』39, 국사편찬위원회.

용되었고, 천방을 축조한 개인이나 집단은 수세 징수 또는 공동 관리를 통해서 천방을 보수하고 유지하였다.

한편 정조대를 비롯하여 여러 차례 대천수大川水를 관개에 활용하는 수리도구인 수차水車의 제조보급이 여러 차례 시도되었다. 1795년(정조 19) 2월과 9월에 전 좌랑 이우형李宇炯이 수차의 제조보급을 건의하였으나 오랜 논의 끝에 시행되지 않았다.[73] 이때 호조戶曹는 수차를 제작하는 데 비용이 너무 많이 든다는 이유로 반대하였고, 결국 정조는 이우형의 출신지인 호남에서 도신이 시험해 본 후에 결과를 보고하라고 지시를 내렸을 뿐이었다.

또한 1796년(정조 20) 4월에 화성 유학 우하영禹夏永이 시무 13조를 올리면서 수차의 제작 보급을 건의하였다.[74] 하지만 비변사를 중심으로 비용이 너무 많이 든다는 반대의견이 개진되었고, 정조는 그러한 비변사의 주장을 수용하였다. 수차를 도입하려는 조선초기 이래의 시도는 조선 후기에도 별다른 구체적인 진전을 보지 못하고 말았다.

이상에서 살펴본 바와 같이 조선 후기의 근세 농업체제에서 농업기술은 농민들의 자체적인 기술 개발과 보급을 중심으로 전개되었다. 그리고 국가적인 차원에서 수리시설의 관리, 축조, 수차의 보급 노력 등이 덧붙여지고 있었다. 근세 농업체제 아래에서 전개된 조선 후기 농업기술의 특색을 정리하자면 우선 벼농사를 중시하여 쌀을 주식으로 삼았다는 점을 지적할 수 있다. 그리고 밭농사를 병행하여 보리, 밀, 콩, 조, 기장 등을 수확하는 데 특히 1년에 2차례에 걸쳐 농사를 짓는 2모작을 실시하였

---

73) 正祖,『弘齋全書』권44, 批/兵曹佐郎李宇炯請行水車疏批-乙卯
74) 禹夏永이 지은『千一錄』등에 대한 내용 분석과 우하영의 사상에 대해서는 다음 저서를 참고할 수 있다. 崔洪奎, 1995,『禹夏永의 實學思想 연구』, 一志社.

다. 또한 한국의 자연환경, 농업환경에서 구할 수 있는 다양한 시비재료로 이용하여 논밭에 거름을 넣어주는 시비법을 개발하여 사용하였다.

Ⅱ. 농정책의 마련과 실시

1. 농정책의 구조와 시행

조선 후기 '근세 농업체제'의 성격을 파악하기 위해 살펴보아야 할 주요한 과제가 조정을 중심으로 마련되고 실행에 옮겨지면서 실제 지방 수령이 직접 담당하는 농정책農政策이다.[1] '근세 농업체제'에서 조정에서 국왕과 관리를 중심으로 마련되고 실시된 농정책은 농업생산을 보다 원활하게 수행하기 위해 국가의 총체적인 노력이 집결되는 지점이었다. 그리고 근세 농업체제의 핵심적인 부분이며 나중에 근대 농업체제 아래에서 크게 달라지는 부분이 국가권력의 농업에 관한 정책 마련과 시행이었다. 그러한 점에서 근세 농업체제에서 농정책의 마련과 실시는 국가의 모든 기구가 동원되는 국가 능력 총동원의 성격을 지닌 국정國政의 가장 중요한 부문이었다.

조선왕조는 중앙정부 차원에서 수행된 농업생산을 둘러싼 여러 가지 정책적인 모색들을 마련하고 실시하였다. 왕조 지배체제의 기본적인 운

---

1) 18, 19세기 농정책의 시행에 대한 서술은 다음 책을 참고하였다. 염정섭, 2014, 『18 ~19세기 농정책의 시행과 농업개혁론』, 태학사.

영 재원을 바로 농업農業 생산生産을 통해서 확보하고 있었기 때문에 조선 정부는 일차적으로 농업생산의 안정성을 확보하기 위해 여러 가지 정책을 추진하였다. 이러한 조선 정부의 정책을 농정책이라는 틀 속에 서 파악할 수 있다.

조선시대에 중앙정부 차원에서 수행된 농정책은 세 가지 측면으로 구성되어 있었다. 첫째는 농업생산의 원활한 수행을 국가적인 입장에서 조장하고 지원하는 '권농勸農'이라는 측면이다. 두 번째는 실제의 농업 생산이 진행되는 시기에 각지의 농형農形을 파악하고 여러 가지 농업생산의 변화를 야기하는 변수에 대응하며 농업생산을 관리하고 감독하는 '감농監農'이라는 측면이다. 그리고 세 번째는 자연재해 등으로 농업생산이 소기의 성과를 거두지 못하는 흉년이 닥쳤을 때 농민의 재생산을 최소 한도로 지원하는 '황정荒政' 또는 '재정灾政'이라고 불리는 측면이다. 세 가지 측면으로 구성된 농정책은 조선의 국왕을 비롯한 지배층이 우선적으로 수행할 정책이었다.[2]

권농, 감농, 황정 등의 정책적인 추진 양상을 하나로 묶어 농정책이라고 개념화할 수 있을 것으로 생각된다. 즉 조선왕조에서 정책적으로 수행한, 농사를 권장하고, 농업을 장려하며, 실제의 농업생산활동<農作>을 감독하고, 농사의 형편農形과 우택雨澤의 정도를 파악 정리하며, 재해災害의 유무와 이에 대한 대책을 마련하고, 흉황凶荒이 닥쳤을 때 이를 극복하기 위한 진휼賑恤과 부세의 감면減免 등을 농민에게 베풀었던, 일상적으로 그리고 정례적으로 수행한 여러 가지 방책을 농정책이라는 하나의 개념으로 묶어보고자 한다.[3] 조선왕조에서 추진된 농

---

2) 廉定燮, 2000, 「조선시대 農書 편찬과 農法의 발달」 서울대학교 대학원 국사학과 박사학위논문, 257쪽~266쪽.

정책을 전체적으로 그리고 체계화시켜서 살피는 것은 매우 중요한 연구 과제라고 할 수 있다.[4]

근세 사회로서 조선왕조가 농정책을 수행하기 위해 마련한 관청, 기구 등 농정 수행의 조직적 접근방식, 농정의 실질적 실행 기구를 살펴보면 뚜렷한 하나의 기구를 지목하기 어렵다. 하나의 농정 전담 관청, 기구, 조직이 마련되지 않았다는 점, 그리하여 수많은 관청, 기구, 조직이 농정책의 마련과 실시에 직접, 간접으로 크게 또는 작게 간여하고 있었다는 점 자체가 근세 농업체제의 특징이라고 할 수 있다.

지방 사회에서 농정책을 실행에 옮기는 담당자는 수령들이었다. 『세조실록』에 주부군현에 권농관을 두어 제언 등 수리시설을 관장하는 임무를 부여하는 기사가 실려 있어, 권농관이 수리시설의 축조 관리를 도맡아 수행하는 관원으로 이해할 여지가 있다. 하지만 해당 기사에서 관찰사와 수령에게 수시로 보고하고 또한 수리시설의 총괄 관리를 담당하게 적시하고 있다는 점에서 수리시설의 축조와 관리가 권농관에게만 부여된 직무는 아니었다.[5] 중앙관서의 관원들도 자연재해의 조짐이 있을

---

3) 조선시대 중앙정부와 지방 군현 단위에서 수행한 농업에 관련된 시책을 農政策으로 정리하는 것은 다음 연구를 검토하는 과정에서 시사를 얻은 것이다. 金容燮, 2000, 「世宗朝의 農業技術」, 韓國中世農業史硏究, 知識産業社; 李泰鎭, 1984, 「세종대의 농업기술정책」, 『세종조문화연구』 2, 한국정신문화연구원; 李泰鎭, 1986, 「세종대의 천문연구와 농업정책」, 『애산학보』 4, 애산학회.
4) 조선초기 세종대를 중심으로 추진된 農政策은 다음 논문을 참고할 수 있다. 廉定燮, 2003, 「世宗代 農政策의 전개와 의의」, 『애산학보』 29, 애산학회.
5) 『世祖實錄』 권2, 世祖 1年 9月 15日 丁亥 (7-88); 戶曹啓曰 歲之有水旱 天道之難諶 而川防 堤堰 所以備旱澇利農功 所係匪輕 按元典 州府郡縣 擇居鄕有官職者 定爲勸農官 秋冬之交 修築堤堰 以貯雪水 舊防毁而不修者 舊雖無而今可築者 開具轉報 以時築之 毋或滲漏 自此以後科條屢下 節目詳備 而諸道觀察使 守令 視爲文具 慢不擧行 誠爲不可 請自今本曹版籍司郎官一員 專掌其事 每於農隙往審 其無成績者 啓聞治罪 從之.

112 한국 근대 농업체제의 형성과 변동

때 국왕의 구언求言에 호응해야 했고, 사신使臣으로 외방에 나아갔을 때 농형農形에 대한 주의를 기울여야 하는 무언의 과업을 수행해야 했다는 점에서 농정책의 시행과 연관되어 있었다.

조선 후기 농정책의 전개는 먼저 국왕의 권농에서 비롯하였다. 조선의 국왕은 전체적인 농정책의 측면 가운데에서 특히 권농 즉 농사의 권장을 무엇보다도 강조하였다. 17세기 후반 숙종대 이후가 되면서 국왕이 가장 중요한 의미를 부여한 권농책勸農策으로 매년 정월에 '권농하교勸農下教'를 연례적으로 반포하는 것이 정착되었다. 일반적으로 '권농교勸農教' 또는 '권농윤음勸農綸音'으로 불린 국왕의 '권농하교'는 일차적으로 농사의 권장을 수령에게 당부하는 것이었고, 또한 농민 또는 소민小民의 노고를 위로하는 것이기도 하였다.

영조英祖도 숙종肅宗에 뒤이어 매년 정월에 권농교 또는 권농윤음을 반포하여 수령의 권농勸農을 독려하였다.6) 그런데 영조의 권농책에서 특기할 것은 바로 친경親耕의 실행이었다.7) 영조를 뒤이은 정조正祖는 친경에 대응하는 관예觀刈라는 의식을 거행하기도 하였지만, 그가 보다 주안점을 둔 권농책은 바로 권농교와 권농윤음의 반포였다. 정조는 재위한 24년 동안 한해도 거르지 않고 매년 정월에 세수권농윤음歲首勸農綸音이나 세수권농교歲首勸農教를 반포하였다.8) 팔도에 내려진 권농윤음을 당시에 해야할 농정農政의 급무를 제기하고 지방관으로 하여금 잘

---

6) 英祖가 내린 勸農教와 勸農綸音을 일일이 열거할 수 없지만 다음 실록 기사를 참고할 수 있다. 『英祖實錄』 권3, 英祖 1년 1월 庚子 (41-450); 『英祖實錄』 권124, 英祖 51년 1월 己酉 (44-485).

7) 서울대학교 규장각 편, 『親耕儀軌』 奎章閣 資料叢書 儀軌篇, 2001, 친경의례의 자세한 내용은 다음 解題를 참고할 수 있다. 金芝英, 2001, 「『親耕儀軌』 解題」 『親耕儀軌』 奎章閣 資料叢書 儀軌篇, 서울대학교 규장각.

8) 正祖, 『弘齋全書』 권28, 綸音.

수행할 것을 당부하는 내용이었다. 정조가 직접 지어 내린 「세수권농윤음」과 「세수권농교」를 모아 보면 다음 <표2>와 같다.9) 『홍재전서弘齋全書』에 실린 세수권농교와 세수권농윤음은 정조가 직접 자신의 권농의지를 피력한 문장이라는 점에 의의가 있다고 할 수 있다.

<표2> 『弘齋全書』에 보이는 正祖 御製 勸農教·勸農綸音

1777년 正祖 1, 정유	歲首勸農綸音	1778년 正祖 2, 무술	歲首綸音
1781년 正祖 5, 신축	歲首勸農教	1783년 正祖 7, 계묘	歲首勸農教, 歲首綸音
1784년 正祖 8, 갑진	歲首勸農教, 歲首綸音	1785년 正祖 9, 을사	歲首綸音
1786년 正祖 10, 병오	勸農綸音	1787년 正祖 11, 정미	歲首勸農教, 歲首勸農綸音
1788년 正祖 12, 무신	歲首勸農教	1791년 正祖 15, 신해	歲首勸農綸音
1792년 正祖 16, 임자	歲首勸農教, 歲首綸音	1796년 正祖 20, 병진	歲首勸農教
1797년 正祖 21, 정사	歲首勸農綸音	1798년 正祖 22, 무오	歲首勸農教
1800년 正祖 24, 경신	歲首勸農教		

숙종, 영조의 권농교를 비롯하여 정조가 내린 권농교의 가장 기본적인 골자는 권농의 주요한 책무를 감사를 포함한 목민관牧民官 즉 수령에게 부여하고 그들의 권면을 당부하는 것이었다.10)

정조가 수행한 권농책의 백미이자 18세기 후반 조선사회의 사회경제

---

9) 正祖가 御製하여 頒下한 歲首勸農教와 歲首勸農綸音으로 『弘齋全書』에 실려 있다.
10) 수령에 대한 勸勉 당부는 조선초기의 대표적인 勸農教인 世宗의 「勸農教文」에서도 분명하게 찾을 수 있다. 세종의 권농교문은 申洬의 『農家集成』에 수록되어 있다.

적 상황을 가장 구체적으로 반영한 「권농윤음」이 바로 1798년(正祖 22) 11월 30일 반포된 「권농정구농서윤음勸農政求農書綸音」이다. 정조가 이 윤음을 팔도의 신서臣庶에게 낱낱이 반포하고 보여지기를 바란 것은 무엇보다도 새로운 종합 농서로 '농서대전農書大全'을 편찬하려는 것이 었다. 새로운 농서를 편찬하기 위한 방식이 일차적으로 전국의 농업기술 현황 즉 농법의 현황을 조사하는 데에서 출발하는 것은 당연한 것이었다.

또한 정조를 비롯한 조선시대 중앙정부가 수행한 권농정책의 한 방향 은 한광지閑曠地와 진전陳田의 개간開墾을 권장하는 것이었다. 조선시 대에 조정에서 개간을 장려하기 위해 여러 가지 시책을 펼쳤다. 그리하 여 농경지의 확대가 17세기에서 18세기 무렵에 확연히 확인되는데, 이 가운데 특히 수전의 증대가 남다른 것이었다. 정조는 개간의 장려를 위 해 역대 조정이 마련한 여러 가지 시책을 계승하여 수령에게 개간을 독 려하고, 개간지에 대해 몇 년 동안 면세免稅 조처를 취하고, 나아가 개간 자에게 시상을 하기도 하였다. 18세기 중반까지 조정에서 수행하였던 개간에 대한 시책이 정조대에도 준행 되었다.[11]

18세기 후반 정조는 개간을 독려하고 권장하는 권농책을 그대로 이 어갔다. 영조대에 이르기까지 개간을 장려하기 위해 기경자를 우대하는 입장을 계승하고 있었다. 정조는 때때로 진황전陳荒田을 개간하라는 왕 명을 내리면서 개간의 독려과 진전의 감소를 지시하였다.[12] 정조는 중 농重農하는 정사에서 개간을 권장하는 것보다 더 중요한 것이 없다고 표방하고 있었다.[13]

---

11) 17세기 이후 開墾의 동향에 대해서 다음 논문을 참고하였다. 李景植, 1973, 「17세 기 土地開墾과 지주제의 전개」, 『韓國史研究』 9, 한국사연구회; 宋讚燮, 1985, 「 17·18세기 新田 開墾의 확대와 경영형태」, 『韓國史論』 12, 서울대 국사학과.
12) 『承政院日記』 1801책, 正祖 22년 12월 7일 丙申 (95-514가).

정조대 후반에 이르러 개간장려 시책을 한 단계 높여 개간자, 기경자를 실질적으로 우대하는 규정이 시행되었다. 개간 장려의 성패는 사실상 수세收稅 문제, 즉 진전을 개간하였을 때 수세의 측면에서 어떠한 혜택을 주거나 또는 피해를 주지 않는 방안의 시행 여부에 달려 있었다. 정조는 진황전의 개간을 권장하기 위해 수세의 측면에서 근원적으로 혜택을 내려주는 조처를 취하였다. 즉 기한을 정해 면세하는 방안에서 한 단계 더 앞서 나간 방책을 시행하였다. 그 시책은 바로 진전을 다시 기경전으로 개간하였을 때 전품田品을 낮추어주는 것과 감세減稅해주는 것을 팔도에 모두 적용하게 한 것이었다.14) 전품田品의 강등降等은 이미 영남에서 시행하고 있었는데 이를 팔도에 확대 적용한 것이었다. 전품을 낮추는 것은 일시적인 감세減稅가 아니라 영구적인 감세의 의미를 지닌 것이기 때문에 개간을 장려하는 데 획기적인 의의를 부여할 수 있는 시책이었다.

조선 후기 농정책의 주요한 구성 부분의 하나는 농형農形 파악을 통한 농업생산 관리라는 감농監農의 측면이었다. 중앙정부는 지방 수령, 관찰사를 통하여 농민의 농업생산활동을 감독하였다. 구체적인 방식은 수령과 관찰사가 보고하는 농형장계農形狀啓와 우택장계雨澤狀啓를 수합 정리하는 것이었다. 수령은 농절農節이 되면 관찰사에게 농형을 보고하고, 비가 내렸을 때 우택 상황을 구체적으로 보고하게 되어 있었다. 이러한 보고를 관찰사가 수합하여 도내의 농형과 우택으로 정리하여 중앙으로 장계를 올리는 보고 체계가 설정되어 있었다. 농작물이 자

---

13) 『綸綍』(奎12855) 庚申(1800년) 6월 1일; 重農之政 豈有過於勸關...중략...不可無獎勸之擧.

14) 『正祖實錄』 권52, 正祖 23년 11월 辛未 (47-220).

라는 농절은 바로 수령이 각 군현의 농형을 파악하여 중앙에 보고해야 할 시절이었다.[15)

　18세기 후반 정조는 중앙정부 차원의 감농을 보다 충실하게 수행하고 있었다. 수령→관찰사→정부→국왕으로 이어지는 공식적인 보고 계통을 통하여 정조는 각 지역의 농형을 잘 파악하였다. 그리고 정조대에 이르러 앞서 시행되던 농형 보고 체계를 정리하여 『대전통편大典通編』에 수록하고 있었다. 즉 전세 수취 방식이 비총법比摠法으로 이루어지는 상황에서 호조에서 비총比摠하기 위한 근거자료로 활용하던 것이 바로 제도諸道의 농형 장계라는 것을 명시하고 있었다.[16) 조선 팔도 각 지역의 농형을 지방 차원에서 파악하여 대책을 강구하고, 또한 그렇게 파악된 농사 형편을 중앙정부에 보고하였다.

　농절에 접어들면 각읍各邑의 수령은 곡물의 파종 여부 특히 수전水田의 경종이 제때에 수행되었는지 잘 감독하고 그 결과부터 보고해야 했다. 수전의 경종 여부는 매삭每朔 각면各面의 사정을 보고해야 하는데 특히 망종芒種을 경계로 삼아 이때까지 파종을 완수하도록 독려할 책무가 부여되어 있었다. 만약 도사都事가 순심巡審하여 수전 경종이 망종 무렵까지 제대로 완수하지 못한 것이 심각할 경우 수령 등에게 처벌이 내려졌다.[17) 이러한 규정은 숙종대에 마련된 「권농절목勸農節目」에 보이는 것인데, 같은 절목에 망종 시절에 최후로 부종付種한 자와 망종을 지나서 처음으로 부종하기 시작하는 자를 처벌하라는 규정까지 삽입되어 있었다. 조정에서 규정한 수령이 수행할 감농 임무는 파종 여부를 제

---

15) 『六典條例』권2, 吏典; 農形雨澤 自夏至後 至立秋前 鱗次出朝報 (初次霜降 亦爲頒布).
16) 『大典通編』권2, 戶典, 收稅.
17) 『度支志』外篇 권3, 版籍司 田制部一 勸農 節目 肅宗 13년(1687년).

대로 파악하는 것에 그치는 것이 아니었다. 적당한 곡종穀種을 지정하고 권장하는 것도 포함되어 있었다.[18]

농형 장계를 올리는 것은 수령과 감사의 일상적인 업무 수행의 기본적인 임무였다. 농절 기간 동안 수령이 작성하여 관찰사를 거쳐 중앙정부에 보고되는 농형장계는 구체적인 농업생산활동의 내용이 담겨 있었다. 수령은 대략 10일에 한 번씩 농형장계를 작성하여 감사에게 올리는 것이 상례常例였다. 특별히 가뭄이 심하다가 비가 오게 되면 당시까지의 농형을 보고하도록 왕명이 내려지기도 하였다.[19] 감사는 수령으로부터 받은 농형장계를 하나로 모아 호조에 종합 보고하였다. 또는 각 군현을 돌아다니면서 확인한 농형을 보고하기도 하였다.[20]이때 각도에서 올라온 농형장계는 다른 장계류와 같이 지역별로 하나의 등록謄錄으로 묶여 호조에 보관되었다.

조선 팔도 각 군현의 수령은 비가 왔을 때 즉시 강우량을 척촌尺寸 단위로 측정하여 감사에게 보고하였다. 감사는 각 군현의 보고와 감영의 강우량을 종합하고 우택장계를 작성하여 중앙에 보고하였다. 우택장계에 기재되는 내용은 비가 오기 시작한 시간, 내린 기간, 강우량 등이었다. 강우량을 측정하는 방법은 기본적으로 측우기를 이용하는 것이었다. 농형 보고와 마찬가지로 우택 보고도 각군현의 수령이 각면 임장의 보고를 취합하여 정리한 것을 상부에 아뢰는 것이었다.

세종대에 제작된 측우기는 길이가 1척 5촌이고 원경이 7촌인 원통형

---

18) 숙종대에 마련된 「勸農節目」은 糖穀 즉 수수를 수확을 많이 거둘 수 있는 곡물로 평가하고 糖穀을 널리 보급해야 하는 부담을 수령에게 부여하고 있었다. 『度支志』外篇 권3, 版籍司 田制部一 勸農 節目 肅宗 13년.
19) 『正祖實錄』 권40, 正祖 18년 7월 壬子 (46-492).
20) 『正祖實錄』 권35, 正祖 16년 8월 辛卯 (46-330).

의 동기였다.[21] 측우기는 세종 재위 당시 세자 자리에 있던 문종의 고안으로 제작된 것이었다. 측우기는 기본적으로 우량을 재기 위한 도구로서 만들어졌다.[22] 측우기를 통해서 강우량을 객관적으로 측정하는 방식은 조선 후기에도 그대로 통용되었다. 1770년(영조 46)에 영조는 측우기의 모양과 제작 방식을 전국의 군현에 내려보내 각지에서 새롭게 자체 제작하게 하였다.

중앙에서 측정한 강우량은 그때 그때 측우기로 재어두었지만, 1년의 전체 강우량도 집계하여 정리해 두고 있었다. 정조가 1799년 5월 가뭄이 든 시기에 1791년 이후 1798년까지 연간 총 강우량을 언급하고 있는데, 이는 연간 강우량에 대한 통계자료를 축적하고 있었기 때문에 가능한 것이었다. 이때 정조의 언급에 따르면 작년 같은 달에 1여 척에 달하던 우택이 금년 이번 달에는 2촌에 불과할 정도로 가뭄이 극심하게 발생한 시점이었다. 정조는 이렇게 가뭄이 든 상황을 국왕 자신의 잘못 때문이라고 자책하고 있었다.[23]

이상에서 살핀 바와 같이 18세기 후반 정조대에 중앙정부는 각 도, 각 읍의 농형과 우택 현황을 파악하고 종합하여 정리하고 있었다. 이러한 체제는 본래 농사 감독 즉 감농의 의의를 지닌 것이었지만, 또한 한해 농사의 작황을 판단하는 정보를 축적하는 것이기도 하였다.

조선시대뿐만 아니라 전근대사회에서 발생한 재해 가운데 백성들에게 직접적이고 광범위한 피해를 준 것은 수재水災와 한재旱災였다. 다른 자연재해도 부분적으로 치명적인 피해를 가져다 주곤 하였다.[24] 특

---

21) 전상운, 2000, 『한국과학사』, 사이언스북스.
22) 李泰鎭, 1989, 『朝鮮儒敎社會史論』, 知識産業社, 64~66쪽.
23) 『承政院日記』 1809책, 正祖 23년 5월 22일 己卯 (95-935가).
24) 자연재해에 동반하는 凶荒과 饑饉에 주목하여 그에 대한 朝鮮의 대책을 처음 체계

히 수재와 한재는 당시 농업생산에 직접적인 피해를 주었기 때문에 정부에서도 그 대책에 많은 관심과 주의를 기울였다.[25]

자연재해는 예고없이 찾아오는 것이었지만, 대개의 경우 봄철에서 여름으로 이어지는 가뭄, 장마기간 전후로 빈번하게 발생하는 여름과 가을의 홍수, 철없이 찾아오는 우박, 그리고 서늘함을 더해주는 서리 등이 계절마다 불청객처럼 등장하였다. 게다가 시도 때도 없이 폭풍이 불어 곡물을 날려보내기도 하였다.[26] 극심한 자연재해로 전답田畓이 쑥대밭으로 변해버리면 봄철부터 땀흘린 농부의 가을은 잿빛 하늘 그것일 따름이었다.[27]

조정은 자연재해가 발생하게 되면 또는 자연재해가 발생할 조짐이 있으면 여러 가지 의식을 거행하여 이를 막아보려고 하였다. 가뭄이 들었을 때 기우제祈雨祭를 드리고, 비가 계속 내릴 때 기청제祈晴祭를 설행하거나, 벌레 피해를 이겨내기 위한 포제酺祭를 드리기도 하였다.[28] 이러한 구재救災의식의 설행은 점차 정형성을 띠어 가고 있었다. 기우제의 경우 비가 내린 지 한 달여가 지나도록 다시 내리지 않는 가뭄이 들거나 하지가 지났을 때도 적당한 우량雨量을 확보하지 못하였을 때 실행을 시작하였다. 숙종대에 이르면 총 12차례의 기우제를 드리는 정식이 마련되었다.[29]

적으로 살핀 연구자는 崔益翰(1947, 『朝鮮社會政策史』, 博文出版社)인데, 다만 社會政策의 차원으로 접근한 것이라는 점에서 아쉬움이 있다.

25) 李相培, 2000, 「18~19세기 自然災害와 그 對策에 관한 硏究」, 『국사관논총』 89, 국사편찬위원회.

26) 『肅宗實錄』 권1, 肅宗 즉위년 8월 丙辰 (38-208).

27) 『肅宗實錄』 권1, 肅宗 즉위년 9월 癸酉 (38-209).

28) 『太宗實錄』 권16, 太宗 8년 7월 癸亥 (1-446).

29) 崔鍾成, 1998, 「國行 무당 祈雨祭의 歷史的 硏究」 『震檀學報』 86, 진단학회, 49~72쪽.

조정에서 주관하는 기우제는 한성부漢城府 주변의 산천을 중심으로 차례마다 설행하는 곳이 정해져 있었다. 1777년에 찾아온 가뭄에 호응하여 올린 기우제를 살펴볼 수 있는데, 1차로 삼각산三角山, 목멱산木覓山, 한강漢江에 기우제를 지냈고, 6월 7일(辛丑) 밤에 비가 3촌 7푼 가량 내리면서 기우제를 드디어 정지할 때까지 적어도 7차례 이상 설행되었다.[30]

농민의 희망을 완전히 꺾어버리는 자연재해는 바로 가뭄보다는 수재 즉 홍수였다. 정조 1년에 발생한 수재만 보더라도 관동,[31] 경상도 진주 등 수십 고을,[32] 관북 안변 등 여러 고을[33] 등 일상적으로 발생하고 있었다. 홍수가 나서 전토에서 자라고 있는 곡식이 완전히 물에 쓸려 내려가거나, 아니면 물가의 농토가 곡식과 함께 떠내려가는 포락浦落, 전토의 곡식을 물이 담고 내려온 토사로 뒤덮어 버리는 복사覆沙, 아예 전토 자체가 물길로 변해버리는 성천成川 등은 전혀 남은 곡식을 기대할 수 없는 커다란 재해였다. 국가에서 공식적인 재해의 명목을 지정하였을 때 성천, 포락 등이 주된 것으로 지목된 것도 이 때문이었다.

당시 사람들은 홍수로 인하여 전답의 일부 또는 전부가 떠내려가는 포락浦落과 강물에 휩쓸려가던 토양의 일부가 하천유역의 특정한 곳에 퇴적되어 형성된 니생泥生을 어쩔 수 없는 자연적인 현상이자 서로 깊이 연결되어 있는 선후관계의 산물로 받아들이고 있었다. 당시의 사람들은 포락과 니생을 상호 보완적인 자연현상으로 간주하고 있었다. 따라서 니생으로 인하여 새롭게 생긴 경작지를 지역민이 공동으로 이용해야 마땅한 것이었고, 한 사람이 사사롭게 이러한 니생처를 독차지해서

---

30)『正祖實錄』권3, 正祖 1년 4월 辛酉 (44-663); 같은 책, 6월 辛丑 (44-673).
31)『正祖實錄』권3, 正祖 1년 9월 戊辰 (44-693); 같은 책, 10월 乙巳 (44-697).
32)『正祖實錄』권3, 正祖 1년 9월 丙子 (44-694).
33)『正祖實錄』권3, 正祖 1년 9월 丙戌 (44-695).

는 안 되는 것이었다.[34]

자연재해로 농사를 망치게 되었을 때 메밀과 같은 작물을 대신 파종하는 대파代播라는 방식의 대응이 장려되었다. 메밀은 다른 밭작물보다 성장기간이 월등 짧아서 7월 중순에 파종하더라도 수확을 거둘 수 있었다.[35] 메밀과 같이 흉년이 눈앞에 닥쳤을 때 이를 구하기 위해 파종하는 작물을 구황작물이라고 하였다.[36] 18세기 후반이 되면 구황작물의 하나로 감저甘藷, 즉 고구마를 파종하여 경작하기도 하였다.[37]

농업생산이 재해로 말미암아 부실하게 되어, 흉년이 들게 되었을 때 조선의 중앙정부는 황정荒政이라는 정사를 실행하였다. 황정이란 어느 한해의 농업생산이 가뭄과 홍수 등의 재해로 말미암아 소기의 성과를 거두지 못하게 되었을 때, 재해를 최소화하려는 노력을 기울이고, 재해를 입은 농지를 파악하여 농간이 없게 하며, 회생할 수 있는 대책을 수립하여 추진하는 정책적인 과정을 가리키는 것이었다.

황정에 대해 중국의 경전 『주례周禮』는 12가지로 시행해야 할 조목을 설정하고 있었다. 그런데 『반계수록磻溪隧錄』을 지은 유형원柳馨遠에 따르면 12가지 조목 가운데 가장 중요한 대강大綱에 해당하는 것은 산리散利와 박정薄征 두 가지였다. 유형원은 이미 창고에 보관되어 있는

---

34) 『承政院日記』 1801책, 正祖 22년 12월 7일 丙申 (95 - 514가) 林川 郡守 尹志範 上疏. 1798년 12월 임천 군수 윤지범尹持範은 포락과 니생을 천지天地 강하江河가 자연적으로 성취한 것으로 받아들이면서 두 가지를 연관시켜 파악하고 있었다.
35) 『憲宗實錄』 권5, 憲宗 4년 6월 己卯 (48-458).
36) 벼농사를 망쳤을 때 蕎麥 즉 메밀의 代播를 지시하거나 권유하는 등의 사례를 조선시대에 편찬된 農書들과 『朝鮮王朝實錄』에서 매우 많이 찾을 수 있다.
37) 甘藷가 朝鮮에 도입되어 전파되고 耕作法이 정리되는 과정에 대해서는 다음 논문을 참고할 수 있다. 吳壽京, 1995, 「朝鮮後期 利用厚生學의 展開와 『甘藷譜』의 編纂」, 『安東文化』, 16집 안동대학교 안동문화연구소; 篠田統, 1967, 「種藷譜と朝鮮の甘藷」, 『조선학보』 44 조선학회; 孫晉泰, 1941, 「甘藷전파고」, 『진단학보』 13, 진단학회.

공재公財를 푸는 것을 산리散利로 파악하였고, 백성이 내야 하지만 아직 거두지 않은 세금을 덜어주는 것을 박정薄征으로 파악하고, 이 두 가지를 황정의 요체라고 보았다.[38] 다시 말해서 공곡公穀을 민간에 나누어주어 먹을 것을 보태주고, 부세를 견감蠲減하여 민의 부담을 덜어주는 것이 황정의 요체였다. 1782년 경기 백성들에게 내린 정조의 왕명에도 박정을 황정의 중요한 방책으로 강조하는 내용을 찾아볼 수 있다.[39]

조선시대에 흉년이 닥쳤을 때 부세를 견감하고, 진휼을 수행하는 것은 바로 황정의 주요한 방책을 실행하는 것이었다.[40] 이리하여 민을 구해내는 것이 황정의 최종적인 목표였다. 흉년이 들면 조정에서는 황정으로 시행해야 할 대책들이 대략 마련되어 있었다. 그리하여 정조는 선대에 황정을 수행할 때 어떠한 대책들을 마련하여 시행하였는지 등록을 고찰하여 조사하게 하였다. 구체적으로 영조 50년의 등록을 고출하고, 또한 숙종대와 열조列朝의 등록을 고출하며, 여기에 자신의 재위 시기를 포함시켜 이른바 『십이황정년표十二荒政年表』라는 책을 편찬하게 하였다.[41]

황정 가운데 먼저 여러 가지 부세 등을 분수分數로 견감하는 것이[42]

---

38) 柳馨遠, 『磻溪隨錄』 권3, 田制後錄 上 (영인본 80쪽); 周禮荒政十二 首言散利薄征 散公財之已藏 薄民租之未輪 此荒政之大綱也. 참고로 荒政十二는 散利, 薄征, 緩刑, 弛力, 舍禁, 去幾, 省禮, 殺哀, 蕃樂, 多昏, 索鬼神, 除盜賊 등이다.

39) 『正祖實錄』 권14, 正祖 6년 8월 丁丑 (45-324).

40) 鄭亨芝는 租稅蠲減策과 救濟穀의 有償支給 및 無償支給을 하나로 묶어 賑恤政策이라고 하였다. 그런데 이 두 가지는 실은 柳馨遠이 정리한 荒政의 두 차원 즉 薄征과 散利를 가리킨다는 점에서 賑恤의 범주를 과도하게 설정한 것이 아닌가 생각된다. 鄭亨芝, 1993, 「朝鮮後期 賑恤政策 研究: 18世紀를 중심으로」, 梨花女大 大學院 사학과 박사학위논문.

41) 『正祖實錄』 권41, 正祖 18년 10월 戊寅 (46-516).

42) 『正祖實錄』 권22, 正祖 10년 9월 壬辰 (45-596).

시행되었다. 이때 세금의 감면뿐만 아니라 환곡으로 분급하였던 것에 대해서도 탕감이나 정봉停捧이 시행되었다.[43] 물론 황정의 주요 시책의 하나는 창고를 열어 진대賑貸하는[44] 것이었다. 조정에서 황정을 시행하는 목표는 바로 민의 재생이었고, 또한 기민饑民을 회복시키는 것이었다.[45] 따라서 왕실은 황정의 일환으로 절용에 힘써 모범을 보일 필요가 있었다. 앞서 가뭄 등의 재해가 발생하였을 때 감선減膳 등으로 공구 수성의 자세를 보인 것의 연장선상에 있는 조처였다. 신하들도 이러한 입장을 내비치곤 하였다.[46]

급재給災를 포함한 부세 견감은 재실災實 분등分等에 따라 실제 실행하는 규모가 조절되었다.[47] 농사를 마친 다음 한해의 농사 작황을 전반적으로 평가하여 매기는 재실 분등은 3등으로 나누어 우심尤甚, 지차之次, 초실稍實이라는 세 가지로 산정하는 것이 일반적이었다. 각도의 재실 분등은 각도의 관찰사가 올린 재결災結과 실결實結에 대한 분등장계分等狀啓를 토대로 산정되었다.[48] 이를 토대로 급재, 구황 등의 황정의 제반 조목을 차질없이 진행할 수 있었던 것이다. 1777년 8월에 집의 임관주任觀周는 황정의 가장 중요한 일이 분등 즉 재실 분등이라고 지적하였다.[49] 각읍의 재실 분등이 실상과 어긋나면 연쇄적으로 부세 견감 등이 잘못 처리될 수밖에 없었던 것이다.

---

43) 『正祖實錄』 권14, 正祖 6년 8월 丁丑 (45-324).
44) 『萬機要覽』 財用編 五, 荒政; 『正祖實錄』 권33, 정조 15년 12월 己巳 (46-271).
45) 『正祖實錄』 권5, 正祖 2년 2월 乙卯 (45-13).
46) 『正祖實錄』 권33, 正祖 15년 9월 辛卯 (46-243).
47) 鄭善男, 1990, 「18·19세기 田結稅의 收取제도와 그 운영」, 『韓國史論』 22 서울대 국사학과; 李哲成, 1991, 「肅宗末葉 庚子양전의 실태와 역사적 성격-比摠制로의 변화」, 『史叢』 39, 고려대학교 사학회.
48) 『肅宗實錄』 권60, 肅宗 43년 9월 辛未 (40-676).
49) 『正祖實錄』 권4, 正祖 1년 8월 癸卯 (44-685).

급재를 위해 호조는 그해의 풍흉을 감안하여 각도에 연분사목年分事目을 내려보냈다.[50] 정조는 연분사목을 내려보내면서 도신들에게 분표分俵를 정확히 하고 백성이 실혜를 받을 수 있게 하도록 지시하기도 하였다. 또한 농사의 풍흉에 따라서 재결을 허락해야 한다고 강조하였다.[51] 호조는 농절의 전기간에 걸친 파악한 각 지역의 농형 정보에 의거하여 각지역의 풍흉 형편을 비총比總하여 사목재事目災를 반포하였다. 이때 각 지역의 급재 결수와 급재의 대상이 되는 재명災名이라는 것을 덧붙여 내려보냈다.[52]

대개의 경우 호조가 내려준 재결 액수는 실제의 피해 정도에 비해서 극히 미약한 수준의 것이었다. 따라서 감사와 수령은 호조에서 내려준 급재결수에 반발하여 결수의 추가를 요청하였고, 또한 호조는 이러한 감사와 수령의 추가 요청을 미리 감안하여 급재결수를 야박하게 내려보내는 경향이 있었다. 감사와 수령이 급재결수의 추가 요청, 즉 가청加請을 하게 되면 여러 가지 사정을 감안하여 호조에서는 가청한 액수의 전체는 아니라도 하더라도 일정한 급재결수를 더해주기 마련이었다.

황정의 또 다른 중요한 조처로서 흉년이 발생하였을 때 국가는 농민들이 생활 기반을 잃지 않도록 보조하는 각종 진휼책을 마련하여 시행하였다.[53] 조선왕조에서 설행한 진휼의 본질적인 성격은 민의 재생산을 일정한 한도 내에서 보장하는 것이었다. 민의 대다수인 농민이 농업의 재생산을 가능하게 하는 과업이 바로 진휼이었던 것이다. 1777년 1월

---

50) 『續大典』권2, 戶典 收稅.
51) 『正祖實錄』권2, 正祖 즉위년 8월 戊午 (44-616).
52) 『正祖實錄』권3, 正祖 1년 8월 壬子 (44-691).
53) 正祖代 荒政의 전체적인 양상을 賑恤政策의 차원으로 접근한 다음 연구를 참고할 수 있다. 정형지, 2001, 「정조대의 진휼정책」, 『正祖思想硏究』4, 正祖思想硏究會.

정조가 당시 전년의 흉년으로 진휼에 박차를 가하고 있던 함경도와 강원도의 도신 그리고 북도北道의 감진어사에게 하유한 내용에 이러한 진휼의 본질적인 성격을 보여주는 언급이 들어 있다. 바로 "종자種子와 양식糧食이 떨어진 자와 농우農牛를 갖추지 못한 자를 구획하여 권분勸分하게 해서 농사의 시기를 놓쳐 다음 해에 걱정을 끼치게 하는 일이 없게 하라"는[54] 정조의 지시에 보이는 종량種糧 분급, 농우 구획 등의 강조는 진휼책이 농사의 연속성, 농민의 재생산을 가능하게 하려는 것이었음을 잘 보여주고 있다.

조정에서 실행한 진휼책 가운데 가장 대표적인 것이 환곡제도였다.[55] 환곡은 바로 봄철의 기근을 해소하기 위한 것이었다. 따라서 정월부터 시행하는 것이 원칙이었다. 하지만 극심한 흉년이 들었을 때는 12월, 나아가 11월부터 시행하기도 하였다. 또한 국가는 지방수령을 통하여 부유한 농민, 대토지를 소유한 전주田主로 하여금 곡식을 염출하게 하고, 이렇게 모은 곡식을 먹을 것이 없는 농민에게 나누어주는 방편을 마련하여 시행하였는데 이를 권분이라고 불렀다.[56] 본래 수령이 진자곡賑資穀 마련을 청탁하여 민간에 권분하는 것이 엄하게 금지되어 있었다.[57] 다만 수령이 공곡이 아닌 사곡私穀을 염출하여 진자에 보탤 경우 그 액수에 따라 논상이 뒤따랐다.[58] 그렇지만 외형상 원납願納의 형태를 띤 권분을 늘상 일어났고, 이에 따라 부민들은 강제적인 요청을 수용하면

---

54) 『正祖實錄』 권3, 正祖 1년 1월 己巳 (44-645).
55) 梁晋碩, 1999, 「17·18세기 還穀制度의 운영과 機能변화」, 서울대 대학원 국사학과 박사학위논문, 9~41쪽.
56) 鄭亨芝, 1993, 「朝鮮後期 賑資調達策」, 『이화사학연구』 20, 21 합집, 이화사학연구소.
57) 『續大典』 권2, 戶典, 備荒; 以備穀勸分民間者嚴禁.
58) 『續大典』 권2, 戶典 備荒; 私賑飢民濟活多者 出私穀補官賑者 隨其多少 論賞有差.

서도 자발적으로 곡물을 내는 형편이었다.[59]

환곡은 영조대 후반 이후에 부세의 성격을 강하게 띠게 되면서 빈농 소농의 재생산을 조력해주는 의미가 점차 희석되고 있었다.[60] 환곡의 성격이 점차 부세적인 것으로 변화하고 있었지만, 농민에게 종자를 제공하고 나아가 농량까지 마련해주는 환곡의 기능 자체가 붕괴된 것은 아니었다. 다만 18세기 후반으로 진전되면서 환곡의 폐단이 환곡의 부세화 경향과 중첩되면서 보다 강도 높게 농민을 압박하였던 것이다.

환곡의 운영과정에 나타난 여러 가지 문란상은 환곡의 부세화 진전과 맞물리면서 환곡이 가지고 있던 황정의 의의를 많이 저해하였지만, 그럼에도 불구하고 국가적인 차원에서 농정책의 일환으로 수행하였던 황정책 자체를 무의미한 것으로 만든 것은 아니었다.[61] 국왕과 조선 정부는 환곡의 문란상과는 별개로 수령과 감사를 독려하면서 농형을 구체적으로 파악하고, 급재를 제대로 추진하기 위해 노력을 기울이면서 황정의 수행을 밀고 나갔다. 정조도 환곡으로 내어준 것을 제대로 받아서 원래의 액수를 채워야만 다음 해 농량을 공급할 수 있다는 점에서 환곡의 완비를 강조하였다.[62]

조선의 중앙정부는 재해가 발생하여 황정의 구체적인 시행이 필요한 지역에 조관朝官을 파견하여 구체적인 구휼을 맡아서 수행하게 하는 체

---

59) 수령을 중심으로 벌어진 부민층수탈의 주된 방식 가운데 하나가 勸分이었다. 金仁杰, 1991, 「조선 후기 鄕村社會 변동에 관한 연구-18, 19세기 「鄕權」담당층의 변화를 중심으로」, 서울대 대학원 국사학과 박사학위논문, 201~220쪽.
60) 梁晉碩, 1999, 「17·18세기 還穀制度의 운영과 機能변화」, 서울대 대학원 국사학과 박사학위논문.
61) 18세기 국가의 還穀 운영 특징을 賑恤穀의 감소와 取耗補用을 위주로 한 還穀의 증가였다고 한다. 梁晉碩, 앞의 논문, 153~194쪽.
62) 正祖, 『弘齋全書』 권166, 日得錄 政事 徐有防 癸卯錄 (5-45).

제를 갖추고 있었다. 이미 17세기 중반에 흉년이 들었을 때 구황어사를 파견하기도 하였는데, 감진監賑 어사와 같은 일을 맡아서 수행한 것으로 볼 수 있다. 1638년(인조 16) 8월 29일 주강晝講에서 승지가 인조에게 삼남에 흉년이 들었음을 지적하고 구황어사를 파견하여 구급救急해야 한다는 의견을 피력하였다. 그는 삼남의 실농失農이 우심尤甚한데 특히 영남 우도보다는 좌도의 하양河陽, 경주慶州, 비안庇安, 예천醴泉 등지가 완전히 실농되었다고 지적하고 있었다.[63] 영조 말년에 제주에 감진어사를 파견하여 진제를 감독하게 하고 있었다.[64]

이상에서 검토한 바와 같이 정조대를 중심으로 살펴본 근세 농업체제의 농정책 구조는 조선 사회의 농업생산을 원활하게 이끌어내기 위한 여러 가지 정책적 모색으로 구성되어 있었다. 조선의 국왕은 조정의 관료, 지방 수령을 동원하여 권농, 감농, 황정의 구체적인 실효를 거두기 위해 실제 많은 조치를 지시하고, 그 결과를 확인하려고 하였다. 이러한 농정책의 구조와 시행 양상은 조선 후기 근세 농업체제가 점진적으로 변화하는 도중에도 굳건하게 자리잡고 있었다. 조정의 농정책이야말로 근세 농업체제를 유지하는 가장 핵심적인 부문이었던 것이다.

2. 순조대 농정책의 시행

순조대의 중앙정부도 조선의 농업현실을 나름대로 파악하고 그에 대한 합리적인 방안을 마련하여 농업생산의 원활한 진행과 농민의 재생산을 지원하기 위해 농정책을 실행하였다. 국왕이 주도한 권농책 가운데

---

63) 『仁祖戊寅史草』(규장각 古4254-36) 戊寅 8월 29일. 국사편찬위원회, 1997, 『朝鮮時代史草』Ⅰ, 韓國史料叢書 第38輯, 577쪽.
64) 『正祖實錄』권1, 正祖 즉위년, 5월 庚寅 (44-581).

18세기 초반 무렵 정례화하여 이후 계속 계승된 것이 바로 세수歲首에 권농교 또는 권농윤음을 반포하는 것이었다.[65] 정조를 뒤이어 왕위에 오른 순조는 즉위 당시 11세에 불과하였지만, 국왕의 권농행사로 자리 잡은 권농윤음 반포를 빠뜨리지 않았다. 순조는 즉위하고 맞이한 첫 번째 세수부터 권농윤음을 반포하였다.[66] 좌승지 신헌조申獻朝가 제진製進한[67] 것인데, 순조의 권농윤음은 앞서 정조대에 강조하였던 것을 계승하고 있었다. 정조가 매번 윤음을 내렸던 것을 계승하여 농업을 장려하고, 또한 수령이 맡은 책무를 다할 것을 당부하는 내용이었다.

1801년 이후 순조는 매년 정월에 권농윤음을 반포하였다. 1804년 정월에 반포한 권농윤음은 아주 짤막한 것이었지만 장리長吏들이 민시民時를 빼앗지 않고, 백성들이 깊이 갈고 김매기를 잘해야 한다는 것을 당부하는 내용으로 권농의 핵심을 나름 짚어낸 것이었다.[68] 순조는 정조를 본받아 직접 권농윤음을 친제하기도 하였다. 당시 순조가 권농에 관련된 교를 내리자 정원政院에서 "지금 내린 전교傳敎의 내용을 신들이 조금도 더할 만한 것이 없으니 이대로 하유下諭할 것"[69]을 계하였다. 이에 따라 순조가 내린 전교가 그대로 권농윤음으로 팔도사도에 반포되었다.

1831년 1월에 반포한 권농윤음의 경우 순조가 직접 지은 것이었음에도 불구하고 승선承宣이 제진製進한 것으로 잘못 처리되었다. 그리하여 잘못을 저지른 승지를 처벌해야 한다는 주장이 제기되기도 하였다.[70] 사

---

65) 순조대 권농책에 대한 서술은 다음 논문을 참고하였다. 염정섭, 2013, 「순조대 초반 勸農策의 시행과 양전 추진」, 『역사교육논집』 50, 역사교육학회.
66) 『備邊司謄錄』純祖 1年 辛酉正月初四日.
67) 『日省錄』純祖 1年 1月 2日 下勸農綸音于八道四都.
68) 『純祖實錄』卷6, 純祖 4年 1月 1日 辛卯 (47-473).
69) 『純祖實錄』卷8, 純祖 6年 1月 1日 己酉 (47-520).
70) 『純祖實錄』卷32, 純祖 31年 1月 4日 戊午 (48-366).

실 국왕의 권농윤음 반포는 순조대 이후 헌종, 철종, 고종대까지 거의 매해 세수마다 반복적으로 거행되었다. 『고종실록』을 통해서 권농윤음이 마지막으로 내려진 것은 1894년의 일이었음을 확인할 수 있다.[71] 헌종憲宗과 철종哲宗도 해마다 권농교 내리는 것을 계속 수행하고 있었다.

순조는 권농교를 내리는 이외에 관리들과 접견하는 자리에서도 농본農本을 강조하는 권농을 수행하였다. 경연과 소대에서도 관리들과 문답을 나눌 때 권농을 강조하였다. 즉위한 지 얼마 지나지 않은 1807년 순조는 『국조보감』을 강독하는 자리에서 농본을 강조하였다. 순조는 선왕들이 무본務本에 힘써 근검勤儉하도록 이끄는 데 진력한 것을 지적하면서 지금 말류末流의 폐단을 사그러뜨려야 한다고 강조하였다.[72] 이 자리에서 순조는 무본하고 근검하는 방법이 결국 위에서 먼저 모범을 보여야 한다고 강조하였다. 이를 군자의 덕德은 바람이고 소인의 덕은 풀이어서 바람이 불면 이에 따라 풀이 눕는 것과 같은 것이라고 정리하였다.

순조는 때때로 권농교에 특별한 강조점을 두어 극력으로 권농에 나설 것을 감사와 수령에게 지시하였다. 1811년 1월 순조는 감사와 수령이 제대로 진력을 다해 백성들이 농무農務에 힘쓰도록 이끌지 않는다면 엄히 처벌할 것임을 피력하였다.[73] 또한 순조는 근년近年에 범관犯官, 호송好訟이 비일비재한 상황이라고 전제하면서 이러한 상황을 타파할 수 있는 방법으로 농무와 예의를 제시하기도 하였다. 어리석은 백성들에게 예의를 가르치면 범관, 호송 등이 사라질 것이고, 농무에 힘써서 식의食衣를 포난飽暖하게 해주면 나라가 평안할 것이라는 논리에서 나온 것이었다.[74]

---

71) 『高宗實錄』卷31, 高宗 31年 1月 1日 己卯 (2-476).
72) 『純祖實錄』卷10, 純祖 7年 2月 22日 甲午 (47-574).
73) 『純祖實錄』卷14, 純祖 11年 1月 8日 戊午 (47-673).
74) 『純祖實錄』卷14, 純祖 11年 3月 16日 甲子 (47-677).

또한 순조는 권농과 더불어 주금酒禁, 우금牛禁에 대해서도 관심을 기울이고 있었다. 1832년에 내린 순조의 주금, 우금 하교를 보면, 이 두 가지 일이 모두 농정과 깊이 관련된 것이기 때문에 각도와 사도에서 힘을 기울여 엄금嚴禁해야 할 것이라고 강조하였다.[75] 순조는 매년 권농 윤음을 반포하면서 지방 수령에게 농사의 중요성을 강조하고 농사 권장, 농업 장려의 의지를 북돋았다. 국왕이 실행에 옮긴 권농책을 살펴볼 때 순조대의 경우 정조대의 그것을 형식적인 측면에서 그대로 계승되고 있었다고 할 것이다.

순조가 즉위한 이후 4년여에 걸친 정순왕후의 수렴청정이 끝나고 15살이 된 순조는 친정親政을 시작하였다. 그리하여 19세가 된 1808년부터 국정國政을 주도하기 위한 노력을 보다 확연하게 기울이기 시작하였다. 친정親政에 나선 순조는 국정의 실제를 파악하기 위한 노력을 기울였다.[76] 순조의 국정 장악 노력은 농정책農政策 시행의 부문에서도 주목할 만한 모습을 만들어내고 있었다.

순조가 주도한 농정책 가운데 특기할 만한 것이 1809년 3월에 내린 권농윤음이다. 또한 이 시기를 전후한 조정의 움직임을 농정책의 실시와 연관시켜 살펴볼 수 있다. 1809년 순조는 이례적으로 3월에 윤음을 내렸다. 그 내용은 수령들에게 백성들의 곤고困苦과 지역의 간난艱難을 파악하게 하여 그 보고를 올리라는 것이었다. 순조는 전국의 수령, 감사, 유수들에게 민폐民弊의 내용과 바로잡아 해결할 수 있는 방안을 보고하라는 윤음을[77] 내린 것이다. 순조는 윤음에서 "민은 왕자의 천天이고,

---

75) 『純祖實錄』 卷32, 純祖 32年 12月 1日 癸卯 (48-388).
76) 오수창, 1990, 「제2장 정국의 추이」, 『조선정치사 상 1800∼1863』, 한국역사연구회 19세기정치사연구반 지음, 청년사, 80∼85쪽.
77) 『日省錄』 純祖 9年1809년 3月 2日 壬戌.

제1부 조선 후기 근세 농업체제의 변동 131

식食은 민의 천이며, 국에 민이 없으면 국國이 국國이 될 수 없고, 인이
식이 없으면 인人이 인人이 될 수 없다"고 설명하면서 수령 등에게 민폐
를 조목으로 진술하고 구제救濟하는 방도로 보고하라고 요구하였다.[78]
이렇게 볼 때 윤음 반포를 통해 순조가 의도한 것은 농본을 어그러뜨리
는 민폐의 실상을 파악하려는 것이었다고 할 수 있다.

국왕이 수령에게 윤음을 내려 민폐를 보고하게 한 전례를 살펴보면
정조대 후반인 1798년에 정조가 시종侍從 출신 수령에게 민은民隱을
조사하여 보고하게 하였던 것을 찾아볼 수 있다. 정조는 1798년(정조
22) 7월 23일의 차대次對에서 삼남의 수령으로 하여금 민은, 즉 백성들
이 겪고 있는 폐단에 관련되는 모든 사실을 낱낱이 보고하도록 지시하
는 윤음을 내렸다.[79] 충청, 전라, 경상 등 삼남지방의 각읍 수령 중 시종
을 지낸 문반文班 수령들에게 각기 자신이 다스리는 읍은 물론, 인근의
음관蔭官이나 무관武官 출신의 수령이 다스리는 고을의 제반 민은을 함
께 조사하여 이듬해 봄까지 상소문을 통해 보고하게 하였다.[80] 순조는
자신이 친정하는 시기에 이르러, 보다 본격적으로 농정책의 측면에서
정조의 그것을 계승하는 데 힘써 나가고 있었다.

다음으로 순조 즉위 이후 국왕이 추진한 농정책의 일환으로 주목할
수 있는 것이 암행어사의 파견이다. 그러한 시책이 바로 1808년 전국에
암행어사를 파견하여 민폐民弊를 보고하게 한 것이었다.[81] 1808년 암
행어사 파견에 뒤이어 앞서 살핀 바와 같이 1809년 3월 민폐를 파악하

---

78) 『日省錄』純祖 9年 1809년 3月 2日 壬戌.
79) 『承政院日記』 95冊, 正祖 22년 7월 23일.
80) 안병욱, 2000, 「19세기 鄕會와 民亂」, 서울대 대학원 국사학과 박사학위논문, 11쪽.
81) 1808년에 전국에 파견된 암행어사의 書啓, 別單과 이에 대한 비변사 등의 覆啓를
『純祖實錄』, 『承政院日記』, 『日省錄』 등에서 찾아볼 수 있다.

기 위한 권농윤음이 내려졌다.

1808년에서 1811년에 이르는 시기에 조선 팔도 각 지역의 민폐를 파악하고 그에 대한 변통책을 검토하는 과정에서 순조대 이후 국왕 주도의 농정책 시행에 암행어사의 파견이 크게 활용되고 있었음을 알 수 있다. 암행어사는 국왕의 명령서인 봉서封書에 담긴 임무를 수행하고, 보고서로 서계書啓와 별단別單을 작성하여 제출하였다. 암행어사는 관리官吏의 득실得失과 생민生民의 질고疾苦를 살필 목적으로 왕이 직접 파견하였다.[82] 암행어사의 주요 임무인 관리의 득실, 생민의 질고 등이 결국 농업생산활동 나아가 농정책의 실시와 직접·간접적으로 연관된다는 점에서 국왕 주도의 권농책의 일단으로 포함시킬 수 있다.

당시 파견된 암행어사가 귀환한 다음 제출한 보고서인 서계와 별단은 『일성록日省錄』에 수록되어 있다.[83] 이를 조사한 연구보고에 따르면 순조대, 헌종대, 철종대 암행어사 파견 내역을 비교할 수 있는데, 순조대에는 재위 34년여 동안 54회, 헌종대에는 15년 동안 25회, 철종대에는 14년 동안 41회 등이 암행어사 파견 횟수였다. 한편 정조대에는 24년 동안 40회의 암행어사가 파견되었다. 정조대와 순조대가 비슷한 파견 횟수를 보이는 것으로 볼 수 있는 데 반해, 헌종대에서 철종대로 갈수록 암행어사 파견이 빈번해지는 것을 알 수 있다.

암행어사 파견이 농정책의 일환이고, 농정책을 수행하는 데 암행어사

---

82) 고석규, 1998, 『19세기 조선의 향촌 사회연구-지배와 저항의 구조-』, 서울대학교 출판부, 15쪽.
83) 한상권, 1991, 「역사연구의 심화와 사료이용의 확대-암행어사 관련자료의 종류와 사료적 가치-」, 『역사와 현실』 6, 한국역사연구회, 390〜397쪽. 정조대에 파견된 御史 중에는 民擾 발생지역에 보내는 按覈使 또는 宣撫使, 지해를 당한 지역에 보내는 慰撫使, 慰諭使, 監賑御史 등이 많은 비중을 차지하고 있다.

를 활용하였음을 가장 충실하게 뒷받침 해주는 자료가 암행어사들에게 내린 '재거사목賫去事目'이라고 할 수 있다. 각 지역에 파견되는 암행어사는 지역의 특색에 맞게 마련된 특정한 임무의 목록에 해당되는 '재거사목'을 받게 마련이었다. 암행어사는 '재거사목'에 규정된 임무를 수행하기 위해 지역 실정, 수령의 치적 여부 등을 감찰하였다. 따라서 '재거사목'의 규정이 어떻게 구성되었는지 살펴보면 농정책 수행에 암행어사를 활용하였다는 점을 확인할 수 있을 것이다.

먼저 살필 암행어사 '재거사목'은 한국학중앙연구원에 소장되어 있는 『팔도어사재거사목경기八道御史賫去事目京畿』라는 자료이다.[84] 18세기 후반 정조 재위 시기에 작성된 것으로 추정되는 『팔도어사재거사목경기』에서 농정책에 관련된 부분을 찾아볼 수 있다. 전정田政이 나라의 중요한 바이니 재실災實을 잘 헤아려야 하고, 은루결隱漏結이나 허복虛卜 등이 나타나지 않게 해야 하는데 이를 수령이 잘 지키고 있는지 확인하라는 조목이 들어 있다. 다음으로 양호養戶, 방결防結 뿐만 아니라 제언堤堰 모경冒耕을 엄히 금지해야 하는데 수령이 이를 잘 살피지 못하고 있는지 여부를 확실하게 조사하라는 규정이 있다.

또한 산화전山火田에서 외람되게 많은 세금을 걷지 않아야 하는데 이를 어기는 수령이 있는지 각별히 살필 것을 규정하면서, 이와 더불어 좁은 땅을 갈아먹는 잔약한 백성들에게 무거운 세금을 매기는 수령이 있는지 같이 살필 것을 규정하였다. 이 규정은 특히 주목되는 것이 좁디 좁은 전답田畓을 경작하는 농민의 보호를 수령이 특별히 신경써야 할 임무로 제시하고 있다는 점이다. 당시 소농민의 농업경영에 대해 과도한 부세를 거두지 못하도록 국가적인 차원에서 보호하고 있었다. 계속해서

---

84) 『八道御史賫去事目京畿』(한국학중앙연구원 장서각 소장 청구기호 K2-3673).

산화전山火田의 집복執卜하는 방법을 제시하고 있는데 이는 양전양전 과 관련된 조목이었다. 그리고 진전陳田을 기경하였을 때 면세免稅하는 규정 등을 수록하고 있었다.[85]

『팔도어사재거사목경기』의 내용을 검토한 결과 당시 파견된 암행어 사의 직무 가운데 상당 부분은 각 지역의 농정農政을 수령이 제대로 수 행하고 있었는지 따지는 것이었음을 알 수 있다. 그리고 그것은 구체적 인 농업기술이나 농업경영의 차원에서 이루어지는 것은 아니었지만, 수 령이 수행하는 부세 징수, 양전量田, 진전陳田, 면세免稅 등이 정확히 국 가의 규정에 맞는지 여부를 따지는 것이었다. 이러한 점에서 암행어사 의 파견 자체도 수령이 농정책을 적시에 적절하게 수행하도록 추동하는 의미를 갖고 있었다고 할 수 있다.

정조대에 마련된 암행어사 재거사목 가운데 서울대학교 규장각한국학 연구원에 소장되어 있는 『팔도어사재거사목八道御史齎去事目』[86]의 내 용도 『팔도어사재거사목경기』와 동질적인 것이었다. 이렇게 볼 때 정조 대 이후 암행어사에게 내려준 '재거사목齎去事目'은 위의 두 '재거사목' 의 내용과 동질적인 것이었다고 할 수 있을 것이다. 이러한 사정을 감안 한다면 순조대 이후 암행어사의 파견과 이들이 보고한 서계, 별단의 내 용 속에 당대 수행된 농정책의 많은 내용을 볼 수 있을 것으로 추정된다.

실제 순조 초반에 파견된 암행어사의 보고서를 찾아보면, 1808년에 파견된 암행어사 가운데 김상휴金相休는 공충우도 지역을 담당하여 살

---

85)『八道御史齎去事目京畿』.
86)『八道御史齎去事目』(서울대 규장각한국학연구원 奎1127). 이 책은 各道에 파견된 암 행어사가 기간중에 수행해야 할 所任을 규정한 책으로 깊이 살펴 처단하고 보고해야 할 각종 폐단의 실태가 제시되어 있다. 京畿 29조, 湖西 34조, 湖南 36조, 嶺南 32조, 海西 41조, 關西 44조, 關東 29조, 北關 37조와 設賑時添入條件 1l조로 이루어졌다.

펴보고 제출한 보고서를 검토할 수 있다.[87] 김상휴가 올린 서계를 보면 각 고을의 수령의 치적을 살피면서 환곡, 군역 등의 문제점도 지적하고 있었지만, 또한 농지개간과 전답 황폐화 문제<전임판관前任判官 윤치민尹致民>, 곡자斛子 등 도량형 문제와 수세 관련 문제<대흥군수大興郡守 서유령徐有齡>, 섬지역의 산림 보호<해미현감海美縣監 한대홍韓大洪> 등 농정과 관련된 내용을 담고 있었다. 김상휴는 별단에서 안흥 지역의 세금 수송 문제와 관련된 보장지保障地 관리 문제, 안면도 지역의 개간 문제, 전염병 창궐과 농사 지연 문제 등을 거론하였다. 김상휴 자신이 농정을 직접 담당하는 임무를 수행하는 관리는 아니었지만, 암행어사로서 김상휴는 각 고을의 농정과 관련된 부분에도 주목하고 있었던 것이다.

다음으로 호남우도에 파견되었던 암행어사 서유망徐有望도 서계와 별단을 올렸다.[88] 서유망은 보성寶城에서 읍창邑倉을 뒤집어 보면서 파양簸揚하였고 그리하여 벼 가운데 새로 받아들여놓은 것<新捧>의 경우는 1석이란 것이 실제로는 겨우 5, 6두일뿐이고, 예전부터 묵혀두었던 것<舊陳>의 경우는 1석이란 것이 실제로는 3, 4두일뿐이라는 점을 확인하였다. 이러한 점에 의거하여 보성 군수 권사억權師億의 비리를 지목하고 있었다. 그리고 무장 현감 이윤겸李允謙은 학사學士로서 정사를 수행하면서 하는 일마다 정성을 다하여 들판으로 다니면서 백성들에게 농사짓기를 권장하고 있다는 점을 특기하면서 좋은 평가를 내리고 있었다.

순조 8년의 경우, 거의 조선 팔도 전역으로 암행어사가 파견되었는데, 각도에 파견된 암행어사의 서계 별단을 구체적으로 살펴보면, 어사

---

87) 『日省錄』純祖 8年 6月 11日, 公忠右道暗行御史 金相休進書啓別單.
88) 『日省錄』純祖 8年 6月 17日, 湖南右道暗行御史 徐有望進書啓別單.

파견이 관리의 잘잘못을 파헤치는 임무 외에 농정과 관련된 임무도 수행하고 있었음을 확인할 수 있다.

　이상에서 살펴본 조선 후기 근세 농업체제 아래에서 국가적으로 수행한 농정책은 농업생산을 보다 원활하게 수행하기 위한 국가의 총체적인 노력의 산물이었다. 권농勸農, 감농監農, 황정荒政의 시행을 통해 농업생산의 안정을 도모하였다. 18세기에 걸쳐 영조와 정조는 권농교, 권농윤음의 반포 뿐만 아니라, 개간의 장려, 농형과 우택의 파악, 구휼의 실시 등을 수령에게 권면하는 농정책을 실시하였다. 그리고 19세기 순조대 이후에도 권농교의 반포는 계속 국왕의 책무로 이어졌다. 암행어사를 파견하여 각 지역의 농정農政을 수령이 제대로 수행하고 있었는지 살피고 있었다.

III. 양전 시행과 양안 작성

1. 경자양전의 시행과 경자양안의 특색

조선왕조 국가는 농민들이 직접 생산자로 수행하는 농업생산활동에 경제적 기반을 두고 있었다. 농민들의 농업생산의 결과물, 즉 대체로 전답의 수확으로 산출된 생산물은 생산관계의 그물망 속에서 분배되고, 유통되면서 소비되었는데, 이때 중요한 지분 가운데 하나가 수취체제를 통해 국가가 확보하는 전세田稅, 전결세田結稅였다. 전세와 전결세 등 전답田畓의 수확물에 대한 수취를 위해 필요한 전제조건이 전답 등 토지에 대한 조사 즉 양전量田, 그리고 양전으로 확보한 토지와 수세자 관련 내용을 정리한 장부인 양안量案이었다. 결론적으로 조선국가는 농업생산활동의 성과를 부세로 수취하기 위하여 직접적인 생산수단인 토지의 파악 즉 전체 경작지耕作地의 정보를 종합하는 사업인 양전을 대대적으로 실행하였고, 그 조사결과를 토대로 양안을 작성하였다.

조선 근세 사회의 농업체제를 살피는 데 있어서 양전 실시와 양안 작성은 토지 파악과 수세 장부 확보를 통해 농업체제를 지속시킬 수 있는 국가적 사업이라는 의미를 부여할 수 있다. 토지 파악과 수세 장부 확보를 통해서 조선 국가는 수취를 수행하고 수취된 미곡 등을 바탕으로 관료의 녹봉, 관서의 운영, 비축곡의 확보 등 국가 운영을 안정화시킬 수 있었다. 이러한 측면에서 양전의 실시와 양안 작성은 근세 농업체제의 구조에서 필수불가결한 요소였다.

<표3> 조선시대 양전 실행 현황 1405년~1781년

연도	改量지역 結數	연도	改量지역 結數
1405년 태종 5 을유	湖西 嶺南得剩田 30餘萬結	1413년 태종 13 계사	濟州
1444년 세종 26 갑자	定 田分六等 年分九等之法	1448년 세종 30 무진	湖南
1462년 세조 8 임오	양전	1496년 연산 2 병진	湖南
1522년 중종 17 임오	關東	1523년 중종 18 계미	湖南
1603년 선조 36 계묘	京畿 海西 關東 關西 咸鏡5도	1613년 광해 5 계축	分遣均田使改量諸道
1634년 인조 12 갑술	三南	1653년 효종 4 계사	頒田制遵守冊
1663년 현종 4 계묘	京畿	1669년 현종 10 기유	湖西...20邑, 海西...4邑
1701년 숙종 27 신사	海西...3邑	1709년 숙종 35 기축	關東...16邑
1719년 숙종 45 기해	命設양전廳	1720년 숙종 46 경자	分遣均田使改量三南
1727년 영조 3 정미	開寧	1729년 영조 5 기유	蔚山
1736년 영조 12 병진	旌善	1737년 영조 13 정사	海西..2邑, 京畿..8邑
1747년 영조 23 정묘	信川	1748년 영조 24 무진	會寧 茂山
1749년 영조 25 기사	金川	1750년 영조 26 경오	慶州 延日 長鬐 興海
1756년 영조 32 병자	黃州 載寧	1758년 영조 34 무인	長湍
1759년 영조 35 기묘	湖西 永同 玉川海西 松禾	1760년 영조 36 경진	水原
1761년 영조 37 신사	楊口	1762년 영조 38 임오	振威 富平
1767년 영조 43 정해	會寧	1778년 정조 2 무술	咸安
1781년 정조 5 신축	泰安 瑞山		

* 출전 : 《度支志》 外篇 卷4, 版籍司 田制部二 量田

조선 근세 농업체제에서 실행된 양전과 양안은 형식과 성격이 시기에 따라 조금씩 변화하였다.[1] 이러한 점에 주목하여 근세 농업체제의 성격, 변화 등을 살펴볼 때 양전의 실시와 양안의 작성에 대해서 시기적으로 검토하는 것이 필요하다고 할 수 있다. 전답에서 생산에 활용하는 농업기술이라는 기본적인 생산력은 시대에 따라 지역에 따라 점진적인 변화 과정에 놓여 있었던 것과 마찬가지로 전주田主, 작인作人, 자작농自作農 등이 서로 얽혀 있는 다양한 생산관계도 지역에 따라 시대에 따라 달라졌고 이러한 전토를 둘러싼 생산관계 변화의 단서를 양전 실시와 양안 작성의 시기적 양상에서 찾아볼 수 있다.

양전은 다른 명칭으로 타량打量, 개량改量, 사진査陳 등으로도 불렸다. 타량은 토지, 경작지의 현황을 측량한다는 점에 중점을 둔 것이고, 개량은 예전에 양전한 전답을 다시 고쳐서 측량한다는 점, 그리고 사진은 주요하게 진전陳田의 변동 상태를 조사한다는 점에 주목한 용어였다.

양전 과정을 거치면서 양전에 참여한 관원과 서리들이 조사 대상 토지, 경작지의 정보를 나름의 기준과 형식에 따라 작성한 장부가 양안이었다. 양안이라는 명칭 이외에 전안田案, 도행장導行帳, 타량성책打量成冊 등으로 불리기도 하였다. 양안은 국가에서 전답에 매기는 전세田稅를 징수하기 위한 기본 장부이며, 각 양안 작성 주체의 토지 소유현황을 정리한 장부이기도 하였다. 또한 양안에 기록된 토지 소유자에 관련된 정보는 전답 소유권 분쟁이 발생하였을 때 입증자료의 하나로 활용되었다. 양안에는 전답田畓에 관한 정보, 즉 위치, 모양, 면적 등이 담겨 있고, 또한 전답에 관련된 사람에 관한 정보, 즉 소유자, 소작인, 중간 관

---

1) 조선 사회의 양전과 양안에 대한 연구는 아래 논문을 참고할 수 있다. 金容燮, 1987, 「量案의 研究」, 『朝鮮後期農業史研究 I』, 一朝閣; 吳仁澤, 1996, 「17·18세기 양안事業研究」, 부산대학교 대학원 사학과 박사학위논문; 이세영 외, 2008, 『조선후기 경자양전 연구』, 도서출판 혜안.

리인 등의 정보도 포함되어 있다.

조선초기 『경국대전經國大典』에 규정된 바에 따르면 양안을 작성하기 위한 양전을 20년마다 1회 실시하도록 정해져 있었다.[2] 그러나 실제로 15세기 동안 경기와 삼남 지역은 대체로 30년에 1회의 양전이 실시되었다. 공법貢法 실시를 전후한 시기에 진행된 경기와 삼남에서의 양전 경험을 토대로 『경국대전』의 규정이 정리된 것으로 보인다. 그리하여 16세기에는 전라도와 강원도 지역 이외에서는 양전이 실시되지 않았고, 이는 조정에서 부세제 운영에 필요한 기초적인 수준의 토지 파악을 유지되고 있었기 때문이었다. 즉 수세의 기초장부로서 양안을 바탕으로 해마다 수세안收稅案 또는 수조안收租案을 따로 만들어 운영하였던 것이다.

양전의 실시로 만들어진 양안을 토대로 16~17세기에 국가에서 파악한 전토 결수의 추이를 보면 16세기 후반 임진왜란 직전에 삼남三南의 결총이 110만 여결로 최고치를 기록하였다.[3] 이후 전란을 겪으면서 격감되어 1603년의 양전 결과 29만 여결에 불과하였다가, 1634년 갑술양전의 결과 약 90만 결이 파악되었다.

이상에서 대략 검토한 바와 같이 양전의 시행과 양안의 작성은 특정한 시기의 농업사적 의의를 갖고 있는 하나의 사건이었다. 여기에서는 숙종 후반 1719년에서 1720년에 걸쳐 수행된 삼남三南지방의 기해己亥·경자庚子 양전을 중심으로 양전 시행과 양안 작성이 갖고 있는 근세 농업체제에서의 의미, 성격 등을 깊이 살펴보고자 한다. 18세기 초반이라는 시점에서 이루어진 기해·경자양전은 조선 후기 근세 농업체제의 성격을 보다 분명하게 보여주는 사업이기 때문이다. 이와 더불어 1820

---

2) 『經國大典』 권2, 戶典 量田.
3) 吳仁澤, 1996, 「17·18세기 양안事業硏究」, 부산대학교 대학원 사학과 박사학위논문.

년 순조대 양전을 추진하였을 때 논의과정을 살펴보면서 18세기와 19세기 조선 근세 농업체제에서 양전시행과 양안작성에 나타난 차이점, 각 시기 양전과 양안의 의의를 비교 검토하고자 한다.

기해·경자양전은 1719년 늦가을에서 1720년 초봄에 걸쳐 삼남 지방을 대상 지역으로 삼아 실시되었다. 1720년에 삼남의 개량改量 작업이 마무리되면서 결과적으로 양전 실시의 알맹이를 확보하게 되었다. 당시 양전시행론자가 주장한 양전 실시의 근본적인 이유는 전정田政의 문란紊亂과 부역賦役의 불균不均이었다.[4] 18세기 초반인 당시에 사용되던 양안은 수십 년 전에 작성된 1634년의 갑술양안甲戌量案, 1663년의 계묘양안癸卯量案, 또는 1669년의 기유양안己酉量案인 실정이었다. 비변사는 1717년 당시의 양안이 실제의 전형田形 등 전토의 사정을 반영하지 못하고 있다고 지적하였다. 양전이 거의 50년이나 시행되지 않아 양안에 기록된 원장부原帳付 결수結數와 실제 부세 수취에 사용하는 결수가 서로 어긋난 상황에 처해있었다.[5] 이러한 사정이 양전 시행론자들이 주장하는 당시의 양안의 모습이었다. 양전시행론자들은 특히 기진起陳의 실상 파악,[6] 전품田品 등제等第의 확인, 결부수結負數 계산, 전주田

---

4) 田政 紊亂과 賦役 不均의 해소를 양전의 목적으로 지목하는 것은 양전 施行論者가 기본적인 논거이지만 양전 保留論을 주장한 사람들도 동의할 수밖에 없는 명분이었다. 한 예로 권업의 주장을 찾아볼 수 있다. 『肅宗實錄』 권60, 肅宗 43년 11월 壬申 (40-684); 道內之因用舊量 殆近百年 田政之紊亂 賦役之不均 誠如大臣所達 而朝家之因循許久 尙未改檢者 豈以沴歲凶歉 爲慮擾民而莫之行也 八十餘間 亦豈無一二稍稔之歲 而猶不能行者 無乃 以人心不古 奸竇難防 不能善變 而有未敢輕議也.

5) 『備邊司謄錄』 70冊, 肅宗 43년 6월 초3일 (6-943); 諸道 或用甲戌量案 或用癸卯己酉量案 最近者 四十九年 而田形累變 雜頃夥然 當年應稅結數 比原帳付 則幾減其半 蓋近來 不能遵行二十年一量田之法 帳付與行用實結 相left 以致如此.

6) 1717년(肅宗 43년)에 마련된 量田事目으로 『新補受敎輯錄』에 실려 있는 「康熙丁酉量田事目」에 양전의 강조점이 잘 정리되어 있다.

主 파악 등을 중요한 양전 사업의 목표로 제시하였다.

기해·경자양전 당시에 적용된 양전사목은 기진起陳 파악, 결부수結負數 계산 뿐만 아니라 앞선 갑술양전 당시에 진전陳田으로 양안에 등재되었지만 그 후에 기경된 토지를 양안에 등재하는 것을 중요한 사업의 내용으로 간주하였다.[7] 또한 갑술양전 당시에 진황지였다가 새롭게 경작된 가경지加耕地를 양안에 수록하는 것도 중요한 양전 방침이었다.[8] 결국 진전 파악과 가경지 조사를 통해서 새롭게 양안에 등재된 전토의 결부수를 증가시키는 것이 매우 중요한 양전 실시의 목적이었던 것이다.

경자양전 당시 기록인『양전등록量田謄錄』에 기록된 삼남 지역의 기해·경자양전 결부수結負數를 정리하면 다음 <표4>와 같다. 『양전등록』에는 삼남三南 가운데 몇 지역의 증대된 결부수가 균전사均田使의 보고 형식으로 수록되어 있다. 먼저 신량新量 즉 기해·경자양전으로 확보한 결부수가 구량舊量 즉 갑술양전의 결부수보다 증대된 수치를 분명하게 기록한 경상도 좌우도와 전라우도의 경우를 정리하면 다음 <표4>와 같다. 전라우도와 경상도 지역에서 새로운 양전 실시에 의해서 추가로 확보하게 된 결부수를 찾아볼 수 있다.[9]

---

7)『新補受教輯錄』戶典 量田 康熙丁酉(1717년)量田事目; ○ 전략 今番改量時 則量後加起之處 等數高下 一從土品施行 而至於曾前量案所載 田畓等第 勿爲陞降 其中或有不得已釐正者 各邑一從里中公論 抄報監營 自監營別爲摘奸 詳知其實狀 然後 始許改正.

8)『量田謄錄』庚子慶尙左道 均田使 量田私節目; 一 量不付 加耕田乙良 附近元第次下 降一字俠 六等續某形田幾負幾束是如爲乎矣 如有二作·三作處是去等 一依元田二三作例 列錄爲㫆 其中土品頗沃 與元田無甚異同者乙良 依事目 比四旁 減一等入錄爲齋.

9)『量田謄錄』(규장각 소장 : 經古 333.335-Y17).

<표4> 慶尙道, 全羅右道의 甲戌年·庚子年 結負數 현황 비교

지역	甲戌 元田畓	庚子 元田畓	增加 結負	증가율
慶尙道A	299,706결 32부	336,749결 67부	37,043결	12%
慶尙 右道31읍	125,088결 83부	156,224결 25부	18,880결 14부 2속	15%
慶尙 左道40읍	162,300여 결	180,529결 52부 2속	18,200여 결	11%
全羅 右道B	210,610여 결	242,740여 결	32,130여 결	15%
소계 A+B	510,316여 결	579,489여 결	69,173여 결	13.55%

<표4>에서 알 수 있듯이 경자양전을 실시한 결과 결부수의 상당한 증대를 성취하였다. 경상도와 전라우도를 합하면 경자양전의 결과 결부수의 증대는 대략 13.5%에 달하는 높은 증가율을 기록하였다. 양안에 누락되어 있을 뿐만 아니라 호조의 수조안에도 빠져 있던 새로운 결부수를 새롭게 파악한 것이 바로 경자양전의 성과였다.

기해·경자양전이 본격적으로 추진된 것은 사실 1718년 8월 양전청量田廳이 설치된 이후의 일이었다. 양전을 구체적으로 시행하는 실제의 담당자는 조선시기 대민행정의 지역별 책임자인 수령들이었다.[10] 수령들은 각 군현별로 양전을 전체적으로 총괄하는 도감관都監官 등을 두고 양전을 진행하였다. 군현별로 수행하는 양전을 각도의 감사가 총괄하는 방식으로 마무리할 것인지, 중앙에 따로 최종적으로 관할하는 조직을 설치할 것인가 양자의 방안을 놓고 계속 논의가 전개되었다.

양전을 수행하기 위해 해당 지역에 균전사均田使를 파견하는 방식은 이미 갑술양전甲戌量田(1634년) 이전부터 확립된 것이었다.[11] 그런데

---

10) 吳仁澤, 1999, 「경자양전의 시행과정과 양안의 기재 형식」 63회 연구발표회 발표문, 한국역사연구회.
11) 朴潢은 甲戌量田 당시 湖南左道 均田使로 甲戌尺이 長尺임을 지적하였다.

1718년 균전사를 파견하는 방안 대신 양전 구관당상句管堂上과 종사관從事官을 차출하여 이들이 도신과 함께 상의하여 양전을 수행하게 하는 방식을 제시하였다.[12] 1718년 4월 이후 양전 추진은 양전청이라는 중앙 임시관아를 중심으로 이루어졌다. 그러다가 최종적으로 1719년 4월 이후 균전사를 파견하는 방식으로 결론이 내려졌고, 7월에 균전사를 차출하여 삼남에 내려보냈다.

균전사가 중심이 되어 군현을 왕래하면서 수령과 더불어 양전을 수행하는 체제가 구축되었고, 이러한 양전 조직을 기반으로 실제 기해·경자 양전이 진행되었다. 「경자양전사목」에는 "시량始量한 후에 각면各面은 3일에 한번 본관本官에게 보고하고, 각읍各邑은 10일에 한 번 균전사에게 보고한다"[13] 라는 규정이 있었는데, 나중에 이를 매 1면面을 마무리한 다음에 보고하는 방식으로 변경되었다.[14]

기해·경자양전은 양전의 실제 시행규정인 양전사목이 마련되는 과정을 보면 여러 단계와 과정을 거치면서 중앙정부와 지방 군현의 논의를 거쳐 구체적인 내용이 확정되었다. 이러한 논의 과정은 실제로 양전의 성공적인 실시를 위해 중앙과 지방의 수취를 둘러싼 이해관계와 전결세를 부담해야 할 토지 소유자 사이의 이해관계를 조정하는 내용을 담게 되었다. 주요하게 전품田品 등제等第의 승강陞降 문제, 양전척量田尺의 결정과정에 대한 검토를 통해서 당시 마련된 양전사목의 성격을 찾아볼 수 있고, 이를 바탕으로 기해·경자양전 실시의 의의를 확인할 수 있을 것이다.

---

12) 『備邊司謄錄』71책, 肅宗 44年 3월 15일 (7-23).
13) 『量田謄錄』庚子 慶尙左道 均田使 量田私節目.
14) 『量田謄錄』庚子 慶尙左道 均田使 量田私節目.

먼저 양전사목 가운데 전품 등제에 대한 규정은 기본적으로 앞선 양전에서 정해진 전품의 승강 자체를 금지하는 내용이었다. 전품 등제를 부득이하게 고치기 위해서는, 마을의 공론公論에서 전품이 잘못 매겨졌다는 문제 제기가 있어야 하고, 수령이 그 사실을 감사에게 보고해야 하며, 감사가 확실한 지 여부를 다시 적간해야 하는 과정을 거쳐야 했다. 그런데 전품 등제의 변경을 엄격하게 금지한 1717년의 양전사목은 실제 기해·경자양전이 진행되는 과정에서 애초의 전품 승강을 허용하되 앞뒤로 1등을 넘지 못하게 하는 규정으로 바뀌었다.[15] 하지만 대부분의 경우 실제로 전품의 승강 문제는 갑술양전 당시의 것을 그대로 준용하는 것에 머물렀던 것으로 생각된다.

기해·경자양전에서 전품 등제를 현실의 전품 등제를 완벽하게 조사하여 반영하는 대신에 타협적인 방식으로 1등 내외의 가감만 인정한 것은 사실 전주田主 중에서도 대토지 소유자의 기득권을 인정하는 방향으로 타협한 것이라고 판단할 수 있다. 대토지 소유자들의 전답 전품이 지나치게 낮게 매겨져 있다는 것이 당시의 현실적인 문제였는데, 이를 해결하는 대신에 타협을 선택한 것이었다. 전토의 현재 상태와 유리된 그리하여 대토지 소유자에게 유리한 상태의 전품 등제를 갑술 당시의 전품을 그대로 용인하는 수준에 머무르게 되었다. 이는 토호土豪의 경제적 이해관계가 양전 과정에서 거의 그대로 수용된 것이라고 평가해도 무방할 것이다.

그리고 갑술양전 당시에는 측량 즉 양전의 대상이 아니었던 진황지였다가 수십 년의 세월이 흐르면서 가경전으로 새롭게 경자양안에 등재된 토지의 전품은 일률적으로 6등으로 매겨졌다. 이러한 규정은 사실 가경

---

15) 『肅宗實錄』 권64, 肅宗 45년 9월 壬午 (41-82).

전을 확보하려는 것에서 연유한 것이기도 하지만, 현실적으로 가장 많은 가경전을 가지고 있을 지방사회의 유력세력의 입장을 감안한 것이라고 볼 수 있다.[16]

다음으로 기해·경자양전이 실제로 진행되는 과정에서 가장 논란이 된 양전척量田尺 문제를 살펴본다. 양전척이란 양전 작업에 사용하는 기준척의 길이 문제이기 때문에 정확한 수치의 자를 정확하게 만들어 사용하면 아무런 문제가 일어날 소지가 없었다. 그럼에도 불구하고 기해·경자양전에서 양전척이 복잡한 문제로 등장한 역사적 배경은 1634년(인조 12) 갑술양전 당시에 사용한 양전척이 법전에 규정된 길이와 맞지 않았다는 점에 있었다. 즉 갑술양전 당시에 실제 활용되어 갑술척甲戌尺이라고 불린 양전척이 법전에 규정된 이른바 준수척遵守尺보다 약간 길이가 길었다는 점이 혼란을 야기한 원인이었다.[17]

준수책遵守冊에 기록된 양전척은 포백척布帛尺으로 환산하였을 때 2척 1촌 2분 6리인데 반하여, 갑술양전 당시에 사용한 양전척은 포백척으로 2척 2촌 2분 6리여서 준수척보다 포백척 기준으로 1촌이 길었던 것이다. 길이가 짧은 양전척을 이용하여 양전을 하게 되면 산정되는 결부수가 길이가 긴 양전척으로 계산했을 때보다 많게 나올 수밖에 없었

---

16) 『量田謄錄』庚子 慶尙左道 均田使 量田私節目; 一 量不付 加耕田은 附近의 元第次 아래에 '降一字書佹六等續某形田幾負幾束'이라고 쓰는데 한가지로 元田 2·3作의 例대로 하여 列錄한다. 그중에서 土品이 자못 비옥하여 元田과 크게 다르지 않은 것은 事目대로 四方에 비교하여 1等을 減하여 入錄할 것.

17) 遵守尺이란 『田制詳定所遵守條劃』에 보이는 量田尺을 가리킨다. 현재 남아있는 『田制詳定所遵守條劃』의 末尾에 '順治四年' 즉 1653년(효종 4)에 戶曹에서 開刊한 것으로 표기되어 있지만, 이때의 開刊은 이 책을 새로 만들었다는 編纂의 의미가 아니라, 木板을 새로 짜서 찍어냈다는 刊行의 의미로 생각된다. 李榮薰, 1996, 「『田制詳定所遵守條劃』의 제정년도-同尺制에서 異尺制로의 移行說 검토-」, 『고문서연구』 9·10, 고문서학회.

다. 양전척의 장단은 양전과정에서 파악한 장광척수長廣尺數를 결부結
負로 환산할 때 산출된 결부수의 차이를 가져오게 하는 요인이었던 것
이다. 1719년에 홍우전洪禹傳은 양남에서 반촌半寸이 짧은 법척法尺을
적용하게 되면 거의 3, 4만결을 더 얻게 된다고 주장하기도 하였다.[18]

　갑술척과 준수척이라는 두 가지 양전척의 길이 차이는 실제로 계산하
면 약 4.5~4.6cm정도로 대단한 것이 아니었지만, 현실적으로 결부수의
차이를 가져올 수 있었다.[19] 그리고 보다 중요한 것은 당시 백성들 사이
에 갑술척은 장척長尺, 구척舊尺이고, 반면에 준수척은 단척短尺, 신척
新尺이라고 간주하는 인식이 팽배해 있었고, 게다가 갑술양전 당시 사용
한 갑술척이 각 지역에 잔존하고 있는 상황이라는 점에 있었다. 이러한
상황에서 준수척(단척, 신척)을 양전척으로 적용해야 한다는 주장은 개
량改量을 통해 결부수를 늘리려 한다는 혐의에서 자유로울 수 없었던 것
이다.[20] 즉 준수척(단척, 신척)을 주장하는 입장은 중앙정부의 부세 수취
대상을 증가시키려는 것에 동조하는 것으로 간주될 수밖에 없었다.

　양전을 주관하는 양전청은 준수척 즉 단척을 사용해야 한다는 법전에
입각한 주장을 전개하였다.[21] 또한 장척인 갑술척을 갑술양전 당시에

---

18) 『肅宗實錄』 권64, 肅宗 45년 8월 丙辰 (41-79).
19) 周尺을 20,81cm로 환산하고 여기에 기준하여 量田尺을 구하면 1等尺은 周尺 4척 7
　촌 7분 5리이므로 99.37cm이다. 그리고 布帛尺 46.7cm를 기준으로 遵守册의 규정
　에 따라 포백척 2척 1촌 2푼 6리인 一等田尺을 구하면 46.7cm×2.126=99.28cm이
　된다. 양자는 거의 차이가 없다.그런데 甲戌尺을 환산해 보면 포백척 2척 2촌 2푼 6
　리이므로 46.7cm×2.226=103.9cm이 된다. 따라서 두 量田尺의 실제 길이는
　4.53~4.62cm 정도 차이가 난다.
20) 甲戌尺과 遵守尺을 각각 舊尺 新尺으로 명칭을 붙이는 것은 甲戌量田 당시를 옛날
　로 그리고 지금 庚子量田을 수행하는 당시를 현재로 파악하는 방식에서 유래한 것
　이지만, 실제로 역사적인 연대로 파악할 경우에는 더 오래된 尺이 遵守尺이다.
21) 『肅宗實錄』 권62, 肅宗 44년 10월 甲寅 (41-41).

활용한 것은 일시적인 국왕의 은혜에 불과하다는 입장도 개진하였다. 결국 갑술척은 애초에 길게 만들려고 해서 그렇게 길어진 것이 아니라 양전척을 제작하는 과정에서의 착오로 인하여 그렇게 된 것이라는 설명[22]에 따라 법전의 규정, 조종朝宗의 성헌成憲에 해당하는 준수적을 준수해야 한다는 주장이었다.

한편 전라 감사 홍석보洪錫輔는 갑술척, 즉 장척을 채택해야 한다는 입장을 제시하였는데,[23] 성조聖祖 즉 인조가 일찍이 시행한 규정에 따라 그대로 구척(장척)을 사용하는 것이 선왕先王을 따르는 방법이라고 설명하였다. 그는 단척을 적용하게 되면 당연히 한 필지 전토의 결부수가 늘어나게 되는데 이것이 백성들을 어지럽게 만들 것이라고 파악하였다. 위에서 살핀 바와 같이 장척인 갑술척으로 50부인 1등전 전토는 단척인 준수척으로 결부수를 산정하면 55부로 산출되어 상당한 결부수의 차이 즉 10%의 결부 증대를 보이게 되는 것이었다.[24] 장척을 주장하는 주요한 논거 가운데 하나는 바로 인조가 갑술척이 준수척보다 긴 것을 알면서도 굳이 장척을 채용하게 한 그 덕정德政의 취지를 본받아야 한다는 것이었다.

---

22) 『肅宗實錄』 권62, 肅宗 44년 10월 甲寅 (41-41); 舊尺之爲二尺二寸餘者 未免違制 似是當初制作時 或未詳審之致.
23) 『肅宗實錄』 권62, 肅宗 44년 12월 乙卯 (41-46).
24) 1等田이고 甲戌尺으로 50負인 田土를 遵守尺으로 結負數를 산출하면 몇 負가 나오는지 계산해보자. 甲戌尺을 104cm, 遵守尺을 99cm로 추산하여 계산한다. 먼저 甲戌尺으로 1등전 50부를 ㎡로 환산한다. 1把가 1척×1척이고 1負는 1把의 100배이므로, 1負는 10척×10척=(10×1.04m)×(10×1.04m)=108.16㎡이고, 50부는 108.16㎡×50=5,408㎡이다. 그런데 遵守尺으로 1負는 10×0.99×10×0.99=98.01㎡이다. 그러므로 이제 甲戌尺 50負 5,048㎡를 遵守尺 1負 98.01㎡로 나누면 (5,408/98.01) 55.29가 나오고 이것이 遵守尺으로 산정한 負數가 된다. 5負 정도 차이가 나는 셈이다.

양전척에 대한 논란은 1719년(숙종 45) 9월 이후 전라도 균전사 김재로金在魯가 적극적으로 갑술척(장척)을 사용해야 한다는 주장을 펴면서 결국 장척을 사용하는 것으로 결론이 나게 되었다. 이와 같이 양전척을 둘러싼 논란은 민심을 따르고, 민원을 해소하는 방식으로 결론이 내려졌다. 그런데 주목해야 할 부분은 위의 논의 과정에서 잘 나타나지 않지만 결국 단척이 아닌 장척의 사용으로 커다란 이득을 볼 수 있는 계층은 많은 토지를 소유하고 있던 대토지 소유자들이었다는 점이다. 대토지 소유자들의 입장은 양전척을 둘러싼 논의 과정에 분명하게 드러나지는 않았지만, 이들이 단척에 가장 크게 반발할 수밖에 없었던 이해관계를 갖고 있었다.

이상에서 살핀 바와 같이 기해·경자양전의 현실적인 목표, 그리고 양전시행론자들이 설정한 양전 시행의 궁극적인 목적은 바로 현실적인 전토의 여러 가지 정보 가운데 결부수結負數를 온전히 파악하려는 것에 놓여져 있었다. 결부수의 증대를 성취하기 위하여 전품 등제의 문란을 해소하는 적극적인 개선 방안을 시도하지 않고, 또한 양전척과 같은 작은 문제에 대해서 일정한 양보를 해주고 있었다. 양안에 등재되는 결부수의 증대를 꾀하는 것, 즉 부세 수취의 기본적인 대상 전결인 응세應稅 결부수結負數를 확대하려는 것이었다.

다음으로 기해·경자양전의 결과물인 이른바 '경자양안'의 특색을 양안 작성과정에 대한 검토를 통해서 살펴본다. 양안을 작성할 때 주요하게 따져보아야 할 주主 규정에 대해서 검토한다. 양안에서 전주田主를 어떠한 방식으로 기재하였는지를 따지는 것은 당시의 토지 소유관계의 일단을 살펴보는 것이면서, 국가가 토지에 대해서 어느 차원에서 그 정보를 수합 정리 활용하고 있었는지 파악하는 작업이라고 할 수 있다. 또한 계속해서 17세기에서 18세기에 걸쳐 이루어진 조정의 궁방전에 대한 여러 가지 논의와 정책의 현실적인 실행이 이루어진 것으로 평가되는 궁방전 관련 경자양안 기재의 특색을 살펴본다.

17세기를 거쳐 18세기에 이르는 시기에도 진전陳田일지라도 토지 주인의 권리는 근원적으로 보호되었다. 조선시대 중앙정부가 수행한 권농정책의 한 방향으로 개간을 권장하였지만, 주인이 있는 진전陳田에 대한 방침을 분명하게 세워놓았다. 앞서 1556년(명종 11) 3년이 지난 진전을 사람들이 관에 신고하고 경작해 먹는 것을 허락해 준 것이 영구히 전토를 지급해주는 것이 아니며, 만약 본주本主가 나타나서 환추還推하면 이에 따라야 한다는 내용의 수교受敎가 내려졌다.[25] 결국 주인이 있는 토지라는 문패는 어떤 경우에도 합법적인 방법으로는 떼어낼 수 없는 불가침의 영역에 달싹 붙어 있었다. 그렇다면 양안에는 토지의 주인을 어떻게 기재하였는가 따져보는 것이 필요하다.

우선 『탁지지度支志』에 기록된 17세기에 작성된 것으로 추정되는 양전식量田式을 보면 다음과 같은 조목이 있다.

모든 전田은 사표四標 및 주명主名을 양안量案에 현록懸錄한다. 진기陳起를 무론毋論하고 측량한 것이 5결에 차면 일자호一字號를 사용하여 표시한다.(천자문千字文을 사용하는데 자내字內에서는 일이삼一二三으로 순서를 삼는다).[26]

이 조목은 양안에 기록하는 정보 가운데 사표와 더불어 주명主名이

25) 『受敎輯錄』, 戶典 諸田; ○ 過三年陳田 許人告耕者 非謂永給 待本主還推間 姑許耕食 (嘉靖丙辰承傳).
26) 『度支志』 外篇 권4, 版籍司 田制部 2 量田, 量田式; 凡田 四標及 主名 懸錄於量案 而毋 論陳起 量滿五結 則用一字號 標之(用千字文而字內 以一二三爲次第).

기록되어야 함을 규정하고 있는데, 주명은 진기陳起와 직접적으로 연결되어 기주起主 또는 진주陳主와 같은 의미소를 구성하는 것이 아니라 토지와 연관된 사람을 표현하는 부분이었다. 기진起陳과 주主를 별개로 파악하는 것이 양전사목의 규정이었다면, 양안에 기재되어 있는 내용도 양자를 별개로 취급해야 마땅할 것이다.

현재 서울대학교 규장각한국학연구원에 소장된 경자양안의 해당 군현은 경상도 6개 읍, 전라도 7개 읍으로, 모두 13개 군현의 양안이 전해지고 있다.[27] 이들 양안은 같은 시기에 작성되었지만 조금씩 차이를 보이고 있는데 양안을 작성하는 과정을 반영하는 것으로 분석되고 있다.[28] 현존하는 경자양안 사이의 차이는 당시 초안草案을 작성한 다음에 정안正案을 작성하는 단계에 여러 초본과 정본이 작성되었던 사정과 관련된 것으로 추정되고 있다.

정안의 경우 각 필지는 순서대로 1자 5결의 원칙에 입각하여 새로운 자호와 지번을 할당받는 것이 양전규정의 기본을 제대로 지켜지고 있었다. 자호가 갖는 5결이라는 단위 기능을 활성화하기 위함이었다.[29] 경상도 경자양안은 모두 이 원칙을 준수하였고, 전라우도형과 전라좌도형은 모두 이를 준수하지 않았다. 다음으로 정안과 초안의 구별에서 또 한

---

27) 『奎章閣圖書解題』史部 2, 335-339쪽 참조. 경상도 6개 군현은 남해, 비안, 상주, 예천, 용궁, 의성이며, 이 가운데 좌도는 5개이고 우도는 1개 군현이다. 전라도 7개 군현은 고산, 전주, 남원, 능주, 순천, 임실, 화순이며, 이 중 2개는 좌도이고 우도 5개 군현이다.

28) 오인택, 2000, 「경자양전의 시행 조직과 양안의 기재 형식」, 『역사와 현실』 38, 한국역사연구회.

29) 『量田謄錄』 庚子 三月 初六日 (영인본 57쪽); 備局甘結 忠淸左道均田使爲相考事… 卽今行量成冊 勿論剩縮 皆係本字 而旣已行量摘奸解知數之後 則改排第次及字號 依舊例五結作字 俾便於行用 似爲得宜是乎旀. 본 甘結은 충청좌도 균전사뿐만 아니라 나머지 삼남의 모든 균전사에게도 하달되었음을 말미의 기록에서 확인할 수 있다.

가지 주목할 점은 새로 생긴 필지의 기재 방식이다. 초안 단계의 기본적인 기재 형식은 갑술양안의 자호필지를 따른 것이므로 새 필지는 그 앞의 필지번호에 예속된 형태로 '이작二作', '삼작三作' 등으로 표기되었다. 그리고 가장 중요한 부분은 경상도 지역의 경우, 기진起陳 여부를 기재한 다음, 구주舊主와 금주今主를 모두 기록하면서, 주인 없는 진전인 경우는 무주無主로 분명하게 표시하고 있었다는 점이다. 반면에 전라도의 경자양안의 경우 금주에 해당하는 전주 하나만 기재하고 있었다.

다음으로 경자양전에서 조사된 궁방전宮房田의 전주田主 기재방식을 세밀하게 살펴본다. 궁방전은 왕비, 왕자, 공주 등 왕실 일족들의 경제적인 재원을 확보하기 위해 설치된 전답이었다. 농업생산을 통해서 수익을 도모할 수 있는 전토이기 때문에 궁방전은 사복시의 목장이나 각아문의 면세전과 마찬가지로 타량 대상이었다. 궁방전은 궁방이 소유한 전답이거나, 궁방이 수세하는 전답이기 때문에 전주에 대한 기재도 각각의 경우에 따라 다른 방식으로 이루어졌다.[30]

『양전등록量田謄錄』을 통해 1720년 당시 궁방전의 구성 현황과 더불어 당시 조정의 궁방전 관련 전주 기재 방식에 관한 조처 내용을 찾아볼 수 있다. 1720년 3월 11일 전라도관찰사겸우도균전사全羅道觀察使兼右道均田使가 보낸 관문關文[31]에 궁방전을 양안에 등재하는 방식을 제시하고 있다. 전라도 우도균전사는 외방外方에 소재한 제궁가諸宮家의 전답을 '면세免稅'로 현록懸錄하거나, 또는 '해궁면세該宮免稅'로 현록懸錄하는 등 크게 2가지 방식으로 구별하여 양안에 등재하도록 지시하

---

30)『度支志』卷5, 版籍司 田制部三, 量田, 節目「顯宗三年九月京畿量田事目」; 一 司僕牧場 各衙門諸宮家免稅復戶 依前事目 一體打量 總數啓聞後 區別處置.
31)『量田謄錄』, 全羅道觀察使兼右道均田使.

였다. '면세'로 기재된 전토(①)는 해당 궁방의 면세지 즉 궁방이 토지지 배의 권한을 행사하는 토지인 반면에, '해궁면세'로 기재되는 전토(②)는 바로 민결면세지[32], 궁방이 수세하는 전답에 해당하는 것이었다. 후자의 경우 해당 토지가 민결면세民結免稅임을 보다 확실하게 양안을 열람하는 사람들이 파악할 수 있도록 '해궁면세' 옆에 본주本主 성명姓名을 기재하는 방식을 취하였다. 즉 궁방과 실제 전주를 모두 하나의 양안에서 파악할 수 있게 하는 방식이었다.

결국 ①은 궁방의 소유지를 기재하는 방식이고 ②는 궁방과 연결된 수세 대상지 즉 민결면세지에 해당하는 토지를 기재하는 방식이었다. 전라도 우도균전사가 제시하는 궁방전 기재방식은 당시 조정이 궁방전을 크게 2가지 유형으로 파악하고 있다는 것을 보여준다. 경자양안에 궁방전을 2가지 방식으로 등재하고 있다는 것은 결국 당시 궁방전이 영작 궁둔永作宮屯, 민결면세民結免稅 2가지 유형으로 나뉘어 있었다는 것을 말해준다. 물론 두 종류의 궁방전 모두 면세전免稅田이라는 점에서는 공통점을 갖고 있었다.

1719년에서 1720년에 걸친 경자양전과 그에 따른 경자양안에서 궁방전의 2가지 유형인 영작궁둔과 민결면세지가 고스란히 파악되어 양안에 정리되었다. 이러한 궁방전의 전주 규정의 기재 방식은 결국 해당 토지가 국가에 대하여 전세를 내는지 아닌지를 파악하려는 것이라고 할 수 있다. 양안에 수록된 전토가 출세결出稅結인지 응세결應稅結인지 확인하는 것은 일목에 양안을 통해서 전세, 전결세 수취 대상임을 가려내기 위한 요긴한 방법이었던 것이다. 즉 수취 대상 전답을 가려내려는 양

---

32) 민결면세지는 民結을 획급받아 면세에 해당되는 정액을 궁방에서 받는 지목을 가리킨다.

안 작성의 기본목표에 걸맞게 궁방전의 경우도 면세免稅인가 출세出稅인가에 가장 주요한 초점이 맞춰져 있었던 것이다.

이상에서 살핀 바와 같이 경자양전과 경자양안은 궁방전에 해당하는 두 가지 유형을 보여주고 있다. 궁방전의 두 가지 토지 파악 방식은 다른 한편으로 당시 농촌 사회에서 통용되고 있던 전답 지배관계의 가장 대표적인 유형을 전해주는 것으로 해석할 수 있다. 조선 정부는 양전을 통해 수세 결부수를 증대시키려는 목표를 달성하면서, 이와 더불어 토지소유를 둘러싼 당시의 현실을 양안에 반영하고 있었다. 바로 궁방전에 소유지와 수세지가 나뉘어 있는 것과 마찬가지로 일반 백성들의 토지소유관계도 소유를 둘러싼 관계, 수세에 해당하는 지대 수취와 관련된 관계로 구성되어 있다는 점을 잘 보여주고 있다.

2. 순조대 양전 계획과 추진

순조대에 들어서면 양전 계획을 수립하고 추진하는 조정의 움직임이 분명하게 나타났다. 19세기에 들어서면서 양전의 필요성에 대한 논의가 일어나면서 양전 계획이 수립되고 추진되기에 이르렀던 것이다.[33] 19세기 중반에 심각하게 나타난 삼정문란에 대한 정부의 대책은 부세제도의 이정책釐正策이었고, 특히 전정문란에 대한 대책을 마련하는 것이었다. 전정田政이란 전세제도 운영에 관한 행정, 전답에 세를 부과하고 징수하여 운송상납하는 데 관한 행정이었다. 특히 전세의 부과를 중심으로 문란한 상황은 결부제結負制에 의거한 농지 파악과 결세結稅 부과에

---

33) 1820년 양전 계획에 대해서는 다음 논문에서 살핀 바 있다. 김용섭, 1983, 「純祖朝의 양전計劃과 田政釐正문제」, 『김철준박사화갑기념사학논총』, 화갑기념논총간행위원회.

서 유래하는 것이었다. 따라서 전정문란을 해결하기 위한 제도적 장치로서 양전제도 존재하였고, 전정 이정방안으로 양전 시행을 고려하는 것이었다.

당시 양전 시행이 필요했던 배경은 전정 운영상에 나타난 여러 가지 폐단에서 찾을 수 있다. 먼저 양안의 허실虛實·문란紊亂이다. 숙종 말년 이후 거의 100여 년이 지나면서 양안의 내용과 농지의 현황이 괴리되면서 양안 자체가 결함을 갖고 있다고 지목되었다. 나아가 부세를 위한 근거로서의 가치를 상실해 가면서, 양안이 토지 현실과 동떨어진 곳이나, 아예 양안이 없는 곳이 많아졌다.

다음으로 양안 즉 전안田案이 허실虛失하면 농지의 현황대로 부세賦稅 수취가 이루어지지 않으면서 백지징세白地徵稅를 하게 되는 일이 많이 발생하였다. 농지의 형태 변동이나, 급재給災의 부실 등 뿐만 아니라 버려두고 기경起耕하지 않게 된 진전에 대해서도 민간民間 분징分徵으로 세를 징수하고 있었다. 나아가 진전 허복虛卜에 대한 백징白徵이 전국적인 고질적 폐단이고 규모도 수십 결에서부터 천여 결까지 지역별로 가지가지라고 지적되고 있었다.

세 번째로 양전 시행의 불가피성은 부세불균과 부세착란에서 찾고 있었다. 부세가 공정 균평하지 않고 부당하게 부과되고 있는 폐단이었다. 일부는 잡역세雜役稅의 지역적인 차이에서 연유하는 것이지만 근원적인 이유는 결부제에 기초한 양전제가 규정대로 운영되지 못하고 있는 것과 깊은 관련이 있었다. 또한 전품田品의 변동으로 부세가 불균하게 되는 경우, 지형地形의 변동으로 전답필지의 경계가 변동하고 불분명해지는 것 <經界紊亂>, 지목地目의 변동으로 부세賦稅가 불균해지는 현상 등이 일상이 되고 있었다. 그리고 한전旱田을 수전水田으로 번작飜

作한 번답反畓의 경우, 흉년을 당해도 급재給災를 받지 못하는 것이 관례였다. 왜냐하면 한전의 경우 1년 재경再耕으로 급재하지 않는 것이 원칙이었는데 번답反畓의 양안 상의 지목地目이 한전이기 때문이었다. 따라서 번답의 경우 급재를 받을 수 없기 때문에 불만이 늘어갈 수밖에 없었다.

네 번째로 은결·누결이 적지 않았던 점을 양전 추진의 배경으로 지적할 수 있다. 농지가 경작되면서 정부의 징세 대상에서 누락되는 경우, 상당부분 지방세력가 토호들에 의한 것이었지만, 주로 이속吏屬들의 농간에 기인한 것이었다. 그리고 사복私腹을 채우는 것이 일반적이지만 관황官況 <관원의 봉급>에 이용되는 경우도 있었다. 은결隱結을 만드는 방법은 양전할 때 부수負數의 조작, 신간전이나 진전陳田의 기경 면적 조작, 진전급재의 이용, 전세부과시의 가징加徵 등의 방법이 동원되었다. 1811년 서영보徐榮輔는 양전을 해야만 세역稅役을 균등하게 할 수 있고, 은여결隱餘結도 찾아낼 수 있을 것이라고 지적하였다. 즉 양전은 호조와 선혜청의 재원을 보다 크게 확대할 수 있는 방안이라는 주장이었다.[34]

마지막으로 양전과 관련된 전정의 폐단으로 농지의 경계·소유권 분쟁이 적지 않게 일어나고 있었다는 점을 들 수 있다. 양전이 오랫동안 시행되지 않으면서 농지의 경계가 모호해지고, 토지의 소유권도 불분명해지는 상황이 전개되었다. 민간인 상호 간의 문제이기도 하고 궁방, 정부와 민간인 사이의 문제로 발생하기도 하였다. 이 경우 궁방宮房·정부政府·호강豪强들이 농민을 침해하는 것이 일반적인 상황이었다.[35]

---

34) 『純祖實錄』 卷11, 純祖 8年 8月 1日 甲午 (47-606).
35) 金容燮, 1984, 『增補版韓國近代農業史硏究』上, 일조각, 315～336쪽.

1820년 양전 추진의 배경으로 지목된 것을 종합하여 검토하면, 양전은 근원적인 변혁 조치, 또는 혁신적인 조치가 아니라 전정田政 운영상의 잘못을 정상적으로 운영하는 것이었다. 하지만 전정의 폐단을 이정釐正하는 양전 실시만으로도 전정을 둘러싼 많은 폐단을 해소할 가능이 높다는 성격을 지니고 있었다. 이러한 점에서 순조대 양전추진은 조정의 농정책의 하나로 수행된 것이면서 또한 농업개혁론의 성격을 일부 띠고 있었던 것으로 규정할 수 있을 것이다.

순조대 초반의 경우 정조대와 마찬가지로 사진査陳과 개량改量을 부분적 점진적으로 수행할 것을 시도하는 정도였다. 그런데 예전에 작성된 양안을 그대로 두고 전정의 폐단을 이정釐正하려는 것은 매우 어려운 시도였다. 따라서 양전 실시 문제를 새롭게 검토하는 대책 마련이 시급한 형편이었다.

1820년 양전에 대한 본격적인 논의와 양전 작업 착수가 이루어지기 몇 해 전부터 계속 양전의 필요성에 대한 지적이 제시되고 있었다. 1811년 각도에서 올린 진폐책자 내용 속에서도 양전, 개량改量을 건의하는 내용이 많이 담겨 있었다.36)

1820년 양전 계획과 추진을 살펴보면 그 논의의 발단이 1819년 9월 이지연李止淵이 전정田政 문란紊亂과 그로 인해 민이 받고 있는 폐단을 지적하면서 양전이 필요하다는 것을 주장한 것이었다.37) 이지연은 1809년과 1814년 등 몇 차례 흉년을 치른 후로 전정이 문란해졌기 때문에 이를 해소하기 위해 양전이 필요하다고 주장하였다. 이지연의 주장은 본격적으로 양전에 관련된 논의를 불러일으키는 것이었다.

---

36)『純祖實錄』卷14, 純祖 11年 3月 30日 戊寅 (47-678).
37)『純祖實錄』卷22, 純祖 19年 8月 17日 丙午 (48-152).

1819년 9월 10일 이지연이 전정문란의 폐단 지적하면서 민民을 보존하기 위한 양전의 필요성을 제기한 것에 대한 논란이 벌어졌다. 영의정 서용보徐龍輔는 순조에게 연석筵席에 참여한 여러 신하에게 下問할 것을 건의한 것이었다. 이에 따라 여러 관리가 자신의 의견을 개진하였는데, 한성 판윤 이희갑李羲甲, 이조판서 이존수李存秀 등은 균전사 파견 방법 이외에 감사 수령에게 개량改量하게 하는 방법을 제안하였고, 반면에 판부사 한용귀韓用龜, 지중추부사 김이양金履陽 등은 양전을 신중하게 할 것을 주장하였다.[38]

며칠 뒤인 9월 16일 양전에 대한 비변사의 보고가 이어졌다. 비변사가 시원임대신의 의견을 수합하여 보고한 것이었는데, 여기에서 양전 시행하는 것이 어렵다는 양전불가론이 정면에 등장하였다. 이시수, 김재찬은 양호兩湖의 흉황凶荒, 양전 경비 마련의 어려움, 천하국가 균평均平의 원천적인 곤란함 등을 이유로 양전불가론을 제기하였다.[39] 그런데 1819년 12월 이지연이 양전불가론에 대한 재비판하는 주장을 펼쳤다. 이에 대하여 앞서 양전불가론을 내세웠던 인물들이 대체적으로 강경하게 반대하는 발언을 하지 않았다. 그리하여 결국 조정의 논의는 양전론으로 기울어지게 되었다.

1819년 12월에 이르러 순조는 양전을 각도의 방백·수령으로 하여금 지휘 감독해서 도 단위의 점진적 전국적 양전으로 수행하되 양남兩南, 즉 호남과 영남에서 먼저 시량試量하며, 그러기 위해서 그 지방에 지시해서 양전을 위한 방략을 강구 보고토록 명령하였다.[40] 순조가 양남에

---

38) 『純祖實錄』卷22, 純祖 19年 9月 10日 己巳 (48-153).
39) 『純祖實錄』卷22, 純祖 19年 9月 16日 乙亥 (48-155).
40) 『純祖實錄』卷22, 純祖 19年 12月 10日 戊戌 (48-158).

서 1820년 가을부터 먼저 양전을 수행하고 이를 위해 수령으로 하여금 양전을 제대로 수행하도록 준비할 것을 지시한 것이었다. 1820년 1월 장령 박희현朴熙顯은 양전을 올해 가을에 양남에서 시작하게 되었는데 이를 위해 수령 가운데 임무를 감당하지 못할 자를 가려서 파직하고 새로운 인물을 파견해야 한다고 주장하였다.[41] 이에 대해 순조는 양전을 해야 할 때에 수령에 대한 철저한 평가가 필요하다고 비답을 내렸다.

1820년 봄, 여름에 걸쳐 양남 양전의 준비가 진행되는 가운데 추진론자인 영상 서용보가 6월 병을 핑계로 영의정 자리에서 물러났다.[42] 그리고 신생新生의 왕자의 졸서卒逝, 5월 26일로 순조의 양전 수행 적극성 감소되었다. 8월 2일 전라감사 이서구李書九가 양전시행의 중단과 연기를 건의하고 정부에서 이를 수용하였다.[43] 이서구의 주장은 양전은 급히 서두르면 백성들에게 혼란을 초래하기 때문에 천천히 사정을 살펴보면서, 특히 풍년이 들 때까지 양전을 미루어야 한다는 것이었다. 이러한 주장은 결과적으로 양전을 하지 말아야 한다는 양전 유보론이었다. 이에 따라 양남 양전이 중단되었고, 이후 이전의 사진査陳과 개량改量을 부분적으로 필요에 따라 시행하는 양전책으로 복귀하는 것이었다.

1819년에서 1820년 사이 불과 몇 개월에 걸친 양전 시행 논의와 준비 과정이 실행으로 옮겨지지 못한 원인은 바로 양전에 얽힌 사회적 갈등, 즉 이해관계의 대립 문제였다. 양전을 철저하게 시행하면 공정한 부세

---

41) 『純祖實錄』卷23, 純祖 20년 1월 3日 庚申 (48-159).
42) 『純祖實錄』卷23, 純祖 20년 6月 15日 己亥 (48-162); 己亥 領議政徐龍輔 屢疏陳病 乞解相職.
43) 『純祖實錄』卷23, 純祖 20년 8月 2日 乙酉 (48-164); 乙酉 全羅監司李書九上疏論量田事曰…批 以令廟堂 商確稟處 廟堂啓言 道臣所論 躬莅其地 目見其勢 故其言如此 此非以量田爲不可行也 必欲待歲事之連登 田功之克擧 始可議於定界也 請本道量田一款 依所請許令姑徐 從之.

를 부담하여 종전의 부세불균에 비하여 큰 덕을 보는 계층과 종전의 부세불균에서 누리던 이득을 상실하는 계층의 존재하였던 것이다. 단적으로 말해서 양전을 하지 않음으로써 이득을 보는 계층은 호우毫右, 부호富戶, 강호强戶 등 향촌 사회의 유력자와 지방관청의 이속吏屬들이었다. 이들은 부세불균 속에서 이익을 추구하였다. 따라서 양전이 부호富戶, 호우毫右에게 불리한 점들이 많았다. 비옥한 농지를 소유하면서 전품田品을 낮추어 경세輕稅를 내고 있었기 때문에 전품田品이 변동하면 이들에게 불리하였다. 또한 기경전은 진전으로 속이는 방법으로 탈세하는 농지 겸병이 적발된다는 점도 불리한 점이었다. 지방관청 이속들도 정부 수세결을 중간에서 투식하고 있었기 때문에 이것이 드러나게 되는 양전을 환영하지 않았다.

1820년 양전 추진의 성과는 양전이 실제 실행되지 않았기 때문에 미미한 것이라고 할 수 있다. 하지만 당시에 만들어서 시행하려고 했던 양전 사목에서 19세기 초반 조선의 농촌사회의 실제 모습의 일면을 찾아볼 수 있다. 또한 양전을 추진하였을 경우 무엇을 목표로 하였는지 살펴볼 수 있다.

당시 양전의 시행 규정으로 경상감사 김이재金履載가 마련한 양전사목44)을 보면, 그는 영남지역에서 선량先量 과정에서는 읍 전체의 진기성책陳起成册만을 작성하고 본량本量에서 다시 시도하려고 하였다. 그리고 양전사목을 작성하면서 세정稅政을 불균하게 하는 요인을 제거함으로써 균부均賦를 실현하려고 하였다. 또한 토호土豪 부민富民들이 그동안 부당하게 누린 세정 운영상의 비리를 척결함으로써 거기에서 얻어지는 이익이 국가와 농민층에게 돌아가게 하려는 것이었다.

---

44) 金履載, 『量田事目』(연세대 도서관 소장).

그런데 실제 양전을 준비하는 과정에서 전라 감사 이서구李書九의 건의를 받아 묘당廟堂에서 양전 중단을 요청하였다.[45] 당시 표면적으로 볼 때 기민饑民 문제와 재원財源 부족 문제가 제기되면서 양전이 중지되었지만, 실제 양전을 둘러싼 사회적 갈등, 경제적 이해관계의 대립이 작용하였을 것으로 보인다.[46]

순조대에 이르러 비록 중단되고 말았지만 앞선 영조, 정조대에도 시행할 엄두를 내지 못하던 전국적인 양전을 구상하고 시행하려 한 점을 커다란 의의가 있다고 할 수 있다. 특히 경상감사 김이재金履載가 전품田品의 공정한 등제登第와 은루결隱漏結의 색출에 중점을 둔 것은 당시 통용되던 양안量案의 문제, 전정田政의 문제를 잘 헤아린 것이었다고 평가할 수 있다.

이상에서 살펴본 바와 같이 조선의 근세 농업체제에서 실행된 농민들의 농업생산의 현황을 파악하고 부세를 부과하는 과정에 대한 절차적 정당성과 내용적 합리성을 확보하기 위해서 양전을 기획하고 이를 실행하려는 시도가 순조대에 나타났다. 양전을 제대로 실시하고 정확한 토지의 실상을 수록한 양안量案을 작성하는 것은 국가와 농민이 수립하고 상호 의존하면서 꾸려나갔던 근세 농업체제를 보다 건강하게 장기적으로 지속시킬 수 있는 수단이었다. 하지만 양전 계획이 무산되고 양전실시가 이루어지지 않으면서 19세기 초반 점차 국가의 전답에 대한 부세

---

45) 『純祖實錄』卷23, 純祖 20年 8月 2日 乙酉 (48-164); 乙酉全羅監司李書九上疏論量田事曰; 중략 必欲待三五年之間 勸農力穡 使田功完擧而後經界 乃可論也 중략 廟堂 啓言 道臣所論 躬莅其地 目見其勢 故其言如此 此非以量田爲不可行也 必欲待歲事 之連登 田功之克擧 始可議於定界也 請本道量田一款 依所請許令姑徐 從之.
46) 김용섭은 양전 시행을 반대하고, 양전을 시행하더라도 공정하게 量案이 작성되는 것을 두려워하고 막으려는 세력으로 豪右, 富戶, 强戶 등을 제시하고 있다. 김용섭, 1984, 『增補版韓國近代農業史硏究』上, 일조각, 323쪽.

행정과 농민의 농업생산의 원활한 전개가 서로 틀어지는 상황이 나타나게 되었다. 이른바 삼정의 문란은 근세 농업체제가 맞이하게 된 체제적 위기상황이었다.

Ⅳ. 농업경영의 변동

1. 지주 경영의 변동

조선 근세 농업체제의 농업생산은 당연히 양인농민과 노비농민의 직접생산 노동에 의해서 수행되었다. 14세기에 걸쳐서 전개된 농법의 전환, 그리고 신분제를 비롯한 사회변동에 따라서 고려말 이후 농업경영 방식의 변화가 나타났다. 15세기 후반에 근세 농업체제의 형성 과정에서 정립된 농업경영방식이 16, 17세기를 거치면서 여타 사회경제적 변동과 맞물리면서 역동적으로 변화하였다. 대체로 15세기부터 농업경영 양식의 변화 추세를 보면 초반에 자영 농민의 농업경영이 활성화되었다가 중후반부터 관인지주를 중심으로 하는 지주의 토지겸병이 증가하면서 자영농의 위축과 지주적 농장경영이 증대하였다.

16세기에 들어서면서 양인층이 감소하고 노비층이 증대하면서 지주의 농업경영도 노비 노동에 의존하는 바가 많아졌고, 결국 농장형의 지주가 증대하였지만, 다른 한편으로 병작제가 지주의 농업경영으로 본격 채택되고 있었다. 병작제에 동원된 작인층은 대부분 양인과 납공노비층에서 충당되었던 것으로 추정되고 있다. 그리고 17세기로 들어서면 지주의 직영지 경작의 규모는 대폭 축소되고 병작제를 중심으로 지주제가 전개되는 대세를 거스를 수 없게 되었다. 17세기 후반에 접어들면 상품화폐 경제의 발달에 다른 사회적 재부의 재분배 과정에서 신분제의 변동이 초래되고, 결과적으로 농업경영에서도 일반 양인, 노비층 가운데 부농, 지주로 성장하는 층이 나타나기 시작하였다. 이와 같은 농업경영의 전체적인 추세를 바탕으로, 보다 구체적인 변동양상을 자세하게 검토한다.

조선 전기에는 토지 소유형태를 기반으로 한 농업경영방식이 대체로 농장제農莊制, 자영농제自營農制, 병작제並作制의 세 가지로 나누어 볼 수 있다. 사회 구조에서 지배층을 구성하고 있던 대토지 소유자들의 경우 농장제 방식으로 토지를 경영하는 비중이 우세하였다. 그들은 인신적인 지배력을 바탕으로 수하에 거느리고 있던 노비와 고공 등을 통하여 자신의 토지를 경작하게 하였다. 또는 자신들의 권력을 탈법적인 방법으로 남용하여 인민들을 압량위천壓良爲賤 시켜 이른바 처간處干으로 만들어 농장에서 농업생산에 종사하게 하였다.

한편 조선의 호구 구성에서 대부분을 차지하고 있던 양인 농민 가운데 자영농이 다수를 차지하고 있었다.[1] 1391년에 과전법이 공포되면서 전제개혁이 실시되어 권문세족權門勢族의 경제적 기반이었던 농장이 해체되면서 자영농이 다수 창출된 것이었다. 그러한 현상은 조선초기의 사료에서 "지주가 5퍼센트, 자영농이 70퍼센트, 소작농이 25퍼센트"로 투박하게 표현되었다. 농장제, 자영농제의 형편과 달리 병작제로 경영되는 토지는 많지 않았다. 소토지를 소유한 양반 지주들은 병작을 행하였는데, 유리민流離民들에게 토지뿐만 아니라 농구나 종자 등도 대여해

---

1) 金泰永, 1983, 『朝鮮前期土地制度史研究』, 知識産業社.

주고 수확물의 반을 수취하는 병작반수竝作半收를 행하는 방식이었다.

16세기에 과전법을 계승하여 실시되고 있었던 직전제職田制가 거의 소멸된 이후 양반과 토호들은 자신들의 직접적인 지배 관계 아래에 매어있는 토지 소유를 경제적 기반으로 삼게 되고, 또한 농업생산력의 발달에 따라 확대시킬 수 있었던 토지 이윤을 확보하고자 토지 소유에 노력을 경주하게 되었다. 아울러 양반과 토호뿐만 아니라 상인과 부농층인 평민도 상품화폐 경제를 이용하면서 토지매득을 통하여 토지를 겸병해가고 있었다. 또한 대동법과 균역법 등의 부세제도의 변화 및 상공업의 발달에 따른 상품화폐 경제의 발달은 토지 수확물의 매매를 통해 이윤을 확대시킬 수 있는 가능성을 넓혀주었기 때문에 지주들은 토지 소유를 통해 이윤을 확대시키는 데 관심을 갖게 되었다. 그리하여 전주작인제의 생산관계가 일반화되면서 지주가 토지 소유에 더욱더 힘을 쏟게 되었다.

16세기 중반을 고비로 농업기술이 점진적으로 발달하면서 농촌경제는 여러 가지 측면에서 변화를 맞이하게 되었다. 우선 토지 소유관계의 측면에서 변화가 발생하였다. 16세기 말 직전법職田法이 폐기되면서 수조권이 거의 사라지고 소유권所有權에 입각한 토지 소유관계로 일원화되었다.[2] 앞서 과전법에서 관인官人이 보유하였던 수조권收租權은 사적 소유권을 일정하게 제약하는 현실적인 권한이었다. 직전법마저 폐지되면서 토지 소유관계는 사적 토지 소유에 입각하여 전개되었다. 사적 토지 소유는 국가 법제에 의하여 보장되고 있었다. 토지의 취득, 매매, 개간, 경영, 처분, 증여贈與, 분여分與, 전당典當, 상속 등이 사적으로 자

---

2) 李景植, 1986, 「職田制의 施行과 그 推移」, 『朝鮮前期土地制度研究』, 一潮閣, 265
~279쪽.

유롭게 이루어질 수 있었다. 결국 토지의 실질적인 지배권을 다른 사람에게 배타적이고 독점적으로 관철시킬 수 있는 성격의 것이었다. 다만 사적 토지 소유자가 경작과 이용이라는 전제조건을 충족시켜야 자신의 권리를 주장할 수 있었다. 15세기 말경 절대적, 배타적 지배가 허용되고 자유로운 처분이 가능했던 동산 등에 한정하여 사용하던 소유 개념인 '기물己物'이라는 용어가 토지에까지 확대되어 적용되었다.[3]

이제 사적 토지 소유권을 제약하는 가장 현실적이고 영향력을 갖고 있는 요인으로 신분 관계가 남게 되었다.[4] 현실적인 신분 관계 속에서 관료들이 직권을 남용하여 토지를 집적하였고, 신분적 차이에 따라 경영규모의 격차와 토지 수익의 차등을 노정하고 있었다. 양반층은 전품이 높은 비옥한 논밭을 우세하게 소유하고 있었고, 특히 논밭이 각각 희소한 지역에서 희소한 논밭을 소유하고 있는 비율이 높았다.[5] 한편 토지 소유 면적의 측면에서도 양반층이 소유하고 있는 농지 규모가 평민층이나 천민층이 소유하고 있는 농지의 그것보다 평균적으로 우세하게 나타났다.

토지 소유관계가 사적 토지 소유로서 정립되어 나가면서 농업경영의 형태도 변화하였다. 조선 전기의 경우 대체적으로 농장제 농업경영이 우세한 상황에서도 자영농민의 농업경영이 활성화되어 있었다. 과전법이 존속하기 위한 바탕이 바로 자영농自營農이었다.[6] 당시 조선 정부는 자영농을 보편적인 국역國役 대상자로 확보하기 위하여 이미 전개되고 있던 병작제並作制를 제한하고 있었다. 하지만 소농민경영의 내부에서

---

3) 朴秉濠, 1983,『韓國法制史考』, 法文社.
4) 李景植, 1994,「朝鮮前期 土地의 私的 所有問題」,『東方學志』85, 연세대 국학연구원.
5) 金容燮, 1970,「量案의 硏究」,『朝鮮後期農業史硏究』Ⅰ, 一潮閣, 123~134쪽.
6) 金泰永, 1983,『朝鮮前期土地制度史硏究』, 知識産業社.

토지를 상실하고 병작 작인으로 전락하거나 생산수단의 확보를 통한 중농이나 부농으로 상승하는 계층 분화가 진행되고 있었다. 조선 후기 소농민경영의 분화는 더욱 촉진되면서, 대토지 소유의 확대와 지주경영의 전개가 본격화하였다.[7]

17세기 토지 소유권 발달과 양반층 농업생산에 커다란 변동이 나타났다. 16세기 후반 지주들은 대토지 농업경영을 농장적인 요소를 띤 노비제적인 경영에서 병작제로 전환하게 되었다.[8] 이때 양반 지주는 자작지自作地에서는 노비의 사역을 통해 농업생산의 목표를 실현하는 자작제 경영형태를 주로 채택하면서도, 일정한 토지를 '작개作介'라 하여 노비의 책임 경작지로 할당하고 노비의 생계를 위해 별도의 '사경私耕'을 지급하는 작개-사경 경영형태를 채용하였다. 작개제作介制는 양반 지주의 직영지 경영이 자작제自作制에서 병작제並作制로 이행하는 도중의 과도적인 성격의 것으로 파악되고 있다.[9] 한편 16세기 지주층의 토지 집중은 유통기구의 성장·발달과 밀접하게 관련된 것이었고, 방납 구조나 사행무역 등에 참여하고 국가의 조세 수취과정에 편승하는 방법을 통해 토지를 집적하였다.[10]

17세기에 들어서면 사적 토지 소유자의 소유권은 양안量案이라는 국가의 토지장부를 통해서 일부 보장되었다. 물론 토지에 대한 소유권은 토지매매에 관련된 문서, 즉 토지문기土地文記에 의해서 기본적으로 확

7) 崔潤晤, 2001,「朝鮮後期 土地所有權의 發達과 地主制」, 연세대학교 사학과 대학원 박사논문.
8) 李景植, 1976,「16세기 地主層의 動向」,『歷史敎育』19, 역사교육연구회, 139～183쪽.
9) 金建泰, 1997,「16~18世紀 兩班地主層의 農業經營과 農民層의 動向」, 成均館大 史學科 博士學位論文.
10) 崔潤晤, 2001,「17세기 土地所有權의 發達과 起主의 등장」,『동방학지』113, 연세대 국학연구원.

보되어 있었다. 매도자가 발급하여 매수자가 보관하고 여기에 증인證人의 서명이 들어있는 토지문기는 앞서 발행한 것이 연이어 붙어 있는 것이기 때문에 실제의 토지 소유자만 가지고 있을 수 있었다. 그런데 문제는 이러한 토지문기를 망실亡失되거나 소실燒失되는 등 사라졌을 때 관에서 입안立案을 발급받아야 한다는 것이었다. 이럴 경우 양안量案 기록은 토지 소유자의 소유권을 입증하는 방증자료로 이용되었다.

사적 소유권의 발달 정도는 양안에 기재된 소유권을 국가가 어떠한 방식으로 보장하는가에 따라 그 발달 정도를 추적할 수 있다. 근세의 소유권을 제약하는 요소는 왕토王土 사상思想과 수조권의 존재였으며, 그러한 요소가 근대의 배타적 소유권과 차이를 가져오고 있었다. 물론 중세와 근세 전 시기에 개인의 소유권 역시 점차 발전되는 과정을 거치고 있음은 물론이다.[11] 토지 소유권자에 대해 '전주田主' 즉 '기경자위주起耕者爲主'라는 용어를 통해 '영작기물永作己物'할 수 있도록 양전법을 통해 규정하기 시작한 것이 17, 18세기 갑술양전(1634년)과 경자양전(1720년) 과정에서였다. 이 같은 과정에서 삼남지방을 중심으로 대대적인 양전이 시행되었고, 이를 바탕으로 18세기 중엽에는 소유권자를 법제화하는 것이 보다 진전되었다.

사적 토지 소유권의 강화 과정을 통해 드러난 국가적 토지관리의 의도는 양안의 납세자 확정과 토지 소유권자 확인이라는 2가지 방식으로 전면화되었다. 이 같은 사업은 결국 양안상의 전주와 현실의 소유권자를 일치시켜 가는 한편, 나아가 전주와 납세자 역시 동일 인물로 만들어

---

11) 중세와 근세 전시기의 所有權과 收租權, 그리고 王土思想의 추이에 대해서는 다음의 글이 참조된다. 金容燮, 2000, 「土地制度의 史的推移」, 『韓國中世農業史研究』, 지식산업사.

가는 근세 사회 조선의 토지관리 방식이었다. 이는 현실적으로 전주와 소유권자, 납세자를 일치시켜 가는 가운데 해당 전주에게 모든 납세 의무를 부과시키는 과정이기도 했다.

양안에 전주田主를 토지 소유자를 중심으로 기재하는 경향이 강화된 것은 토지상품화가 진전되어 나가는 사회경제적인 변화에 대해 18세기 국가의 대응방식이었으며 이를 통해 지주제는 더욱 발달할 수 있었다. 이후 조선초기 수조권을 중심으로 맺어진 전주전객이라는 관계는 이미 사라졌다. 이와 더불어 수조권이 존재하고 있었던 15세기 중엽에는 국가에서 전주라는 규정의 과도적 형태로서 전부田夫라는 규정을 이용하고 있었다.[12]

토지 소유권이 더욱 강화된 17세기, 18세기 이후 토지 소유에 대한 국가의 법 규정은 모두 기주로 명명하기 시작했으며 18세기 중엽 이후에는 시주時主라는 명칭으로까지 나타났다.[13] 이는 토지상품화가 진전된 사회경제적 상황을 반영한 명칭으로 보인다. 전주田主가 현실의 토지 지배 관계에서 확인된 소유주라면, 시주時主는 또 바뀔지 모르며, 이미 바뀌었을 가능성도 있지만 조사 시점의 잠정적인 소유자 또는 소유주를 가리키는 명칭이었다. 19세기 말 광무양전사업에서 시주는 현실의 토지 소유주를 의미하는 형태로까지 기재되는 가운데[14] 이들에게 지계地契

---

12) 佃夫 규정을 주목하여 그것을 佃夫體制로까지 검토한 논문도 있다. 李榮薰, 1997, 「量案上의 主 規定과 主名 記載方式의 推移」,『조선토지조사사업의 연구』, 민음사.
13) 왕현종, 2001, 「18세기 후반 양전의 변화와 '時主'의 성격 - 충청도 회인현懷仁縣 사례를 중심으로 -」,『역사와 현실』41, 한국역사연구회.
14) 國家的土地所有論의 입장에서는, 광무양전사업에서 비로소 時主가 등장하고 主名 역시 姓名 3字가 나타난 것을 國田制로 인해 사적소유의 발전이 저지된 때문이라고 본다. 李榮薰, 1997, 「제1장 양안상의 主 규정과 主名 기재방식의 추이」,『조선토지조사사업의 연구』, 민음사.

를 발급하면서 토지 소유권을 국가적으로 인정하는 방식으로 나아갔다. 17세기 이후의 토지 소유권 발달은 곧 근세국가의 사적소유에 대한 확인과정을 의미하며 이를 통해 개별 소유권자의 권리를 확정해주는 계기가 되었다. 이후 광무양안 단계의 관계官契 발급을 통해 완성된 사적소유권의 국가적 법인 과정은 근대사회로의 이행과정을 보여주는 것으로 볼 수 있을 것이다.

조선 후기 토지 소유권의 성장 과정을 위와 같이 양안量案에 표시된 토지 소유자에 대한 기재 방식의 변화 양상에서 살펴볼 수 있다. 17세기 이후 조선 후기 지주제 경영의 양상은 토지 소유권의 성장과 관련하여 적지 않은 변화를 보여주고 있었다. 먼저 17세기 이후의 지주 경영은 토지 소유와 경영의 분화 과정을 통해 다양한 발전 양상이 나타났다. 토지 소유의 집적 양상, 즉 대토지 소유의 증대 경향에 따라 거주지 중심으로 토지를 집중시키면서 임노동을 고용하여 지주경영의 생산성을 제고하려는 지주경영이 발달하였다. 반대로 전국을 대상으로 토지집적을 확산시키면서 중간 관리인을 두어 병작幷作 경영에 대한 체계적인 관리를 시도하는 방식도 등장하였다. 이 같은 두 가지 지주경영은 신분제가 해체되는 상황에서 작인농민과의 계약관계가 발달하는 가운데 경영합리화나 조직적인 관리를 통해 생산성 제고를 도모한 것이었다.[15] 전자의 경우가 자작지自作地를 중심으로 소유지를 집중시키고 나아가 집약적

---

15) 일제하 농장경영 방식 가운데 병작농민을 마치 농업노동자처럼 통제해 가며 경영합리화를 꾀하는 지주층의 출현도 이같은 연장선에서 이해될 수 있다. 다음과 같은 연구가 참고된다. 洪性讚, 1985, 「韓末·日帝下의 地主制硏究-谷城 曺氏家의 地主로의 成長과 그 變動」, 『東方學志』 49, 연세대 국학연구원; 洪性讚, 1986, 「韓末·日帝下의 地主制硏究-50町步地主 寶城 李氏家의 地主經營事例」, 『東方學志』 53, 연세대 국학연구원; 洪性讚, 2002, 「日帝下 地主層의 存在形態」, 『韓國 近現代의 民族問題와 新國家建設; 김용섭교수 정년기념 한국사학논총2』, 정년기념사학논총간행위원회.

경영을 행하는 형태로서의 경영지주經營地主 경영이라면, 후자의 경우
는 면面단위를 넘어 군현·도 단위의 병작지並作地 확대를 통해 부재지
주不在地主 경영을 행하는 경우였다.

경영지주의 경우 17세기 초반 허균許筠이 지목한 호민적豪民的 농업
경영에서도 잘 드러나는데 30% 정도를 자작自作하고 70% 정도를 병작
幷作하는 방식이었다. 대략 2~3결 정도의 토지를 10명 정도의 복종僕
從 즉 노비奴婢나 고공雇工으로 농사짓기를 꾸려나가는 방식이었다. 허
균은 예성강이나 금강 주변에서 관직을 역임한 경험을 바탕으로 강이나
연안 지역과 같이 수륙교통이 좋은 곳을 상업적 농업을 행하기 적당한
곳으로 보았다. 자작 겸 지주경영은 대개 경영의 효율성을 꾀하기 위해
농지를 집중시키면서 자작경영을 강화하고 지주 차원의 광작廣作을 행
하는 경우이다. 경영지주의 광작 경영이 가능했던 것은 당시의 농업생
산력 발달과 상품경제의 진전 때문이었으며 농민층 분화 결과 양산된
임노동을 활용할 수 있었기 때문이다.

부재지주의 경우는 조선 후기에 보다 활기가 넘치게 된 상품화폐 유
통경제를 적극 활용하고 있었다. 내륙에 처한 지주경영의 경우는 육로
교통을 이용하여 장시場市에서 지대地代로 확보한 곡물을 상품화시키
고 있었다. 그리고 강변이나 해안에 위치한 부재지주 경우는 포구유통
망이나 원격지유통망을 이용하여 지주경영을 효율화시키고 있었다. 이
전의 병작제 경영을 유지하더라도 중간 관리인〔舍音, 次知〕 등을 두
어 효율적 경영을 모색하며, 지대를 상품화시키는 데 적극적인 부재지
주가 나타나기 시작했다. 국지적 시장권이 원격지 시장권과 결합되는
가운데 지주적 상품시장을 확대시키는 경우라고 할 수 있다.[16]

16) 饒戶, 富民이 전국적인 시장을 대상으로 하는 시장에 참여하여 상업적 농업을 행하

16~17세기에 걸쳐 양반관료층을 중심으로 한 상인층 및 부농층의 토지겸병에 의하여 전주작인제라는 형태의 병작제의 발전이 본격화되기 시작하였다. 조선 전기에 존재하였던 농장제·자영농제·병작제의 세 가지 유형 가운데, 조선 후기에는 병작제가 점차 우세를 점하게 되었다. 이러한 지주 중심의 병작제의 발달 과정은 농민층의 입장에서 볼 때 자작농민에서 작인농민으로 사회경제적 처지가 하향 변화하는 것을 의미하였다. 이러한 현상은 19세기로 내려올수록 더욱 심화되었다. 18세기 말에 정약용은 "호남의 백성들을 1백호戶로 친다면, 그중 남에게 땅을 빌려주어 조租를 받는 자는 5호에 불과하고, 자기 땅을 자경하는 자는 25호 정도이며, 남의 땅을 경작하여 조를 바치는 자는 70호에 달한다"거나,[17] 심지어는 "자기 토지를 가지고 자경自耕하는 자는 열에 한두 명도 되지 않는다"고 언급하였다. 이와 같은 상황으로 묘사할 정도로 지주소작제가 지배적인 생산관계가 되었다.[18] 즉 18세기 중엽 이후에는 병작제에 바탕을 둔 지주소작제가 지배적인 생산관계가 되었다. 병작제가 지배적인 형태가 되면서 토지의 소유자인 지주와 직접 생산자인 작인 사이의 부담 형태는 경제외적 강제가 약화되면서 경제적 관계가 일반화되는 형태로 바뀌었다.[19]

조선 전기에 농장제하의 처간이나 병작제하의 작인은 인신적 지배하에서 소작료라는 경제적 부담 이외에 더 많은 부담을 지고 있었다. 즉 경제적 부담 이외에 인신적 부담 및 노역을 부분적으로 담당하거나, 병작

는 측면을 주목한 연구가 그러한 경우이다. 李世永, 1985, 「18 19세기 兩班土豪의 地主經營」, 『韓國文化』 6, 서울대 한국문화연구소.
17) 丁若鏞, 「擬嚴禁湖南諸邑佃夫輸租之俗箚子」, 『與猶堂全書』 1, 권9.
18) 朴趾源, 「限民名田議」, 『燕巖集』 권16.
19) 허종호, 1965, 『조선봉건말기의 소작제연구』, 평양, 사회과학출판사.

반수竝作半收 이상의 부담을 져야 했다. 지주나 농장주는 대체로 양반이었고, 그 작인은 평민이거나 노비이었던 상황에서 경작자인 작인은 신분이 높은 양반의 요구, 손실답험에 의한 소작료 책정 및 인신적 부담에 대한 요구 등을 거절하기가 어려웠다. 그러나 조선 후기의 작인은 병작반수의 소작료의 부담만 지면 지주의 경제외적 요구를 들어주지 않을 수 있었다. 그러한 현상은 토지의 소유자와 경작자간의 신분적 상하관계가 어긋나면서 더욱 촉진되었다. 조선 후기에는 상인·농민·수공업자 등 일부 부유한 평민층이나 천인층 가운데 토지를 집적하면서 지주층으로 성장해간 이른바 요호饒戶, 부민富民 계층이 등장하게 되었다. 이제 요호·부민층이 지주인 곳에서는 작인과 신분이 같은 경우, 인신적 지배를 강요할 수 없었다. 그러한 현상은 양반 지주인 병작제에도 영향을 미쳐 지주와 작인 사이의 관계가 경제적 관계를 중심으로 형성되었다.

또한 개간과정에서 경작권이 분할되면서 소유권으로 성장해가고, 그에 따라 경작자인 작인의 토지에 대한 권리가 강화되어가면서 작인의 부담이 가벼워졌다. 즉 양반과 토호층들이 진전을 개간하는 과정에서 개간에 필요한 물력과 노력을 제공해야 했는데, 그 과정에서 농민이 노력을 제공하면서 개간토지의 소유권이 분할되거나, 경작권이 농민에게 분급되면서 지주소작관계는 변화해갔다. 농민이 일정한 권리를 가진 토지는 도지권화賭地權化해가면서 농민적 토지 소유권이 강화되었고, 그에 따라 작인의 지주에 대한 부담은 약화되어갔다.

즉 17세기 이후 농업생산력의 발달과 상품화폐 경제의 발달, 수취체제의 변화 및 농민층 분화 현상의 진전 등 경제적 여건의 변화와 특히 신분제의 동요를 매개로 한 사회적 여건의 변화는 지주소작제의 성격을 변화하기에 충분하였다.

조선 후기에 지주제가 일반화 되어가면서 차츰 지주제 내에서 소유자와 경작자의 부담형태에 변화가 일어났고, 직접 생산자인 작인의 지주에 대한 부담액이 점차 감소하는 방향으로 전개되었다. 나아가 19세기에는 지주제가 더욱 약화되는 변화가 나타났다. 당시의 지주제하에서 직접 생산자의 소작료 분담 방식이 반분타작半分打作하는 타조법打租法〔定率地代〕이 일반적이었는데, 18세기 이후부터 한전을 위시로 수리시설이 잘 갖추어진 수전까지도 점차 도조법賭租法〔定額地代〕으로 이행되어 갔다. 도조법에서 작인이 부담하는 소작료 액수는 보통 수확량의 3분의 1 내지 4분의 1을 차지하였다. 작인의 부담이 줄어드는 방식으로 소작료 징수 내역이 변화하게 된 것은 시간이 지나면서 저절로 형성된 것이 아니었고, 지주와 작인 사이의 세력관계의 변화에 따라서 결정되는 것이었다. 작인이 납부하는 소작료인 지대의 형태는 지주가 결정하는 것이었지만, 작인의 항조운동과 당시의 사회 여건 속에서 지주는 도조법으로 지대를 받게 되었다.

당시 직접 생산자인 작인들은 토지의 수확물에서 전주의 소작료로 떼어낼 부분을 줄이기 위해, 그리하여 자신들의 경제적 부담을 줄이고 수익을 늘리고 위하여 소작료에 대한 저항운동 즉 항조운동을 적극적으로 벌였다. 경작자들은 소작료에 저항하는 소극적인 방식으로 조도선예早稻先刈, 할경割耕, 분속투출分束偸出, 곡초이출穀草裏出, 경타更打 등을 동원하였다. 이러한 다양한 방법으로 항조를 하면서 작인들 자신의 몫을 더 많이 차지하고자 하였다.[20] 그리하여 지주들은 토지경영을 제

---

20) 조도선예早稻先刈는 조도早稻와 만도晚稻를 섞어 심어 조도를 먼저 수확하여 취하는 방법이다. 할경割耕은 농민들이 자기 소유의 전답이 궁답宮畓과 인접해 있는 곳에서, 해마다 조금씩 궁답을 침식할경浸蝕割耕하여 자기답은 늘리고 궁답은 좁혀가는 방법을 말한다. 분속투출分束偸出이란 수확을 감독하는 사람이 벼 수확 과정

대로 관리하지 못할 경우에는 타조법으로 행하는 것보다는 도조법으로 하는 것이 훨씬 효과적이었다. 특히 부재지주인 경우와 궁방전과 둔전인 경우에는 더욱 그러하였다.[21] 또한 한전의 경우에는 도지제로 행하는 것이 지주측의 입장에서 편리하였다. 한전은 2년3작 내지 2년4작으로 작물을 재배하는 경우가 많았는데, 지주가 수확시기마다 그 수확물을 점검하면서 받을 수가 없었기 때문이었다.

이와 같이 조선 후기에 전반적으로 지대납부방식이 타조법에서 도조법으로 이행되었는데, 도조법으로의 전환은 작인의 농업경영에 조금이나마 도움을 주고 나아가 작인의 소작지 확보에도 영향을 주었다. 도조법이 타조법에 비해 소작료율이 낮다는 것뿐만 아니라, 경작자가 농업경영을 자기 의지대로 할 수 있다는 조건 때문이었다.

도조법하의 농민은 타조법하의 농민보다 인신적 지배의 측면에서 전주와 보다 온건한 지배 복속 관계를 맺고 있었다. 타조법이 수확의 절반을 수취하는 소작제이므로 지주들이 수확량의 많고 적음에 직접 이해를 가지고 있었기 때문에 자연히 씨뿌리기부터 가을걷이, 마당질(타작질)에 이르기까지 감독자의 역할을 수행하게 되지만, 도조법은 정액지대이므로 그해의 수확에 관계없이 계약된 일정액을 받기로 되어 있으므로 지주는 소작인의 농업경영에 대해서 타조법의 경우처럼 크게 간섭할 필

을 감시할 때 볏단을 크게도 묶고 작게도 묶었다가 밤에 몰래 큰 볏단을 작은 볏단 몇 개로 나누어 빼돌리는 것이다. 곡초이출穀草裏出은 탈곡시에 볏단을 빼돌리는 것이고, 경타更打는 곡물을 타작할 때 정실精實하지 않게 한 다음 다시 타작하여 이득을 취하는 방법이다. 이영호, 1984, 「18, 19세기 지대 형태 변화와 농업경영의 변동」, 『한국사론』 11, 서울대 국사학과.

21) 궁방·관청의 경우 1년 수입을 확정하여 예산을 집행할 필요가 있기 때문에 도조를 택하기도 하였다. 이영호, 1984, 「18, 19세기 지대형태 변화와 농업경영의 변동」, 『한국사론』 11, 서울대 국사학과.

요가 없기 때문이었다.[22] 나아가 18세기 말 이후 금납제金納制로 진전되면서 궁방宮房에서 점차 금납으로 즉 화폐로 소작료를 징수하거나, 정부에서도 조세를 금납으로 징수하였다.[23] 나아가 민전에서도 금납으로 소작료를 징수하는 형태가 나타났다.

지대수취방식의 변화는 조선 후기 작인의 토지에 대한 지배력이 점차 증대하였음을 보여주는 것으로 생각된다. 작인의 토지에 대한 지배력 확대의 대표적인 사례가 조선 후기에 전라도 지역에서 성행하였던 화리花利[禾利]라는 이름의 도지권賭地權이다. 화리花利는 조선총독부에서 조사한 바에 따르면 전라도 전주全州에서 찾아볼 수 있는 소작관행의 하나로 전해지고 있다.[24] 전라도 전주지방에서는 소작인이 자기의 소작지에 대하여 지주의 토지 소유권에 대항할 수 있는 일정한 권리를 가지고 지주의 승낙 없이 임의로 그 권리를 매매할 수 있는 전답이 있었다. 이러한 특수한 소작 관행을 이 지방에서는 화리禾利라고 부르고, 이러한 소작 관행이 결부되어 있는 토지를 화리부답禾利付畓이라 불렀으며, 그 권리의 매매를 화리매매라고 하였다는 것이다.

화리부답에서 소작인은 그 화리의 권리를 지주의 승낙 없이 자유롭게

---

22) 賭租法으로의 전환은 부농에게는 성장 조건이 되었지만, 빈농에게는 오히려 성장 조건이 되기 어려웠다. 왜냐하면 농업경영을 잘하거나 풍년이 들 경우에는 정액을 납부하는 도조법이 유리하였으나, 흉년이 들 경우에는 오히려 打租法이 훨씬 유리하였다. 그리하여 도조법으로 행하는 지역에서 흉년이 들 경우에는 작인이 지대감하투쟁을 벌이기도 하였다. 그런 점에서 도조법은 농민층분해를 촉진하는 한 요소가 되기도 하였다. 이영호, 1984, 「18,19세기 지대형태 변화와 농업경영의 변동」, 『한국사론』 11, 서울대 국사학과.

23) 방기중, 1984, 「17, 18세기 전반 금납조세의 성립과 전개」, 『동방학지』 45, 연세대 국학연구원; 방기중, 1986, 「조선 후기 군역세에 있어서 금납조세의 전개」, 『동방학지』 50, 연세대 국학연구원.

24) 朝鮮總督府, 『小作慣行調査』, 全州 花利.

매매·양도·저당·상속할 수 있었으며, 또 다른 소작인에게 전대轉貸할 수 있었다. 화리의 권리가 형성된 토지에서의 소작료의 징수 방법은 정조법定租法에 의거하였으며, 그 소작료율은 보통 소작에서의 소작료율보다 훨씬 저렴하였고, 풍흉豊凶에 관계없이 지주와 소작인 양측이 서로 소작료의 증감을 요구할 수 없는 것이 관례였다. 이러한 화리 소작은 조선 후기에는 이 지방 외에도 전라도의 전지역과 경상도의 역둔토驛屯土에서 행해졌으며, 소작지 면적도 광대하고 소작인수도 상당수에 달했으나, 일제강점기에는 이것이 급격히 소멸되어 1920년경에는 거의 자취를 감추었다.

조선 후기 지대수취방식이 변동하면서 한편에서는 타조법에서 도조법으로, 도조법에서 금납제로의 변화하였다. 이러한 변동은 당시 발전하고 있었던 농업생산력에 의한 획득한 수확물의 잉여분을 직접 생산자인 작인이 차지할 수 있는 기회를 확대해주는 것이며, 또한 작인의 농업경영이 상대적으로 자유로워지는 기반이 되었다. 그것은 직접 생산자의 성장가능성이 커졌다는 사실을 의미하며, 나아가 직접 생산자가 부르주아로서 성장해갈 가능성이 점차 확대되어갔다는 사실을 가리키는 것으로 해석하기도 한다.[25] 이러한 해석에서 지금까지 많은 연구에서 논의된 입론이 바로 '경영형부농론'이다.

경영형부농론에 따르면 경영형부농층은 농지 경영에서 농법 전환을 통해 노동력의 절약과 소출의 증가 다시 말해서 농업생산력의 발전을

---

25) 지주제의 변화양상과 소작료의 변화양태는 소작농인 작인의 변화만을 유발한 것이 아니었고 양반 지주에게도 영향을 미쳤다. 양반토호나 양반 지주들은 그러한 변화양상에 적극적으로 대처하여 노비경영을 강화해가거나 작인의 농업경영을 간섭하면서 부를 축적해가기도 하였다. 이세영, 1985, 「18,19세기 양반토호의 지주경영」, 『한국문화』 6, 서울대 한국문화연구소.

이끌었고, 경영확대를 소유와 차경借耕의 측면에서 추구하였으며, 곡물 등 상품작물을 재배하는 상업적 농업을 수행하였고, 고용노동을 통해 상업적인 농업을 수행하였다고 한다.26)

조선 후기 사회경제의 내적 변화에서 자생적 근대화의 가능성을 전망하는 경향을 '내재적 발전론'이라고 부를 수 있고, 이러한 연구경향 가운데 주요한 흐름이 바로 '자본주의맹아론'이다.27) 조선 후기 '내재적 발전론'의 핵심 내용이 바로 '자본주의 맹아론'이라고 할 수 있는데, 자본주의 맹아론을 조선 후기 농업변동에서 검출할 때 등장하는 것이 바로 '경영형부농'이고, 이러한 내용을 주장하는 입론이 바로 '경영형부농론'이다.

조선 후기 근세 농업체제가 근대 농업체제로 전환하는 것을 설명할 때 '경영형부농'의 존재는 매우 유용하고, 유효한 개념으로 상정할 수 있다. 하지만 예전의 연구와 최근의 연구에서 '경영형부농'의 존재 가능성에 대한 의문이 제기되고 있다.28) 작인의 경제적 축적의 가능성 여부는 열려 있는 것이기는 하지만 실제로 작인의 농업경영은 매우 곤란한 처지에 빠질 가능성이 높은 상황이었다. 현실적으로 국가의 전결세 및 각종 부가세의 수취라는 부세제도의 압박뿐만 아니라 전주田主가 소작조건을 악화시키는 등의 문제에 직면하였기 때문에 경제적으로 경영을 확

---

26) 金容燮, 1971, 「朝鮮後期의 經營型富農과 商業的農業」, 『朝鮮後期農業史研究 [Ⅱ]-農業變動·農學思潮-』, 一潮閣.

27) 이영호, 2011, 「'내재적 발전론' 역사 인식의 궤적과 전망」, 『한국사연구』 152, 한국사연구회, 240쪽. 이영호는 내재적 발전론이 형성된 계열을 '한국사의 과학적 체계화'와 '자본주의맹아론' 이렇게 두 가지로 구분하여 정리하고 있다.

28) 서론에서 서술한 바와 같이 한국농업사에서 '농업체제'의 주요한 변화는 '경영형부농'의 존재 여부에 달린 것으로 상정하지 않고 있다. 경영형부농의 존재 가능성에 대한 검토는 다음 논문을 참고할 수 있다. 李榮薰, 1988, 「經營型富農論·賭地論 批判」, 『朝鮮後期社會經濟史』, 한길사; 염정섭, 2017, 「조선 후기 경영형 부농론을 사학사에 내려놓기」, 『내일을 여는 역사』 69, 내일을여는역사재단.

대하거나 나아가 광작을 통해서 자본을 축적하는 것은 매우 어려운 일이었다.

조선 후기 경영지주와 부재지주 경영을 포함하여 지주경영 전반의 위기를 맞이하게 되는 시기가 19세기 전반기부터이다. 여러 사례를 통해 나타나는 지대 수취량의 감소현상은 곧바로 사회생산력 감소로 받아들일 수 없지만 사실에 입각하여 분석하는 작업은 간단한 것이 아니었다.[29] 지대 수취량 감소의 원인에 대해서는 토지생산성 체감이라는 일반적인 수확체감의 법칙뿐 아니라 노동생산성 감소의 형태로 설명하거나[30], 19세기 전반기의 이상기온[31] 현상을 통해 수확량 감소를 설명하기도 하였다. 앞으로 과학적 통계 방법을 통해 과연 지대수취량 감소현상이 사회전반의 생산력 감소를 의미하는지[32] 그렇지 않은지를 확인할 필요가 있다.

지주가문의 19세기 추수기 등 지대 수취 장부를 검토한 여러 연구성과를 통해 단위 면적당 두락당 지대량地代量의 감소라는 수량 자료를 확인하면서 이에 대한 적당한 해석과 역사적 의의가 무엇인지 많은 연구자들이 고민해왔다. 사실 오랜 세월 동안 묻혀 있던 몇몇 양반 지주 가

---

29) 崔潤晤, 2002, 「18·19세기 서울 不在地主의 土地集積과 農業經營」, 『韓國古代中世의 支配體制와 農民: 김용섭교수 정년기념 한국사학논총2』, 정년기념사학논총간행위원회.
30) 차명수, 2001, 「우리나라의 생활수준, 1700~2000」『한국경제성장사』(안병직 편), 서울대 출판부.
31) 金蓮玉, 1996, 「歷史속의 小氷期」, 『歷史學報』149, 역사학회; 이호철·박근필, 1997, 「19세기 초 조선의 기후변동과 농업위기」, 『朝鮮時代史學報』2, 조선시대사학회.
32) 이같은 세기적 현상을 19세기 이전 단계로부터의 생산력 정체와 사회위기로 해석하고 그것이 회복되는 것은 일제하 식민지지주제 단계에서였다는 점으로 해석하는 식민지근대화론자의 경우, 대체로 이같은 조선 후기 분석방법론을 제시하는 데 그치지 않고, 그것을 조선 후기 생산력의 낙후성으로 규정하고 있다.

문에서 남긴 추수기 자료가 발굴되고, 추수기에 기록된 지주가 받아들인 지대량地代量에 대한 계열적인 수치 기록이 확보되었을 때 연구자들의 눈이 동전처럼 커졌으리라는 것은 짐작하기 어렵지 않다.

추수기 자료에 나타난 두락당 지대량 감소가 토지생산성의 하락에 의해 나타난 것인가, 아니면 지대율의 감소에 따라 나타난 것인가, 또는 다른 요인에 의한 것인가.[33] 지대 수취량 감소의 원인을 토지생산성의 하락이 아닌 다른 요인으로 설명하는 견해도 상당수 보이고 있다.

먼저 최윤오가 충청도 서산군에 농장을 가지고 있던 서울 부재지주不在地主의 추수기를 분석한 사례를 살펴보자. 그가 1832년에서 1875년에 걸친 서산 지역의 추수기를 분석한 것에 따르면 지대수취량이 완만하게 감소하고 있었다. 이러한 지대수취량 감소에 대해 최윤오는 부재지주와 작인층 간의 갈등, 즉 작인들의 거납拒納과 항조抗租 등에서 그 원인을 찾고 있다.[34]

---

33) 조선 후기 농업 경영의 실제를 파악하는 연구에서 두락당 지대량이라는 수량 자료는 가장 현실적인 수치로 분석해야 할 대상이다. 개별 농업경영의 사정을 種子와 結稅 부담 문제, 정해진 地代量과 未捧額의 관계, 地代 수취방식에서 打租·執租·賭租의 어느 것에 해당하는지 판별하는 문제, 개별 斗落의 비옥도 문제 등을 결부시켜 파악한 기반 위에서 두락당 지대량의 근원적 성격을 찾아낼 수 있을 것이다. 나아가 두락당 지대량의 추세를 살펴보기 위해서는 각 해의 豊凶, 지주와 작인 사이에 約定된 지대량의 변동, 地代 수취방식의 변화, 전체 田畓 구성의 변동 등을 같이 돌아보지 않을 수 없다. 이러한 농업경영의 전반적인 상황과 연결되지 않은 수량 자료가 도대체 어디에 발을 디디고 서 있을 수 있을 것인가 이러한 문제를 스스로 제기하고 스스로 답을 찾는 노력을 하지 않을 수 없다. 농업경영과 관련된 수량자료는 특정한 상황 속에서 작성된 것이고 그러한 상황을 상정하지 않고 수치만으로 해석한다면 이는 실상을 왜곡할 가능성이 많다고 생각된다. 염정섭, 2005, 「과잉해석의 성긴 틈새를 빠져나오지 못한 수량 자료-이영훈 편, 『수량경제사로 다시 본 조선 후기』 (2004, 서울대 출판부)」, 『한국문화연구』 8호, 이화여대 한국문화연구원.

34) 최윤오, 2002, 「19, 19세기 서울 不在地主의 土地集積과 農業經營」, 『韓國 古代·中世의 支配體制와 農民』, 金容燮教授停年紀念韓國史學論叢 2, 정년기념사학논총간

다음으로 김건태는 1743년에서 1927년까지 전라도 영암지역 남평문씨의 족계답族契畓 두락당 조租 수취량의 추이를 설명하였다. 김건태는 두락당 조 수취량이 장기적으로 하락한 이유로 몇 가지를 들어놓았다. 그는 첫째 지주 경영형태가 병작반수액 수준의 지대를 수취하던 도지賭地에서 집조執租로 변한 것이고, 둘째 작인作人에게 종자種子와 결세結稅를 부담하게 하였기 때문이라고 설명하였다.[35]

한편 정승진은 영광 신씨 가문의 1830년부터 1935년까지 선자기先尺記를 분석하였는데, 그에 따르면 1860년대 이래 두락당 지대량의 하락을 찾아볼 수 있다. 그는 19세기 전기간에 걸쳐 두락당 지대량이 하락한 요인으로 전라도 연안 지역의 경지 황폐화, 대규모 진전화陳田化를 지적하였다. 그런데 그가 이러한 설명 바로 앞에 제시한 그림 2개가 주목되는데 두락당 지대량의 추이과 지대地代 수납율의 추이를 비교하려 살피는 것이 필요하다.[36] 두 그림의 추이는 정승진도 눈여겨보고 있듯이 너무나 동일하다. 지대량의 크기에 지대율뿐만 아니라 약정된 지대 가운데 얼마나 실제로 수취하였는지 보여주는 수취율도 작용하고 있었던 것이다.

세 가지의 사례연구를 보면 19세기 지주경영의 단위면적당 지대량은 분명 감소하고 있었다. 하지만 두 연구자는 이를 곧바로 토지생산성의 하락으로 내몰지 않았고, 한 연구자는 지대량과 지대 수취율의 관계를 잘 보여주었다. 특히 김건태가 남평문씨 족계답의 지대 수취방식이 도지賭地에서 집조執租로 변하였다고 언급한 것과 최윤오가 작인의 항조에

행위원회, 601쪽.

35) 김건태, 2004, 『조선시대 양반가의 농업경영』, 역사비평사, 382~386쪽.

36) 鄭勝振, 1999, 「19, 20世紀前半 在地地主家의 土地所有와 農業經營」, 『朝鮮時代史學報』 10, 조선시대사학회, 117쪽; 정승진, 2003, 『韓國近世地域經濟史』, 경인문화사.

따른 미봉액未捧額을 지적한 것은 분명히 주의를 기울여야 할 것으로 보인다. 다시 말해서 두락당 지대량이란 단순히 더하고 빼고 해서 만들어진 숫자가 아니라 농업경영에 관련된 이해관계자 사이의 세력 관계 속에서 결정되어 나오는 역사적 산물이라는 점을 놓쳐서는 안 될 것이다.

2. 소농경영의 변화

조선 근세사회의 소농小農 경영은 기본적으로 개별적 소유라는 토지소유관계의 전개 속에서 소규모 개별적 생산이라는 성격을 띠고 있었다.[37] 과전법의 초기에 자기소유의 토지를 자기경영하는 자영농自營農의 존재는 대략 지주까지 포함된 수치로 전체 농민의 약 70% 정도에 해당되는 것으로 조선 정부는 파악하고 있었다. 조선초기에 정부는 자영농을 보편적인 국역대상자로 확보하기 위하여 이미 전개되고 있던 병작제并作制를 제한하고 있었다. 즉 병작을 특정한 경우, 이를테면 폐질廢疾에 걸려 농사를 전폐全廢할 우려가 있을 때, 주변의 이웃이나 친척들이 병작并作할 수 있다고 한정하고 있었다.

조선초기 이들 자영농의 일반적인 토지 소유규모는 1·2결 정도에 한정되고 있음에 불과하였다. 그리고 소농 경영을 수행하는 소농小農은 대부분 척박한 토지를 소유하고 있었다. 그리고 시비施肥와 심경深耕이 곤란한 여건에 놓여 있었으며, 나아가 조선정부 수취의 주된 대상자였기 때문에 확대재생산은 물론 단순재생산의 여건도 구비하지 못하고 있었던 것이 대개의 처지였다. 따라서 소농민경영의 내부에서 토지를 상

---

37) 金泰永, 1983,「조선 전기 소농민경영의 추이」,『朝鮮前期土地制度史硏究』, 知識産業社, 145쪽.

실하고 병작소작농으로 전락하거나 생산수단의 확보를 통한 중농·부농
으로 계층 분화하는 현상이 필연적인 추세로서 나타나고 있었다. 게다
가 조선 전기의 토지매매 금지규정이 1424년(세종 6)에 폐기되면서 그
러한 추세는 더욱 강화되었다.

16세기 이후 소농 경영의 분화가 더욱 촉진되었고, 대토지 소유의 확
대와 병작제의 전개가 농업경영의 대세를 장악하게 되었다. 소농민의
토지상실은 고리대高利貸의 성행, 권세權勢를 이용한 토지장악, 관인층
官人層의 토지집적 등으로 야기되는 현상이었다. 즉 한편으로는 소농민
의 경제적인 몰락 때문에 토지가 대토지 소유자의 수중으로 집중되기도
하였지만, 보다 일반적인 양상은 경제외적 중압으로 인하여 소농민의
토지 상실이 보다 가속화되고 있었던 것이었다. 소농민이 상실한 토지
는 관인층과 권세가의 대토지 소유의 대상이 되었고, 이들은 개간開墾
등을 통해서도 토지를 대규모로 집적하고 있었다.[38] 결국 토지 소유관
계에 신분적 관계가 연관되는 신분제적 토지 소유제가 관철되고 있었다.

17세기 이후 조선 후기에 들어서면서 이전부터 틈이 벌어지기 시작
한 소농경영과 지주제 생산방식의 공존 상황은 위기상황에 직면하기 시
작하였다. 양자간의 균형이 깨지면서 지주제는 더욱 강화되면서 발달하
게 되었다. 특히 17세기 후반을 경계로 소농 경영의 안정적인 전개가 어
려워지고 지주제가 보다 강화되었다. 물론 조선 정부의 소농小農 안정
을 위한 농정책은 계속 실행되었고, 흉년이 들었을 때 농민을 구제하기
위한 진휼책도 시행되고 있었지만, 농업생산의 주된 흐름이 지주제로
모아지고 있었다. 반면 지주가 아닌 부농富農이 크게 증대하였다. 지주
와 부농 중심의 농업생산이란 변화는 신분제의 변동과 맞물린 것이었기

---

38) 李景植, 1984, 『朝鮮前期土地制度硏究』, 一潮閣.

때문에 조선 사회의 특징적인 존재였던 소농경영은 점차 농촌사회의 양극화 과정에서 자리를 잃어갔다.

조선 후기 소농 경영은 대체로 50부負 이하의 농지를 소유하고 있는 것으로 볼 수 있다. 조선시대의 결부법結負法에서 1결의 실제 면적은 대략 3,000평에서 12,000평 정도였다. 이렇게 커다란 범위를 설정할 수밖에 없는 이유는 농경지의 1결의 실제 면적이 전답의 비옥도에 따라 정해진 전품田品 1등~6등에 따라 차이가 있었기 때문이었다. 1등전 1결에 비해서 6등전 1결을 4배의 실제 면적을 보이고 있었다. 따라서 50부負는 대략 1,500평에서 6,000평 정도의 농경지로 볼 수 있다.

소농 경영의 경우 가족 노동력을 동원하여 농사를 짓고 수확물을 거두어 세금을 내면 재생산이 가능할 정도의 토지를 소유하고 있었다고 할 수 있다. 수십에서 수백 결에 달하는 토지에 많은 노비 노동력을 동원하여 농사를 짓던가, 많은 작인에게 토지를 나누어줄 수 있었던 대토지 소유자에 비해서 토지 소유면적 규모는 너무나 보잘것없는 것이었다.

토지 소유면적의 측면뿐만 아니라 소농의 신분적인 지위도 조선 사회의 하층신분에 속하고 있었다. 양반층이 소유하고 있는 농지의 크기가 평민층平民層이나 천민층賤民層이 소유하고 있는 그것보다 평균적으로 우세하게 나타나고 있었다. 신분 관계의 우월성이 토지 소유면적의 크기에 강하게 작용하고 있다는 점을 알 수 있다.

또한 농지소유 규모에 따른 계층 구분을 위하여 1결 이상 농지를 소유한 부농층, 50부에서 1결 사이의 농지를 소유한 중농층, 50부 이하 농지를 가진 소농층, 25부 이하의 농지를 가진 빈농층으로 세분하는 견해가 있다.39) 이런 기준으로 의성, 회인, 전주 지역의 양안을 분석한 연구

---

39) 丁若鏞은 25負 정도의 농지가 小農이 최소한 생계를 유지할 수 있는 규모로 파악하

에 의하면 조선 후기 농촌사회의 계층 분화현상에 대하여 몇 가지 특징을 찾을 수 있다고 한다. 소농, 빈농층이 어느 지역에서나 많고 부농층이 드물다는 점, 부농층에는 양반층이 많고 빈농층에는 평민층이나 천민층이 집중되어 있다는 점을 지적한다. 그리고 양반층이 평균 경작면적의 측면에서나 부농층이 많다는 점에서 평민층이나 천민층보다 경제조건이 월등히 우세하였지만, 평민층이나 천민층 중에는 일부 양반층보다도 우월한 경제사정에 있는 전주가 상당수에 이르고 있다는 점, 조선 전기의 농지소유단위가 결結 단위인 것에 비해 영세화하고 있다는 점 등도 지목하고 있다.[40] 이러한 점을 좀 더 자세히 살펴보면서 소농경영의 특색을 정리할 수 있다.

먼저 조선 후기 소농경영의 성격을 규정한 요건으로 농지 소유 규모의 영세화 경향을 들 수 있다. 농지 소유 규모의 영세화는 농업생산력 증진에 따르는 농민층의 향상向上과 낙오落伍, 인구人口의 증가로 인한 농민층의 자연적 분화分化, 토호층의 토지집적과 그에 따르는 무세無勢 농민의 영세화, 부세의 가중으로 인한 소농층의 심한 궁핍화, 농민층의 분호分戶 별산別産의 전개, 천변지이·기아·질병 등으로 인한 농민층의 토지상실과 이농離農 등의 요인에 의해서 나타난 것이었다. 이러한 농민층의 영세화는 다른 측면에서 영세화된 농민이 보유하고 있던 토지를 끌어모은, 또는 영세농으로 전락하는 농민의 토지를 점탈한 부농층富農層 내지는 호농층豪農層의 존재를 짐작할 수 있게 해준다. 사실 부농층, 호농층이 광대한 농토를 독점적으로 집적해 갔다는 점이 또한 소농층의 영세화를 초래한 커다란 이유로 볼 수도 있을 것이다.[41]

고 있다. 金容燮, 1970, 「量案의 硏究」, 『朝鮮後期農業史硏究』 Ⅰ, 一潮閣, 146쪽.
40) 金容燮, 1970, 「量案의 硏究」, 『朝鮮後期農業史硏究』 Ⅰ, 一潮閣, 144~161쪽.

조선 후기 농촌사회에 광범위하게 존재하는 이러한 영세농민은 빈약한 농지소유에만 의존해서는 생계를 유지할 수 없었다. 따라서 농법의 개량으로 소득의 증가를 꾀하거나, 시장성을 띤 고가高價 상품작물을 재배하거나 기타 여러 가지 생계를 유지할 수 있는 방안을 모색하여야 했다.

농업기술의 발달을 주도하면서, 도시화의 진전이라는 사회 분위기에 대응하였던 농민은 영세화의 물결에서 벗어날 수 있었다. 하지만 그렇지 못할 경우, 자신이 보유하던 농지마저 제대로 지키지 못하고 채무를 갚거나 세금을 내기 위해 매각할 수밖에 없었다. 이럴 경우, 소농에서 빈농貧農으로 다시 소작농으로 전락하는 것을 모면할 수 없었다. 결국 소작농, 작인으로서 다른 사람의 토지를 빌려 병작幷作하거나, 아예 단기적이거나 장기적인 고공雇工이 되어 다른 사람과 특정한 농업노동에 대한 계약을 맺으며 생계를 유지하는 농업 임금노동자가 되었다.

또한 전주의 전답을 빌려 경작하는 작인作人은 언제든지 소작지를 잃고 고공雇工으로 불리는 농촌의 일시적 임노동자로 전락할 가능성 또한 농후하였다. 18, 19세기 조선 사회에서 고공雇工은 대부분 토지를 소유하지 못한 무전농無田農이었고, 생계를 꾸려나가는 데 커다란 어려움을 겪고 있던 빈농貧農 계층이었다. 고공들은 일시적인 고용상태 하에서 노동력을 발휘하여 획득한 고가雇價로 생계를 유지해 나갔다. 이들은 농업 이외에 축성築城이나 치도治道, 제방수축堤防修築 등의 작업에도 참여하고, 나아가 고가雇價가 높은 광산을 찾아 이동하기도 하였다.[42] 이도 저도 못할 경우 농촌사회에서 떨어져나와 도시로 흘러 들어가던가

41) 金容燮, 1970,「量案의 研究」,『朝鮮後期農業史研究』Ⅰ, 一潮閣, 161～165쪽.
42) 최윤오, 1992,「18·19세기 농업고용노동의 전개와 발달」,『韓國史研究』77, 韓國史研究會, 79쪽.

상업, 광업 등에 종사하는 노동자로서 근근이 임노동을 통해 생계를 유지하는 처지로 떨어져 버렸다.

조선 후기 소농 경영의 변동에 가장 커다란 영향을 끼친 것은 무엇보다도 지주제의 확산이었다. 소농경영의 안정성이 약화되고, 관인층에 대한 수조권 지급이 소멸되면서 지주제의 전면적인 확산은 불가피한 측면을 가지고 있었다. 이는 또한 토지의 집적으로 나타나는 것이었고, 하늘에서 토지가 떨어지는 것이 아닌 이상 대토지 소유자의 토지집적은 소농민의 토지를 대상으로 전개될 수밖에 없었다.

조선 국가 수취는 한층 정교화되어 부세 부과 대상에서 벗어나기 어려웠고, 여기에 수취를 담당하는 서리胥吏들이 농간을 부릴 경우, 부세가 아니라 수탈에 가까운 성격을 띠고 있었다. 뒤에 다시 살펴보겠지만, 이른바 삼정三政의 문란이라는 현상은 조선 후기 부세가 가지고 있는 성격을 잘 보여주는 것이었다. 특히 환곡의 부세화는 농민의 처지에서 더욱 부담스러운 부세로 무겁게 등을 짓누르고 있었다.

그리고 권세를 장악하고 있던 중앙과 향촌의 유력층은 소농민에 대한 침탈에서 벗어나지 않고 있었다. 다시 말해서 자신들이 내야할 세금을 소농민에게 전가하던가, 또는 공평하게 균등하게 부담해야 할 세금 조차도 소농민에게 미루고 있었던 것이다. 그리하여 소농이 대부분은 자영농은 관인층을 전형으로 하는 세력가勢力家에게 점차 토지를 침탈당하면서 그에 경제적으로 예속되는 작인作人, 즉 소작농으로 전락하기도 하였다.

조선 후기에 이르러 소농경영이 더욱 어려운 환경에 놓이게 된 것은 개간開墾이 어느 정도 완료된 상황에서 새로운 전답을 개척하는 것이 더욱 어려워지고 이에 따라 기존의 개간지를 대상으로 농민들 사이에 치열한 경쟁이 벌어지고 있었던 점을 들 수 있다. 당시의 농업 여건의 어려움을 시사하는 모습 가운데 하나가 바로 번답反畓의 증대이다. 번답의 증대는 한편으로 농업생산력의 발달에 따른 이앙법의 보급을 잘 보여주는 증거이기도 하지만, 다른 한편으로는 당시 소농이 처해 있었던 농업경영 상의 어려움을 보여주는 증거이기도 하다. 평상의 사정이라면 논으로 만들기 어려운 가장 열악한 처지의 전토마저 논으로 만들지 않으면 안 되었던 사정에 처해 있었던 것이다.

그러한 열악한 조건의 번답反畓에서 벼농사를 짓는 것은 더욱 힘든 일이었다. 소농민층이 농업조건에서 여러 가지로 불리한 처지에 있었던 점을 보여준다고 할 수 있다. 토지가 척박하고 수리 조건이 열악한 상황이었다. 하지만 이앙법의 보급과 번답反畓 현상이 두드러지게 나타날 정도로 전답을 매우 정교하고 힘들게 활용해야 겨우 농민의 재생산이 가능하였고, 이러한 상황은 소농민들이 농업경영을 유지하는 데에 그다지 유리한 조건으로 작용하지 않았다.[43]

조선 후기 농촌사회는 심각한 토지 소유의 불균등 문제와 더불어 유민流民이 대량으로 발생하는 문제에 직면해 있었다. 유민의 대량 발생이라는 문제는 우선적으로 농민층 분화의 심화를 반영한 것이었다. 당시 지주층은 토지의 상품화 추세, 곡물 시장의 비롯한 유통경제의 발달에 따라 농민의 토지를 매매, 헐매, 고리대 등의 방식으로 확보하고 토지집적으로 확대하고 있었다.[44] 이러한 반대편에는 토지를 상실한 무전無田 농민층이 양산되고 있었던 것이다

---

43) 『量田謄錄』 庚子 慶尙左道 均田使 量田私節目.
44) 李世永, 1983, 「18·19세기 곡물시장의 형성과 유통구조의 변동」 『한국사론』 9, 서울대 국사학과.

소농 중심의 농업체제는 조선 근세사회 유학자들에게 이상적인 사회의 한 조건으로 간주되고 있었다. 즉 왕정王政을 수행할 때 나라를 구성하는 대다수 백성들은 농민農民일 수밖에 없었고, 이들은 정전제井田制의 오래된 역사적 이상적 토지제도, 수취제도에서 규정된 바와 같이 농업생산에 종사하면서 국가에 세금을 내는 존재였다. 조선 근세 사회를 전면적으로 개혁하자는 주장을 펼쳤던 이른바 실학자實學者들은 소농경영의 단단한 뿌리내림, 즉 소농경영의 안정적인 전개를 현실적으로 실현하기 위해 여러 가지 변혁 방안을 제시하였다. 그들은 정전제井田制, 공전제公田制, 균전제均田制, 한전제限田制 등의 토지 소유 개혁방안을 제안하였다. 지주제 발달로 인한 토지불균과 그로 인한 농민층몰락을 막는 체제개혁 방안을 제시한 것이었다. 실학자들이 제시한 토지개혁 방안들은 토지재분배를 통해 농민으로 하여금 항산恒産을 갖도록 하자는 혁명적인 재분배 논리로부터, 부세불균을 해소하기 위해 수취제도 운영상의 모순을 해결함으로써 현실적으로 가능한 재분배 방식을 강구하는 형태까지 다양하였다. 물론 정책 담당자들이 현실화할 수 있는 방안으로 검토하고 실제 실행에 옮긴 것은 후자의 방법뿐이었다.

　조선 근세 사회 지배체제에서 조정이 추진한 소농보호 방안은 지주의 횡포를 견제하는 한편 소농경영을 보장하는 것이었다. 소농 경영의 안정성이 위기에 처하게 되면 국가는 농민층의 토지로부터의 이탈을 막고 최소한의 재생산이라도 기대할 수 있는 방안을 강구하여 실시하였다. 환곡還穀이나 사창社倉 제도를 통한 소농보호 방안이 그것이었다. 이를 통해 국가의 일정 부분에 있어 공기능이 확인될 수 있지만, 그것을 시행하는 담당층의 계급적 성격과 농촌사회 내 신분적 차별 때문에 본래의 취지는 사라진 채 지배계층의 부세기구[45] 또는 수탈 도구로 전락해 버리기도 하였다.

조정에서 마련한 부세제도를 통한 소농 안정화 시책도 심각한 상황에 봉착해 있었다. 조선왕조는 토지와 인민에 대한 관리방식은 각각을 별도의 분리된 형태로 파악하고 있었다. 즉 토지는 양안量案으로만 파악해 내고 있었고 인민은 호적戶籍이나 군적軍籍 등으로 각각 파악하고 있었다. 이러한 토지와 인민에 대한 지배와 관리 체제는 양안을 통해서는 토지에 대한 파악만 행하고 있으며, 호적이나 군적은 역역役役에 대해서만 관리하고 있다는 것을 의미했다.

근세 사회 지배체제의 틀이 흔들리면서 토지와 인민에 대한 관리방식이 제대로 작동하지 않는 상황에 이르게 되었을 때 부세賦稅와 역역役役의 불균不均으로 총체적으로 나타났다. 19세기 중후반 이른바 삼정三政의 문란이 그것이다. 삼정의 문란이 본격화된 것은 부세 행정을 담당하는 관리, 서리, 향리의 탐욕에 그 주요한 원인을 지목할 수 있다. 하지만 한편으로는 공동납共同納이라는 근세적 수취방식, 즉 마을 단위, 씨족 단위로 부세 공동책임을 부과하는 것에 연유한 것이었다. 근세적 수취제도의 문제점을 수정 보완한 제도였던 대동법大同法이나 균역법均役法이 나름 성과를 거두었지만, 커다란 전환점을 마련하거나 구조적 문제점을 해결하지 못하였다.

17세기 이후 농민층 분화 양상은 따라서 더욱 심화되었고, 소농경영의 상승 몰락은 가속화되었다. 17세기 상업정책에서 나타나는 '무본보말론務本補末論'은 이 시기 농업발달에 부응하는 정책이었다. 농업을 기본으로 하면서도 말업末業, 즉 상공업을 보용補用해야 한다는 정책을

---

45) 吳一柱, 1992,「조선 후기 재정구조의 변동과 환곡의 부세화」,『실학사상연구』3, 역사실학회; 송찬섭, 2002,『朝鮮後期 還穀制 改革研究』, 서울대 출판부.

통해 현실적인 상품경제 발달에 따른 국가적 대응 방식을 강구하고 있었던 것이다. 소농보호를 위한 상업정책이라고 할 수 있다.[46] 그럼에도 불구하고 이러한 농민층의 계층 분화 및 영세농의 증가는 조선 근세사회 말기에 이를수록 더욱 촉진되고 있었다.[47]

조선 후기에 농촌사회에서는 경제적 계층 분화에 따르는 영세소농층의 충만이라는 현상과 사회신분제의 변동으로 부를 축적한 농민들이 납속納粟이나 모칭冒稱 등으로 상급 신분으로 상승하는 현상이 나란히 표출되었다.[48] 지주제의 전개와 소농경영의 변동은 기본적으로 농업기술의 발달과 이에 근거한 상업적 농업경영의 성행 등 농업생산력의 발전에 따른 것이었다. 또한 반대로 상업적 농업경영의 성행과 지주제의 전개, 농촌사회의 분해는 농업생산력의 발달, 보다 구체적으로 농업기술의 발달을 추동하는 배경으로 작용하였다. 그리고 농업 생산의 증대는 한편으로는 개간의 확대에 따른 것이기는 하였지만, 다른 한편으로 농업기술의 발달에 연유하는 것이기도 하였다.[49] 농업기술의 발달과 농촌경제의 변화는 원인과 결과로서 상호작용하면서 조선 사회의 전반적인 변화를 이끌어 내고 있었다. 이에 따라 근세 농업체제의 변화가 차츰 심화되고 있었다.

---

46) 白承哲, 2000,『朝鮮後期 商業史硏究 - 商業論·商業政策』, 혜안.
47) 金容燮, 1970,「晋州奈洞里大帳의 分析-1846년 晋州民의 農地所有」,『조선 후기농업사연구』Ⅰ, 일조각, 189～206쪽.
48) 金容燮, 1989,「朝鮮後期의 水稻作技術-移秧法의 普及에 대하여-」,『증보판조선 후기농업사연구』Ⅱ, 일조각, 2～3쪽.
49) 李景植, 1973,「17세기 土地開墾과 地主制의 전개」,『韓國史硏究』9, 한국사연구회; 宋讚燮, 1985,「17·18세기 新田 開墾의 확대와 경영형태」,『韓國史論』12, 서울대 국사학과.

3. 궁방전과 아문둔전의 농업경영

조선시대의 궁방전宮房田은 왕실 일족의 경제적 기반을 마련하기 위해 설정된 토지였다. 조선 후기 궁방전의 변화 추이를 통해서 토지 소유관계의 변화뿐만 아니라 농업경영의 변동까지 살필 수 있다. 또한 궁방전의 변화, 변동 과정 속에서 근세 농업체제의 변화양상을 찾아볼 수 있다. 즉 궁방이 주체가 되어 절수折受, 매득買得 등의 방식으로 전답을 확보하고, 해당 토지에서 도장導掌이나 궁차宮差 등을 통해서 토지수익을 일부분을 차지하는 양상은 근세 농업체제가 구체적으로 발현되는 과정 가운데 하나였다고 할 수 있다. 또한 궁방의 토지 절수는 국가의 정책 방향에 따라 그 내용이 달라졌고, 궁방과 농민 사이의 토지 소유관계를 둘러싼 갈등은 당대 조정의 농업에 대한 정책에 따라 그 귀속이 달라졌다. 따라서 궁방전의 변화 추이를 정리하는 것을 통해 근세 농업체제가 갖고 있는 성격, 특징, 변동 양상을 찾아볼 수 있을 것이다.

16세기 말 이후 수조권 소멸이라는 토지 소유관계의 변화 과정에서 재원 조달의 난관에 봉착한 왕실王室과 그 일족은 자신들의 경제기반으로 궁방전宮房田을 새롭게 설치하였고, 17세기에 들어서면서 궁방전의 규모가 급격히 확대되었다. 임진왜란으로 야기된 막대한 경제적 손실에 직면하게 된 지배층은 새로운 재원의 확보가 절실한 자구책이었다. 왕실을 중심으로 한 궁방에서 전란에 따른 경제적 손실을 보충한다는 명목으로 시행한 것이 바로 토지 절수였다. 궁방은 산림천택山林川澤을 불문하고 이익만 있으면 절수의 대상으로 삼았다. 이리하여 마련된 절수의 영역은 산천과 연해沿海를 경계로 할 정도였다고 과도하게 지목되기도 하였다.

임진왜란을 경과하면서 궁방 뿐만 아니라 아문衙門들도 절수折受라는 형식을 통하여 이른바 아문둔전衙門屯田을 확충하였다.[50] 본래 둔전은 변방에 주둔하고 있는 병사兵士의 군량을 자급자족하거나, 각 관아의 경비에 충당하기 위하여 기본적으로 진황지를 개척하여 설정한 전답이었다. 궁방전과 아문둔전은 진황지를 절수받아 백성을 모아 경작하는 방식을 형식적으로 취하고 있지만, 실제로는 일반 백성이 소유하고 있는 민전民田의 투탁投托을 받거나 또는 민전을 침탈侵奪하는 방식으로 그 면적을 크게 확대시켜 나가는 경우가 많았다.

궁방의 절수는 토지 뿐만 아니라 수익을 거둘 수 있는 여러 대상을 모두 포괄하여 진행되었다. 구체적으로 어漁, 염鹽, 시장柴場, 선척船隻을 비롯하여 노전蘆田, 해택海澤 등을 대상으로 하였다. 그중에서도 어장과 염장은 단기간에 적은 투자로도 많은 수익을 올릴 수 있다는 점에서 절수의 중요한 대상이 되었다. 궁방의 어장과 염장의 절수는 그 과정에서 어민에 대한 침학과 불법행위일 가능성이 농후하였다. 뿐만 아니라 궁방의 차인배差人輩가 어장, 염장의 절수를 빌미로 절수 지역 인근의 연해민을 침학하는 계기를 마련하기도 하였다.[51]

궁방의 입장에서 절수가 대체로 토지를 대상으로 이루어졌기 때문에, 궁방전의 설치와 운영이 주요한 문제였다. 각 궁방들의 궁방전 절수는 해당 토지의 소유권이나 또는 수세권을 획급劃給받는다는 것이었다. 소유권을 획급한다는 것은 무주지無主地를 절수하는 경우이고, 수세권만

---

50) 임란 이후 屯田은 官의 권력에 의해 창출된 空閑地를 통해 확대되었다. 『大典會通』에 따르면 各鎭의 屯田이 액수에 미치지 못할 때 空閑地로 充給할 수 있었다. 『大典會通』卷之二 戶典 諸田.

51) 박광성, 1971, 「궁방전의 연구」, 『인천교육대학논문집』5, 인천교육대학교; 박병선, 1986, 「조선 후기 궁방염장 연구」, 『교남사학』2, 교남사학회.

을 획급한다는 것은 유주지有主地를 절수한다는 것을 의미하였다. 그런데 무주지의 절수의 경우에도 실질적인 주인이 있으면서 명목상의 소유권이 궁방에 있는 것과 실질적인 소유권이 전적으로 궁방에 있는 경우가 있었다.

궁방이 획득하는 토지의 절수는 수조권이나 소유권을 영구히 주는 것이 아니라 국왕의 일시적인 은사恩賜로 이루어진 것이었다. 그러나 당시 궁핍한 궁방 재정을 지원하기 위해 처음에는 일시적으로 절수를 허용하였다 하더라도 절수 자체가 점차 광범위하게 전개되었다. 궁방은 일시적인 은사에 해당하는 절수로 확보한 궁방전을 영구히 점유하려 하였고 이에 따라 여러 가지 문제가 발생하였다.

궁방이 주도한 절수는 수조권적 토지지배의 잔존 혹은 변형 형태로써, 왕실·궁방의 토지지배의 한 형태라는 의미도 갖고 있었다.[52] 궁방에서 절수하는 토지는 무주진황지無主陳荒地나 양안외가경지量案外加耕地 등 국가수세대상에서 제외된 토지를 원칙으로 하였지만, 궁방에서는 국왕의 권력을 배경으로 주인이 있는 개간지를 양안상무주지量案上無主地라는 명목으로 절수하여 궁방전을 확대하였다. 또한 궁방전의 확대는 매득買得, 각영各營과 각아문各衙門 소속 둔전屯田의 이속移屬, 무주지無主地 절수折受 등의 방식으로 이루어지고 있었다. 그리고 국왕의 사여賜與, 민전民田의 유인·투탁 등의 방법으로도 궁방전의 규모가 확대되었다.

궁방전의 절수折受를 절차적으로 살펴보면, 궁방이 무주지를 조사하

52) 박준성, 1984, 「17,18세기 궁방전의 확대와 소유형태의 변화」, 『한국사론』 11, 서울대 국사학과; 이영훈, 1988, 「궁방전과 아문둔전의 전개 과정과 소유구조」, 『조선 후기사회경제사』, 한길사; 도진순, 1985, 「19세기 궁장토에서의 중답주와 항조-재령 여물평장토를 중심으로」, 『한국사론』 13, 서울대 국사학과.

여 토지가 소재한 지방의 관으로부터 입안立案을 발급받는 방법과 궁방에서 절수 대상지를 내수사內需司에 신고하여 이조吏曹·호조戶曹를 통하여 절급折給받는 방법이 이용되었다.[53] 그런데 문제는 궁방이 절급받기 위해 신고한 토지 가운데 무주지無主地가 아닌 유주지有主地 특히 양인, 천인의 토지가 포함되는 경우가 많이 발생하였다는 점에 있었다. 여러 가지 형식의 절수는 모두 기본적으로 민전침탈이나 국가수세지의 감소를 유발하였고, 이에 인민들이 소유권분쟁 등의 사단을 일으키고 있었고 당연히 소유권을 둘러싼 분쟁이 발생하였다.

17세기 중반 현종초에 이르면 한 궁가宮家가 보유한 궁방전이 1,400여 결에 달할 정도로 확대되었고, 지역적으로 삼남에까지 미치고 있었으며 특히 황해도 지역에 궁방전이 집중되어 있었다. 이들 궁방전은 모두 나라에 세금을 내지 않는 면세免稅의 혜택을 받고 있었기 때문에 궁방전의 확대는 국가적인 입장에서 보아도 수세액의 커다란 감소를 일으키는 원흉이었다. 국가와 왕실은 분명히 구분되지 않는 상황이었기 때문에, 그리고 국왕이 궁방을 옹호하는 태도를 견지하고 있었기 때문에 궁방전의 폐단에도 불구하고 궁방전의 확대는 계속 이루어졌다.

궁방이 자신이 이름으로 설정한 궁방전宮房田 내부에 민전民田 소유자의 투탁을 받은 전토를 섞어두고, 또한 백성 소유의 토지를 침탈한 것은 엮어 놓고 있었던 사정은 겉으로 보아 불법적인 것이었다고 치부하고 넘어가는 것은 불충분한 파악이다. 이러한 구차한 방법이 동원되고 있었고, 또한 그러한 방식의 궁방전 확대가 실제로 많이 이루어지고 있었다는 점이 중요한 역사적 의의를 지닌다. 즉 당시 궁방전에 토지를 투탁한 민인의 생각은 이러한 투탁이 과거 수조권收租權이 설정되어 있었

---

53) 李榮薰, 1988, 『朝鮮後期社會經濟史』, 한길사.

던 수조지收租地와 다름 없을 것으로 파악하고 있었다고 볼 수 있기 때문이다. 그렇지 않고 만약 자신들이 보유한 소유권마저 궁방에게 넘기는 것이라고 생각했다면 투탁投託이라는 말조차 감히 입에서 나오지 못했을 것이다.

따라서 궁방과 실질적인 소유자 사이에 토지 소유의 이중적 구조를 형성하게 하는 절수折受-면세제免稅制는 수조권적 토지지배가 폐지되고 소유권에 입각한 지주·소작제로 재편되어 가고 있던 토지 소유의 변화 과정에서 나타난 모습으로 볼 수 있다. 그리고 그것이 일반적인 수조권收租權이 폐기된 가운데에서 실행될 수 있었던 것은 바로 국왕이라는 최고권력을 매개로 하였기 때문이었다. 이를테면 왕실·궁방의 과도기적 수조권적 토지지배의 한 형태였다고 할 수 있다.

17세기 말에 이르면 과도기적 수조권적 토지지배의 성격을 가진 절수라는 방식이 사라지는 커다란 변화가 찾아왔다. 1695년(숙종 21) 을해정식乙亥定式에 의해서 절수 방식이 폐지되고, 그 대신 급가매득제給價買得制와 민결면세제民結免稅制가 시행되었다. 궁방의 토지획득 과정의 대종이 이전의 절수와 같은 경제외적 방법에 의존하던 것에서 급가매득이라고 하는 경제적 방법으로 전환한 데에 커다란 의의를 둘 수 있다. 그리고 이러한 급가매득의 시행은 토지의 상품화가 크게 진전되던 17세기 중후반 이후의 상황을 반영한 것이기도 하였다.

을해정식이 실시된 이후 18세기에 들어서면 궁방전은 궁방이 지가를 지급하고 확보한 매득지買得地, 이전부터 이어져 온 절수지折受地, 민결에 설정되어 수세하는 민결면세지民結免稅地 이렇게 크게 세 종류로 구성되었다. 매득지는 궁방이 지주가 되어 작인을 거느리는 농업경영을 수행하는 토지였다. 즉 궁방宮房이 지주경영을 해나가는 것이 일반 민전民田에서의 지주와 동일한 것이었다. 문제는 절수지의 경우 궁방의 명목적 소유권과 경작자의 사실상의 소유권이 중첩되는 이중적인 소유 관계로 설정되어 있다는 점에 있었다. 이러한 점은 지대 수취액에 그대로 반영되어 있는데, 매득지처럼 병작반수의 형태가 아니라, 1결結당 조租 200두斗를 수취하고 있었던 것이다. 그리고 궁방이 실제 개간의 주체였을 경우는, 개간 작업 참여자 사이에 토지의 분할, 도장권導掌權 부여, 경작권의 부여 등 권리의 분할이 여러 가지로 이루어졌고, 그 과정에서 중답주中畓主가 존재하기도 하였다.

18세기 중엽 이후 국가는 궁방전을 유토有土, 무토無土로 구분하여 파악하였다.[54] 18세기 말엽에 이르면 궁방전의 전체 면적이 약 4만 결에 이른 것으로 조사되고 있는데, 팔도 경지면적의 3% 내외를 차지한 것으로 파악되고 있다. 유토에는 궁방(지주)-작인의 소유구조 외에 궁방(수조자)-지주-작인의 이중적인 구조가 존재하였다. 후자는 민인들의 소유권 성장의 결과이며, 궁방의 사적·공적 지주로서의 특성에서 기인한 것이었다.

아울러 궁방은 경제외적 방법에 의하여 해당 궁방전의 소유주가 되었으나, 중답주는 경제적인 연유로 성립된 소유자로서의 지주적 성격이 짙으며, 부농들은 중답주로도 존재하였으나 대부분은 이들의 토지를 소작 또는 자소작自小作하는 실질적인 작인作人들이 중심이었다. 이러한

---

54) 有土에는 1종과 2종이 있는데 1종은 토지 소유권이 궁방에 있는 땅이고 2종은 민유지이지만 조세를 궁방에 납부하는 땅인 것 같다. 無土는 민유지이면서 조세를 궁방에 납부하고, 3~4년(정조 이후에는 10년)마다 윤회하여 정하는 곳이다. 2종 유토와 무토의 차이점은 전자는 토지를 고정시키는 데 반하여, 후자는 토지를 윤회시킨다는 점이다. 박준성, 1984,「17, 18세기 궁방전의 확대와 소유 형태의 변화」,『한국사론』11, 서울대 국사학과.

중답주의 성장은 직접 생산자의 권한 증대를 의미하는 것이었다.

조선 후기에 궁방전과 아문둔전이 확대되는 추세 속에서 궁방전·아문둔전으로 설정된 토지를 둘러싸고 소유권 분쟁이 발생하였다.[55] 그런데 실제로 궁방·아문과 일반 민인 사이의 토지 소유권 분쟁은 궁방·아문의 과도한 수취에 대한 민인의 저항이라는 형태로 나타나고 있었다. 궁방·아문의 과도한 수취는 다름 아니라, 궁방전과 아문둔전의 중간 관리인의 중간 수탈을 가리키는 것이었다. 궁방전과 아문둔전에서 수취한 세액稅額의 일부만 궁방이나 아문에 전달되고 나머지는 둔유사屯有司라고 불리는 중간 관리인의 수중에 들어가 버리는 중간착취, 중간 수탈이 광범위하게 진행되고 있었다. 이러한 사정이 바로 조선 후기 궁방전과 둔전경영에서 나타나고 있던 커다란 폐단이었다.[56]

궁방전에서 궁방이 확보한 세액은 차인差人 또는 궁차宮差들이 거두었다. 이들 차인들은 궁에 소속된 하인들인 경우도 있었지만, 대부분이 상인이거나 공인貢人들이었던 것으로 보인다. 상인이나 공인을 차인으로 활용하였던 이유는 궁방에서 먼 곳의 절수지를 관리·수세·운송하기가 어려웠으며, 또한 이들에게 수세액을 선납 받을 수도 있었기 때문이었다. 이러한 사정에서 차인권差人權은 매매되기도 하였다.

궁방전이 직접적으로 차인을 하송下送하는 것은 점차 도장導掌에게 수세를 위임하는 방식으로 바뀌어갔다. 앞서 차인권이 매매되는 것과 마찬가지로 도장권도 매매되고 있었는데, 이는 두 가지 권리 모두 수익을 획득할 수 있기 때문이었다. 이러한 도장권은 재산으로 세전世傳되기도 하고 매매되기도 하였다. 따라서 도장들은 그들의 투자액을 회수

55) 李榮薰, 1988, 『朝鮮後期社會經濟史』, 한길사.
56) 李肯翊, 『燃藜室記述』別集 권11, 政教典故 田制.

하기 위하여 소속처의 백성들을 침학하는 것이 일반적인 현상이었다. 이러한 도장들의 수세상의 작폐를 보면, 궁방에 절수된 후 백성들은 더 많은 세액을 납부하고 있었는데, 이것은 도장배들의 농간 때문이었다. 도장배들의 이러한 작폐에도 불구하고 지방 수령들은 궁방의 권위 때문에 민인들의 고통을 외면하기가 일쑤였다.

도장배들의 침탈에서 민인들을 보호하기 위한 대책으로 수세상납 과정에서 도장을 배제하자는 의견이 제시되기도 하였다. 즉, 호조에서 일괄 징수하여 각 궁방에 분급하자는 것이었다. 이것은 곧 차인배들의 하송을 금지하고 민인들이 스스로 호조에 납부함으로써 고통을 덜어주자는 것이었다. 그러나 조정의 명령은 궁방과 아문의 이해관계와 직결된 문제일 경우 제대로 시행되거나 일관되게 추진되지 못하고 있었다.

차인들이 수세상납을 위해 각 절수처에 갈 때는 호조의 관문을 가지고 가는데, 이 관문에는 입안절수立案折受 당시의 경계와 수세액 등이 기재되어 있어서 여기에 의거하여 수세상납을 해야 했다. 그러나 이들 차인은 관문을 도외시하거나 이를 위조하여 남징·첩징하는 폐단을 자행하고 있었다.[57]

조선 후기의 관둔전官屯田, 즉 영아문둔전營衙門屯田의 설치 과정도 궁방전과 비슷하였다. 둔전은 그 자체가 '차전차경且戰且耕'의 원칙에 의하여 운영된 군수목적용 지목이었으며 조선 후기 둔전제의 전반적 추이를 주도한 것도 군영문 둔전이었다.[58] 17세기 이후 둔전의 확대는 전쟁의 피해를 복구하려는 정부의 농지개간책과 맞물려 있었다.

---

57) 『英祖實錄』 권29, 英祖 7년 정월 甲戌.
58) 송양섭, 2000, 「17세기 군영문 둔전의 확대와 경영형태의 변화」, 『역사와현실』 36, 한국역사연구회.

양란 이후 정부는 적극적으로 농지개간을 장려하여 전쟁의 피해를 복구하고자 하였다. 농지개간에 신분이나 면적에 대해 어떠한 제한을 두지 않음은 물론 개간자에게는 입안立案을 발급함으로써 그 법적인 소유권을 공인하여 주었고 개간지에 대해서는 진전陳田, 한광지閑曠地, 해택海澤을 막론하고 3년간 면세 조치를 해주는 등 각종 특혜를 부여하였다.[59]

둔전 설치의 주요한 방식인 절수·입안의 형식도 그 내용은 다양했지만 원칙적으로 무주진황지無主陳荒地, 양외가경지量外加耕地를 대상으로 한 것이었다. 이러한 토지를 둔전으로 만드는 것은 일정한 노동력과 물력의 투입을 전제로 하기 마련이었다. 물력의 조달이나 노동력의 동원에 있어서 우위에 있었던 군영문들은 다양한 형태로 진황지 개간을 진행시킴으로써 둔전을 개발하였다. 경우에 따라 군영문들은 '제언을 쌓아 물을 가두거나[築堰以瀦水]', '하천을 막아 물을 끌어들이고 [防川以引水]', '제언을 막아 조수를 차단하는[塞堰以拒潮]'[60] 등 다양한 방식으로 둔전을 확보하였다.

조선 후기 영아문 둔전은 전후복구사업의 추진이라는 배경하에서 증설된 군문, 아문의 재정확보책의 일환으로 설치 확대되었다. 하지만 인구증가와 개간의 진전으로 17세기 후반에 접어들면 둔전의 설치대상지로서 무주진황지를 확보하는 것이 곤란해졌다. 이러한 상황에서 둔전설치의 주요한 방법이 민전의 모입이나 침탈로 전환되게 하였다. 영아문 둔전이 확대되면서 면세결이 증가하게 되었고, 이는 국가재정의 심각한 감축을 초래하고 있었다.

---

59) 李景植, 1973, 「17世紀 農地開墾과 地主制의 展開」『韓國史硏究』9, 한국사연구회, 89~95쪽.
60) 丁若鏞, 『經世遺表』地官修制 田制 12.

정부가 둔전경영을 통하여 추구하고자한 것은 기본적으로 농지의 개간과 유민 안집을 통한 군정軍政의 확보라는 원칙적인 틀에서 벗어나지 않는 것이었다. 하지만 정부의 부역제적 둔전경영의 기본 방침과는 별도로 양안상무주지나 진황지의 명목으로 민전의 백탈白奪, 모입冒入이 광범위하게 이루어지고 있었다. 이는 물론 개간사업의 진전과 인구의 꾸준한 증가로 황무지의 확보의 곤란해지는 상황을 객관적인 조건으로 하고 있었다.

1659년(효종 10)에 허목이 이 시기 민전설둔民田設屯이 이미 전체의 반 이상을 차지하고 있다고 지적하고 있는 것[61]으로 보아 17세기 중후반을 거치면서 민전지의 모입, 침탈은 양적으로 군영문에서 직접 경영하는 둔전을 크게 웃돌았을 것으로 보인다. 또한 이 시기에는 부역제적 방식에 의한 둔전경영을 바꾸지 않을 수 없는 것이었다.

원칙적으로 둔전의 설치는 소유주가 없는 공한지를 대상으로 한 것이었으나 이제는 절수 자체가 이미 농민에 의하여 개간된 민전을 대상으로 변모하고 있었다. 군영문 등의 입장에서 보더라도 이 시기에 접어들어 기본적으로 무주지·진황지의 확보가 쉽지 않은 일이었고 여기에 새로이 개간을 진행할 때 발생하는 여러 가지 문제를 생각할 때 민전의 모입冒入은 안정된 농경지를 확보할 수 있는 손쉬운 둔전개설 방법이었다. 특히 기간지既墾地를 군영문이 갑술양안상의 무주지라는 명목이나 주인이 없는 공한지라는 핑계로 폭력적, 강제적 수단을 동원하여 침탈하거나[62] 토지 소유자가 면세, 면역의 혜택에 유인되어 스스로 투탁하는 경우도 상당수였다. 이와 같이 17세기 후반의 절수는 한편으로는 농

---

61) 許穆,『眉叟記言』卷64「論事疏」.
62)『承政院日記』肅宗 28年 8月 4日.

민의 개간지=사실상의 소유지를 침탈하는 과정이면서 다른 한편으로는 면세·면역의 특권으로 투탁을 유인하는 과정[63]으로써의 성격이 점차 농후해져갔다.

아문둔전은 궁방전과 동일하게 결국 일반 백성을 경작자로 동원할 수밖에 없는 농업경영상의 한계를 가지고 있다는 점, 그리고 아문둔전이 아문 자체의 매입으로 설정된 경우, 민전民田의 투탁이나 민전 침탈로 형성된 경우 등 여러 가지 성격을 가지고 있다는 점에서 많은 문제를 양산하고 있었다. 특히 토지 소유관계를 둘러싼 궁방전·둔전 내에서의 궁방·아문과 일반 농민간에 다툼이 많이 제기되고 있었다.

아문 둔전을 관리하는 조직으로 각 둔전마다 도감都監, 감관監官 등의 직임이 설치되었다. 둔도감屯都監과 둔감관屯監官이 여타 아문과의 문서교환, 협조관계를 담당하였고, 이러한 문서거래에 색리를 이용하였다. 사음舍音과 사령使令, 권농은 세부적인 둔전 경영의 실제 업무를 담당하였다. 실제로 사음은 궁방전宮房田이나 기타 아문 둔전의 수취관계를 담당하는 직임의 명칭이었다.

17세기 후반에 접어들면 군영문은 군졸, 노비 등 예속노동력이나 유민, 농군 등을 동원한 직영지적 형태의 둔전의 비중을 점차 줄여나갔다. 그리고 군영문의 둔전을 경작하는 둔민도 부역제하의 그것과는 구분되는 병작민으로 점차 바뀌어 나가고 있었다. 농업경영상의 병작제의 확산은 둔전경영에 있어서도 예외가 아니었던 것이다. 병작제에 의한 둔전경영은 경작민이 신역의 일환으로 동원되거나 국역편제의 완충지대 또는 예비단계로 존재하였던 것이 그 인신적 지배예속관계를 탈피하는 방향으로 나아가고 있음을 보여주는 것이었다. 군영문 둔전의 설치도

---

63) 李榮薰, 1988, 『朝鮮後期社會經濟史』, 한길사.

절수 형식에서 벗어나 급가매토給價買土 방식으로 변화하고 있었다.

18세기 이후 군영문 둔전 경영은 ① '군영문-병작민'[64]과 ② '군영문-지주-병작민'[65]의 두 가지 유형으로 변화된 상태에 놓여 있었다.[66] 둔전 경영의 특징을 살펴보면, 전자가 사실상 민전民田의 침탈로 설립되어 인신적人身的 지배예속관계를 기저로 한 경제외적 관계에 바탕을 둔 것이고, 후자에서는 기본적으로 경제적 관계의 의거하여 농업경영이 이루어진 것이었다. 후자의 단계에서는 경작농민이 지대납부를 둘러싸고 끈질긴 항조운동을 전개함으로써 타조법에서 도조법으로, 다시 금납제를 관철하여 그들의 잉여분을 획득하여 경제적 성장을 도모하였다. 이런 배경에서 기왕의 절수둔전의 경작농민도 인신적 예속의 멍에를 무너뜨리고 자유로운 민전民田으로 발전시켜감으로써 무토둔전無土屯田의 성격을 갖게 되었다.[67]

18세기 후반 정조는 둔전屯田을 제도적인 차원에서 계승해야 할 긍정적인 것으로 평가하고 있었다. 정조는 둔전이 본래 채용하여 실시하기에 알맞은 제도인데 현재는 유명무실한 상태에 빠져 있다고 파악하였다. 그는 둔전을 '병농상우兵農相寓'하는 선왕先王의 미제美制에 가장 가까운 제도라고 간주하였다.[68] 정조는 신하들과 논의하는 자리에서 임진왜란 당시 류성룡柳成龍이 훈련도감을 설치하고 병사 만 명의 절반으로 하여금 둔전을 경영케 하고, 수확한 곡식을 저장하여 병사들의 식량으로 삼

64) 『備邊司謄錄』景宗 3年 1月 15日.
65) 『承政院日記』景宗 3年 11月 19日.
66) 『備邊司謄錄』顯宗 8年 10月 8日.
67) 정창렬, 1970, 「이조후기의 둔전에 대하여」, 『이해남박사화갑기념사학논총』, 화갑기념논총편찬위원회.
68) 正祖, 『弘齋全書』卷 169, 日得錄 李晩秀 丁巳錄.

으려던 계획이 제대로 실현되지 못한 것을 안타까워하기도 하였다.[69]

그리고 1787년에 정조 자신이 기내畿內의 두세 산군山郡에 장용영 향군鄕軍 2초哨를 두고 둔전을 설치하여, 봄과 여름에는 이를 경작하고, 가을과 겨울에는 조련하면서 수확을 거두어 저장하여 군량으로 삼으며, 잉여가 있으면 자장資裝으로 사용하게 하는 계획을 수립하기도 하였다.[70] 또한 황해도 신천군信川郡 가곶방加串坊에 밭 6석 40두락과 논 85석 14두 9승락, 양자를 합하여 38결 65부의 전토를 5,000냥으로 매입하여 둔전을 만들기도 하였다. 신천에 설치한 둔전은 결국 화성의 수성修城 재원으로 활용하는 것이었다.[71] 또한 화성의 병제兵制가 병농兵農이 둘로 나누어진 이후 가장 좋은 방책인 둔전에 거의 근사한 것이라고 지적하면서 화성둔전을 설치한 이유를 설명하기도 하였다.[72]

이상에서 살펴본 바와 같이 국가는 궁방에 대한 토지 절수折受를 철폐하고 민결民結을 지급하거나 또는 급가給價하는 방식으로 정책을 바꾸어나갔다. 그리고 국왕들은 궁방전과 관련된 농민들의 소유권에 대해서 가능한 인정하지 않으려는 모습도 보여주면서 궁방의 손을 들어주는 모습을 자주 보여주었다. 당시의 토지 소유관계에 왕실이라는 권력관계가 깊이 간여되어 있다는 점을 찾아볼 수 있다.

18세기 후반에 이르러 영조, 정조대를 거치면서 궁방이 농민들에게 직접 수세하는 방식을 철폐하였다. 이는 농민들의 궁방에 대한 과도한 부담을 경감해주려는 것이었다. 결국 국가가 주도하는 농업체제에서 농

69) 正祖,『弘齋全書』卷 167, 日得錄 尹行恁 丁未錄.
70) 正祖,『弘齋全書』卷 167, 日得錄 尹行恁 丁未錄.
71)『華城城役儀軌』권 6, 財用下 實入三 屯田買得移付外別庫; 信川加串坊 田 6石 14斗落, 畓 85石 14斗 9升落합 38결 65부 이상 價錢 5천 냥.
72) 正祖,『弘齋全書』卷 169, 日得錄 徐龍輔 丙辰錄.

민들은 자신이 소유하는 토지에서와 마찬가지로 궁방전의 명목이 붙은 토지를 경작하고 있을 때라도 비슷한 부담을 짊어지는 방향으로 변하고 있었다.

이와 같이 궁방전의 변화 추이에서도 근세 농업체제가 갖고 있는 기본적인 성격과 변화 방향이 관철되고 있었다. 다만 궁방전은 왕실의 일가라는 점에서 국왕이 부여하는 갖가지 특혜가 동반되고 있었다. 이러한 점에서 궁방전은 조선의 농업체제에서 농업이윤의 획득이나 농지개발의 수익을 확보하는 데 가장 앞선 대상 토지였다고 할 것이다.

V. 농업 개혁론의 추이

1. 유형원의 공전제론

조선 후기 정치적 격동, 사회체제의 변화, 경제적 변동 등과 더불어 근세 농업체제가 점차 변화, 변동하였다. 근세 농업체제의 변화 변동은 근원적으로 경제적인 생산체제의 변화에 기인한 것이지만, 여기에 정치적, 사회적 요인들도 작용하였다. 근세 농업체제의 변화 변동 과정 속에서 조선의 유학자들은 근세 농업체제의 구조를 유지하고, 그러한 변화 변동을 수용하고 해결책을 제시하기 위해 노력하였다. 여기에서는 근세 농업체제의 변화 변동을 포착하고 그에 대한 대응책으로 여러 인물들이 제시한 농업구조개선론, 농업개혁론 등에 대하여 살펴본다.[1]

18세기에서 19세기 중반에 걸치는 시기에 여러 인물이 제기한 농업개혁론農業改革論은 조선의 농업생산을 둘러싸고 나타난 문제를 지적하고, 이를 근거로 농업 문제의 해결을 지향한 주장, 논의, 이론을 가리킨다. 조선 후기 농업에서의 변동양상이 농업기술, 농업경영, 농업정

---

[1] 조선 후기 농업개혁론에 대한 서술은 다음 책을 참고하였다. 염정섭, 2014, 『18～19세기 농정책의 시행과 농업개혁론』, 태학사.

책, 토지 소유 등의 측면에서 다채롭게 벌어지고 있었기 때문에 그에 대응하는 농업개혁론도 다양한 측면에서 다채로운 입론으로 제기되고 있었다.

농업개혁론이 현실의 조정에서 수행하는 농정책과 깊은 관련을 맺고 있다는 점을 주목하고자 한다. 재야의 지식인과 조정의 관리들은 당시 실행되고 있던 농정책에서 권농, 감농, 황정의 유용성을 인정하면서 또한 그에 파생되는 문제점을 지적하였다. 그리고 농정책에서 깊이 다루지 못하였던 토지 소유의 문제, 농업체제의 문제도 변혁시킬 것을 제안하였다. 다시 말해서 농업개혁론은 당시의 농정책의 폐단을 지적하고 개선책을 제시하는 방향으로 나타나기도 하였던 것이다. 물론 조선 조정의 농정책에 기대지 않고 조선 농업의 근원적인 문제를 지목하고 그 해결책을 제기하는 농업개혁론도 나타났다.

조선 후기 사회에서 빈익빈 부익부 현상이 심화되고 있었던 토지 소유 문제를 근원적으로 해결하려는 급진적인 방책이 농업개혁론이었다. 농업개혁론은 토지 소유, 농업경영 등 농업체제를 둘러싼 당시의 현실문제 해결을 목표로 삼고 있었다. 조선 후기 17세기 이후 조선국가의 체제 정비를 위해 여러 가지 방향에서 계속 개혁 방안의 마련, 시행을 주장하는 논의가 제기되고 있었다. 여러 인물이 제기한 다양한 논의를 살펴보면서 조선 후기 농촌사회의 현실과 그에 대한 개혁론을 찾아볼 수 있다.

17세기 이후 조선 국가의 생산력 기반을 평가하고 이를 크게 신장시키기 위한 모색을 가장 체계적으로 수행한 인물이 바로 반계磻溪 유형원柳馨遠이다. 그는 『반계수록磻溪隨錄』 등 여러 저술을 지어 국가체제의 전반적인 개혁을 추구하였다. 이러한 점에서 『반계수록』은 가장 체계적인 국가개혁론을 담고 있는 저술로 주목받아 왔으며 현재도 17세

기의 사회구조와 변화를 일관되게 정리한 저술로 높이 평가되고 있다.[2]

조선사회의 현실 문제 진단과 해결을 모색한 저술로『반계수록』이 갖고 있는 역사적 의미는 18세기의 조선사회와 긴밀히 연결시켜 파악할 수 있다. 왜냐하면『반계수록』에 담긴 조선국가 체제 개혁론이 사회적 의미를 갖게 된 것이 바로 18세기에 들어서서 나타났기 때문이다. 유형원 생전에 세상에 알려지지 않았던『반계수록』이 이익李瀷의 높은 평가를 받으면서 18세기 당시부터 경세서의 대표적인 저작으로 평가받게 되었다.[3]

유형원의 국가개혁론은 17세기의 국가체제 전반을 개혁 대상으로 하고 있었다.[4] 그의 개혁론은 지금까지 실학이라는 범주를 통해 분석되는 가운데 정통 주자학자와 관인층의 체제 유지방식과 다르다는 것이 밝혀졌으며, 이를 바탕으로 유형원의 독특한 국가개혁론이 확인되고 있다.[5] 그의 개혁구상은 주자학 이데올로기뿐 아니라 정치제도 및 사회경제 전반에 걸친 것으로서 방대하기 이를 데 없는 것이었다.[6] 그는 특히 국가

---

2) 유형원의 사회개혁론에 대해서는 다음 연구가 참고된다. 천관우, 1952,「반계유형원연구(상)·(하)」,『역사학보』2·3, 역사학회; 천관우, 1979,「반계 유형원 연구」,『근세조선사연구』, 일조각; 정구복, 1970,「반계 유형원의 사회개혁사상」,『역사학보』45, 역사학회.

3) 李家煥,『錦帶詩文抄-下』,「柳文簡公遺事序」; 公之裔孫磻溪先生 以邃學 爲世儒宗 又預定華城形勝 爲今陪京 文簡公爲有孫 然自今觀之磻溪之書大行 人無不誦習尊慕; 李瀷,『星湖先生全集』, 卷之十七,「答趙正叔-癸酉」; 別紙 柳磻溪隨錄 昔曾見之 規制宏遠 非小國陋儒之所敢開口者 固已欽歎.

4) 천관우, 1952,「磻溪 柳馨遠 研究」上,『歷史學報』2, 역사학회.

5) 김용섭, 1986,「朱子의 土地論과 朝鮮後期 儒者」,『延世論叢』21, 연세대학교; 김준석, 1995,「柳馨遠의 公田制 理念과 流通經濟 育成論」,『人文科學』74집, 연세대학교.

6) 김준석, 1992,「柳馨遠의 變法論과 實理論」,『東方學志』75, 연세대 국학연구원; 김준석, 1993,「柳馨遠의 政治·國防體制 改革論」,『東方學志』77·78·79 합집, 연세대 국학연구원.

개혁론의 중점을 다름 아닌 농정農政에 놓고 특히 전제田制 즉 토지 소유 문제에 대한 개혁론을 주요하게 제시하였다.

유형원이 제시한 토지 소유 개혁안은 정전법井田法에 입각한 공전제公田制였다.[7] 그는 『반계수록』 권1 「전제상田制上」의 첫머리에서부터 정전법의 지극한 이치를 강조하였다. 정전법에 의해 경계經界가 바로 서면 민인들이 항업恒業을 갖게 되고 병兵을 별도로 수괄하는 폐단도 없어지며 귀천과 상하가 모두 본분에 맞게 '각각 자기 할 일<其職>'을 얻게 될 것'이라고 하였다. 그러한 가운데 분수分數가 절로 정해지면서 각자의 사회적 지위와 신분이 정해질 수 있게 된다는 것이었다.[8]

유형원에 따르면 정전법이 무너지게 된 것은 후대 대토지사유제의 발달에 따라 전제가 무너지고 사점私占이 횡행하면서부터라고 진단하였다. 그는 정전제의 이념을 계승하면서 그것을 당대에 시행할 수 있는 방법을 제시하였다. 첫째 지형이 넓지 않더라도 정전제를 시행할 수 있고, 둘째 공전을 두지 않더라도 1/10세를 시행할 수 있으며, 셋째 채지采地를 꼭 두지 않더라도 관리를 부양할 수 있다는 것을 지목하였다. 즉 정자井字 형태로 구획하지 않더라도 정전井田의 실實이 모두 그 안에 갖추어지게 할 수 있다는 것이다.[9]

유형원은 정전법을 현실화하는 방법으로 공전제를 주장했다. 그가 주장한 공전제의 첫째 특징은 공전의 성격에서 찾을 수 있다. 공전公田이란 사적 소유지로서의 사전私田에 반대되는 개념으로, 공유지 또는 국

---

7) 이헌창, 1999, 「반계 유형원의 경제사상에 관한 연구」, 『조선시대사학보』 10, 조선시대사학회; 최윤오, 2001, 「반계 유형원의 정전법과 공전제」, 『역사와 현실』 42, 한국역사연구회.
8) 柳馨遠, 『磻溪隨錄』, 卷1, 「田制」上 分田定稅節目.
9) 柳馨遠, 『磻溪隨錄』, 卷1, 「田制」上 分田定稅節目.

유지라고 불리는 국가적 소유지를 의미한다. 따라서 유형원의 공전제는 개인의 사적 소유를 제한함으로써 모든 토지를 국가 소유로 환원하려는 것이었다.

사전을 혁파하는 것은 곧 토지세습제를 혁파한다는 뜻이었다.10) 사전이 세습되면서 나타나는 토지겸병과 농민몰락을 막기 위한 방법은 곧 공전제를 통해 토지를 국유화하는 것뿐이라는 것이다.11) 대개 공전이나 사전은 별개가 아니라 모두 이 땅에 함께 설치된 것이지만 단지 공전은 공평하고 균등하며 사전은 사사롭고 편벽된 것이라는 점에 차이가 있다고 한다.

사전 대신 공전을 통해 제반 제도를 개혁할 수 있다고 하였다. 즉 공전은 백성의 산업이 항구하고 인심이 안정되며 교화를 이룰 수 있고 풍속을 넉넉하게 할 수 있어서 만사가 각기 그 분수分數를 얻게 되지만, 사전은 일체가 이와 반대여서 아무것도 얻을 수 없다는 것이다.12)

그리고 병작並作의 관행을 막을 수 없음을 알고 제도화하고자 하였다. 토지 겸병의 폐단을 익히 알고 있었던 식자識者들이라면 예로부터 이를 모두 통렬히 금하고자 하였으나 매번 고제古制를 회복하기가 어려웠음을 거론하고 있다. 그는 모든 토지에 있어 스스로 경작하지 않고 타인에게 맡겨 병작할 수 있게 하는 법령을 정하지 않을 수 없다고 하였다. 이는 사대부같이 귀한 자가 갑자기 농사 일을 할 수는 없고 맹자가 말한 것처럼 노심자勞心者가 노력자勞力者에게 경작시키지 않을 수 없는 상황을 제도화시키는 것으로, 겸병을 일삼는 모리배를 미워하여 군자와

---

10) 정구복, 1970, 「磻溪 柳馨遠의 社會改革思想」, 『歷史學報』 45, 역사학회.
11) 김준석, 1992, 「柳馨遠의 變法觀과 實理論」, 『東方學志』 75, 연세대 국학연구원.
12) 柳馨遠, 『磻溪隨錄』, 卷2, 「田制」下 田制雜議附.

야인의 구별까지 없앨 수는 없다는 것이다.

병작을 할 경우 경작자는 5분의 4를 취하게 하고 전주田主는 5분의 1만을 취하게 하며, 이를 위반한 자는 관에 고발하여 전주의 몫인 5분의 1도 모두 몰수하여 나누어 주는 방안을 제시하였다. 이렇게 된다면 역농자力農者는 그 노력만큼 취하게 될 것이며, 스스로 경작하지 않는 자에게는 남는 땅에 이익이 없게 되어, 비록 세세히 방지하지 않는다 하더라도 겸병의 폐단은 저절로 없어질 것이라고 했다.[13] 그러면서 이 같은 병작 관행을 제어하기 위해서는 그 토지를 한정하되 모름지기 공전을 통해 제도화할 때 본래의 기능을 살릴 수 있을 것이라고 하였다.

유형원은 삼대三代를 이상으로 하기는 하였지만, 그것은 고대사회로의 환원이 아니라 당시 조선의 현실에 맞는 제도를 강구해 낸 것이기에 그의 사상을 복고적이라고 단정할 수는 없다.[14] 즉 그는 삼대의 고법古法을 원용하여 현실에 대한 비판 기준으로 삼으면서, 당시의 현실사회에 적합하다고 생각한 법제를 새롭게 구상하였다고 할 수 있다. 따라서 그의 구상은 고전을 바탕으로 보다 현실개혁적인 토지제도를 체계화시켜 놓은 것으로 평가할 수 있다.

유형원은 공전을 행하려면 결부법을 고쳐 경무법으로 해야 한다고 단언하였다. 우리나라의 결부에 관한 규정은 본本을 놓아두고 말末을 취하는 법이라는 것이다. 만약 공전제를 시행하려 한다면 더욱 이 결부법을 고쳐서 경무법을 써야 한다고 보았다. 이러한 가운데 균부균세均賦均稅를 통한 균민평정均民平政이 실현될 수 있을 것이라는 주장이었다. 그는 결부법을 경무법으로 고치는 일이 실현 가능하다고 보았다.[15]

---

13) 柳馨遠, 『磻溪隨錄』, 卷2, 「田制」 下 田制雜議附.
14) 정구복, 1970, 「磻溪 柳馨遠의 社會改革思想」, 『歷史學報』 45, 역사학회.

조세제도개혁의 일환으로 제기된 유형원의 균민론은 균부균세를 지향하고 있었다. 세종대에 만들어진 공법貢法이 비록 이상적인 세법의 형태로 조선초기의 사회경제 수준에 알맞게 고안된 것으로 평가하였다. 또한 전제의 모순을 해결하지 못한 채 전세제도만으로 모든 문제를 해결하려 한 데서 조략함을 면치 못하였다고도 평가하였다. 이러한 평가를 바탕으로 유형원은 정전법과 공전제에 기반한 세법에서 해답을 찾았던 것이다.

이와 같이 유형원은 『반계수록』을 통해 국가 체제의 전반적인 개혁방안을 제시하고자 하였다. 그가 표방한 경자유전耕者有田과 균전제均田制의 논리는 곧 토지는 국가가 공유하고 농민들에게 일정량의 경지만을 나누어 주는 균전제를 실시하는 것이었다. 다시 말하면 균전제는 토지국유제를 바탕으로 하여 당시의 신분질서를 인정하고 모든 농민에게 균일하게 토지배분을 하려는 것이었다.[16]

유형원의 개혁사상을 깊이 분석한 제임스 팔레Palais는 정전제 등과 마찬가지로 조선 후기의 토지재분배론을 토지사유제를 부정한다는 점에서 시대착오로 평가하기도 하였다.[17] 18~19세기 유형원, 박지원, 정약용 등이 제기한 토지의 국유화와 재분배론을 공전제, 정전제 등 중국 고대의 이상적인 전제에만 근거한 것으로 파악한다면 이를 중국 고대의 이상을 추구하는 맹목적 근본주의로 보는 것도 이상할 것이 없을 것이다. 하지만 유형원과 뒤에서 살펴볼 박지원, 정약용의 전제개혁론, 토지

---

15) 柳馨遠, 『磻溪隨錄』, 卷1, 「田制」上 分田定稅節目.
16) 홍덕기, 1990, 「茶山 丁若鏞의 土地改革思想 硏究 - 閭田論를 中心으로」, 전남대학교 박사학위논문.
17) J. B. Palais, 1996, Confucian Statecraft and Korean Institutions. University of Washington Press.

소유개혁론은 조선의 농업 현실에 근거를 둔 개혁론이었다. 조선의 농업 현실 가운데 특히 농촌사회에 뿌리 깊게 자리하고 있는 토지 소유의 불균등, 그리고 농민들로부터 전세田稅를 수취하는 전정田政을 포함한 부세수취의 문란함을 지목하고 그에 대한 개혁방안을 제시한 것이었다. 따라서 엄격한 근대적인 잣대를 설정하고 이에 비추어보거나, 또는 중국 고대의 이상론과 명칭이 같다는 이유 등으로 조선 후기 현실적인 개혁론의 성격을 재단하는 것은 재고하여야 할 것이다.

2. 이익과 박지원의 한전론

18세기에 활약하면서 조선의 농업현실에 근거한 개혁론을 제기한 학자 가운데 이익李瀷과 박지원朴趾源은 토지 소유 개혁론으로 토지 소유 규모의 제한을 내용으로 하는 한전론限田論을 제시하였다. 개인이 소유할 수 있는 토지 규모에 제한을 두고 그 이상을 넘보지 못하게 하는 방안이었다.

먼저 이익의 토지 소유 개혁론은 균전均田을 최종 목표로 설정한 한전론限田論이었다.[18] 이익의 토지 소유 개혁론은 「균전론均田論」이라는 논설에서 찾아볼 수 있는데, 제목에 달려 있는 균전均田이라는 명칭과 달리 실제 내용은 한전법限田法이었다. 그 대강을 요약하면, 일정 규모 이상 농토를 한 개인이 소유하지 못하게 하는 것이었다. 그는 영업전의 매매를 금지하면 점차 토지를 많이 갖고 있는 부자의 토지가 자녀들에게 분산되어 자연히 균전均田의 규모, 균전이라는 목표를 달성할 수

---

18) 김용섭, 1988, 「朝鮮後期 土地改革論의 推移」, 『증보판 조선 후기농업사연구Ⅱ』, 일조각.

있을 것이라고 보았다.[19]

이익은 나라 안의 토지가 대부분 호세豪勢 계층이 차지하고 있고 백성들은 송곳 꽂을 땅도 없는 현실에서 출발하여 자신의 토지 소유 개혁론을 제안하였다.[20] 그는 특히 조선의 전세제도가 너무나 관대한데 자그마한 땅도 없는 무전無田 농민은 그로부터 어떠한 이득도 얻을 수 없다는 점을 분명하게 지적하였다. 전제田制와 세제稅制가 얽혀 있는 점을 잘 파악한 것이었고, 여기에 이익이 한전론을 제기한 배경이 있었다.

이익의 한전론의 구체적인 내용을 보면, 먼저 나라에서 1호戶에 배당하는 기준 면적을 정해서 제한하고 이를 1호의 영업전永業田으로 삼게 하였다. 그는 제한하려는 영업전의 면적을 대체로 100무로 정해 놓고 있었다. 하지만 현재 그 영업전보다 많이 가지고 있는 자에게 넘치는 부분을 국가가 빼앗지도 않고, 또한 영업전 면적에 미치지 못한 자에게 더 많은 토지를 국가가 나누어 주는 것도 아니었다. 그렇다면 어떻게 균전均田으로 나아가는 것이 가능할 것인가 이런 문제에 대해 이익은 정해진 영업전 이외의 전지田地 매매賣買를 자유롭게 허락하는 방안을 제시하였다.

제한된 영업전 이외의 전지에 대해서는 제한 없이 자유 매매를 허락하는 것은 곧 제한된 영업전은 매매를 허락하지 않는다는 의미였다. 토지매매의 허가 여부는 영업전인지 여부에 달려 있었다. 이러한 매매 원칙은 부귀자富貴者의 현실적 세력을 무시하고는 토지 소유 체제를 개편할 수 없다는 입장에서 나온 것이었다. 영업전을 농민들이 확보하고 있으면 겸병이 불가능하기 때문에, 전지가 많은 부호일지라도 세월이 지

19) 李瀷, 『星湖續集』 권15, 「雜著」 論田制.
20) 李瀷, 『星湖僿說』 권7, 人事門 結負之法.

나면서 여러 아들에게로의 분점分占과 불초자不肖子의 파락破落 등으로 말미암아 토지 소유가 점차 균등하게 쪼개질 것이라는 논리였다.

영업전의 매매를 불허하고, 어길 경우 크게 처벌하도록 방침을 세워두고 있었다. 대개 토지를 파는 자는 반드시 빈민貧民이므로 빈민으로 하여금 토지를 팔지 못하게 하면 매자賣者가 드물어져서 겸병兼倂이 덜 해질 것이다. 빈민이 혹 재력財力이 있어 토지를 얻을 수 있으면 촌척寸尺의 토지가 쌓이게 될 것이며, 이와 같이 빈민의 토지매매가 없어지면 전체적으로 토지의 균점均占 상태로 이끌어 갈 수 있을 것이라고 생각하였다. 또한 당연히 토지의 매매는 관에 보고하여 허락을 얻는 과정을 거쳐야 했다. 즉 모든 토지매매는 관에 보고하여 관에서 전안田案에 기록한 후 문권文券을 만들어 준 뒤에 이루어지게 하였다. 그리하여 관의 인문印文이 없는 것은 토지매매의 법적 보증이 되지 못하게 하며 소송도 허락하지 않는다는 것이었다.[21]

이익은 농본農本 국가에서 토지 소유(전제)의 개혁을 통한 자급자족적인 농업사회를 이상으로 삼고, 농업에 방해가 되는 수공업이나 화폐의 유통을 금지해야 한다고 주장하였다. 그는 극심한 사회변동 과정에서 몰락하는 소토지농민을 구제하는 방법으로 한전제限田制를 주장한 것이었다. 모든 토지의 국유화를 주장한 유형원의 공전제와 이익의 한전제를 비교하면, 일정한 생활 근거를 보장하면서 남은 토지의 자유 매매를 인정하는 태도에서 당시의 현실에 근거한 방안이라는 점을 알 수 있다.

다음으로 박지원이 제기하고 있는 토지소유개혁론은 1799년『과농소초課農小抄』를 정조에게 진정하면서 덧붙여 올린「한민명전의限民名田議」에 잘 드러나 있다.[22] 당시 면천沔川 군수로 2년 여를 보낸 박지

---

21) 李瀷,『星湖先生全集』卷30,「雜著」, 均田論.

원은 자신의 수령 경험과 농촌 현황을 관찰한 견문을 통해서 토지 소유에 대한 개혁론을 제기하고 있었다. 박지원의 토지 소유에 대한 개혁론은 전제조건으로 농업기술의 구체적인 개혁안을 세워놓고 있다는 점에서 보다 현실적인 방안이라고 할 것이다.

박지원이 검토한 이상적인 토지제도는 정전제井田制이지만, 정전제를 갑자기 실현하기 어려우므로 토지 소유의 상한을 정하여 점진적으로 정전井田의 실질적인 내용을 현실화시키자는 방안으로 한전론限田論을 주장하고 있었다.[23]

박지원은 먼저 자신이 수령으로 있던 면천군의 경우를 예로 삼아 군의 전체 토지면적과 호구 수를 계산하고 있다. 그에 따르면 경내의 원장부原帳付 전총田摠은 5,896결 4부 3속인데 이 가운데 시기전時起田만 떼어내서 계산하면 수전 1,303여 결, 한전 1,121여 결로, 총 2,824결 92부였다. 그리고 경내 호구 가운데 입적되어 있는 숫자를 따져보면 4,139호에 남 6,805구, 여 6,703구로, 총 13,508구였다. 그런데 이 수치에서 호당戶當 구수口數를 산출하면 1호에 남녀가 평균 3.26구에 지나지 않는다.

박지원은 1호에 5구는 되어야 분전糞田하고 힘써 일하여 농사를 지을 수 있다고 전제하여 임의로 13,508구를 5구씩 분배하여 2,701호를 가상으로 전제한다. 그리고 이 2,701호에 시기전 2,824결 92부를 고르게 나누어 주는 것으로 계산하였다.[24] 그리하여 1호에 1결 2부 정도를 나누어 주게 되는데, 군내에 거주하는 사대부 등을 후하게 대우하지 않을 수 없기 때문에 평민들이 균배 받아야 할 전토는 1결에 미치지 못할

---

22) 朴趾源의 「限民名田議」는 『燕巖集』 권16에 『課農小抄』와 더불어 실려 있다. 여기에서는 박영철이 1933년에 活字로 간행한 『燕巖集』에 수록된 것을 이용하였다.
23) 朴趾源, 『燕巖集』 권16, 「限民名田議」.
24) 朴趾源, 『燕巖集』 권16, 「限民名田議」.

것이라고 설명하였다. 박지원은 신분적 차별을 인정한 상태에서 토지의 분배를 실행할 것을 주장하고 있었다.

박지원의 토지소유개혁론을 담고 있는 글의 제목에 나오는 '한민명전限民名田'이라는 이름은 중국 한대의 동중서董仲舒의 언급에서 유래한 것[25]인데, 민민의 명전名田을 제한해야 한다는 주장이었다. 「한민명전의限民名田議」에서 제시하고 있는 토지소유개혁론은 『과농소초』의 「전제」에 나와 있는 기전箕田농장제, 정전井田농장제와 연결점을 찾기 어렵게 되어 있다. 따라서 기전이나 정전을 박지원이 제시하고 있는 토지소유개혁방안으로 보기 힘들다. 대신 박지원이 설치할 것을 제안하고 있는 '법전法田'이 바로 농업기술의 진전과 더불어 그 보급을 위해 설치해야 될 모범농장으로 성격을 규정할 수 있기 때문에 그의 구체적인 농업기술 개혁 방안으로 자리매김할 수 있을 것이다.[26] 농리農理를 잘 파악하고 있는 사람을 스승으로 삼아서, 농사일에 힘쓰는 사람을 사방에서 모아 제자로 삼고 농사를 권장하게 하여 농학農學이 수립되기를 기대하는 방안이었다.

박지원이 제안한 한전제의 주요한 틀은 토지 소유의 상한선을 설정하고 현재의 소유 상황을 인정한 상태에서 장차 그 이상의 소유를 금지하여 점차 균등한 토지 소유를 성립시키려는 것이었다.[27] 토지를 겸병한 자라 하더라도 점차 자손들이 나누어 분산시켜 나가게 되면 균등한 면적을 가지게 될 것이고, 만약 은밀히 금령을 어기는 경우에는 해당 토지를 관에서 몰수하는 방식으로 실행하면 수십 년이 지나지 않아 나라 안

---

25) 朴趾源, 『燕巖集』 권16, 『課農小抄』, 「限民名田議」.
26) 朴趾源, 『課農小抄』 「田制」.
27) 朴趾源, 『課農小抄』 「限民名田議」.

의 토지가 모두 균등하게 나누어질 것이라고 하였다. 그런데 「한민명전의」의 토지분배론은 앞서 지적한 바와 같이 사대부에게 혜택을 더 주어야 할 것이라고 지적하고[28] 있다는 점에서 당시 신분제 현실을 그대로 긍정하는 모습이 엿보인다. 조선의 전제를 전면적으로 개혁하자는 논의와 약간 거리를 두고 있는 점이라고 할 수 있다.

3. 정약용의 여전론과 정전론

18~19세기의 조선의 농업 실정에 근거한 대표적인 토지 소유 개혁론으로 정약용의 여전론閭田論와 정전론井田論을 들 수 있다.[29] 정약용丁若鏞은 조선 후기 실학의 집대성자로 불려도 좋을 만큼 많은 저술을 통해 다양한 부문의 개혁안을 남겼다. 1801년 신유옥사辛酉獄事로 수많은 남인 학자들이 화를 당했는데, 이때 정약용은 둘째 형 정약전丁若銓과 더불어 유배되고 셋째 형 정약종丁若鍾은 사형에 처해졌다. 같은 해 10월에 이른바 '황사영백서黃嗣永帛書사건'으로 정약전은 흑산도黑山島에, 정약용은 전라도 강진康津에 이배移配되었다. 처음에는 강진읍 주막 등에 거처하다가 1808년 47세 되는 해에 다산茶山의 초당草堂으로 거처를 옮겨 1818년 유배에서 풀릴 때까지 여기에서 지냈다.

정약용은 처음 벼슬을 시작하였을 시기에 「전론田論」, 「탕론湯論」, 「원목原牧」 등 이상적인 정치·경제개혁 방안을 내놓았다. 유배를 당한 기간 동안에 본격적인 저작활동에 힘을 기울여서 현실적인 개혁방안을 마련하였다. 그리하여 그는 강진 유배 시기에 현실적인 개혁안에 해당

---

28) 朴趾源, 『課農小抄』 「限民名田議」.
29) 김용섭, 1992, 「18, 19세기의 농업실정과 새로운 농업경영론」, 『增補版 韓國近代農業史硏究』 上, 一潮閣.

하는 1표 2서 즉 『경세유표經世遺表』, 『목민심서牧民心書』, 『흠흠신서
欽欽新書』를 저술하였고, 경학서經學書와 예서禮書 등에 대한 주석서
들을 찬술하였다.30) 토지 소유 개혁안으로는 여전제와 정전제 2가지를
제안하였다. 전자는 현실의 토지 소유 관계 등을 혁명적으로 극복하는
이상적인 토지 소유 개혁안이라고 평가되고, 후자는 조선의 농업 현실
을 인정한 입장에서 제시한 토지 소유 개혁안으로 평가되고 있다.

정약용의 「탕론蕩論」과 「원목原牧」은 그의 가장 급진적인 정치사상,
개혁론으로 지목된다.31) 이에 필적하는 근원적이고, 이상적인 토지 소
유 개혁론인 여전론閭田論이다.32) 그의 여전론은 『여유당전서』「전론
田論」에 제시되어 있다. 토지에 대한 사유私有를 부인하고 공동 소유,
공동 경작, 노동에 따른 수확 분배 등을 기본 내용으로 하는 이상적인 토
지 소유 개혁안이었다. 소수의 대지주가 대다수의 토지를 집적하고, 많
은 소작농민을 착취하고 있는 당시 현실을 비판하는 입장에서 당대의
농업현실을 전면적으로 뒤집어엎는 내용의 토지 소유 개혁안이었다. 정
약용은 이와 같은 입장에서 균전제와 한전제가 오히려 비현실적인 주장
이라고 비판하였다.33)

그는 19세기 초반 농촌사회에서 토지를 가진 자와 토지가 없는 자가

---

30) 1935년에 안재홍·정인보에 의해 『與猶堂全書』가 간행된 이후 1973년에는 『여유
당전서보유』가 5책으로 간행되었다. 또 최익한의 『실학파와 정다산』, 홍이섭의 『
정약용의 정치경제개혁사상 연구』 등의 연구가 있고, 1985년부터는 다산 서거
150주년 기념으로 『정다산연구의 현황』, 『정다산과 그 시대』 등 다산에 관한 연구
성과들은 이루 헤아릴 수 없을 정도로 많은 상황이다.
31) 임형택, 1990, 「다산의 '민'주체 정치사상의 현실적·이론적 근거 - '탕론', '원목'의
이해를 위하여」, 『이우성교수정년기념논총 - 민족사의 전개와 그 문화』, 창작과
비평사.
32) 丁若鏞, 『與猶堂全書』, 第2集 『詩文集』, 第11卷, 「文集 論」, 田論一~七.
33) 丁若鏞, 『與猶堂全書』, 第2集 『詩文集』, 第11卷, 「文集 論」, 田論二.

분명하게 구별되면서 토지 소유의 불균등이 뚜렷하게 자리 잡은 상황을 국가권력의 힘으로 해결해야 한다고 보았다. 이러한 상황을 그대로 방치한다면 국왕으로서의 자격이 없는 것이며, 강약强弱의 다툼을 그대로 내버려둔다면 수령 노릇도 제대로 하지 못하는 것이라고 꼬집었다. 결국 토지 소유의 불균등을 해결하는 것이 국가 지배체제의 책무라고 주장한 것이었다.

정약용은 백성들의 빈부貧富 격차가 생겨난 근본 원인으로 토지 소유의 불균등을 지적하고, 이러한 토지의 불균등한 소유를 바로잡기 위한 가장 근원적인 개혁방안으로 여전론을 제기한 것이다.[34] 정약용의 계산에 따르면 당시 우리나라의 전토가 총 80만 결이고 인구가 800만 명이기 때문에 10명 1호로 계산하여 매 호마다 1결의 토지가 분배되어야 균등한 것이었다. 그런데 당시 농촌의 실정은 대토지 소유자의 대량 토지 집적으로 인해 균등한 토지 소유가 백년하청인 상황이었다. 정약용은 앞선 사람들이 제기한 균전론에 대해 계층을 따지지 않고 모두에게 일정액의 토지 소유를 인정하였다는 점에서 미흡한 점이 있다고 비판하면서, "농사짓는 자는 토지를 가질 수 있고 농사짓지 않는 자는 토지를 가질 수 없다"는 토지분배의 원칙을 제시하였다.

여전론은 여閭를 하나의 토지 소유 주체로 설정한 것이다. 본래 여閭는 중국 고대 주周나라의 촌락 단위였다. 정약용은 평균 30호 안팎의 가호家戶로 형성된 자연부락을 경계로 삼아 이것을 여閭라 하고, 이를 기본 단위로 하여 3여를 1리里, 5리를 1방坊, 5방을 1읍邑으로 조직하는 촌락공동체의 단계적 조직체계를 구상하였다. 여전론은 기본적인 토지 소유 개혁안 이외에도 수공업자, 상인에 관한 규정과 놀고먹는 양반층

---

34) 丁若鏞,『與猶堂全書』, 第1集『詩文集』, 第11卷,「文集 論」, 田論三.

을 생산적인 일에 종사토록 규정하고 있으며, 여장閭長 지휘 하의 군사 훈련과 군역·군포에 대한 규정도 들어 있었다. 이러한 공동 경작과 노동에 의한 분배의 원칙은 당시 사회에서 무위도식하는 많은 수의 노동력을 농업노동으로 흡수하려는 것이었다.

여전閭田을 바탕으로 삼은 촌락공동체 조직에는 이미 개인에 의한 토지의 사적 소유가 없기 때문에 토지의 겸병이나 매매가 없고 토지로 인한 쟁송 따위도 있을 수 없었다. 여장閭長의 지휘 밑에서 공동으로 여전을 경작하고, 여장은 매일 여민閭民들의 일역日役 즉 노동일수를 일역부에 기록한다. 그리고 추수 후 분배 때에 노동일수勞動日數를 계산하여 그 일수의 많고 적음에 따라 양곡糧穀을 분배한다. 수확물을 모두 여의 창고에 넣었다가 먼저 공세公稅를 나라에 바치고, 다음에는 여장의 봉급을 주고 나머지를 일역에 따라 여민들에게 분배하는 것이었다.

또한 정약용의 구상은 십일세什一稅를 기준으로 전세를 정액화하고, 여전제 자체를 하나의 군병 조직으로 활용하는 것이었다. 부세제도 및 군사제도와 긴밀히 연관시킨 것이었는데, 여에서 국가에 바치는 세금을 십일세로 고정하고 이 십일세 덕분에 국가재정이 안정될 것이라고 보았다.[35] 이러한 구상은 여전제를 병제兵制와 결합하여 병농일치兵農一致를 현실화하려고 것이었다.[36] 정약용은 1804년 이후 전라도 강진에서 유배하던 시절에 여전제 개혁구상을 정리하였다. 물론 여전제와 같은 이상적인 토지개혁론은 현실적으로 조선 후기 사회에서 실행하기에 여건상 매우 곤란한 것이었다.

여전론에 입각한 전제개혁이 조선의 농업현실에서 실행에 옮겨지기

---

35) 丁若鏞, 『與猶堂全書』, 第1集, 『詩文集』, 第11卷, 「文集 論」, 田論六.
36) 丁若鏞, 『與猶堂全書』, 第1集, 『詩文集』, 第11卷, 「文集 論」, 田論七.

어렵다는 사실을 잘 알고 있었던 정약용은 보다 현실적인 개혁론으로 정전제井田制 토지 소유 개혁안을 구상하였다. 그의 정전제 방안은『경세유표經世遺表』에서 찾아볼 수 있는데,「정전론井田論」,「정전의井田議」등의 논설에 잘 나타나 있다.37)『경세유표』에 들어 있는 정전제 개혁론은 토지의 국유화를 지향한 토지 소유 개혁론이면서 또한 세제개혁안이었다.38)

정약용은 정전井田을 전가田家의 황종黃鐘 즉 표준 내지 기준이라고 단정하였다. 황종이 서지 않으면 악음樂音을 바로잡을 수 없는 것처럼 정전井田이 세워지지 않으면 전제田制를 바로 세울 수 없다고 단언한 것이다.39) 그런데 정약용은 반드시 평탄한 곳에 정자井字 형태로 토지를 구획해야만 한다고 고집한 것은 아니었다. 오히려 평연지지平衍之地에 획정劃井한 것을 모범으로 삼아 그 원리를 실행한다는 것이었다. 그리고 전통적인 세법 원칙인 십일什一 대신에 구일九一을 내세우는 방안과 결부시킨 것이었다.40)

그리고 100무畝인 1부畉를 단위로 삼아 공전公田을 설치하고 사전을 주변에 8부를 두게 하였다. 이때 1부畉는 다시 4구區로 나뉘는데, 반드

---

37) 丁若鏞,『與猶堂全書』, 第5集,『政法集』, 第5卷,「經世遺表」, 地官修制 田制一 井田論一-三, 考井田之法, 井田議一-六.
38) 정약용이 지향하는 농업경영론을 전업경영론으로 보고「전제」에 등장하는 '力農者'를 자소작 상농층인 '경영형 부농'으로 해석하는 견해(김용섭, 1992,「18, 19세기의 농업실정과 새로운 농업경영론」,『增補版 韓國近代農業史研究』上, 一潮閣)와 소지주로서의 지주 자작이라고 보는 견해(안병직, 1990,「다산의 농업경영론」,『이우성교수정년기념논총 - 민족사의 전개와 그 문화』, 창작과비평사)가 있다.
39) 丁若鏞,『與猶堂全書』, 第5集,『政法集』, 第7卷,「經世遺表」, 卷七 地官修制 田制九 井田議一.
40) 丁若鏞,『與猶堂全書』, 第5集,『政法集』, 第7卷,「經世遺表」, 卷七 地官修制 田制一 井田論二.

시 사방이 정방형이어야 했다.[41] 이처럼 공전의 형태가 정방형이 되어야 한다고 강조하였고, 공전 사방에 큰 돌을 세우고 사전私田 사방에 작은 돌을 세우도록 하여 공전과 사전이 분명하게 구별되도록 하였다.[42] 이렇게 해야 공전과 사전의 경계를 분명하게 나눌 수 있고, 나아가 수확량을 정확하게 파악하여, 부세 수취를 분명하게 할 수 있다는 것이다. 그리고 정전제의 실행을 위한 특별한 관서로 경전사經田司의 설치를 제안하기도 하였다.[43]

유학 경전經典에 기재되어 있는 정전제는 정전井田 9구區를 나누고, 그 가운데 중앙의 1구를 8부夫가 공동경작하여 공세公稅에 충당하고, 나머지 8구를 8부가 각기 경작하여 그 소출을 소유하는 제도이다. 그런 점에서 토지 소유와 공세公稅 부담을 결합시킨 방식이었다. 「정전론井田論」, 「정전의井田議」 등에 제시된 정약용의 방안도 사전과 공전을 나누어 경작하게 하고, 그리하여 국가의 조세수입 확보를 보장하는 것이었다.

「정전의」 내용의 대부분도 조세수취와 관련된 부분으로 되어 있다는 점을 주요하게 파악하면 정약용의 정전론을 세제개혁론에 국한된 것으로 단정하는 견해가 나올 수 있다. 하지만 조세수취의 다양한 양상을 제대로 실현하기 위해 전제를 공전과 사전으로 나누고 공전의 형태를 정방형인 정전井田으로 설정하는 것이 전제되어 있기 때문에, 정약용의

---

41) 丁若鏞, 『與猶堂全書』, 第5集, 『政法集』, 第7卷, 「經世遺表」, 卷七 地官修制 田制九 井田議二.
42) 丁若鏞, 『與猶堂全書』, 第5集, 『政法集』, 第7卷, 「經世遺表」, 卷七 地官修制 田制九 井田議二.
43) 丁若鏞, 『與猶堂全書』, 第5集, 『政法集』, 第7卷, 「經世遺表」, 卷七, 地官修制 田制九 井田議一.

정전론을 세제 개혁론으로만 볼 수 없고 토지 소유에 대한 개혁방안의 성격도 띠고 있다고 보아야 할 것이다.

또한 정약용의 정전론에서 주목해야 할 부분이 이서吏胥의 중간수탈을 없애는 데에 크게 주의를 기울이고 있는 점이다. 정약용은 이서의 농간을 조목조목 설명하면서 이서망국론吏胥亡國論까지 주장하였다. 따라서 그는 이서의 횡포를 배제하기 위해서는 농민들이 힘을 합하고 정전법을 시행하여야 한다고 하였다.

그는 위로는 나라의 부를 침식하고 아래로는 농민을 수탈하는 이서의 악폐를 제거함으로써 국부를 증진할 수 있다고 하면서, 그 방안으로 정전제를 제기하고 있었다. 또한 정전제를 실행하면 세렴稅斂이 균평하게 될 뿐만 아니라 백성들을 충순忠順하게 교육하는 것도 용이하다고 주장하였다.[44]

4. 서유구의 둔전설치론

서유구徐有榘는 19세기 초반에 조선사회에서 나름 독창적인 농업개혁론을 제시한 인물이다. 그의 독창적인 농업해결론은 「의상경계책擬上經界策」이라는 논설에 체계적으로 제시되어 있다. 「의상경계책」은 논설 제목에 보이는 바와 같이 1820년 당시 순조가 양전을 계획하고 이를 추진하도록 왕명을 내린 것에 연관된 저작이다.

서유구는 양전을 지시하는 왕명이 내려졌다는 소식을 듣고, 지금 말하지 않으면 나중에는 말할 수 있는 기회가 사라질 것 같다면서, 전제田

---

44) 丁若鏞, 『與猶堂全書』, 第5集, 『政法集』, 第7卷, 「經世遺表」, 卷七 地官修制 田制九 井田議二.

制, 양법量法, 농정農政 3가지 항목을 설정하고 각각 몇 개 조목으로 나누어 자신의 경계책經界策[45]을 작성하였다.[46] 당시 서유구는 1806년 (순조 6)에 중부仲父 서형수徐瀅修가 김달순金達淳의 옥사獄事에 연루되어 해도海島에 유배流配된 이후 시작된 은거생활을 계속 이어나가고 있던 때였다. 그는 「의상경계책」를 완성하였지만, 실제 양전 추진 자체가 무산되었던 사정 속에서 아직 밝혀지지 않은 어떤 연유로 국왕에게 올리지는 못한 것으로 생각된다.

「의상경계책」에서 서유구가 제시한 농업개혁론 가운데 가장 중요한 부분은 바로 둔전屯田 설치 주장이다.[47] 그의 둔전설치론은 바로 「의상경계책」의 마지막 조목인 '광둔전이부저축廣屯田以富儲蓄'에 서술되어 있다. 그는 이 조목에서 둔전을 널리 설치하여 축적되는 바가 많게 해야 한다고 주장한다. 이 주장은 서유구는 농법을 변통하는 것에 멈추지 않고 이를 널리 보급시키는 문제도 나름대로의 방안과 관련된 것이었다. 농법 보급의 방법으로 둔전경영론을 제시한 것이었다. 서유구는 당대의 농업현실의 개혁론으로 둔전설치론[48]을 제시하였는데, 여기에 새로운 농법 보급의 통로를 개설하는 것도 제시되어 있었다. 또한 둔전개설은 북방지역의 경우 지역개발의 주요한 접근방식으로 활용해야 한다는 주장도 펼치고 있었다.

---

45) 서유구가 經界에 대해서 특별한 설명을 덧붙이지 않고 있지만 『孟子』에 나오는 '經界'의 의미를 참고할 수 있다. 『孟子』 滕文公章句上 三章.
46) 徐有榘, 『楓石全集』 3册, 『金華知非集』 卷12, 擬上經界策.
47) 徐有榘의 屯田論에 대한 서술은 다음 논문을 참고하였다. 염정섭, 2014, 「楓石의 農法 변통론과 農政 개혁론」, 『풍석 서유구 연구 上』 실시학사 실학연구총서09, 사람의 무늬, 145~240쪽.
48) 金容燮, 1992, 「18,9세기의 농업실정과 새로운 농업경영론」, 『增補版 韓國近代農業史硏究』 上, 一潮閣.

서유구가 「의상경계책」에서 제시한 둔전설치론에 대한 검토에서 빼놓아서는 안 되는 부분이 '광둔전이부저축'의 앞부분 서술 내용이라고 생각된다. 이 부분에서 서유구가 둔전 개설 목적을 분명하게 밝히고 있기 때문이다. 「의상경계책」은 조선의 농정을 개혁하기 위해 서유구가 최대한으로 체계화시킨 내용구성 속에서 작성된 글이다. 따라서 '광둔전이부저축' 앞부분에 둔전설치에 대한 논의를 본격적으로 진행하기에 앞서 제시하고 있는 설명 부분을 주목하지 않을 수 없다. 결론적으로 서유구의 둔전설치론은 바로 새로운 부세를 만들어내는 대신에 국가재원을 둔전을 통해서 확보하고, 나아가 나라를 부유하게 만들려는 것에 목표가 있다는 점을 확인할 수 있다.

서유구는 '광둔전이부저축'의 첫 문장을 '중국에서는 재산을 불리기 위한 여러 활용 방법을 교묘하게 실행하는 것이 쉬운데, 조선에서는 재물과 이익을 말하는 것을 수단으로 삼기가 어렵다'[49]고 설명한다. 중국에서는 토지의 수익으로 생활 수단을 도모하는 길이 한 가지가 아니어서, 잠적蠶績, 축목畜牧 등에서 취하는 바가 있고, 화식貨殖의 이로움으로 어려운 일이 닥칠 때 해결할 수 있어 항상 여유롭다고 하였다. 이에 비해 조선의 경우 애초에 국가에서 백성들에게 수취하는 정당한 제도가 있어 '올바른 공부貢賦' 외에는 함부로 가렴주구하는 것이 없다는 점을 자부할 만하다고 평가하면서도,[50] 점차 수입으로 지출을 감당할 수 없는 지경에 빠져 버렸지만 수취를 증대시켜야 한다고 나서서 말하는 사람이 없는 상황이라고 보았다. 서유구는 이를 문약文弱한 선비들이 생활수단을 도모하는 데 졸열하고 재화와 이득을 말하는 것에 부끄러워하

49) 徐有榘, 『楓石全集』 「金華知非集」 卷第十一, 策, 擬上經界策.
50) 徐有榘, 『楓石全集』 「金華知非集」 卷第十一, 策, 擬上經界策.

는 데에 연유한 것이라고 분석한다. 선비들이 처음에는 조상 대대로 내려온 수입 방편으로 그런대로 버티다가 식구가 늘어나고 먹는 것이 번거로워지면 빈핍해져 아침에 저녁을 도모하지 못하는 것과 같은 상황이라고 평가하였다.

그는 근래에 군포를 거두는 것과 환곡의 모곡耗穀을 취하는 것에 대해서 본래의 수취 이외에 점차 갖가지 명목이 생겨나는 것이고 각박함도 날로 심해지는 것으로 평가하였다.[51] 여기에 구차한 정사가 나타나는 이유는 소금과 술에 세금을 매기지 않는 것 때문이 아니라 가렴주구가 횡행하기 때문이라는 소식蘇軾의 언급을 인용하고 있었다.[52] 권세를 지녔거나 부유한 부류는 나라의 수취에서 벗어나기 위해 백 가지 계책을 내어 수행하고, 농호農戶는 홀로 수취가 집중되는 괴로움을 겪고 있어서 점차 나라의 가난함이 더욱 심해질 것이라고 보았다. 그렇지만 이러한 상황에서 서유구는 자염煮鹽, 주철鑄鐵, 각주榷酒, 산다筭茶 등에 세를 매겨 상업 유통에서 파생되는 이득을 국가가 빼앗는 방식, 즉 새로운 부세를 창출하는 것이 불가능하다고 보았다.[53] 이와 같이 서유구의 관심은 국가의 저축貯蓄을 풍성하게 부유하게 하려는 것에 놓여 있었다. 하지만 부세를 새로 만들고 징세를 급박하게 하는 방법을 채택하는 것은 불가능하다고 보았다. 그렇다면 서유구는 나라가 가난해지는 것을 막고 저축을 풍성하게 하는 방책으로 무엇을 제시하고 있는가 살펴볼 시점이다.

국가의 저축을 풍성하게 하는 방법은 먼저 '지력을 다 활용하는 것

---

51) 徐有榘, 『楓石全集』「金華知非集」卷第十一, 策, 擬上經界策.
52) 徐有榘, 『楓石全集』「金華知非集」卷第十一, 策, 擬上經界策.
53) 徐有榘, 『楓石全集』「金華知非集」卷第十一, 策, 擬上經界策.

<盡地力>’, 즉 토지의 생산성을 극대화하는 방안을 힘껏 단계적으로 채택하는 것이었다. 구체적으로 보면 '지력을 다 활용하는 것<盡地力>'이란 이회李悝가 위문후魏文侯를 위해 작성한 '진지력지교盡地力之教'를 채택하여 적용하자는 주장이었다. 이회는 방方 100리里의 땅 900만 경에서 산택읍거山澤邑居로 3분의 1을 제외하고 나머지 600만 경에서 치전治田을 근근勤謹하게 하면 무畝에서 삼승三升이 더해질 것이고, 불근不勤하면 손실을 입는 것이 같은 크기일 것이라고 설명하였다. 그리하여 이회는 국가에서 조적糶糴을 시행할 때 귀천貴賤을 잘 조절하고, 또한 5구口를 거느린 1부夫로 하여금 전田 100무畝를 맡게 하여 그 수확한 것으로 세稅, 식食 등의 용도로 사용하도록 계획적인 농업생산을 꾀하였다.

서유구는 이회가 제기한 계획적인 농업생산을 수행하기 위한 방책을 단계적으로 제시하였다. 먼저 지력을 다 활용하기 위해서는 전야田野에 남겨지는 이익이 있으면 안 되기 때문에 경종耕種을 제대로 된 법法에 따라 수행해야 한다고 하였다. 따라서 경파수예지법耕糯樹藝之法, 즉 농작물을 정교하게 경작하는 기술, 방법을 가르치지 않으면 안 된다고 정리하였다.[54] 지력을 온전히 활용하기 위해서는 농법을 변통하지 않으면 안 된다는 주장이다.

다음으로 수예樹藝하는 법을 어떻게 가르칠 것인가에 대해서 서유구는 논의를 계속해 나간다. 그는 이전의 일상에 익숙해 있으면 안색과 말투로만 타이르는 것이 불가능하다고 보았다. 그리고 한쪽으로 치우친 모서리에 적체되어 있으면 올바른 명령으로 가지런하게 만드는 것도 불가능하다고 보았다. 결국 반드시 방법과 기술을 제시하고 보여주고, 효

---

54) 徐有榘, 『楓石全集』 「金華知非集」 卷第十一, 策, 擬上經界策.

력과 효과를 거두는 것을 확인시켜, 백성들이 따르게 해야 한다는 것으로 결론을 맺었다.[55] 다시 말해서 새롭게 변통한 농법을 보여주고 그 농법으로 실효를 거둘 수 있다는 것도 알려주어야, 농민들이 스스로 따라올 것이라는 주장이다.

이러한 논의를 거쳐 서유구는 둔전屯田을 설치해야 한다는 주장으로 나아간다. 서유구는 이 대목에서 둔전이란 무엇이어야 하는지 즉 둔전의 성격에 대해서 분명한 언급을 하고 있다. 서유구는 둔전은 곧 보여주는 것, 그리하여 다투어 일어나도록 권장하는 것을 목적으로 삼고 있으며, 이를 위해 새로운 농법을 개발하는 일도 담당해야 한다고 보았다. 농민에게 교묘함과 졸렬함의 차이가 수고로움과 편안함으로 판이하게 나뉜다는 것, 그리고 선부善否가 크게 차이가 나는 것에 따라 이해도 현저하게 달라진다는 것 이것을 보여주는 것, 그것이 바로 서유구가 바라본 둔전의 성격이었다.[56] 이러한 성격의 둔전은 달리 말해서 '조선 농사시험장(시범농장)'[57)에 해당하는 것이었다. 치전治田, 종곡種穀의 원리를 찾아내어, 농민들에게 교묘함과 졸렬함의 차이, 선부善否의 크게 차이 나는 양상 등을 살펴볼 수 있게 해준다는 것은 바로 농사를 시험하여 그 결과를 널리 보급하고자 하는 이른바 근대 농업체제에 등장하는 '농사시험장'의 성격에 비견되는 것이었다. 「의상경계책」을 지역인식의 측면에서 검토한 김문식도 '경사는 새로운 농업기술을 미리 시험하는 장소이기도 했다'고 파악하였다.[58] 결론적으로 경사둔전은 농법農法, 수리

---

55) 徐有榘, 『楓石全集』「金華知非集」 卷第十一, 策, 擬上經界策.
56) 徐有榘, 『楓石全集』「金華知非集」 卷第十一, 策, 擬上經界策.
57) 시범농장이라는 용어는 유봉학이 제시한 것이다. 유봉학, 1995, 「徐有榘의 學問과 農業政策論」, 『燕巖一派 北學思想 硏究』, 一志社, 211쪽.
58) 김문식, 2009, 「擬上經界策」에 나타난 서유구의 지역인식」, 『한국실학연구』 18,

법水利法 등을 시험하여 새로운 기술을 개발하고, 이를 사도팔도로 보급하는 곳으로 '조선 농사시험장'으로 볼 수 있을 것이다.

서유구가 제시하는 둔전설치론은 가장 전형적인 '조선 농사시험장'에 해당하는 경사둔전京師屯田 4곳으로부터 시작한다. 경사둔전 4곳을 합하여 총 1,000경頃을 조성하는데, 10경마다 우려耦犂 사우四牛, 역차役車 이승二乘, 전부佃夫 오인五人을 두어, 전체적으로 500명의 전부가 동원되는 규모였다. 그리고 경우耕牛는 영남에서 동원하고, 도전稻田 전부는 영남좌도인嶺南左道人으로, 속전粟田 치전자治田者는 해서관서인海西關西人으로 모집하게 하였다. 또한 매 1둔屯에 농무農務에 밝은 사람 1인을 전농관典農官으로 삼아 그 일을 관장하게 하였다. 그리고 여러 가지 수리기계와 농기를 제작하는 것도 경사둔전에서 담당하게 하였다.

둔전의 도전稻田에서는 영남의 종도법種稻法, 육전陸田에서는 지금 방법을 모두 바꾸어 조과의 대전법을 사용하게 하였다. 서유구가 강조한 조과의 대전법은 실은 '풍석대전법楓石代田法'이었다.[59] 이렇게 하여 경사둔전에서 수확을 거두게 되면 그것을 창고에 축적하고, 시행한 지 몇 년이 지나 성과를 거두게 되면 비로소 사도四都 팔도八道로 확장하는 것이었다. 즉 경사둔전과 사도팔도에 설치되는 영하營下 둔전屯田은 병렬적으로 설치되는 것이 아니라 순차적으로 설치되는 것이었다.[60]

한국실학학회, 583쪽.

59) 楓石代田法에 대해서는 아래 논문을 참고할 수 있다. 염정섭, 2014, 「楓石의 農法 변통론과 農政 개혁론」, 『풍석 서유구 연구 上』 실시학사 실학연구총서 09, 사람의 무늬, 145~240쪽.

60) 徐有榘, 『楓石全集』 「金華知非集」 卷第十一, 策, 擬上經界策; 農政之亟宜施措者六, 六曰廣屯田以富儲蓄…行之數年 灼見成效 然後分遣其徒于四都八道 以一傳十 以十 傳百 敎導其耕播芸耨之法 各就營下近處 設置屯田 多或七八百頃 少或四五百頃 其

그리고 사도팔도의 둔전에 뒤이어 수륙절도영水陸節度營 및 열읍도호
부列邑都護府에도 편의에 따라 차례로 둔전을 설치할 수 있게 해주는
것이었다.

이상에서 살펴본 서유구의 둔전설치론은 새로운 농법의 개발과 보급
에 주안점을 두는 것이었다. 물론 그의 논의는 조선의 농업체제에서 현
실화되지 못하였고, 자신이 이를 직접 실천에 옮기지도 못하였다. 그러
한 결말을 사실 조선의 실정에서 보았을 때 당연한 것이기도 하였다. 정
약용이 『경세유표』를 지어 새로운 국가체제를 제시하였을 때 그의 생
각은 국가체제의 개혁이 현실화되고 제도적인 부문의 변혁이 실현되어
야만 여타 생산부문과 상업 및 교역 등의 부문의 변혁도 가능할 것으로
보았던 것이다.

결과적으로 정약용, 서유구의 개혁론은 국가적인 차원에서 농업체제
를 재구성해야 한다는 논의로 그 요점을 지적할 수 있을 것이다. 특히 서
유구는 '조선 농사시험장'을 설치하는 구상을 제시하고 있는데 이는 개
항 이후 조선 정부에서 실행한 농무목축시험장의 설치와 운영, 대한제
국에서 시도한 권업모범장의 설치 시도 등과 이어지는 것으로 볼 수 있
다. 새로운 농법을 시험재배 과정에서 개발하고 나아가 이를 여러 지역
으로 보급하는 중심 기관으로 경사둔전을 '조선 농사시험장'으로 운영
하려는 서유구의 방안은 새로운 농업체제의 정립을 지향하는 것이었다
고 평가할 수 있다. 개항 이후 조정과 재야의 지식인들이 근대적 농업체
제를 만들기 위해 농서 편찬이나 농사시험장 성격의 기관 설치 운영을
위해 노력하였던 것과 연관시켜 살필 수 있는 것이었다.

設施規制 一倣京屯.

제2부

개항기 · 대한제국기
근대 농업체제의 형성

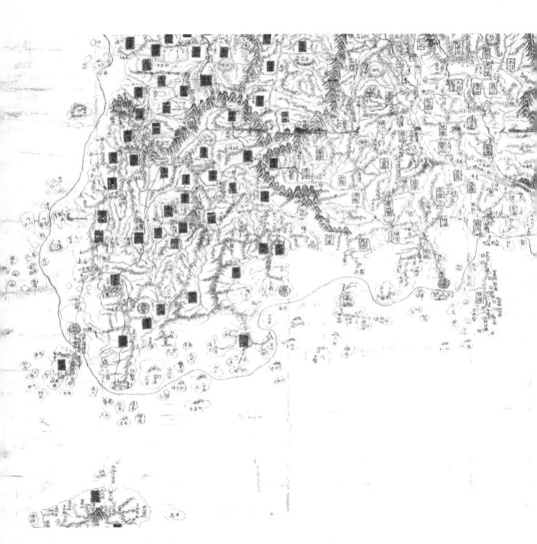

Ⅰ. 대원군의 농촌수습책과 고종의 권농정책

1. 1862년 농민항쟁과 근세 농업체제의 위기

조선 사회의 근세 농업체제는 국가가 주도하는 농정책의 수행을 통해 농업생산의 전반적인 안정성을 확보하려고 하였다. 하지만 실제 농업생산에 종사하는 농민들은 한편으로 국가의 농정책 실시에 의지하면서 그리고 다른 한편으로는 보다 심층적인 측면에서 농가의 경리를 꾸려나가고 생계를 이어나가기 위하여 직접 농업생산 활동을 펼쳐나갔다. 이러한 생산 과정을 통해 획득한 농업 생산물은 국가의 수취체제, 상품화폐 유통체계 등을 통해서 조선사회에 경제적 동력을 제공하면서 생계와 생활의 활력을 부여하고 있었다.

근세 농업체제에서 농민들은 생산의 직접 현장에서 새로운 농업기술의 개발과 전수, 전승이라는 책무를 담당하고 있었다. 그리고 중앙정부와 지방수령은 농민의 생존과 재생산을 최소한도로 보장하면서 농업생산에 종사할 수 있도록 농정책을 수행하였다. 그리하여 근세국가는 농민의 재생산을 구휼제도, 구황을 통해서 최소한으로 보장하고, 농민들의 농업생산을 통해 확보한 잉여 생산물을 부세제도, 수취를 통해서 확보하는 방식을 제도화하였다. 이와 같이 국가와 농민 사이의 긴밀한 관계망을 근간으로 하는 근세 농업체제 아래에서 농업생산 및 분배 체제가 구축되어 있었다. 근세 농업체제는 여러 가지 구체적인 정책, 제도의 변화 뿐만 아니라 실제 농업생산활동의 변동, 사회적 경제적 여건의 변화 등의 배경 속에서 조선 후기 18세기 중반 이후 커다란 변동에 직면하였다.

18세기 후반과 19세기 초반에 걸쳐 국가의 농업정책의 외연을 넓히고 나아가 그 내포를 변화시키려는 논의가 많이 제기되었다. 조정의 관료들과 재야의 학자들을 중심으로 제기된 국가개혁론으로서 실학實學 논의는 농업분야에서의 개선론, 개혁론을 포함하여 전개되었다. 대표적인 것이 국가가 주도하는 농업체제를 보다 정교하게 구성하는 것이었다. 특히 박지원朴趾源, 서유구徐有榘를 비롯한 몇몇 인물들은 조선의 농업생산에 커다란 진전을 가져다줄 수 있는 새로운 농업기술의 개발과 전파에 국가가 나서야 한다는 논의를 제기하였다.

박지원은 법전法田의 설치를 통해 국가가 농법 개발, 농학 발달을 주도해 나가야 한다는 점을 지적하였다. 그리고 서유구는 경사京師 둔전屯田 4곳의 설치를 주장하였는데, 이는 '조선농사시험장(시범농장)' 설치를 최초로 주장한 것이었다.[1] 하지만 실학자의 농업개혁론에 들어 있는 농정을 개선하고 농업을 개혁하는 내용의 농업개혁론은 실제의 국가 농정책에 거의 반영되지 않고 있었다.

19세기 중후반 근세 농업체제는 위기적 상황에 직면하였다. 19세기

---

1) 조선왕조의 농업체제를 근세 농업체제로 규정하는 경위와 근세 농업체제의 개념과 내용, 그리고 조선 후기 근세 농업체제의 성격과 변동 양상에 대한 설명은 본서의 '제1부 조선 후기 근세 농업체제의 변동'을 참조하기 바란다.

에 들어서자마자 새로운 정치체제로 등장한 세도정치는 앞선 시기 영조가 실시하고 정조가 발전시킨 탕평책의 성과를 무산시킴과 동시에 세도가勢道家가 권력의 중심 노릇을 수행하는 권력구조를 만들어냈다.[2] 순조가 즉위하면서 탕평의 색깔은 사라지고 세도가문勢道家門이 득세하는 세도정치 시기로 변환되었다.[3] 이는 조선 국가의 정치권력 구조가 몇몇 유력 가문을 중심으로 구성되었음을 보여주는 것이었다. 이와 같은 맥락에서 농업생산, 상품유통 등 경제활동에서도 소수의 권력 가문을 중심으로 수익의 독점을 지향하는 여러 폐단이 벌어질 것임을 미리 웅변으로 보여주는 것이었다.

세도정권이 나타나는 배경은 18세기까지 활약했던 산림山林의 전반적인 쇠퇴와 핵심 산림의 중앙정계로의 편입, 그리고 재야산림의 무력화無力化와 국왕친위관료의 경화거족적 벌열閥閱로의 성장 등이었다. 이에 따라 중앙정치는 지방에 거주하던 산림이 아니라 국왕과 그 친위관료가 주도하게 되었다. 그러므로 세도정치기에는 중앙과 지방과의 정치적 단절이 심화되었고, 순조 이후 왕권이 무력화되었을 때 중앙의 일부 경화거족적 외척문벌外戚門閥에 의해 권력이 독점되었던 것이다. 그리하여 중앙과 지방 그리고 산림으로 대표되는 재야산림과 중앙관료의 유기적 연결에 기초한 사림정치의 주자학적 정치이념은 파탄을 맞이하

---

2) 한국역사연구회 19세기정치사연구반 지음, 1990, 『조선정치사 1800~1863』 상, 청년사.
3) 18세기 초반에서 19세기 중반에 이르는 시기 조선사회의 정치적 변화 흐름에 대해서 다음 논저를 주요하게 참고할 수 있다. 鄭奭鍾, 1994, 『朝鮮後期의 政治와 思想』, 한길사; 朴光用, 1994, 「조선 후기 '蕩平' 연구」, 서울대 대학원 국사학과 박사학위논문; 金成潤, 1997, 『朝鮮後期 蕩平政治 硏究』, 지식산업사; 한국역사연구회 19세기정치반연구반, 1990, 『조선정치사 1800~1863 상·하』, 청년사; 김백철, 2010, 『조선 후기 영조의 탕평정치-『속대전』의 편찬과 백성의 재인식-』, 태학사.

였고, 지방사회의 여론과 움직임이 중앙정계에 반영될 수 있는 통로가 차단된 채 국왕과 척족관계를 맺고 있던 몇몇 문벌이 세도를 농단하게 되었다.4)

세도정권은 정치적인 권력을 장악하였을 뿐만 아니라 18세기 이래 발전하고 있었던 상품화폐 경제의 이권을 독점함으로써 그 자체의 존립기반을 다져나갈 수 있었다. 정조대에는 남인층의 대거 등용으로 중소지주와 중소상공업자를 대변하는 정치가 일부 나타났다. 그러나 18세기 말 이후 상품화폐 경제의 발달은 이제 더 이상 중앙권력 장악자들로 하여금 중소지주층에게 권력을 배분하지 않아도 좋을 만큼의 부를 도모할 수 있게 하였다. 특히 상품 유통과정에서 이익을 획득하는 것이 아직 그 본질에 있어서 특권적인 성격을 벗어나지 못하고 있었는데, 그렇기 때문에 도고상업, 즉 독점을 통한 상품 유통과정은 특권세력의 비호를 방패막이로 설정하는 것이 필요하였다. 상업에서의 이익을 향유하기 위해서는 무엇보다도 권력의 옹호, 권세가의 비호 등이 필요하였던 것이다.

세도정권 아래에서는 지방에 기반을 둔 세력이나 또는 발전하는 수공업이나 상업을 바탕으로 새롭게 성장하는 무리의 정치세력화가 오랫동안 차단당했다. 즉 중앙권력의 기반이 소수의 벌열가문과 특권상인으로 축소되면서 그동안 중앙권력의 방임하에서 중국과의 밀무역이나 조선의 법체계를 피하면서 잠채潛採 광업을 통하여 부를 축적하던 신흥 상공인들의 경제적 이해를 대변하는 정치세력의 성장이 저지되었던 것이다.5)

---

4) 유봉학, 1989, 「19세기 전반 세도정국의 동향과 연암일파」, 『동양학』 19, 단국대 동양학연구소.
5) 정석종, 1985, 「정약용(1762~1836)과 정조·순조년간의 정국」, 『역사와 인간의 대응』, 한울.

세도정권 아래에서 국가의 부세수취는 특히 수세과정에서의 공평, 균등, 안정 등을 거의 내팽개치고 수탈적인 성격을 노골적으로 드러낸 것이었다. 그리하여 국가와 농민의 부세수취를 둘러싼 관계가 더 이상 상호공존의 원리가 작동하지 않는 단계로 진입하게 되었다. 바로 삼정三政 즉 전정田政, 군정軍政, 환곡還穀을 실행하는 과정에서 수령으로 대표되는 국가권력이 농민들의 재생산 기반마저 위협하는 지경에 이르게 되었다. 이러한 농정의 위기적 상황 속에서 19세기 중반 수많은 민란民亂, 즉 농민항쟁이 발생하였다. 농민항쟁의 발생은 곧 달리 표현하여 근세 농업체제의 위기와 다른 것이 아니었다.

19세기 농민항쟁의 특징적인 모습을 1862년 팔도 전역에서 폭발적으로 발생한 농민항쟁에서 찾아볼 수 있다. 1862년 2월 4일 진주와 인접한 단성현에서 시작된 이후 경상도, 전라도, 충청도의 삼남지방을 중심으로 경기, 황해도, 함경도의 일부를 포함하여, 전국적으로 70여 개 군현에서 발생하였다.6) 농민항쟁의 규모와 의의의 측면에서 1862년 임술 농민항쟁은 매우 놀라운 사건이었다. 특정 지역(군현)을 중심으로 단기간에 걸쳐 일어났던 항의와 소요 정도의 농민항쟁의 규모가 크게 확장되었고, 농민항쟁의 지향점과 주도층의 성격 등의 측면에서 농민항쟁의 의의를 정리할 수 있다는 점에서 그러하다.

1862년의 농민항쟁은 조선사회의 사회적 경제적 모순이 전면화되는 상황에서 발생하였다. 우선 토지의 소유권을 둘러싼 소작인의 지주에 대한 항조운동抗租運動이 지속적으로 전개되었던 사실과 토지의 경영

---

6) 망원한국사연구실, 1988, 『1862년 농민항쟁-중세말기 전국농민들의 반봉건투쟁』, 동녘; 방기중, 1986, 「조선 후기 수취제도 민란연구의 현황과 국사교과서의 서술」, 『역사교육』 39, 역사교육연구회; 박찬승, 1987, 「조선 후기 농민항쟁사 연구현황」, 『한국중세사회 해체기의 제문제』하, 한울.

및 향촌 내 유통권 장악과정에서 야기된 부농, 상인, 고리대업자에 대한 빈농의 이해관계의 대립을 들 수 있다.7) 이와 함께 국가의 민에 대한 경제적 지배의 표현인 부세제도의 모순과 재지在地세력의 불법적인 향촌 지배라는 현상적인 문제가 결부되어 있었다.

조선국가는 방대한 관료제, 군사조직의 운영, 외교 등 국가의 여러 기능을 수행하기 위한 재원을 전정田政, 군정軍政, 환곡還穀을 중심으로 설정된 부세 수취체제를 통해 마련했다. 부세는 국가가 일반 농민이 산출한 잉여 생산물의 일부를 취득하여 인민에 대한 포괄적인 경제적 지배를 실현하고 있다는 것을 보여주는 제도적 장치였다. 또한 국가권력은 부세 수취의 실제 운영과정을 통해 향촌 사회의 여러 세력 사이의 권력관계에 관여하기도 하였다.8)

19세기 중후반의 부세문제는 농민의 입장에서 볼 때 부세 총량의 격증현상으로 단순화시켜 볼 수 있다. 여기에 더해서 총액제로 운영되는 부세제도 자체의 구조적인 문제점이 내재되어 있었다. 총액제는 원활한 부세수취를 도모하는 관의 이해가 크게 반영된 방식으로, 설혹 향촌 내에서 부세 납부자들이 납부를 회피하거나, 지방관청이 가공의 부세 수취를 강제하더라도 이러한 부세 수취과정의 문제들이 국가수입에는 직접적인 결손을 가져다주지 않게 하는 제도적 장치였다. 특히 중앙정부는 부세의 완납여부를 수령 실적의 평가와도 결부시켰기 때문에 군현 현장에서는 갖가지 납부 방법이 모색되지 않을 수 없었다. 농민들은 관행적으로 면, 리, 동 단위의 공동납共同納의 방법을 채택하여 대응하고

---

7) 김용섭, 1956, 「철종조 민란발생에 대한 시고」, 『역사교육』 1, 역사교육연구회.
8) 김용섭, 1984, 『한국근대농업사연구증보판』 상·하, 일조각; 고동환, 1991, 「19세기 부세운영의 변화와 그 성격」, 『1894년 농민전쟁연구-농민전쟁의 사회경제적배경』 1, 역사비평사.

있었다.9)

한편 관의 재정적 요인에 의해 부세 중과重課의 문제가 발생되었다. 대체로 조선 후기 지방군현에서 수취되는 부세는 경사京司의 각 아문衙門 및 감영監營, 병영兵營에의 상납분과 군현 자체의 경비분으로 구분되었다. 그런데 18세기 중엽부터 중앙재정의 규모가 확대됨에 따라 전세, 대동세 등 전결세田結稅의 상납분이 증가되었고, 이와 별도로 경사각 아문은 군현 내에 자의적으로 군보軍保를 증설하거나 환곡을 분급하여 재정을 확보하였다. 한편 감영, 병영과 지방관청의 경우도 자체기구가 분할 증설되고 구성원인 관속의 수도 현저히 증가하여 소용재원이 부족한 실정이었다. 이처럼 각급 관청의 재정적 요인에 의해 전세, 대동세, 군역세와 같이 반드시 중앙에 상납해야 할 조세는 물론 상납분이나 총액제의 규정량을 초과한 경비분이 군현 농민에게 부과되어 결국 조세 중과의 주요 요인이 되었다.

부세제도 운영상의 문제, 특히 삼정 문란의 주요한 현상으로 지목된 것은 바로 부세 수취담당자였던 수령과 관속들의 부정행위, 중간 횡령 등의 문제였다. 당시 이들의 부정행위는 단지 국가 기강의 문란이나 개인적인 탐학성貪虐性 차원의 현상적인 문제로만 간과할 수 없는 심각한 것이었다. 이들의 중간 횡령에 따라 결축된 부분은 조세의 재징再徵현상을 초래하거나 부가세, 잡세의 명목이 새롭게 만들어지면서 농민의 부담이 크게 증가하게 되었다.10)

1862년 농민항쟁이 발생한 대부분의 지역에서 농민들은 부세제도의

---

9) 김선경, 1990, 「1862년 농민항쟁의 도결혁파요구에 관한 요구」, 『이재룡환력기념 논총』, 한울.
10) 방기중, 1986, 「조선 후기 수취제도 민란연구의 현황과 '국사'교과서의 서술」『역 사교육』39, 역사교육학회.

문제점, 폐단을 지적하고 그 해결을 요구하였다. 농민들은 등소운동等訴運動 과정이나 전면 봉기에 즈음하여 10조앙진十條仰陳(함평), 폐막12개조弊瘼十二個條(금구), 소지11조所志十一條(공주), 읍폐12개조邑弊十二個條(성주), 12조건十二條件(인동) 등의 형식으로 요구조건을 제시하였다.[11] 지역별 상황에 따라 다소 차이는 있으나 이러한 요구조건의 주요한 내용은 대체로 과도한 전결세 징수의 폐단, 군포의 호당분급과 허액보충시의 폐단, 향리들의 부정행위로 발생된 환곡의 부족분을 농민에게 과징하는 폐단 등이었다.

1862년 농민항쟁에서 가장 중요한 부세 수취의 폐단 문제는 바로 도결都結이었다. 당시 대표적으로 진주와 익산 농민항쟁에서 도결 문제가 제기되었고, 후에 삼정이정책三政釐正策에서 혁파조항으로 도결이 명기되기도 하였다.[12] 도결은 모든 부세가 금납화金納化되고 토지로 집중되면서 전세와 대동세 외의 각종 결역분結役分을 따로 거두지 않고 한꺼번에 결수로 묶어서 관에서 직접 거둬들이는 부세수취 방식을 일컫는다. 이 과정에서 지방 군현은 수령이나 향리의 횡령, 담세력 부족에 따른 부세 수취 총량의 미흡 등 현실적인 여러 요인으로 발생한 부세 수취의 결손된 부분을 토지에 옮겨 금납으로 획득할 수 있었기 때문에 군현의 입장에서는 매우 편리한 방식이었다.[13]

도결의 운영과정에서는 계급간의 상충된 이해관계에 따라 여러 문제

11) 『龍湖聞錄』 권3, 74, 77~78쪽; 『壬戌錄』, 209쪽, 「星州民擾時前吏房徐宅鉉辨誣錄」.
12) 안병욱, 1989, 「19세기 부세의 도결화와 봉건적 수취체제의 해체」, 『국사관논총』 7, 국사편찬위원회; 김선경, 1990, 「1862년 농민항쟁의 도결혁파요구에 관한 연구」, 『이재룡환력기념논총』, 한울.
13) 김용섭, 1974, 「철종 임술년의 응지삼정소와 그 농업론」, 『한국사연구』 10, 한국사연구회.

가 발생했다. 우선 지방수령과 이서들은 읍권장악과 개인재산 유지를 목적으로 하는 재지토호층과 돈독히 결탁한 다음, 부족한 부세분과 관청재정 명목으로 특히 이포吏逋의 보충수단으로 끊임없이 결가를 높이고 있었다. 이때 재지세력으로 구성된 향회鄕會의 추인을 내세워 공론을 빙자한 관의 자의적인 수탈이 행해졌던 것이다. 다시 말해서 도결都結이 수령과 관의 입장에서 상대적으로 손쉬운 문제 해결책이 될 수 있었지만 농민을 비롯한 납세층의 입장에서는 절대적으로 가혹한 부가세의 성격을 갖고 있었다. 따라서 조선 근세 농업체제에서 국가와 농민의 상호의존적인 그리하여 양자의 상호공존을 바탕으로 농민의 재생산을 국가가 안정적으로 지원한다는 성격이 변질되고 있다는 점을 도결의 광범위한 시행 과정에서 찾아 볼 수 있다.

농민들의 항쟁은 19세기에 들어와 조선의 사회질서가 동요되는 가운데 점차 고양되었으며 1862년에 이르러 거의 전국적으로 발발하게 되었다. 농민들이 저항하는 방식은 유리遊離나 항조투쟁抗租鬪爭과 같은 소극적인 것에서부터 봉기, 소요에 이르는 적극적인 항쟁에 이르기까지 다양하게 나타났다. 이 시기 끊임없이 중앙에 보고된 민요民擾, 작변作變, 심지어 명화적明火賊 집단의 활동 등은 해체기에 직면한 19세기 조선사회의 사회적 모순에 대한 농민의 대응이라는 성격을 지닌 것으로 동일한 연장선상에서 파악할 수 있을 것이다. 특히 명화적의 주요 구성원은 행상行商, 승려, 행걸行乞과 농업에 종사하던 자들로서, 대부분 땅이 없어 유민화한 백성들이었다. 이들의 약탈대상으로는 주로 대토지 소유자, 지방 군현의 관원 외에 유통권을 장악해가던 여각旅閣, 객주客主 등도 설정되었다.[14]

---

14) 배항섭, 1988, 「임술민란 전후 명화적의 활동과 그 성격」, 『한국사연구』 60, 한국

1862년 농민항쟁의 전개 과정에서 농민들은 탐학한 관속들을 맹호에 비유하고 이들에 대해 강력한 응징의 의지를 담은 깃발을 흔들며 동헌으로 행진하기도 하였다. 깃발에 담긴 문구는 비록 투박한 한문 어투였지만, 현실적 모순의 타개를 염원하는 농민들의 강한 원망이 결집된 일종의 정치구호였다. 당시 농민들은 근세 사회의 지배체제의 모순을 온몸으로 감당하고 있었고, 이른바 시대적 체제적 모순에 직면한 계층이었다. 하지만 이들은 허구와 실제 사이를 오락가락하던 조선 국왕의 덕정德政체계에 혼란스러워하면서, 삼정의 문란으로 도출된 조선국가의 지배체제를 구체적이고 직접적인 항쟁의 대상으로 파악하지 못하고 있었다.

　　결국 이같은 농민들을 조직화하고 농민항쟁으로 이끌고 나아가 무장봉기에 참여하도록 앞장서서 주도한 자들은 별도의 계층이었다. 양반 신분에서 떨어져나온 몰락양반, 농촌사회의 모순을 해결하려는 농촌지식인, 향촌 사회에서 지지를 획득한 재지명망가 등이었다. 중앙정부는 몰락 양반층, 그중에서도 향촌 사회에서 이름값을 갖고 있던 재지명망가를 농민항쟁의 주도층으로 주목하였다.

　　진주 농민항쟁을 수습하고 전후 사정을 조사하기 위해 파견된 안핵사 박규수朴珪壽는 항쟁 초기에 항상 통문을 돌리면서 사람을 모으려는 과정이 있었음을 주목하고 이를 주도한 자는 당연히 글을 알고 동시에 지벌地閥이 있어서 향촌에 세력이 있는 자라고 보았다. 향촌 사회에서 경제적인 재력을 갖추고 정치적인 영향력을 획득하면서 세력을 갖고 있던 사족 또는 요호饒戶, 호민豪民 등을 주도층으로 지목하였다.[15] 양반층

사연구회.

15) 이영호, 1988, 「1862년 진주농민항쟁의 연구」, 『한국사론』 19, 서울대 국사학과.

등 재지세력의 주도하에 빈농들이 주요 세력으로 참여했던 형태가 일반
적인 유형이었는데, 지역에 따라서는 전직 조관朝官들이 적극 참여한
사례도 있었다.[16]

19세기 중후반 향촌 사회 질서의 전면적 재편이 이루어지고 각 계층
의 사회적 지향을 반영하는 각종 조직이 발달하였다. 그러나 각 촌락사
회는 내부 구성원의 역학관계 여하에 따라서 그 조직의 위상에 상당한
편차가 있었다. 1862년의 농민항쟁은 이와 같은 향촌 사회, 촌락사회 내
부의 다양한 조직적 기반 위에서 전개되었다. 항쟁에 참여한 제세력들
이 기본적으로 어떠한 조직적 기반 위에서 출발하고 있었는가 하는 차
이에 따라 항쟁 초기부터 그 지향과 항쟁 양상이 다를 수밖에 없었다.[17]

농민 항쟁의 유형은 크게 빈농들이 주요 동인으로 적극 나서고 양반
토호 같은 별도의 지도층이 존재했던 경우와 초군 스스로가 집단적인
행동으로 봉기를 이끌었던 사례로 구별해볼 수 있다. 전자의 경우에서
도 재지사족이나 양반 토호들이 등소운동이나 전면봉기에 농민들을 동
원하는 데 있어 기존 향회조직을 이용하는 예와 이에 반발하여 별도의
모임을 통해 항쟁을 이끌어가는 형태로 구별된다. 이는 지역 특성상 여
전히 재지사족들이 영향력을 크게 행사한 곳과 면리조직의 역할이 두드
러진 곳의 차이에 따라 달라진 것이었다. 민 주도의 모임에는 농촌지식
인·몰락 양반·요호·부민·일부 향임층들이 그 취지에 찬동하고 적극 가담
하였다. 당연히 이 모임에서는 불법 수취를 합리화시킨 관 주도 향회의
결정을 저지하고 항의하는 방법을 논의하게 되었다.

---

16) 정창렬, 1984, 「조선 후기 농민봉기의 정치의식」, 『한국인의 생활의식과 민중예술』,
  대동문화연구총서 I, 대동문화연구원, 55~58쪽.
17) 김인걸, 1989, 「조선 후기 촌락조직의 변모와 1862년 농민항쟁의 조직기반」, 『진
  단학보』 67, 진단학회.

우선 농민항쟁의 주도층들은 합법적으로 용인된 저항 수단인 통문通文, 읍소泣訴, 의송議送 등의 방법을 시도하였다. 그러나 이와 같은 합법적인 등소等訴 운동 단계에서도 그 내용과 방식을 둘러싸고 참여한 여러 계층 간에 의견이 상충되었다. 가령 사족 및 지주 요호층은 장두狀頭를 내세워 동헌과 감영에 소장을 보내고 그 내용도 결가인하結價引下를 중심으로 한 부세문제에 국한시키고자 하였다. 이에 비해 소농, 빈농을 대표하는 집단은 철시撤市 및 전면봉기와 같은 적극적인 저항을 주장하였다. 사례에 따라 상이하기는 하나 대체로 이때는 군현 및 감영이나 중앙정부에 대한 정소呈訴원칙이 관철되었으며, 더불어 격쟁擊錚과 같은 직소直訴 방법이 활용되었다.

한편 농민들의 소장訴狀에 대한 감영과 중앙정부의 해결 조치는 대부분 고을의 수령이나 이서들에 의해 집행되지 않았다. 조선국가는 의제적이나마 철저히 "민이 국가의 근본이다(民惟邦本)"라는 이념을 표방하였기 때문에 농민들의 요구사항을 적극 수용하는 것이 합당한 대처 방법이었다. 하지만 정부는 농민들의 소장에 대해 극히 개략적인 원칙의 실행만을 지시했을 뿐 차후 실시 여부를 분명하게 확인하지 않았던 것이다. 농민들은 등소等訴운동을 통해서 문제점을 해결해달라는 요구가 제대로 관철되지 않자 드디어 전면봉기를 통한 실력행사를 계획하게 되었다. 이때부터 농민들이 모이는 향회는 봉기를 주도하는 결집체로 변화되었다. 농민들은 통문을 돌려 모임을 알리고 방문을 게시하여 도회를 소집한 다음 공동의 이해가 합치될 때 비로소 전면봉기에 나섰던 것이다.

당시의 농민봉기는 일회적이고 우연히 발생된 것이 아니라 지도부의 구축과 끊임없는 조직화 과정에서 이루어진 것이었다. 대규모 민 주도의 향회와 전면봉기시 주요 동인으로 참가하는 일반농민들은 조직적으로 동원되었다. 한편으로는 면리제로 표현되는 기존 통치조직하에서, 다른 한편으로는 향촌 내 공동노동조직을 통해 동원되었다. 한편 면리제 체제의 매개없이 공동노동조직인 두레를 통해 참여할 수 있는 개연성도 높았다. 공동노동은 생산력의 발전, 이앙법의 전개에 수반된 노동력의 집중화 문제와 깊은 연관이 있는 것이었다. 대체로 농민조직이란 지배계급에 의해 이용될 수밖에 없는 상황에서는 노동력 착취의 제1차 동원력이 된다. 그러나 조선사회의 모순이 점차 심화되는 가운데 두레 공동노동에 참가하는 모든 농민들은 자신들의 실생활에서 비록 미약하고 비체계적인 형태이나마 맹아적인 변혁의식을 주체적으로 만들어갈 수 있었다.

농민항쟁에서 초군樵軍들이 참여했던 봉기의 경우 조직면에서 다른 농민항쟁과 비교하여 다소 상이한 부분이 있었다. 초군이란 나무꾼을 가리키는 용어로 대체로 일반농민과 다를 바 없는 존재들이었다. 들에서 일하면 농부이지만 생계를 위해 산에 올라가 땔감을 채취하면 초군이 되는 것이었다. 대체로 각 면리 단위로 초군 조직이 있었고 땔감의 채취대상이 되는 산림을 상호 구분하여 획정하고 있었다. 그리고 초군 조직에는 좌상座上, 좌장座長, 초괴樵魁, 두목頭目 등으로 호칭하는 책임자가 있었다.

초군들은 무엇보다 자신들의 생계 또는 경제적 이익을 위하여 활동하였다. 이들은 수십에서 수백 명씩 무리를 지어다니면서 공동소유지 뿐만 아니라 개인소유의 산지 또는 벌채가 금지된 구역에서까지 벌목하여 문제를 야기하기도 하였다. 이들은 수본手本, 회문回文, 통문通文, 방목榜目 등을 작성하여 위로부터의 지시 연락에 이용하였으며 때로는 집회를 가지는 등 일정한 틀을 가지고 활동하였다.[18]

---

18) 주강현, 1987, 「조선 후기 변혁운동과 민중조직」, 『역사비평』 1, 역사비평사.

농민항쟁이 발생하였을 때 초군들은 공동노동조직, 경제적 이익을 추구하는 조직으로서 자체적인 결합력을 지니고 있었기 때문에, 향촌 내 토호 양반층에 의해 좌지우지되지 않고 독자적으로 봉기에 나섰다. 당시 초군들은 향촌 내 농민들의 중요한 조직화 된 세력이었다. 경상도 진주의 경우 봉기의 지도자들은 일반 농민을 상대로 한 수곡도회水谷都會를 준비하는 한편 초군조직을 봉기조직에 끌어들이기 위해 국문가사체 회문回文을 준비하는 등 별도의 활동을 전개하였다. 결국 초군들이 항쟁대열에 집단적으로 참여함에 따라 항쟁은 보다 구체성을 띄게 되었다.[19] 이처럼 초군이 주도한 봉기는 양반 토호가 주도하는 봉기와는 조직구성에서 다소 차이가 있었고, 전면봉기하였을 때 계급적 이해관계를 전면에 내걸며 향촌 내 지배계층인 지주 사대부에 대해 집중적으로 공격하였다.

1862년 임술 농민항쟁의 전개 과정을 보면 특정한 몇 개 지역을 제외하고 우선 군현 내 투쟁에 매몰된 국지성과 고립분산성의 양상이 드러난다. 또한 봉기의 내용이 국가 수취제도나 신분제에 대한 전면적 부정에 이르지 못하였을 뿐 아니라, 계급적 연대를 바탕으로 지역을 초월하여 정치권력에 대한 투쟁으로 전환되지 못한 점이 나타난다. 아울러 외형상 부세량 감하, 지대율 고정과 같은 조건적 경제투쟁에 머물렀고, 그것도 상위공권력에 호소하여 국왕의 신민으로서 시혜받기를 원하는 청원적인 모습과 국왕의 효유문曉諭文에 대해 스스로 엎드려 죄받기를 간청하는 투항적인 모습들도 나타나고 있었다.

이러한 특색은 무엇보다 농민항쟁의 주력인 농민들의 사회경제적 처지에서 비롯된 것이었다. 작인, 고공은 조선국가의 정치적 신분규정의

---

19) 송찬섭, 1989, 「1862년 진주농민항쟁의 조직과 활동」, 『한국사론』 21, 서울대 국사학과.

대상 밖에 존재하며 오히려 지주, 부민의 사적 수탈에 내몰렸던 존재였다. 그리고 자작, 자소작의 직접 생산자들도 경영상의 영세성과 생산과정의 독립성이라는 물적 결합에 기초하여 아직까지 정치권력에 대한 문제 제기가 뚜렷하지 않은 수준에 머물러 있었다. 이와 함께 농민들의 사회의식을 효율적인 투쟁동력으로 조직화시키는 데에 봉기 지도자들의 역량이 미흡한 점도 작용하였다. 특히 부세 저항 투쟁의 이론적 지도자들은 양반 재지명망가였는데 이들은 계급적 성격상 현존하는 부세제도의 모순과 부패한 수령, 관속들의 행정 운영에는 거부하였지만, 그들의 요구는 왕도의 이념과 민본의 실현이라는 조선왕조의 덕정체계에 뿌리를 둔 것이었기 때문에 왕조 체제 자체를 부정하는 것은 매우 어려운 일이었다.

농민들이 전면봉기를 통해 실력행사를 한 후 구체적으로 자신들의 요구사항을 관철하고자 하는 과정에서 여러 가지 한계를 드러냈다. 대체로 농민들은 중앙에서 파견된 안핵사, 선무사, 암행어사에게 직접 정소呈訴하는 방법을 택하였다. 농민들은 인접 군현의 해결 수준에 견주어 자신들의 문제도 적극 타결하고자 하였고, 요구조건의 실현을 보장할 구체적인 완문完文이나 절목節目 등을 계속 독촉하였다. 농민들이 항쟁 과정에서 제기한 폐막弊瘼은 평소 동헌이나 감영에서 해결을 거부했던 내용이 대부분이었다. 따라서 농민들은 국왕의 명을 받고 파견된 관리들을 지방 수령과는 별도의 존재로 여기면서 그들의 공적 권위에 힘입어 자신들의 문제를 해결하고자 하였다.

1862년의 농민항쟁에서는 이전 시기의 그것과 다른 몇 가지 새로운 변화의 모습을 찾아볼 수 있다. 먼저 군현단위의 국지성을 뛰어넘는 상호연계의 사례가 있었는데, 이는 농민항쟁의 지역적 결합의 가능성을 보여주는 것이었다. 다음으로 지역적 편차가 있으나 비교적 튼튼한 항쟁 지도부가 형성된 경우 국지성, 일회성의 한계가 어느 정도 극복되었다는 점이 주목된다. 셋째로 봉기지역에서 흔히 나타났던 읍권장악의 사실은 농민들의 정치적인 지향을 단편적으로나마 잘 보여주는 것이었다. 이러한 변화된 모습은 장차 농민항쟁에서 농민전쟁으로 전화될 수 있는 여지를 보여준 것으로 파악할 수 있을 것이다.

1862년 농민항쟁에 대한 조선정부의 대응책은 크게 두 가지 차원에서 실행되었다. 첫째는 농민항쟁 주모자와 탐학관리貪虐官吏를 신속히 함께 처벌함으로써 흐트러진 민심의 이반을 막고 국가기강을 쇄신하고자 했다. 농민항쟁 발생지역에는 어김없이 암행어사, 안핵사, 선무사 등을 파견하여 폐단을 조사하고 시정하는 조치를 취함으로써 농민항쟁을 조기에 수습하고자 하였다.

둘째는 농민의 요구조건을 일부 수렴하는 차원에서 제기된 것으로, 농민항쟁의 원인을 삼정문란에 있다고 보고 이의 해결을 위해 광범한 여론을 수렴한 후 삼정이정청三政釐正廳의 설치를 통하여 삼정개혁에 착수한 것이었다. 삼정을 올바르게 실행하기 위해 부세 운영의 폐단을 교정하는 여러 방책을 마련하였다.

농민항쟁을 실제로 불러일으킨 군현의 수령은 즉시 파직되었고 여죄에 따라 의금부에 나문拿問되어 처벌되는 조치가 취해졌다. 중앙정부는 수령에 대해 국왕으로부터 위임받은 통치권을 제대로 행사하지 못하고 사전에 농민봉기를 단속하지 못한 데 대한 책임을 물었다. 농민의 주공격대상이었던 이들을 신속히 처벌함으로써 이반된 민심의 동요를 막고 농민들의 항쟁 열기를 국지적인 군현 차원에서 머물게 하여, 국가권력의 실체인 왕권과 중앙정부에 대한 투쟁으로 연장, 확산되지 않도록 하는 방안이었다.[20] 이와 더불어 중앙정부는 봉기에 참여한 농민의 처벌과 제반 폐막을 조사할 목적으로 안핵사를 파견하였고 선무사를 통해 국왕의 선덕을 표방함과 함께 농민들의 요구사항에 부응하는 조처를 취하고자 했다. 또한 각 지역에 암행어사를 파견하여 수령의 부정사실을 조사하고 농민들의 폐단을 시정하도록 했다.

조선정부는 자체 논의를 거듭하다가 5월 24일에야 농민봉기의 원인이 전적으로 삼정문란에 있다고 천명했다. 5월 25일 철종은 부세문제를 논의하기 위한 기구를 설치하고 이정청釐正廳으로 명명하였다. 중앙정부는 드디어 6월 10일 삼정개혁을 공포하고 6월 12일부터 8월 27일까지 재야유생층과 관료들에게 삼정에 대한 개혁책을 널리 모집한 후 윤8월 19일에 삼정이정책三政釐正策을 발표하였다. 삼정이정책의 내용은 주로 삼정운영의 개선에 초점이 맞춰졌다.

삼정이정책 자체는 원칙에 대한 천명에 그치고 말았다. 삼정이정의 구체적인 시행을 강제하는 후속조치가 취해지지 않았다. 또한 토지 소유관계를 둘러싼 계급대립과 거의 무관한 삼정이정이라는 개혁안은 부분적인 문제의 해결에만 관심을 둔 것이었다. 환곡의 경우를 보면, 이를 혁파하는 급진적이고 근원적인 변혁안 대신에 환곡 운영의 문제점을 해소하는 개선론을 실행하려고 하였다. 토지 1결당 2냥씩 걸어 그동안 환곡이자로 운영되는 부분에 충당할 것을 명하고, 이에 따른 거행조례는 각도로 하여금 환총還總과 운영내역을 구별하여 「대동사목大同事目」예에 따라 시행하도록 했다. 이와 같은 환곡규정의 시행은 환곡의 문란에 고초를 겪고 있던 농민들에게 다소 도움이 될 수 있었으며 차후 철저한 시행여부에 따라 가장 큰 반향을 일으킬 수 있었다.

---

20) 李英俠, 1967, 「임술민란의 경제사적 의의」, 『경상논집』 3, 건국대 경상학회.

삼정이정책은 지배층의 이해관계에 따라 실시가 유보되면서 방황하다가 결국 10월 29일부터 다시 본래의 제도로 환원되었다.[21] 삼정이정절목三政釐正節目이 반포되고 곧 폐지된 것이었다. 이러한 과정에서 농민봉기가 재차 발생하기도 하였다. 이러한 삼정이정절목의 반포와 폐지라는 사건의 전개는 조선 중앙정부의 기만적인 술책이라는 평가를 받고 있다. 조정은 대대적인 농민항쟁의 발생이라는 체제 붕괴의 위기에 직면하자 봉기 과정에서 제기된 농민들의 의견을 수렴할 것처럼 대규모 개혁책을 모색하다가 수습국면에 들어서자 이를 기민하게 철회함으로써 재차 농민들의 요구를 외면한 것이었다. 더구나 이듬해 6월에는 전 경상우병사 백낙신과 전라감사 김시연을 비롯하여 농민항쟁 전개 과정에서 처벌되었던 수령들이 거의 방면放免됨으로써 조선국가의 대응책이 갖고 있는 허구성이 더욱 명확히 노출되었다.

위에서 살펴본 바와 같이 19세기 중반 전국적인 농민항쟁의 발생과 그에 대한 조정의 고식적인 대응은 한편으로 근세 농업체제가 갖고 있는 강고한 지속성을 보여줌과 동시에 새로운 변화를 맞이하지 않을 수 없는 위기 상황에 처해 있다는 점을 잘 찾아볼 수 있다. 농민항쟁은 조선의 근세 농업체제의 근간을 이루는 농업정책의 수행과 그에 따른 부세정책의 시행이 충돌하면서 나타난 급격한 변동과 갈등을 보여주는 사건이었다.

농업정책과 부세정책이 유기적으로 결합되어 근세 농업체제의 근간을 이루는 농업생산의 전반적인 과정이 원활하게 이루어질 경우, 그에

---

21) 김용섭, 1974, 「철종 임술년의 응지삼정소와 그 농업론」, 『한국사연구』 10, 한국사연구회; 金容燮, 1975, 『韓國近代農業史硏究-농업개혁론 농업정책』, 일조각; 윤용출, 1996, 「조선 후기 기장현의 삼정 운영」, 『한국민족문화』 8집, 부산대학교 한국민족문화연구소, 77쪽.

따라 농업생산의 수확물을 국가, 지배층, 농민 사이에서 적절하게 분배, 유통되는 흐름도 순조롭게 이어질 수 있었다. 그런데 19세기 중반 농민항쟁은 이러한 농업체제의 적절한 운영 구조 가운데 특히 국가적 수취과정에서 병폐가 심화되고 있었다는 점을 폭발적으로 드러낸 것이었고, 그에 따라 근세 농업체제의 변동을 촉발하는 것이었다. 이와 같은 내부적인 사정에 더하여 개항이라는 외부적인 요인의 가세는 근세 농업체제의 변동을 더욱 가속화하게 되었다.

2. 대원군의 농촌 수습책

19세기 후반 고종高宗이 철종哲宗의 뒤를 이어 새로운 국왕으로 즉위하기 직전 시기에 조선사회는 농촌사회를 중심으로 내적인 모순이 크게 분출하고 있었다. 삼남三南 지역을 중심으로 조선 전역에서 발생한 농민항쟁은 더 이상 내부적으로 끌어안을 수 없는 모순이 드디어 크게 표출된 것이었다. 농민항쟁이 곳곳에서 발생하는 상황에서 농촌사회를 살리기 위한 근원적인 해결책 마련이 시급한 시대적 과제로 대두하고 있었다.

1862년 삼남지방의 곳곳에서 항쟁抗爭을 일으킨 농민들에 대하여 당시의 지배층들은 난민亂民으로 지목하면서도 민심을 수습하는 것이 우선해야 할 점이라고 인식하고 있었다.[22] 당시 농민항쟁의 원인으로 삼정三政의 문란紊亂이 주로 지목되고 있었다. 그런데 삼정의 문란은 단순히 부세수취만의 문제가 아니라 조선사회의 정치적 난맥상, 경제적

---

22) 鄭祐昆, 『晩悟集』 卷12, 「擬軍還結三政應旨對」 <서울대 규장각, 古3428-187>한국근세사회경제사료총서, 『三政策』 二, 아세아문화사, 1986, 365쪽; 今玆 亂民之作...其所急先而不可緩者 在於收拾民心.

불평등, 사회적 불합리 등이 집약되어 있는 시대적 해결 과제, '화두話頭'에 해당하는 것이었다. 철종대에 조정에서 삼정책三政策의 수합, 삼정이정청三政釐整廳 개설과 삼정이정절목三政釐整節目 마련 등을 통해 三政 자체의 해결방안을 모색하였지만 그러한 방식으로는 결코 해결책을 찾아낼 수 없었고, 결국 '삼정이정三政釐整'은 아무런 성과도 없이 유야무야되고 말았다.[23]

1862년 농민항쟁에서 확인된 조선 근세 농업체제의 문제점이 제대로 해결되거나 봉합되지 못한 채 고종이 철종의 뒤를 이어 신왕으로 즉위하였다. 고종이 즉위한 이후 정권을 장악한 대원군(흥선대원군)은 조선 사회가 부딪힌 내적인 문제, 그리고 외적인 문제에 대하여 여러 가지 대응책을 마련하여 시행하였다. 사실 고종이 즉위한 이후 개항 전후 시기에 조선사회는 내부 문제와 외부 압박을 동시에 해결해야 하는 시대적 과제를 맞이하고 있었다. 19세기 중반 삼남 지역의 농민항쟁은 특히 농업을 둘러싼 여러 가지 문제의 해결을 요구하였다. 부세 수취를 두고 벌어지는 과중한 수탈과 토지 소유의 불균등에서 야기된 농촌사회의 분해 과정은 점차 많은 토지 없는 농민을 양산하고 있었다.[24] 이러한 조선 사회 내부의 문제는 삼정三政 이정釐整의 중도 포기에서 알 수 있듯이 제대로 해결되지 않은 채 1863년 고종高宗이 즉위하였다.

19세기 후반 1863년에 고종高宗(1852~1919, 재위 1863~1907)이 철종의 뒤를 이어 왕위에 올랐다. 하지만 당시 겨우 12살이었고, 왕정을 감당할 여력을 갖지 못하고 있었다. 이 때문에 실질적인 국가의 최고권

---

23) 金容燮, 1974, 「철종 임술년의 응지삼정소와 그 농업론」, 『한국사연구』 10, 한국사연구회.
24) 金容燮, 1992, 「근대화과정에서의 농업개혁의 두방향」, 『한국근현대농업사연구』, 일조각.

력을 행사한 사람은 바로 대원군大院君이었다. 고종이 즉위한 직후 대왕대비 즉 신정왕후神貞王后 조씨趙氏가 수렴청정하였다. 고종의 친부인 흥선군은 당시 44세였는데, '대원군大院君'에 봉작되었다.

왕의 생부인 대원군에 대한 예우는 대군大君의 예에 따르는 정도에 불과하였다. 하지만 이후 신정왕후와 대원군 사이에 묵계가 이루어지고, 안동 김씨 세력에 대한 관료집단의 반발 등이 결부되면서, 대원군이 최고 권력을 행사할 수 있게 되었다.[25] 이 때문에 고종 즉위 이후 조정의 실질적인 최고권력자는 대원군이었다. 대원군의 집권은 1873년 11월까지 이어졌다. 1873년 10월 25일에서 11월 24일까지 겨우 한달 사이에 고종의 친정親政, 대원군의 실각이라는 커다란 격변이 발생한 것이었다.[26] 결국 10년이 못미치는 기간 동안 대원군이 정치권력을 장악하여 세도를 부렸고, 이 시기에 조선은 앞서 지목한 내부적, 외부적 문제를 해결해야 하는 과제를 대원군을 중심으로 풀어나갔다.

고종이 즉위할 무렵 조선사회는 외부로부터의 압력, 즉 서양 제국주의 세력의 침투를 막아내야 하는 과제를 안고 있었다. 19세기 초반 세도정치 시기에 조선 정부의 서양 세력에 대한 대응은 이른바 해방海防이라는 입장으로 요약되는 것이었다. 당시 서양이 경제적 이익의 추구를 위해 물리력을 동원한다는 방책에 대한 대응 방략을 '바다를 통한 교류의 방지', 즉 해방海防에 두는 것이었다.[27] 또한 서양의 경제적인 이익 침탈의 매개물로 조선에 유입되고 있던 서양 물품에 대한 방비책으로 제시되는 것도 바로 해방론이었다.[28]

---

25) 延甲洙, 2001, 『대원군집권기 부국강병정책 연구』, 서울대학교 한국사연구총서 10, 서울대학교 출판부, 13쪽~20쪽.
26) 장영숙, 2010, 『고종의 정치사상과 정치개혁론』, 선인, 70쪽.
27) 孫炯富, 1993, 「19세기 초·중엽의 海防論과 박규수」, 『全南史學』 7, 전남대 사학회.

조선으로 들어온 서양 물품의 교역은 주로 사료에 '당선唐船'으로 표현되는 중국 선박과의 밀무역을 통해 이루어졌다. 또한 일본 상인이 매개 역할을 담당하여 동래東萊를 통해 유통되는 것의 규모도 또한 적지 않았다.29) 밀무역은 선박과 선박의 물품을 통채로 바꾸다가 적발되는 경우30)도 있었다. 밀무역의 규모가 크고 대담하였으며 이를 감시해야 할 지방관이 단속을 빌미로 밀무역품을 중간에서 가로채는 일까지 발생하는 형편이었다.31)

러시아 대장성에서 발행한 『한국지韓國誌』에는 개항 이전 북변北邊 개시開市 교역 품목 가운데 서양 화물로 영국 샤츠지 면제품 일종이 열거되어 있었다. 그리고 그 면제품이 1866년 병인양요 이후 금수조치가 취해진 것으로 서술되어 있다.32) 당시 서양 제품, 즉 양화洋貨가 널리 퍼져 있다고 지적되거나,33) 의복, 기용이 청나라 것이 아니면 서양 것이라고 이야기되고 있던 데에서34) 서양 물품 유포 상황을 짐작할 수 있다. 양화洋貨의 확산에 따라 그에 대한 정부의 대책도 강도가 높아져 서양 물품을 교역하다가 적발되는 자를 효수하는 방안이 고려되기도 하였다. 이 시기 해방海防도 잠상행위의 금지 방안과 관련되어 논의되는 측면이 강하였던 것을 볼 수 있다.35)

---

28) 해방론과 서양물품의 조선 도입의 관계에 대한 설명은 다음 글을 참고하였다. 노대환, 1999, 「19세기 동도서기론 형성 과정 연구」, 서울대학교 대학원 국사학과 박사학위 논문, 184쪽.

29) 『高宗實錄』 高宗 3년 10월 20일.

30) 『日省錄』 高宗 1년 6월 8일 「命時囚申吉輔等議處」.

31) 『日省錄』 高宗 1년 5월 8일 「黃海監司洪淳穆以椒島僉使許雲老罪狀馳啓」.

32) 韓㳓劤, 1996, 「開港當時의 危機意識과 開化思想」 『朝鮮時代思想史硏究論攷』, 일조각, 332쪽.

33) 『高宗實錄』 권3, 高宗 3년 7월 30일.

34) 『龍湖閒錄』 三, 「正言李晩耆上疏」, 11쪽; 而今也中外之恬侈成俗 服玩器用 非唐則洋.

그런데 19세기 중반부터 조선과 중국 사이의 교역의 특징을 홍삼紅蔘-서양목西洋木 교환 체제라고 지목되고 있었다. 조선 상인이 중국에 홍삼紅蔘을 수출하고 중국으로부터는 중국 상인들이 중개 무역하는 서양의 포목을 수입하는 것이 중심적인 교환 내용이었다는 설명이다.[36] 서양목이 조선에서 처음 문제시되는 것은 1837년(헌종 3)이었는데, 그 수입과 소비량이 곧 급증해서 18세기 후반 이래 조선이 중국에서 수입하던 중요한 품목인 모자帽子[37] 대신 서양목이 주된 수입품으로 자리를 잡게 되었다.[38]

조선에서 생산되는 포목布木이 서양목 때문에 팔리지 않을 지경이라는 호소가 나오기까지 하였다. 이렇게 볼 때 홍삼 수출과 서양목 수입은 조선 상인들에게 막대한 이익을 안겨 주었던 것으로 보인다. 이처럼 많은 이익이 생기자 당연히 밀무역도 성행하는 상황이었다. 이와 같이 서양 세력이 직접 조선에 들어오기 이전에 청나라를 통한 서양 물품이 유입되면서 조선의 물품은 세계 무역체제와 일정한 관계를 맺고 있었다. 그런데 서양목과 교환된 조선의 주된 수출품이 홍삼이었던 것은 당시의 농업체제에서 미곡, 잡곡 이외에 상품으로 판매할 수 있는 작물, 대표적으로 인삼이 재배되고 있었음을 보여준다.

---

35) 『承政院日記』高宗 1년 8월 10일; 大王大妃傳于李世器曰 海防之禁 重於陸地者 以其舟楫之行 無所不到 此往彼來 踪跡難尋也 此所以犯越之爲極律 而今乃潛輸禁物 互相射利 爛漫交通 慣熟來往 此與下海招寇 相去幾何.

36) 연갑수, 1998, 「大院君 執權期(1863~1873) 西洋勢力에 대한 대응과 軍備增强」, 서울대 국사학과 박사학위논문, 217쪽.

37) 對淸 貿易과 帽子 수입에 대해서는 다음 논문을 참고할 수 있다. 金廷美, 1996, 「朝鮮後期 對淸貿易의 전개와 貿易收稅制의 시행」, 『韓國史論』36, 서울대 국사학과.

38) 『日省錄』憲宗 9년 3월 6일 備局以貢市人詢瘼覆啓 (54-39); 備邊司啓言 ... 帽子廛市民等以爲 挽近絶無帽子賣買 廛勢蕩敗 從以三升·西洋布亂賣居多 渙散在卽 無以支保.

서양 세력의 중국 침투 과정에서 벌어진 아편전쟁, 북경 함락 등의 소식은 조선 전역을 크게 요동치게 하였다. 자본주의 국가가 보유한 막강한 위력에 대한 불안감은 조선 연근해에 이양선異樣船이 자주 출몰하면서 더욱 고조되었다. 안동 김씨 가문의 세도정치는 이러한 내부와 외부의 문제를 제대로 해결할 방책을 마련하지 못한 채 고식적으로 나라를 이끌고 있었다. 새로운 국왕으로 즉위한 고종의 생부生父인 대원군은 세도勢道를 자임하고 정권을 장악하여 조선 국가를 이끌어 나갔다. 대원군은 조선 국가를 나름 일신日新시키기 위한 정책을 펼쳐나갔다. 대원군의 집권이 공식적인 절차에 의해 승인받은 것은 아니었다. 국왕을 아들로 둔 대원군은 신정왕후의 묵인을 받아 안동 김씨 가문이 누리던 세도가의 지위를 차지하였다.39)

대원군보다는 12살 위였던 신정왕후가 대원군의 둘째 아들을 철종의 후계자로 지목하여 왕위를 계승하게 하였다. 그리하여 1863년 12월 8일 흥선군興宣君의 둘째 아들을 새로운 국왕 즉, 고종으로 즉위하였다. 신정왕후는 안동 김씨 세력과 대항관계에 있던 풍양조씨 조만영趙萬永의 딸이었다. 신정왕후는 순조의 아들 효명세자孝明世子의 빈嬪이었는데 헌종대에 효명세자가 익종翼宗으로 추존되자 그도 비妃로 승격됐다. 1857년(철종 8) 8월 당시 대왕대비였던 순원왕후純元王后 김씨金氏가 세상을 떠나자 그동안 왕대비였던 신정왕후가 대왕대비의 자리를 차지하였다.40)

대원군은 신정왕후와 긴밀히 협조하면서, 조선의 정권을 장악하고 여

39) 延甲洙, 1998, 「大院君 執權期(1863~1873) 西洋勢力에 대한 대응과 軍備增强」, 서울대 국사학과 박사학위논문.
40) 한국역사연구회 19세기정치사연구반, 1990, 「정국의 추이」, 『조선정치사: 1800~1863』, 청년사.

러 가지 정책을 실행하였다. 대원군은 정치세력의 재편을 위해 중앙행
정기구를 개편하였다. 대원군은 안동 김씨 세도세력을 약화시켜야 했
고, 중앙집권적 단일지배 체제의 확립을 위해 권력체제의 핵심인 중앙
정치기구를 개편해야 했다. 그것은 곧 구 지배세력의 온상인 비변사의
기능 중지와[41] 왕조 초기의 의정부와 육조의 기능 확대 및 삼군부의 부
활로 나타났다.[42] 요컨대 대원군은 자파自派 정치세력의 구축과 이전
정치세력의 배제를 위해 비변사까지 폐지하였던 것이다. 또한 종친부의
기능을 강화하고 자신이 배후에서 통제하였다.[43]

　　대원군이 실행한 정책은 주요하게 왕조체제를 유지하기 위해 여러 가
지 방안을 실시한 것이었다. 대원군은 불과 몇 년 전에 전국을 휩쓸었던
대대적인 농민항쟁의 고질적인 원인을 해결하기 위한 본격적인 농촌 수
습책을 실행에 옮겼다. 농민항쟁에 대한 수습책의 일환으로 평민들을
침학侵虐하고 있던 서원書院에 집결한 지방유생세력을 약화시키고자
하였다. 서원은 유생들의 분권적 세력 기반으로 중앙정계의 고급관료와
의 혈연 및 지역적 관계를 토대로 중앙집권적 통치에도 장애가 되어 보
고 있었다.[44]

　　대원군의 농촌 수습책은 달리 말하여 대원군 정권의 농업, 농촌 정책
이라고 할 수 있다. 그런데 문제는 이러한 농촌, 농업정책이 주로 농민항
쟁에 대한 수습책으로 이루어졌다는 점이 있다고 할 수 있다. 조선의 농
촌과 농업, 나아가 농민을 새로운 방향으로 이끄는 것이 아니라 당시까

41) 李載浩, 1971,「朝鮮備邊司考」,『歷史學報』50, 51合, 역사학회.
42) 成大慶, 1983,「大院君初期執政期의 勸力構造」,『大東文化硏究』15, 성균관대 대
　　동문화연구소.
43) 연갑수, 1992,「대원군 집정의 성격과 권력구조의 변화」, 서울대 국사학과 석사논문.
44) 閔丙河, 1983,「書院의 農莊」,『韓國史論』8, 한국사학회, 147～149쪽.

지 이어지던 근세 농업체제를 온전하게 그대로 유지 계승하는 데 목표를 둔 것이었다.

대원군의 농촌 수습책은 직접적인 대책과 간접적인 대책으로 나누어 살펴볼 수 있다. 1862년 농민항쟁의 근인根因을 해결하기 위한 수습 방책을 시행하여 농민의 숨통을 직접 열어주는 직접적인 방책을 취하기도 하였다. 또한 농민이 농촌에서 생활하는 데 지장이 없도록 주변 여건을 만들어주는 간접적인 농촌수습책도 실시하였다.

우선 농촌 주변에 대한 간접적인 수습책으로 서원書院 정리와 토호土豪 징치를 실시하였다. 서원이 농민에게 가져다주는 폐해를 제거하고, 또한 토호로부터 농민들이 받는 괴로움을 없애주려는 것이었다. 대원군은 1864년(고종 원년) 6월에 전국 각지에 소재한 서원과 향사鄕祠의 현황을 상세히 조사하여 보고하도록 팔도 도신에게 지시하였다.[45] 그리하여 1865년(고종 2년) 대원군은 지방관의 조사 보고를 토대로 하여 서원 중에서 가장 횡폭하고 폐해가 극심했던 화양동서원華陽洞書院 인근의 만동묘萬東廟의 철폐를 단행하였다.[46] 그 후 1871년(고종 8년) 3월에는 전국적으로 47개소의 서원만 남겨두고 나머지를 모두 철폐하였다.[47] 대원군은 중앙통치력의 강화와 서원의 농민에 대한 자의적 수탈을 방지하고자 양반유생들의 사회적, 경제적 토대와 경제외적 강제의 기초를 타파하였던 것이다.

그리고 대원군은 향촌 세력으로 위세를 떨치고 있던 무단토호武斷土豪들을 징치懲治하였다. 그들은 향교鄕校나 서원書院에 출입하면서 원

---

45) 『日省錄』高宗 1年 6月 7日.
46) 『日省錄』高宗 2年 3月 29日.
47) 『日省錄』高宗 8年 3月 20日.

임원任員이나 재임齋任을 맡으면서 농민들을 수탈하고, 묵패墨牌로서 위협하면서 재물을 빼앗고 있었다. 더구나 지방수령들은 이들 토호세력과 결탁함으로써 중앙정부의 통제력을 약화시킬 뿐만 아니라 침학무단지습侵虐武斷之習을 오히려 옹호하고 있었다. 대원군은 무단토호를 다스리는 방법으로 암행어사 파견을 활용하였다.

1867년(고종 4년) 대원군은 전국적으로 암행어사를 파견하여 토호들의 염찰과 징치를 단행하였다. 농민항쟁에 대한 수습책의 하나로 팔도에 암행어사를 파견하여 사족士族과 토호土豪 중에 평민을 침학하는 자가 있으면 그를 죽이고 재산을 몰수하기까지 하였다. 암행어사를 파견하여 지방사회, 향촌 사회에서 나타나는 폐단弊端을 확인하고, 농민층들이 힘겨워하는 민은民隱을 확인하여 그에 대한 대책, 대안, 해결책을 모색하는 것은 여러 선왕先王이 거행하던 정사였다. 대원군은 선왕의 정사를 계승하여 농민층의 어려움을 파악하고 해소하며, 나아가 조정의 농정책 시행을 원상회복하고 농업체제의 안정성을 확보하려 한 것이다.

대원군은 암행어사 파견과 그에 대한 처리과정을 통해 서원書院을 중심으로 한 양반유생의 농민에 대한 자의적 수탈과 재지세력인 토호세력의 농민에 대한 침탈을 어느 정도 완화할 수 있었다. 그런데 암행어사를 통한 토호에 대한 특별 징치도 근본적으로 농민항쟁의 원인을 제거한 것은 아니었다. 왜냐하면 암행어사의 부실한 염찰廉察과 징치가 이루어지기도 했지만, 토호 징치가 농민항쟁에 대한 본격적인 수습책이라기보다는 간접적인 대책이었기 때문이었다.

일례로 공충도에 파견한 암행어사 홍철주洪澈周가 올린 서계 별단에 대해서 정부가 세밀하게 검토하고 대책 마련을 지시한 사례를 찾아볼 수 있다. 홍철주는 상서하여 자신이 암행하였던 공충도 지역 몇몇 수령

에 대한 포상을 건의하기도 하였다.[48] 또한 고종은 암행어사의 별단에
대하여 주서朱書로 비답을 내려 토호土豪 십여 명에 대한 처벌을 직접
지시하기도 하였다. 그리하여 고종은 토호土豪로 지목된 이기로李箕老
등의 정배定配를 명하였다.[49] 그런데 정배 되었던 해당 지역의 토호들
이 이후 어떠한 상황에 처했는지 알기 어렵다. 다만 토호의 횡포에 대한
지적이 계속『고종실록』에 등장하고 있다는 점에서 1867년 토호 징치
가 완벽하게 완수된 것으로 보기 어렵다. 뿐만 아니라 토호 징치나 서원
수탈의 억제가 농촌, 농민의 고통을 해결하고 농업체제의 위기를 극복
하는 근원적인 방책은 아니었다.

대원군대에 실행에 옮겨진 본격적인, 그리고 직접적인 농촌 수습책은
삼정三政을 개선, 개혁하는 방책이었다. 농민항쟁에서 농민들이 가장
문제로 제기하였던 것이 부세문제였다는 점에서 삼정에 대한 대책은 농
민항쟁 수습책의 근간이라고 할 수 있다. 철종대 삼정三政 이정釐整을
시도하다가 그만 포기하였던 것을 대원군정권이 재차 시도한 것이었다.

먼저 전정田政에 대한 대원군의 수습책은 양전量田을 추진하는 것이
었다. 조선 후기에 양전이 제대로 실시되지 않아 토지의 경계가 애매하
게 되고, 시기전時起田과 진전陳田이 혼용되어 있었다. 더구나 궁방전

---

48) 『高宗實錄』4권, 高宗 4년 4월 20일 癸卯 (1-263); 召見公忠道暗行御史洪澈周 進書
   啓 罪舒川前郡守兪邦柱 忠州前牧使閔禹世 西原前縣監金益鼎 連山前縣監李燮奎 瑞
   山前郡守鄭在箕 堤川前縣監柳南珪 禮山前縣監尹致愚 懷德前縣監宋在誠 利仁察訪
   李碩寬等 報恩郡守金樂均 賜璽書 表裏之典 洪州牧使趙秉老 天安郡守洪祐慶 大興郡
   守鄭基永 沃川前郡守朴鳳夏 黃磵縣監金炳憲 並褒施陞敍.
49) 『高宗實錄』4권, 高宗 4년 4월 21일 甲辰 (1-263); 朱書下批 公忠道暗行御史別單中
   土豪李箕老 宋一憲 李敏愚 並遠惡地定配 李祖冕 李敎昇 趙章熙 李深汝 成致德 並遠
   地定配 金商圭 趙然應 宋秉範 金箕旭 金孟魯 尹滋昌 金灝根 鄭福吉 崔奎錫 並定配
   公忠監司閔致庠 同義禁加設單付 前政言南宗斗 前府使黃鍾奭 前承旨李容學 並自該
   府嚴刑定配 吏屬防結犯梁長源 島配.

과 각 아문 둔전의 절수折受, 민전民田의 투탁, 농민의 토지 상실 등으로 출세전出稅田에 비해 면세전免稅田이 상대적으로 증가하면서 국가재정도 궁핍한 지경에 빠져 있었다. 여기에다가 부세 수취 과정에서 지방관과 서리胥吏 및 토호들의 작간作奸으로 인하여 과세에 불공정이 초래되어 농민의 부담이 가중되고 있었다. 따라서 부세와 토지문제의 해결을 위해 우선 양전의 시행은 불가피한 선결과제였다. 하지만 흉년 및 인력, 재정 부족 등의 이유로 실시가 미루어지고 있었다.[50] 당시 지배층은 광범위한 토지를 소유한 대지주들이었으므로 토지 소유의 정확한 실태 조사인 양전量田을 은연중에 반대하였다. 이러한 점에서 양전의 실시는 농민항쟁에 대한 대책, 농민과 농촌을 소생시키는 일차적 수습책의 성격도 지닌 것이었다.

대원군은 일찍부터 양전의 매우 요긴하게 필요하다는 점을 인식하고 있었다. 집권과 더불어 양전을 실시하지 않아 재정이 궁핍하게 되고 서리의 간계奸計가 날로 불어나며 농민의 원한이 많은 것을 시정하고자 하였다. 그러나 일시에 전국적으로 양전하기는 곤란하므로 매년 몇 읍씩 양전하도록 지시하였다.[51] 그러므로 이는 비록 부분적이기는 하지만 각도의 민정을 참작하여 편의에 따라 가능한 대로 양전을 실시하여 전정을 수습하고자 하는 것이었다.

또한 대원군은 철종대 삼정이정책에서 논의된 부가세附加稅 혁파의 방책을 시행하려고 하였다.[52] 삼세三稅 이외에 추가 신설된 부가세를 일체 혁파하려는 것이었다. 종래에 내수사에서 징수하여 오던 무명잡세

---

50) 金容燮, 1983,「純祖朝의 量田계획과 田政釐正문제」,『김철준박사회갑기념 사학논총』, 회갑논총간행위원회.
51)『壬戌錄』田政條.
52) 金容燮, 1984,「철종기의 삼정수습책」,『韓國近代農業史研究』, 일조각.

를 일체 혁파하였다. 그리고 각도各道와 궁방宮房의 사사로운 부가세를 일체 금단시켰다. 부가세 혁파는 농민부담을 가일층 줄여가면서 전정의 수습과 국가재정수입의 확충을 목표로 삼은 것이었다.

이상에서 살핀 대원군이 시도한 농촌 수습책은 무엇보다도 조선 왕실의 토대를 굳건하게 만들어 왕조의 지속성을 확보하려는 의도에서 나온 것이었다. 왕실을 강화하는 정책을 시도하면서 농민들에 대한 부세수탈을 덜어주기 위한 삼정 문란을 해결하려고 하였다. 그러나 대원군은 농민층을 근원적으로 보호할 수 있는 농업체제의 변혁을 꾀하는 개혁책을 실시하지 못하였다. 결국 조선왕조의 지배체제를 재편성하는 수습책을 단행하였을 뿐 근본적인 체제 자체의 변통은 성취하지 못하였다.

3. 고종의 권농책勸農策과 권농勸農 공간의 조성

1863년 고종이 즉위한 이후 권력을 장악한 대원군은 왕조체제를 유지하기 위해 여러 가지 개혁적인 방안을 실행에 옮겼다. 대원군은 전국을 휩쓸었던 대대적인 농민항쟁의 고질적인 원인을 치유하기 위한 본격적인 농촌 수습책을 시행하였다. 하지만 대원군의 농촌수습책은 제도개혁과 그의 정착에 이르지 못하였고, 10년을 채우지 못한 대원군의 실각으로 말미암아 제대로 성과를 거두지 못한 것으로 볼 수 있다.

대원군의 농촌수습책과는 별개로 같은 시기에 고종은 조선왕조의 국왕으로서 여러 권농책을 수행하였다. 고종이 즉위한 이후 국왕의 지위에서 마땅히 수행해야 할 권농勸農의 책무를 충실히 이행하였다. 조선의 국왕이 실행해야 할 권농책 시행은 이미 오래전부터 그 틀이 마련되어 있었고, 고종의 권농책 또한 그 틀에서 벗어나는 것이 아니었다.[53]

이러한 점에서 고종의 권농책은 근세 농업체제 속에서 시행되던 국왕의 권농책과 동질적인 것이었다.

고종은 앞선 선왕들이 실시하였던 권농윤음 반포, 친경 실시 등을 수행하면서 그 이외에 색다른 권농 관련 과업을 실행하였다. 그것은 바로 신무문 외곽 경복궁 후원을 중심으로 권농공간을 조성하면서 새로운 누각과 전답을 만든 것이었다. 경복궁 후원에 새로운 권농 중심지를 조성하는 고종의 조처에 대해 건축학적인 측면에서 관심이 두어졌다.[54] 경복궁 후원의 권농 공간 조성을 고종의 권농책의 하나로 정리할 수 있을 것이다.

고종은 즉위한 뒤에 찾아온 첫 번째 봄인 1864년 1월에 "매해 맹춘孟春에 윤음綸音을 반포하는 것이 아가我家의 성법成法이며, 철종哲宗이 14년 동안 백성들을 걱정하며 지냈다는 것"을 강조하는 내용이 담긴 권농윤음勸農綸音을 팔도八道와 사도四都에 내려보냈다.[55] 정치적 실권을 갖지 못한 국왕이었지만 고종은 순조, 헌종, 철종과 마찬가지로 매해 세수歲首마다 계속해서 권농윤음을 내리는 국왕 권농책을 거행하였다.

고종은 매년 정월에 반복적으로 권농윤음을 내리고 있었는데, 특이하게도 1870년의 경우에는 초여름에 특별히 권농윤음 다시 한번 내렸다.

53) 염정섭, 2014, 『18~19세기 농정책의 시행과 농업개혁론』, 태학사, 47~71쪽.
54) 李蕙遠, 2009, 「景福宮 중건 이후 殿閣構成의 변화-「경복궁배치도」와 「北闕圖形」을 중심으로」, 경기대학교 대학원 건축공학과 박사학위논문; 정우진·심우경, 2012, 「조선시대 궁궐 후원 농경지 조영의 특성」, 『한국조경학회지』 제40권 4호, 한국조경학회, 62~77쪽.
55) 『高宗實錄』 권1, 高宗 1年 1月 11日 癸丑 (1-130); 下勸農綸音于八道四都 若曰...중략...每歲孟春 誕宣十行溫綸 董厥服田 乃是我家成法 而亦粵我大行大王御極十有四載 憂民一念 宵旰惓惓 八域含生 久囿化育之澤 擧切沒世不忘之思 在今予小子繼述之道 豈敢以宅憂諒闇 一切恭默於民事之切至者乎.

고종은 이 윤음에서 "봄에 파종하는 것이 제때 잘 이루어졌으니 여름 농사일을 제대로 수행해야 할 것이다. 근민관近民官들이 들판을 돌아다니면서 권농할 것"을 특별히 당부하였다.56) 고종이 친정을 시작한 1873년 11월 이후 내려진 권농윤음도 앞서 반포된 것과 내용과 성격이 거의 동일하여 대동소이하였다. 『고종실록』에 기록된 마지막 권농윤음은 1894년에 내려진 것이었다.57)

다음으로 고종의 권농시책에서 주목되는 것은 1871년(고종 8)에 실행한 친경親耕 의례儀禮이다. 당시의 친경의례는 영조대의 그것을 기준으로 진행되었다.58) 영조대 이후 고종대까지 친경의례는 다시 행해지지 않았지만, 영조대 친경의 기억이 고종의 손에 의해 되살려진 것이었다. 고종은 이른 시기부터 영조대의 친경을 인지하고 있었으며, 1871년(고종 8)의 친경의례는 1739년(영조 15)이나 1767년(영조 43)의 의례에 준하여 진행되었다.59) 이때의 친경 역시 영조대의 성대한 거행을 기념하고 반복하며 당시의 영광을 빌어오고 백성의 시선 속에 국왕의 권농 강조를 분명하게 드러내는 행위였다.60)

---

56) 『高宗實錄』권7, 高宗 7년 4월 3일 己亥 (1-333); 特下勸農綸音于八道四都 若曰 國之本在民 民之本在農 蘸蓘播種 各有其時 高下燥濕 不失其宜 用底于農殖嘉穀 迄用康年 即有國之上瑞也 顧今夏節已屆 田功其亟 襏襫畚鍤 時不可失 咨爾近民之官 省耕助糧 巡野勸農 勤業力作 各修其事 屢獲豐穰 登我至治 以紓九重憧憧之意.

57) 『高宗實錄』권31, 高宗 31년 1월 1일 己卯 (2-476); 下勸農綸音于八道五都: 『日省錄』 高宗 31년 1월 1일 己卯;下綸音于八道五都, 教曰 肆予御極以來 敬遵列聖朝故事 每歲元日輒發綸音 惓惓乎勸農 使斯民趨事赴功 服田力穡 自古有年…중략…咨爾方伯居留牧府郡縣之臣 克殫乃心 各率其職 布德行令 使民以時 轉而緣南畝 深耕易耨 尙永力爾田 苟利於農 罔有不擧 苟害於農 罔有不除 俾各安其業而樂其生 以保惠我庶民 庸答予康公田功之意 故玆教示 想宜知悉 都承旨 金春熙製.

58) 김지영, 2002, 「英祖代 親耕儀式의 거행과 『親耕儀軌』」, 『韓國學報』107, 일지사.

59) 장지연, 2009, 「권력관계의 변화에 따른 東郊 壇廟의 의미 변화-근대 선농단과 동관왕묘를 중심으로」, 『서울학연구』36, 서울학연구소, 46쪽.

1871년 1월 6일 예조는 고종에게 전례에 따라 종실宗室, 총재冢宰 등이 친경을 수행하는 것이 당연한 의례의 상례인데, 1767년(영조 43, 丁亥)에는 영조英祖의 특교特敎에 의해 국구國舅와 의빈儀賓 등도 동행하였으니 이번에는 어떻게 할 것인지 정해야 한다고 보고하였다. 고종은 정해년의 예를 따라 친경을 수행하게 하되 30인으로 마련하라고 지시하였다. 그리고 1월 9일 예조가 고례古例에 따라 친경의례를 진행할 때 임금은 쟁기를 다섯 차례 밀고, 종실과 재신은 일곱 차례, 여러 판서와 대간은 아홉 차례 미는 것으로 할 것인지, 아니면 정해년의 예에 따라 왕세손은 일곱 차례, 총재 이하는 아홉 차례로 할 것인지 정해야 한다고 보고한다. 이에 고종은 세자世子와 세손世孫은 일곱 차례, 재상 이하는 아홉 차례 미는 것을 정식으로 삼도록 지시하였다.[61] 이러한 논의 과정은 고종이 영조의 친경의례를 기준으로 삼고 있었음을 보여주는 것이었다.

앞서 100여 년 전에 영조는 50년에 걸친 재위 기간 동안 4차례에 걸쳐서 친경의례를 거행하였다. 영조는 1739년(영조 15), 1753년(영조 29), 1764년(영조 40), 1767년(영조 43) 총 4차례에 걸쳐서 친경을 수행하였고, 그중에서 1739년과 1767년의 친경의례는 그 상세한 과정이 기록된 『친경의궤親耕儀軌』가 현재까지 전해지고 있다.[62] 영조가 친경을

---

60) 김세은, 2004, 「고종초기(1863~1873) 국가의례 시행의 의미」, 『조선시대사학보』 31, 조선시대사학회, 187~191쪽.

61) 『高宗實錄』 권8, 高宗 8年 1月 9日 己亥 (1-351); 禮曹啓 親耕時 殿下五推 宗室宰臣七推 諸判書臺諫九推 乃是古禮 而丁亥年則王世孫行七推禮 宗宰以下竝行九推禮矣 到今事體 宗室以下推數 自臣曹不敢循例磨鍊 何以爲之乎 敢稟 敎曰 世子世孫 例行七推之禮 宗宰以下 竝行九推事 定式.

62) 서울대학교 규장각 편, 2001, 『親耕儀軌』 奎章閣 資料叢書 儀軌篇, 서울대 규장각 한국학연구원. 친경의례의 자세한 내용은 다음 解題를 참고할 수 있다. 金芝英, 2001, 「『親耕儀軌』 解題」, 『親耕儀軌』 奎章閣 資料叢書 儀軌篇, 서울대학교 규장각한국학연구원.

실행에 옮긴 것 자체야말로 국왕의 권농 의지를 한 단계 높은 수준에서 대내외적으로 표출하는 것이었다. 숙종대 이후 본격적으로 친경 실행 여부에 대한 정치적인 성격의 논의가 진행되었지만 실현을 보지 못하고 있다가 탕평을 내세운 영조대에 이르러 비로소 친경 의례가 현실화된 것이었다.

고종은 앞서 1864년에 이미 친경親耕과 친잠親蠶에 대한 관심을 표명하였다. 권강勸講할 때 좌의정 이유원李裕元이 친경과 친잠이 옛날 제왕가帝王家의 성대한 일이었는데, 지금은 폐지되어 실행되지 않고 있다고 언급하였다. 이때 고종이 아조我朝에도 이 법이 있었는가 묻자, 강관講官 홍종서洪鍾序가 아조에도 있었다면서 잠실蠶室이 친잠하던 곳이고 동서적전東西籍田이 친경하던 곳이라고 대답하였다.[63] 이러한 문답에 보이는 고종의 친경에 대한 관심이 1871년에 이르러 실제로 실행에 옮겨진 것으로 볼 수 있다.

1871년이라는 시점에서 고종이 친경에 나선 배경과 관련해서 1월 20일에 내려진 「권농별윤음」의 내용이 주목된다. 특별히 영의정 김병학金炳學에게 짓게 한 「권농별윤음」의 내용을 보면 영묘英廟, 즉 영조의 고사를 100여 년 뒤에 이어받아 친경을 하게 되었다는 것을 설명하면서 특히 농우農牛, 농기農器를 갖추어 기경起耕, 개간開墾에 힘써야 한다는 점과 피제陂隄 관개灌漑와 구혁溝洫 소준疏濬, 그리고 근실함을 크게 강조하는 것이었다. 이와 같이 농법의 구체적인 부분까지 강조하면

---

63) 『高宗實錄』 권1, 高宗 1年 11月 6日 癸卯 (1-170); 初六日 勸講 敎曰 曾聞古有親耕親蠶之事 然乎 講官洪鍾序曰 王后則親蠶 人君則親耕 王后之親蠶 爲供宗廟之祭服也 人君之親耕 爲備宗廟之粢盛也 皆出於敬祖宗之義也 左議政李裕元曰 親耕 親蠶 古昔帝王家盛事 而今廢不行矣 敎曰 我朝亦有是法乎 鍾序曰 然矣 我朝有蠶室 乃親蠶之所也 又有東西耤田 卽親耕之所也.

서 고종은 자신이 친경에 직접 나서는 만큼 수령들이 실심實心으로 대양對揚해주기를 크게 요구하고 있었다.

드디어 1871년 2월 10일 고종은 수행하는 관원 등과 더불어 선농단을 봉심하고 적전을 친경하였다. 그리고 고종은 적전을 경작하는 백성들이 본래 친경전을 갈아먹고 평상시에는 율무를 세납하여 공상하는데, 이번에는 특별히 이러한 세납을 덜어줄 것을 명령하였다. 그리고 그는 5월에 선농단에서 보리 수확하는 것을 구경하였다. 이와 같이 1871년 고종의 친경은 국왕의 권농 의지를 보다 뚜렷하게 내보이는 것이었고, 전국 팔도의 신민들에게 농사를 진작시키고자 하는 의지를 천명하는 의례였다. 그리고 고종이 실행한 친경의례는 영조의 사례를 모범으로 준수하는 것이었고, 선왕들의 국왕 권농책을 충실히 계승하여 이행하는 것이기도 하였다.

이상에서 정리한 바와 같이 고종의 권농책이 앞선 시기 조선의 선왕先王들이 수행하였던 권농책과 동질적인 것이었음을 알 수 있다. 세수歲首에 권농교, 권농윤음을 반포하는 것과 친경을 수행하는 국왕 권농책은 조선 근세 농업체제의 구조 속에서 수행되던 것이었다. 따라서 고종은 이러한 측면에서 조선의 농업체제를 지탱하는 계승자로서 자리 매김 될 수 있을 것이다. 하지만 뒤에 자세히 서술하는 바와 같이 1880년대 이후 고종은 새로운 조선의 대외적인 환경 속에서 새로운 국가 통치의 방책을 모색하는 것과 같은 맥락에서 근대적 농업체제의 구축이라는 방향을 취하고 있었다.

고종의 선왕 권농책 계승이라는 성격을 1880년대 이후 궁궐 후원 지역에 권농 공간을 조성하는 행적에서 다시 찾아볼 수 있다. 1880년대 고종의 권농책의 일단이 경복궁 후원에 새로운 권농 공간을 조성하는 방향으로 표출되었다. 1880년대 고종은 경복궁 북쪽 지역에 집옥재를 비롯한 자신의 새로운 국정 운영 공간을 조성하였다. 이와 더불어 당시 경복궁 신무문 바깥쪽 후원 일대에 권농勸農과 직접적으로 연관된 건물 영건營建이 이루어졌다. 즉 고종의 국정 운영 방향이 변화하는 과정과 맞물려 경복궁의 공간적인 성격이 변동되고 있었던 것이다. 권농과 깊이 연관된 건물들이 조성되는 과정과 그 결과에 주목할 필요가 있다.

신무문 외곽 후원에 새롭게 조성된 건물인 경농재慶農齋와 그 주변 공간[64]은 고종의 권농책과 긴밀히 연관된 것이었다. 당시 경농재와 대유헌大有軒 등 누각이 신축되었고, 이와 더불어 8개의 구획으로 구분된 원형의 수전(논)이 새롭게 조성되었다. 그리고 경농재에는 원형의 논을 살펴보기 위한 용도로 만들어진 것이 분명한 관풍루觀豊樓라는 누각이 붙어 있었다.

경복궁 신무문 밖의 후원 공간은 고종이 경복궁에 임어臨御한 시기에 국정활동의 중심 공간 노릇을 하고 있었다. 1885년 이후 고종은 신무문 밖의 후원지역을 왕이 휴식 공간으로 이용하는 것을 뛰어넘어 일상적인 소대召對, 사신 접견 등을 수행하는 다목적인 공간으로 활용하고 있었다.[65] 이와 같은 신무문 외곽 후원의 기능 확대를 가장 적실하게 보여주는 것이 바로 경농재 등 국왕 권농과 관련된 공간의 구성이었다.

신무문 외곽 후원 지역의 일부가 권농공간으로 변모하는 과정은 경복궁 중건과 연관된 것이었다. 오래전 임진왜란 당시 일어난 화재로 인해 폐허로 변했던 경복궁은 1865년 대원군의 주도하에 새롭게 중건되었

---

64) 李蕙遠, 2009, 「景福宮 중건 이후 殿閣構成의 변화-「경복궁배치도」와 「北闕圖形」을 중심으로」, 경기대학교 대학원 건축공학과 박사학위논문, 130~133쪽.
65) 정우진·심우경, 2012, 「조선시대 궁궐 후원 농경지 조영의 특성」, 『한국조경학회지』 제40권 4호, 한국조경학회, 70쪽.

다. 그런데 중건된 경복궁은 10년이 지난 1876년에 발생한 대화재로 말미암아 잿더미로 스러지고 말았다. 1876년에 일어난 대형 화재로 말미암아 왕비의 거처인 교태전을 비롯하여 830여 칸에 달하는 많은 전각殿閣들이 사라졌다. 열성조列聖朝의 어필御筆과 크고 작은 부신符信까지 모두 불타버리는 참혹한 피해를 입은 것이었다.[66]

고종은 1885년 이후 경복궁 북쪽의 건청궁, 집옥재 등 전각을 국정國政의 실행 공간으로 이용하였다. 그리고 1888년(고종 25)에서 1893년(고종 30) 사이에 내전內殿 일곽을 재건할 때 여러 건물을 새로 지어지거나 고쳐 짓게 하였다. 그 가운데 경농재는 대유헌과 함께 1893년 2월 완공되었다.[67]

경농재와 대유헌은 새로 만든 경복궁 후원에 자리잡고 있었다. 조선 전기 경복궁의 후원은 향원정 일대였지만 고종대 새로 조성된 후원은 경복궁 북쪽 궁장을 남쪽 경계로 삼고, 북쪽 궁장의 북동쪽 모서리 춘생문부터 북서쪽 모서리 추성문까지 둥그렇게 둘러싸인 영역이었다. 새로 조성된 후원의 약간 남쪽에 융문당과 융무당이 있는데, 이곳을 중심으로 공식적인 행사들이 치러졌다.

고종초에 경복궁을 중건하면서 융문당 융무당 영역에 후원을 조성한 것이었다. 1888년대에 제작된 것으로 보이는 「경복궁배치도」에 따르면 후원 서쪽 부분인 추성문 안쪽에 둥근 원으로 표현한 답畓이 조성되어 있었다. 그런데 이 영역에 커다란 변화가 나타난 시기는 1893년이었다. 경농재, 대유헌 등의 건물을 만들고 논을 새롭게 소규모 형태로 조성하

---

66) 『高宗實錄』 권13, 高宗 13년 11월 4일 辛酉 (1-540); 初四日 景福宮災...중략...八百三十餘間延燒 火起倉猝 勢甚迅遽 俄頃之間 諸殿閣蕩然灰燼 列朝御筆舊物 一未有收 大寶及東宮玉印之外 諸寶符信 皆燒火.

67) 李蕙遠, 앞 논문, 2009, 19쪽.

고, 주변에 담장을 쌓았다.

고종의 문집 『주연집珠淵集』에 「경농재상량문慶農齋上樑文」과 「대유헌상량문大有軒上樑文」이 실려 있다.[68] 「경농재상량문」은 1893년에 지어졌는데, 고종이 경농이라는 이름을 붙인 이유를 설명하고 있다. 「경농재상량문」에 보이는 고종의 설명이 매우 자세한데 주요한 골자는 농사짓기를 정성들여 해야한다는 것이었다. 그에 따르면, 『시경』에서 경사스러움을 돈독하게 할 것을 노래하는 시편을 찬양하였는데(詩讚篤慶之什), 이는 풍년이라야 자손을 보존할 수 있다는 것이고(子孫保以有年), 사서史書에서 힘써 농사지을 것을 권장하는 글을 실었는데(史揭力農之文), 이는 교화가 먹을 것이 풍족한 데에서 일어난다는 것을 말한 것이다(教化興於足食). 다만 파종, 수확, 김매기에서 잘못이 없고(惟播穫耘耔之無失), 백성들을 제때 일하게 해야(使民以時), 수신修身 제가齊家 치국治國 평천하平天下가 말미암아 이루어지게 되고(乃修齊治平之所由), 바로 집에서 비롯하여 나라에 이르는 것이다(自家及國)[69]. 이러한 내용이었다. 이는 농사짓기가 무탈하게 진행되어야 나라가 다스려질 것이라는 근원적인 원칙을 밝힌 것으로 볼 수 있을 것이다.

그리고 대유헌의 대유大有는 『주역』에 따르면 '성대풍유盛大豊有' 즉 성대하고 풍성하게 갖게 된 상태를 의미하고,[70] 또한 소유所有함이 크다는 뜻[71]으로도 새겨진다. 그리고 고종은 「대유헌상량문」에서 '오곡이 익은 것을 대유大有라 한다(五穀熟曰大有)'는 구절로 대유의 뜻을 풀

---

68) 高宗, 『珠淵集』 권20, 上樑文, 雜著, 慶農齋上樑文癸巳.
69) 高宗, 『珠淵集』 권20, 上樑文, 雜著, 慶農齋上樑文癸巳; 詩讚篤慶之什 子孫保以有年 史揭力農之文 教化興於足食 惟播穫耘耔之無失 使民以時 乃修齊治平之所由 自家及國.
70) 『周易』 上經, 傳; 大有 盛大豊有也.
71) 『周易』 上經, 本義; 大有 所有之大也.

이하였다. 그렇다면 대유大有는 커다란 풍년을 가리키는 말로 생각하여
도 무방할 것이다.

계속해서 고종은 상림桑林 즉 경복궁 후원에 관가觀稼하는 곳을 세운
뜻을 「대유헌상량문」에서 설명하고 있다. 고종은 "공사를 마무리하는
데 오래 걸리지 않았으니 우리나라에서 무본務本하는 정사를 생각한 것
이고, 시간을 아낀 것을 기뻐하며 옛적의 중농重農하는 규범을 본받은
것이다. 주시周詩의 칠월七月편을 읊으니 왕업王業이 바로 여기에서 말
미암은 것이다"[72]라고 서술하고 있다. 이러한 뜻을 이어서 관가하는 곳
을 만든 것이었다. 그리고 고종은 이곳이 더 이상 놀면서 쉬는 곳(豫游
之居)이 아니라는 점을 천명하고 구획을 나누어 전답田畓을 만들었다는
점을 분명하게 나타냈다. 위에서 자세히 살핀 바와 같이 「경농재상량문
慶農齋上樑文」과 「대유헌상량문大有軒上樑文」의 주요한 내용은 영조
나 정조가 지은 권농교, 권농윤음의 골간을 이루는 조선의 농정책 바로
그것과 대동소이하다고 평가할 수 있다.

『북궐도형』(1907년 제작 추정)과 「경복궁배치도」(1888년 제작 추정)
을 살펴보면 경복궁 후원의 모습이 그려진다.[73] 경농재가 축조된 이후
에 논부분의 윤곽이 사다리꼴 모양으로 분명하게 설정되어 있다. 그리
고 경농재 남쪽에 논이 조성되었는데, 제일 북쪽에는 원형으로 된 샘을
만들고 사다리꼴 형태가 8등분 되어 조선 8도의 농지대로 구별하여 각
도에서 들여온 종자를 심었다고 한다.[74]

1893년에 고종은 경복궁 후원에 8개의 소규모 논을 만들고, 여기에서

---

72) 高宗, 『珠淵集』 권20, 上樑文, 雜著, 大有軒上樑文; 不日告工 念邦家務本之政 省歲
　　志喜 體古昔重農之規 咏七月於周詩 王業之由於此.
73) 이혜원, 위 논문, 2009, 131쪽.
74) 이혜원, 위 논문, 2009, 130쪽.

농사짓는 것을 살펴볼 수 있는 관가소觀稼所를 축조하였다. 그리고 직접 경농재와 대유헌의 상량문을 지어 중농을 되새기면서 내외에 표방하고, 무본에 힘쓸 것임을 스스로 다짐하였던 것이다.

앞서 살핀 바와 같이 고종은 즉위한 이후 계속해서 매년 정월에 권농윤음을 반포하였다. 이는 순조, 헌종, 철종이 실시하던 것을 계승하는 것이었다. 그리고 고종의 권농시책에서 주목되는 것은 1871년(고종 8)에 실행한 친경의례이다. 고종은 영조대의 친경의례를 기준으로 친경을 실행하였다. 이때 고종은 특별히 영의정 김병학에게 「권농별윤음」을 짓게 하였는데, 영조의 고사를 이어받아 100여 년 뒤에 친경을 하게 되었다는 것을 강조하였다. 또한 궁궐 후원 지역에 새로운 권농 관련 공간을 조성하면서 선왕先王의 권농책을 계승하려는 고종의 의지를 찾아볼 수 있다.

고종은 1880년대 이후 국정 운영 기조를 변화시키고 새로운 국정 운영기관, 농업 관련 관청을 설치하면서 근대적 농업체제의 구축에 힘을 기울이면서도, 조선 근세 농업체제의 근간을 이루는 권농책도 계승하고 있었다. 이와 같이 동시에 이질적인 성격의 농업에 관련된 조처를 취하고 있다는 점에서 고종이 재위하던 시기 조선의 농업체제는 조선왕조의 근세 농업체제에서 근대 농업체제로 변화해 나가는 전환기였다고 볼 수 있을 것이다.

Ⅱ. 1880년대 근대적 농업정책의 등장

1. '근대적' 농업기구의 설치와 농업정책의 실시

19세기 후반 조선왕조의 지배체제가 크게 변동한 직접적이고 외부적인 요인은 바로 1876년 개항開港이었다. 이른바 '근대 전환', '근대적 전환'의 서막이 열리는 구체적인 시점을 명확한 연도로 지목하자면 바로 1876년이라고 보인다. 한국사 시대구분에서 사회 성격의 변화를 근세사회, 근대사회로 구분할 때, 앞선 시대가 끝나고 뒤이은 시대가 시작하는 특정한 어느 한 해, 또는 어느 10년 정도의 시간 간격 등으로 지목하기 어렵다. 하지만 시대를 구분할 만한 사회변화가 촉발되었던 어떤 사건, 어떤 시기, 어떤 시간을 지목하는 것은 가능하다고 생각된다. 1990년대 초반에 한국사 시대구분론이 공론장에서 논의될 때 당면과제로 설정되었던 화두가 '근대사회의 시점'에 대한 논의였다. 당시 근대사회의 시점에 대한 논의가 전개되었을 때 1860년대설, 1876년설, 1894년설 등이 제기되었던 것을 상기할 수 있을 것이다.[1]

---

[1] 한국역사연구회에서 기획한 「한국 근대의 시작은 언제인가」에 포함된 3편의 논문이 근대사회의 시점에 대한 여러 논의를 제시하고 있다. 다음 3편의 논문과 토론회 속기록을 참고할 수 있다. 장동표, 1993, 「1860년대 반침략·반봉건운동의 의의」, 『역사와

근대 농업체제의 형성이라는 커다란 변화양상의 구체적인 모습, 사건, 조짐이 눈에 띄게 나타난 시기는 1880년대라고 보지 않을 수 없다. 그렇게 볼 수밖에 없는 가장 커다란 요인은 이 시기에 조선왕조가 추진하고 실행하였던 농업 관련 정책, 조치, 인식의 전체적인 구도가 크게 변화하는 모습을 분명하게 드러내고 있다는 점이다. 그것은 당시 조선왕조의 지배체제 속에서 농업을 담당하는 행정 기구가 근세 농업체제와 극명하게 대비되는 차원에서 등장하고 있었다.

근세 농업체제에서 국가의 농업생산을 전담하는 기구, 기관이 설정되지 않았던 상황에서 이 시기에 이르면, 보다 조직화되고 집중된 형태의 농업기구, 농업관서 등이 설치되고 운영되는 상황이 전면에 등장하였다. 또한 서양의 농업생산기술 등과 관련된 문물을 도입하기 위한 노력의 일환으로 해외시찰단의 파견이 이루어졌다. 그러한 노력은 서양농업기술을 도입하기 위한 새로운 농서의 편찬으로 이어졌다. 이와 같은 1880년대 조선의 농업체제가 점차 근대적 농업체제의 성격을 갖게 되는 변화 과정에 대하여 정책 마련, 기구(기관) 설치, 농서 편찬 등을 중심으로 보다 구체적으로 살펴보려고 한다.

조선왕조는 1876년 일본과 수호조약을 체결하면서 본격적으로 서양 세력과 접촉을 시작하였다. 이미 1870년대 이전에 양목洋木이 청 상인 등을 통해 조선에 들어와 있었고, 18세기 후반 이후 천주교 신자가 크게 증가하면서 서양 문물에 대한 경험과 인식도 증가하고 있었다. 조선 연해에 나타난 서양식 선박을 이양선異樣船이라 부르며 그에 관한 여러

현실』9호, 한국역사연구회, 131∼146쪽; 이윤상, 1993,「한국근대사에서 개항의 역사적 위치」,『역사와 현실』9호, 한국역사연구회, 147∼162쪽; 도면회, 1993,「근대=자본주의사회 기점으로서의 갑오개혁」,『역사와 현실』9호, 한국역사연구회, 163∼178쪽.

가지 정보를 모아 나가는 경험도 상당히 쌓여있었다.

이양선 관련 기록 가운데 특기할 만한 것으로 1849년 경상도 영해부에 살던 정금준鄭今準 등이 표류하다가 울릉도 북쪽에서 이양선에 구조되어 돌아온 일을 찾아볼 수 있다. 정금준 등은 자신들을 구조한 이양선의 구조, 크기 등에 대한 것뿐만 아니라 의복, 음식 등까지 제법 상세한 정보를 영양현감에게 아뢰었고, 경상도 좌병사가 영양현감의 보고를 조정에 전달하였다.[2] 당시 어느 나라 선박인지 확인하지 못하였지만, 이양선이 조선 근해에 출몰하여 멀리서 그 왕래하는 것을 관측하는 것에 그치지 않고 실제 이양선의 선원과 조선인이 직접 접촉하는 일도 벌어지고 있었던 것이다. 또한 청국淸國, 아국俄國과 국경을 마주 대하고 있는 지역에서는 물품의 상호 교역도 이루어지고 있었다.[3]

1876년 조일수호조규 체결 이후 인천 등 항구를 개항하면서 외국 세력과 교류가 공식적으로 본격 시작되었다. 19세기 세도정치 시기에 바다를 방비하고 교류를 막아버리는 해방海防에 주력하다가 개항開港을 하여 물품 교역과 교류 관계를 설정하게 된 것은 커다란 전환이었다.[4] 대원군은 쇄국鎖國을 고집하면서 서양 세력과 교류 소통을 봉쇄하고, 그들과 결전을 대비하기 위한 군비증강책을 시행하였다. 끝이 없을 것같던 대원군 정권은 1873년 고종高宗의 친정 선언으로 막을 내리게 되었다.[5]

2) 『嶺左兵營啓錄』(奎15102, 1책), 1849년 03월 30일; 本月二十九日辰時到付 寧海府三公兄文狀內 本府使受由上京 兼任英陽縣監在同縣是白遣 府丑山浦洞居崔致潤手本內 本洞居鄭今準鄭應振二人 入往江原道江陵周文津是如可 今月初四日 借騎咸鏡道洪原船 回還之際 遇風漂流 幾至死境 而偶逢異樣船一隻 幸而生還是如爲有等以 自留鄕卽 爲招致兩人 査問顚末.

3) 연갑수, 2001, 『대원군집권기 부국강병정책 연구』, 서울대학교출판부.

4) 노대환, 1999, 「19세기 동도서기론 형성 과정 연구」, 서울대학교 대학원 국사학과 박사학위 논문.

고종의 친정親政 이후 조선의 국가 운영 방향이 조금씩 변화하였다. 고종의 친정은 이전과 다른 새로운 정치세력을 중심으로 정치운영이 이루어졌다. 1873년 11월, 국왕친정國王親政의 이름 아래 단행된 정권교체인 계유정변癸酉政變으로 대원군정권이 10년 만에 물러나고 뒤이어 민씨정권이 등장하였다. 민씨정권은 이후 임오군란(1882년 6월) 및 갑신정변(1884년 10월)으로 한때 무너졌으나 각각 청국군의 개입으로 부활하였다. 민씨정권은 1873년 이후 길게 보면 거의 20년 동안 조선 국가의 주요한 권력을 장악하였다.

민씨정권의 성립 과정은 1866년 3월 민치록閔致祿의 딸이 고종의 왕비가 되면서 시작된 것으로 볼 수 있다. 민비는 1870년대 초두에 고종의 친정 이후 양오라비인 민승호閔升鎬(대원군 부인의 친동생)를 병조판서 자리에 앉힌 데 이어 여흥驪興 민씨 일족을 중앙과 지방의 주요 관직에 앉히고 그들을 중심으로 대원군에 불만을 품고 있던 이최응李最應(대원군의 친형)과 풍양 조씨의 조영하趙寧夏 등 반대 세력들을 규합하여 확고한 기반을 가진 정치세력을 형성하기에 이르렀다. 이들은 1873년에 유림儒林의 유력 인물인 최익현崔益鉉이 상소를 올려 서원의 철폐, 호포법의 실시, 인재 등용의 문제 등 대원군의 내정을 신랄하게 비판하여 정국이 요동치자 이러한 상황을 이용하여 대원군을 정권에서 내몰았다.

민씨정권은 집권 초기, 대원군이 실시한 거의 모든 시책을 전면적으로 뒤집어버렸다. 이미 철폐하였던 만동묘萬東廟를 다시 복구하고 서원을 전면적으로 복구하였다. 따라서 서원을 거점으로 한 유생들과 토호들의 전횡이 다시 시작되었고 직접 생산 농민들에 대한 억압과 약탈이 더욱 심해졌다. 민씨정권은 민심을 얻고자 조세와 각종 부과금을 인하

---

5) 연갑수, 2001, 『대원군집권기 부국강병정책 연구』, 서울대학교 출판부.

또는 탕감해주고 토목공사를 중지하고 청전淸錢사용도 금지하였다. 그러나 이러한 조치들은 국가재정의 혼란을 초래하는 결과를 가져왔다. 더구나 세도정치의 악폐인 매관매직 행위가 되살아나게 되었으며 국가규율은 해이해지고 중앙집권적 통치기능은 더욱 악화되었다.[6]

고종은 친정親政 시작 이후 서양 세력의 동향에 상당한 관심을 표명하였다. 당시 조정 대신 중에는 서양 세력과 교류를 하는 것이 피할 수 없는 상황이라면서 개국開國해야 한다는 생각을 가진 관료들이 있었다. 이들을 중심으로 고종은 일본의 운요호 사건 도발 이후 강화교섭 과정에서 개항을 결정하고 1876년 1월 일본과 수교하였다.[7] 일본 측의 일방적인 특권이 규정된 불평등조약에 의해서 조선은 부산항(1876년)과 그밖에 원산항(1880년) 및 인천항(1883년) 3개 항구를 개항하게 되었다. 이때의 개항은 비록 서양 자본주의(제국주의) 국가와의 직접적인 수교 통상은 아니었지만 조선이 자본주의 세계에 문호를 개방하는 단서가 되었다.[8]

한편 개항과 더불어 이루어진 대외관계의 특징이 서양 제국주의 국가의 군사적 압력을 배경으로 강요된 것이라는 점이었기 때문에, 개항 이후에 조선 국내의 여러 세력이 나타낸 반응도 이에 호응하는 것이었다. 척사위정파는 개항과 수교 자체를 전면적으로 거부하는 반응을 기본적으로 표출하였고, 개항파는 이들과 달리 일본을 통해 서양 선진문화를 수용해야 한다는 입장에서 개항과 수교를 소리 높여 외치는 반응을 보였다. 일본과의 수교를 결사반대하던 척사위정파의 최익현은 1876년 1월 도끼를 갖고 대궐 앞으로 나아가 국왕에게 일본과의 조약을 거부하

---

6) 망원한국사연구회, 1989,『한국근대민중운동사』, 돌베개, 88~91쪽.
7)『高宗實錄』高宗 13년 1월 24일.
8) 개항과 척사파, 개화파에 대한 서술은 다음 글을 참고하였다. 김경태, 1994,「중화체제 만국공법질서의 착종과 정치세력의 분열」,『한국사』11권, 한길사.

라고 호소하는 이른바 지부상소持斧上疏를 올렸다. 이 상소에서 최익현은 일본과 화약和約을 맺게 되면 나라가 어지럽게 되고 결국 망하게 될 것이라는 다섯 가지 이유를 들고 있었다.[9]

개항파의 주요 인물인 박규수朴珪壽, 오경석吳慶錫 등은 쇄국적인 상황에서 선진적으로 당시의 조선 현실에 근거하여 주장을 펼치고 있었지만, 일본의 침략적 측면에 대한 구체적인 인식이 결여되어 있었다. 일본 측이 함포의 위협 아래 수호를 요구하는 목적이 조선의 문호를 개방하고 교류를 하자는 데만 있는 것이 아니라 그것을 통해 불평등조약관계를 강요하는 데 있다는 점을 간과하고 있었다. 이에 따라 수교 내용의 불평등성과 독소조항 등 침략적 측면을 예리하게 간파하여 대처하지 못하였다. 이 점은 비단 조선뿐만 아니라 중국과 일본의 관료들이 개항 당시에 거의 공통적으로 보여주던 현상이기도 하였다.[10]

조선정부는 왜양분리倭洋分離의 전제 아래 일본과의 수교를 도쿠가와막부德川幕府와 구교舊交의 부활이라는 명분을 내세우고 서양제국에 대한 쇄국정책은 변함이 없다는 척양대일개항론斥洋對日開港論을 주장하였다.[11] 그것은 조선의 개항이 일본의 함포의 위협 아래 타율적으로 이루어졌고, 특히 집권파의 척양斥洋이라는 명분 아래 진행되어 대내적으로 척사파의 공격에 대한 대비책으로서는 유효했을지라도 서

---

9) 이이화, 1977, 「斥邪衛正論의 비판적 검토」, 『한국사연구』 18, 한국사연구회. 당시 척사파는, 일본은 이름은 왜인이지만 실질은 양적洋賊이라 하여 왜양일체倭洋一體의 논리로 일본을 포함한 외래 자본주의의 침략적 본질과 해독성을 날카롭게 간파하였다. 특히 무력적 위협으로 강요된 수교와 개항이 일본 세력의 계속적인 침투를 가능하게 할 것임을 예단했다.
10) 김경태, 1978, 「개항 초기의 정치사상상황」, 『이대사원』 15, 이화여대 사학과.
11) 조일수호조규朝日修好條規 체결(1876년 2월) 직후, 고종도 이번 일은 일본과의 구호舊好를 재개한 것이라고 했다. 『日省錄』 고종 13년 2월 5일.

양문화의 직접적인 수용과 자율적인 대외관계를 형성하는 데는 장애가 되었다. 조선정부의 척양대일개항론의 대외관은 1880년대 초기 서양제 국과의 수호·통상문제가 본격화될 때까지 답습되고 있었다.

1876년 개항을 전후한 시기에 조선이 맞이하였던 대외적인 여건은 제국주의 유럽 국가들의 아시아 지역에 대한 침략, 침입이었다. 조선의 개항이 비록 서양 자본주의 국가와의 직접적인 수교 통상은 아니었지만 그것은 조선이 일본을 매개로 자본주의 세계에 문호를 개방하는 계기가 되었고 객관적으로 만국공법질서에의 참가를 뜻하는 것이었다.[12]

그런데 19세기 조선을 비롯한 동아시아 국가들이 맞이하게 된 유럽 국가의 제국주의적 침탈은 단순한 자본의 확장, 자본의 침투가 아니었다. 이는 유럽 자본주의의 무제한적인 확장이 자국 내부의 계급적 이해관계를 초월하여 대외적으로 뻗어나가 타민족 타국가의 자유로운 성장과 발전을 저해하고 침해하면서 자신의 이해관계를 관철하는 제국주의로 전화된 상태였다. 즉 자본침투와 병행하여 군사적 침략, 문화적 압박 등이 뒤따르는 정치적 자율의 박탈을 근원적인 기반으로 삼는 식민지화를 목표로 삼는 제국주의 국가의 식민지쟁탈의 와중에서 벌어진 일이었다.

이러한 상황에서 19세기 중반 조선은 많은 제국주의 국가들에게 새로운 장차의 식민지로 부상하고 있었다. 결국 조선이 맞이한 19세기 중후반 역사적 환경은 조선을 새로운 시대로 이끄는 주요한 요인, 주요모순을 제공하고 있었다. 따라서 우리는 이 시기 제국주의 국가의 침입이라는 역사적 환경을 중심으로 '근대'라는 새로운 시대로 변화해 나가는 조선을 설정하는 것이 온당할 것으로 생각된다.

---

12) 이광린, 1982, 「한국에 있어서 만국공법의 수용과 그 영향」, 『동아연구』 1, 서강대 동아문제연구소.

1976년 일본과의 병자수호조약 이후 조선은 1882년 조·미(美國)수호 통상조약을 체결하고 이후 1883년 조·영(英國) 및 조·독(獨逸), 1884년 의 조·로(露國, 러시아) 및 조·이(伊國, 이탈리아), 1886년 조·불(佛國, 프랑스), 1892년 조·오(奧國, 오스트리아-헝가리제국), 1902년 조·백(白國, 벨기에) 및 조·정(丁抹, 덴마크) 등 세계 여러 나라와 잇따라 수호조약을 맺고 문호를 개방하게 되었다.

대체로 개화기라 불리는 이 시기에 고종과 정부 관료들은 세계 정세에 관심을 가지고 서구 문물 수입을 통해 조선의 부국강병을 달성하려는 의지를 보여주고 있었다. 그리고 농업체제의 측면에서도 새로운 농업기구의 설치, 농업개발 전담 관청의 개설, 농업과 관련된 여러 가지 제도와 규칙의 제정 및 실천, 서양 농업기술의 도입 추진 등의 방향으로 변화를 모색하였다. 이와 같이 변모된 모습은 조선왕조의 근세 농업체제가 유럽 자본주의 제국주의 국가들의 영향을 받으면서 조선의 자체적인 노력에 의해 점차 근대적 농업체제로 변해나가는 것을 의미하는 것으로 보인다. 특히 농업을 비롯한 생산부문을 전담하는 관청, 기구, 관서의 설치는 농업생산에 대한 새로운 접근방식을 전면적으로 보여주는 것이었다. 이러한 근대 농업체제로의 변모와 관련된 여러 측면을 살펴보려고 한다.

개항 이후 조선 정부는 1880년대부터 이른바 개화정책을 추진하면서, 제도 개혁 등을 실행에 옮겼다. 특히 고종이 '개화'를 결정하면서 개화파가 힘을 얻게 되었다.[13] 근대 역사 사료와 여러 연구서에 등장하는 '개화開化'의 실체적인 역사적 의의는 다름이 아니라 근대적 체제로의 전환이라고 평가해야 마땅할 것이다. 이러한 체제적, 제도적 변화에 대

---

13) 주진오, 1989, 「한국 근대 집권관료 세력의 민족문제 인식과 대응」, 『역사와 현실』 창간호, 한국역사연구회.

하여 '개화開化'라는 실체가 불분명한 특히 변화의 방향이나 내용이 불명확한 개념으로 규정하는 것은 역사적으로 분석하는 데 적절하지 않다고 생각된다. 따라서 근대적, 근대, 체제 개혁, 제도 변혁 등의 개념어를 활용하여 그러한 변화의 방향과 내용을 구체적으로 설명하는 것이 온당할 것이다.

1880년대 이후 고종을 중심으로 근대적인 국가체제를 모색하게 된 역사적 배경에 대해서 살펴본다. 그리하여 근대적인 농업체제를 만들어 나가는 전후사정이 나타난 역사적 배경을 찾아볼 수 있을 것이다. 고종의 개인적인 인식, 태도에 대해서 살펴보면, 고종은 아직 화이론적 세계관에서 탈피하지 못한 양반 관료들과는 달리 운양호 사건으로 일본의 막강한 군사력에 큰 충격을 받아 이후 군비강화와 부국강병에 큰 관심을 가지게 된 것으로 평가되고 있다. 특히 1880년 8월 제2차 수신사로 일본에 다녀온 김홍집金弘集에게도 일본의 군비軍備와 통상 외교, 근대 교육의 실상 등에 대해 물으면서 고종 스스로 자강自强 의지를 보여주고 있었다.[14]

조선이 근대화 정책을 취해나갈 수 있었던 배경 가운데 하나는 일본과 개항한 이후 유럽 제국 및 미국과 국교를 교통하면서 상호 사신 왕래 등 인적인 교류가 활성화된 것이었다. 조선은 일본과 개항한 이후 1882년 4월에는 미국과 통상조약을 체결하였고, 이어서 영국, 독일, 러시아, 프랑스 등 서양 각국과도 통상조약을 체결하였다.[15] 청淸에 대해서도 구래의 사대관계를 폐지하고 근대적인 통상관계를 정립하자고 요구하였다. 전통적인 동아시아 국제질서인 중화中華 중심체제를 부정하고 호

---

14) 金弘集,「修信使日記」『金弘集遺稿』(고려대학교 출판부, 1976, 302-304쪽), 入侍筵說.
15) 李光麟, 1981,『韓國史講座』근대편, 一潮閣.

혜평등의 원칙에 입각한 만국공법적萬國公法的 질서로의 개편을 요구한 것이었다.16) 하지만 청은 임오군란과 갑신정변에 개입한 이후 전통적인 사대관계를 실질적인 속방화屬邦化 정책으로 전환하면서 조선의 내정에 간섭하고 고종의 근대화 정책에 제동을 걸었다.17) 하지만 유럽 제국, 미국과의 교섭을 통해 고종 재위 시기에 여러 가지 근대화 정책이 입안되고 실천되었다.

이러한 배경 속에서 1880년대 초기에 조선 정부는 유럽제국과 미국과의 교섭을 통해 여러 가지 근대화 정책을 입안하고 실천하였다. 조선이 추진한 근대화 정책은 일본과 서양 세력을 배척하는 척사위정 입장의 명분론이 주시하는 상황에서, 개항으로 인한 후유증과 새로운 단계의 대내외적이 위기 상황에 대처하기 위해 취해진 정책이었다. 초기 근대화 정책은 고종과 개화파 관료들에 의해 주로 군비軍備와 기술의 자강自强을 통해서 왕조 체제를 재편 강화하기 위한 위로부터의 개량적인 대응이었다. 그것은 또한 서양 문물을 수용하면서 조선의 상황에 맞춰 변용해 나가는 초기적인 형태가 되었다.

1880년대 자강을 위한 초기 근대화 정책을 사상적으로 뒷받침해 주고 그 정책을 추인한 것은 이른바 동도서기東道西器의 논리였다.18) 초기 근대화 정책은 1880년 7월 일본에 파견된 제2차 수신사 김홍집金弘集이 귀국해서 결과를 보고하는 복명이 있은 후, 조정에서 구체적으로 거론되었다. 김홍집은 일본에서 일본주재 청국공사 하여장何如璋, 참찬관 황준헌黃遵憲 등과의 접촉을 통해서 당시 동아시아의 국제관계와 일

---

16) 萬國公法의 수용에 대해서는 다음 논문을 참조할 수 있다. 李光麟, 1986, 「韓國에 있어서 萬國公法의 收容과 그 影響」, 『韓國開化史의 諸問題』, 一潮閣.
17) 金正起, 1994, 「1876-1894년 淸의 朝鮮政策 硏究」, 서울대 국사학과 박사학위논문.
18) 김경태, 1978, 「개항 초기의 정치사상상황」, 『이대사원』 15, 이화여대 사학과.

본의 국내 사정 그리고 외교 및 통상의 실무적인 문제와 조선의 대응책 등에 관해서 광범위한 의견교환을 하여 식견을 넓혔다.

김홍집은 귀국한 후에 고종에게 복명서와 함께 조선의 당면 외교정책을 논술한 청나라 외교관 황준헌의 『조선책략朝鮮策略』을 바쳤다. 『조선책략』은 조선이 자강하기 위해서는 서양의 여러 나라와 수호·통상이 불가피하다고 강조하고, 조선의 당면 외교정책으로 친중국親中國, 결일본結日本, 연미국聯美國하여 러시아의 남하를 막아야 한다는 것을 제시하였다. 김홍집이 귀국 복명한 1880년을 계기로 고종과 개화파 관료들은 동아시아의 새로운 국제관계를 직시하고 재야 유생들의 반대를 무릅쓰고 자강을 위한 일련의 근대화 정책을 시행하였다.

대내적인 일련의 자강을 위한 초기 근대화 정책을 논리적으로 뒷받침해 주는 자강상소도 잇달아 올라왔다. 1881년 7월 전 장령掌令 곽기락郭基洛의 상소에서부터 시작되었고, 특히 조미수호통상조약이 체결된 1882년 5월 이후부터 현실의 정치와 국제관계의 추이를 반영하여 보다 전향적으로 전개되었다. 윤선학尹善學의 상소(1882년 12월)에 이르러 자주적 채서採西의 주장까지 제시되면서 이른바 동도서기의 논리가 더욱 정비되었다.

조선의 근대화 정책에 따른 관제, 기구, 관청의 개편 등을 살펴보면서 더불어 농업 관련 관청, 기구의 설치 등을 검토하려고 한다. 그리하여 1880년대 이후 근대적 농업체제로의 변화, 근대 농업체제의 형성 과정을 정리할 것이다. 고종을 중심으로 여러 방면에서 근대화 정책을 추진되면서 이러한 과정에서 농업의 진흥을 목표로 설정한 농업정책도 실행된 것이었다. 따라서 개항 이후 전개된 농업정책은 사실 조선 정부의 근대화 정책의 틀에서 이해할 수 있을 것이다. 다시 말해서 조선 정부의 근

대화 정책의 여러 측면이 농업정책에 포함된다고 할 것이다.[19]

고종은 국정개혁의 일환으로 1880년 12월에 관제를 개혁하였다. 대외관계를 담당하는 정부기구로서 청나라의 기구를 본떠 통리기무아문統理機務衙門을 설치하고 군제軍制에서도 종래의 5군영을 무위영武衛營과 장어영壯禦營의 2영으로 개편 강화하였다. 또 신식군대인 별기군別技軍을 창설하고 일본인 교관을 초빙하여 신식무기와 신식교련에 의한 사과후보생의 양성을 추진하였다.[20]

1880년에 설립된 통리기무아문統理機務衙門은 의정부의 예에 따라 도상都相을 두어 시원임대신時原任大臣이 겸하게 하여 정일품아문正一品衙門으로 삼았다.[21] 이는 최고 정무기관인 의정부와 동일한 위상을 갖는 기구를 설치하겠다는 의도에서 나온 것이었다. 통리기무아문은 외교관계뿐 아니라 서양식 군사기술의 도입, 국경문제 등도 처리하였다. 한편 주교사를 넘겨받아 전국의 조운漕運을 관장하고, 광산의 개발을 허락하여 징세하고, 주전鑄錢을 관장하기도 하는 등 당시 가장 중요한 재원들을 확보하였다.[22] 이와 같이 통리기무아문은 군국기무 및 외교통

19) 개화파와 정부의 농업정책에 대하여는 다음 논문들을 주로 참고하였다. 김용섭, 1984, 「갑신·갑오개혁기 개화파의 농업론」, 『한국근대농업사연구』 증보판, 하, 일조각; 이영학, 1997, 「개항기 조선의 농업정책」, 『한국근현대의 민족문제와 신국가건설』, 지식산업사, 全遇容, 1997, 「19世紀末~20世紀初 韓人 會社 연구」, 서울대 대학원 박사학위논문.
20) 김경태 외, 1986, 『한국문화사』, 이화여대 출판부.
21) 이종춘, 1968, 「통리기무아문에 대한 고찰」, 『청주교육대학논문집』 3, 청주교육대학교.
22) 全海宗, 1962, 「統理機務衙門 設立의 經緯에 대하여」, 『歷史學報』 17·18합집, 역사학회; 李光麟, 1989, 「統理機務衙門의 組織과 機能」, 『開化派와 開化思想研究』, 一潮閣; 崔賢淑, 1993, 「開港期 統理機務衙門의 設置와 運營」, 고려대 역사교육과 석사학위논문.

상문제를 총령하였다는 점에서 청나라의 제도를 참작하기는 하였으나 새로운 문물제도를 수용하려는 조선에 있어서 매우 중요한 제도 개혁이 었다고 보인다.

그런데 1882년 6월 10일 임오군란이 일어난 다음 통리기무아문이 일시적으로 폐지되었다. 임오군란으로 대원군이 재집권하자 통리기무아문을 폐지하고 삼군부三軍府로 바꾸었다. 그러나 대원군이 재집권 33일 만에 중국으로 납치되자 삼군부의 권한은 약화되었고, 이를 대신하여 군란 뒤의 복잡한 나랏일을 처리하기 위하여 국왕은 기무처를 설치하였다.[23]

이무렵 고종은 1882년 8월 1일 청나라에 파견된 조영하趙寧夏에게 천진天津에서 「선후사의육조善後事宜六條」를 제출하게 하였다. 「선후사의육조」는 장차 시행하는 마땅한 정책 여섯 가지를 정리한 것인데, 정민지定民志, 용인재用人才, 정군제整軍制, 이재용理財用, 변율제變律制, 광상무擴商務의 여섯 조목으로 구성되어 있었다. 이 내용을 구체적으로 보면 특히 재용財用에 강조를 두어, 농상農桑, 의약醫藥, 무기武器, 주차舟車 등의 제조 기술을 익혀서 부국강병을 이루어야 한다고 언명하는 것이었다. 이는 고종이 근대적 국가체제로의 전환을 본격적으로 실행하겠다는 의지를 분명하게 드러내는 것이었다.

이홍장李鴻章의 주선으로 정치 외교 고문 묄렌도르프가 내한하면서 조선 정부의 기구 개편을 협의하고 통리아문이 설치되었고, 계속해서 통리내무아문이 설치되었다. 즉 1882년 11월에 외교와 통상관계는 통리아문이 담당하고, 국내에 관한 업무는 통리내무아문이 담당하게 되었다.

1882년 12월 3일에 이르러 조선은 통리아문統理衙門을 통리교섭통상사무아문統理交涉通商事務衙門으로, 통리내무아문統理內務衙門을

---

23) 李光麟, 1968, 「內衙門의 설치와 그 기능」, 『全訂版 韓國開化史研究』, 一潮閣, 64쪽.

통리군국사무아문統理軍國事務衙門으로 개칭하였다.[24] 이때 통리군국사무아문에 6사司를 분치分置하고, 통리교섭통상사무아문에 4사를 분치하면서 내정을 담당하는 아문과 외정을 담당하는 아문, 크게 두 계통으로 국정을 운영하는 아문 병립 체제가 확립되었다. 앞서 의정부, 육조로 통활하던 국정을 크게 2분야로 나누어 대내적인 일과 대외적인 직무가 분장되었다는 점 자체는 새로운 제도적인 개혁이라고 할 수 있다. 그리고 각 아문 아래에 각사를 설치하여 내정과 외정의 세부적인 내용을 분담하게 하였다는 점도 커다란 의의를 갖고 있다고 할 수 있다.

편민便民 이국理國에 관한 내정을 담당한 통리군국사무아문은 그 예하기관으로 이용사理用司, 군무사軍務司, 감공사監工司, 전선사典選司, 농상사農商司, 장내사掌內司 등 6사를 두었다. 각사를 담당하는 관료기구로 독판督辦는 정·종 1품, 협판協辦은 정·종 2품, 참의는 당상 정3품의 품계로서 임명하고 독판의 유고시에는 수협판首協辦이 그 직무를 대행하도록 하였다.

그리고 통리군국사무아문은 1883년 8월 20일 '분사장정分事章程'과 '사무규칙事務規則'을 만들었다. 이는 대체로 이전의 통리기무아문의 업무분장 방식을 계승한 것이다.[25] 통리군국사무아문의 조직은 초기에는 승정원의 예에 따라 이무吏務, 호무戶務, 예무禮務, 병무兵務, 형무刑務, 공무工務 등 6무로 나뉘어졌는데, 1883년 8월에 이르러 '분사장정分事章程'과 '사무규칙事務規則'을 마련하여 조직을 체계적으로 정비

---

24) 전해종, 1962,「통리기구아문의 설치의 경위에 대하여」,『역사학보』17·18합집, 역사학회.
25) 통리군국사무아문에 대해서는 아래 논문을 참고하였다. 韓哲昊, 1994,「統理軍國事務衙門(1882~1884)의 組織과 運營」,『李基白先生古稀紀念韓國史學論叢』[下], 一潮閣.

하였다.

그리하여 6무 조직은 이용사理用司, 군무사軍務司, 감공사監工司, 전선사典選司, 농상사農商司, 장내사掌內司 등의 6사로 개편된 것이었다. 이 6사 조직은 통리기무아문의 각사 중 대내적 업무 부서였던 이용사, 군무사, 감공사, 전선사 등 4사의 명칭과 기능을 그대로 계승하고 농상사와 장내사를 추가로 신설한 것이었다. 이와 같이 국내 업무를 관장하는 통리군국사무아문을 재정비하면서 6개의 예하 기구를 만들면서 담당 관리를 임명하였는데, 그 가운데 가장 중점을 두었던 것이 바로 농업 정책을 관장하는 농상사農商司였다.

농상사農商司는 농업에 관한 정책을 입안하고 집행하는 곳이었다. 국가적인 차원에서 농업생산 부문을 관장하여 나아가 국가재정을 충실하게 운영하는 직임을 맡고 있었다. 농상사는 호戶, 농農, 상桑, 다茶를 담당하고, 수시로 관리를 각읍에 파견하여 형편을 살펴보고, 각읍에서도 농상農桑에 대한 상황, 개간開墾, 파종播種 상황을 농상사에 보고하게 하였다. 그리고 보고 내용을 수령의 고과考課에 반영하게 하였다.[26] 이러한 체제는 조선왕조 근세 농업체제에서 실시한 농정책에서 각읍 수령이 농업農形(작물 경작 현황)에 대해서 보고할 의무를 부과하고, 비변사가 각읍 수령의 보고를 총괄적으로 수합하고 정리하는 체제와 대비되는 것이었다. 근대화 정책을 추진하면서 마련된 근대적 농업체제에서는 보고처가 비변사에서 농상사로 바뀐 것이었다. 이러한 각읍(지방) 농업 상황에 대한 보고 체계가 변화된 것은 커다란 의미를 갖고 있었다.

지방에서 보고한 농사 형편(농업 상황)을 전담하여 통합 총괄하는 중

---

26) 李永鶴, 1997, 「開港期 朝鮮의 農業政策」, 『한국근현대의 민족문제와 신국가건설』, 지식산업사.

앙 관서가 마련되었다는 점 자체가 커다란 역사적 의의가 있는 변화라고 할 수 있다. 앞서 조선 후기 근세 농업체제 아래에서 비변사의 경우 비변사당상, 제언당상, 그리고 팔도구관당상이 지방에서 보고된 농사형편에 대해서 공유하면서 대책을 마련하여 시행하였다. 이와 달리 1880년 이후 시기는 농상사가 그러한 역할을 담당하게 된 것이었다. 고종은 통리군국사무아문의 농상사를 통하여 선왕先王의 권농책을 계승하는 성격의 농정책이 아니라 근대적 변화를 담고 있는 농업정책을 추진할 수 있었고, 뒤에 살펴보는 바와 같이 그러한 정책을 실제로 실행하였다.

1880년대 근대 농업체제로의 변화를 잘 보여주는 것이 바로 직접적으로 수행된 여러 가지 농업정책이라고 할 수 있다. 농업의 권장, 개간의 장려, 그리고 그러한 농업정책을 구체적인 '규칙'으로 제정하여 반포하는 양상 등이 바로 근대 농업체제로의 변화를 보여주는 것이라고 할 수 있다.

1883년(고종 20년) 11월 29일에 통리군국사무아문 산하 농상사農商司 협판으로 민종묵閔種默이 부임하였다. 민종묵은 앞서 신사유람단으로 일본에 다녀온 경험을 갖고 있었다. 그는 근대 농업체제를 수립하는 문제와 관련된 여러 법령을 제정하는 데 커다란 역할을 수행하였다.27) 그리하여 농상사에서 농과규칙農課規則으로 '통호규칙統戶規則', '농무규칙農務規則', '잠상규칙蠶桑規則' 등을 제정 발표하면서 근대적 성격의 농업 장려 정책을 구체화시켰다. 통리군국사무아문의 농상사에서 제정한 농과규칙인 '통호규칙', '농무규칙', 잠상규칙' 등은 근대적 농업체제의 구성에 기반을 놓으려는 것이었다.

'통호규칙', '농무규칙', '잠상규칙' 등으로 구성된 농과규칙은 조선왕조의 근세 농업체제의 권농책(농정책)과 일정하게 공유하는 부분을 갖

---

27) 김영진·이은웅, 2000, 『조선시대 농업과학기술사』, 서울대학교 출판부, 459쪽.

고 있었다. 이러한 점에서 1880년대 근대 농업체제의 형성 과정은 조선왕조의 근세 농업체제의 일정 부분이 근대적인 농업체제로 변화하는 과정에서 계승되거나, 융합되거나, 또는 대체되는 역동적인 변화 과정과 다른 것이 아니었다. 달리 말해서 조선의 1880년대 이후 근대적 농업체제로의 변화는 근세 농업체제의 상당 부분이 계승·융합·대체되는 과정이었던 것이다.

농과규칙 가운데 '통호규칙'은 4조로 구성되어 있었는데, 조선왕조의 오가작통법五家作統法을 원용한 것이었다. 5가家가 1통統이 되고 매통에 통수統首를 두는 방식으로 각 마을의 농사를 관장하게 한 것이었다. 농업진흥의 기본이 농촌사회의 안정과 질서 확립에 있음을 인식하고, 이를 위해 마을에 집강을 두고, 면에 상집강을 두며, 읍에 농과장을 두되, 농과장이 그 읍에서 이루어지는 농상상차農商桑茶의 전반적인 업무를 담당하게 하였다.

그리고 '농무규칙'은 전문 5조로 되어 있는데, 개간과 수리시설에 관한 내용을 담고 있어 실질적으로 조선의 농정책의 내용과 크게 다름없는 것이었다. '농무규칙'에서는 황폐한 땅의 개간을 장려하고, 제언과 보 등 수리시설을 수축하거나 보수하게 하는 내용을 담고 있었다. 구체적으로 식량 증산의 기본이 경지확장에 있다고 보고 이를 위해 농업인력의 부족, 관리와 토호의 침탈, 묵은 밭의 장기 점유, 제언의 보수와 보를 둘러싼 분쟁을 규제하는 등의 내용으로 이루어져 있었다. 또 증산의 유인책으로 개간지에서 2백 석 이상의 곡물을 거두거나 산골에서 고구마 5백 석을 거둔 자에게 시상하겠다는 내용이 그 골자였다.[28]

'잠상규칙'은 전문 5조로 되어 있었는데, 뽕나무 심는 것을 권장하고,

---

28) 김영진·이은웅, 2000, 앞의 책, 460쪽.

누에 기르는 방법, 고치에서 실을 켜는 방법 등을 알리는 내용이 주된 것이었다. 전국의 농가를 3등분 하여 대농은 50주 이상, 중농은 30주 이상, 소농은 20주 이상의 뽕나무 심기를 의무화하고 있다. 여기에 10만주 이상 심은 자는 벼슬을 주겠다는 유인책이 조문화되어 있다. 이 외에 양잠제사법의 개선을 위해 중국의 잠상蠶桑 관련 기술서를 우리말로 번역, 간행하는 등의 조치를 취하여 잠업진흥을 위해 힘써야 한다는 내용이었다.

이와 같은 잠업 진흥책은 조선왕조의 조정에서 잠실蠶室을 설치하고, 왕비가 친잠親蠶을 실행하면서 민인民人들에게 잠상蠶桑을 권장하는 것과 같은 맥락에서 이해할 수 있는 것이었다. 이상에서 살펴본 바와 같이 농상사가 제정 발표한 농과규칙은 근세 농업체제에서 주요한 구성내용이었던 농정책의 뼈대를 유지하면서 시대적 변화를 반영하여 조정한 내용을 담고 있다.

통리군국사무아문과 농상사를 중심으로 근대적 농업정책을 펼치던 고종은 다른 한편으로 여러 차례 권농윤음勸農綸音과 전교傳教를 하달하여 농업 권장의 의지를 피력하였다. 예를 들어 1884년 1월에 내린 권농윤음에서 고종은 "먹을 것을 풍족하게 하는 방법을 마련하고 권민勸民의 도리를 다하기 위해 농상사를 두었다"고 설명하면서 농업의 적극 권장을 강조하였다.[29] 이와 같이 고종은 권농윤음이라는 선왕의 유제를 계승하면서, 동시에 농상사의 설치라는 근대적 농업체제 구축에 힘을 기울이고 있었다.

또한 고종은 근대화 정책을 실행하는 과정에서 1884년 9월에 식산흥업에 관한 전교傳教를 내렸다. 고종은 이 전교傳教에서 농업과 잠업, 목

---

29) 『漢城旬報』 1884년 1월 1일.

축업, 제조공업 등 당시 주요 산업의 전반에 걸쳐 그를 감독하는 관청, 기구를 설치하고 절목節目을 마련하도록 지시하였다.[30] 이러한 내용의 왕명은 다름이 아니라 근대적 농업체제 구축을 위해 새로운 기구, 기관, 관청의 설치를 명령한 것이었다.

고종의 전교 이전에 이미 몇 개의 농업 관련 관서가 설치되어 있었다. 고종이 내린 전교를 계기로 하여 각종 관영 공장 및 그를 관장하는 기관, 그리고 관민합영의 회사會社들이 속속 설립되기 시작하였다. 고종이 농상農桑, 목축牧畜 등을 관장하는 새로운 기구를 설립하도록 지시하는 내용의 왕명을 내리면서 구체적인 현실화가 즉각적으로 이루어졌다. 1884년에 잠상공사蠶桑公司, 1886년에 종목국種牧局, 1887년에 조지국造紙局 등 각종 전담기구들이 설립되었다. 이런 기관들은 근대화 정책을 추진하면서 전환국, 박문국 등 새로운 기구, 관청을 창설하는 것과 같은 맥락에서 설치된 것이었다.

농업 권장과 농업 진흥을 위한 방책을 조선국가의 근대화 변모의 물결에 맞추어서 새로운 기구, 관청의 설립과 이를 통한 시책, 정책의 시행을 통해 모색하려는 것이었다. 그런데 문제는 조선의 전통적인 농정책農政策과 근대적인 농업정책農業政策이 서로 계승, 융합, 대체되는 과정에 물리적, 화학적 문제들이 생겨나고 있었다는 점에 있었다. 특히 결과적으로 볼 때 잠상공사 등의 권농기구들이 이른바 개화파와 그 명운命運의 궤를 같이 하고 있었다는 점에서 더욱 문제 해결의 어려움이 존재하고 있었다.

고종을 중심으로 지배체제를 근대적인 형태로 변모시키는 와중에 음력으로 1884년 10월 17일 갑신정변甲申政變이 발생하였다. 그런데 정

---

30) 『高宗實錄』 卷21, 高宗 21년 9월 12일.

변이 일어난지 불과 3일 만에 그 주역들이 권력 핵심에서 축출되고 말았다.[31] 갑신정변은 조선의 근대적 변화의 전개 과정 속에서 일어난 사건으로 주역들이 어떠한 목적을 갖고 사건을 일으켰는지 검토할 필요가 있다. 그들은 그동안 개화파의 개혁안으로 알려진 것 가운데 정치면에 있어서는 청국과의 종속관계를 청산 국왕의 전제와 척족의 국정간섭을 막고 내각제도에 의한 국정운영을 모색하였다. 그리고 사회경제 부분에 있어서는 문벌 폐지와 인민평등권의 제정, 지조법개정과 국가기관의 정비, 국가재정기반의 확립 등을 제시하였다. 이러한 점에서 갑신정변은 국민주권주의를 지향한 최초의 정치개혁운동으로서, '위로부터의 부르주아개혁'의 시발로 평가되기도 한다.

갑신정변의 주도자들이 내세운 것으로 알려진 '갑신정강' 가운데 경제적인 성격의 조목을 보면 아래와 같다.

전국의 지조법을 개혁하여 간악한 관리를 근절하고 궁민窮民을 구제하고 국가재정을 충실하게 할 것.
그동안 국가에 해독을 끼친 탐관오리 가운데 특히 심한 자는 처벌할 것.
각도의 환자제도는 영구히 폐지할 것.
모든 국가재정은 호조戶曹로 하여금 관할하게 하며, 그 밖의 일체의 재무 관청은 폐지할 것.[32]

갑신정강 가운데 경제적인 성격의 조목 가운데 지조법地租法을 개혁한다는 것의 의미를 구체적으로 검토할 필요가 있다. 지조법의 개혁은

---

31) 최덕수, 1994, 「갑신정변과 갑오개혁」, 『한국사』 11권, 한길사. 일각에서는 3일 천하로 끝나긴 했지만 갑신정변의 역사적 의의를 높게 평가하기도 한다.
32) 신용하, 1984, 「갑신정변甲申政變의 개혁사상改革思想」, 『韓國學報』 36, 일지사.

사실 당시 추구해야 할 목표로서는 올바른 것이었지만 그것이 어떠한 성격을 지닌 것인지에 대한 설정이 없어 매우 추상적인 조목이라고 평가하지 않을 수 없다. 그리고 모든 국가재정을 호조로 관할하게 하고 다른 재무관청을 폐지한다는 규정도 정책 방향으로는 일견 타당한 것이라고 볼 수 있지만 여기에는 다른 많은 전제조건의 해결이 필요하고, 또한 국가재정이 일원화되는 것만으로 개혁적인 것이라고 할 수는 없다는 점에서 높은 평가를 내리기에는 주저하지 않을 수 없다. 사실 갑신정강의 경우 그 내용이 구체화되어 실행되는 과정을 거치지 못하였기 때문에 정책에 대한 평가를 내리는 것이 자체가 부적절하다고 볼 수도 있다. 그리고 갑신정강 자체가 매우 소략한 것이었기 때문에 농업과 직접 관련된 부분을 찾을 수는 없다. 갑신정강을 국가 정책으로 구체화 현실화하는 과정에서 농업과 관련된 내용이 당연히 추가되었을 것으로 추정되지만 확인하기는 어려운 상황이다.

갑신정변이 실패로 돌아간 뒤에 이른바 근대화 정책을 추진하던 통리군국사무아문 등이 폐지되었다. 개화파가 갑신정변을 급작스럽게 기도하였던 것은 자신들의 정치권력이 굳건하지 않다는 것을 반면으로 보여주는 것이었고, 이는 곧 개화파가 중심이 되어 추진한 근대화 정책이 제대로 자리 잡지 못한 상태임을 알려주는 것이었다. 갑신정변이 하나의 변수로 작용하여 통리군국사무아문은 1884년 10월 21일 의정부에 합부되었고, 1885년 4월 25일 통리교섭통상사무아문마저 의정부에 병합되었다. 이는 당시 조정의 근대화 정책이 굳건하게 뿌리내린 채 진행되는 단계에 도달하지 못하였음을 보여주는 것이었다. 하지만 근대화 정책을 추진하는 동력이 사라진 것은 아니었고, 이미 통리군국사무아문이 설치되어 운영되는 과정에 만들어진 시책을 뒤엎고 먼 예전으로 돌아갈

수는 없었다.

1885년 5월 고종은 통리군국사무아문을 계승하는 성격을 지닌 내무부內務府를 설치하였다. 내무부는 설치 당시에 일시적으로 이호예병형공의 6무務로 조직되었지만, 곧이어 직제職制, 수문修文, 군무軍務, 사헌司憲, 지리地理, 공작工作, 농무국農務局 등 7국局의 독자적인 편제를 갖추게 되었다. 이와 같이 내무부는 체제와 기능에서 통리군국사무아문을 계승하는 기관이었다. 내무부에 설치된 7국 가운데 하나가 농무국農務局이었고, 농무국은 이전의 농상사가 하던 일을 계승하여 수행하였다. 농무국은 곧이어 농무사農務司로 명칭이 변경되었는데, 서양농업기술의 수용, 지질 개량, 목축, 개간에 힘을 기울였다. 1887년 재프리(R. Jaffray)라는 영국인 농학교사를 초빙하여 농무사 일을 보조하게 하였고, '농무학당農務學堂'이라는 농학교를 설치하고 재프리로 하여금 학생들에게 근대적인 농업교육을 실시하게 하기도 하였다.[33]

1880년대 농업정책의 가장 중요한 모습은 과세課稅 토지를 넓히기 위한 토지 개간開墾 정책이었다. 개항 이후 서양의 문물과 함께 서양의 농업정책에 대한 소개가 이루어지면서 토지개간사업에 대한 관심이 한층 고양되었다. 개화파는 부국강병책의 일환으로서 제언의 수축과 황무지의 개간을 촉구하였다. 그런데 개간의 권장이 개항 이전과 전혀 다른 방식으로 이루어지는 것이었다. 일반 민인이나 농민, 양반에게 황무지의 개간이나 진전陳田의 기경起耕을 권장하는 것이 아니라, 개간을 수행할 특정한 주체 즉 회사會社를 설립하는 것이었다.

1884년 9월에 내려진 농정에 관한 교지에서 새로운 농정에 관한 조치

---

33) 한철호, 1999, 「조선정부의 대응(1885∼1893)」, 『신편 한국사 39권: 제국주의의 침투와 동학농민전쟁』, 국사편찬위원회, 85∼92쪽.

가 보다 구체화되었다. 이때까지 정부는 농정에 관한 여러 가지 조치를 산발적으로 취하고 있어서 이를 통합하고 조직화할 필요가 있었고, 개화파에 의해서 소개되고 있었던 회사 조직을 통한 자본 출자 방식도 시도될 수 있는 여건이 마련되고 있었다. 정부에서는 이 교지를 계기로 종래 향촌 사회에서 행해지던 계나 향약의 기반 위에 서구 자본주의 사회에서 성행하는 회사의 개념을 도입함으로써 새로운 농상회사를 설립하게 되었다. 1885년 2월에 발행한 『경성농상회장정京城農桑會章程』과 『교하농상사절목交河農桑社節目』에 의해 설립된 경성농상회, 교하농상사가 바로 그것이었다.

1885년과 1894년 농상회사의 설치는 개화파의 주장을 수용한 정부의 개간정책이 구체화된 조치였다. 1884년 말, 1885년 초 무렵 민간에서 자금을 모아 중앙에 경성농상회京城農桑會를 조직하고 투자에 따라 수익을 분배하도록 하는 조치가 취하여졌다.[34] 경성농상회의 주된 사업은 산과 들의 개간하지 못한 곳, 강변과 해변의 미간지를 개간하고 저수지를 쌓아 밭을 논으로 전환하는 개발사업이었다. 중앙의 경성농상회를 본받아 경기도 장단과 교하에도 농상사農桑社가 설치되었다.[35]

1885년에 설립된 교하농상사交河農桑社는 회사라는 형태의 새로운 조직이었다. 아마도 서구 문물을 받아들이면서 새로운 경제조직으로 회사를 설립하고 있던 중국과 일본의 사례를 확인한 결과 만들어진 것으

---

34) 『交河農桑社節目』(규장각도서 古4256-44) 「我朝鮮京城農桑會章程」. 『交河農桑社節目』은 경기도 交河 지역에서 農社를 운영하는 규약을 정리한 책으로 표지서명은 "交河農桑社節目"이다. 본문은 <交河農桑社節目>과 <我朝鮮京城農桑會章程>으로 나뉘는데, 후자는 글씨체가 다른 것으로 보아 뒤에 추록한 것이 아닌가 추정되고 있다. 『규장각한국학연구원』도서해제(2021년 11월 검색)
35) 『交河農桑社節目』(규장각도서 古4256-44) 「傳敎」, 「完文」, 「節目」.

로 볼 수 있다. 1880년대 초중반부터 출현하기 시작하는 회사들이 지식인들의 회사 소개를 위한 노력과 적지 않은 관련이 있었음은 분명하지만, 그렇다고 해서 그들이 제시한 회사 설립 방식을 그대로 채용한 것은 아니었다. 오히려 명칭은 '회사'로 쓰면서도 실제의 설립 과정에서는 전통적인 상업조직이나 민간 조직을 부분적으로 재편하거나 그대로 차용하는 형태를 취했던 것으로 보인다.

왕명王命으로 1885년에 설립된 교하농상사交河農桑社는 그 절목節目에서 "젊은이로 나이 든 이를 능멸하는 자, 상민으로 양반을 능욕하는 자는 각별히 엄징할 것(以少凌長 以常凌班者 各別嚴懲事)", "가난하여 장례비용을 마련하지 못하는 자는 동리에서 추렴하여 장례를 치러줄 것(貧無以治喪葬埋者 使其該里 收斂喪葬事)" 등의 규정을 두고 있었다.[36] 같은 해의 『경성농상회장정京城農桑會章程』도 "회원은 매사에 서로 믿어 화평함에 힘써야 하며 형제와 같은 우의를 지녀야 한다. 충효忠孝와 덕업德業으로 권면勸勉하고 애경사哀慶事에 서로 참여하며 환난患難을 서로 구제하기를 세세자손이 한 집안 식구처럼 해야 한다(會員每事 商確 務從和平 誼猶兄弟 勸以忠孝 勉以德業 哀慶相問 患難相救 世世子孫 如一室事)"라 하여[37] 향약鄕約과 동일한 규칙을 마련하고 있다. 이와 같은 규정은 이후에도 광무년간까지 지속되고 있었다.

1885년 고종의 전교에 따라 개간을 목적으로 설립된 경성농상회사京城農桑會社는 회원會員들의 자력資力에 따라 출자할 수 있도록 규정함으로써 일종의 합자회사合資會社와 같은 조직을 구상하고 있었다.[38] 이

---

36) 『交河農桑社節目』(규장각도서 古4256-44).
37) 『交河農桑社節目』(규장각도서 古4256-44).
38) 『交河農桑社節目』(규장각도서 古4256-44)

회사의 장정에서 특히 주목되는 것은 이 회사로 하여금 전국 각도에 설립될 동종 회사의 모범이 되도록 하려는 의지를 표명하고 있는 점이었다. 그리고 회사의 운영을 방해하는 자에 대한 처벌 조항까지 둠으로써 그 보호 의지를 천명하고 있었다.

경성농상회사는 민간자본으로 설립된 것이기는 하지만 그 운영은 정부의 강력한 통제를 받고 있었으며, 회사의 업무는 법적으로 보호받고 있었다. 이는 또한 정부가 개항 이후 농업생산력 향상의 필요성을 느끼고 그를 위해 전국적인 개간사업을 추진하려 하였으며, 그 추진기구로 회사 조직을 설정하고 있었음을 보여주는 사례라 할 수 있다. 이 시기에 정부는 공업부문이든 농업부문이든 당면한 생산력 발전의 과제를 달성하기 위한 유력한 추진기구로 회사를 설정하고 있었던 것이며, 이들 중 일정 부문에는 민간자본을 적극적으로 끌어들임으로써 부족한 재원 문제를 해결하고자 하였던 것이다.

개항 직후 농업 분야의 회사 설립과 운영에 정부가 깊숙히 개입하고 있었던 것은 당시 정부가 '위로부터의 근대화' 방책을 채택하고, 그를 적극 추진하고 있었음을 보여준다. 민간자본의 축적이 미흡한 상황에서는 신기술의 도입이나 대규모 자본의 동원을 통한 근대적 생산시설의 설립을 정부가 주도하지 않을 수 없었으며, 이는 서구 자본주의의 침입이라는 상황에서 급속한 근대화를 추진하지 않으면 안 되었던 동양 3국이 보편적으로 채택하고 있던 것이기도 하였다. 또한 위에서 살펴본 근대적 농업정책의 시행, 회사 중심의 개간 장려 등의 조처는 근대적 농업체제를 지향하는 것이라고 할 수 있다.

2. 시찰단 파견과 농무목축시험장農務牧畜試驗場의 설치

개항 이후 조선왕조는 1880년대부터 근대화 정책을 추진하면서, 제도 개혁 등을 실행에 옮겼다. 초기 근대화 정책은 고종과 개화파 관료들에 의해 주로 군비軍備와 기술의 자강自强을 통해서 왕조체제를 재편·강화하기 위한 위로부터의 개량적인 대응이었다. 근대화 추진 기구를 설치하고 정비하는 과정이 진행되었고, 수신사修信使와 조사시찰단 등이 파견되기도 하였다.

1883년에 발간된 관보官報 성격의 『한성순보』의 기사 가운데 당시 조선의 집권층이 학교, 구빈원救貧院, 양로원養老院, 휼유원恤幼院, 축재국蓄財局, 본초원本草院, 동물원動物園, 박물관博物館, 조약원調藥院, 문서고文書庫, 신문국新聞局, 장서국藏書局 등의 기관과 더불어 제병원濟病院이 서양 각국의 필수 문물 가운데 하나임을 밝히고 있었다.[39] 당시 조선 정부는 이와 같은 관서, 기관 이외에 근대 서양 문물과 관련된 기관, 기구 등의 설립에 관심을 기울이고 있었다. 의학교, 병원의 설립 등이 중요하다는 점 또한 인식하고, 병원과 의학교 건설 계획도 그러한 의지의 발현이라고 할 수 있다.[40]

1880년대 국정의 큰 틀 속에 근대적인 제도 문물을 도입하는 것과 같은 맥락에서 국가를 유지하는 기반으로서 농업의 위치를 재확인하고 국가의 시책, 정책의 시행을 통해 농업생산을 발전시키려는 발상을 현실화시켜나갔다. 농업정책의 측면에서도 근대화 정책의 성격을 띤 여러 시책이 실시되었다. 개항 이후 조선정부가 시행한 농업정책에 대해서는

---

39) 『漢城旬報』 1883년 11월 10일자.
40) 신동원, 1995, 「공립의원 제중원, 1885-1894」, 『한국문화』 16, 서울대 규장각한국학연구원, 187쪽.

선행 연구에서 이미 상세하게 정리한 바 있다.[41] 이러한 연구를 바탕으로 조선의 농사시험장 설치의 논의와 연결할 수 있는 농무목축시험장의 설치와 운영에 대해서 자세히 살펴보고자 한다.

1880년대 근대적 농업체제를 만들기 위한 고종대 조정의 움직임은 2가지 측면에서 보다 구체적인 모습을 지닌 것이었다. 하나는 청나라와 일본에 시찰단을 파견하여 근대적 변모양상을 파악하고 이를 조선의 국가체제, 농업체제에 반영하려는 것이었다. 다른 하나는 서양의 곡종穀種, 채종菜種, 농기구農器具를 직접 도입하여 이를 조선에 적합하게 조정하는 책무를 부여한 농무목축시험장을 개설하여 운영하는 것이었다.

먼저 시찰단 파견을 통해 근대적 농업체제로 변모를 모색한 역사적 양상을 살펴본다. 조선왕조에서 근대 서양 기술의 수용을 모색한 역사적 경험을 물론 19세기 중반 이전에도 나타나고 있었다. 수리기술의 측면에서 『태서수법泰西水法』 등 서양 농업기술을 담고 있는 농서를 활용하려는 움직임이 활발하게 나타나고 있었다. 하지만 서양 농업기술을 포함한 근대적 국가체제의 도입 또는 수용 필요성을 절감하고 이를 직접 실행에 옮긴 것은 개항 이후 시기였다.[42]

조선정부는 1876년과 1880년 두 번의 수신사행의 보고를 통해 서구

---

41) 이영학, 1997, 「開港期 朝鮮의 農業政策-1876~1894년을 중심으로」, 『한국근현대의 민족문제와 신국가건설』-김용섭교수정년기념한국사학논총3, 지식산업사, 39~61쪽; 이영학, 1997, 「대한제국의 경제정책」, 『역사와 현실』 26, 한국역사연구회, 56~92쪽.

42) 조선 후기 이래 개항전까지 北學派 實學者, 大院君, 崔漢綺 등에 의해 서구 근대 기술을 수용하려는 시도가 있었다. 이에 대해서는 다음 논문을 참고할 수 있다. 金泳鎬, 1968, 「韓末 西洋技術의 受容-近代 西洋의 挑戰에 對한 主體的 對應의 一面-」, 『亞細亞研究』 11-3, 고려대 아시아문화연구소; 柳永益, 1993, 「興宣大院君」, 『韓國史市民講座』 13, 일조각; 李佑成, 1982, 「崔漢綺의 生涯와 思想」, 『韓國의 歷史像』, 創作과 批評社; 琴章泰, 1987, 「惠崗 崔漢綺의 實學思想」, 『韓國實學思想研究』, 集文堂.

근대 기술의 우수성을 인식하게 되었다. 1880년 수신사 김홍집金弘集 일행의 귀국을 계기로 하여 서양 근대 기술의 도입 추진이 본격화되었다. 고종도 일본에 파견된 수신사修信使 김기수金綺秀가 귀국하자 일본의 군사력과 전선電線, 주전鑄錢, 화륜선火輪船, 농기구 등 서양 기술 도입의 현황에 대해 적극적인 관심을 표명하였다.[43] 특히『조선책략朝鮮策略』에서 제기된 서양인 교사와 기술자의 초빙 및 유학생의 해외 파견 등 서양기술수용책에 고무된 조선정부는 1880년 12월에는 본격적인 추진 기구로 통리기무아문을 설치하면서 근대화 정책을 본격적으로 실시하였다.[44] 1880년 12월에 창설된 통리기무아문 예하 12사에 군물사軍物司, 기계사機械司, 선함사船艦司와 같은 근대 기술의 수용을 담당할 부서를 두었다.

1881년 11월에는 영선사領選使 김윤식金允植의 인솔 아래 60여 명의 유학생을 청국에 파견하여 천진기기제조국天津機器製造局에서 신식 화약과 탄약 등의 제조법과 조련법 등을 연수하도록 하였다. 조선 정부는 기술 연수생을 영선사를 통해 청국의 천진 기기구機器局에 파견해 화약, 탄약, 전기, 화학, 제련, 기계 등 각종 서구기술을 습득하게 하였으며,[45] 정병하鄭秉夏와 이건혁李健赫 등도 탄갱炭坑, 광산鑛山, 조폐造幣, 제철製鐵, 제혁製革 등의 기계설비의 구매를 위해 일본에 파견하였다. 그런데 기술연수생들은 청국에서의 연수 기간이 짧았고 그 위에 운영의 난관과 재정의 위축이 겹쳐 소기의 성과를 거두지 못하고 1882년 말에 모두 귀국하였지만 이것이 1883년에 최초로 기기창機器廠을 서울

43) 국사편찬위원회, 「修信使日記」『修信使記錄』권1, 129~135쪽, 高宗 13년 6월 1일; 修身使 金綺秀 入侍筵說.
44) 『高宗實錄』高宗 17년 12월 20일.
45) 權錫奉, 1986, 『淸末 對朝鮮政策史硏究』, 一潮閣.

삼청동 북창北倉에 창설하게 한 기초가 되었다.

다음으로 1881년 근대화 정책 추진에 필요한 정보 수집과 인재 양성을 목적으로 일본에 시찰단을 파견한 전후 상황을 살펴보자.[46] 신사유람단 또는 조사시찰단이라 불린 사신 일행은 일본에서 전개되고 있는 근대적인 변화 상황을 파악하려는 목표를 갖고 있었다. 앞서 조일수호조규가 체결된 뒤 수신사인 김기수와 김홍집은 일본에 다녀온 뒤, 서양의 근대 문명과 일본의 문물제도를 배워야 한다고 주장하였던 것에 따른 조처로 시찰단이 파견된 것이었다. 1881년 2월에는 박정양朴定陽, 조준영趙準永, 어윤중魚允中 등 12명의 조사朝士를 비롯하여 62명으로 구성된 신사유람단紳士遊覽團(조사시찰단)을 극비리에 일본에 파견하여 일본의 근대적인 문물제도와 시설을 상세히 시찰 조사하도록 하였다.

조사시찰단은 1881년(고종 18) 4월 10일부터 윤7월 2일까지 약 4개월에 걸쳐 일본에 파견되었다. 이때 조사시찰단으로 파견된 인물은 박정양朴定陽·엄세영嚴世永·조병직趙秉稷·민종묵閔種默·조준영趙準永·심상학沈相學·어윤중魚允中·홍영식洪英植·이원회李元會·이헌영李憲榮·김옥균金玉均 등이었다. 이들은 정식위원이었고, 이들을 보조하는 수원隨員·통사通事·종인從人 등이 다수 포함되어 있었다.[47]

조사 시찰단은 약 4개월 동안 일본에 머물면서 도쿄, 오사카를 주로 하고 때로는 인접 지방까지 가서 문교·내무·농상·외무·대장·군부 등 각

---

46) 일본 시찰단 파견의 목적과 구체적인 경위 등에 대한 설명은 다음 논문을 참고하였다. 鄭玉子, 1965, 「紳士遊覽團考」, 『歷史學報』 27, 역사학회; 許東賢, 1986, 「1881년 朝鮮 朝士 日本視察團에 관한 一硏究」, 『韓國史硏究』 52, 한국사연구회.

47) 1881年 紳士遊覽團의 隨行員으로 日本을 방문했던 安宗洙는 당시의 일본 농학계와 접촉해서 얻은 西洋農法을 체계적으로 정리하여 『農政新編』을 편찬하였다. 『농정신편』에 대해서는 후에 자세히 서술하였다.

성성省의 시설과 세관·조폐 등의 중요 부문 및 제사製絲·잠업蠶業 등에 이르기까지 고루 시찰하고 귀국하여 각종 보고서를 제출하였다. 이와 같이 1881년 일본에 파견한 조사시찰단朝士視察團은 근대 기술의 수용을 통한 산업진흥책의 일환이었다.48) 당시 근대 기술의 도입을 통한 산업진흥에 매진하고 있던 명치일본의 경험을 파악, 수용하는 것이었다.49)

1881년에 파견된 조사시찰단의 임무로는 구체적으로 다음과 같은 몇 가지를 지목할 수 있다. 첫 번째는 일본의 개화 문물을 상탐詳探하여 그 결과를 통리기무아문統理機務衙門 설치와 더불어 추진하고 있는 개화자강정책에 반영하려는 것이었고, 이를 위해 유학생의 파견도 준비하였다. 두 번째는 당시 청이 제시한 조선의 외교 정책 방향인 『조선책략』에 근거한 미국과의 수교에 대비하여 해외정세의 탐문과 대미수교외교에 대한 전반적인 정보를 파악하는 것이었다. 12명의 조사朝士와 수행원들은 5월 이후 3개월간 일본에 머물면서 일본 정부의 안내로 문교, 내무, 농상, 외무, 대장, 군부 등 각 성과 세관, 조폐국 등의 기관 및 산업시설을 두루 살펴보았을 뿐만 아니라 후쿠자와 유키치福澤諭吉, 이타가키 다이스케板垣退助 등 재야 저명인사와도 폭넓게 접촉하였다. 사절단은 귀국 후, 각기 복명서復命書(보고서)를 제출하였는데, 사절단의 대표격인 어윤중魚允中의 복명요지는 일본·청국을 본받아 군무통상軍務通商

---

48) 조사시찰단과 농업정책에 대한 설명은 許東賢의 다음 논문들에 의거하여 서술하였다. 許東賢, 1986, 「1881年 朝鮮 朝士 日本視察團에 관한 一硏究-『見聞事件』類와 『隨聞錄』을 중심으로-」, 『韓國史硏究』 52, 한국사연구회; 허동현, 1994, 「1881年 朝士視察團의 明治 日本 政治制度 理解-朴定陽의 內務省『視察記』와 『聞見事件』類 등을 중심으로-」, 『韓國史硏究』 86, 한국사연구회; 허동현, 1995, 「1881年 朝士視察團의 활동에 관한 연구」, 『國史館論叢』 66, 국사편찬위원회; 허동현, 1996, 「1881年 朝士 魚允中의 日本 經濟政策 認識」, 『韓國史硏究』 93, 한국사연구회.
49) 鄭玉子, 1965, 「紳士遊覽團考」, 『歷史學報』 27, 역사학회.

에 힘써 부국강병을 이룩해야 할 것임을 강조하는 것이었다.50)

일본에 파견된 조사朝士들은 일본의 산업 전반과 교통시설 및 산업정책 등에 대해 이해하고 파악한 바를 복명할 때 국왕에게 올린 각각의 "문견사건聞見事件"에 기술해 놓았다.51) 시찰단이 귀국 후 제출한 시찰보고와 견문기, 특히 안종수安宗洙의 『농정신편農政新編』 등은 정부의 근대화 정책에 많은 영향을 주었다. 이때 수행원으로 동행한 유길준愈吉濬은 게이오기주쿠慶應義塾에, 윤치호尹致昊는 도진샤同人社에 입학하여 유학생이 되었다.

일본 농상무성農商務省을 시찰한 조사시찰단 인물은 바로 박정양이었다. 박정양이 조사시찰단 활동을 마치고 귀국한 다음 복명한 보고서가 『일본농상무성시찰기日本農商務省視察記』이다.52) 이 책은 농상무성 각국各局에 관련되는 규칙·조례·장정이 내용의 대부분을 차지하고 있다. 농상무성의 사무과 더불어 이를 실행하기 위한 각종 규칙을 수록하고 있다. 이와 같이 조사시찰단은 일본의 서구적 근대화 실상을 파악하려는 노력을 경주하였고, 그러한 노력은 일정 부분 1880년대 이후 조선의 근대화 정책, 근대적 농업체제 구축 노력 속에 반영되어 나타나고 있었다.

박정양은 또한 『일본내무성급농상무성시찰서계日本內務省及農商務省視察書啓』53)을 제출하였는데, 여기에서 그는 일본 내무성內務省과

50) 許東賢, 1986, 「1881年 朝鮮 朝士 日本視察團에 관한 一研究-『見聞事件』類와 『隨聞錄』을 중심으로-」, 『韓國史研究』 52, 한국사연구회.
51) 현재 강문형, 이헌영, 민종묵, 엄세영, 박정양, 조준영, 심상학이 남긴 『聞見事件』類의 견문보고서가 서울대학교 규장각한국학연구원 등에 소장되어 전해지고 있다.
52) 朴定陽, 『日本農商務省視察記』(서울대학교 규장각한국학연구원 소장, 奎2450 2권 2책).
53) 朴定陽, 『日本內務省及農商務省視察書啓』(서울대학교 규장각한국학연구원 소장,

농상무성農商務省의 소장 업무 중심으로 시찰 내용을 정리하고 있다. 내무성의 9개 국局과 농상무성의 8개 국局에 대해서는 그 직제와 소장 업무를 소개하고 농상무성의 자문회의諮詢會議가 전국의 실업발달을 권장하고 있음을 소개하였다. 농상무성의 경우 서기국書記局, 농무국農務局, 상무국商務局, 공무국工務局, 산림국山林局, 박물국博物局, 우체국驛遞局, 회계국會計局을 차례로 소개하고 있다. 그리고 내무성과 농상무성의 제도뿐만 아니라 관련 신문물과 근대적 사업이 자세히 소개되고 있다.54) 박정양의 일본 내무, 농상무성 시찰 보고는 이후 조선왕조의 조정과 대한제국의 정부가 근대적 국가체제, 근대적 농업체제를 마련해 나갈 때 참고되었을 것으로 보인다.

또한 박정양朴定陽은 일본의 농상업정책 체계에 관한 보고서인『농상무성직장사무農商務省職掌事務』,『일본농상무성각국규칙일日本農商務省各局規則一』,『일본농상무성각국규칙이日本農商務省各局規則二』와55) 시찰활동을 기록한 일지인『종환일기從宦日記』를 남겼다.56) 조사시찰단이라는 이름으로 일본에 파견된 박정양은 명치정부의 농상업農商業 장려책에 대해 관심을 갖고 정리하여 보고서를 올린 것이었다.

박정양은 당시 일본의 상업 현황이 공업생산력의 낙후로 인한 일차상품과 이차상품의 부등가교환구조不等價交換構造로 인해 서구와의 교역에서 손실을 보고 있음을 지적했다.57) 하지만 박정양은 당시 일본이 근대

奎2577 1책 75장).

54) 朴定陽,『日本農商務省視察記』해제.

55) 朴定陽,『日本國內務省職掌事務附農商務省職掌事務』, 韓國學文獻研究所編, 1984,『朴定陽全集』5, 亞細亞文化社;『日本國農商務省各局規則一·二』,『朴定陽全集』6, 1984, 亞細亞文化社.

56) 朴定陽,『從宦日記』,『朴定陽全集』2, 1984, 亞細亞文化社.

57) 朴定陽,『農商務省職掌事務』.

적 주식회사 제도를 서구로부터 도입해 각종 회사를 설립해서 정부 주도 하에 이를 보호, 육성하고 있는 점과 나아가 농상무성 주도하에 일본의 민관民官 모두가 상업의 진흥에 전력을 기울이고 있는 점을 주목했다.

그리고 박정양은 농상무성 주도로 일본이 농업의 근대화에 주력하고 있는 점도 높이 평가했다. 그는 농무국 보고과報告課의 농민 계몽사업 啓蒙事業에 대해 인민들의 의식에 관계된 각종 물품에 대한 정보를 알려주고 있다고 호평하였다. 그리고 박정양은 1874년에 세워진 관설官設 양잠시험소養蠶試驗所를 비롯해 전국에 농업상에 관계된 각종 시험장을 설치하지 않은 것이 없다고 지적하면서 관 주도의 근대적 농법 수용노력을 높이 평가하였다. 이 밖에도 그는 동경 관할의 고마바농학교 駒場農學校와 미타농구제작소三田農具製作所의 전문 농업인력 육성과 서양 농구 도입 노력도 높이 평가하였다. 명치정부의 농상업 진흥정책이 거둔 제성과에 대한 호의적 인식은 다른 조사들에게서도 찾아 볼 수 있다. 이들은 당시 국제정세하에서 조선의 국가적 존립을 유지하기 위해서는 명치유신 이후 일본의 산업진흥 경험을 수용 채택해야 한다고 생각했다.[58]

조사시찰단이 제기한 근대적 산업기술수용 주장은 곧바로 실천에 옮겨졌다. 일례로 조병직의 수행원인 안종수安宗洙의 경우 서양식 근대 농법農法에 관심을 기울여 일본의 대표적 농학자이자 경교학사耕敎學 舍 창립자인 쯔다센津田仙(1837～1908) 등 관련학자와 관료들을 접촉하면서 서양의 농학農學 지식을 습득하였으며, 이를 바탕으로 귀국 후 1881년 말에 『농정신편農政新編』이란 농서를 편찬하고 발간했다.[59] 나

---

58) 趙準永, 『日本聞見事件草二』, 19쪽; 若其軍制槍砲船機農業諸法之可以固國裕民者 猶可以法.

아가 조사시찰단원들 중 몇몇은 보다 본격적인 산업기술의 습득을 위해 귀국을 보류하고 유학의 길을 택하기도 하였다.

조사시찰단이 남긴 견문보고서들은 1882년 이후 조선의 산업진흥정책 수립에 참고되고 이용되었다. 또한 명치일본의 산업진흥정책을 소개한 조사시찰단의 각종 일본견문기는 조선의 근대화 열망하고 있던 개화파 인사들에게 부국강병의 기초가 근대적 교통 통신시설의 건설과 산업진흥에 있다는 생각을 갖게 하였다. 일례로 1882년에 지석영池錫永 등이 올린 광업 기계공업 조선업 방직공업 병기공업 등의 공업 진흥을 역설한 일련의 개화상소를 추동시켰으며,[60] 김옥균 등 개화파 인사들의 일본 시찰 욕구를 자극했고 산업기술 수용 등 다방면에 걸친 일본 유학생 파견을 촉발했다.

이들이 획득하고 소개한 일본의 산업진흥에 관한 구체적 지식과 정보는 당시 지식인들이 갖고 있던 본말론적本末論的 산업관을 허무는 기폭제 역할을 한 것으로 평가되고 있다. 1882년 이후 전개된 일련의 산업진흥운동, 공장제 기계생산 방식과 증기기관의 도입을 통한 각종 공업의 건설, 기계를 이용한 각공 광산의 개발, 철도 전신 우편 등 교통 통신시설의 확충, 기선의 도입과 도로망의 정비, 농업경영의 근대화 등을 촉발시킨 동인이 되었다는 설명이다.[61]

다음으로 보다 구체적으로 서양 농업기술을 직접 도입하려고 했던 시도를 살펴본다. 그것은 서양의 곡종穀種, 채종菜種, 농기구農器具를 직

---

59) 李光麟, 1969,「安宗洙와 農政新編」,『改訂版韓國開化史研究』, 일조각.
60)『承政院日記』高宗 19年 壬午 8月 23日, 幼學池錫永上疏;『承政院日記』高宗 19年 壬午 9月 6日.
61) 愼鏞廈, 1975,「近代的産業精神의 胎動」,『韓國아카데미 叢書 3 韓國人의 사상구조』, 한길사.

접 도입하여 시험하려는 것이었다. 1880년대 농업정책 가운데 서구의 곡종과 채종을 도입하여 시험해보려는 시도가 포함되어 있었다. 농무목축시험장에서 벌어진 서구의 종자를 시험재배하려는 시도는 최경석의 활동으로 나타나고 있었다.[62] 그 배경에는 서양의 농법에 대한 고종의 관심이 있었던 것으로 보인다. 다시 말해서 개항 이후 서양 여러 나라의 선진적인 농업기술을 받아들이는 모습의 하나가 바로 농무목축시험장의 설치와 운영이었다.

조선의 농업실정에 의거하여 농법의 개발과 보급을 특정 기관, 관청이 담당하게 하는 논의는 앞서 1부에서 살펴본 바와 같이 19세기 초반에 박지원과 서유구의 농업개혁론에서 제기된 것이었다. 박지원과 서유구의 개혁론은 국가적인 차원에서 농업체제를 재구성해야 한다는 논의였는데, 그 주요한 핵심이 새로운 농법의 개발과 보급에 주안점을 두는 것이었다. 이러한 주장은 근세 농업체제의 변화와 발전을 농업기술의 측면에서 이끌어내려는 것이었다고 평가할 수 있다.

박지원은 법전法田이라는 새로운 기구의 설치를 통해 농업기술의 개발과 보급, 담당 관리의 선임 등을 주장하였다. 그는 『과농소초』에 정리한 농법을 현실화시키는 작업과 현실 농업생산에서 활용하는 농업기술을 정리하는 작업이 병행되어야 하고 그럴 경우 법전의 기능과 역할을 나름대로 부여할 수 있다고 파악하였다.

한편 서유구는 이른바 '조선 농사시험장'의 구상을 제시하고 있었다. 새로운 농법을 작물 시험재배 과정에서 개발하고, 여러 가지 수리법을

---

62) 李光麟, 1980, 「農務牧畜試驗場의 設置에 對하여」, 『韓國開化史硏究』, 일조각 333~351쪽; 김영진·홍은미, 2006, 「農務牧畜試驗場(1884-1906)의 기구변동과 운영」, 『농업사연구』 제5권 2호, 한국농업사학회, 71~85쪽.

실험하고 보완하여 마련한 다음, 나아가 이를 여러 지역으로 보급할 것을 주장하였다. 그리고 이러한 기능과 역할을 수행하는 중심 기관으로 서울 지역에 설치한 경사둔전京師屯田은 실제로 '조선 농사시험장'에 해당하는 관청이라고 할 수 있다. 이러한 서유구의 방안은 새로운 농업체제의 정립을 지향하는 것이었다고 평가할 수 있다. 다른 한편으로 개항 이후 조정과 재야의 지식인들이 근대적 농업체제를 만들기 위해 농서 편찬이나 농사시험장 성격의 기관 설치 운영을 위해 노력하였던 것과 연관시켜 역사적 의의를 부여할 수 있을 것이다. 뒤에서 자세히 살펴볼 조선 정부가 농무목축시험장을 설치하고 운영한 것, 그리고 대한제국에서 권업모범장의 설치를 시도한 것 등은 바로 이념적으로 박지원의 법전 제안, 서유구의 '조선 농사시험장' 구상과 이어지는 것이라고 보아야 할 것이다.

1880년대 고종의 농업정책, 근대적 농업체제를 만들어 나가려는 시책 가운데 서양 농법과 관련해서 특별히 살펴보아야 할 부분이 바로 농무목축시험장의 설치와 운영이다. 한국사에서 농사시험장의 설치를 주장하는 논의는 앞 시기에도 찾아볼 수 있지만 이를 실행에 옮겨진 것은 바로 1884년의 농무목축시험장 설치였다. 최근의 연구에 따르면 1884년에 설치된 농무목축시험장은 1906년까지 존속되었던 것으로 추정되고 있다.[63]

1882년은 우리나라가 미국과 수호조약을 체결한 해로 이때부터 서구의 선진적인 농업기술을 받아들이는 중요한 계기가 마련된 시점이었다. 1883년 한성부에 미국 공사관이 설치되고 초대 공사가 부임하고 우리

---

63) 김영진·홍은미, 2006, 「農務牧畜試驗場(1884-1906)의 기구변동과 운영」『농업사연구』 제5권 2호, 한국농업사학회, 71~85쪽.

나라 정부에서는 미국에 최초의 외교사절을 보내게 되었다. 당시 외교사절을 보빙사報聘使라 불렀고 전권대신은 민비의 조카인 민영익(24세), 부대신으로 홍영식(28세), 종사관 서광범(25세), 유길준(28세), 변수(23세), 고영철, 현홍택 등과 무관으로 훈련원 주부 최경석崔景錫이 수행하였다. 통역은 미국인 로웰(Percival Lowell)과 일본인 1명, 중국인 1명 등 모두 11명의 젊은 사절로 구성되어 1883년 6월 한국을 출발하여 3개월만인 9월 15일 워싱턴에 도착, 9월 18일에 당시 미국 대통령 첼스터 아더Chester Arther에게 국서를 전달함으로써 공식 절차를 마쳤다. 사절단은 다음날 보스턴에 도착하여 월코트Walcott가 경영하는 시범농장을 시찰, 농업기술의 발전상을 살펴보고 그 자리에서 크게 경악하게 되었다. 일행중 무관으로 수행한 최경석은 누구보다도 관심이 높았으며 보스턴에서 개최되고 있는 농산물 박람회에서 새로운 작물이나 가축, 편리하게 개량된 농기구등과 농사시험장을 둘러보고 크게 감탄한 것으로 전해지고 있다.

최경석은 조선에서 새로운 방향으로 농업기술을 개량할 필요성과 이를 위해서는 농업기술을 연구하는 농업시험장의 필요성을 절감하였다. 그리하여 그 준비를 위해 민영익과 함께 미국 국무장관인 프렐린휴젠 F.T.Frelinghuysen을 만나 종자種子, 종축種畜, 농기구農器具의 지원과 우수한 농업기술자의 파견을 요청하고 구라파를 통한 세계일주 여행을 포기한 채 일행과 떨어져 먼저 귀국하였다.

최경석은 귀국하자 곧 고종에게 농사시험장의 설립 필요성을 역설하여 고종으로부터 국유지를 하사받아 1884년 초 우리나라 최초의 농무목축시험장을 설치하고 초대 장장場長이 되었다. 이때 설립한 농무목축시험장이 우리나라 최초의 공식적인 농사시험장이라고 평가할 수 있다.

미국에 요청하였던 종자 종축 농기구 등이 1884년 초에 도착하였고 그때부터 시험재배에 들어가게 되었다. 이때 도입된 종자 종축 등은 총 30여 종 3백 45품종이었다. 양배추 샐러리 등의 양채류가 들어왔으며 당년에 채종된 종자를 전국 3백 5개 시군市郡에 나누어 주었다고 한다.

농무목축시험장은 처음 창설되었을 때에는 왕실 직속이었다. 바로 왕실 직속의 농사시험장이라는 측면에서 조정의 공식적인 농업정책보다 고종의 권농책을 보다 직접적으로 연결해 살펴볼 수 있다고 생각된다. 이러한 배경 속에서 앞서 살펴본 경복궁 신무문 외곽 후원 지역에 조성한 권농공간의 의미도 되새겨볼 수 있다. 농사시험이라는 공적인 기능을 수행하는 농무목축시험장의 설치와 운영이 고종이 국왕으로서 실시한 국왕 권농책과 연결된다는 점에서 1884년 농무목축시험장의 설치와 운영은 아직 근대 농업체제 아래의 농업기구로서의 성격이 미흡한 것이라고 할 수 있다.

1886년 봄에 이르러 농무목축시험장을 책임지고 관리하던 최경석이 갑자기 병사病死하였다. 사실 농무목축시험장은 최경석의 개인적인 능력과 고종의 적극적인 후원에 기대어 운영되는 것이었다. 최경석이 미국에 다녀오면서 획득한 견문見聞을 바탕으로 삼아, 또한 그가 미국에서 가져온 곡종穀種 등을 시험재배하는 것이 가능하였던 것이다. 따라서 최경석이 병으로 세상을 떠나게 되어 농무목축시험장은 제대로 관리가 이루어지지 않았다.[64]

1886년 7월 농무목축시험장은 내무부內務府 농무사農務司에 소속되게 되었는데, 이때 종목국種牧局으로 이름이 바뀌었다.[65] 농상農桑을

---

[64] 김영진·홍은미, 앞의 논문, 73-75쪽.
[65] 『高宗實錄』 卷23, 高宗 23年 7月 15日 丙午 (2-242); 內務府 又啓 勸民農桑 有國大

백성들에게 권장하는 일이 나라의 중요한 대정大政인데 앞서 창설된 시험장을 구검句檢하는 일이 제대로 이루어지지 않고 있었기 때문에 이때 내무부 농무사에 소속시키면서 시험장 명칭을 바꾸어 종목국로 하자는 건의를 고종이 수용한 것이었다. 세월이 지나 1894년에 이르러 종목국은 다시 농상아문 소속으로 변경되었다. 그리고 1895년에 종목국은 궁내부로 이관되었고, 1896년에는 종목과로 명칭이 바뀌었다.

농무목축시험장을 중심으로 이루어진 서양 농법 도입과 관련 활동을 살펴보면 먼저 서울대학교 규장각한국학연구원에 소장되어 있는 『농무목축시험장소존곡약종農務牧畜試驗場所存穀藥種』[66]이라는 자료가 눈에 띈다. 이 책의 작성자는 최경석으로 추정되는데, 책 뒤편의 발문에 '농무목축시험장관리훈련원農務牧畜試驗場管理訓練院 첨정僉正 신臣 최경석崔景錫'으로 기입되어 있다는 점에서 그러하다.[67]

이 책은 농무목축시험장에서 보존하고 있던 각종 곡채류穀菜類의 종류를 구분하여 기록한 것이다. 곡종穀種과 채종菜種 이외에 가축 등에 대한 기재 내용도 들어 있다. 농무목축시험장에서 보존하고 있던 각종 곡채류의 종류를 구분하여 기록한 자료라고 할 수 있다.[68] 최경석의 행적을 정리한 연구를 바탕으로 추정해 보면, 『농무목축시험장소존곡약종』에 수록되어 있는 곡종과 채종 등은 그가 미국을 방문하였을 때 확보한 농작물의 종자로 볼 수 있다. 1884년에서 1886년까지 농무목축시험장의 활동 내용은 종자 시험재배, 농기구 도입 활용, 목축 시험 등이

政 而年前試驗場創設以後 尙無句檢矣 屬之農務司 令該堂上專管 改以種牧局爲稱何如 竝允之.

66) 『農務牧畜試驗場所存穀藥種』(서울대학교 규장각한국학연구원 소장, 奎11507).

67) 『農務牧畜試驗場所存穀藥種』(奎11507) 해제.

68) 『農務牧畜試驗場所存穀藥種』(奎11507) 해제.

었다.[69)]

  1886년 최경석이 병사하면서 '농무목축시험장'의 운영이 어려워졌다. 1884년에 설립한 농무목축시험장이 1886년에 내무부 농무사 종목국으로 명칭이 변경하였는데, 그 종목국이 동종목국과 남종목국으로 2지역에 존재하였다. 동종목국은 망우리 근처에,[70)] 남종목국은 남대문 밖에[71)] 존재하였다. 이후 1889년 재정문제로 말미암아 농상農桑 시험 재배 등의 활동이 어려워졌다. 1894년 이후 궁내부가 신설되면서 남종목국은 궁내부로 환부되었는데, 궁내부에서 농상공부에 "고종께서 사사로이 돈을 들여 수입하신 것이기 때문에 돌려달라는" 청의에 따른 것이었다. 이는 농무목축시험장을 개설할 때 왕실 직속이었고, 운영비용 일체를 고종이 직접 지불하였다는 뜻으로 풀이된다.[72)] 이 청의서는 다음날 총리대신 명의로 각의에 상정되어 의결을 거친 후 국왕의 재가를 거쳐 1895년 5월 29일에 궁내부로 이관되었다.[73)] 이제 종목국은 궁내부에 소속되어 품종을 개량하고, 가축을 사육하는 실험을 계속하게 되었다.

  이와 같은 왕실 직속의 농무목축시험장의 활동 속에서 고종의 권농책의 방향이 앞선 시기의 조선 국왕의 일상적인 권농양상에 새로운 모습을 덧붙여 나가던 것이었음을 알 수 있다. 왕실 직속의 농무목축시험장

---

69) 김영진·홍은미, 앞의 논문, 73-74쪽.
70) 이광린, 1969, 「농무목축시험장의 설치에 대하여」, 『김재원박사회갑기념논문집』, 일조각, 207쪽.
71) 『漢城周報』 제3호(1886년 2월 15일).
72) 농무목축시험장 관련 부분의 서술을 다음 논문을 참고하였다. 김영진·홍은미, 2006, 「농무목축시험장(1884~1906)의 기구변동과 운영」, 『농업사연구』 제5권 2호, 한국농업사학회, 77쪽.
73) 『법령집』 奏本 1895.5.26.;『農商工部請議書』(규17719), 제5호.

의 활동 속에서 고종의 권농책이 서양 농법의 도입이라는 방향으로 나아가는 것이었음을 짐작할 수 있다. 고종의 권농책이 보다 실질적이고 현실적인 방향으로 나아간 점은 경복궁 후원에 새롭게 조성한 권농공간을 통해서 보다 분명하게 파악할 수 있다. 이와 더불어 농사시험장 성격의 농무목축시험장이라는 기관이 조정 휘하가 아니라 왕실 직속이라는 점도 당시 근대적 농업체제 형성이 아직 충실하게 이루어지지 않았음을 보여준다는 점도 주목할 수 있다. 따라서 1880년대 농무목축시험장의 설치 운영은 고종의 권농책 가운데 하나이면서 동시에 새로운 농업체제를 지향하는 성격의 정책이었다고 평가된다.

위에서 살핀 바와 같이 농무목축시험장은 1883년 최초의 견미遣美 외교사절인 보빙사 일행이 미국의 농사모범장을 시찰하고 이를 본받아 1884년 왕실 직속으로 서울 남대문밖(작물)과 망우리일대(축산)의 두 곳에 시험장을 개설한 것이었다. 이후 1886년 시험장 관리관이었던 최경석이 사망하자 1894년 갑오개혁 때 농상공부로 이관된 후 방치상태나 다름없었다. 비록 일본이 개화초기에 설립한 1871년의 고마바종예원[駒場種藝園]이나 1872년의 신주쿠농사시험장[新宿農事試驗場]보다는 10여 년 뒤늦었지만 우리의 자주적 역량으로 농무목축시험장을 개설하여 20여 년간 운영하였다는 것은 고종의 구본신참舊本新參의 근대화 의지를 상당 부분 높이 평가해야할 것이다.

이와 같은 왕실 직속의 농무목축시험장의 활동 속에서 고종의 권농책의 방향이 앞선 시기의 조선 국왕의 일상적인 권농양상에 새로운 모습을 덧붙여 나가던 것이었음을 알 수 있다. 왕실 직속의 농무목축시험장의 활동 속에서 고종의 농업정책이 서양 농법의 도입이라는 방향으로 나아가는 것이었음을 짐작할 수 있다.

III. 1890년대 이후 근대 농업체제의 형성

1. 갑오개혁의 농업정책

조선왕조의 근세 농업체제에서 근대 농업체제로 전환하는 과정에 특기할 만한 변모가 나타난 것은 1890년대 갑오개혁 전후 시기의 일이었다. 1890년대 이후 조선 정부는 국가체제의 변혁을 추진하고 실행하였다. 대표적인 것이 바로 갑오개혁으로 불리는 조선 내정의 급격한 변화 조치이다. 갑오개혁은 1894년 동학농민봉기와 뒤이어 일어난 청일전쟁, 삼국간섭, 명성황후 시해사건 등 격심한 역사적 격변을 배경으로 수행되었다.

대체로 1894년 7월부터 1896년 2월까지 계속된 조선정부의 제도개혁운동을 갑오개혁이라고 부를 수 있다. 갑오개혁은 갑신정변 이래 계속된 개혁의 요구와 동학농민군의 개혁안을 수용하면서 이루어진 것이었다. 그리하여 조선왕조의 정치, 경제, 사회, 문화 전 분야에 걸쳐 전면적으로 또한 파격적으로 진행되었다. 조선 정부의 근대적 개혁 정책을 실행하는 과정에서 조선의 농업체제를 크게 바꾸는 그러한 개혁 조치도 이루어졌다.

조선 정부는 근대적 지배체제를 구축하려는 입장에서 농업부문의 관리, 감독체제의 변화를 우선적으로 시도하였다. 여기에서는 1890년대 이후 근대 농업체제의 형성이 순차적으로 이루어진 것으로 평가된다. 갑오개혁의 농업정책, 광무정권의 양전量田 및 지계地契 사업, 그리고 역둔토 정리사업, 농림회사 관련 정책, 개간 연관 정책 등을 검토할 것이다. 이러한 정책의 입안과 실행이 근대 농업체제의 형성과 깊이 연결된 것이었다. 시대적 상황과 집권층의 태도 변화 속에서 근대 농업체제가 위로부터 형성되었다고 보인다.

1894년에 발생한 농민전쟁은 개항 이후 조선 사회가 안고 있던 과제를 해결하기 위한 '밑으로부터의 길'을 제시한 것으로 평가되고 있다. 농민군은 광범위한 민중의 지지를 받고 있었지만 정권의 유지에 급급했던 정부는 농민군을 진압하기 위해 청군을 끌어들였고, 일본도 역시 천진조약天津條約을 구실로 군대를 파견하였다. 이때를 청 세력 축출과 조선(한국) 식민지화의 기회로 생각한 일본은 1894년 6월 경복궁을 불법 점령하여 '민씨정권'을 붕괴시키고 친일적인 개화파 정권을 성립시키는 한편 청과의 전쟁을 시작하였다.

개화파는 갑신정변의 실패 후 대부분 처형되거나 망명하였지만 정변에 가담하지 않은 김홍집金弘集, 어윤중魚允中 등 일부 온건개화파가 민씨 집권세력의 감시 아래 정부 내의 지위를 유지하고 있었다. 한편 개화정책에 따라 설치된 근대적 기구에서 소장 관료로서 성장하고 있던 유길준兪吉濬, 안경수安駉壽 등 신진개화파는 국정개혁에 대해서 의견을 교환하면서 일부는 민씨정권의 타도를 꾀하기도 하였다. 그러나 이들 신진개화파는 아직 주체적인 역량이 부족했기 때문에 자주적이고 조직적인 계획 아래 권력 장악의 구체적인 행동에는 이르지 못했다.[1]

1894년 일본이 군대를 서울에 파견하고 내정개혁을 강요하자 신진개화파는 일본공사관과 접촉하면서 정변을 추진하였다. 일본도 친일적인 정권의 수립을 꾀하고 있었기 때문에 신진개화파와 일본의 결탁은 쉽게 이루어졌다. 일본군의 경복궁 점령으로 정변이 일단 성공하자 신진개화파와 일본은 대원군을 섭정으로 추대하는 한편 온건개화파를 전면에 내세우면서 개화파 정권을 수립시킬 수 있었다.[2] 결국 개화파 정권은 일본의 경복궁 점령과 민씨 집권세력의 축출이라는 폭력적인 방법을 통하여 타율적으로 성립된 것이다. 이처럼 개화파 정권은 그들 스스로의 힘으로 민씨정권을 몰아내고 성립된 것이 아니라 외세에 의존해서 이루어진 것이기 때문에 처음부터 뚜렷한 한계를 가질 수밖에 없었다. 권력 기반 자체가 대단히 미약했던 것이다.

　　1894년 7월 이후 개혁파가 주도한 이른바 갑오개혁甲午改革이라 불리는 여러 방면의 개혁작업이 펼쳐졌다. 갑오개혁은 넓은 의미로는 1894년 7월 군국기무처의 활동 이후 1896년 2월 아관파천으로 개혁파가 제거될 때까지 진행되었던 일련의 개혁사업을 지칭한다. 이 기간 동안 여러 차례 개혁의 주체와 개혁운동의 내용이 달라졌다. 제1차 개혁은 1894년 7월 27일부터 12월 17일까지 김홍집, 유길준 중심의 갑오파가 군국기무처라는 기구를 중심으로 개혁을 주도하였고, 이른바 좁은 의미의 갑오경장으로 불린다. 제2차 개혁은 1894년 12월 17일부터 1895년 7월 6일까지 김홍집, 박정양, 박영효 등이 주도하였는데, 청일전쟁에서 일본의 우세가 확인된 이후 일본의 지원을 받은 박영효, 서광범 등 갑신

---

1) 朴宗根 외, 1983, 『갑신갑오기의 근대 변혁과 민족운동』(한국 근대사회의 형성과 전개2), 청아출판사.
2) 유영익, 1990, 『갑오경장연구』, 일조각.

파가 정계에 복귀하여 갑오파와 함께 개혁에 참여한 시기이다.[3]

개화파 정권은 군국기무처軍國機務處라는 임시기구를 설치하여 기존 정치체제의 개편을 시도하였다.[4] 군국기무처를 중심으로 전개된 1차 개혁을 살펴보면, 개화파의 정치적 지향은 갑신정변에서 시도된 적이 있던 권력의 재편, 그리고 그러한 국가권력을 기축으로 한 위로부터의 근대화 사업의 추진에 있었다. 따라서 이러한 시도는 처음에 대원군을 앞장세운 강력한 개혁추진 체제를 구축하는 것으로 나타났으나 대원군이 실각한 다음에는 고종의 친정을 장려함으로써 고종을 일본의 명치천황과 같이 개혁정치의 상징으로만 이용하면서 자기들이 장악하고 있는 내각에 권력을 집중시키는 방향으로 나아가고 있었다.[5] 결국 개화파의 목표는 내각 중심의 입헌군주제에 있었던 것이고, 이를 위해서 궁내부를 설치하여 궁중과 정부를 분리함으로써 왕권에 제한을 가하는 한편 자신들의 권력 장악을 제도적으로 보장하는 정치기구를 마련하고자 하였다.

1894년 개화파 정권에 의해 갑오개혁이 추진되면서 농업정책에도 새로운 전기가 마련되었다. 개화파 정권은 정치적으로 반청反淸 독립의 자세를 견지하면서 내각 중심의 입헌군주제를 구현하고자 하였으며, 경제적으로는 주로 일본으로부터의 차관을 토대로 재정 정리와 민간 산업의 진흥을 도모하려는 방침을 택하였다. 1894년 개화파 세력은 정권을 잡으면서 사회 변혁을 시도하여 노비제도의 폐지 등 신분제 개혁을 시도하였으며, 경제적으로도 세제의 변혁, 도량형의 통일, 산업의 진흥 등 변혁을 시도하였다.

---

3) 최덕수, 1994, 「갑신정변과 갑오개혁」, 『한국사』 11권, 한길사.
4) 송병기외 편, 1970, 『한말근대법령자료집』Ⅰ, 대한민국 국회도서관, 2쪽 詔勅 軍國機務處를 설치하는 건(1894. 6. 25.).
5) 유영익, 1990, 『갑오경장연구』, 일조각.

개화파의 정치적 개혁 가운데 가장 중요한 것은 의정부와 각 아문의 관제와 직능을 근대 국가기구의 요구에 맞게 개혁한 것이다. 구체적으로 보면, 왕실기구로서는 궁내부와 종백부, 종친부를 두었으며, 행정기구로서는 의정부를 두고 그 산하에 내무 외무 탁지 법무 학무 공무 군무 농상 등 8개 아문을 설치하였다. 이전의 관제 하에서는 의정부와 6조는 종속적 관계가 아니라 서로 병렬관계에 놓여 있었으며 국왕에게 직접 종속되었다. 그러나 새 관제에서는 8개 아문이 의정부의 지도와 통제 하에 놓임으로써 종래에 국왕의 자문기구의 구실밖에 못하던 의정부는 행정적 권한을 갖게 되었다. 이는 각 중앙기관의 분권화를 극복하고 집권화를 강화한 것이었다.

군국기무처는 먼저 국가의 행정기구와 관료체계의 개편을 서둘렀다. 이때 조선왕조의 제도를 기본으로 삼고 각국의 통례通例를 참고하면서 토의 결정하는 방식을 취하였다.[6] 우선 의정부議政府와 궁내부宮內府를 분리하여 국가와 왕실의 권한을 구분하려는 구상을 관철시켰으며 이전의 내무부와 육조 및 기타 남설된 기구를 통폐합시켜서 재편하였다. 중앙행정기구는 "백관百官을 총리總理하고 서정庶政과 방국邦國을 다스린다"고 규정한 의정부를 중심으로 개편하되 내무內務, 외무外務, 탁지度支, 법무法務, 학무學務, 공무工務, 군무軍務, 농상農商 등 여덟 아문으로 편성시킨다는 방침을 세웠다.[7] 또한 중앙관제의 개혁에 따른 각 아문의 관제규정과 후속 인사 등은 6월 28일부터 시작하여 7월 20일까지 마무리하는 것을 목표로 삼고 있었다.[8] 그렇지만 실제로 이전의 기

---

6) 『章程存案』開國 503년 6월 28일.

7) 『議案』(奎 20066), 甲午 6월 28일.

8) 『議案』갑오 7월 1일; 一 各衙門職制掌實施限期以七月二十日爲定事; 『議案』甲午 7월 2일; 一 議政府及各衙門通行規則商確妥定事..

구들이 새로운 중앙관제에 따라 개편된 것은 7월 18일의 일이었다.[9]

이때 개정된 중앙관제의 변화를 살펴보면, 우선 궁내부의 경우, 종백부宗伯府·종친부宗親府와 더불어 종래 왕실과 관련된 각원各院이나 사司를 수용하여 일정한 규모로 제한시켰다.[10] 의정부 관제는 종전의 제도를 계승하면서도 새로운 근대적 기구로 전환하려고 하였다. 8아문 중에서 내무아문은 이조, 탁지아문은 호조, 군무아문은 병조, 법무아문은 형조, 학무아문은 예조, 공무아문은 공조를 계승하였으며 외무아문은 총리교섭통상사무아문統理交涉通商事務衙門을 기초로 하고 있으며 농상아문農商衙門은 근대적 산업발전의 요구에 따라 새로 나온 것이었다. 그리고 각 아문에는 각기 총무국總務局과 회계국會計局을 공통적으로 하면서 관장업무에 따라 세분하여 별도의 국局을 병설하고 있었다.[11]

위와 같은 중앙 관제의 변화 가운데 농상아문農商衙門이 농업분야를

9)『日省錄』高宗 31년, 甲午 7월 17일;『官報』開國 503년 7월 17일.
10) 宮內府에 소속된 官司는 承宣院, 經筵廳, 奎章閣, 通例院, 掌樂院, 內需司, 司饔院, 尙衣院, 內醫院, 侍講院, 內寺司, 太僕司, 殿閣司, 會計司 등이었다.『議案』開國 503년 7월 22일.
11) 각 아문 내의 기구 현황을 살펴보면 다음과 같다.
   外務衙門: 總務局, 交涉局, 通商局, 飜譯局, 記錄局, 會計局
   內務衙門: 總務局, 版籍局, 州縣局, 衛生局, 地理局, 寺祠局, 會計局
   度支衙門: 總務局, 主稅局, 主計局, 出納局, 國債局, 儲置局, 記錄局, 典圜局, 銀行局, 會計局
   軍務衙門: 總務局, 親衛局, 鎭防局, 海軍局, 醫務局, 機器局, 軍需局, 會計局
   法務衙門: 總務局, 民事局, 刑事局, 會計局, 義禁司(7월 26일 증보)
   學務衙門: 總務局, 成均館 及 鄕校書院事務局, 專門學務局, 普通學務局, 編輯局, 會計局, 觀象 局(7월 28일 증보)
   工務衙門: 總務局, 驛遞局, 電信局, 鐵道局, 鑛山局, 燈椿局, 建築局, 會計局
   農商衙門: 總務局, 農商局, 工商局, 山林局, 水産局, 地質局, 獎勸局,
   각 아문 현황에 대한 설명은 다음 문헌을 참고하였다. 金雲泰, 2002,『朝鮮王朝政治·行政史: 近代篇』, 博英社.

전담하는 아문으로 새롭게 설치된 것은 1880년대 이래 조선의 근대적 농업체제로의 전환에서 커다란 진전이 나타났음을 보여주는 것이었다. 앞서 살펴본 바와 같이 1881년에 청국의 제도를 본떠서 통리기무아문 統理機務衙門을 정부조직으로 설치하면서 6사司에 농상農桑 기능을 편제케 하였던 것에서 한발 더 앞서 나간 것이었다. 다시 말해서 농상아문의 설치는 농상農桑으로 대표되는 농업생산의 여러 측면, 생산기술, 환경 개선, 어업, 지질 등 여러 부문을 총괄적으로 중앙정부에서 관장하고 행정을 펼쳐나가겠다는 의지를 보여준 것이었다.

농상아문의 직제 편성을 보면 직제의 구성은 대신과 협판協辦을 각각 1명씩 두고, 그 아래에 총무국을 비롯하여 개간開墾, 종수種樹, 잠상蠶桑, 목축牧畜, 편찬사무 등을 담당하는 농상국, 상무商務, 도량형의 심사 및 각종의 제조, 권상勸商, 흥공興工 등의 업무를 관장한 공상국, 산림경제, 사유산림의 통계 및 산림학교 등의 사무를 맡은 산림국, 어채·해산의 번식 및 어개魚介(물고기와 조개, 또는 바다 동물)의 제조, 수산회사 등의 업무를 담당한 수산국, 토질의 비옥도 판별, 식물 및 화토 비료, 광류鑛類의 분석, 지형의 측량·제도 등을 관장한 지질국, 식산의 장려·흥업 및 전매특허사무 등을 처리한 장려국과 회계국 등 8국이 설치되었다. 또한 관원으로는 각국마다 국장인 참의 1명과 주사 2~8명씩 모두 28명이 배치되었는데, 식산흥업殖産興業 및 전매특허사무를 관장하는 장려국·수산국·지질국은 산림국장이 겸임하였다. 이러한 직제 편성에서 운영되던 농상아문은 1895년 4월 1일 공무아문과 합하여 농상공부로 개편되었다. 이와 같이 농상아문은 당시 농업생산과 관련된 업무를 총괄하는 정부기관이었고, 이제 농업생산에 관한 조선 정부의 관리, 행정은 농상아문을 통해 이루어지는 것이 마땅하게 되었다.

갑오개혁 초기의 관제 개혁은 1894년 9월 말 이후 이노우에 일본전권 공사日本全權公使의 내정간섭이 심화되면서 커다란 변화를 겪었다.[12] 그리하여 1895년 4월 1일부로 전면 개편된 행정관제에서는 종래 8아문 체제에서 7부체제로 바뀌었는데, 즉 외부外部, 내부內部, 탁지부度支部, 군부軍部, 법부法部, 학부學部, 농상공부農商工部 등이었다. 또한 궁내부 관제는 다른 내각의 각부 관제보다 뒤늦은 4월 2일에야 결정되었다.[13] 각부의 관제는「각부관제各部官制」와「각부분과규정各部分課規定」을 통해서 세밀하게 규정되었다.[14] 이전 시기의 행정기구가 국국을 단위로 운영되었던 데 비하여 이제 국국을 중심으로 하되 비교적 세분된 각 과課의 체계로 된 근대적인 행정체계로 정비되었다.[15] 이러한 일련의 관제 개정을 통해 1895년 4월 1일 내각과 7부에 새로운 관료들이 임명되었다.

이와 같이 1895년의 관제 개편에 따라 농상공부가 설치되었는데, 앞

---

12) 官制와 관련된 항목은 "① 政權은 모두 하나의 源流에서 나오게 할 것, ② 大君主는 政務親裁의 權을 가짐과 同時에 法令을 遵守할 義務를 질 것, ③ 王室事務를 國政으로부터 分離시킬 것, ④ 王室의 組織을 定할 것, ⑤ 議政府及 各衙門의 組織 · 權限을 定할 것" 등이었다.『日本外交文書』27-2, #482, 93~107쪽; #489, 111~115쪽 참조.

13)『韓末近代法令資料集』I,「布達 1호, 宮內府官制」, 304~316쪽.

14)『韓末近代法令資料集』I,「勅令 41호, 各部官制通則」, 203~207쪽;『日省錄』高宗 32년, 乙未 3월 25일, 64~65쪽.

15) 1895년 3월 25일에 결정된 七部의 部署는 다음과 같다.
　　外部 : 大臣官房, 交涉局, 通商局:이하 부설기관飜譯官·外交官 領事官
　　內部 : 大臣官房, 州縣局, 土木局, 版籍局, 會計局, 警務廳
　　度支部 : 大臣官房, 司稅局, 司計局, 出納局, 會計局, 庶務局
　　軍部 : 大臣官房, 軍務局, 砲工局, 經理局, 軍法局, 醫務局
　　法部 : 大臣官房, 民事局, 刑事局, 檢事局, 會計局:法官養成所·裁判所
　　學部 : 大臣官房, 學務局, 編輯局:觀象所·成均館·漢城師範學校·外國語學校
　　農商工部 : 大臣官房, 農務局, 通信局, 商工局, 鑛山局, 會計局

서 8아문으로 개설되었던 농상아문과 공무아문을 합쳐서 7부의 하나로 농상공부가 만들어진 것이었다. 농상공부는 농업뿐만 아니라 상업·공업 및 우체·전신·광산·선박·해원 등에 관한 일을 관장하게 되었다. 이는 조선의 생산 영역 거의 전반을 농상공부에서 관리하게 되었음을 의미하는 것이었다.

농상공부 내에 소속된 하부 기관으로는 대신관방을 비롯해 농무국과 통신국 및 상공국·광산국·회계국 등이 있었다. 그리고 관원으로는 대신 1명, 협판協辦 1명, 국장 5명, 참서관 4명, 주사 18명을 정원으로 하고, 기사를 7명, 기수를 13명 이하로 두었다.

1895년 3월 농상공부 분과 규정에 의해 대신관방과 각 국의 과課 설치 및 사무 분담이 이루어졌는데, 내용은 다음과 같다. 대신관방의 비서과는 기밀, 관리의 진퇴신분進退身分, 대신관인大臣官印 및 부인部印의 관수, 박람회, 포상에 관한 사항을 맡았으며, 문서과는 공문서 및 성안문서의 접수와 발송, 통계 및 보고의 조사, 공문 서류의 편찬과 보존, 도서와 보고 서류의 간행과 관리를 담당하였다.

농무국의 농사과는 농업과 농업 토목, 농산물의 병충해 예방과 구제, 기타 농산물에 관계된 일체의 손해 예방, 수의·제철공蹄鐵工·축산·수렵을 관장하였다. 삼림과는 삼림시업, 삼림구역경계, 삼림보호·이용·처분, 삼림 편입·해제, 삼림 통계·장부, 임산물과 삼림에 속한 토지·건조물을 담당하였으며, 산업과는 어업·어선·어구, 염전염정鹽田鹽政, 양잠·삼업·제다製茶 및 농사과와 삼림과의 주 업무에 속하지 않는 사항을 맡아보았다.

통신국의 체신과는 우체·전신·전화·육운·전기사업 등에 관한 사항을 담당하였고, 관선과는 선박·해원·항로표시·표류물·남파선·항칙·수운회사, 기타 수운사업 감독에 관한 일을 맡아보았다. 상공국은 상업과 영업을 주장하는 모든 회사에 관한 일, 도량형, 공업과 공장에 관한 사항을 관장하였다.

광산국의 광업과는 광산 조사, 광산의 채굴권 허가 여부, 광구, 광업 보호, 광업 기술을 담당하고, 지질과는 지질·지층구조의 조사, 주산식물 主産植物, 토성의 시험, 지형 측량, 지질도·토성도·실측지형도의 편제와 설명서 편찬, 유용물료有用物料의 분석과 시험을 관장하였다. 회계국은 본부 소관 경비와 모든 수입의 예산·결산·회계, 본부 소관의 관유재산·물품·장부조제를 담당하였다. 그러나 「농상공부관제」와 분과 규정이 그 뒤 여러 차례 개정됨에 따라 관장 업무의 변화, 소관 부서의 통폐합과 증설, 그리고 소속 인원의 증감 등이 잇따랐으며 1910년까지 존속하였다.

갑오개혁을 통해 정부의 농업정책 관장 기구의 설치 운영과 관련해서 주목되는 것은 농상공부라는 정부 기관이 농업정책과 농업행정을 담당하고, 농업생산과 연관되는 여러 측면을 모두 관장하는 기관이라는 성격을 갖게 되었다는 점이다. 그런데 이와 더불어 궁내부에서도 농사시험장과 관련하여 종목국을 설치하여 운영하고 있다는 점을 같이 살펴볼 필요가 있다. 이와 더불어 주목해야 하는 점은 농상공부라는 직제가 1905년 일본의 한국통감부와 1910년 일본의 조선총독부에서 그대로 통용되었다는 점이다.

이른바 한국통감부와 조선총독부의 농상공 관련된 업무를 바로 농상공부에서 수행하였다. 이렇게 볼 때 한국통감부의 식민지화 농업정책, 농업식민책, 그리고 조선총독부의 식민지 농업정책이 모두 농상공부를 집행기관으로 삼아 이루어지고 있었다고 할 수 있다. 1894년 이래의 한국에서의 농업정책의 실행은 대략 농상아문, 농상공부로 이어지는 정부

내부의 직제, 기구를 통해서 이루어졌던 것이 근대적 농업체제, 근대 농업체제의 골간을 형성한 것이었다고 할 수 있다.

이상에서 살펴본 것을 토대로 정리하자면 한국 식민지화를 실질적으로 수행하기 위해 설치되었던 한국통감부, 그리고 조선총독부에서 수행된 농업정책, 농업기관의 기본적인 성격이 앞선 시기 고종의 농상사 설치, 1894년 이후 농상아문, 1895년 농상공부에서 시행했던 농업정책과 동질적인 것이라고 볼 여지가 충분할 것이다. 그것은 바로 근세 농업체제에서 근대적 농업체제로의 변화에 동반된 농업정책을 담당하는 기구의 설치라고 정리할 수 있을 것이다.

1894년 갑오개혁에 나타난 조선정부의 농업정책은 탁지부라는 단일 아문으로 재정기구를 일원화시키려는 정책과 깊은 관련을 맺고 있었다.16) 어느 정도 독자성을 가지고 운영되었던 군사 재정과 지방 재정도 중앙정부 재정으로 흡수되어 탁지부의 통제를 받게 되었다. 또한 1895년 3월 30일 '회계법會計法'을 반포하여 종래 각 관서별로 이루어져 왔던 수입·지출을 통합·정리함으로써 제도적으로 완성되었다.17)

이러한 재정기구의 일원화는 모든 재정 사무를 탁지부에서 관장한다는 것뿐만 아니라 모든 재원을 탁지부로 귀속시킨다는 것을 의미하였다. 따라서 당시 주요한 재원 산출 부문이었던 농업에서의 국가 세입稅入을 일원화시키는 것이었고, 이에 따라 궁장토宮庄土와 역토驛土 등에 대한 국가정책이 크게 바뀌었다.

군국기무처는 먼저 1894년 8월 사궁장토司宮庄土와 역토驛土, 둔토

---

16) 이하 재정기구 일원화와 면세지승총, 지세 수입 등에 대한 서술은 이윤상, 1996, 「1894-1910년 재정제도와 운영의 변화」, 서울대 국사학과 박사학위 논문에 의거하였다.
17) 『한말근대법령자료집』Ⅰ, 291~296쪽 法律 제2호 회계법(1895. 3. 30).

屯土 등 과거의 면세지免稅地를 탁지아문으로 승총陞摠하여 민유지와 마찬가지로 지세地稅를 내도록 하는 조치를 취하였다.[18] 즉 면세지의 담당하는 아문을 탁지아문으로 바꾸고 여기에서 지세를 관장하게 한 조처가 바로 면세지 승총, 달리 말해서 '갑오승총'이었다. 이에 따라 종래 각궁各宮 혹은 각 아문衙門에서 거두어들이던 궁장토와 둔토의 결세結稅를 탁지아문에서 일괄적으로 거두게 되었다.

이러한 면세지승총이 개화파 정권에 의해 취해진 재정 개혁 방안 중의 하나로 채택된 것은 불가피한 것이었다. 개화파 정권이 시도한 재정 개혁의 초점은 재무관리 체계를 탁지부를 중심으로 일원화하고 지세금 납화와 화폐 정리를 단행하는 데 두어져 있었지만, 국가재정을 안정시키기 위해서는 세입에서 절대적 비중을 차지하는 지세 수입의 확대에 주력하지 않을 수 없었기 때문이다. 지세 수입을 확대하기 위해서는 그 세원인 출세실결을 증대하는 것이 긴급한 문제였다. 개화파 정권으로서는 기왕의 출세결을 확보한 위에 면세지를 출세결로 전환하여 지세 수입의 상당한 증대를 기할 수 있다고 본 것이었다.

1894년 면세지 승총은 바로 역둔토의 소작료인 도조 수입을 누가 차지할 것인가에도 직결되는 문제였다. 즉 역둔토의 토지 구성은 소유권의 귀속상으로 볼 때 국가에 소유권이 있는 유토有土와 소유권은 농민에게 있으나 그 토지의 결세가 역驛과 둔屯에 부속되어 있는 무토無土의 이중 구성으로 되어 있었다. 그러던 것이 면세지승총을 통해 무토의 농민이 역과 둔에 출세하던 것을 탁지부에 출세하게 되면서 무토는 사실상 존속할 수 없게 된다. 역둔토의 상당한 구성 부분을 차지하는 무토

18) 『議政存案』(奎17236) 59쪽 및 『한말근대법령자료집』 I 96쪽; 議案, 宮土·驛土·屯土의 出稅에 관한 건(1894. 8. 26).

는 유토와 마찬가지로 역둔토라 불리고 있던 것이지만 갑오 이후의 역둔토는 유토만을 의미하게 되고 역둔토조사도 유토만을 대상으로 한 것이었다.[19]

한편 면세지의 승총과 함께 그 역둔토가 무토이던, 유토이던 출세 의무자는 작인作人과 마호馬戶로 규정되었다.[20] 즉 유토에서는 소작자인 농민이 지세를 출세하고 무토에서는 소유권자인 농민이 출세하도록 한 것이었다. 무토는 사실상 폐지되는 것이기 때문에 역둔토에서의 지세부담은 소작자인 농민에게로 전가되는 셈이었다. 즉 유토의 경우에는 경작자 출세의 조항이 적용됨으로써 도조를 각둔에 상납하고 있던 소작자인 농민들은 도조 외에 지세까지 부담해야 되었다. 그 만큼 농민 부담은 가중된 것이었다. 그리고 무토의 경우에는 승총된 만큼 원칙적으로 도조 대신 지세만 납부하면 되었으나 실제로는 종래의 수조 기관에서 도조의 납부를 강요하는 경우가 적지 않았다.

재정기구의 일원화와 함께 이처럼 많은 재원이 탁지부로 귀속되어 정부재정을 강화하는 데 크게 기여하였으나 모든 재원이 다 탁지부로 이속된 것은 아니었다. 우선 궁장토의 경우 그 관리권은 여전히 궁방에 남아 있었다. 또한 역둔토의 경우에도 면세지승총에 의해 탁지부에 지세를 내게 되었으나 역둔토 관리권 자체가 탁지부로 넘어온 것은 아니었다. 궁장토의 경우 그 관리권은 여전히 궁방에 남아있었다.

역둔토의 경우에도 면세지 승총 이후 탁지부에 지세를 내게 되었으나 역둔토 관리권 자체가 탁지부로 넘어온 것은 아니었다. 면세지 승총 이

---

19) 배영순, 1988,「한말·일제초기의 토지조사와 지세개정에 관한 연구」, 서울대 박사학위논문.
20) 『議政存案』 59쪽 및 『한말근대법령자료집』Ⅰ, 96쪽; 議案, 宮土·驛土·屯土의 出稅에 관한 건(1894. 8. 26).

후 역둔토는 그 관리권이 여러 기관으로 옮겨 다녔다. 재정기구 일원화의 원칙에 따라 대부분의 아문 둔토가 탁지부로 관리권이 이속되었지만, 왕실 관련 사무를 담당하여 궁내부에 소속하게 된 아문의 둔토는 궁내부에서 관리하게 되었다. 각 군영의 둔토도 1895년에 각 지방관의 관할로 들어갔다가 일부는 다시 궁내부로 귀속되었다. 한편 역토는 그 성격상 1894년에 우체사郵遞司를 관장하기로 한 공무아문에 관리권이 귀속되었다가 1895년 3월 공무아문이 농상아문과 통합되어 농상공부로 되자 자연히 이에 귀속되었다.[21] 결국 갑오개혁기에 궁장토는 각 궁방에서, 둔토는 궁내부와 탁지부 혹은 지방 관아에서, 역토는 농상공부에서 각각 관할하는 상황이었다.

다음으로 갑오개혁 시기 개화파 정권의 농업에 관련된 정책은 당오전 혁파와 「신식화폐발행장정」으로 대표되는 화폐개혁을 살필 수 있다. 왜냐하면 화폐개혁은 곧 조세租稅의 금납화 조치와 연결되는 것이었기 때문이다. 군국기무처는 우선 당시 많은 문제를 야기하고 있던 당오전을 당시의 실제 가격에 맞게 당일문當一文으로 사용하고, 다른 한편 「신식화폐발행장정」을 통해 1891년의 「은화조례」를 계승하여 은본위제를 수립코자 하였다. 「신식화폐발행장정」은 먼저 신식화폐의 최저 단위를 푼으로 하고. 10푼을 1전, 10전을 1량으로 하였으며, 1푼은 황동, 5푼은 적동, 2전 5푼은 백동, 1량과 5량은 은으로 각각 만들었다. 그리고 5량은을 본위화폐로 하고 그 이하를 보조화폐로 정하였다. 전환국은 새 화폐주조에 착수하여 9월 5일부터 새 화폐를 발행하였다.

개화파 정권은 근대적 재정제도의 도입을 통해서 국가재정의 기본적인 원칙을 확립하는 한편 개혁사업에 필요한 재원을 확보하기 위한 정

---

21) 김양식, 1992, 「대한제국·일제하 역둔토 연구」, 단국대학교 사학과 박사학위논문.

책을 추진하였다. 사실상 재정 수입의 대부분을 차지하는 지세地稅를 어떻게 안정적으로 확보할 것인가 하는 문제였다. 지세제도의 개혁과 지세 수입의 안정적 확보를 위해서는 근대적 재정제도의 도입과 더불어 지세 수취의 기초가 되는 토지제도 자체를 개혁하지 않으면 안 되었다. 그러나 개화파 정권은 지주적 입장에서 개량적인 방식의 갑오개혁을 추진하고 있었기 때문에 토지제도의 근본적 개혁은 기대하기 어려운 실정이었다.[22] 이처럼 토지제도 자체의 개혁이 이루어지지 않은 상태에서 취할 수 있는 조치는 지세의 세원, 즉 토지에 대한 전면적인 조사를 통한 지세 수입의 안정화였다.

개화파 정권은 양전量田을 위한 준비에 착수하였다.[23] 그러나 개화파 정권은 전국적인 양전사업을 벌일 만한 역량을 갖추지 못하였다. 따라서 우선 이미 확산되고 있던 조세의 지세화와 금납화를 제도적으로 확인하고 결가結價, 지세액地稅額를 결정하는 절차를 통해 조세제도를 개편하는 한편 조세의 부과와 징수를 분리하고 새로운 징세기구를 설치하여 중간 수탈을 배제함으로써 지세 수입의 안정화를 꾀한다는 방침을 채택할 수밖에 없었다.

1894년 7월 10일 '일체의 상납上納을 대전代錢으로 마련하는 건'이 반포되어 모든 조세가 금납화되었다.[24] 모든 조세의 금납金納과 이를 위한 은행의 설립 등을 규정한 이 조치는 이미 많은 지역에서 실시되어

---

22) 김용섭, 1984, 「갑신·갑오개혁기 개화파의 농업론」, 『한국근대농업사연구증보판』 下, 일조각.
23) 이영호, 1992, 「1894-1910년 지세제도 연구」, 서울대학교 대학원 국사학과 박사학위논문.
24) 『議政存案』 47쪽 및 『한말근대법령자료집』 I, 26쪽; 議案, 一切의 上納을 代錢으로 磨鍊하는 건(1894. 7. 10).

오던 조세 금납의 관행을 전국적으로 일반화시킨 것이었다. 조세 금납은 종래 조세 상납과정에서 커다란 폐단으로 지적되고 있었던 조운 문제도 해결할 수 있는 방법이었다. 뿐만 아니라 이 조치는 국고로서의 은행을 상정하고 징수기관을 탁지아문으로 일원화시키는 등 이후 재정 개혁의 방향도 보여주고 있었다.

다음날인 7월 11일에는 '신식화폐발행장정'이 제정되어 조세금납화의 실시를 뒷받침하였다. 이어서 8월 22일에는 종래 토지에 부과되던 모든 조세를 지세로 통합하는 것을 의미하는 결가結價 책정의 대체적인 방침이 천명되었다.[25] 각도의 부세·군포 등 일체의 조세를 모두 대전으로 마련한다는 결정이 이미 내려졌으므로 우선 경기도부터 결가를 정하여 마련토록 하되 평안·함경을 제외한 5도의 미米·태太·목木·포布를 모두 석石·필수疋數에 준하여 대전代錢 수봉收捧한다는 것이었다. 이 조치역시 이미 많은 지역에서 실시되어 오던 결가제를 전국적으로 확대한 것이다. 한편 이 조치에는 공납과 녹봉도 화폐로 하도록 하는 조항도 포함되어 있었다. 이제 정부재정의 수입과 지출이 모두 화폐로 이루어지게 된 셈이었다.

종래에는 한 토지에 전세, 대동, 삼수, 결작, 포량 등의 각종 조세와 작지, 선가 등의 부가세가 부과되었으며 그 세액도 각 지방마다 차이가 있어 매우 혼란한 상황이었다.[26] 뿐만 아니라 전세는 호조에서, 대동은 선혜청에서, 삼수는 친군영에서 담당하고 있었다. 하나의 조세에 하나

---

25) 『議政存案』 58쪽 및 『한말근대법령자료집』 I, 95~96쪽; 議案 供上·頒放을 代錢으로 施行하는 건(1894. 8. 22)

26) 토지에 부과되고 있던 세는 元田에 田稅 大同 三手米 結作 砲粮 등이 있고 火田에 火稅, 蘆田에 蘆稅가 있었다. 여기에 附加稅의 성격을 가진 作紙 役價 雜費 船價 등이 더불어 부과되고 있었다. 度支部, 1909, 『韓國稅制考』, 20쪽.

의 징수기관인 경우도 있었지만 결작, 군보, 모작, 삼세 등 하나의 조세에 징수기관이 여럿인 경우가 적지 않았기 때문에 혼란을 더욱 가중시키고 있었다. 그런데 이들 조치에 의해 토지에 부과되던 이러한 각종 명목의 조세와 부가세가 모두 지세地稅 하나로 통합되고, 현물납과 금납이 병행되던 징수방식도 금납으로 통일되었던 것이다. 따라서 토지에 대한 조세는 결가, 즉 결전結錢의 형태로 책정되었고 호戶에 대한 조세인 군보軍保는 신분적 규정을 탈피하여 호포전戶布錢, 호세戶稅로 정착하였다.

상세한 기준에 따라 결정된 1결 당 결가가 연군沿郡에는 30냥, 산군山郡에는 25냥으로 책정되었다. 여기에는 전정, 군정, 환곡과 관련된 모든 세액과 지방비나 세곡 운반비로 충당되던 모든 잡비들이 포함되어 있었다.[27] 결국 결가는 종래 토지에 부과되던 각종 현물 지세와 부가세를 당시의 곡가穀價로 환산하여 결부結負 단위로 부과하는 금납 지세로 정리한 것이었다. 그리고 이때 책정된 결가는 종전에 농민들이 부담하였던 것과 큰 차이가 없었다. 개화파 정권이 근대적 개혁을 추진하면서 막대한 재정이 필요하였고 그것을 지세 수입을 통해서 해결할 수밖에 없었음에도 불구하고 이처럼 결가를 인상하지 못했던 것은 갑오농민전쟁에서 표출된 농민들의 요구를 받아들이지 않을 수 없었던 사정 때문이었다.

한편 모든 조세가 토지에 부과되는 지세와 호에 부과되는 호포전으로 통합됨에 따라 여러 가지 명목으로 징수되고 있었던 잡세는 모두 혁파되었다. 잡세는 농업 이외의 특수 직업에 종사하는 사람들에게 부과되

---

27) 度支部, 1909, 『韓國稅制考』, 22쪽. 『한국세제고』는 1909년 9월 탁지부에서 편찬한 요람에 해당하는 책인데, 조선의 세제연혁과 징수연혁을 조사하여 수록하고 있다.

던 무세巫稅, 장세匠稅와 같은 것도 있었고, 상품화폐 경제와 상업의 발달에 따라 토지 이외의 세원에 대해 각 궁방이나 아문, 또는 지방에서 독자적으로 징수하는 것도 있었다.

전반적으로 보면 세제의 개혁과 금납화는 지세 수입의 안정화를 통해서 국가재정을 합리적으로 운영할 수 있는 기반을 제공한 것이었다. 그러나 세제 개혁과 금납화에도 문제점이 따랐다. 먼저 조세의 금납에 필수적으로 요구되는 주변 장치들이 갖추어지지 않았던 것이 커다란 문제였다. 금납을 위해서는 미곡의 유통 활성화와 은행의 설치가 요구되었다. 종래 서울 주민들은 서울로 운반되는 세곡을 식량으로 이용하고 있었으므로 금납이 실시되면 서울의 미곡 부족에 따라 곡가가 크게 오를 우려가 있었으며, 지방에서도 금납에 충당할 화폐가 충분히 확보되어야 했기 때문이다. 하지만 당시 정부의 재정 형편에서는 은행의 설립이 거의 불가능하였다.

따라서 군국기무처는 우선 지방관이 미곡의 유통을 방해하지 못하도록 하는 조치를 취하면서,[28] 미곡유통을 활성화하기 위해서 미상회사米商會社를 설립하였다.[29] 미상회사는 공전公錢을 대납代納하는 한편 각 지방의 공전을 이용한 무미貿米 활동을 벌였다. 사원社員을 각 지방에 파견하여 각군의 공전을 발급받아 이것으로 미곡을 매입한 뒤 서울로 운송하는 방식이었다. 미상회사는 이 과정에서 큰 이윤을 남길 수 있었다.[30]

---

28) 『議政存案』47쪽 및 『한말근대법령자료집』Ⅰ, 26쪽; 議案 米穀의 流通을 禁阻하지 않도록 各道에 行會하는 건(1894. 7. 10).
29) 『議政存案』51쪽 및 『한말근대법령자료집』Ⅰ, 77~78쪽; 議案 米商會社 設立에 관한 건(1894. 7. 24).
30) 『公文編案』제38책 1896년 3월 9일.

한편 1895년 3월에는 공동회사公同會社도 설립되었다.[31) 공동회사는 운수와 창고업을 행하는 회사로서 공전의 운송도 담당하였기 때문에 각군에서 징수한 결가를 공동회사의 사원이 탁지부로 상납하거나 사들인 미곡을 정부의 요구에 따라 재해 지역에 공급하기도 하였다.[32)

이처럼 정부는 은행 대신 미상회사와 공동회사를 이용하여 금납지세의 수취와 이를 자금으로 한 무미貿米 활동을 벌임으로써 서울의 미가米價를 안정시키고 지방의 금융공황을 방지하려고 했다. 그러나 이들 회사의 활동은 일종의 외획外劃, 즉 조세상납 대행으로서 지세의 수취와 상납과정에서 여러 가지 폐단을 낳기 시작하면서 탁지부는 이들 회사에 대한 공전의 획급을 금지하기에 이르렀다.[33) 그리고 1895년 7월에는 일체의 외획을 금지하고 각군에서 직접 탁지부에 납부하라는 지시가 내려졌다.[34) 이에 따라 미상회사와 공동회사를 이용한 공전 상납도 중지되었다.

개화파 정권의 산업정책에는 또한 당시 무엇보다도 먼저 강구되어야 했던 근대적 제조공업의 발전에 대한 전망이 결여되어 있었다. 개화파 정권은 당초 공무아문을 별설別設하여 근대적 산업시설을 관장하고 육성할 계획을 세우고 있었지만, 일본 측은 조선에 아직 근대 공업이 성장하지 못했기 때문에 식산흥업정책의 추진이 시급하지 않다고 하여 방해하였다.[35) 개화파 정권은 결국 이에 굴복하여 공업 관장 기구를 사실상

---

31) 『公文編案』 제22책 公同貿易會社稟目.
32) 『公文編案』 제13책 訓令.
33) 『公文編案』 제18책 嶺營來牒.
34) 『公文編案』 제12책 訓令 各府.
35) 일본 공사 井上馨이 工務衙門 別設에 반대한 진정한 이유는 工務衙門에 의한 鐵道, 電信, 鑛山 事業의 추구가 일본의 利權 確保와 기본적으로 배치되는 것이기 때문이었다.

폐지하여 농상공부로 통합해 버림으로써 제조업 발전을 위한 제도적 장치를 스스로 포기하고 말았다.

갑오개혁 이후 최초로 등장하는 농림업 관계 회사는 농상회사農桑會社였다.[36) 이 회사는 서양식 농기구를 구입하여 사원들에게 판매하거나 임대하여 신식 농업기술을 보급함으로써 농업생산력을 발전시키는 것을 목표로 하고 있었다. 그런 의미에서 회사의 목적은 이전 단계의 경성 농상회사京城農桑會社나 잠상공사蠶桑公司와 일치하였다. 또한 향약의 원칙에 입각한 회사 운영 방침을 취하고 있는 점도 이전에 교하농상 사交河農桑社와 같았다. 다만 다른 것은 사원 자격이 경향 농민 일반으로 확대되어 있고, 각지에 지사를 설치하고 있으며, 농상아문에서 호표護票를 발급하여 사원의 자격을 보증하고 있다는 점이었다. 이는 이 회사가 전래의 향약적鄕約的 전통에 서 있으면서도 근대적인 회사 설립 기법을 일부 차용하고 있었음을 보여주는 것이었다. 그러나 이 회사에 관한 추후 기록이 없는 것으로 보아 계획대로 설립되지는 못하였던 것 같다.

1894년 이후 갑오개혁기에는 농지개발회사의 설치가 보다 적극적으로 추진되어 1894년 10월 관허농상회사官許農桑會社를 설치되었다.[37) 관허농상회사는 농사개량 및 농지개간과 양잠·직조의 사업을 위하여 정부 농상아문 산하의 회사로서 조직되었다. 개간과 관련하여 살펴보면 묵은 땅은 개간하여 땅에 적합한대로 뽕, 마, 감자, 인삼, 연초 등을 심고, 해변 저지대는 제언을 수축하여 범람을 막고 도랑을 뚫어 개간할

---

36) 갑오개혁 당시 농상회사 설립 등에 대한 설명은 다음 논문에 의거한 것이다. 全遇
    容, 1997, 「19世紀末~20世紀初 韓人 會社 연구」, 서울대 대학원 국사학화 박사학
    위논문.
37) 『官許農桑會社章程』 1894년 10월.

것을 추진 사업으로 제시하고 있었다. 황무지의 실태를 파악하고 구체적인 개간방법을 강구하고 있는 점에서 정책적 경향이 강화되는 모습이었다.

중요한 점은 제언을 쌓아 관개하고 황무지를 개간하는 등의 일을 모두 농상아문의 윤허를 받아 시행케 한다는 것이었다. 즉 농상회사가 황무지 개간의 업무를 담당하지만 황무지 개간의 허가권을 농상아문이 장악한다는 것이다. 종래 왕실이나 세도가들이 권력의 힘을 믿고 임의로 황무지를 개간하여 소유권을 확보하던 것에서, 정부기관이 황무지 개간정책의 책임과 의무를 담당하게 되었음을 의미한다.

이와 같이 정부의 토지개간정책의 기본 방향은 개간 허가권을 정부가 장악하여 정부 계획하에 토지개간을 추진하면서도 실제의 개간은 민간 자본을 조달할 수 있는 회사 조직의 형태를 취하도록 한 것이다. 대체로 개화파의 농업개발회사론이 수용 실천된 것으로 이해된다.

개화파는 갑오개혁에서 토지 소유와 관련된 문제에 대해서는 전혀 정책의 입안이나 시행으로 이어지는 조처를 취하지 않았다. 갑오개혁의 핵심인물인 유길준은 평소 타작제打作制를 폐지하고 도조법賭租法을 쓰되 지주地主가 10분의 3을 받고, 소작인인 농민農民이 10분의 7을 가지며, 지세地稅는 10분의 1로 하되 지주와 소작인이 각각 반씩 부담하면 지주와 농민이 모두 만족할 것이라고 보았다. 따라서 그는 균전제均田制의 실시와 같은 혁명적인 토지 소유 문제의 해결은 생각하지 않았다. 이런 점에서 볼 때 갑오개혁은 계급적으로는 지주 상인 중심의 개혁이었으며, 궁국적으로 지주 상인의 부르주아화를 지향한 것이었다고 평가되고 있다.

이상에서 살펴본 개화파 정권에 의한 재정 부문의 개혁조치들은 농민전쟁에서 표출된 농민들의 요구와 개화파의 구상이 합쳐진 것으로서 근대민족국가의 수립을 목표로 한 것이었다. 그러나 갑오개혁은 친일적인 개화파 정권의 협소한 권력 기반, 갑오농민전쟁·청일전쟁으로 말미암은 권력 행사의 제약, 민중의 개화정책에 대한 반발, 또 이러한 사태로 야기된 재정 궁핍으로 인해 실패로 끝났다. 재정 부문의 개혁조치들도 그 실시에 필요한 주변 여건들을 갖추지 못하였기 때문에 대부분 형식상의 개혁으로 그치고, 실행 과정에서는 과거의 관행과 새로운 제도가 병존하는 혼란을 면치 못하고 있었다.

무엇보다도 개화파 정권의 주체적인 역량의 부족이 개혁사업을 수행하는 데 커다란 제약 조건이었다. 개화파는 그들만으로는 정권을 유지할 수 없었으므로 일본의 지원에 의존하지 않을 수 없었을 뿐만 아니라 민중들의 역량을 무시하고 그들과의 제휴를 고려하지 않았기 때문에 스스로의 기반을 좁히는 결과를 가져왔던 것이다.[38]

갑오개혁 당시 개화파 정권은 근본적으로 자신들의 역량이 아닌 일본 측 물리력에 의거하고 있다는 점 때문에 농민층을 비롯한 국민 일반의 여론적 지지를 받지 못하였고, 을미사변 이후 일본 세력 퇴각과 함께 곧바로 붕괴되고 말았다. 또한 그들이 추진한 근대적 화폐제도 도입과 자유주의적 상업정책 등은 주관적 의도와는 상관없이 무분별한 문호개방주의로 이어져 일본의 경제침탈을 더욱 가속화하는 결과를 가져왔다.[39]

---

38) 朴宗根, 1974, 「朝鮮における1894·5年の金弘集政權開化派政權の考察 II」『歷史學研究』417, 歷史學研究會.
39) 박찬승, 1994, 「개화파의 근대국가 구상과 그 실천」, 『근대 국민국가와 민족문제』, 지식산업사.

2. 광무정권의 양전量田·지계地契 사업

1897년 대한제국의 수립 이후 고종은 황제로 칭호를 높였다. 이때 연호를 광무光武라 하였기 때문에 광무정권이라고 부르고, 광무정권 당시의 개혁적인 정책 추진을 광무개혁光武改革이라고 한다. 대한제국은 1897년 10월에서 1910년 8월까지 약 13년간 존속하였다. 이미 대한제국의 성립을 전후한 시기에 동아시아는 대격변을 겪고 있었고, 그의 여파로 한국(조선)은 국권상실의 위기가 목전에 이르고 있었다. 한국을 둘러싸고 주변국 사이에는 청일전쟁과 러일전쟁이 발발하였으며, 국내에서는 을미사변, 아관파천 등이 점철되어 가는 가운데 열강의 이권침탈과 내정간섭이 심화되어 가고 있었다. 대한제국의 성립, 광무개혁, 독립협회의 국권수호운동 등은 바로 이러한 상황에서 이뤄진 것으로, 이 모두 외세의 침략에 대한 조정과 민간 각 집단의 대응을 대표하는 것이었다. 사회 각 부문에서 벌어진 국권 지키기에도 불구하고 대한제국은 가중되어 가는 일본의 압제를 벗어나지 못하고 마침내 1910년 국권을 상실하고 말았다.

광무정권은 갑오개혁이 급진적이고 외세의존적으로 추진되어 구법은 폐기되었으나 신법이 정착되지 못한 혼란이 생긴 점을 반면교사로 삼았다. 광무정권은 개혁을 계속 실시하되 개혁의 원칙을 구본신참舊本新參으로 바꾸었다. 이것은 구법을 중심으로 하고 신법을 참작한다는 절충적 방안으로서 지배층 입장에서 위로부터의 개혁을 지향한 것이었다. 이후 1905년 일제의 식민체제로 편입될 때까지 추진된 일련의 개혁사업을 광무개혁이라 할 수 있는데 광무년간의 주요한 개혁사업 및 식산흥업정책殖産興業政策에 대하여 살펴보면서 근대 농업체제의 형성

과정을 검토한다.[40)

광무개혁의 가장 주요하게 부분은 바로 재정개혁을 통해 이른바 근대
화 사업을 수행하기 위한 재원을 확보하는 문제였다. 광무정권은 앞서
갑오 을미년간에 추진된 조세금납화, 예산제도 채택 등 재정개혁의 대
부분을 계승하였다. 그리고 여기에 더해서 세원稅源의 정확한 파악을
위하여 양전사업量田事業과 호구조사, 상품화폐 경제의 발전에 따른 새
로운 세원발굴 등에 힘을 기울였다.[41)

대한제국 시기의 농업정책은 곧 광무정권의 개혁정책과 연계된 것이
었다. 광무개혁의 기본 기조, 즉 황제권 강화라는 방향을 대한제국의 농
업정책도 띠고 있었다. 재원 확보를 위한 재정개혁 조처 가운데 가장 기
초가 되는 것이 양전量田사업 지계地契 발급 사업이었다. 광무정권의
대표적인 농업정책이 바로 양전사업, 지계 발급사업이었다. 두 사업은
갑오개혁 당시 개화파 정권이 계획하였다가 정권의 붕괴로 수행하지 못
했던 것이다. 이를 광무정권에서 오랜 논의 끝에 시행하게 된 대사업이
었다.[42)

광무정권의 양전·지계 사업은 오랫동안 제대로 토지측량이 실시되지
않음으로써 발생한 전정田政의 문란을 시정하여 피폐한 농민경제를 안
정시키고, 각종 은결隱結 누결漏結을 잡아내어 국가재정을 확보하려는
데 그 목적이 있었다. 이 사업은 1898년 7월 양지아문量地衙門이 설치
되어 1899년부터 실시되었고 1901년 중지되었다가 1902년 지계아문地

40) 나애자, 1994, 「대한제국의 권력구조와 광무개혁」, 『한국사』 11권, 한길사.
41) 이윤상, 1986, 「일제에 의한 식민지재정의 형성 과정: 1894~1910년의 세입구조와
    징세기구를 중심으로」, 『한국사론』 14, 서울대 국사학과, 285~287쪽.
42) 김용섭, 1968, 「광무년간의 양전·지계사업」, 『아세아연구』 31, 고려대 아세아문제
    연구소; 김용섭, 1975, 『한국근대농업사연구』 상, 일조각, 434~634쪽에 재수록.

契衞門이 설치되어 양지아문의 기능을 통합하면서 재개되었다.

대한제국시기의 농업정책은 곧 광무정권의 개혁정책과 연계된 것이기 때문에 먼저 광무정권의 수립 과정을 살펴본다. 1894년 벌어진 청일전쟁에서 일본이 승리한 이후 러시아와 프랑스와 독일의 삼국간섭을 거치면서 일본 낭인의 민비명성황후 시해 사건이 이어졌다. 이어서 김홍집金弘集을 총리대신總理大臣으로 한 친일내각이 단발령을 공포하여 의병항쟁을 초래하였으며, 1896년 2월 11일 고종이 러시아공사관으로 거처를 옮기는 아관파천俄館播遷이 일어났다.

아관파천으로 친일개화파 정권이 붕괴되어 조선은 일단 일본의 영향권에서 벗어났다. 하지만 러시아는 조선문제로 인한 일본과의 충돌을 피하고 평형을 유지하려고 하였다. 그리하여 결국 조선은 러·일 양국의 공동보호령과 같은 존재가 되어버렸다.43) 그리고 아관파천 직후부터 최익현崔益鉉을 비롯한 유생들에 의하여 환궁을 요구하는 상소가 빗발치고 있었다. 더 이상 러시아공사관 아관俄館에 머무를 이유가 없게 된 고종은 1897년 2월에 1년 만에 경운궁慶運宮으로 돌아왔다.

환궁 이후 고종은 더욱 고조된 국민의 자주의식을 배경으로 삼고, 청의 후퇴와 열강의 세력균형이라는 객관적 조건 속에서 대한제국을 수립하였다. 대한제국은 1897년 10월 광무光武라는 독자적인 연호의 제정과 황제즉위, 국호제정의 과정을 거쳐 탄생하였다. 이 칭제稱帝 건원建元, 즉 황제를 칭하고, 연호를 정하는 과정이 바로 황제국 성립의 핵심이었다. 이에 따라 조선에서 대한제국大韓帝國으로 국호가 바뀌었고, 자주독립국가의 면모를 갖추어 대내외에 선포하게 되었다.44) 왕국王國에

---

43) 최문형, 1979, 『열강의 동아시아정책』, 일조각.
44) 이구용, 1985, 「대한제국의 성립과 열강의 반응-칭제건원 논의를 중심으로」, 『강

서 제국帝國으로 나라의 위격이 명분상 높아진 것이었다.

고종은 1897년 10월 12일 원구단에 나아가 하늘에 고하는 제사를 지내고 백관의 제례가 끝난 후 황제의 자리에 올랐다. 이어서 10월 13일 조칙을 내려 국호를 삼한을 아우른다는 의미의 '대한大韓'으로 선포하고 이 사실을 주한 각국 외교관에게 통고하여 자주독립국가임을 내외에 천명하였다. 이제 대한제국은 불안정한 국제정세 속에서 철저한 내정개혁을 통하여 명실상부한 자주국가를 건설하는 것이 긴급하였다.

고종과 광무정권은 갑오·을미년간의 정치변혁과 독립협회 및 만민공동회의 민권운동으로 체제위기에 직면했던 전제왕권을 회복하고 오히려 강화한 것이었다.[45] 전제군주체제의 법적 확립에 앞서 광무정권은 1896년 9월 의정부의 복설에 이어 황제가 직접 정국운영의 주도권을 장악하는 친정체제의 구축을 꾀하였다.[46] 광무정권은 군주권 즉 황제권이 지장없이 행사될 수 있는 제도를 마련하는 데서 더 나아가 군주의 의사가 직접 구현될 수 있는 권력기관으로 궁내부宮內府를 활용하는 체제를 수립하였다.

궁내부는 갑오개혁 때 왕실을 국정에서 분리하려고 설치한 것으로 왕실, 궁중의 사무를 총괄하였다. 궁내부 소속관원이나 각부 아문의 관원은 상호 겸직할 수 없고 그 재정은 축소된 채 탁지아문의 통제를 받았다.[47] 을미개혁 때에는 국왕의 정무간여 통로였던 승선원承宣院이 폐지

　　원사학』1, 강원대 사학과; 이민원, 1988, 「청제논의의 전개와 대한제국의 성립」, 『청계사학』5, 한국정신문화연구원.
45) 진덕규, 1983, 「대한제국의 권력구조에 관한 정치사적 인식」1, 『대한제국연구』 4, 이화여대 한국문화연구원; 진덕규, 1984, 「대한제국의 권력구조연구 2- 중추원의 분석적 고찰」, 『대한제국연구』5, 이화여대 한국문화연구원.
46) 서영희, 1990, 「1894~1904년의 정치체제 변동과 궁내부」, 『한국사론』23, 서울대 국사학과.

되는 등 기구가 대폭 축소되었다가 삼국간섭 이후 국왕의 적극적인 정무간여에 따라 다시 기구가 확대되었다. 광무년간에 들어와서 궁내부는 제도적으로는 여전히 의정부와 분리되어 있었다. 그러나 대한국 국제의 반포 이후 의정부 이상으로 기구가 팽창하면서 왕권제한이라는 설치목적과는 달리 전제군주권의 실현기구가 되었다.

궁내부를 통해 황제권 강화 기반을 마련한 이후 광무정권은 재정적인 기반을 마련하기 위한 방안도 시행하였다. 광무년간에 들어와 각궁 소관의 궁장토宮庄土, 각종 잡세와 이권 등의 재원이 궁내부로 속속 이관되어 내장원에서 독자적으로 운영하게 되었다. 대한국국제를 선포한지 1주일 뒤인 1899년 8월 24일에 궁내부관제를 개정하여 내장사內藏司를 내장원內藏院으로 승격 개편하였다.[48] 그리고 이용익李容翊이 내장원 경卿으로 취임한 후 삼정蔘政, 광산鑛山, 수륜水輪 등으로 담당업무를 확장하면서 각각의 업무를 분장하는 산하기구를 두었다. 그리하여 내장원은 장원과莊園課·수륜과水輪課·종목과種牧課·삼정과蔘政課·공세과貢稅課·기록과記錄課·전생과典牲課·봉세관蜂稅官 등을 관할하는 궁내부 최대의 기구로 팽창하였다. 전국에 흩어져 있는 왕실재산을 관리하고 수세업무를 수행하기 위하여 설치된 봉세관은 규정 외의 자의적 수탈로 지방민의 원성을 샀다.

내장원의 수륜과에서 독립한 수륜원은 황무지에 수륜을 부설하여 관개하고, 수세水稅를 징수하는 부서로서 왕실소속 외에도 각 부·군의 공

---

47) 유영익, 1990, 「군국기무처의안의 분석」, 『갑오경장연구』, 일조각.
48) 내장원은 1899년 8월 궁내부 내장사에서 그 명칭이 바뀌면서 궁내부와 함께 대한제국기 개혁사업의 주요 담당기구가 되었는데, 1905년경리원으로 다시 그 명칭이 바뀌면서 그 기능도 축소되었다. 이는 대한제국의 실질적인 권력이 통감부로 이속되는 과정과 궤를 같이하는 것이었다.

유지가 그 개척대상이 되었다. 민간인도 황무지를 개척하려면 이 부서의 허가를 받아야 했다. 관리서管理署는 산림山林·성城·보堡·사찰寺刹에 관한 모든 사무를 조사, 구검句檢하였는데 종래의 공유지인 산림까지 부속하였다. 1904년에 들어와 수륜원과 관리서는 각각 농상공부와 내부로 이속되고 궁내부 관리의 감축이 있었으나 어공원御供院, 제용사濟用司가 신설되어 어장漁場·제언·포사 등 특산물의 경영관리를 맡음으로써 궁내부의 재원확충노력은 지속되었다. 이러한 관제 개편은 대한제국의 농업정책이 황실의 재정적인 측면을 강화하는 방향으로 이루어졌음을 잘 알려준다.

광무정권이 추진한 대표적인 농업정책인 양전量田 사업과 지계地契사업을 구체적으로 살펴본다. 양전지계사업은 앞서 갑오·을미년 간에 추진된 조세금납화, 예산제도 채택 등 재정개혁의 대부분을 계승하고 세원의 정확한 파악을 위해서 실시된 것이었다.[49] 국내의 자본축적이 아직 제대로 이루어지지 않고 있는 상황에서 가장 확실한 자본조달 방식으로 토지개혁을 통해 지주자본을 산업자본으로 전화시키려는 의도도 담겨져 있었다. 그리고 전제군주제의 물적 토대를 확보하는 한편, 관료자본의 주도로 근대적 개혁사업을 마무리하려는 기조 위에서 추진되었다.[50]

앞서 갑오개혁 당시 개화파 정권이 추진한 양전사업을 대략 살펴보면, 갑오개혁이 추진되는 가운데 1894년 김홍집金弘集, 박영효朴泳孝, 어윤중魚允中 등이 양전사업量田事業을 청하고, 1895년 봄부터 시행하

49) 이윤상, 1986, 「일제에 의한 식민지재정의 형성 과정: 1894~1910년의 세입구조와 징세기구를 중심으로」, 『한국사론』14, 서울대 국사학과; 이영호, 1992, 「1894~1910년 지세제도 연구」, 서울대 대학원 국사학과 박사학위논문.
50) 나애자, 1984, 「이용익의 화폐개혁론과 일본제일은행권」, 『한국사연구』 45, 한국사연구회.

고자 했다. 양전사업은 토지조사와 함께 토지 소유권증서인 지계地契를 발행하는 것이었다. 그러나 갑오개혁에서 양전·지계사업은 실시되지 못하였다.[51] 1894년 겨울 농민군 주력부대가 진압된 후에도 황해도, 강원도 등지에서는 1895년에 이르기까지 전투가 계속되었으며, 또 1895년 이후에는 을미사변乙未事變으로 의병운동이 전국적으로 일어났기 때문이었다.

광무정권이 들어선 이후 추진한 양전·지계사업은 지세地稅 제도를 개혁하기 위한 기초작업인 동시에 세입歲入의 대부분을 차지하는 지세 수입을 증대시킴으로써 근대화 사업에 필요한 재원을 마련한다는 의미도 가지고 있었다. 전국적인 양전사업은 18세기 초인 1720년 숙종 말년에 하삼도 지역에서 행해진 이후 한 번도 전국적으로 실시되지 않았기 때문에 전세田稅를 내는 기경전起耕田은 자꾸 줄어들고 진전陳田만 늘어나서 국가재정에 커다란 결함을 초래하는 형편이었다. 다만 부분적으로 개량改量된 곳은 있었으나 그것도 대개 예전의 양안量案을 제대로 수정하지 않은 상태에서 필요한 부분만 조금씩 수정하는 정도였으므로 전정田政의 문란을 근원적으로 바로잡을 수는 없었다. 따라서 조선 후기 이래 양전에 대한 논의는 끊임없이 계속되었고, 갑오개혁기에도 논의가 있었지만 구체적인 계획을 세워보기도 전에 개화파 정권이 붕괴함에 따라 무산되고 말았다.

1898년부터 대한제국 광무정권의 양전·지계사업이 개시되었다.[52] 양

51) 金容燮, 1968, 「광무년간의 양전·지계사업」, 『아세아연구』 31, 고려대 아세아문제연구소; 김용섭, 1975, 『한국근대농업사연구』 상, 일조각, 재수록; 배영순, 1988, 「한말·일제 초기의 토지조사와 지세개정에 관한 연구」, 서울대 국사학과 박사학위논문.
52) 대한제국기의 양전·지계사업에 대해서는 다음 책을 주로 참고하였다. 한국역사연구회 근대사분과 토지대장연구반, 1995, 『대한제국의 토지조사사업』, 민음사.

전을 맡을 새로운 독립기구로서 양지아문量地衙門을 1898년에 설치하였고, 미국에서 근대적 측량기사를 초빙하여 양전기술을 습득하게 하였다. 1898년 6월 내부內部와 농상공부農商工部가 공동으로 제출한 토지측량에 관한 청의서請議書에서 양전사업의 논의가 비롯하였다. 의정부가 주관한 회의에서 양전사업이 매우 큰 사업이므로 당장 실시하기는 곤란하다는 의견이 우세하여 일단 부결되었다. 그러나 고종은 이러한 결정에도 불구하고 양전사업의 추진을 지시하였고,[53] 며칠 후에는 양전사업을 담당할 기구의 관제를 정하라는 조칙詔勅을 내렸다.[54] 이에 따라 독립기구로 양지아문量地衙門이 설치되고 내부대신內部大臣 박정양朴定陽, 탁지부대신度支部大臣 심상훈沈相薰, 농상공부대신農商工部大臣 이도재李道宰 등 관련 3개 부의 대신이 총재관總裁官으로 임명됨으로써 양전사업 추진을 위한 기초작업이 일단락되었다.[55]

하지만 정작 양전量田 사업의 구체적인 첫걸음을 한동안 내딛지 못하였다. 그 사이에 외국인 기사를 고용하여 점진적으로 양전을 실시한다는 처음의 방침도 각도各道의 군수郡守 중에서 양무감리量務監理를 임명하여 조속히 양전을 실시하는 것으로 바뀌었다.[56] 이렇게 변경된 방침에 따라 1899년 6월 충청남도 아산牙山에서의 양전量田을 시작으로 전국 각 지역에서 양전이 실시되었는데 이러한 전국적인 양전사업은 실로 180여 년만의 일이었다.

---

53) 『한말근대법령자료집』Ⅱ, 376쪽; 奏本 전국의 토지를 측량하는 건(1898. 6. 23).
54) 『詔勅』제5책 124쪽 및 『한말근대법령자료집』Ⅱ, 379쪽; 詔勅 量地衙門處務規程을 議定하는 건(1898. 7. 2).
55) 『勅令』제6책 420~422쪽 및 『한말근대법령자료집』Ⅱ, 382~384쪽; 勅令 제25호 量地衙門職員及處務規程(1898. 7. 6).
56) 『勅令』제7책 452~453쪽 및 『한말근대법령자료집』Ⅱ, 463~464쪽; 勅令 제13호 各道 量務監理를 該道內 郡守 中에서 擇任하는 건(1899. 4. 24).

그런데 1901년에 들어와서 전국적으로 심각한 가뭄 피해를 입었기 때문에 양전사업은 일시 중지될 수밖에 없었는데, 1901년 7월까지 양전을 마친 군郡은 전체의 3분의 1 정도에 불과한 실정이었다.[57] 그동안 양전을 실시한 곳은 경기 15군, 충북 17군, 충남 22군, 전북 14군, 전남 16군, 경북 27군, 경남 10군, 황해 3군으로서 모두 124군이었다.

1898년부터 시작하여 1903년까지 6년 동안 대한제국 정부에서 실시하였던 양전·지계사업은 이 시기 근대개혁의 대표적인 사례이자 주요한 농업정책이었다.[58] 광무 양전사업은 전정田政의 문란을 시정하여 피폐한 농민경제를 안정시키고, 각종 은결隱結·누결漏結을 잡아내어 국가재정을 확보하려는 데 그 목적이 있었다. 이 사업의 주요한 목적은 소유권의 근대적 법인法認보다는 국가의 수조지收租地 파악에 놓여져 있었다.[59] 또한 광무양전은 이전의 토지 소유관계를 그대로 인정한 위에서 서양의 기술을 이용하여 종전의 토지 소유권을 근대적인 법제로 제도화하려는 것이었다. 따라서 광무양전은 여전히 이전의 양전과 같이 결부법結負法과 전품6등제田品六等制에 의해서 실시되었다. 물론 이때의 양전시행 조례는 앞선 양전사목量田事目의 몇 가지 불합리한 조목들이 시정되기도 하였다.

1899년 5월 양지아문은 양전 시행 조례를 발표하였다. 이에 따르면 광무양전사업에서 토지 정보를 기록하는 방식은 이전 방식과 많이 달라진 것이었다. 양지아문의 양전 시행 조례와 광무양전의 실행을 통해 작

---

57) 『皇城新聞』 1901년 11월 27일 雜報
58) 裵英淳, 1988, 「韓末·日帝初期의 土地調査와 地稅改正에 관한 研究」, 서울대 대학원 박사학위논문.
59) 李榮薰, 1989, 「光武量田의 歷史的 性格-忠淸南道 燕岐郡 光武量田에 관한 事例分析」, 『近代朝鮮의 經濟構造』(안병직 외), 비봉출판사.

성된 광무양안光武量案을 통해서 앞선 시기 양전, 양안과 달라진 점을 찾을 수 있다.

먼저 전답田畓의 형태를 좀 더 구체적으로 파악하기 위하여 그 생긴 모양대로 도형의 명칭을 정하여 양안量案에다 기입하였다. 앞선 시기의 양전에서는 전답의 형태를 다섯 가지로 한정하여 이에 대강 들어맞는 것으로 확정하고 이를 양안에 오형五形 가운데 하나로 기입하는 방식을 사용하고 있었다. 따라서 전답의 형태에 따라 달라지는 전답 면적을 부정확하게 파악하는 경우가 많았다. 이를 피하기 위해 전답의 전형田形을 앞선 시기의 오형 즉 방형方形, 직형直形, 제형梯形, 규형圭形, 구고형勾股形의 다섯 가지 모양 외에, 원형圓形, 타원형楕圓形, 호시형弧矢形, 삼각형三角形, 미형眉形 등을 추가로 정하였다.[60]

또한 광무양전에서는 접답의 주主 기재방식에서 시주時主와 시작時作을 함께 기입하는 획기적인 방식을 채택하였다. 이는 앞선 양안量案에서 각 필지마다 기록되어 있는 주主가 실재의 소유주의 성명인지, 아니면 양명量名인지 불확실하였던 것을 확실하게 소유주와 경작자를 구분하여 파악하는 방식이었다.

앞선 시기에 시행된 양전에서는 양명量名의 기재라는 방식으로 기본적으로 전답의 주인인 전주田主만을 조사하는 것이었는데, 양지아문의 양전에서는 작인作人까지 조사하여 양안에 등재한다는 원칙을 수행하였다. 그리고 전주와 작인의 성명을 시주時主와 시작時作으로 표기하였다. 시주와 시작이라는 용어는 현실의 전주와 작인을 지칭하는 것으로 특히 양전 시행 당시의 전주와 작인이라는 의미를 덧붙인 것이었다. 이에 따라 양안이 당시의 실재 소유자 즉 시주時主의 소유권을 확보하기

---

60) 『增補文獻備考』 田賦考 2, 量田事目 (중권, 645쪽).

위한 하나의 법적인 문서 구실을 할 수 있게 되었다. 또한 토지 매매가 진행될 때 양안에 의거하여 시주를 파악하고 거래의 당사자임을 확인하는 것도 가능하게 되었다.

이와 더불어 각 필지의 면적을 표기하는 방식도 절대면적을 파악하여 기재하였다. 객관적인 토지 면적을 파악하기 위한 총 실적 수를 양안에 수록한 것이다. 앞선 시기의 양안에 토지비옥도를 감안하여 상대적인 면적으로 환산한 결부結負로 표기하는 방식을 취하던 것에서 벗어난 것이었다. 게다가 농촌의 경작 현실에서 농민들 사이에 통용되고 있었던 각 필지의 크기를 표현하는 방식이었던 두락斗落, 일경日耕이라는 수치도 기입하였다.61) 실적 수, 두락, 일경 등의 관행적이면서 실질적으로 토지의 면적 규모를 확인할 수 있는 수치 자료를 양안에 등재함으로써 수세안, 실결 장부라는 성격에 토지의 실제 현황 파악이라는 성격도 광무양안이 갖게 된 것으로 평가된다.

그런데 광무양전은 기존의 토지 소유관계인 전주작인제를 그대로 인정하고 이전의 양전과 같이 토지를 결부법結負法으로 파악하는 방식을 그대로 이용하고 있었고, 또한 전품田品 6등 방식도 고수하고 있었다. 그런데 결부법은 주관성이 개재될 여지가 있어 은결隱結의 발생, 진기陳起의 허위 등의 폐단이 발생할 우려가 있었다.

그리고 전품 6등이라고 할 때 6등이 어떤 기준에서 구분되는지가 제시되지 않았으므로 토지파악에 객관성을 기할 수 없었다. 게다가 양안에서 파악한 총결 수는 증가하였더라도 작부作夫관계 서류나 수세책收稅冊이 이정되지 않아 그 성과가 지세수입의 확대로 연결되지 않을 가

---

61) 한국역사연구회 근대사분과 토지대장연구반, 1995, 『대한제국의 토지조사사업』, 민음사.

능성도 있었다.[62] 당초의 목적과는 달리 국가재정의 확충에도 기여하지 못 했던 것이다.

앞선 시기 근세 농업체제에서 양전은 토지와 토지 소유권자를 확인하여 양안에 기재함으로써 일면 그 토지의 소유권을 보장해 주는 것이기는 하지만, 그후의 변동에 대해서는 어떠한 보완적인 조사나 토지 소유권을 보장하는 장치가 없었다. 따라서 토지매매 등을 통해 빈번히 변동하는 토지 소유권을 증명하거나 보장하기 위해서는 지계地契와 같은 공증문서, 공증문권을 발행하는 것이 필요하였다. 양전과 함께 토지 소유권을 증명하는 지계 발급도 이루어져야 한다는 의견이 대두되고 있었는데, 이러한 주장을 수용하여 1901년 10월 별도의 독립기구로서 지계아문이 설치되었다.[63]

지계아문이 설치되는 과정을 보면 전택田宅에 대한 지계地契, 즉 관계官契가 갖고 있는 역사적 의의가 무엇인지 분명히 찾아볼 수 있다. 국가가 토지에 대하여 실제의 측량 과정을 통해 정보를 수합하고 이를 수세를 위한 기본 장부인 양안에 기록하는 것에서 벗어나 토지의 소유권자에게 토지와 사람의 생산관계를 현실로서 표출시키는 과정에 개입한 것이었다. 토지를 소유한 개인들은 국가가 발행한 관계를 통해 토지매매 등 토지 소유관계의 변동에 좀 더 수월하고 안전하게 대응할 수 있게 되었다. 지계아문의 성립과 활동을 통해 근대적 농업체제의 기반으로서 토지 소유권에 대한 당시의 인식과 그에 대한 법제화의 실행과정을 검토할 수 있다.[64]

---

62) 왕현종, 1989, 「한말(1894～1904) 지세제도의 개혁에 관한 연구」, 연세대 사학과 석사학위논문.
63) 『勅令』 제10책 601～603쪽 및 『한말근대법령자료집』 III, 331～333쪽; 勅令 제21호 地契衙門職員及處務規程(1901. 10. 20).

1900년 11월 중추원의관 안종덕安鍾惠은 관급계권官給契券제도의 시행을 요구했다.[65] 이것은 종래에 해당 전답田畓과 가옥家屋의 소유권의 증빙자료로 활용하였던 전택문권田宅文券을 관에게 발급한 증명서인 관계官契로 교환함으로써 국가가 개별의 토지 소유권을 확인하고 토지매매에 대해서도 일정하게 관리하는 방안으로 볼 수 있다. 안종덕의 건의안은 그해 11월 중추원의장 김가진金嘉鎭의 명의로 정식으로 제기되었다. 그런데 관계 발급 건의안은 곧바로 시행하지 못하였다.

1901년 10월 중추원의관 김중환金重煥이 당시 전국 토지 대부분이 사유로 되었음에도 불구하고 관계를 발급하지 않아서 위조僞造나 도매盜賣로 인해 폐단이 발생한다는 점을 재차 강조하면서 이를 타개할 대책으로 '전토관계지법田土官契之法'을 제정할 것을 주장하였다.[66] 그는 별도로 관계조규官契條規를 만들고 전담할 관아官衙를 임시로라도 세워 관계사업을 조속히 실시할 것을 촉구했다. 대한제국정부는 비로소 이를 수용하고 토지 소유권의 법인제도로서 관계제도를 수립하기 위한 제반 준비작업에 착수했다.

그리하여 1901년 10월 20일 칙령 21호로「지계아문직원급처무규정地契衙門職員及處務規程」이 제정되었다.[67] 이로써 지계아문은 한성부와 13도 지역에 걸쳐 전토계권田土契券을 정리하고 발급하는 기구로 정식 출범했다. 지계아문에서는 특히 전토田土의 답사踏査, 신계新契의

64) 지계사업과 관련된 부분은 다음 글을 참조하였다. 왕현종, 1999,「2. 광무양전·지계사업」「대한제국기의 개혁」『신편 한국사』42 대한제국, 국사편찬위원회.
65) 安鍾惠,『石荷集』권9, 雜著, 中樞院建議;『秘書院日記』, 1900년 9월 11일 양력 11월 2일, 中樞院議長 金嘉鎭 言事疏.
66)『秘書院日記』, 1901년 9월 1일 양력 10월 12일, 中樞院議官 金重煥疏.
67)『奏議』, 地契衙門職員及處務規程.

환급換給 및 구계舊契의 격소繳銷(말소), 매매중권賣買證券의 발급 등을 전담하였다. 직원은 총재관 1인과 부총재관 2인, 위원 8인 및 기수 2인으로 구성되었다. 이후 11월 11일에 「처무규정處務規程」을 부분적으로 개정하였다.

지계의 발급대상이 전토에 국한되지 않고 산림·토지·전답·가사 등으로 확대되었다.[68] 이와 같이 지계 발행의 대상은 농지뿐만 아니라 산림·가옥으로까지 확대하며, 규정된 지역 이외에서 외국인은 산림·토지·전답·가사의 소유주가 될 수 없게 하였다. 조선의 근세 농업체제에서 수행된 양전이 기경전起耕田과 한번이라도 기경되었던 진전陳田에 한정되었던 점을 감안한다면 이러한 규정은 커다란 전환이라고 할 수 있다. 한국(조선)의 전역을 토지 조상의 대상으로 삼으려는 기획이고 이를 현실화하게 된다면 토지를 단순히 농업생산과 같은 기본적인 생산이 이루어지는 대상에서 벗어나 좀 더 산업 일반의 대상으로 확대되어 나갈 가능성이 열리는 것이었다.

또한 지계의 발행범위도 개항장開港場 이외에는 외국인의 토지 소유를 정식으로 금지한다는 조항을 명문화하여 삽입하였다.[69] 이와 같은 지계아문의 처무규정은 당시 한성부를 비롯하여 전라·경상도 지역의 개항장 주변에서 확대일로에 있었던 외국인 토지침탈을 방지하기 위한 조처였다. 이렇게 지계아문의 관계발급사업에서는 모든 토지의 소유권 확정과 이전에 관한 근대국가적인 법인法認과 통제統制를 추진하는 것이었다. 이와 같이 지계의 발급은 토지 소유권자를 확인함과 동시에 외국인의 토지 소유를 금지하려는 목적으로 가지고 있었던 것이다.

---

68) 「改正地契衙門職員及處務規程」 제10조.
69) 「改正地契衙門職員及處務規程」 제10조.

양전과 지계의 발행은 서로 밀접한 관계가 있었고, 또한 양지아문이 그동안 양전사업을 중단하고 있었기 때문에 양지아문과 지계아문 사이의 기구적 연계를 확충하기 위한 양 기관의 통합이 필요하였다. 1902년(광무 6) 3월에는 양지아문이 지계아문에 통합되고 지계아문의 기구가 확대되면서 지계아문이 양전과 지계사업을 함께 담당하게 되었다.[70] 이와 같이 양전사업은 1902년 이후 지계地契사업과 결합되면서 보다 개혁적인 의미를 지니게 되었다. 지계는 토지 소유에 대한 근대적 소유권 증서로, 이전의 입안立案제도에 바탕을 두고 있으며 이미 개항장의 외국인 거류지에서 시행되고 있던 지계제도를 전국적으로 확대 실시하려는 것이었다.

지계아문은 보다 세밀한 양전규정인 '지계감리응행사목地契監理應行事目'을 마련하고 1902년 3월부터 양전을 재개하는 한편 지계의 발급을 시작하였다. 이렇게 해서 1903년까지 모두 218개 군의 양전이 완료되었으며 강원도와 충청도 지역에서 지계의 발급이 이루어졌다. 지계아문의 양전사업은 기본적으로 양지아문의 양전 성과를 그대로 수용하는 것이었다. 따라서 기존의 양지아문 양전지역을 제외하고 양전이 시행되지 못한 지역에만 새로이 양전을 시행하였다.

지계야문의 토지 파악 방식에서 양지아문의 그것과 일부 차이점을 보이고 있었고, 또한 이와 아울러 진전을 보이는 점을 갖고 있었다. 우선 측량과정을 보다 간편하고 신속하게 끝마치기 위해서 구양안舊量案 등의 자료를 활용해도 된다는 예외를 인정하였다. 요컨대 구양안에 기재되어있는 자호字號와 사표四標에 따라 새로운 양안을 작성할 수도 있다

---

70) 『한말근대법령자료집』Ⅲ, 362쪽 ;奏本 量地衙門과 地契衙門을 統合하는 건(1902. 3. 17).

는 편의적인 방식을 채택하였다.[71]

다음으로 지계아문의 양안작성에서는 면적을 표기할 때 실적수와 결부만이 아니라 객관적인 토지면적의 단위를 새로 제정했다. 이는 답畓에서 두락斗落(1石落 = 15斗落 = 150升落), 전田에는 일경日耕(1日耕 = 4時耕 = 32刻耕) 단위를 사용하였다. 그리고 답 1두락은 500평방척, 전 1각경刻耕은 125평방척을 기준으로 하였다.[72] 이는 토지면적의 계량단위로 민간에서 쓰이던 두락과 일경이라는 용어를 채용하되 양전 실적수에서 기계적으로 산출된 수치로서 간단하게 절대 면적을 알 수 있는 단위였다.

특히 당시 양전척량田尺 1척은 주척周尺으로 5척이었는데, 1902년에 제정된 도량형규칙度量衡規則에 의해 1주척은 20cm로 제정되었으므로 양전척 1척은 미터법으로 정확하게 1m였다. 이는 국제적인 측량단위와 대한제국의 양전척을 일치시키는 결과를 가져왔다.[73] 이러한 토지면적 단위의 변경은 토지면적이 결부제와의 관련성에서 벗어나 명실공히 절대면적 단위제로 이행함을 의미했다. 이는 장차 시행될 관계제도에서 매매가賣買價를 기준으로 재조정되는 토지등급제土地等級制의 실시와 조응하여 근대적인 토지측량과 토지평가로 전환되는 계기를 이루고 있었다.

한편 지계아문은 토지 소유자에게 지계를 발행하는 것을 통하여 토지 소유권을 법인한다는 데에 목표를 두었으므로 양전과정에서 토지의 소

---

71) 『訓令完北隨錄』上, 地契衙門 제2호 訓令, 地契監理應行事目.
72) 宮嶋博史, 1990, 「광무양안의 역사적 성격」, 『대한제국기의 토지제도』, 민음사, 63~67쪽.
73) 『官報』號外, 1902년 10월 21일, 「度量衡規則」 1把 1m², 1束 10m², 1負 1a a＝100 m², 1結 1ha임.

유자를 정확하게 파악하는 것에 초점을 맞추고 있었다. 특히 국유지에는 관둔官屯, 궁방宮房의 토지를 명시해 놓고 있었으며, 민유지에서도 현재 경작되고 있는 토지의 소유자인 시주時主만이 아니라 진전陳田의 소유자인 진주陳主도 파악하고 있었다.

이러한 조사를 바탕으로 하여 지계아문은 지주들에게 자기 소유토지가 소재한 지역에서 양전이 실시될 때 미리 신고하도록 하는 조치를 취하고 있었다. 즉 1902년 8월 26일부터 여러 차례 공시한『관보』의 광고에 의하면, 1902년 8월 15일(음력) 내로 강원도 각 지역의 토지 소유자들은 구권을 가지고 가서 관계와 바꿔갈 것(換去)을 촉구하고 있었다.[74]

1904년에 들어오면서 양전·지계사업은 커다란 난관에 부딪히고 말았다. 1904년 1월 불필요한 관서를 정리하라는 고종의 지시에 따라 지계아문이 폐지되는 한편,[75] 2월에는 충청남도 정산에서 관계발급에 반대하는 폭동이 일어났기 때문이었다.[76] 이어 4월에는 지계아문의 후속기구로 탁지부에 양지국量地局이 설치되었으나 그 업무에서 지계 발급은 제외되었기 때문에 양지국은 단지 지세地稅 징수와 관련된 양전만을 담당하는 기구로 축소된 셈이었다.[77] 더욱이 이때에는 러일전쟁으로 말미암아 양전조차 실시하기 어려운 형편이었다.

결국 고종이 의욕적으로 추진한 양전·지계사업은 지세제도의 개혁과

---

74)『官報』2288호, 1902년 광무 6년 8월 26일자 광고. 1902년 12월 29일까지 계속되었다.
75)『한말근대법령자료집』Ⅲ, 567～568쪽; 奏本 平理院裁判長을 法部大臣 혹은 協辦으로 임명하고 表勳院을 政府에, 惠民院을 內部에, 地契衙門을 度支部에 소속시키고 法規校正所 總裁以下를 減下하는 건(1904. 1. 11).
76) 조동걸, 1981,「지계사업에 대한 정산의 農民抗擾」『사학연구』33, 사학연구회.
77)『勅令』제13책 663～664쪽 및『한말근대법령자료집』Ⅲ, 593～595쪽; 勅令 제11호 度支部量地局官制(1904. 4. 19).

그것을 통한 근대화 사업의 재원 마련이라는 목표를 달성하지 못하고 마감되고 말았다. 1905년 2월에는 탁지부가 "정부의 재정에 관한 정사를 총괄하면서 회계, 출납, 조세, 국채, 화폐, 은행, 인쇄 등에 관한 일체 사무를 맡아 처리하며 각 지방의 재정 사무를 감독"하게 되면서 「탁지부양지국관제」가 폐지되었다.[78]

1904년 이후 양전과 지계 발행은 중단되고 말았다. 이후 토지매매는 여전히 사문기私文記인 토지문기에 의하여 이루어져 그에 따른 문제가 계속 발생하였다. 그리고 외국인의 토지잠매를 막지 못하여 특히 일본인의 토지 소유가 증대하였다. 또한 양전·지계사업의 중단으로 지세개혁도 이루어질 수 없었다.

전체적으로 볼 때 양전사업이 제대로 진행되지 못하는 상황에서 지계사업이 성공할 리 없었다. 실제로 지계발행은 강원도와 충청남도 일부 지역에서만 실시해본 것에 불과했고, 1904년(광무 8) 4월에 지계아문이 탁지부度支部 양지국量地局으로 편입되면서 지계사업도 중단되었다. 양지아문에 이어서 지계아문이 양전을 실시한 군은 경기 5, 충남 16, 전북 12, 경북 14, 경남 21, 강원도 26군으로서 총 94군이었다. 양지아문에서 행한 지역과 합하면 총 218군으로서 전국의 3분의 2 정도였다. 지계발행도 전국적으로 실시하려 했지만 끝을 보지 못한 채 중단되었다.

광무정권의 양전·지계사업은 실패하였지만 토지 소유권에 대한 국가

---

78) 『高宗實錄』 권45, 高宗 42년 2월 26일 양력 3-370; 勅令第十九號 度支部官制 裁可 頒布 【度支部大臣總轄政府財政 管理會計出納租稅國債貨幣銀行印刷等所關一切事務 監督各地方財務 參書官十人 置司稅司計印刷出納四局 司稅司計印刷一等局 出納二等局 技師四人技手十人主事五十七人 開國五百四年勅令第五十四號 光武四年勅令第四號 光武五年勅令第六號 光武八年勅令第十一號 光武八年勅令第三十號度支部官制·典圜局官制改正件·度支部量地局官制·印刷局官制 並廢止】.

적 법인을 통하여 근대적 소유권을 확립함으로써[79] 지주제를 근대법적
으로 전환하고 이로부터 근대적 개혁의 기초를 마련하려고 추진하였다
는 데에서 그 의의를 찾을 수 있다.[80] 일제는 한국을 식민지로 확보한
뒤에 토지조사사업을 통하여 토지를 측량하고 그에 따라 식민지적 토지
침탈을 전면적으로 진행하였다.

　양전사업의 성과 위에서 이루려고 하였던 지세개혁에서도 양전사업
의 결부제적 토지파악 방식이 지세징수방법에 영향을 미쳐 근대적인 지
세제도의 확립을 가져오지 못하였다. 지가의 비율로 지세를 부과하지
않고 각 군단위로 결가結價를 적용하여 공동체적으로 징수하기 때문에
결총제結摠制의 문제가 그대로 남아 있었던 것이다.

　결가는 인플레와 국가재정의 궁핍으로 인하여 1894년 1결에 30냥이
었던 것이 1900년에는 최고 80냥까지 인상되었다. 그러나 지세의 대폭
적인 인상에도 불구하고 재정난은 해소되지 않았다. 이는 중앙은행이
설립되지 않아 상인 등에 의한 외획外劃이 성행함으로써 조세금의 상납
이 지체되고 있었기 때문이다.[81] 또한 갑오개혁 때 징세기구 개혁의 실
패로 징세사무를 다시 맡게 된 지방관의 자의적인 부세수탈이 온존하였
다. 과중한 지세부담과 자의적 수탈은 각처에서 농민의 항세운동을 야
기하고 있었다.

　광무년간의 양전·지계사업은 지배층의 입장에서 한말의 토지제도와

---

79) 최원규, 1995, 「대한제국 전기 量田과 官契發給事業」, 『대한제국의 토지조사사업』,
　　민음사.
80) 이영학, 1991, 「광무양전사업 연구의 동향과 과제」, 『역사와 현실』 6, 한국역사연
　　구회.
81) 도면회, 1989, 「갑오개혁 이후 화폐제도의 문란과 영향(1894~1905)」, 『한국사론』
　　21, 서울대 국사학과.

농촌경제가 안고 있는 모순과 폐단을 제거하고 농민경제와 국가재정을 안정시키려던 것이었다. 구본신참舊本新參이라는 원칙 위에서 수행된 양전·지계사업은 조선 근세사회의 토지 소유관계를 증빙하던 사적인 토지문기의 관행을 근대국가의 근대 농업체제의 국가가 공인하는 지계로 개정하려는 것이었다. 진정한 토지 소유자의 소유권을 근대적 토지제도에 입각한 근대 농업체제 아래에서 추인해주는 것이었다.[82]

3. 역둔토 정리사업의 실시

광무정권 아래에서 왕실재정을 담당하던 기구인 내장원은 전국의 가능한 재원을 모두 끌어들이기 위해 여러 가지 조치를 위하였다. 내장원은 종래 그들을 관할하는 정부기구 대신 산하기구를 두어 이렇게 축적한 재원을 관리하였다. 내장원이 관할한 재원으로 우선 확보한 것은 둔토屯土, 목장토牧場土, 역토驛土 등에서 확보한 토지수입이었다. 갑오개혁 이후 대한제국 시기에 이르기까지 재정제도와 세제개혁의 일환으로서 행해졌던 것이 바로 역토驛土·관둔전官屯田·궁장토宮庄土 등으로 불리는 이른바 역둔토를 정리하고 황실의 재원으로 확보하는 작업이었다.[83]

역둔토는 전국의 국유·관유 및 왕실소유 토지를 총칭하는 것으로서 처음에는 역토와 둔토를 중심으로 목장토牧場土·제언답堤堰畓·노전蘆

---

82) 한국역사연구회 근대사분과 토지대장연구반, 1995, 『대한제국의 토지조사사업』, 민음사.
83) 이하 역둔토 정리사업에 대한 서술은 다음 논문들에 의거하였다. 이윤상, 1996, 「1894~1910년 재정제도와 운영의 변화」, 서울대 국사학과 박사학위 논문; 배영순, 1979, 「한말·역둔토조사에 있어서의 소유권분쟁-광무사검시의 분쟁사례에 대한 분석을 중심으로」, 『한국사연구』 25, 한국사연구회; 박찬승, 1983, 「한말·역토둔토에서의 지주경영의 강화와 항조」, 『한국사론』 9, 서울대 국사학과.

田 등이 포함되었으며, 후에는 왕실소속의 토지, 즉 궁장토나 능원부속지陵園附屬地까지도 포함되었다. 이러한 토지는 1894년 이전에는 각각 여러 관청과 궁방에 소속되어 관리되고 있었다. 각종 관아의 경비충당을 위하여 설치되었던 둔토는 갑오개혁 당시 재정단일화원칙에 따라 탁지아문에 이속되었다가 1895년경 다시 궁내부와 탁지부로 나뉘어 이속되었다. 1895년에 농상공부에서 실시한 을미사판乙未査辦은 역둔토의 실결實結을 파악하고, 진폐지陳廢地, 신간지新墾地를 조사하여, 기경경작자를 조사기록하는 데 중점을 두었다.

역둔토는 여러 관청이 주관하였는데, 농상공부(1895년), 군부(1897년), 황실내장원(둔토는 1899년, 역토는 1900년)의 관리를 거쳤다. 그리고 궁장토는 처음부터 황실의 각 궁방에 의해서 관리·경영되었다. 1908년(융희 2)에 이르러 전자는 탁지부度支部로 이관되어 관리·경영되는 동시에, 후자도 대부분이 국유로 이속되어 역둔토로 편입되고, 함께 탁지부에서 관리하게 되었다. 이어서 1908년에 역둔토관리규정驛屯土管理規定이 마련되고, 1909년에는 역둔토 실지조사驛屯土實地調査가 행해졌다.

역둔토의 관리는 토지를 정확하게 파악하고 그 토지로부터 도지賭地를 징수하는 일이었다. 이를 위해 1895년에 실행한 사판사업査辦事業을 계승하여 사검사업査檢事業을 실시하였다. 이는 역둔토가 내장원 소관이 되었을 때 대대적으로 실시되었으며, 그 소관이 탁지부로 이관된 뒤에는 그후 역둔토 실지조사의 이름으로 실시된 일제의 본격적인 토지조사의 일환으로써 행해졌다.

둔토·목장토·역토를 모두 관할하게 된 내장원은 1899년 9월부터 전국의 둔토·목장토에 대하여, 1900년 9월부터는 역토에 대하여 사검위원査

檢委員을 파견하였다. 사검위원은 해당 지역의 토지를 조사하고 도조를 책정하는 '광무사검'을 1900년 1월~1901년 5월 사이에 실행에 옮겼다. 이전의 둔토양안은 관리기관별로 작성하여 각각 소장하고 있었기 때문에 전국의 둔토·목장토를 정확히 파악할 수 없었다. 때문에 이러한 미비점을 보완하고 수세규정을 새로이 마련하여 도조액賭租額을 재조정할 필요성에서 사검사업이 착수되었던 것이다.

광무사검은 왕실이 지주로서 토지와 작인을 정확히 파악함으로써 소유권을 확인하고 그 위에서 지대를 인상, 책정하기 위한 것이었다.[84] 그리하여 작인과 마름에 대한 감독 강화, 도조·도전賭錢의 인상, 대전납代錢納의 철회와 본곡本穀 수납의 강제, 타조의 실시, 결세의 작인에로의 부담전가, 거납拒納 작인에 대한 처벌강화 등 지주경영이 반동적으로 강화되었다.[85] 사검과정에서 개인토지가 편입되어 소유권분쟁이 일어났고, 지대율이 2~3할 정도에서 3~4할로 인상되어 농민들의 항조운동을 비롯한 집단적 무력시위 등 거센 반발을 야기하였다.

사검사업을 통하여 크게 두 가지 문제가 정리되었다. 하나는 도지정리에 관한 것이고, 다른 하나는 토지파악에 관한 것이었다. 도지정리는 도지 징수기구를 일원화하는 일과 도지액을 균등히 하는 일이었다. 징수기구 일원화는 각급 관청에서 경영하던 지주경영을 모두 중앙의 역둔토관리기구에서 인수 경영하게 되고, 따라서 도지도 여기서 일괄징수하게 되었다. 예를 들면 역참제驛站制의 폐지에 따라 역둔토를 자경하던 역호농민驛戶農民들의 자경권自耕權도 폐지하였는데, 이 토지는 다른

---

84) 배영순, 1979, 「한말·역둔토조사에 있어서의 소유권분쟁-광무사검시의 분쟁사례에 대한 분석을 중심으로」, 『한국사연구』 25, 한국사연구회.
85) 박찬승, 1983, 「한말·역토 둔토에서의 지주경영의 강화와 항조」, 『한국사론』 9, 서울대 국사학과.

토지와 마찬가지로 중앙에서 도지를 징수하는 지주경영의 방식으로 정리하였다. 이 경우 토지는 역호가 소작농민으로서 그대로 경작할 수도 있고, 다른 사람이 작인이 될 수도 있었다.

도지액을 균등히 하는 문제는 역둔토가 본래 여러 지방, 여러 종류의 토지로 구성된 만큼 그 관리기구가 일원화된 이후에는 일정한 원칙에 따라 일정지역, 일정지목의 토지에 대하여 균등한 도지를 징수하도록 하는 것이었다. 이 경우 새로이 책정되는 도지액은 대체로 인상조정되었고, 사업이 거듭될 때마다 도지액은 증가하였다. 탁지부가 역둔토 실지조사를 실시하였을 때 도지액은 최고액에 달하였다. 그것은 일반 민전에서 도지관행에 준하는 선까지 인상되었다.

다음 토지파악은 역둔토에 속하게 된 종래의 각종 토지를 점검·확인하여 도지 징수에 차질이 없게 하려는 것으로, 토지의 면적을 조사하는 일과 소유권을 확인하는 일이 중심이 되었다. 면적조사는 역둔토를 담당관리한 기구에서 직접 행하기도 하고, 정부의 양전사업에 위탁하기도 하였다. 탁지부로 이관된 후에는 역둔토 실지조사를 통해서 근대적인 측량법으로 재조사하였다.

소유권을 조사하는 문제는 정부가 확실히 역둔토에 포함될 수 있는 토지, 즉 국유·관유·왕실소유지로 인정되는 토지를 가려내서 새로운 토지제도하에서 국유지 역둔토로 확정하는 일이었다. 결국 이때의 역둔토 정리 방향은 역둔토가 농민의 토지 소유권이 강화되는 것이 아니라 지주제가 근대국가의 재정 기반으로서 재확인되는 과정이었던 것이다.

이와 같이 대한제국 시기에 황실재정이 정비되고, 궁내부와 내장원을 중심으로 한 위로부터의 개혁사업이 추진되는 과정에서 전국의 둔토屯土, 목장토牧場土, 역토驛土에 대한 관리권이 내장원으로 넘어가게 되었다. 이어 내장원은 이들 토지에 대한 지주 경영을 강화하였고, 자연히 해당 지역의 주민과 마찰이 잦아지게 되었다. 내장원과 지역 주민 사이에 토지의 소유관계를 둘러싼 마찰과 갈등 양상을 울산지역의 사례에서 찾아볼 수 있다.[86]

조선 후기 울산부에는 모두 13개의 면이 있었는데, 이 가운데 8개 면은 경상좌병영이 관리하는 환곡의 분급 대상 지역이었다. 그런데 이 환곡 운영과 관련하여 8개 지역의 민인들이 토지를 조성하여 이 토지에서 나오는 수익을 기금으로 하여 환곡 문제에 대비하였는데, 그 토지의 이름이 '보환답補還畓'이었다. 내장원이 전국의 둔토를 이속移屬하는 과정에서 울산군의 보환답이 울산군 소재의 각 둔토와 함께 뒤섞이어 내장원 소관으로 이속되게 되었고, 울산군은 이 토지에 대하여 국유지인지 사유지인지를 구분하지 않고 세금을 거두어 문제가 발생하였다.[87]

1901년 12월 울산군 8개 면의 주민 대표 안경태 등은 내장원에 청원서를 제출하여, 선희궁에 납부하던 대로 200냥을 납부하니 영수증을 내려주고, 매년 이 방식대로 하게 해 줄 것을 요청하였다.[88] 그러나 내장원은 1902년 3월 8일이 보환답이 공토公土이고, 이미 내장원에 속하게 되었다고 하면서 도세를 조사하여 정한 대로 납부하고, 지체하지 말라고 대답하였다.[89] 이와 같이 울산 지역의 보환답을 둘러싸고 내장원과 울산 지역 농민 사이에 지세인지 또는 지대인지 서로 간의 이해관계가

---

86) 대한제국기 울산지역 농민들의 항조투쟁에 대한 서술은 다음 논문을 참고하였다.
　　양상현, 2001, 「대한제국기 울산 농민의 항조운동」, 『울산사학』 10, 울산대 사학회.
87) 『各司謄錄』 16, 170쪽: 1901년 12월 경상남도 울산군 8면 민인 등 소장.
88) 『各司謄錄』 16, 170쪽. 이때 소장을 올린 대표들은 안경태, 홍순혁, 김성우, 윤진호, 이규천, 박시목, 김기환, 정기용, 이은중, 이장한, 신봉순 등이었다.
89) 『各司謄錄』 16, 170쪽; 1901년 12월 경상남도 울산군 8면 민인 등 소장에 첨부된 내장원의 지시.

충돌하는 사태가 벌어지고 있었다.

대한제국기 울산 농민의 항조운동이 벌어진 대상토지는 모두 이른바 '무토면세지無土免稅地'였다. 이 땅들은 원래 해당 지역 농민의 사유지였으나 사정이 있어 병영, 목장, 역 등의 관청의 관리하에 들어가고, 그 대신 결세를 호조에 납부하지 않고, 그 관청에 납부하는 형식으로 운영되고 있었다. 따라서 이들 토지들은 1894~1895년 탁지부가 시행한 갑오승총 때 다시 결세만을 탁지부에 납부하면 되었던 것이다.

하지만 대한제국이 성립되고, 내장원이 이들 토지에 대한 관리권을 장악하자 사정은 달라지고 있었다. 내장원은 '광무사검光武査檢'을 실시하여 이들 토지가 민전에서 출발되었다는 역사성을 인정하지 않고, 해당 관청의 역둔토 내지 목장토로서 기능해 왔던 점만을 강조하였다. 당연히 이들 토지의 사유지, 민전으로서의 입지는 무시되고 공유지로서의 의무만이 강조될 수밖에 없었다. 이들 토지의 주인은 내장원이 되었고, 이 땅의 주인으로 알고 있던 주민들은 이 땅의 작인(소작인)이 되었다.

내장원은 이들 주민에게 새로이 도조를 부과하기 시작하였다. 이러한 내장원의 조치에 대해 해당 토지의 주민들은 저항하기 시작하였다. 당시 주민들의 저항은 합법적인 테두리를 넘고 있지 않았다. 내장원소관 역둔토와 목장토에 대한 울산농민의 저항은 소장이나 청원서를 올리는 합법적인 운동의 범위를 넘어서지 않고 있었던 것이다.[90]

이상에서 살핀 울산 지역 농민들의 항조운동은 대한제국 시기의 광무사검, 나아가 광무양전사업이 내장원으로 대표되는 국가 왕실과 농민의

---

90) 양상현은 울산지역 농민들의 항조에 주목하였지만, 그러한 농민들의 대응이 대한제국이 지향하였던 근대적 농업체제 구상과 실행에 대한 반발로 평가할 여지가 충분하다고 파악한다. 양상현, 2001, 「대한제국기 울산 농민의 항조운동」 『울산사학』 10, 울산대 사학회.

토지 소유권이 대립하고 있을 때 국가의 토지 소유권을 강화 용인하는 방향으로 전개되었음을 보여준다. 이는 토지 소유권의 근대적 표상으로 알려진 '일물一物 일권一權'이라는 상징이 중요한 것이 아니라 현실적으로 토지 소유권을 실현할 수 있는 권능이 왕권王權을 내세우는 조선근세국가가 아니라 황제권을 내세우는 대한제국으로 이전되었음을 보여주는 상황이라고 볼 수 있다.

이렇게 본다면 대한제국의 여러 농업 정책, 농정기구의 변동, 토지 소유에 대한 점검 및 정리, 토지조사와 양안 작성, 결세 확정과 징수 등은 모두 근대 농업체제를 구성하고 이를 바탕으로 근대국가를 구축하려는 기획의 일환이었다고 볼 수 있을 것이다.

광무정권이 무너지면서 광무개혁의 여러 사업도 더 이상 계속되지 못했다. 1905년 을사조약(을사늑약, 제2차한일협약)에 따라서 통감부統監府를 설치한 일본은 한국정부에 강요하여 「토지가옥증명규칙土地家屋證明規則」(1906년), 「토지가옥전당집행규칙土地家屋典當執行規則」(1906년), 「토지가옥소유권증명규칙土地家屋所有權證明規則」(1908년) 등을 차례로 발표하게 하였다.

이러한 증명규칙들은 근대적 토지 소유권제도가 확립되지 못한 데서 오는 토지 소유권의 불안정, 그로 인한 직접적인 피해와 피해에 대한 위기감으로부터 기존 소유에 대한 법적 보장을 얻고자 하는 일본인 지주의 요구에서 나온 것이었다. 농민전쟁과 러일전쟁, 그리고 통감부 치하에서 이미 거류지를 중심으로 토지를 매점·매득해오던 일본인들에 있어서는 이러한 토지 가옥에 대한 소유권 증명을 통감부를 통해서 한국정부의 증명규칙으로 확보하는 것이 더욱 시급한 것이었다.

토지가옥증명규칙 제8조는 그간의 일본인 토지 소유를 거류지 10리

이내로 한정하고 그외 지역에서 일본인 소유를 불법화했던 종래의 조약 자체를 폐기하면서 이미 불법적으로 점유한 일본인들의 소유에 대한 법적 확인과 함께 이후 일본인들의 토지 소유에 대한 법적 보장을 규정한 것이었다.

그 결과 광무정권이 지계사업을 통해 막아보려 했던 일본인들의 토지 소유는 막을 수 없게 되었다. 더욱이 토지가옥소유권증명규칙은 가옥증명규칙과 달리 매매·전당에 관련된 소유권뿐만 아니라 증명규칙 시행 이전에 취득한 소유권에 대해서도 확인이 가능한 것이었다. 일체의 기존 소유권은 그대로 확정되고 법인되었다.

4. 광무정권의 개간정책

농업체제에서 기본적으로 토지 개간은 미개간지를 경작지로 바꾸어 농업생산의 총량을 확대시키는 매우 중요한 부문이었다. 앞서 조선 근세 농업체제에서 중앙정부를 지방 수령을 독려하면서 민인들의 황무지 개간을 적극 장려하였다. 근대 농업체제를 만들어 나가던 시기에 개간 관련 정부의 정책 방향은 크게 바뀌었다. 특히 광무개혁기에는 황제권과 왕실의 권한이 점차 강화되면서 개간 문제에도 왕실이 관여하는 내용이 크게 확대되었다.[91] 개간문제에 왕실이 관여하기 시작한 것은 독립협회의 왕실비판과 정부개혁운동이 한풀 꺾인 직후인 1899년 2월이었다. 왕실의 재정을 관장하던 궁내부 소속의 내장사에 수륜과水輪課를 두어 개간사업을 관장토록 한 것이다.[92]

---

91) 광무정권의 개간정책에 대한 서술내용은 다음 논문을 주로 참고하였다. 이윤상, 1996, 「1894~1910년 재정제도와 운영의 변화」, 서울대 대학원 국사학과 박사학위 논문.

수륜과의 업무는 산록의 건조한 곳에는 수차를 이용하여 관개하여 개간하고, 연해안의 범람지와 갯가는 물을 막아 간척하는 것이었다. 개간지의 소유·경영과 관련하여 수륜과에서는 공토 가운데 황무지를 개간하여 내장원의 경영지로 삼는 한편 일반 인민의 황무지개간에 대한 허가권과 개간한 토지에 대한 과세권을 행사하고자 하였다.

1900년 3월에는 수륜과 관제를 개정하여 13명씩으로 외과장外課長과 주사 하나의 단위로 만들어 전국 각도에 파견하여 업무를 수행하게 하였다.[93] 이러한 방식으로 수륜과의 업무체계를 강화하고 전국의 수륜과 관장 토지를 관리하게 하였다. 수륜과 설치에 의하여 개간을 관장하는 기관과 개간규정이 구체적으로 마련된 것은 근대 농업체제에서 큰 의미를 지니는 것이었다.[94] 광무개혁의 근대화의 한 양상으로 평가할 수 있을 것이다. 황무지 개간이 가지고 있는 농업생산에서의 의의를 개인적인 개간 참여자의 입장이 아니라 국가, 황실의 입장에서 부여한 것이다. 이러한 의미 부여를 통해 한국(조선) 전 국토에 대한 경제적 개발과 이용에 대한 인식을 넓힐 수 있었을 것으로 추정된다.

개간업무는 왕실에 의하여 독점된 것만은 아니었다. 여전히 농상공부에서 개간허가권을 행사하고 있었다. 1899년 11월 목포의 자방포에 제방을 쌓아 토지를 개간하고자 한 것, 1900년 6월 광주에서 일본인이 한국인 명의로 개간하고자 한 것, 1900년 12월 서울의 오평묵이 개간회사를 세우고 경상도 성주 대매동, 상주 장대터, 대구 효곡동, 의흥 인각촌 등지를 개간하고자 한 것, 1900년 12월 서울의 문경호가 합자회사를 세

---

92)『韓末近代法令資料集』(국회도서관, 1970~1972) 2, 1899년 2월 7일 궁내부소속내장사수륜과장정, 443~444쪽.
93)『皇城新聞』1900년 3월 21일 잡보; 水輪課改制.
94)『高宗實錄』1901년 11월 22일 참조.

위 남장동 공한지에 과수원을 경영하고자 한 것, 1901년 1월 과천의 김성중이 무주공한지 400일 경을 개간하고자 한 것 등은 모두 개간자들이 농상공부에 청원하여 개간허가를 받고 개간작업을 진행한 것이었다.[95] 이것은 개간허가권을 둘러싸고 왕실과 정부 사이에 갈등이 존재했음을 보여주는 것으로 볼 수 있을 것이다.

왕실에서 개간업무의 주도권을 강화하게 되는 것은 수륜과가 확대 개편되어 수륜원이 설치된 1902년 4월 이후였다.[96] 1902년 8월 6일에는 수륜원에 공상과公桑課를 두고, 1902년 11월에는 수륜원 관제를 개정하여 수륜과, 제언과, 공상과를 관장하는 체제로 다시 확대 개편되었다.[97] 정부의 제반 업무가 궁내부 산하기관으로 편입되어지는 양상을 보이는 과정에서 농상공부에서 관장해 왔던 개간, 제언, 잠업과 같은 업무를 수륜원에서 장악하여 왕실 수입의 재원을 확대하고자 한 것이다.

수륜원은 진황지를 관개 개간하고 뽕나무를 심어 양잠하는 일을 전담하는 기관으로 자리 잡게 되었다. 관유지와 민유지, 그리고 한광지의 개간사업을 주도하고 민간의 개간을 허가하는 권한을 가졌다. 관유지와 민유지를 개간한 경우의 소출의 분배와 수세규정을 자세히 마련하였다.[98] 개간의 절차와 원칙이 보다 세밀하고 명백하게 규정한 것이었다.

수륜원의 개간, 양잠사업의 실제를 살펴보면, 1902년 8월에는 수륜원

---

95) 『皇城新聞』 1899년 11월 28일 잡보; 倘許借名. 1899년 12월 21일 잡보; 自防浦의 日人測量. 1900년 6월 8일 잡보; 外人墾土의 不許. 1900년 12월 5일 잡보; 開墾會社. 1900년 12월 17일 잡보; 請願設圃. 1901년 1월 25일; 請墾曠地.

96) 『한말근대법령자료집』 3, 1902년 4월 11일 포달 제80호 궁내부관제 개정, 364~365쪽.

97) 『한말근대법령자료집』 3, 1902년 8월 6일 포달 제86호 궁내부관제 개정, 435쪽. 1902년 11월 18일 포달 제91호 궁내부관제 개정, 469~470쪽.

98) 『한말근대법령자료집』 3, 1902년 11월 19일 수륜원장정 附 규칙, 470~471쪽.

에서 13도의 관찰부에 뽕나무를 심을 수 있는 황무지를 조사하도록 하고, 진황지를 조사하기 위하여 전라남북도에 검쇄관을 파견하기도 하고, 10월에는 검쇄관을 각도에 파견하여 물레방아와 진황처에 과세하고자 하였다. 1903년 4월에는 검사위원을 각도에 파견하여 수리시설에 과세하고 개간을 권유하는데 평안북도에서는 과도한 과세로 쫓겨나기도 하였다. 1903년 6월에는 수륜원 검쇄관이 옥구에서 물레방아에 과세하고 또한 하천과 개천의 물을 조금이라도 사용하면 과세하여 농민들이 반발하기도 하였다.[99] 이상의 단편적인 수륜원 업무 상황을 통하여 볼 때 수륜원에서는 과세에 중점을 둔 것으로 보인다. 수세한 수입은 정부 재정으로 귀속되지 않고 왕실의 수입이 되는 것이었다.

수륜원을 중심으로 펼쳐진 대한제국 시기 수리 활용 현황의 특색을 18세기 후반 근세 농업체제 속의 수리시설 이용 양상과 비교 검토해 볼 수 있다. 양자의 비교 검토를 통해서 대한제국기 수리현황에 대한 이해를 보다 깊이 있게 진행할 수 있을 것이다. 18세기 후반 근세 농업체제 아래에서 활용된 대표적인 수리시설은 제언堤堰과 보洑였다. 조선시대 수리사 연구를 개척하다시피 한 이광린李光麟은 자신의 저서에서 수리시설의 종류를 관개용灌漑用 시설로 제언堤堰, 보洑, 구거溝渠, 그리고 방수용防水用 시설로 방천防川, 방조제防潮堤로 나누어 설명하였다. 그런데 조선시대 당대 인물들의 시각은 제堤, 보洑, 언堰을 따로 떼어서 독립적인 기능을 지닌 수리시설로 파악하고 있었다.

홍주 유학 신재형申在亨이 1798년에 올린 응지농서應旨農書에서 제

---

99) 『皇城新聞』 1902년 8월 20일 잡보; 桑課訓飭. 1902년 8월 22일 잡보; 輪院檢刷. 1902년 10월 25일 잡보; 水舂調査. 1903년 4월 16일 잡보; 逐出境外. 1903년 6월 5일 잡보; 何以措處.

보언제洑堰이라는 세 가지 수리시설이 조선에서 사용하는 수리시설의 대종임을 전제하고 세 가지 수리시설의 특성을 간결하게 소개하였다. 그의 설명에 따르면 산山에 가까운 곳에서는 저수儲水로 이용하는 제堤가 있고, 야野에 가까운 곳에는 인수引水로 이용하는 보洑가 있으며, 해海에 가까운 곳에는 방수防水하기 위한 언堰이 자리하고 있다는 것이었다.[100] 이와 같이 제보언은 동일하게 수리시설이지만 실제의 쓰임새와 주요한 축조 목적은 각각 조금씩 차이점이 있었다.

제, 보, 언이 조선시대에 활용한 기본적인 수리시설이라고 할 수 있지만, 이외에 다른 성격의 수리시설이 있었다. 오목한 지형조건을 활용하여 만든 수리시설인데 조선의 농업생산 지역 전역에서 활용하고 있었다. 자그마한 저수지가 바로 그것인데, 후에 소류지小留池, 유지溜池 등으로 불렸다. 소규모의 수리시설에 대한 설명은 특히 중국 수리사 연구에서 분명하게 찾아볼 수 있다.

중국 당나라 이후 회사淮泗 유역을 중심으로 크게 축조된 수리시설이 2가지였는데, 하나는 산간의 계곡을 언堰으로 막은 댐 형식의 저수지인 피陂이고, 다른 하나는 평지의 오목한 지형에 주변의 자연수가 흘러 들어가 생겨난 유지溜池 또는 오목한 지형을 이용하여 인공적으로 제방을 쌓아 축조한 저수지인 당塘이었다.[101] 각각 다른 성격의 수리시설을 의미하던 피당陂塘은 왕정王禎이 1313년에 지은 농서에서 경사진 지형에 축조된 댐식 저수지를 가리키는 명칭으로 사용되었고, 본래 당塘으로 불렸던 오지汚池에 해당하는 저수지를 왕정은 수당水塘이라고 불렀

---

100) 『承政院日記』 1802책, 正祖 22년 12월 16일 乙巳 (95-540다) 洪州 幼學 申在亨 上疏; 蓋近於山而有堤 堤者所以貯水也 近於野而有洑 洑者所以引水也 近於海而 有堰 堰者所以防水也 堤洑堰三者 所以興水功備旱災者也.

101) 문중양, 2000, 『조선 후기 水利學과 水利담론』, 集文堂, 39~41쪽.

다.[102] 수당의 경우는 별도의 둑堰이 반드시 필요한 것은 아니었지만 둑이 있는 경우도 많았다.[103] 작은 규모로 만든 인공 연못을 가리는 지池는 평지에 만들어진 것으로 소류지로 불릴 수 있는 수리시설이었다.[104]

한편 정조대를 비롯하여 여러 차례 대천수大川水를 관개灌漑에 활용하는 수리도구인 수차水車의 제조보급이 여러 차례 시도되었다. 1795년(정조 19) 2월과 9월에 전 좌랑 이우형李宇炯이 수차의 제조보급을 건의하였으나 오랜 논의 끝에 시행되지 않았다.[105] 앞서 효종대, 숙종대, 영조대에도 수차를 만들어 사용하려는 적극적인 시도가 있었지만 결국 중단되는 데 그치고 말았다. 뿐만 아니라 서양식 수차에 대한 검토를 하고 있었지만, 이 또한 무산되고 말았다. 이러한 사정은 수차의 제작과 보급에 적지 않은 비용이 들어간다는 점과 조선의 수리여건에 수차가 적합하지 않다는 점에서 기인한 것이었다.

이상에서 살펴본 바와 같이 조선 정부는 근세 농업체제를 관리하고 운영하면서 제언의 수축과 감동에 대한 조치를 강구하고 이를 실행에 옮기기 위한 방안을 마련하고 있었다.[106] 그런데 조선 정부의 수리시설

---

102) 王禎,『農書』農器圖譜集 13, 灌漑門 陂塘, 水塘 王毓瑚 校『王禎農書』農業出版社, 324~325쪽; 陂塘 說文曰 陂野塘也 塘猶堤也 陂必有塘 故曰陂塘 周禮以瀦蓄水 以防止水 說者謂瀦者 蓄流水之陂也 防者 瀦旁之堤也 今之陂塘 旣與上同 (중략) 水塘卽洿池 因地形坳下 用之瀦蓄水潦 或修築圳堰 以備灌漑田畝 兼可畜育魚鱉 栽種蓮芡 俱各獲利累倍.

103) 문중양, 앞의 책, 262~263쪽.

104) 박지원은 이러한 소규모 池를 만드는 수리방식에 적극적인 지지의사를 나타내면서 조선에서 마땅히 시행해야 한다고 강조하였다. 朴趾源,『課農小抄』水利; 臣趾源曰 我國舊所設陂堰溝瀆外 祗今可以穿渠引水者 尙多其處 然域內多山少野 行水甚艱 或川源淺涸 全野無潤者 十之六七 以臣所守沔川一郡言之 土品墳壚 而秔稌黏潤 然大抵灌漑無所 最畏枯旱 徐獻忠所議山鄕水利 眞我國之所當講行者也.

105) 正祖,『弘齋全書』권 44, 批/兵曹佐郎李宇炯請行水車疏批-乙卯.

106)『太祖實錄』권8, 太祖 4年 7月 辛酉 (1-82).

에 관한 정책이나 대책은 행정체계에서 상설적으로 수행하는 방향으로 나아가고 있었지만, 아직 전문적인 조직과 기구를 중심으로 운영되는 것은 아니었다.

비변사 당상 가운데 제언당상堤堰堂上이 17세기 후반 이후 임명되어 조선 팔도의 제언의 관리, 감동을 담당하고 있었다. 하지만 이러한 체제가 곧 제언의 효율적 관리, 체계적인 감독의 실질적인 실행으로 이어지는 것은 아니었다. 무엇보다도 제언당상堤堰堂上이라는 직임職任 자체가 전문적인 수리에 관한 지식이나 정보를 통합하고 총괄하는 역할을 담당할 수 있는 관원이 차지하는 자리가 아니었기 때문이었다. 문관 가운데, 그리고 비변사 당상 사이의 업무 분장 관계 속에서 제언당상이 채워지는 자리였다. 결국 수리 관련 행정적 업무는 지방 수령에게 일임되는 것이나 마찬가지였다고 생각된다.

이와 같이 조선 후기의 수리 관련 행정의 특색을 찾아보면, 대한제국 시기에 수륜원이 독립된 기구로 운영된 것은 매우 중요한 역사적 의의를 갖고 있다고 볼 수 있다. 물론 수륜원에 전문적인 관원들이 배치되었는지, 수륜원의 구체적인 활동이 무엇인지 좀 더 살펴보아야 할 부분이 아직 많이 남아있다. 하지만 대한제국의 수륜원은 전문적인 수리담당 관청이라는 점만으로도 이미 충분한 의의를 갖고 있다고 보인다. 수륜원의 설치와 운영은 곧 1880년대 이후 고종대 조정과 대한제국의 정부가 근대적 농업체제를 구축하기 위한 노력의 일환이 보다 진전되어, 근대 농업체제를 구성하는 전문적인 한 구성 부분을 전관하는 관청이 설립되는 데 이르렀다는 점을 주목하고자 한다. 수륜원은 근대 농업체제 아래 수리행정을 담당하는 기관으로 의의를 부여할 수 있을 것이다.

1902년 4월 이후 수륜원에 의한 개간과 양잠사업 장악력이 확대 강화되었지만, 이 시기에도 농상공부의 역할이 소멸된 것은 아니었다. 1902년 1월 잠상蠶桑에 대하여 전국 각도에 훈칙을 내리고 각면에 권업위원을 두어[107] 농상공부의 업무를 강화하였다. 1902년 11월에도 각군에 뽕나무를 심을 것을 훈칙하고 위원을 파송 조사하였고 이때 영친왕궁과 수륜원 공상과에서도 뽕나무를 심고 있었다.[108] 12월에도 각부군에서 뽕나무를 더욱 심도록 하면서 이듬해부터는 농상공부 양잠 졸업생을 각군에 파견하여 지도할 계획을 세우기도 하였다.[109]

대한제국기에는 개간을 관장하는 기구와 개간의 원칙 및 절차가 마련되었던 것을 알 수 있다. 다만 개간을 관장하는 기구는 왕실과 농상공부로 이원화되어 있었다. 이와 관련하여 왕실의 권한 확대와 개혁주도에 대하여는 일방적으로 왕실의 주도권을 강조하기보다는 단계적 이해가 필요하다고 생각된다. 적어도 개간문제에 관한한 정부기관은 왕실과 갈등을 빚으면서 고유한 업무를 지속시켜 나가고 있었다고 보아야 할 것이다.

궁내부 수륜과와 수륜원에는 일본인 촉탁이 임명되어 활동하고 있었다. 즉 일본인 기술자가 1901년 7월 이후 수륜과와 수륜원의 감독 2인 중 한사람으로서 임명되었다.[110] 1902년 7월에는 일본인 가또 마쓰오 加藤增雄가 수륜원 부총재로서 추가로 특별 임명되었다.[111] 그런데 그는 8월에 3개년간 최고등 대우로 농상공부 고문관 계약을 체결하여 농상공부 대신의 자문에 응하도록 되었다.[112] 그는 농상공부에 매일 한 번

---

107) 『皇城新聞』1902년 1월 25일 별보 및 잡보; 勸業委員.
108) 『皇城新聞』1902년 11월 22일 잡보; 公桑廣栽.
109) 『皇城新聞』1902년 12월 25일 잡보; 蠶課實施.
110) 『皇城新聞』1901년 7월 25일; 『高宗實錄』1902년 4월 13일, 8월 9일. 1903년 10월의 기록.『宮內府案』1903년 10월 6일 수륜원총재의 외부대신에 대한 조회에는 大江卓이 수륜원 부총재로도 등장한다.
111) 『高宗實錄』1902년 7월 15일, 1903년 8월 31일.

씩 출근하였다고 하는데,[113] 농상공부 업무에 상당히 관여한 것으로 볼 수 있다.

일본인이 수륜원의 감독과 부총재에 임명될 뿐 아니라 농상공부 고문관까지 겸함으로써 한국의 황무지 실태와 개간 실태를 파악할 수 있는 기회를 얻게 되었고, 이를 토대로 한국의 황무지를 장악할 계획이 마련되어간 것으로 생각된다. 대한제국은 농상공부와 궁내부 수륜원이 개간 문제를 이원적으로 취급하여 갈등을 빚고 있었지만 일본인은 양쪽의 관리·고문직을 차지하여 침탈을 위한 실태를 정확하게 읽고 있었다. 이제 개간 문제는 한국침략의 한 방편으로서 일제의 주된 관심사로 넘어가게 되었다.

일제는 1903년말부터 일본은 한국침략정책의 일환으로서 황무지 개간권을 획득하기 위한 방책을 강구하기 시작하였다. 일본 대장성 관리를 지낸 바 있는 나가모리 도키치로長森藤吉郎가 1903년 12월 한국으로 들어와 한국의 실황을 점검하여 타당성을 확인한 뒤 일본공사와 협의하여 황무지 개간사업을 실행할 것을 계획하였다.[114] 농상공부 고문이면서 수륜원 부총재를 역임한 가토 마쓰오加藤增雄가 이미 한국의 토지개간사업을 관장하여 그 실태를 정확하게 파악하고 있었다.

그리하여 궁내부에 소속되어 있던 수륜원을 폐지하고자 한 것으로 보인다. 광무개혁기에 황무지의 개간을 관장하던 수륜원은 러일전쟁의 위기가 임박한 1904년 1월 11일 고종이 한만閒漫한 관청을 혁파하는 등의 개혁조치를 취하는 과정에서, 특히 광무개혁기에 왕실의 권력이 팽

---

112) 『皇城新聞』 1902년 7월 30일, 7월 31일, 8월 5일, 8월 18일, 8월 23일.
113) 『皇城新聞』 1902년 9월 10일.
114) 『日本外交文書』 제37권 제1책, 1904년 4월 長森藤吉郎具狀及約案, 573~575쪽.

배하여졌을 때 확대되어진 궁내부 산하의 여러 관청과 함께 폐지되었다.[115] 국가와 왕실의 안위가 위태로운 상황에서 취해진 정치적인 개혁 조치였지만, 일본이 황무지 개간권을 장악하려는 의도와 맞물려 있는 것으로 생각된다. 수륜원의 개간업무는 의정부에서 논의한 끝에 2월 3일 가또가 고문으로 있는 농상공부로 이속되었다.[116] 황무지 개간문제가 궁내부의 손에서 벗어나 완전히 농상공부로 넘어간 것이다.

1904년 3월 17일 이토 히로부미伊藤博文가 한국을 방문하고 돌아간 뒤 일본은 본격적인 한국식민정책을 구상하게 되고 황무지 개간문제는 그 일환으로 곧장 거론되었다. 러일전쟁에서 우월한 지위를 획득한 일본은 광범한 면적의 황무지 개간권을 독점하고자 하였다.[117] 일본정부에서는 1904년 5월 '대한방침', '대한시설강령', '대한시설세목'의 척식방안을 확정하였는데, 대한시설강령 제6항에 의하면,[118] 일본농민의 한국진출이 과잉인구의 방출과 식량공급의 확대라는 효과를 얻을 것으로 보고 이를 위해 일본은 관유 황무지의 개간을 특허받고 한국 내륙의 민유지를 매매, 임대할 수 있도록 한다는 것이었다.

이러한 방침에 따라 하야시 곤스케林權助 일본공사는 1904년 6월 6

---

115)『한말근대법령자료집』3, 1904년 1월 11일 포달 제110호 궁내부관제 개정, 1월 11일 주본 박문원을 혁거하여 예식원에 소속시키고 수륜원·평식원·관리서를 혁거하여 정부로 하여금 품처케 하는 건, 567~569쪽.
116)『한말근대법령자료집』3, 1904년 2월 3일 주본 前水輪院·전평식원을 농상공부로, 전관리서를 내부로 이속시키되 그 冗官을 減下하는 건, 572쪽.
117) 윤병석, 1964,「일본인의 황무지개척권 요구에 대하여-1904년 長森명의의 위임계약기도를 중심으로」,『역사학보』22, 역사학회; 윤병석, 1996,『근대한국민족운동의 사조』, 집문당; 君島和彦, 1979,「日露戰爭下朝鮮における土地略奪計劃とその反對鬪爭」,『朝鮮歷史論集』하, 龍溪書舍; 최창희, 1999,「황무지개척권반대운동」,『한국사』43, 국사편찬위원회.
118)『일본외교문서』제37권 제1책.

일 황무지 개간을 위한 계약을 정식으로 한국정부에 요청하였다. 일본이 요구한 황무지는 "궁내부 소유 및 관유에 속한 기간지지旣墾之地와 민유지로 그 소유의 사장증적事狀證跡이 명백한 토지 전답 산림 원야를 제외한 대한제국 8도 즉 경기 충청 경상 전라 강원 황해 평안 함경 제도 諸道에 산재하는 토지 산림 원야 기타 일체 황무지"였다.[119] 즉 왕실과 관부에서 소유한 토지 가운데 기간지를 제외한 미간지와 민유가 명백한 것을 제외한 기타 모든 황무지를 요구하고 나선 것이었다. 일본인 자본주 나가모리 도키치로長森藤吉郎에게 황무지 개간을 위임하고 개간한 후에는 소유권은 한국정부가 가지지만, 사용 수익권은 50년간 나가모리가 독점하도록 하는 것이었다. 5년간은 면세하고 5년 후부터 납세하되 수확이 없을 때에는 감세·면세할 수 있는 세제 혜택도 요구하였다. 전국토의 '국유미간지'의 독점적 개간권을 세제혜택을 전제하여 일본인에게 넘기라는 것이었다.

일본의 황무지 개간권 요구에 대응하여 한국정부는 1904년 5월 개간업무를 다시 궁내부에서 관장하도록 하는 조치를 취하였다. 수륜원을 폐지하여 개간업무를 농상공부로 넘긴 뒤 황무지 개간권을 획득하려는 일본의 시도가 나가모리를 통한 왕실과의 비밀교섭과 외교채널을 통한 공식적인 교섭으로 진행되는 과정에서 이를 거부하기 위한 것이었다.

그리하여 궁내부에 개간, 제언 등의 사무를 전담하는 기관으로서 어공원御供院이 새로이 설치되었다.[120] 어공원의 설치는 황무지 개간권

---

119) 『舊韓國外交文書』(고려대 아세아문제연구소), 1970 日案 7, 1904년 6월 6일 長森請願荒蕪地原野山林開墾案의 認准慫慂 附 上件契約書案, 119쪽.

120) 『한말근대법령자료집』 3, 1904년 5월 19일; 주본 궁내부관제 개정에 관한 건, 603～694쪽. 5월 19일 포달 제115호 궁내부관제 개정, 604쪽. 6월 4일 포달 제116호 궁내부관제 개정, 608쪽.

을 탈취하려는 일본의 시도에 대한 고종을 비롯한 왕실의 강력한 저항을 의미하였다. 한국정부는 일본의 독점적인 황무지 개간권 요구에 대하여 오히려 이를 궁내부 어공원에서 주체적으로 황무지 개간을 실시하겠다고 선언하였다. 어공원이 황무지 개간권을 양여하는 창구로서가 아니라 개간사업의 주체적인 시행기관임을 천명한 것이다. 구체적으로는 정부관료와 유지들이 중심이 되어 설립된 농광회사의 청원을 수용하여 개간특허권을 허가하였다.[121] 전국의 진황지를 이 회사가 중심이 되어 한국인의 주체적인 힘으로 개간하도록 한 것이다.

일본의 지속적인 황무지 개간권 요구에 대하여 한국의 민인들도 적극적으로 대응하였다. 보안회를 중심으로 격렬한 반대운동이 전개되었고, 7월 하순 결국 정부도 국토를 외국인에게 결코 대여하지 않겠다는 방침을 발표하지 않을 수 없었다. 이에 대해 일제는 황무지 개간계획을 철회하면서, 동시에 황무지 개간의 원칙은 인정하되 단지 이를 보류할 뿐이라는 점을 확인하도록 한국정부에 요구하고, 또한 궁내부 어공원의 폐지와 농광회사의 특허를 취소하게 만들었다.[122] 일본은 차후 적당한 기회에 황무지 개간을 본격 추진할 의도였다.

이후에도 일제의 요구와 한국정부의 대응, 그리고 민간의 대안 제시 등 황무지 개간을 둘러싼 갈등은 지속되었다.[123] 한국의 입장에서 볼 때 황무지 개간문제는 개간으로 경작지를 확보하는 것 자체 뿐 아니라 국

121) 『주한일본공사관기록』(국사편찬위원회간행본) 22책, 농광회사규칙.
122) 『주한일본공사관기록』22책, 1904년 미경지경영. 『일본외교문서』제37권 제1책 어공원기타폐지의 건, 604쪽. 어공원은 1904년 7월 30일 폐지되었다. 『한말근대법령자료집』3, 1904년 7월 30일 포달 제121호 궁내부관제 개정.
123) 『일본외교문서』제37권 제1책, 604~606쪽. 『韓日外交未刊極秘史料叢書』(김용구편, 서울아세아문화사, 1995) 17, 「日韓同志組合組織一件」, 168~170쪽. 『各官廳公文原本』南署筆洞居 前主事盧鳳洙獻議書의 陳荒地開墾規則 참조.

토의 사수라는 측면에서도 초미의 현안일 수밖에 없었다. 대한제국의 개간정책은 수리정책과 마찬가지로 조선 근세 농업체제의 그것을 일면에서 계승하고 있었다. 그런데 일본의 황무지 개간권 요구에 직면하여 일차적으로 그것을 저지하였지만, 이를 극복할 수 있는 그리하여 새로운 농업환경에 부응하는 개간정책의 방향을 미처 마련하지 못하고 있는 상황이었다.

5. 농림 관련 회사의 설립

1880년 이후 근대 농업체제가 형성되는 과정에서 조선(한국) 정부의 주도로 등장한 것이 회사였다. 조선 정부가 농업 관련 회사를 주도적으로 설립하면서 이들 회사는 하나의 주요한 농업생산의 주체로 활동하게 되었다. 농업 관련 회사의 등장과 활동은 앞선 시기의 농민, 전주, 수령, 조정 등이 개입하여 구조화되어 있던 농업체제에서 이전과 이질적인 생산주체가 참여하는 다른 차원의 농업체제로 전환되는 것을 극적으로 보여주는 것이었다고 생각된다.

대한 제국 수립 이후 농림업 부문에서 최초로 활동에 돌입한 회사는 1897년에 설립된 대한제국인공양잠합자회사大韓帝國人工養蠶合資會社였다.[124] 이 회사는 잠견蠶繭의 제조, 판매라는 애초의 목적은 달성하지 못한 채 1902년까지도 상수桑樹의 배식培殖만을 하고 있었으며, 회사의 기술 인력 양성을 위해 설치한 학교의 졸업생마저도 고용하지 못하고, 각지방에 보내어 양잠기술을 전습하는 데 머물고 있었다.[125]

---

124) 대한제국기 농림업 분야의 회사 설립에 대한 서술은 다음 논문을 주로 참고하였다. 全遇容, 1997, 「19世紀末~20世紀初 韓人 會社 연구」, 서울대 대학원 국사학과 박사학위논문.

농림업 부문에서는 이후 개간회사開墾會社(1900년), 목양사牧養社(1900년), 양잠회사養蠶會社(1900년), 농업회사農業會社(1901년), 농광회사農鑛會社(1904년), 인공잠농회사人工蠶農會社(1904년), 농업회사農業會社(1905년) 등이 차례로 설립되었다. 이 중 목양사牧養社는 민영환閔泳煥이 주도한 일종의 농장회사農場會社로서, 회사 형태로 지주경영의 합리화를 시도한 사례로 주목되고 있다.126) 이 시점에 이르러 갑오개혁기까지 지속되어 왔던 농업회사의 향약적 성격은 일소되고 공동체적 원리 대신에 자본주의적 경제 논리가 지배하는 근대적 농업農業 회사會社가 비로소 출현한 것으로 평가되고 있다.127)

1904년에 설립된 농광회사農鑛會社는 일본인들의 황무지 개간권 요구에 대한 대응의 일환으로 설립된 것이었다. 이 회사는 이도재李道宰가 내장원 인허를 얻어 설치한 것으로서, 국유 황무지를 개척할 계획을 수립하였다.128) 그러나 이 무렵에는 이미 일본의 정치군사적 영향력이 압도적으로 신장되어 있었기 때문에, 일본 공사의 항의로 곧 철폐되고 말았다.

1904년 황무지 개척을 목적으로 설립된 농광회사 역시 일본의 압력으로 철파되어야 했다. 농광회사에 대한 철파 압력은 1904년 8월부터 시작되었는데, 이 때 철파의 사유로 내세운 것은 농광회사가 외자外資를 차입借入하려 하고 있다는 점이었다.129) 그런데 이 외자 차입설은 농광회사에서 공식적으로 표명한 것이 아니라, 일본의 공작에 의해 국내 『황성신문皇城新聞』에 보도된 것으로서,130) 구체적으로 추진된 것은

125)『通商彙纂』「京城養蠶業情況」1935년 5월 27일부 在京城帝國領事館報告.
126)『皇城新聞』1900. 10. 24. 雜報.
127)『皇城新聞』1901. 9. 21 雜報.
128)『皇城新聞』1904. 8. 12 雜報.
129)『農商工部去來文』(奎17802)「照會」제7호 光武 8년 8월 9일.

아니었다. 그러나 정부는 이를 빌미로 한 일본의 집요한 압력에 굴복하여 결국 같은 달(8월) 9일 철파하고 말았다.[131]

농광회사 사장이기도 하였던 전 농상공부대신 이도재는 이에 대해 불만을 표출하였다.[132] 요컨대 외자차입설은 비록 농광회사에서 검토한 바 없었던 것은 아니지만 실행하지는 않았던 것이기 때문에 그를 빌미로 한 일본의 압력은 전적으로 부당한 것인데, 그럼에도 불구하고 일본 공사의 항의 한마디에 우리나라의 이권을 지키기 위해 만들어진 회사를 즉각 철파한 것은 잘못된 일이라는 것이다.

일본이 농광회사의 철파를 요구한 진정한 의도는 바로 한국의 황무지 개척권을 스스로 장악하려는 데에 있었던 것이다. 일본의 의도가 이러한 데 놓여 있었기 때문에 어떠한 명목으로든 농광회사의 철파를 요구할 것임은 충분히 예상할 수 있는 것이었다. 농광회사가 철파된 지 얼마 되지 않아 동일 목적의 농업회사 설립이 한일합작의 형태로 추진되었던 것도 그와 같은 의도에 따른 것이었다고 보인다.[133]

대한제국 당시 설립된 농림업 부문의 회사는 앞선 시기의 회사들이 향약, 계 등 전통적인 조직 운영 원리에 입각해 있던 상황에서 벗어나 차츰 근대적인 농장회사, 농업회사로 변모하는 모습을 보여주었다. 그렇지만 한국의 토지 침탈을 비롯하여 한국의 식민지화에 본격적으로 발을 내딛고 있었던 일본의 압력으로 더 이상 발전을 보이지 못하였다. 특히 러일전쟁을 전후한 시기 한국인의 농림업 관련 회사는 굉장히 곤란한 처지에 빠져들고 말았다.

---

130) 『皇城新聞』 光武 8년 8. 12 雜報.
131) 『農商工部去來文』(奎17802) 「照覆」 제3호 光武 8년 8월 9일.
132) 『農商工部去來文』(奎17802) 光武 8년 8월 12일.
133) 『皇城新聞』 光武 9년 6. 10 雜報.

IV. 서양 농업기술의 도입 시도

1. 1880년대 농서 편찬과 서양 농업기술

18세기에서 19세기까지 조선의 농업기술은 벼농사와 잡곡 농사, 그리고 수리시설의 축조와 관리, 시비 기술의 발달 등을 바탕으로 구성되어 있었다. 조선의 농업기술을 농민의 경험적인 지식과 지혜의 축적에 의해 구성된 지역적인 관행농법의 성격이 짙은 것이었다. 일부 양반 지배층을 중심으로 '조선 농사시험장', 또는 '시범농장'을 조직하여 운영하려는 논의가 제기되었지만 정작 실천에 옮겨진 적은 없었다.[1]

이러한 조선(한국)의 상황은 18~19세기 '농업혁명'[2]과 '산업혁명'[3]

---

1) 金容燮, 1992, 「18,9세기의 농업실정과 새로운 농업경영론」, 『增補版 韓國近代農業史硏究』上, 一潮閣; 유봉학, 1995, 「徐有榘의 學問과 農業政策論」, 『燕巖一派 北學思想 硏究』, 一志社; 염정섭, 2014, 「楓石의 農法 변통론과 農政 개혁론」 『풍석 서유구 연구 上』 실시학사 실학연구총서 09, 마음의 무늬.

2) 송병건에 따르면 농업혁명의 시기설정을 둘러싸고 적어도 4가지 주장이 존재하는데 16세기 중반-17세기 중반 E. Kerridge, 전환농법, 17세기 중반-18세기 중반 E. L. Jones, 사료작물, 18세기 중반-19세기 중반Lord Ernle, 농업기술 혁신, 19세기 중후반이 그것이다. 송병건, 2010, 「농업혁명, 의회 인클로저와 농촌사회의 변화, 1750-1850」, 『영국연구』제23호, 영국사학회, 94~97쪽.

3) 이영석은 최근 산업혁명에 대한 논의를 격변론자가 아니라 점진론자들이 주도하고 있다고 소개한다. "전통 역사가들이 산업혁명을 영국사에서 결정적인 분수령으

을 거치면서 이른바 '대영제국'의 면모를 갖추고 수많은 식민지를 확보하면서 공고하게 제국주의 국가로 자리매김한 영국과 크게 대비될 뿐만 아니라 1850년대 개항한 이래 서양 열강을 장래에 추구해야 할 국가 목표로 설정하고 천황을 중심으로 국가를 총동원하였던 일본과도 다른 것이었다. 하지만 1876년 개항 이후 조선왕조의 여러 인물의 개별적인 노력과 국가적인 기구 창설 등의 움직임 속에서 서양 농업기술을 본격적으로 수용하고 이를 조선의 농업환경에 맞추어 나가려는 모색 또한 찾아볼 수 있다.

서양 농업기술의 도입 시도는 앞서 최경석이 농무목축시험장을 설치하고 운영하면서 실행에 옮긴 바가 있었다. 이와 더불어 서양 농업기술을 정리하고 수록한 농서를 편찬하려는 방향으로 여러 인물의 노력이 경주되었다. 1880년대에 편찬된 농서農書를 중심으로 서양 농법의 도입에 대한 당시의 움직임을 정리하면서 이러한 활동이 근대 농업체제 형성의 단단한 기초가 되었다는 점을 확인할 것이다.

1884년에 만들어진 농무목축시험장의 설치 운영이 현장의 서양 농법과 연관된 것이라면 보다 구체적으로 서양 농학의 성과를 수용한 것으로 알려진 당시 편찬된 농서는 이론적인 측면에서의 서양 농업의 도입 시도라고 할 수 있다. 앞서 살펴본 농무목축시험장 관련 논의를 바탕으로 1880년대 서양 농법을 수용한 농서 편찬에 대하여 검토할 필요성이 있다.

개항기 이후 편찬된 농서에 대해 김영진이 앞선 연구에서 종합 정리

로 여긴다고 하더라도 오늘날의 해석은 그 혁명을 완반한 경제성장 과정으로 보는 점진론자들이 주도하고 있다."이영석, 2016, 「9장 그들은 왜 기계를 예찬했는가?」 『영국사 깊이 읽기, 푸른역사, 239쪽.

한 것을 찾아볼 수 있다.[4] 그에 따르면 개화기(1876~1910)에 편찬된 농서는 모두 35종으로 그 중 91.4%의 농서가 서양농학을 내용으로 하고 있으며, 74.3%인 26종이 1901년 이후에 편찬되었고, 82.9%인 29종이 국한문혼용체로 표시되어 독자의 이해를 돕고 있다고 한다. 편찬자들은 장년기 초기인 평균 33세의 젊은 층으로 이 시기의 농서는 대부분은 일본농서의 초록 또는 번역본들이라고 평가하고 있다. 김영진은 당시까지 개발된 서양의 농학 이론은 대부분 한국에 도입되었고, 서양농업기술의 국내토착화는 외국인들의 농원경영으로 비롯되었다고 주장하고 있다.[5]

여기에서는 1880년대에 편찬된 3종의 농서 즉 안종수安宗洙의 『농정신편農政新編』, 정병하鄭秉夏의 『농정촬요農政撮要』, 지석영池錫永의 『중맥설重麥說』 등을 중심으로 서양 농법의 도입 논의의 성격을 구체적으로 정리할 것이다. 특히 서양농학과 조선농법을 구체적으로 대비해 볼 수 있는 시비施肥기술을 중심으로 검토할 것이다. 왜냐하면 시비법 자체는 이미 조선시대에 많은 시비재료를 활용하는 체계적인 기술적인 내용을 갖추고 있었기 때문이다. 따라서 1880년대 농서 편찬자들이 서양 농법에서 제시하는 시비법과 조선의 전통적인 시비법을 어떻게 연관시키고 있는지 살펴보는 것은 서양농법 도입 논의의 성격을 규명하는 데 중요한 문제가 될 것으로 생각된다.

먼저 1880년대 서양 농업기술에 주목하여 새롭게 농서가 편찬된 배경으로 동도서기론東道西器論을 지목할 수 있다. 농서편찬자들이 동도

---

4) 김영진·김이교, 2011, 「개화기 한국의 구미 농업과학기술 도입에 관한 종합연구」, 『농업사연구』 제10권 2호, 한국농업사학회, 1~25쪽.
5) 김영진, 위의 논문, 2011, 22쪽~23쪽.

서기론을 이론적인 배경으로 깔고 있다는 점은 안종수의『농정신편』에 붙어 있는 신기선申箕善의 서문序文에서 분명하게 파악할 수 있다.[6] 신기선은 변화 가능성의 여부에 따라 도道와 기器로 구분한 후 동양의 도道와 서양의 기器를 결합해야 한다고 주장하였다. 그는 동도에 어떠한 영향도 초래하지 않고 서기만을 선택적으로 수용할 수 있다고 보았다.[7] 이와 같은 동도서기론적 태도를 전형적으로 보여주는 대상이 바로 농업, 농법 분야라고 할 수 있다.

동도서기론적 접근 태도는 19세기 중엽 서양 세력의 동향에 심각한 위기감을 느끼고 있었던 조선의 지식인들이 찾아낸 대응책이었다. 19세기 중후반 이후 조선의 지식인들은 서양 세력의 침투에 대하여 다양한 형태의 대응책을 강구하였는데, '동도서기론'은 그러한 대응의 일환으로 나타난 사상적 조류였다.[8] 앞서 신기선의 주장에서 보이는 바와 같이 '동도서기론'은 동양의 도道는 지키되 서양 세력의 방어를 위해 서양의 '기器' 측면은 적극적으로 수용해야 한다는 논리였다.

서양의 농업기술을 조선에 도입하는 것이 국가와 백성들에게 이익이 될 것이라는 동도서기론적 주장은 1881년 6월 곽기락郭基洛이 올린 상소에 보인다.[9] 곽기락은 황해도 출신으로 사헌부司憲府 장령掌令을 역임하였는데 서양의 기계 기술과 농업 서적과 같이 국가와 백성에 이익이 되는 것들은 수용해야 한다는 내용의 상소를 올렸다. 그는 그 사람 때

6) 權五榮, 1984,「申箕善의 東道西器論 硏究」,『淸溪史學』1, 한국정신문화연구원.
7) 노대환, 2012,「19세기 후반 신기선의 현실 인식과 사상적 변화」,『동국사학』53, 동국대학교 동국사학회, 325쪽.
8) 盧大煥, 1999,「19세기 東道西器論 形成過程 硏究」, 서울대 대학원 국사학과 박사학위논문.
9) 盧大煥, 1999, 앞의 논문, 236쪽.

문에 양법良法까지 배척할 필요는 없다고 지적하였다.[10]

동도서기론과 관련해서 그동안 1880년대의 여러 발현 양상이 주목되었지만, 특히 서양의 기술 문물 가운데 농업, 농법 분야에 많은 관심이 기울어졌다. 동도서기론의 전형적인 모습이 바로 농업·농법 분야에서 찾아볼 수 있다는 생각에서 나온 것이었다. 권오영이 신기선의 동도서기론을 정리하면서 주된 분석 대상으로 삼은 자료가 바로 『농정신편』에 붙인 「농정신편서農政新編序」였던 점이 바로 대표적인 사례로 볼 수 있다.[11] 여기에서 우리가 주의를 기울이지 않을 수 없는 부분이 바로 『농정신편』과 비슷한 시기에 편찬된 다른 '농서'라는 점을 지적하고자 한다. 즉 1880년대에 편찬된 3종의 농서에 보이는 '동도서기론'과 연결시켜 볼 수 있는 부분을 분석하는 것이 필요하다고 보인다.

1886년 정병하鄭秉夏가 편찬한『농정촬요農政撮要』의 서문 속에 동도서기론의 변용 양상을 찾아볼 수 있다. 정병하는 조선朝鮮이 농본農本을 중심으로 삼고 있고, 서국西國이 통상通商을 주로 하고 있다는 선입견에 동의하지 않는다. 그는 서양에서도 농農을 선무先務로 삼고 있다는 점을 강조하면서 농학農學 특히 토성 분별, 시비 실시 등에서 할 바를 다하고, 여기에 인공人功과 자본資本이 덧붙여져야 한다고 설명하였다.[12] 이와 같이 정병하의 입장은 농본이 아국의 독특한 독자성을 갖고 있으며 단지 서양의 기술을 도입하는 정도의 논리에 멈춰있는 것이 아니었다.

---

10)『高宗實錄』권18, 高宗 18年 6月 8日 戊戌 2-12; 前掌令 郭基洛 疏略 (중략) 內修政化 外攘寇敵 而若其器械之藝 農樹之書 苟可以利益 亦必擇而行之 不必以其人 而竝斥其良法也審矣.

11) 권오영, 1984, 「신기선의 동도서기론 연구」, 『청계사학』 1, 청계사학회.

12) 鄭秉夏, 「農政撮要序」『農政撮要』(국립중앙도서관, BC古朝80-10).

정병하는『농정촬요』의 본문 첫대목에서 "농업農業이 천지화육天地化育의 리리理를 받아 인생필수人生必受의 자자資를 공급하는"[13] 것이라고 규정하면서 농리農理를 갖추어야 한다는 점을 강조한다. 그는 "농리農理를 궁구窮究하지 않고, 농술農術을 극진極盡하지 않으며, 구습舊習만 알고 노력努力을 심히 하더라도 수확의 이득이 적다"고 지적한다. 조선의 농민들이 예로부터 내려오는 구습 즉 앞선 시기의 농법農法, 농리農理에 머물러 있으면 바라는 수확을 거둘 수 없다는 지적이다. 따라서 정병하의 주장은 농리와 농법(농업기술)에서 모두 이미 농무農務를 대본大本으로 삼고 있는 서국西國의 그것을 포용해야 한다는 것으로 해석된다. 도道에 해당하는 농리農理와 기器에 해당하는 농법農法을 농구農具를 포함하여 따로 분리시킨 다음에 결합하는 논리가 아니라 서기西器에 해당하는 농법에 내재되어 있는 서도西道에 해당하는 농리까지 융합적으로 수용해야 한다는 주장으로 평가할 수 있을 것이다.

다음으로 1880년대에 편찬된 농서의 특성을 살펴보기에 앞서 1876년 개항 이후에 편찬된 농서를 전체적으로 검토하는 것도 충분히 필요한 일이라고 생각된다. 김영진은 개화기에 편찬된 농서의 현황을 정리하고 그 특징을 지적하였다.[14] 그에 따르면 1881년에서 1914년 사이에 서양의 농업과학기술을 정리한 농서는 약 30종을 달한다고 한다.

구체적으로 당시 편찬된 농서를 살펴보면『농정신편農政新編』(1881년),『잠상촬요蠶桑撮要』(1884년),『증보잠상촬요增補蠶桑輯要』(1884년),『잠상집요蠶桑輯要』(1886년),『농정촬요農政撮要』(1886년),『중맥

---

13) 鄭秉夏,「第一章 論農業之大義」『農政撮要』(국립중앙도서관, BC古朝80-10).

14) 김영진, 2007,「개화기농서의 특징과 농업기술」,『농업사연구』제6권 1호, 한국농업사학회, 171~172쪽; 김영진, 2011,「개화기 한국의 구미 농업과학기술 도입에 관한 종합연구」,『농업사연구』제10권 2호, 한국농업사학회, 1~25쪽.

설重麥說』(1888년), 『농담農談』(1894년), 『양계법촬요養鷄法撮要』
(1898년), 『마학교정馬學敎程』(1900년), 『인공양잠감人工養蠶鑑』(1900
년), 『재상전서栽桑全書』(1905년), 『농림시찰일기農林視察日記』(1906
년), 『농학입문農學入門』(1908년), 『농방신편農方新編』(1908년), 『양잠
실험설養蠶實驗說』(1908년), 『양계신론養鷄新論』(1908년), 『가장양계
신론家庭養鷄新論』(1908년), 『접목신법接木新法』(1909년), 『과수재배
법果樹栽培法』(1909년), 『삼림학森林學』(1909년), 『소채재배전서蔬菜
栽培全書』(1909년), 『작잠사육법嚼蠶飼育法』(1909년), 『잠업대요蠶業
大要』(1909년), 『가축사양학家畜飼養學』(1909년), 『응용비료학應用肥
料學』(1910년), 『실용과수재배서實用果樹栽培書』(1910년), 『상수재배
법桑樹栽培法』(1911년), 『농사문답農事問答』(1912년) 등이다.[15]

　개항 이후 세상에 나온 30여 종의 농서 가운데 1880년대에 편찬된 농
서는 총 6종인데, 그 가운데 안종수의 『농정신편』, 정병하가 지은 『농정
촬요』, 지석영이 지은 『중맥설』 이외에 3종의 농서는 대부분 잠상蠶桑
에 관련된 것이다. 따라서 서양농법의 도입 논의와 관련된 구체적인 검
토 대상을 위에서 언급한 3종의 농서로 한정하여 분석할 것이다.

　앞서 김영진은 『농정신편』에 대해 서양의 실험농학을 본격적으로 도
입 수용하게 된 효시로 파악하였다. 그리고 일본에 다녀온 정병하가
1886년 여름에 실험농학이 가미된 『농정촬요』를 편찬하였다고 보았다.
또한 일본을 다녀와 우두牛痘 치료법과 관련하여 유명한 지석영이
1888년에 실험농학이 가미된 『맥류재배법』, 『중맥설』을 편찬하였다고
정리하였다.[16]

---

15) 김영진, 앞의 논문, 2011, 6～7쪽.
16) 김영진·홍은미, 2006, 「1880년대 한국농서에 기록된 서양농업과학」, 『농업사연구』,

먼저 안종수가 편찬한『농정신편』은 1881년에 일본에 파견된 신사유람단紳士遊覽團, 또는 조사시찰단朝士視察團[17])이 거둔 성과물의 하나이다. 안종수가 편찬한 『농정신편』은 1881년 말에 편찬을 완료하여 1885년에 출판된 우리나라 최초의 서양농업기술을 소개한 농학서이다.[18]) 그리고 1882년 지석영이 시무時務를 잘 해명한 몇 가지 책을 소개하는 상소에서『조선책략朝鮮策略』과 더불어 소개된 바 있다.[19])

안종수는 세관을 담당하였던 조병직을 수행하여 일본에 다녀왔다. 그는 조사시찰단의 일정을 마치고 귀국한 후 불과 5개월 만에『농정신편』을 완성하였다. 일본을 방문하였을 때 안종수는 당시 일본의 신진농학자인 츠다센[津田仙]을 만났는데, 그의 저서인『농학삼사農學三事』를 참고하여『농정신편』을 편찬하였다. 츠다센은 1873년 오스트리아에서 열린 만국박람회에서 참여하였다가 네덜란드 농학자 호이브랜크로부터 농업기술을 전수받고, 일본에 돌아와 1874년에 서양의 농업기술을 정리한『농업삼사』를 간행하였다. 츠다센의 이러한 노력은 서양농학에 대한 학문적 관심을 불러일으켰고 그 후 일본의 농업연구에 큰 자극이 되어 사람들의 관심을 서양농학으로 쏠리게 하였다.[20]) 그러므로 츠다센의『농학삼사』는 엄정한 의미에서는 일본의 농업 지식이라고 할 수는 없고 서양의 농업기술을 일본에 소개한 농서로, 안종수의『농정신편』

제5권 1호, 한국농업사학회, 83쪽.

17) 정옥자, 1965,「紳士遊覽團考」,『歷史學報』27, 역사학회; 허동현, 2002,「朝士視察團(1881)의 일본 경험에 보이는 근대적 특징」,『한국사상사학』19집, 한국사상사학회.

18) 김영진, 2002,「해제『농정신편』」, 고농서국역총서 2, 농촌진흥청, 5쪽.

19)『高宗實錄』권19, 高宗 19年 8月 23日 丙子 2-63.

20) 우치다가즈요시[內田和義], 2002,「개화기에 있어서 일본의 서양농학 수용 — 츠다센(1873-1908)을 중심으로 —」,『농업사연구』창간호, 한국농업사학회.

에 소개된 농업기술은 일본을 통해 들어온 서양의 농업기술이라고 할 수 있다.

서양의 농법을 소개하고 있는『농정신편』에는 작물의 도해圖解와 토양의 물리화학적 조성, 비료학, 작물 생리학, 병리 및 곤충, 개량 농기구 등 서양의 농업기술을 정리하여 수록하고 있다.[21] 『농정신편』은 원형리정元亨利貞의 4권 4책으로 구성되어 있는데 각 권의 주요 내용은 다음과 같다.

권1 원元에는 벼꽃, 보리 꽃 등 70여 종의 도해圖解가 들어 있다. 그리고 토양의 성질을 풀이한 「토성변土性辨」과 작물의 배양법培養法을 소개하고 있다. 토성변에서 흙을 여섯 종류로 구분하여 상세히 설명하면서 칼륨, 소다 등으로 토질을 분석하고 있다. 또한 현미경을 사용하여 조그마한 돌과 모래의 성분을 식별할 수 있다고 지적한다.

권2 형亨은 거름의 종류를 설명한 「분저법糞苴法」과 거름의 처방에 해당하는 「분배방糞培方」으로 구성하여 각종 비료에 대한 제조법과 성능을 설명하고 있다. 비료 종류에 대한 설명에서 인분人糞을 비롯하여 마분馬糞 계분鷄糞 등 약 40종을 열거하면서 서술하고 있다.

권3 리利에는 「육부경종六部耕種」을 서술하고 있는데, 육부六部는 각종 작물을 부위별로 나누어 뿌리작물, 줄기작물, 껍질섬유작물, 잎작물, 꽃화훼작물, 열매작물 등으로 분류한 것이다. 리利에는 뿌리작물, 줄기작물, 껍질섬유작물, 잎작물을 풀이하고, 정貞에서는 꽃화훼작물, 열매작물을 다루고 있다.[22]

---

21) 석태문·박근필, 2002, 「개화기 서양농학의 수도작 재배기술로의 적용 —『農政新編』을 중심으로」,『농업사연구』창간호, 한국농업사학회, 72∼73쪽.
22) 김영진, 2002, 「해제」『농정신편』, 고농서국역총서 2, 농촌진흥청, 10∼11쪽;『농정신편』(규장각한국학연구원 소장 奎12142) 자료해제.

그리고 정병하(1849~1896)가 지은『농정촬요』는 1886년에 간행된 농서이다. 그가 직접 쓴 서문의 말미를 보면 중국과 서양의 '제농가지설 諸農家之說'을 모아서 3편으로 만든 것이라고 한다. 정병하는 서문 앞부분에 "저들 서국西國이 통상通商으로 치부致富한 듯 보이지만 그러나 그 내정內政은 농農을 선무先務로 삼지 않은 것이 없다"[23]고 분명하게 서국의 농업에 관련된 부분을 주목하였다고 밝히고 있다. 정병하는 1881년에 일본으로 파견된 신사유람단 일원으로 광산, 조폐, 제철 등과 관련된 임무를 담당하여 오사카에 파견되었다. 이때의 경험이『농정촬요』편찬에 많은 영향을 주었을 것으로 보인다.

『농정촬요』은 국한문혼용체로 작성되었고, 상중하 3권으로 구성되어 있다. 목차를 보면 상권上卷에 농업의 대의大義, 연중행사年中行事와 시후時候, 경운耕耘 준도準度, 적정 시기, 비료肥料 효용效用, 공기와 비료의 효능效能으로 구성되어 있고, 중권中卷은 토성土性을 중점적으로 다루고 있는데, 토성의 차별, 양토壤土 9등, 식토埴土 9등, 분토墳土 9등을 나누어 논하고 있다.

양토壤土는 메흙이라고도 하는데, 현대의 토양 설명에 따르면 "점토가 25~37.5퍼센트 정도 함유된 흙으로, 모래와 진흙이 알맞게 섞여 있어 배수성排水性, 보수력保水力, 통기성通氣性이 적당하므로 모든 작물의 재배에 알맞은"[24] 토양이라고 한다. 그리고 식토埴土는 질흙 즉 진흙으로 부르는데, 점토 함량이 40% 이상이고 모래 45% 이하, 미사 40% 이하인 토양이라고 한다.[25] 마지막으로 분토墳土는 새벽이라고 부르기

23) 鄭秉夏, 「農政撮要序」『農政撮要』(국립중앙도서관, BC古朝80-10); 彼西國 率以通商致富 然其內政 未嘗不以農爲先務.
24) 국립국어원 홈페이지, 표준국어대사전http://stdweb2.korean.go.kr/, 2014. 8. 18 검색.
25) 농촌진흥청 농업과학도서관 홈페이지, 디지털농업용어사전 3.1

도 하는데 '누런 빛깔의 차지고 고운 흙'[26]이라고 하는데, 미사微砂, 세
사細沙의 함량이 높은 토양을 가리키는 것으로 보인다.

그리고 하권下卷은 전답田畓의 척도, 농기農器 등과 더불어 삽앙挿
秧, 이앙移秧, 제초除草, 관수灌水, 수확收穫 등을 설명하고 있다. 이상
에서 살핀 바와 같이 정병하가 『농정촬요』에서 특히 강조한 부분은 비
료肥料와 토성土性에 관한 부분이었다.

세 번째로 지석영이 1888년에 지은 『중맥설』은 특별히 보리만 다룬
농서農書이다.[27] 맥류재배에 관한 내용만 정리한 순한문체 1권 1책이
다. 지석영[28]이 지은 『중맥설』은 저자 자신의 서문에 이어 총론總論, 공
기空氣, 치전治田, 명품名品, 성능性能, 택종擇種, 종예種藝, 토의土宜,
비료肥料, 서운鋤耘, 언매偃媒, 배양培養, 예확刈穫, 비지肥池, 회요灰
窯, 산계算計 등 모두 16개 항목으로 구성되어 있다.

지석영은 앞선 시기인 1882년에 시무時務의 중요성을 일깨우는 상소
를 올린바 있다.[29] 이 상소에서 지석영은 '일원一院'을 설치하여 자신이
언급한 제서諸書를 갖추어두고, 또한 각국各國 수차水車, 농기農器, 직
조기織組機, 화륜기火輪機, 병기兵器 등을 구매하여 모아둘 것을 주장
한다. 그리고 각도各道의 읍邑마다 지시하여 문학文學과 문망文望으로

---

http://lib.rda.go.kr/newlib/dictN/dictSearch.asp, 2014년 8월 18일 검색.
26) 국립국어원 홈페이지, 표준국어대사전http://stdweb2.korean.go.kr/, 2014. 8. 18 검색.
27) 池錫永, 『重麥說』(성균관대학교 존경각 소장본, 청구기호 C06A-0012).
28) 지석영은 일본 久我克明의 『種痘龜鑑』을 통해 우두법을 익혔는데, 1880년 수신사
    金弘集의 수행원으로 일본에 가 종두기술을 익히고 돌아왔다. 1883년 문과에 급제
    하여 후일 김홍집내각의 형조참의, 의학교장 등을 역임하였다김영진, 홍은미,
    2006, 「1880년대 한국농서에 기록된 서양농업과학」, 『농업사연구』, 제5권 1호, 한
    국농업사학회, 88쪽.
29) 『高宗實錄』 권19, 高宗 19年 8月 23日 丙子 2-63.

한 읍에 우뚝 선 사람과 유리儒吏 각 1인을 선발하여 해원該院으로 보내 익히게 할 것을 주장하였다. 이것이 이용후생의 양법良法이라고 강조하였다.

1880년대 편찬된 농서들은 대개 서양 농학, 서양 농업기술을 소개하는 내용을 담고 있었다. 하지만 잠업과 관련된 잠상서蠶桑書의 경우 중국과 조선의 잠서蠶書를 종합하여 정리하는 방식으로 편찬된 것이었다. 구체적으로 『잠상촬요蠶桑撮要』(1884년), 『증보잠상촬요增補蠶桑輯要』(1884년), 『잠상집요蠶桑輯要』(1886년) 등의 책들이 그것이다. 이렇게 잠상서가 여럿 편찬된 이유는 잠상의 성행을 바탕으로 명주 생산, 비단 제조 등 상품생산을 진흥시키려는 의지가 표출된 것이라고 보인다.

당시 편찬된 대표적인 잠상서로 『증보잠상집요增補蠶桑輯要』를 살펴본다. 저자는 김사철金思轍이고, 교정자가 『잠상촬요蠶桑撮要』를 지은 이우규李祐珪이다. 그런데 『잠상촬요』와 『증보잠상집요』는 동일하게 1884년에 나란히 편찬되었다. 『증보잠상집요』의 교정자인 이우규가 1884년에 지은 『잠상촬요』는 『증보잠상집요』의 내용을 간결하게 간추린 책이다.[30] 그리고 김사철과 이우규는 절친한 교유관계를 맺고 있던 친구사이로 알려져 있다는 점에서 두 책 모두 당대 잠업 기술을 종합 정리한 책으로 볼 수 있다. 『증보잠상집요』는 19세기말 잠상에 대한 관심이 높아지는 상황에서 중국의 기술을 도입하고 실행에 옮기려는 움직임을 살필 수 있는 자료이다.

『증보잠상집요』는 중국의 잠상 관련 서적에서 여러 가지 기술적인 내용을 발췌하여 옮겨 놓아 정리한 책이다. 서문과 목차의 서술 부분이 없고, 곧바로 본문을 기술하고 그런 다음 이우규의 발문이 붙어 있다. 앞

30) 金榮鎭, 1982, 『農林水産 古文獻 備要』, 한국농촌경제연구원.

부분에 「어제경직도시서御製耕織圖詩序」와 「욕잠浴蠶」 등 양잠養蠶의 중요 과정을 읊은 청清나라 성조聖祖(강희제康熙帝)의 어제시御製詩 23수首를 비롯한 중국의 잠상蠶桑 관련 내용이 들어 있다. 이 중에는 19세기 후반 청나라의 잠상 관련 고시告示, 간략한 '잠서蠶書' 등이 포함되어 있다. 이 부분은 중국 잠서의 내용 가운데 김사철과 이우규가 중요하다고 판단된 것을 발췌 인용한 것으로 볼 수 있다.

다음으로 『증보잠상집요』의 내용을 살펴보면, 「제가잡설諸家雜說」이 이어지고 있다. 여기에서는 잠상에 관한 여러 항목을 설정하고 제서諸書의 내용을 옮겨놓은 것이다. 그런데 김사철은 인용된 책명은 밝혀 놓지 않고 있지만, 이 부분은 이우규가 지은 『잠상촬요』의 내용과 동일하다는 점에서 두 책 사이의 친근성, 그리고 제목에서의 연결성을 찾아볼 수 있다.

이어서 '소사차전도繅絲車全圖, 실켜는 기구 도면'와 '차상식車牀式', '차축식車軸式' 등 여러 부품의 제작 방식, 재료, 크기 등을 소개하는 도면이 들어 있다. 그리고 잠상蠶桑 작업에 쓰이는 각종 도구들의 도면을 모아놓고 있다. 상전桑翦, 상제桑梯 등 뿐만 아니라 노상엽魯桑葉과 형상엽荊桑葉을 그린 그림도 들어 있다.

마지막으로 청나라 심병진沈炳震이 지은 '악부樂府20수'가 실려있다. 이어서 이우규의 발문에서 잠상이 사람들이 삶을 이어나갈 수 있게 해주는 중요한 것인데, 우매한 습속에 젖은 사람들이 사종桑種의 좋고 나쁨을 알지 못하고, 잠성蠶性의 기호嗜好 등의 세세한 기술적인 부분을 모르고 있어 이에 잠상에 관한 묘법妙法을 중국에서 전해진 책 속에서 찾아서 정리한 것이라고 설명한다. 이와 같이 개항기, 대한제국기 잠상 관련 기술의 정리, 양잠 관련 농업기술의 도입과 변용에 관련된 부분은 이른바 전통적인 방식, 중국과 조선의 잠업 기술을 바탕으로 정리된 것이었다.

2. 서양 시비기술과 재래농법의 결합

1880년대에 편찬된 『농정신편』과 『농정촬요』, 그리고 『중맥설』의 농학사적 의의는 다각도로 검토되어야 할 것이다. 특히 조선 전통의 농법과 세 농서에 수록된 농법 사이의 공통점, 차이점에 대한 검토 뿐만 아니라, 서양 농법의 토착화 가능성에 대한 세 농서 편찬자의 의도, 그리고 실제 기술적인 측면에서 그러한 토착화가 가능한 것이었는지 살펴보아야 할 것이다. 나아가 실제의 농업생산에 세 농서에 소개된 농법이 적용되었는 지 여부도 눈여겨 볼 대목이다. 여기에서는 시비법을 중심으로 위와 같은 의문점의 해답을 찾아볼 것이다.

시비법에 중점을 두어 살펴보는 이유는 시비 기술의 발달이 농업체제의 변동에 커다란 영향을 끼치는 요인으로 간주할 수 있기 때문이다. 한국의 농업사에서 그러한 예를 찾아볼 수 있고, 나아가 영국 농업사에서도 그러한 사례를 찾아볼 수 있다. 영국 농업사에서 4포제 농법이 자리를 잡게된 배경에는 시비 기술의 발달이라는 기술적인 발전이 놓여 있었다. 그리고 한국 농업사에서 14세기에 벼농사의 휴한법에서 연작법으로의 전환이 성취된 배경에도 시비법의 발달이 중요한 요인이었다.[31]

조선 근세 농업체제의 형성 과정에서 나타난 휴한법에서 연작법으로 농법의 대전환에 커다란 기여를 끼친 기술 부문이 바로 시비법이었다. 15세기 초반에 편찬된 『농사직설農事直說』은 당대의 연작농법의 실제

---

31) 염정섭·소순열, 2021, 『농업기술과 한국문명』 한국의 과학과 문명 021, 들녘.

적인 기술을 간략하게 종합하고 정리하고 있는데, 모든 작물의 재배에 원칙적으로 거름을 넣어주고 여러 가지 시비재료를 활용하고 있었다. 『농사직설』의 농업생산 기술 체계에서도 당연히 초목草木, 인분人糞, 회灰 등을 시비재료로 활용하는 시비법이 정립되어 있었던 것이다.[32]

또한 17세기 초반에 고상안高尙顏이 편찬한 『농가월령農家月令』에서 시비를 위한 측간廁間의 활용, 인분人糞의 적극적인 이용 등의 측면에서 조선 후기 농업기술의 발전 방향, 근세 농업체제의 변동 양상을 보여주고 있었다. 이와 같이 근세 농업체제의 형성이나 근세 농업체제의 변동에 주요하게 작용한 농업의 구성요소가 바로 시비법이었던 것이다.

영국농업사에서 18세기 중반 이후 삼포제에서 사포제로의 이행은 작물 경작방식의 전환에 그치는 것이 아니었다. 삼포제에서의 경작지 활용도가 사포제에서는 급격하게 증대되는 것이기 때문이다. 경작지에 작물을 재배하는 토지이용도의 급격한 증가는 필연적으로 시비재료의 확대, 거름의 다량 투입 등을 요구하는 것이었다. 이런 점에서 톰슨(F. M. L. Thompson)이 19세기 초중반 농민들이 각종 국내산 및 수입산 비료를 구입하여 농지에 대량으로 공급하는 활동이 특징적이라고 주장한 점을 충분히 납득할 수 있다. 사포제 하에서 점차 지력地力 회복을 위한 시비 활동의 중요성이 강조되고 국내 뿐만 아니라 해외에서 비료를 구입하게 되었던 것으로 추정할 수 있다.[33]

---

32) 염정섭, 2002, 『조선시대 농법 발달 연구』, 태학사.
33) 페루의 태평양 연안에 위치한 진차(Chincha)군도는 천연비료 구아노(Guano)가 대량생산되는 곳인데, 1840년대부터 유럽에서 건너온 수많은 증기선들이 구아노를 채취하여 유럽으로 실어 날다. 이렇게 유럽에 건너온 구아노는 수입산 비료로 커다란 인기를 얻었다. 구아노에는 질소이외에도 인산성분이 풍부하게 존재하는 것이 특징이다. 조류의 구아노는 질소 11~16%, 인산 8~12%, 칼리 2~3%로 이루

농업생산에 활용하는 시비법施肥法은 작물의 생장을 도와주어 소기의 수확을 획득하게 해준다는 점에서 농업생산기술에서 제초법除草法과 더불어 중요한 기술의 하나로 평가된다. 서양 농업기술을 소개하는 1880년대에 편찬된 농서들이 비료肥料의 구성요소에 대한 실험농학의 결과물에 크게 주목하고 있는 것은 당연한 일이었다. 앞선 연구에서 개화기 농서의 내용을 검토하여 그 특징을 소개하면서 비료를 체계적으로 분류하고 그 성상을 밝혀 놓았다. 그리고 이와 더불어 각 작물의 식물체를 화학적으로 분석하여 비료의 3요소를 밝힌 점을 지적하였다. 그리하여 조선시대의 유기질비료 위주에서 새로이 화학비료의 풀이가 농서에 비로소 반영된 것이라고 소개하고 있다.[34]

이와 같이 1880년대 편찬된 농서에 서양의 화학 비료와 관련된 서술이 들어 있다는 점은 이미 확인되었다. 하지만 『농정신편』 등에 보이는 시비법이 근세 후기 농서에 소개되어 있는 시비기술과 비교하여 따져보는 검토는 아직 보이지 않는다. 이러한 관점에서 1880년대 서양 농업기술을 소개한 농서 몇 종을 세밀하게 살펴볼 필요가 있다.

먼저 안종수가 『농정신편』에서 정리하여 소개하고 있는 거름 만드는 법과 거름 처방하는 법은 각각 서술 비중이 크게 다르다. 거름 만드는 법이 서술 분량이 90% 정도이고, 거름 처방하는 법은 10% 정도를 차지하고 있다.[35] 이러한 비중은 거름을 어떻게 만들 것인가에 주안점을 두어

어져 있어 작물에 넣어줄 시비재료로 안성맞춤이었다. 하지만 1908년 독일에서 하버-보쉬법(Haber-Bosch process)이 개발되어 대기 중의 질소를 비료로 만드는 기술이 실용화되어 화학비료가 광범위하게 사용되면서부터 구아노는 잊혀진 자원이 되었다.
34) 김영진, 2011, 「개화기 한국의 구미 농업과학기술 도입에 관한 종합연구」, 『농업사연구』 제10권 2호, 한국농업사학회.
35) 『농정신편』 시비법 내용 분석은 『농정신편』 고농서국역총서 2에 의거하고, 기술

『농정신편』을 정리한 것임을 보여준다.

　우선 거름을 3부류로 나누어 종류를 제시하고 있는데, 활물류活物類 12가지, 초목류草木類 12가지, 토석류土石類 12가지로 제시하고 있다. 이어서 거름 만드는 법을 소개하고 있는데, 그 구성 내용을 보면 인분人糞, 인닉人溺, 마분馬糞, 마닉馬溺, 계분鷄糞, 잠분蠶糞, 수육獸肉, 어패육魚貝肉, 건어乾魚, 활물유活物油, 인발수모人髮獸毛, 골각회骨殼灰, 곡비穀肥, 묘비苗肥, 초비草肥, 매비埋肥, 부비腐肥, 구비廐肥, 초목회草木灰, 부비稃肥, 미맥강米麥糠, 유조油槽, 깻묵, 수조비水藻肥, 매비煤肥, 옥하개병염초屋下芥幷焰硝, 자일니炙日泥, 토유황土硫黃, 홍비석紅砒石, 비광회砒鑛灰, 신석회新石灰, 구니溝泥, 하니河泥, 천사川沙, 객토客土 등으로 되어 있다.

　이중에는 인분, 묘비, 초비, 구비 등 앞선 시기의 농서에서 찾아볼 수 있는 거름종류도 있지만, 수육, 어패육, 건어, 활물유, 인발수모, 골각회, 수조비, 매비, 옥하개병염초, 자일니, 토유황, 홍비석, 비광회, 신석회 등 새로운 거름 종류도 제시되어 있다. 이는 조선의 앞선 시기의 시비재료에는 보이지 않는 것으로 서구 농업기술의 시비재료를 검토하면서 토석에 해당하는 것을 모아놓은 것으로 볼 수 있다. 조선의 전통적인 시비재료와 서구 농법의 시비재료를 융합시키는 방식으로 정리하였다고 평가할 수 있다.

　또한 거름 종류를 다듬어 거름으로 만드는 방법의 측면에서도 많은 기술적인 개량의 방안들을 보여주고 있다. 인분人糞의 경우, 썩혀 만드는 법, 회분灰糞으로 만드는 법, 납토臘土 만드는 법 등이 소개되어 있다. 그리고 활물유의 경우 곰과 집돼지 기름 채취법, 수염고래 기름 채취

───────────────

　내용 하나하나를 각주에 표시하는 것은 생략하였다.

법, 정어리와 긴 정어리 기름 채취법 등으로 구성되어 있다.

한편 거름을 처방하는 법의 경우 서양농학의 성과로 보기 어려운 방식으로 제시되어 있다. 즉 오행五行의 상생상극相生相剋의 이치로 거름을 조합하여 '십자호十字號'라는 것을 설정하고 있다. 그리하여 메마른 땅에는 갑甲과 을乙을 쓰고, 습하고 찬 땅에는 병정丙丁, 들뜨는 땅에는 무기戊己, 지나치게 약한 땅에는 경신庚辛, 양이 하늘을 찌를 듯한 땅에는 임계壬癸를 쓰는 방식을 제안하고 있다. 이렇게 음양陰陽의 허실虛實을 관찰하고 수토水土의 강유剛柔를 살펴, 남는 것은 덜어내고 모자란 것은 보충해야 중화中和를 이룰 수 있다고 설명하고 있다.

이상에서 살펴본 바와 같이 안종수가 『농정신편』에서 소개하는 시비법은 서양농학기술의 원리에 의거한 것이라기 보다는 조선의 앞선 시비법을 바탕으로 많은 거름재료를 활용하는 방법을 종합하고, 이를 오행五行 원리를 이용하여 실제 활용할 수 있는 상태의 거름으로 처방하는 것이었다.

다음으로 정병하가 『농정촬요』에서 시비법에 대한 자신의 입장을 어떻게 드러내고 있는지 살펴본다. 그는 시비법과 관련된 부분을 「제사장第四章 논비료효용論肥料效用」, 「제오장第五章 논통공기용비료지효능論通空氣用肥料之效能」 이렇게 총 2장에 걸쳐서 서술하고 있다.36) 제4장이 주로 재래의 조선의 시비재료를 중심으로 서술하고 있다면, 제5장은 '공기소통지기空氣疎通之器'라는 것을 소개하는 등 주로 서국西國과 중국中國의 시비법을 소개하는 데 치중하고 있다. 이와 같은 2장의 내용

---

36) 『농정촬요』 시비법 관련 분석내용은 鄭秉夏, 「第四章 論肥料效用」, 「第五章 論通空氣用肥料之效能」 『農政撮要』(국립중앙도서관, BC古朝80-10)에 의거하였고, 상세한 각주표시는 생략하였다.

구성에서 정병하가 서양과 중국의 농학서를 중심으로 많은 기술적인 내용을 참고하고 있지만, 특히 시비법의 경우는 조선의 전통적인 시비법을 정리하는 데 주목하고 있다는 점을 알 수 있다.

「제사장 논비료효용」의 앞부분에서 비료를 활물류活物類 12종, 초목지류草木之類 12종, 토석지류土石之類 12종이 있다는 점을 제시하고 있다. 활물류에는 인분人糞, 인닉人溺, 우마牛馬, 분닉糞溺 등이 들어 있고, 초목지류에는 곡비穀肥, 묘비苗肥, 구비廐肥 등이 포함되어 있다. 그리고 토석지류에는 객토客土, 천사川沙, 구니溝泥 등이 들어 있다. 그런데 토석지류에 포함된 12종의 비료 중에는 신석회新石灰, 홍비광紅砒礦, 홍비석紅砒石 등 광석, 석물에 해당하는 재료를 제시하고 있다. 그런데 이 내용은 앞서 정리한 안종수의 『농정신편』의 내용과 동일한 것이었다.

다음으로 정병하는 「제오장 논통공기용비료지효능」의 앞부분에 태서泰西(西國)에서 활용하고 있는 '공기소통지기空氣疎通之器'의 도입을 극력 주장하고 있다는 점이 주목된다. 그는 공기를 소통하는 것만으로 시비를 대신할 수 있다는 점에서 '공기소통지기'를 제작하여 실제로 활용해야 한다고 강조하였다. '공기소통지기'의 재료는 본래 점토粘土로 하지만 이외에 죽竹, 목木 등을 원용할 수 있다고 설명한다. '공기소통지기'는 속이 뚫린 형태를 띠고 있고, 중간에 3, 4개의 구멍이 뚫리는 구조를 갖고 있다. 그리고 길이는 3척 내지 4척 정도로 하는데, 밭의 밭고랑과 사면에 길게 이 기구를 묻는 방식이었다.

정병하는 시비재료의 하나로 간약干鰯, 메르치 즉 멸치에 주목하였다. 멸치가 보리를 재배하는 데 가장 좋다는 점을 강조하였다. 경종耕種할 때 멸치를 넣으면 양맥兩麥의 소출所出이 배가 된다는 점을 지적하였다. 아국我國의 동남해 지역에서 멸치가 많이 산출되는데, 농가에서는 비료로 사용하지 않고 있었고, 부산 원산 항국를 통해 외국으로 팔려 나가고 있을 뿐이었다. 그런데 일본의 대마도對馬島와 살마도薩摩島 등지에서 멸치가 많이 생산되었는데, 예전에는 비배肥培의 이득을 알지 못하고 먹기만 하다가 수십 년 이전부터 비료로 사용하고 있다고 지적하는 부분을 주목할 필요가 있다. 멸치와 관련된 부분은 지석영의 『중맥설』을 설명하는 부분에서 자세히 정리할 것이지만 결론을 먼저 제시하면, 일본에서 시비재료로 활용하고 있던 간약干鰮을 새로운 시비재료로 제시한 것이었다.

이상에서 정병하의 『농정촬요』의 시비법 관련 서술의 특색을 살펴보았다. 정병하는 조선 전래의 시비재료를 활물류, 초목지류, 토석지류 등 3가지로 분류하고 각각 12종의 시비재료를 제시하였다. 이는 전래의 시비재료를 나름대로의 기준에 따라 분류하여 정리한 것이라고 할 수 있다. 그리고 서국西國과 일본日本의 시비 기구, 시비 재료를 활용하는 방법을 덧붙이고 있었다. 이러한 점에서 볼 때 정병하의 시비법 정리는 조선 전래의 시비기술과 서국, 일본의 새로운 시비법을 접목시키는 것이었다고 평가할 수 있을 것이다.

마지막으로 지석영이 편찬한 『중맥설』에 보이는 시비법 관련 내용을 검토한다.37) 보리는 특히 시비에 민감한 작물이기 때문에 『중맥설』의 내용 속에 시비 관련 내용이 풍부하게 담기지 않을 수 없었다. 지석영은 『중맥설』에 붙인 서문序文에서 조선 농민들이 종맥種麥을 집집마다 하고 있지만 깨우치지 못한 점이 많다는 점을 지적하면서 자신이 동양東

---

37) 『重麥說』의 시비법 관련 내용은 池錫永, 『重麥說』(성균관대학교 존경각 소장본, 청구기호 C06A-0012)에 의거하였고, 특별한 경우 이외에 각주 표시는 생략하였다.

洋 농사農師 진전씨津田氏(츠다센의)『농업삼사農業三事』를 열람하고 획득한 것을 설명하려는 의지를 보이고 있다. 그는 맥麥을 중히 여겨서 가급家給하고 인족人足하며, 민부民富하고 국강國强함을 보는 것을 목표로 삼고 있었다.

그는 총론에서 서유구가 임원경제林園經濟에서 "종맥種麥하는 데 요뇨澆尿하지 않으면 물종勿種한 것과 같다. 요뇨澆尿를 시時에 맞춰 하지 않으면 요澆하지 않은 것과 같다"라고 기술한 부분을 인용 서술하면서[38], 보리 재배에서 시비를 넣어주는 것이 매우 중요하다는 점을 다시 한번 강조한다. 지석영이 인용한 부분은 『임원경제지』「본리지」에 들어있는 구절이다.[39]

서유구가 종맥법種麥法에서 진정으로 가장 앞세우고 있는 것은 바로 분전糞田의 중요성이었다. 서유구는 강원도 철원 평강 지역의 종맥법을 소개하고 있는데, 이는 인시人屎를 모아 맥종麥種에 묻혀주는 분종糞種을 하는 방식이었다.[40] 계속해서 서유구는 대소맥大小麥을 막론하고 그리고 땅의 요척조습饒瘠燥濕을 논하지 않고 '요뇨澆尿'가 가장 좋은 시비법이라고 강조하였다. 이는 서유구 자신이 금화산장金華山莊에서 직접 경험으로 획득한 방식이었다.

서유구의 보고에 따르면 맥麥 9두斗를 파종하고, 낙종落種한 다음부터 다음해 봄여름이 바뀌는 시기까지 계속 요뇨澆尿하였다고 한다. 뇨尿가 부족하면 계분鷄糞을 물과 섞어서 만든 즙汁을 뿌려주었고, 그래

---

38) 池錫永,『重麥說』總論; 徐氏 林園經濟曰 種麥不澆尿 如勿種 澆尿不以時 如勿澆.

39) 徐有榘,『林園經濟志』, 本利志 권10, 種藝之具, 澆麥車; 種麥 不澆尿 如勿種也 澆尿 違其時 如勿澆也.

40)『杏蒲志』卷2, 種植 種稻(『農書』36, 142쪽); 埋甕廁中 受人屎 種麥前數日 取出拌麥 旣乾復拌 令如榛子大 復厚拌火灰種之 則能耐風旱易滋茂 此鐵原平康之間種麥法也.

도 부족하면 분회糞灰를 뿌렸다고 한다. 그런데 두 차례에 걸쳐 요뇨澆尿한 경우 1두斗 파종에 20두斗를 수확하였고, 계분수鷄糞水를 요澆한 경우 1두에 15~6두를 수확하였으며, 분회糞灰를 뿌린 경우 겨우 4~5두를 수확하였다고 한다. 이러한 보고와 더불어 예로부터 분약糞藥이라고 칭한 것은 그 나름대로의 이유가 있다고 감탄하고 있다.[41]

이러한 서유구의 경험담은 액체 상태의 비료가 고체 상태의 비료에 비해서 훨씬 효과가 많다는 점을 강조하는 것임과 동시에 양맥兩麥의 경작에 시비施肥를 많이 하면 많이 할수록 더욱 좋다는 점을 다시 한번 확인해주는 것이라고 풀이할 수 있다. 서유구는 요뇨법澆尿法에 대한 강한 확신을 가지고 있었다고 생각된다. 요뇨澆尿를 제작하여 취득하는 것이 용이하다는 점, 농지에 활용하는 것이 간편하다는 점, 시비재료 획득에 커다란 비용이 들어가지 않는다는 점 등 때문에 중요한 시비재료로 활용된 것으로 생각된다.

지석영이 제시하는 보리 시비 방식도 서유구와 마찬가지로 뇨尿를 활용하여 시비하는 것이었다. 지석영은 심지어 "내가 생각하기에 종맥種麥하면서 축비畜肥하지 않는 것은 기농棄農, 농사 포기하는 것과 같고, 축비畜肥하는데 지池로써 하지 않으면 기뇨棄尿하는 것과 같다"[42]라고까지 서술하였다. 그리고 지석영은 멸치[43]가 보리농사에서 가장 좋은 비료라고 극찬하고 있다. 마른 멸치를 파종할 때 넣어주면 소출이 배가

41) 『杏蒲志』卷2, 種植 種稻(『農書』36, 144~145쪽); 種大小麥 不論土之饒堉燥濕 惟以澆尿爲主 余金華山莊北麓下 種麥九斗 自落種初 至翌年春夏之交 連爲澆尿 不足則用鷄糞和水取汁澆之 又不足 則只撒糞灰 及夫收刈 再澆尿者 一斗 得二十斗 一澆尿者 得十五六斗 澆鷄糞水者 得七八斗 撒灰者 董收 四五斗 古所稱糞藥 有以哉.
42) 池錫永, 『重麥說』總論; 余以爲 種麥不畜肥 如棄農 畜肥不以池 如棄尿.
43) 지석영이 乾鰯으로 표기하고 있는데, 비료 종류를 소개하는 부분에서 乾鰯 아래에 雙行註를 달고 細字로 '멸치'라는 한글 표기를 붙이고 있다.

될 것이라고 설명한다.[44)

앞서 정병하가 간약干鰯을 메르치 즉 멸치로 표기하였고, 지석영도
건약乾鰯을 멸치로 표기하고 있다. 그런데 지석영이 멸치를 건약乾鰯
으로 표기하고 있다는 점에서 일본 에도江戶시대 후기後期에 널리 비료
로 활용되었던 호시카ほしか(干し鰯) 즉 말린 정어리와 비슷한 것이 아
닌가 검토가 필요하다. 이와 관련해서 정병하가 일본에서 간약干鰯을
먹기만 하다가 비료로 사용한 것이 불과 수십 년밖에 되지 않는다는 점
을 지적하고 있다는 점이 주목된다.

물론 지석영과 정병하가 멸치로 분명하게 표시하고 있지만, 일본에서
도 시비재료로 활용하고 있다는 점에서 간약干鰯(농정촬요), 건약乾鰯
(중맥설)이 멸치인지 말린 정어리인지 보다 상세한 분석이 더 필요하다
고 할 수 있다. 하지만 간약干鰯(농정촬요), 건약乾鰯(중맥설)을 비료 재
료로 활용하게 된 것이 일본의 영향이라는 점은 분명하다. 즉 조선의 재
료의 시비법에서는 보이지 않던 새로운 비료 종류로 도입된 것이라고
볼 수 있다.

지석영은 보리농사에서 활용할 비료수肥料水를 양조釀造하는 법을
소개하고 있다. 비료수肥料水가 양맥兩麥에 가장 적당하고 목면木綿 및
각종 채소菜蔬에는 적당하지 않은 것이 없다고 주장한다. 지석영이 제
시한 비료수肥料水를 만드는 법은 다음과 같다.

---

44) 池錫永,『重麥說』肥料. 乾鰯 爲麥農第一肥料也 播種時和入乾鰯 則麥出倍常 且其
實潤澤堅强 不下米穀 如用乾鰯一石爲肥料 兩麥元出之外 更得七八石假使 一斗地
元出一石 而用乾鰯倍收 則一石魚 足肥七八斗地 如此利益 民不能殖 但知售賣於外
國我東 東南海 多産此魚 輸出元釜兩港者 一年 不知爲幾千石 而一石價 不過四五兩
可勝嘆哉.

양조釀造하는 법. 밭머리 및 집아래에 구덩이를 단단하게 만든다. 물을 대는 곳
이 해안 근처이면 바닷물이 더욱 교묘하다. 인뇨, 인분 및 우마의 분뇨와 일체의 더
러운 것들로 가득차게 한다. 채워놓고 여러 날이 지나면 일들의 비료수肥料水가 된
다. 이 비료수로 양맥兩麥을 배양하면 그 공효功效가 순분純糞, 순뇨純尿에 비해서
10배나 우승優勝하다.[45]

　일종의 비지肥池, 즉 비료못을 만드는 방법인데, 일체의 오물汚物을
모아서 부숙시키는 방식으로 비료수를 양조하는 것이었다. 이와 같이
살펴볼 때 지석영은 조선의 실정에서 구득求得할 수 있는 시비재료를
활용하는 방식으로 시비법을 추천하고 권장하고 있었다.

　특히 안종수가 지은 『농정신편』과 지석영이 지은 『중맥설』을 주목할
필요가 있다. 두 사람은 자신이 편찬한 농서에 서양농업기술의 화학비
료를 소개하고 있었지만, 그럼에도 불구하고 시비법에 화학비료의 원리
를 적용하는 방식이 곧바로 채택하고 있는 것은 아니었다.

　이상과 같이 19세기 후반에서 20세기 초반에 걸쳐 한국의 농업기술
변화의 한 방향은 서양 농업기술의 도입과 적용이었다. 서양 농업기술
의 소개, 도입이 새로운 농서 편찬으로 전개되고 있었다. 1880년대에 편
찬된 농서農書를 통해서, 특히 시비법을 통해서 살펴본 서양 농법의 도
입 양상은 일방적으로 서양식 농업기술을 조선 농업에 적용하려는 것이
아니라 조선의 농사 여건, 농업 조건에 적합한 방식으로 변용하는 과정
을 거치는 것이었다.

---

45) 池錫永, 『重麥說』 肥料; 釀造之法 田頭及舍下 緊築一池見下 注水沿邊 則海水尤妙
　　令滿 人糞人尿及牛馬之糞溲 與一切汚穢之物 納之日久 則爲一等肥料水 此水培養兩
　　麥 其功效 比純糞純尿 優勝十倍也.

3. 농업시험장의 설치와 철폐

19세기 후반 조선의 근대 전환 과정에서 나타난 근대 농업체제의 형성 과정에서 주목해야 할 사건의 하나는 농업기술의 개발과 보급을 특정한 기관을 통해서 수행하려는 움직임이라고 생각된다. 농업기술시험장, 또는 농사시험장 등의 명칭을 붙일 수 있는 관서를 창설하고 여기에서 새로운 경작법의 개발, 품종 개량, 농업 여건의 정비, 수리시설 관련 기술의 개발 등을 수행하게 하는 방침과 그 실행은 앞선 근세 농업체제에서는 현실화되기 어려운 것이었다.

조선 근세 농업체제에서 실질적인 농사 전문가인 노농老農은 농가와 농촌, 그리고 지역사회 내에서의 기술 전수를 기본 틀로 설정하고 있었다. 특정 지역을 뛰어넘는 농민들 사이의 기술 전승은 아주 예외적인 상황에서만 나타나는 것이었다. 따라서 근대 농업체제의 형성의 주요한 특색으로 농사시험장의 설치 운영이라는 사항을 깊이 살펴보는 것이 필요할 것이다. 왜냐하면 농사시험장의 설치 운영은 농업기술을 일반적이고 보편적으로 그리고 지역의 범위를 뛰어넘는 차원에서 전수하고 보급하는 것을 가능하게 하는 기반이기 때문이다. 근세 농업체제를 기반으로 국가권력을 유지하였던 조선왕조의 최말기에 박지원, 서유구 등이 구상하였던 농사시험장의 설치가 19세기 후반에 이르러 현실화되었다.

대한제국 수립 이전인 고종 재위 시기의 경우 앞서 살핀 바와 같이 농업시험장의 설치와 운영이 이미 시도되었다. 1884년에는 최경석이 주도하여 미국을 본따서 농무목축시험장農務牧畜試驗場이 설치 운영되었다. 최경석이 사망한 이후 서울 청파동(작물원예), 자양동(축산) 등 두 시험지에 개설되었고, 종목국種牧局 또는 종목과種牧課로 명칭이 변경되면서 그 소속도 왕실직속, 농상사, 농상공부, 궁내부 소속으로 전전하였다. 애초에 농무목축시험장이 설치되었을 때 왕실 직속이던 것이 정부 산하의 기구로 편입되었지만 그 운영의 실상을 아직 모호한 상황에 놓여 있다.

1880년대 고종 재위 시기에 서양농업기술 도입 시도의 한 사례로 찾아볼 수 있는 것이 '공상소工桑所'라는 기관의 설치와 운영이다. 공상소가 현재까지 학계에 알려지지 않았던 것은 그 흔적을 찾아볼 수 있는 자료를 발굴하기 어렵기 때문이었다. 그런데 한국학중앙연구원에 소장되어 있는 『공상소실록工桑所實錄』이라는 자료를 통해서 공상소의 실체에 대하여 접근할 수 있다.[46] 『공상소실록』 오횡묵吳宖默이 지은 책이다.

현재 알려져 있는 서지사항은 1905년에 간행된 것으로 되어 있는데, 이는 김인길金寅吉의 서문 날짜가 1905년으로 되어 있기 때문이다. 하지만 『공상소실록』 본문을 보면 첫면의 첫행에 '갑신甲申 칠월七月 십칠일十七日' 이라는 날짜가 분명하게 명기되어 있기 때문에 공상소의 설치 시기는 1884년으로 보는 것이 온당할 것이다. 따라서 공상소라는 농업기술 시험과 관련된 기구를 당시 새로 만들어 운영하였던 것을 짐작할 수 있다.[47]

『공상소실록』에 따르면 공상소는 고종의 명령에 의해 설치되었다. 설치된 공간은 북악北岳 아래쪽으로 경무대景武臺 서쪽 자리였다. 공상소는 과목果木과 화훼花卉 즉 과실나무와 꽃나무를 키우는 기능을 담당하였다. 또한 상목桑木을 채종採種하고 육성하는 일도 담당하였다. 공

---

46) 『工桑所實錄』 吳宖默 撰(한국학중앙연구원 소장, 청구기호 C6A＾8).
47) 工桑所에 대한 설명은 『工桑所實錄』(吳宖默 撰)에 따른 것으로 세부적인 기사 하나하나에 일일이 각주를 다는 것은 생략하였다.

상소의 감동監董 즉 책임자가 오횡묵吳宖默이었다.

오횡묵은 공상소의 위치와 과목, 가옥 등의 현황을 정리한 보고서를 만들어 고종에게 보고하고 있었다. 또한 고종과 직접 공상소 운영과 관련된 내용을 문답하거나, 고종의 공상소 운영과 관련된 명령을 수수하는 역할도 담당하였다. 『공상소실록』에 따르면 오횡묵은 고종의 직접적인 명령을 받으면서 공상소를 운영하며 과일나무, 꽃나무, 뽕나무 등의 새로운 품종을 일본과 서양에서 도입하여 재배하였던 것으로 보인다.

오횡묵이 1896년 1월 전라도 지도智島 군수郡守로 임명되어 5월에 임지인 지도로 부임하였다. 그는 1895년 2월부터 1897년 5월까지 2년여 기간 동안 일기를 작성하였는데 현재 『지도총쇄록智島叢瑣錄』이라는 제목의 책으로 전해지고 있다.[48] 1896년 5월 이후 오횡묵이 공상소 감동 직임을 더 이상 수행하지 못하게 되었다. 이러한 상황에서 현재까지 공상소의 치폐와 관련된 내용을 더 이상 찾기 어려운 상황이다.

그런데 일본 교토대학 가와이문고에 소장되어 있는 고문서 가운데 궁내부宮內府 주전원主殿院 서무과庶務課에서 공상소工桑所에 발급한 차하差下문서가 최근에 발굴되어 공상소의 존속 시기에 대한 단서를 전해주고 있다.[49] 가와이 문고 소장 차하문서의 발급기관인 주전원은 궁전, 이궁離宮, 어원御苑에 자리를 설치하는 일에 관한 사무를 맡아보던 관청이었다. 1894년 관제 개혁 당시 궁내부 소속의 전각사殿閣司였다

---

48) 『工桑所實錄』(한국학중앙연구원 장서각 소장). 吳宖默은 평민 출신 문인들의 모임인 칠송정시사七松亭詩社의 시인으로 활동하기도 하였다. 자字는 성규聖圭. 호 채원菜園이다. 1894년(고종 31)에 지리서地理書 『여재촬요輿載撮要』를 지었다. 저서에 『지도총쇄록智島叢瑣錄』, 『채원집菜園集』 등이 있다.

49) 「공상소工桑所의 주전원主殿院 차하장上下狀」의 문서 해제, 고려대학교 해외한국학자료센터, 2017년 12월 검색.

가 1895년 관제 개혁으로 주전사主殿司라 개칭되었으며 1905년 3월 주전원으로 다시 명칭을 바꾸었다고 한다. 따라서 이 차하문서는 1905년 이후의 문서라고 규정할 수 있다.

공상소에 차하하는 차하문서는 모두 4종이 발굴되었는데, 모두 지급처는 공상소로 되어 있다. 그리고 지급액은 3종의 경우 35원円 50전錢으로, 나머지 1종은 15원 50전으로 기재되어 있다. 예를 들어 '삼십오원오십전공상소參拾伍円伍拾錢工桑所'라고 쓰여 있는 종이에 '차하上下'라는 글자를 전錢자와 공工자 사이에 끼워 넣는 방식으로 작성되어 있다. 이는 공상소에 필요한 경비를 궁내부 주전원에서 지불하였음을 보여준다.

따라서 1905년 시점까지 공상소가 어떠한 방식으로든 유지되고 특정한 역할을 담당하고 있었던 것으로 추정할 수 있다. 고종의 지시에 의해 과목, 화훼, 상목 등을 재배하고 육성하는 공상소가 설치되어 오횡묵을 중심으로 운영된 사실에서 당시 근대 농업체제를 만들어나가는 움직임이 다방면에서 벌어지고 있었다는 점을 확인할 수 있다. 앞으로 공상소의 실제 활동에 대한 탐구가 더욱 필요한 상황이다.

대한제국 수립 이후 농사시험장으로 묶일 수 있는 여러 기관이 설치되어 운영되었다. 1900년에 잠상시험장, 1906년에 원예모범장의 개설이 이루어져 운영되었다. 그리고 1906년 대구에 개설코자 하였던 농상공부 농사시험장은 일제 통감부의 강압으로 일제에 의해 권업모범장으로 명칭이 바뀌어 수원에서 개설 준비를 하다가, 5개월 만에 농상공부로 이관되어 1907년 5월 개장식을 거행하고 종합농사시험을 근대적 방법으로 추진되었다.[50] 하지만 종합 농사시험기관으로 추진되었던 권업모

---

50) 이영학, 2014, 「통감부의 농업조사와 농업정책」, 『역사문화연구』 49집, 한국외대,

범장이 결국 일본 통감부에 의해 해체되고, 1910년에 조선총독부 권업모범장으로 자리 잡게 되었다.[51]

잠업 관련 농사시험장의 설치와 운영을 살펴보면, 1901년에 농상공부 잠업과 시험장, 즉 잠상시험장蠶桑試驗場이 서울에 개설되었다.[52] 서양 농학의 성과, 서양 농업기술을 도입하기 위한 농사시험장 관련 기관으로 설치된 것이었다. 농상공부는 1900년 12월 19일 칙령 50호로 농상공부관제를 개정하여 잠업과 내의 한 기관으로 잠업과시험장을 개설하여 서양의 실험농학實驗農學적 잠업시험연구와 기술의 전습傳習을 담당할 수 있도록 하였다.

그리하여 1901년 4월 15일, 서울 남서필동南署筆洞에 잠업과시험장 蠶業課試驗場을 개설하고 잠상에 관한 시험연구를 하면서 매년 50명씩의 2년제 강습소를 겸하게 하였다. 초대 장장은 갑오개혁 때 농상공부 대신이었던 김가진金嘉鎭으로 그는 1887년부터 4년간 주일 판사辦事 대신으로 일본에 있을 때 일본의 잠사업 실상을 직접 본 경험이 있었다. 이 잠상시험장은 1905년 6월 일본군사령부가 건물과 부지를 군용으로 요구함에 따라 서강에 있던 광흥창廣興倉자리로 옮겼다가 1907년 조폐 기관이었던 용산의 전환국典圜局자리로 옮겼다.

이 시기의 장장은 농상공부 농무국장 서병숙徐丙肅이 겸임하였다. 직원은 기사技師 2인, 기수技手 3인으로 모두 한국인들이었으며, 강습소의 수강생교재는 잠상실험설蠶桑實驗說, 인공양잠감人工養蠶鑑, 제사

역사문화연구소.

51) 김영진·김상겸, 2010, 「한국 농사시험연구의 역사적 고찰 – 권업모범장을 중심으로 – 」, 『농업사연구』 9권 1호, 한국농업사학회.

52) 김영희, 1986, 「대한제국시기의 잠업진흥책과 민영잠업」, 『대한제국연구』 5, 이화여대 한국문화연구원, 18~22쪽.

편제絲編, 하추잠론夏秋蠶論 등으로 일본 잠서蠶書의 번역본들이었다. 이 잠상시험장은 1909년 수원으로 이전, 권업모범장의 잠업시험소가 되었으며 1910년 10월 1일 자로 용산의 잠상시험장 자리에는 권업모범장 용산지장이 개설되었다.53)

잠상시험장은 잠사蠶絲의 생산과 관련된 기술적인 측면에서의 개량과 개선을 목표로 한 것이었다. 앞서 잠상공사蠶桑公司(1884년)의 창설과 같은 국가적인 잠사 장려의 정책적 지향과 맥을 같이 하는 것이었다. 1880년대 또한 『잠상촬요蠶桑撮要』(1884년), 『증보잠상촬요增補蠶桑輯要』(1884년), 『잠상집요蠶桑輯要』(1886년) 등 잠상 관련 농서 편찬 작업의 흐름 속에서 이해할 수 있는 조처였다.

또 다른 농업시험장 성격의 기관이 농상공학교에 부속된 농사시험장이었다. 농상공학교에 부속된 농사시험장이라는 점에서 그 활동범위와 활용 가능성이 제한되어 있었다. 하지만 이 농사시험장의 관제를 보면 장장場長 1인, 기사技師 4인, 기수技手 등이 배치되어 있다는 점에서 농사 시험연구 기관으로서의 성격을 갖고 있었다고 할 수 있다.

대한제국 학부學部는 1904년 6월 8일 칙령勅令 16호로 종전의 상공학교에 농업과農業科를 증설하여 농상공학교農商工學校 관제官制를 공포하였다. 이 학교는 예과 1년 본과 3년의 4년제 실업교육기관이었다. 실업교육의 효시에 해당하는 학교로 파악되고 있다. 1905년(광무9년) 12월 29일에는 칙령 60호로 농상공학교 부속 농사시험장 관제가 공포되었는데 그 내용을 보면 장장 1인 기사 4인, 기수 등의 구성원을 배

---

53) 이상 잠상시험장 관련 서술을 다음 논문을 참고하였다. 김영진·김상겸, 2010, 「한국 농사시험연구의 역사적 고찰 – 권업모범장을 중심으로 –」, 『농업사연구』 9권 1호, 한국농업사학회, 9~10쪽.

치하고 있었다.

관보官報에 따르면 1906년 1월 15일자로 구마모토 농학교 출신의 이 학교 교관 이장로李章魯만이 시험장 기수로 겸임 발령되고 있다. 이 시험장의 위치는 뚝섬에 480ha의 광활한 면적을 시험지로 하고 있으나 일제의 권고로 1906년 5월 31일 칙령 25호로 시험장 관제가 폐지되어 5개월의 단명에 그친 시험장이 되었다.

농사시험장 성격의 기구 등이 설치되고 있을 때 그러한 움직임의 구체적인 배경이 무엇인지 알기 어렵다. 하지만 1900년대 초반 농상공부를 중심으로 새로운 농업 진흥 방안으로 농업시험장의 설치, 개설에 대한 논의가 진행되고 실제로 권업모범장 등에 대한 개설이 이루어지고 있을 때 구체적인 한국 관료의 동향을 살필 수 있는 자료를 찾아볼 수 있다. 바로 한국학중앙연구원에 소장되어 있는 『농림시찰일기農林視察日記』[54]가 그것이다.

『농림시찰일기』는 1906년 10월 9일부터 11월 24일까지 46일 동안 당시 농상공부 농무국장이던 서병숙徐丙䔃이 일본의 농림업에 관련된 부분을 살펴보고 기록한 기록이다. 일기日記 형식으로 되어 있어 서병숙 자신의 일상생활, 여정, 생각을 기록한 것으로 간주할 수 있지만 일기 내용을 살펴보면 일본 농림업을 시찰하면서 그 구체적인 내용, 현황 등을 정리하고 있다. 이러한 점에서 서병숙이 제출한 시찰 보고서로 보인다. 또한 서병숙이 농상공부에 제출한 보고서이기 때문에 정부 기록과 같이 현재까지 전해지고 있는 것으로 생각할 수 있다.

『농림시찰일기』는 출발일부터 귀국일까지 날짜별로 매일의 활동과 견문을 기록하고 있다. 앞부분에 서병숙 등이 시찰한 일본 농상무성, 대

---

54) 徐丙䔃, 『農林視察日記』(한국학중앙연구원 장서각 소장, 청구기호 K3-0314).

장성, 농사시험장 등이 나열되어 있다. 본문은 10월 9일 농무국장 서병숙과 농무국 기수技手 박수면朴秀冕이 일본의 농림업農林業 상황을 시찰하여 오라는 농무대신의 명을 받아 남대문역을 출발하여 경부선 열차를 타고 대구로 내려가는 기사로부터 시작한다.

서병숙은 일본 농상무성 관계자와 대담하면서 농사개량, 식목植木, 우역牛疫 예방 등의 중요성을 인식하고 있다. 또한 일본 잠사업과 제사공장의 현황도 파악하고 있다. 그리고 일본 동식물원과 대학 등을 돌아보면서 영국, 미국 등지의 각종 가축 품종이 도입되어 사육되고 있는 점도 확인하고 있다. 그리고 뚝섬의 원예모범장에서 각종 작물作物과 수종樹種을 재배하고 있다는 점을 언급하고 있다. 또한 일본 요코하마의 생사生絲 검사소의 방문 내용, 대한제국의 관비 유학생 모임인 공수회共修會에 대한 기록도 들어 있다. 이와 같은 서병숙의 일본 농림업 시찰 내용은 실제 권업모범장 설치에 많은 영향을 주었을 것으로 보인다.

앞으로 1880년대 이후 농사시험장 관련 기구, 관청의 설치, 그리고 농학교육과 관련된 학교, 기관의 운영 등에 대한 연구를 보충하는 것이 필요하다. 근대 농업체제의 형성과 농사시험, 농업교육의 기능과 역할이 매우 중요하다고 생각된다.

제3부

일제강점기 근대 농업체제의 변동

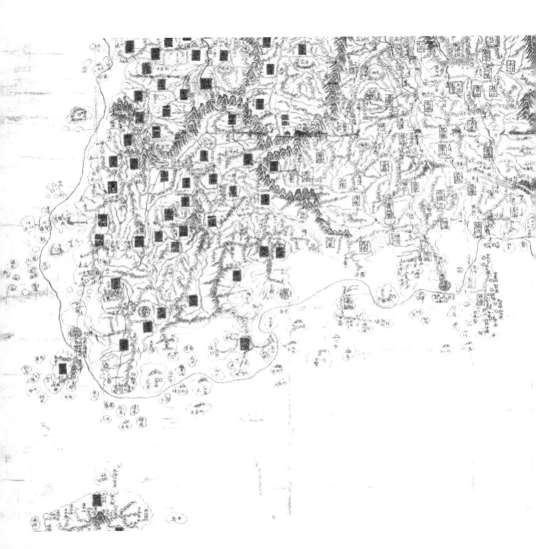

Ⅰ. 통감부의 농업조사와 농업식민책

1. 통감부 설치와 한국 농업 조사

한국 근대사회의 형성 과정에서 국가의 지배체제는 왕조국가 체제였다. 국왕으로서 고종이 주재하는 지배체제는 1897년 대한제국 수립 이후 광무황제가 통솔하는 방식으로 바뀌었다. 1905년 이후 1910년까지 일본은 한국통감부를 통해 대한제국을 실질적인 식민지로 확보하고 식민지 지배체제를 수립해나갔다. 개항 이후 1910년까지 한국 근대사회의 구조적인 측면에서의 여러 제도, 정책 등은 국왕, 황제, 통감이라는 실질적인 권력주재자의 성격에 따라 조금씩 차이가 있지만, 그 기본적인 방향과 내용은 큰 틀에서 유지 지속되었다. 그것은 바로 경제적인 측면에서 자본주의적 경제체제의 생산양식을 조선, 한국 사회에 소개·보급하고 적용하는 것이었다. 그리고 고종, 광무황제의 자본주의적 경제체제 지향이 조선, 한국의 자본주의사회로 변화를 주체적으로 도모하는 것이라고 한다면, 한국통감의 그것은 일본 본국의 경제적 이해관계를 관철하기 위한 것이라는 점에서 본질적인 차이가 있었다.

일본 제국주의가 한국통감부를 통해서 실행한 여러 가지 정책, 제도 등은 한국사회를 보다 충실하게 식민지배에 적합하도록 조정하는 것이었다.[1] 통감부 시기부터 일본 제국주의는 한국의 식민지화를 궤도로 올리고 여러 가지 식민적 정책을 펼쳤다. 그리고 일본의 한국 침략과 그에 따른 한국의 일본 식민지화는 본질적으로 제국주의의 침략주의에 바탕을 둔 것이었다. 침략주의는 제국주의의 본질적인 측면이라는 점에서 일본의 한국 식민통치는 침략의 속성을 기본적으로 안고 있었다.

일본은 급속도로 서양의 제국주의에 발을 맞춰 나가면서 자신의 제국주의적 속성을 더욱 강화하였다. 그것은 독점 이윤을 획득하기 위한 경제 수탈을 보다 용이하게 수행하고, 이윤의 극대화를 위해 정치 탄압, 나아가 민족 탄압까지 노골적으로 수행하는 것이었다. 일본 제국주의는 경제적 수탈에 본래부터 결부되어 있는 합리성, 경제성과 같은 요소마저도 전혀 도외시한 것이었다.

일제의 초기 한국에 대한 침략정책을 다룬 연구는 그 이전인 개항기나 그 이후인 총독부 시기의 침략정책에 비하여 비교적 적은 편이라고 할 수 있다. 대체로 일제의 한국 침략과정의 단계적인 흐름을 정리하거나 일제 침략에 저항하는 민족운동을 서술하면서 부차적으로 거론하는 정도였다. 이는 식민사학에서 주장하는 한국사 타율성론을 극복하기 위하여 일제 침략에 저항하는 의병투쟁이나 계몽운동에 연구의 초점이 맞춰졌기 때문이라고 할 수 있다. 또한 식민사학에서 주장하는 또 하나의 논리인 한국사 정체성론을 극복하기 위해 개발 되어 온 '내재적 발전론'에 입각한 광범위한 연구가 질적으로 양적으로 많았기 때문이기도 하다고 생각된다. '내재적 발전론'에 입각한 연구 대부분은 한국사 정체성론

---

1) 권태억, 1986, 「통감부 시기 일제의 농업시책」, 『러일전쟁 전후 일본의 한국침략』, 역사학회 편, 일조각.

을 극복 타파하는 데에 지대한 역할을 해왔으나 조선 후기 이래의 근대 지향적인 사회경제적 발전상에만 주목을 해왔을 뿐, 통감부 통치기의 변화상을 설명하는 데는 '상대적으로 압도적인 외압과 취약한 내재적 발전 수준'으로 인하여 내재적 발전이 억압 또는 왜곡되었다는 결론 이상을 주지 못하고 있는 것이다.[2] 이러한 문제의식에 공감하면서 여기에서는 일본이 한국을 식민지로 차지하게 되는 전후 사정을 간략하게 정리하면서 통감부 설치와 직결된 사건의 주요한 흐름을 살펴본다. 그런 다음 일본의 한국 농업에 대한 다양한 조사, 그리고 한국통감부를 중심으로 펼쳐진 일본의 농업식민책을 살펴보고자 한다.

대한제국이 1905년 11월 일제에 의한 '보호조약'을 강제 체결한 전후부터 1910년 8월 일제에 의한 강제합병까지 이르는 기간은 하나의 독립 국가가 다른 제국주의 국가에 의해 흡수당하는 과정이었다. 한국의 주권과 국체가 사라지고 대한제국의 신민에서 일본식민지의 피지배민이 되는 결말을 맞이하게 되었다. 대한제국의 일본의 식민지로 전락하는 과정은 일본 제국주의가 지배체제의 각 부문에서 치밀하고 다채롭게 마련한 각종 기획을 실행에 옮기는 현장이었다.

통감부를 중심으로 전개된 일본의 식민지 지배체제 구조화 과정 가운데 농업체제와 관련된 움직임은 한국 농업에 대한 조사와 농업식민책을 수행하기 위한 여러 제도 마련, 법령 정비 등이었다.[3] 이러한 통감부의 농업조사와 농업식민책은 앞선 시기 대한제국 시기까지 실행되었던 근대 농업체제 구축의 연장선상에서 수행된 것이지만, 거기에 일본의 식

---

2) 도면회, 1995, 「일제의 침략정책(1905 ~ 1910년)에 대한 연구성과와 과제」, 『한국 사론』 25, 국사편찬위원회.
3) 강창석, 1995, 『朝鮮 統監府 硏究』, 국학자료원.

민지 한국에 대한 식민책이 부가된 것이었다.

1905년에 한국통감부가 설치되면서 총무부總務部, 경무부警務部와 함께 농상공부가 설치되었다. 통감부 농상공부에는 상공과商工課, 농무과農務課, 수산과水産課, 광무과鑛務課, 산림과山林課의 5과가 설치되었다. 1907년 10월 1일에는 삼림 사무를 담당하는 독립 관청으로서 영림창營林廠이 신설되었다. 1910년 10월 1일 한일 병합 조약이 체결되어 조선총독부가 설치되면서 농상공부가 설치되었다. 농상공부에는 서무과庶務課와 식산국殖産局, 상공국商工局의 2국이 설치되었다. 1912년 4월 1일에 농상공부의 2국은 개편되어 식산국과 농림국農林局이 되었다. 1915년 4월에는 기구 간소화의 목적으로 식산국과 농림국은 폐지되어 각 과의 사무를 농상공부장관이 직접 지휘하게 되었다. 1919년 8월 20일의 관제 개정에 의해서 농상공부는 폐지되었고 업무는 총독 직속의 국이 된 식산국과 농림국에 계승되었다.

통감부 시기를 거치면서 한국의 근대 농업체제는 근대적인 색채가 짙어지면서 동시에 식민지농정의 색채를 불가피하게 덧대지 않을 수 없었다. 통감부가 한국에서 취한 방침은 물론 한국의 국정을 완전하게 지배하는 것을 목적으로 하는 것이었는데, 이를 위해 내세운 것이 이른바 '시정개선施政改善'4)이라는 명목적 합리화 시책이었다. 통감부가 추진한 여러 가지 시정개선을 통하여 통감부가 한국의 국정을 어떻게 장악하고 또 지배할 수 있는 체제를 구축하는지 이러한 문제를 찾아볼 수 있다.

일본은 제국주의 국가체제의 면모를 갖추어가면서 한국을 식민지로 차지하려는 구상을 보다 구체화해 나갔다. 일본 제국주의 국가가 한국(조선, 대한제국)을 식민지로 차지하려는 목표를 설정하고 그에 따른 여

---

4) 강창석, 1994, 「조선통감부 연구」, 『국사관논총』 53, 국사편찬위원회, 194쪽.

러 시책을 추진한 것은 19세기 중반 메이지 정부가 수립된 무렵부터 시작된 것이었다. 일본은 1854년 군함을 앞세운 페리에 의해 개항하면서 일미화친조약이 체결되었고, 이후 유럽의 여러 국가와 통상조약을 체결하였다. 일본 내부의 권력투쟁 과정에서 막부파와 천황파의 분쟁이 일어났다. 존왕파가 승리하면서 왕정복고가 이루어져 1868년 메이지 정부가 수립되었다.

메이지 정부 수립 이전에 요시다 쇼인吉田松陰은 『유수록幽囚錄』에서 서양으로 인해 촉발된 위기를 극복하기 위해 서양식으로 군비를 정비하여 이웃하는 지역으로 영토를 확장해야 한다는 방안을 제시하였다.[5] 그는 특히 "취하기 쉬운 조선, 만주, 중국을 잘라 갖고, 교역에서 러시아에게 잃은 것은 조선과 만주에서 토지로 보상받아야 한다"라고 말하고 주장하였다. 요시다 쇼인의 주장은 메이지 유신 이후 기도 다카요시木戸孝允 등에 의해 정한론征韓論으로 다시 등장하였다.

특히 1873년 무렵 사이고 다카모리西郷隆盛와 이타가키 다이스케板垣退助는 동요하는 사무라이 출신들의 에너지를 활용하는 동시에 민중의 지지를 얻을 수 있는 방책을 강구하며 정한론을 강력하게 주장하게 되었다. 하지만 정한론에 대한 반대론 또한 대두하면서 치열한 논쟁이 전개되었다. 정한론에 반대하는 건백서를 메이지 정부에 제출했던 요시오카 코키吉岡弘毅는 역사적, 현실적 입장에서 정한 반대를 외쳤다. 그는 기독교로의 입신을 통해 의와 사랑의 신을 믿는 '인의'의 입장에서 조선을 '각개각별'의 관점으로 독립된 나라로 인정하였다. 그리고 정한 논

---

5) 정한론征韓論과 관련된 내용은 다음 논문을 참고하였다. 박은영, 2011, 「요시오카 코키吉岡弘毅의 정한론 비판에 대한 일고찰 - 그의 기독교 사상과 조선인식을 중심으로」, 『일본사상』 21, 한국일본사상사학회.

제3부 일제강점기 근대 농업체제의 변동 417

쟁 속에 담겨있는 침략주의 사상을 간파하고 나아가 약탈주의를 비판하였다. 일본의 정한론은 노선투쟁으로만 마무리된 것이 아니라 실제로 1894년 청일전쟁 이후 현실적인 정책 노선으로 현실화되어 나갔다.

청일전쟁 이후 일본 제국주의는 본격적으로 정한론을 내세워 식민지 확보에 나섰고, 일차적인 대상이 바로 조선(한국)이었다. 그리고 러일전쟁 직후 한국의 식민지화를 구체화시켰고, 10여 년이 지난 제1차 세계대전 직후 일본은 한국, 타이완, 사할린을 속령으로, 남양군도를 위임통치령으로 차지하고 있었다.

일본에서 조선을 정벌하고 차지한다는 정한론이 현실적인 힘을 갖고 실행에 옮겨진 것은 1905년 무렵이라고 할 수 있다. 1894년 청일전쟁으로 일본은 종주권을 주장하던 청나라 세력을 한반도에서 축출하였다. 일본은 뒤이어 새로운 강자로 등장한 러시아 세력을 한반도에서 밀어내기 위해 온갖 노력을 기울인 끝에 1904년 일어난 러일전쟁을 통해 러시아 세력을 배제하였다. 일본은 1905년 5월에 대한해협에서 러시아 발틱함대와의 전투에서 승리를 거둔 후 러일전쟁을 유리하게 이끌어나갔다.

일제는 러일전쟁 과정에서 열강과의 외교 거래를 통해 한국에 대한 지배권을 국제사회에서 인정받았다. 일본은 1905년 7월 미국과의 태프트·카스라 밀약을 맺었고, 또 같은 해 8월 영국과 제2차 영일동맹을 체결하였다. 마지막으로 러시아와도 같은 해 9월 러일전쟁 강화조약인 포츠머스 조약을 맺었다. 이러한 일련의 국제적인 협상, 조약을 통해 일본의 한국에 대한 지배권을 사실상 승인 받기에 이르렀다.[6]

포츠머스 강화조약 직후 일제는 이토 히로부미伊藤博文를 한국에 특

---

6) 徐榮姬, 1996, 「일제의 한국 保護國化와 統監府의 통치권 수립과정」, 『韓國文化』 18, 서울대 한국문화연구소.

파하여 결국 1905년 11월 이른바 을사늑약이 체결되었다. 을사늑약이 강제적으로 체결된 이후 한국의 지배층, 피지배층 모두 격렬하게 반대하고 저항하였다. 광무황제는 외교적 수단을 총동원하여 국제사회에 조약의 부당성을 알리려고 하였다. 또한 민영환을 비롯한 관료들은 상소와 자결로 을사늑약의 체결에 저항하였다. 그리고 개화 지식인들은 계몽운동으로, 척사 유림과 민중들은 의병을 일으켜 격렬하게 저항하였다.

조선의 지배층 피지배층의 격렬한 반대와 저항에도 불구하고, 을사늑약 체결에 따른 일본의 식민지화 움직임이 차츰 강화되었다. 그리하여 1907년 고종황제가 강제 퇴위되고, 군대 해산이 이루어졌는데, 이때 조선의 저항은 더욱 격렬하게 나타났다. 하지만 1904년 러일전쟁 그리고 1905년 을사늑약 체결 이후 일본의 한국 식민지화는 이제 국제사회에서 기정사실로 받아들여졌고, 한국사회 내에서는 저항과 반발의 움직임과 더불어 이를 용인하고 수용하는 수동적인 태도도 나타났다. 이와 더불어 일본의 한국 식민지화의 주요한 방법, 내용도 점차 가시화되었다.

대한제국은 1905년 11월 일제에 의한 '을사늑약' 강제 체결 전후 시기부터 일본의 식민지화가 진행되면서 점차 독립 국가의 면모를 잃고 있었다. 1905년 무렵부터 1910년 일본에 의한 대한제국 강제 병합이 이루어질 때까지 한국의 식민지화는 국가 지배체제의 각 부문에서 벌어졌다. 이러한 식민지화 과정은 약육강식의 제국주의 국제질서에서 국제법의 외피를 뒤집어쓴 채 벌어진 한 독립 국가의 소멸 과정이었다. 또한 한 제국주의 국가의 탐욕스러운 자본주의, 근대주의를 내세운 영토확장, 자본확장이기도 하였다. 하나의 독립 국가가 다른 국가에 의해 흡수당하며 소멸하는 불행하고 불편하기 그지없는 과정이었다.

일본은 러일전쟁 와중에 통감부를 설치하여 한국의 식민지화를 위한 정지작업, 기반 조성에 노력하였다. 1905년 11월 을사늑약에서는 대한제국 황제 밑에 일본제국 정부의 대표자로 1명의 통감을 두어, 「한일의정서」 이후 제한되던 대한제국의 외교권을 통감이 지휘·관리하게 하였다. 통감은 "오로지 외교에 관한 사항"만을 관리한다는 명분으로 서울에 주재하도록 하였다. 그리고 개항장 및 기타 지역에 이사관을 두어 통감 지휘 하에 일본 영사가 관장하던 일체의 직권 및 협약을 실행하는 데 필요한 일체의 사무를 관리하게 하였다.[7]

을사늑약 체결에 성공한 일본은 후속 조치로 1905년 12월 20일 「통감부統監府 및 이사청理事廳 관제官制」를 제정하여 공포했다. 한국에 대한 보호통치의 실행기관으로 서울에 통감부를 설치하고 지방의 주요 지점에는 이사청을 둔다는 것이었다. 앞서 1905년 11월 22일에 「통감부 및 이사청 설치에 관한 칙령 240호」를 제정한 다음에 구체적인 조치를 취한 것이었다. 이후 통감은 외교에 관한 사항만 관리한다고 을사조약에 명시되었지만, 일본은 을사조약 이전에 한일 양국 간에 체결된 기존의 조약은 을사조약과 저촉되지 않는 한 유효하다는 조약 내용에 근거하여 외교 이외에도 종래의 양국 간의 조약 시행을 담임할 수 있다는 해석을 제시하여 통감의 직권 확장을 도모하였다.

결국 통감은 한국의 외교 대행자일 뿐만 아니라, "조약에 기초하여 한국에 있어서 일본 제국 관헌 및 공서公署가 시행하는 제반 정무를 감독하고 기타 종래 제국 관헌에 속하는 일체에 대해 감독사무를 시행"하도록 하고, "한국정부에 용빙된 일본제국 관리를 감독"하도록 규정되었다. 이를 통하여 「한일의정서」 체결 이후 한국 정부에 꾸준히 파견된 고문관에 대해 통감이 감독권을 가지게 되었으며, 이른바 고문통치를 통

---

7) 박만규, 1994, 「보호국체제의 성립과 통감정치」, 『한국사』 11, 한길사.

해 한국 내정에 관여할 수 있게 된 것이었다.[8]

통감부는 일본 외무성에서 독립된 일본 천황의 직속 기관으로, 통감 유고시에는 일본의 한국 주재군 사령관이 그 직무를 대행하도록 하였다. 또한 한국 주재군 사령관은 통감의 명령으로 병력을 사용할 수 있었다. 그리고 긴급한 경우에는 재량으로 병력을 동원하고, 사후에 통감에게 보고하도록 규정되었다. 이처럼 통감부는 일본군과도 밀접한 관계를 가지고 있었고, 심지어 통감은 한국에서 일본군 병력을 동원할 수 있었다.

일제는 통감부를 설치하는 전후 시기에 한국을 식민지로 만들기 위한 단계적인 조치를 진행하였다. 러일전쟁 발발 직후인 1904년 2월 일제는 한국에서 전략상 필요한 지점을 임의로 수용할 수 있도록 하는 「한일의정서」의 체결을 강제하였다. 일본은 「한일의정서」를 통해 한국의 내정과 외교에 간섭하여 대한제국을 보호국화시킬 수 있었다. 이토 히로부미는 「한일의정서」를 바탕으로 앞으로의 구체적인 침략 방침과 그 대책을 마련하고자 동년 3월 17일에 내한하였다. 그는 10일 동안 체류하며 대한제국의 사정을 널리 검토하고 특히 당시의 일본공사 하야시 곤스케가 제시한 「대한사견개요」을 근거로 「대한방침對韓方針」, 「대한시설강령對韓施設綱領」을 수립하였다.

이토 히로부미는 일본으로 귀국하여 일본 정부의 각료회의에 건의하였다. 동년 5월 말에 일제는 앞서 하야시 곤스케가 제시했던 방침 등을 시책으로 확정하였다. 1904년 5월 일본정부는 한국 식민지화를 위한 기본 정책 방향을 정립하는 단계에 도달한 것이었다. 즉 일본 내각회의를 통해 일본정부의 공식 입장으로 정리된 대한경영방책에 해당하는 「대한방침對韓方針」과 「대한시설강령對韓施設綱領」 속에 일본이 한국을

---

8) 윤병석, 1978, 「일제의 한국주권침탈과정」, 『한국사』 19, 국사편찬위원회, 147쪽.

정치 군사적으로는 한국을 보호국화하고 경제적으로 수탈을 강화하려는 속셈이 분명히 드러나 있다.9)

　일본의 식민지 한국에 대한 경제 정책의 기조는 1904년 결정된 「대한시설강령」에 따라서 정해진 것이었는데 한국을 식량 원료의 공급지이자 상품시장으로 재편하는 것이었다. 이에 따라 조선농업의 재편과 상업자본의 몰락 내지 예속화, 철도망의 정비, 도량형제도의 정비가 1910년 이전까지 추진되었다.10) 일본은 한국을 보호국으로 전락시키면서 군사·재정·교통·통신·척식 등 6개 항의 실천 방안을 실행에 옮기기 시작하였다. 척식관련 방안에서 한국과 일본의 경제 관계는 식량·원료 공급과 공산품 판매의 관계를 기본구조로 삼고 있었다.

　「대한시설강령」의 제6항은 대한척식방안對韓拓殖方案으로 한국의 농업과 관련된 척식 계획의 대강이 되었다. 일제는 한국을 식량 및 원료 공급지로서의 성격을 강화하면서, 일본의 과잉인구를 한국에 이주시켜 인구문제를 해결하려고 하였다. 그리하여 관유官有 황무지에 대해서는 일개인의 명의로서 경작 및 목축의 특허 또는 위탁을 받아 제국정부의 관리 아래 상당한 자격이 있는 일본 본국 인민으로 하여금 경영케하도록 하였다. 그리고 민유지民有地에 대해서는 개항장거류지로부터 1리里 정도 떨어져 있을지라도 경작 또는 목축 등의 목적으로 이를 매매 또는 임차할 수 있도록 규정하였다.

　이와 같이 한국을 일본자본주의의 식량 및 원료 공급지로 삼으려는

9) 권태억, 1994, 「1904〜1910년 일제의 한국 침략 구상과 '시정개선'」, 『한국사론』 31, 서울대 국사학과.
10) 정태헌, 1989, 「1910년대 식민농정과 금융수탈기구의 확립과정」, 『3.1민족해방운동연구』, 역사비평사; 권태억, 1989, 「식민지초기 일제의 경제정책과 조선인 상공업」, 『3.1민족해방운동연구』, 역사비평사.

일제의 침략적 의도가 꾸준히 지속적으로 관철되고 있었다. 게다가 전시기와 같은 유통과정의 지배를 통한 식량 및 원료의 확보만 아니라, 일본인 농업이민에 의한 생산과정의 지배와 이를 통한 항구적 식량 및 원료 공급지의 확보라는 점에 그 정책적 주안점이 있었다.

일제는 통감부를 통해 한국의 농업에 대하여 크게 보면 이주식민지화 정책과 식량·원료의 공급지화 정책을 병행하였다. 전자는 일제 강점 이후 대폭 약화되면서 후자가 강점기 전 기간을 통해 관철되고 있었다. 일제는 이주 식민지화 정책을 추진하는 과정에서 일본인의 토지 소유를 합법화하기 위한 제도, 법제를 마련하였고, 또한 외국인의 토지 소유를 제한하려는 한국 측의 각종 입법이나 여론을 철저히 무력화하는 데에 힘을 기울였다.[11]

일제는 통감부를 통한 농업식민책을 본격적으로 추진하기에 앞서 한국의 농업 실태를 제대로 파악하는 농업조사에 나섰다. 한국의 농업조사에 나서게 된 배경의 하나는 바로 '만한이민집중론'이라는 주장이었다.[12] 일본 국내에서는 1894년 이후 폭발적으로 인구가 증가하면서 외국으로 이민이 급증하였다. 일본정부는 증가된 인구를 이주시키는 지역으로 만주와 조선을 주목하였다. 그리하여 1908년 9월 각의에서 결정한 「대외정책방침 결정의 건對外政策方針決定の件」에서 이민에 관한 방침을 다음과 같이 정하였다.

---

11) 鄭然泰, 1994, 「日帝의 韓國 農地政策(1905~1945)」, 서울대 대학원 국사학과 박사학위논문.
12) 일본의 한국 농업조사에 대한 배경 설명은 다음 논문을 참고할 수 있다. 정연태, 1994, 「일제의 한국농지정책(1905~1945년)」, 서울대 대학원 국사학과 박사학위논문.

제국의 방침은 러시아 청국양 대국에 대항하기 위해 가급적 우리 민족을 동아 방
면에 집중하여 그 세력을 확립, 유지해야 한다. 또한 대외 상공업의 발전이 제국의
국시國是이다. 이 목적을 저해할 수 있는 것은 가능한 한 피해야 한다. 미국·캐나다·
호주 등 '앵글로색슨' 국가에 우리 동포를 이식하는 것은 이들 국가에 흐르는 배일排
日 열기를 자극하여 그들의 배일 단결을 촉발할 수도 있다. 그것은 우리의 정치상의
관계에 누를 미칠 수도 있을 뿐만 아니라, 우리 대외경영의 주목적인 상공업 발전을
저해할 염려가 있다. 따라서 제국은 이민에 관해서는 현상을 유지하기로 한다.[13]

위의 인용문에 보이는 바와 같이 만주와 한국에 이민을 집중시키는 '만
한이민집중론'이 바람직하다고 결정하였다. 앞서 '만한이민집중론'은 일
본 제국의회에서도 여러 번 등장한 바 있었다. 장차 한국과 만주에 이민
을 집중함으로서 일본인의 능력을 분산시키는 것을 막으려는 것이었다.
한국에서 일본인 이주에 적합한 법제적 환경을 만는 과정도 철저하게
일본의 농업식민책에 의거하여 진행된 것이었다.[14] 일본은 1901년 제
국의회에서 「이민보호법중개정법률안移民保護法中改正法律案」을 통
과시킴으로써 일본인의 자유 도한渡韓을 법적으로 해결하였다. 이 법률
개정안이 통과되면서 일본인의 자유로운 한국으로서의 도래와 한국에
서의 부동산 소유를 인정받을 수 있었다.
일제가 조선에 일본인을 이민시키려면 조선의 사정을 알아야 했다.
그리하여 일본 정부는 조선의 농업, 농지, 농촌사정에 대한 정세를 파악
하기 위해 일본 정부의 관료를 파견하였다. 물론 그 이전에도 일본인 관
료, 상인 및 지식인들이 조선을 방문하고 견문기를 신문에 기고하거나

---

13) 外務省, 『日本外交年表竝主要文書』 上, 308쪽; 정연태, 1994, 위의 논문 19쪽에서
   재인용.
14) 김용섭, 1992, 「일제의 초기 농업식민책과 지주제」, 『한국근현대농업사연구』, 일
   조각.

책을 낸 적이 있었지만, 조선의 농업사정을 본격적으로 파악하기 시작한 시기는 일본 정부에서 관료를 파견한 1890년대 후반이었다.[15)]

1900년 무렵부터 1904년 러일전쟁 전후 시기에 이르는 기간에 일본의 한국 식민지화 계획은 특히 농업실태 조사를 중심으로 진행되었다.[16)] 한국을 식민지화하려는 계획을 전제로 하여 1899년(光武 3년) 일본 농상무성은 동경제국대학 혼다 코스케本田幸介교수를 단장으로 조사단을 조직하여 한국 전역 팔도의 토지농산조사를 실시하였다. 한국에 대한 전면적인 침략의 진행과 아울러 한국의 상공업, 농업 등 산업을 조사하였고, 이를 기초로 농업경영, 지주경영을 수행하도록 계획하였다.[17)] 이와 같이 한국농업에 대한 침략과 지배를 목적으로 정부나 개인이 본격적으로 농업조사를 하는 것은 청일전쟁 이후 1900년 무렵부터의 일이었다.

농업조사의 대상 항목은 기후, 토성, 기간지와 미간지, 수리시설, 농기구, 주요 작물의 재배법, 지세, 지가, 토지매매의 관습, 지주소작계, 지주경영을 통해서 얻을 수 있는 이윤, 노동력과 노임, 교통운수 기타 등 농업에 관한 것을 막론하였다. 1902년 영일동맹 이후 한국 침략에 대한 전망이 확실해지면서 농업지배의 준비를 본격적으로 추진하는 것이었다. 또한 일본 자본주의의 산업혁명 진행에 따라 인구증가의 압력 경제문제의 해결을 위해 식민지를 요청, 따라서 농업분야에서 농업식민을

15) 이영학, 2011, 「통감부의 조사사업과 조선침탈」, 『역사문화연구』 39, 한국외대 역사문화연구소.
16) 이영학, 2014, 「통감부의 농업조사와 농업정책」, 『역사문화연구』 49, 한국외대, 역사문화연구소.
17) 박석두, 2003, 「일제의 식민지 지배체제 구축과 한국농업의 변모」, 『한국 농업·농촌 100년사』, 농촌진흥청.

위한 대책이 절실한 문제였다.

일본 정부는 농상무성農商務省 기사技師인 가토 츠네로加藤末郎와 동경농과대학 교수인 슈코 우네아키酒勾常明 등을 파견하여 한국의 산업을 조사하도록 하였다. 가토 츠네로加藤末郎는 1900년 일본정부 농상무성의 기사로서 한국의 농상공업을 시찰하고『한국출장복명서韓國出張復命書』(1901년)를 보고서로 제출하여 한국농업침략의 유용성을 기술하였다.[18] 가토는 이미 1898~1904년 동안 4차례나 한국을 시찰한 바 있었는데, 1900년까지의 시찰 결과를 정리하여『한국출장복명서』를 제출한 것이었다. 그리고 몇 년 뒤에 그 이후의 답사 결과와 복명서를 종합하여『한국농업론韓國農業論』(1904년)을 간행하였다.

가토는『한국농업론』서설序說에서 일본인의 한국이민을 강력하게 권장하는 다음과 같은 내용을 서술하고 있었다.

> 아방我邦(일본)의 인구는 매년 증가하고, 특히 농민의 수가 크게 넘치므로 농민의 해외 도항을 장려할 시기이다. 그런데 한국은 면적에 비해 인구가 회소하고, (중략) 한국의 기후 풍토는 아국我國(일본)과 비슷하며 특히 농업은 미작米作을 기본으로 하고, 농민이 상용하는 쌀의 관습은 바꿀 필요가 없다. 멀리 천리의 파도를 넘어 풍토와 인정이 다른 먼 곳으로 이주하는 것에 비하면 용이한 일이다.[19]

가토는 "한국은 면적에 비해 인구가 회소하고, 기후 풍토가 일본과 비슷하기 때문에 일본이민지로서 최적지"라고 평가하였다.[20] 그리하여 일본인의 한국 이민을 적극 권장하였으며, 미국 하와이처럼 단순노동

---

18) 김용섭, 1992,「일제의 초기 농업식민책과 지주제」,『한국근현대농업사연구』, 일조각.
19) 加藤末郎, 1904,『韓國農業論』, 裳華房, 4~6쪽.
20) 加藤末郎, 1904,『韓國農業論』, 裳華房.

이민이 아니라 농업 경영을 수행하는 이민을 권유하였다. 그는 "약간의 자본을 갖고 스스로 농업을 경영할 각오를 가져야 한다"고 강조하였다. 이와 같이 가토는 조선으로 일본인이 이민하는 것을 권장할 목적으로 이 책을 편찬하였던 것이다. 특히 한국의 남부지방은 기후가 온화하고 토지가 많은 반면 인구밀도가 일본에 비해 낮기 때문에 일본인의 이주가 적격이라고 하였다.[21]

가토의 복명서가 제출된 이후 일본 농상무성은 계속해서 실업조사, 삼림조사, 면작조사, 수리조사, 농업조사 등 정밀조사를 한국에 대하여 실시하고 그에 대한 보고서를 작성하였다. 그 결과 이 같은 작업을 기초로 농업전문가를 동원하여 『한국토지농산조사보고韓國土地農産調査報告』(총 5책 1906년), 『한국농업개설韓國農業概說』(1910년)을 편찬하였다. 한편 일본의 지방관청, 경제단체, 식자층에서도 한국의 농업에 대한 보고서나 저술을 남겼다. 또한 통감부 설치 이후에도 농림과장 나카무라中村彦 명의의 『한국에 있어서의 농업의 경영』이 간행되었고, 한국정부 명의로 『한국의 토지에 관한 조사』와 『한국통람』 등이 간행되었다.[22]

일본의 한국 농업조사 가운데 『한국토지농산조사보고』는 한국에 일본 통감부가 개설되기 이전에 일본 농상무성이 주관하여 작성된 것이었다. 한국에 대한 척식사업을 계속적으로 진행하기 위해 한국 농업자원에 대한 본격적인 조사를 실시한 결과물이었다. 1904년 말부터 1905년까지 일본의 농상무성이 주체가 되어 실시한 한국토지농산조사사업이

---

21) 加藤末郎, 1901, 『한국출장복명서』, 1~4쪽.
22) 이영학, 2011, 「통감부의 조사사업과 조선침탈」, 『역사문화연구』 39, 한국외국어대학교 역사문화연구소.

진행되었다. 일본 농상무성이 당시 일본의 제1급 농업기술연구원들을 동원하여 수행한 것이었다.[23] 한국 농업 자원에 대한 본격적인 조사를 실시하여 마련한 농업경영의 기초자료를 토대로 하여 1906년 일본 농상무성에서는 『한국토지농산조사보고』를 간행한 것이다.

당시 조사반은 토지반土地班과 농산반農産班으로 나누어 구성되었는데, 기본적인 입지 조건, 즉 기상, 토지, 교통, 운반에 관련된 사항을 조사하였다. 조사와 더불어 토지별로 주요 농경지의 토성을 조사분석하였다. 당시까지 여기저기에 널리 분산되어 있는 미경지未耕地에 대하여 특히 관심을 가지고 조사에 임하였다. 그 이유는 차후에 농지개발을 의도하여 조사가 필요하였던 것이다. 조사 내용은 일본인 토지투자와 농업이민의 지침서 역할을 하며 일본인 지주와 상인, 농업회사 등은 이 자료를 토대로 일제의 정책적인 지원 아래 민간 차원에서 토지침탈을 폭발적으로 확대하여 갔던 것이다.

혼다 고스케本田幸介 일행의 한국의 토지와 농산에 대한 조사사업이 한국에 대한 일제의 경제적 침략과 식민지화를 겨냥한 것임에 틀림없다. 따라서 본 보고서가 한국에 대한 일제의 경제적 침략과 식량기지화를 목표로 한 식민지화에 무엇보다도 충실하고 중요한 기초자료로 쓰였음에 재론할 여지가 없다.

1904년 이전까지 이미 한국으로 들어와 살고 있는 일본의 농업경영자나 새롭게 한국으로의 이전을 의도하고 있는 일본인들을 위하여 상세한 승산정보勝算情報를 제시하고 있는 점도 주목된다. 일제의 한국의 농업식민을 보다 가속화하려는 목적에 만들어진 보고서이다. 하지만 이

---

23) 구자옥 외 3인, 2010, 「혼다 고노스케와 『한국토지농산조사보고』(1904~1905)」, 『농업사연구 제9권 1호, 한국농업사학회, 229쪽.

보고서에 수록된 자료를 통해 당시 한국의 농업생산과 관련된 세밀한 지식 정보를 획득할 수 있다. 이러한 점에서 조선의 농업 현실을 거짓 없이 적나라하게 조사 보고한 것으로 판단된다는 점에서 본 보고서가 사료로서 사실적 가치를 지니는 것으로 보인다.

위와 같은 관점에서 당시까지 조선(한국)에서 근대화된 조사 방식이나 표현 방식을 이용하여 농업실태, 농업생산 관련 양상을 조사 보고하지 못하고 있었던 것을 돌이켜 볼 수 있다. 한국의 농업사 연구의 입장에서 초유의 가치를 지니는 역사적 자료라 할 수가 있을 것이다. 또한 일본의 한일합병 의도나 조선총독부의 식민농정 의도를 확연히 알 수 있는 증거물이 되기도 한다.[24] 물론 일본인 토지 소유자와 농산물 관련 상인, 농업 관련 회사 등은 일제의 정책적인 지원 아래 이 보고서를 이용하여 민간 차원에서 토지침탈을 폭발적으로 확대하여 갔다.

일본 정부를 비롯한 각계에서 수행한 한국 농업에 대한 여러 가지 조사보고서는 공통적으로 '일본인이 한국으로 도래하여 농업경영을 할 때에 무엇이 필요한가'라는 문제의식, 집필 목적을 갖고 작성된 것이었다. 일본의 농업조사의 결과 보고서의 공통적인 내용을 김용섭은 다음과 같이 정리하고 있다.

특히 한국의 지주제를 소상하게 조사하고 ① 한국농업에서는 기후 토성이 좋아서 농업생산의 전망이 밝고, ② 현재 농법이 유치하므로 앞으로 그 증수가 가능하며, ③ 지가가 저렴하여 일본인이 구입하기 용이하며, ④ 토지에 대한 공과금이 일본에 비하여 지극히 헐하며, ⑤ 현재의 지주소작관례상 수익분배는 지주에게 유리하다고 판단하면서 이를 통해 한국에 대한 그들의 농업식민을 희망적인 것으로 보

---

24) 구자옥 외 3인, 2010, 「혼다 고노스케와 『한국토지농산조사보고』(1904~1905)」, 『농업사연구』 제9권 1호, 한국농업사학회, 230~234쪽.

고 있다는 점.25)

김용섭이 정리한 바와 같이 일본의 한국농업에 대한 조사는 철저하게 농업 이윤의 획득이라는 목표를 달성하기 위한, 결국 한국을 일본의 농업식민지로 전환하기 위한 목표를 성취하기 위한 것이었다. 그리하여 지가地價에 비한 이율이 연 평균 1할 2, 3푼 정도의 이익을 얻을 수 있을 것으로 계산하고 있었다.

또한 지주경영의 방법에 대해서도 세심한 배려를 하고 있었다. 한국에서 지주로서 농업경영을 할 경우, 우선 한국인 소작농민과 한국의 지주소작관행 및 한국의 농법에 따라 행하라는 것을 제시하기도 하였다. 일반적으로 대지주일 것을 전제로 하였지만 중소지주나 자작농에서 소지주로 성장하는 지주여도 더 괜찮다고 설명하기도 하였다.

일본의 한국 농업식민조사는 다른 한편으로 일본 내의 농업문제의 해결이라는 점에 또 다른 목표를 설정하고 있었다. 한국에 대한 농업식민을 계획하면서 일본 내의 중산적 자영농의 이주나 소빈농층의 이민 정착과 그들의 독립자영농으로의 안정화를 기도하였다. 그러한 현실의 상황은 중산적 자영농이 한국에 올 경우 자영농으로서 만족하기 어렵고, 고용노동으로서 농장을 경영하는 것도 곤란할 것으로 파악하였다.

따라서 중산적 자영농이나 소빈농층의 농업이민은 지주제적인 농업식민의 테두리 안에서 전개되는 것에 불과하다는 것을 요망하고 있었다. 이와 같이 일제의 한국에 대한 농업식민은 그들의 지주·자본가 계급이 중심이 되고 그들이 한국농민을 소작농민으로서 지배할 것을 목표로 진행되는 것이었다.

---

25) 김용섭, 1992, 「일제의 초기 농업식민책과 지주제」, 『한국근현대농업사연구』, 일조각.

2. 통감부의 식민농업책

1905년 한국을 실질적인 식민지로 확보한 제국주의 국가 일본은 한국통감부를 통해 경제 분야의 식민책을 추진하였다. 또한 한국이 일본의 식민지로 전락하여, 일본의 한국 식민지 경영이 본격화된 시기 이후 '한국의 근대화'는 식민지 근대의 성격을 갖는 것이었다. 이러한 역사적 흐름을 대표하는 존재가 1908년에 설립된 동양척식주식회사라고 할 수 있다. 앞선 시기 근세 농업체제에서 국가의 농정책이 중농重農, 농본農本의 이념적인 강조에 근거한 것이었던 반면에 근대 농업체제에서의 농업정책은 농업생산의 효율성, 경제성을 강조하는 것이었다. 통감부 시기의 일제의 농업식민책은 경제적 효율성, 수익의 추구를 단순한 농업경영의 능력을 통해서 달성하는 것이 아니라 식민주의적인 강압과 제국주의적인 배치에 의해서 강요하는 것이었다. 그리고 그러한 일제의 농업식민책의 과실은 일부의 일본인 지주와 식민 지주에게 나누어졌고, 다수의 조선(한국)의 농민들은 경제적 수탈, 경제외적 탈취의 대상이 되고 말았다.

일제는 한반도를 식민지로 지배하면서 항만 건설, 철도 부설, 도로 개설, 광산 및 산림 개발, 하천 개수, 발전소 건설 등 여러 분야에 걸쳐 근대적인 '개발' 사업을 일으켰다. 그러나 그것은 한국 인민의 복리와 한국의 발전을 위해서가 아니라, 식민지 통치를 위한 수탈의 수단이었고, 대륙침략의 병참기지로 활용하기 위한 기초작업이었기 때문에, 본질적으로 '개발'의 개념으로 파악할 수 없다는 견해가 지배적이다.

한국 근대화의 기초가 일제하에서 이루어졌다고 하는 주장도 있으나, 그것은 역사적 현실의 겉과속을 제대로 살피지 않고 피상적인 논리로 실체를 왜곡하고 있는 것에 지나지 않는 것으로 보아야 할 것이다. 일제는 한반도를 개발한 것이 아니라 그 발전 잠재력을 체계적으로 착취·수탈하고 억눌렀을 뿐 아니라 그러한 과정에서 국토를 침탈하였으며 자발적인 발전적 구조는 왜곡시켜 나갔다.

통감부의 식민지 한국에 대한 식민책은 농업분야에서도 전개되었다. 본국의 일본인을 한국으로 이주시키는 정책을 우선적으로 실시하였다. 일본의 농민을 한국에 이주시키는 것이 일본의 과잉인구와 식량부족 문제를 해결할 수 있는 방안이었다. 한국의 식민통치를 통해 농업 분야에서 실행할 수 있는 일거양득의 최선책으로 파악하였다.

그리고 이주 일본인들이 농업분야에서 농업생산에 종사할 수 있도록 농지를 확보하는 기회를 주고자 하였다. 이를 위해 관유 황무지의 개간 허가와 민유지 매매·임대를 내륙으로 확대하는 방침을 마련하여 실시하려고 하였다. 이리하여 일제는 1910년까지 기간 동안 한국 내 미간지의 개간과 일본 농민의 한국 이주를 농업분야의 최우선 정책으로 추진하였다.

통감부 설치 시기 일본의 농업식민정책과 토지 침탈 과정을 일제 침략 정책 측면에서 규명한 본격적 연구가 활발하게 전개된 것은 아니었다.[26] 한국 식민정책이 일본 자본주의 발전 과정에서 나타난 인구문제와 식량 문제의 급박함을 해결하기 위하여 만주와 한국으로의 이민집중책을 추진하였으나 일본인 지주, 자본가 주도의 이주식민 형태만이 활발했을 뿐, 당초 구상했던 자영농민의 이주를 통한 한국농민의 동화정

---

26) 통감부 설치 시기 일본의 농업식민정책과 토지 침탈 과정을 일제 침략정책 측면에서 규명한 연구에 대한 연구사 정리는 다음 논문을 참고하였다. 도면회, 1995, 「일제의 침략정책(1905~1910년)에 대한 연구성과와 과제」, 『한국사론』 25, 국사편찬위원회.

책은 차질을 빚게 되었다. 동양척식주식회사는 이러한 국면을 타개하기 위해 국가 주도로 조직적 체계적으로 자영농민을 대량 이주시키기 위해 설립한 것이었다고 볼 수 있다.

통감부는 일본 농민의 한국으로의 이주 식민정책에 초점을 두고 있었지만, 다른 한편으로 이주 식민정책뿐만 아니라 식량 원료의 공급기지화 정책을 병행하는 것이 일제의 초기 대한 농업식민정책의 기조였다고 볼 수 있다.[27] 그리고 일제의 농업식민 방식은 한편으로는 지주 자본가 주도와 일본정부 주도 방식으로 볼 수 있고, 다른 한편으로 농업식민의 유형을 농업회사(농장), 농업조합, 개인별 이주의 세 가지 유형으로 나누고 이 중에서 농업회사에 의한 이주가 주류를 이루는 가운데 그 문제점을 인식한 정부가 동양척식주식회사를 설립하였다고 파악할 수 있다.[28] 한편 일제는 통감부를 설치하였던 시기에 권업모범장과 도道 종묘장 등 농사시험·연구기관과 수원농림학교 등 농업학교를 설립하였다. 나아가 수리조합과 금융조합을 설립하였다. 통치의 근간을 이루는 근대적인 시설과 제도를 설치하기 시작하였다.

일제가 조선에 통감부를 설치하고 실질적으로 지배해가면서 산업 중 가장 관심을 가진 분야는 농업이었다. 일제의 식민지 산업정책의 중심이 농업에 있었으며 장려 종목은 쌀, 면화, 견繭, 우牛, 그중에서도 특히 쌀과 면화에 집중되었다. 통감부는 식민지에서 수행할 농업식민책이 제대로 성과를 내기 위해 지원체제를 갖추기 위해 2가지를 주목하였다.

하나는 일제 정책을 직접 수행하는 각종 산업단체, 지주회, 권업모범

27) 최원규, 1993, 「日帝의 初期韓國殖民策과 日本人'農業移民'」, 『東方學志』 77·78·79 합집, 연세대 국학연구원.
28) 鄭然泰, 1994, 「大韓帝國後期日帝의 農業殖民論과 移住殖民政策」, 『韓國文化』 14, 서울대 한국문화연구소.

장, 기타 일본인 중심의 이익단체들을 통해 위 네 가지 종목의 증산을 독려하려는 것이었고, 다른 하나는 일본 본국자본→농공은행→지방금융조합으로 이어지는 일련의 식민지 금융기구를 통한 수탈 체제의 확립이라는 것이었다.29)

통감부를 통한 농업식민책으로 일본 농민의 한국 이주를 우선 추진한 것은 두가지 이유 때문이었다. 하나는 당시의 무역구조가 일본은 한국에 공산품을 판매하고, 한국은 일본에 농산품과 원료를 중심으로 수출하는 형태이었기 때문에 한국의 농업 사정에 따라 농민 이주를 고려하는 것이 필요하였다. 다른 하나는 일본 본국이 1894년 이후 인구가 매년 50만명 이상씩 증가하여 한국과 만주로의 이민을 추진하였다.

1894년 이후 일본의 인구가 매년 40~50만 명씩 증가하였는데, 일본의 국내 쌀 생산량은 증가하기는 하였지만 그 수요를 충당할 수는 없었다. 나아가 인구 1인당 쌀 소비량도 증가함에 따라 일본은 1900년 이후 쌀 수출국에서 만성적 쌀 수입국으로 전락하였다. 일본은 조선에서 쌀을 수입하여 값싸게 일본인 노동자들에게 공급함으로써 저곡가 저임금 정책을 바탕으로 일본 자본주의 체제를 유지해가려고 하였다. 이러한 상황에서 일제 당국은 조선 농업 중 미곡 생산에 관심을 집중하고 있었다.

1900년대 초반 일본은 국내에서의 인구문제가 심각하게 나타나면서 이민移民이 장려되고 있었다. 그리고 식민지 지배 및 대륙진출의 토착 지지세력 확보를 위해 한국으로의 이민이 강조되고 있었다.30) 이러한 분위기를 『최신조선이주안내最新朝鮮移住案內』(1904년)라는 책자의

---

29) 정태헌, 1989, 「1910년대 식민농정과 금융수탈기구의 확립과정」, 『3.1민족해방운동연구』, 역사비평사.
30) 권태억, 1994, 「통감부 설치기 일제의 조선 근대화론」, 『국사관논총』 53, 국사편찬위원회, 222쪽.

다음과 같은 설명에서 찾아볼 수 있다. 이 안내 책자에서 소개하는 것처럼 이민가서 지배자 또는 주인 노릇을 할 수 있는 조선으로 이주할 것을 강권하고 있었다.

조선에 가는 것은 극히 용이하다. 정부의 여행 허가증을 얻기 어렵지 않고 여비는 겨우 15엔이면 조선 제일의 무역항인 부산에 도착할 수 있다. 그런데 미국행美國行 여비 정도이면 저 미국에서 웨이터가 되고 요리사가 되고, 양키 예편네에게 더러운 욕을 먹으면서 농사에 종사하면서 사탕 밭에서 야숙하고, 철도 공부工夫가 되어 화차貨車를 살림집으로 하는 것과 같은 볼품없는 행동을 하기 보다는 조선 내지에서 임금 싼 조선인을 좌고우면 자유로이 사역하고, 자기는 주인공으로서 하나의 독립한 어떤 사업을 경영할 수 있을 것이다.[31]

위 인용문에서 아주 호기롭게 일본인의 한국 농업이민을 촉구하고 있었다. 한국에 대한 일본인의 농업이민의 다양한 유형으로 전개되었다. 일제의 한국에 대한 농업이민은 시행주체에 따라 4가지 유형으로 나눌 수 있다. ①러·일 전쟁 후 한국에 진출해 있던 일본인 대지주의 농장에서 모집하는 농업이민, ②일본의 각 지방 부·현이 설립한 농업회사 또는 조합이 모집하는 농업이민, ③자작 또는 지주겸 자작을 목적으로 하는 농업이민, ④동양척식회사의 모집에 의한 농업이민 등이다. 1910년 이전에는 ①②③ 유형의 농업이민이 추진되었으나 성과가 미미하였다. 이리하여 1910년 이후로는 동양척식주식회사와 불이흥업주식회사가 모집하는 '국책이민'이 추진되었다.

일본은 조선의 농업 및 토지조사를 행하였고 그를 바탕으로 일본 이

---

31) 山本庫太郎, 1904, 『최신 조선이주안내』, 18~19쪽; 권태억, 1994, 「통감부 설치기 일제의 조선 근대화론」, 『국사관논총』 53, 국사편찬위원회, 222쪽에서 재인용.

민이 가능한 지를 탐색하였다. 즉 일본의 농업관료 및 학자로 하여금 조선의 농업상황 및 황무지 현황을 조사하게 하여 일본인이 이주할 수 있는 여지가 있는지 탐색하도록 하였다. 그 결과 일본인에 의한 조선 농업의 조사서가 많이 발간되었으며, 그를 바탕으로 일본 정부가 정책을 세우거나 일본인 이민을 장려하기도 하였다.

일본 정부는 1904년 5월 31일에 「제국의 대한방침」, 「대한시설강령」을 각의에서 통과시켰다. 두 가지는 모두 제목 그대로 일본 정부가 앞으로 한반도에서 실시할 정책의 대강을 제시한 것이었다. 「대한시설강령」은 '국방國防·외정外政·경제經濟'가 가장 중요한 문제라고 한 후, 구체적으로 군사적으로 방비를 온전히 할 것, 외교를 감독할 것, 재정을 감독할 것, 교통기관을 장악할 것, 통신기관을 장악할 것, 척식拓殖을 도모할 것 등을 제시하고 있었다.[32] 이와 같이 구체적 항목으로 지목된 것 가운데 '척식을 도모할 것'이라는 항목이 주요하게 한국의 경제활동에 대한 일본의 간섭과 이를 통해 한국에서의 경제수탈의 내용을 담고 있었다. 척식을 도모하는 항목의 내용은 다음과 같다.

① 관유황무지官有荒蕪地의 경우는 한 개인의 명의로서 경작 및 목축의 특허 또는 위탁을 받아 제국정부의 관리 아래 상당한 자격이 있는 우리 나라 인민人民으로 하여금 경영케 하는 것.
② 민유지의 경우는 거류지에서 10리 밖이라 해도 경작 또는 목축 등을 목적으로 매매 또는 임차할 수 있게 하는 것. 즉 한국정부로 하여금 내지에 있어 일본인의 토지 소유권을 인정케 하든가 영대차지권永代借地權 또는 용지권用地權을 인정케 하여 경작·목축 등에 지장이 없도록 하는 것.[33]

---

32) 강창석, 1994,『조선 통감부 연구』, 국학자료원.
33)『日本外交年表竝主要文書』上, 227쪽(권태억, 1999,「3. 통감부의 식민지화 정책」,

위 인용문에 나와 있는 바와 같이 일본은 한국 농업의 척식을 도모하는 2가지 방향을 설정하고 있었다. 하나는 일본인 개인의 명의로 한국 정부로부터 관官有 황무지를 경작 및 목축할 수 있는 특허나 위탁을 받고, 그것을 일본 정부의 관리하에 일본인이 경영하게 한다는 것이었다. 다른 하나는 일본인 거류지에서 1里 이외일지라도 민유지民有地를 경작 또는 목축 등의 목적으로 일본인이 매매·임대할 수 있게 한다는 것이었다. 이는 한국 내지內地를 일인에게 개방시키고 그들의 토지 소유를 인정케 하려는 것이었다.[34] 2가지 방향(사안)을 아래에서 자세하게 검토한다.

구체적으로 일본은 ①의 문제 해결을 위해 한국정부와 교섭에 나선 것이 나가모리 도키치로長森藤吉郎를 계약자로 한 이른바 「한국황무지개척안韓國荒蕪地開拓案」이었다. 이것은 처음 나가모리의 개인적 이권 획득 운동으로 출발하였다가 실패하자 일본정부의 정식 정책으로 수행된 것이었다. 일본에서 이 문제가 검토되기 시작한 것은 이미 4월초부터였으며, 하야시 주한공사가 한국정부와 공개적으로 교섭을 개시한 것이 6월초였다. 일제가 열성적으로 한국 황무지 개척 문제에 접근하였지만, 이같은 일제의 시도는 송수만宋秀萬·이기李沂·허위許蔿 등이 앞장선 반대운동으로 좌절되기에 이르렀다.

그리고 ②의 내지에서의 토지 소유권 확보의 문제를 보면, 이토가 통감으로 한국에 부임한 이후 커다란 변화가 나타났다. 일인들의 조계 10리 밖의 불법적인 토지 소유를 합법화함은 물론, 이후 일본인들의 한국

『신편 한국사 42; 대한제국』, 국사편찬위원회, 302쪽 재인용).
34) 최창희, 1999, 「3. 황무지개척권 반대운동」, 『신편 한국사 43권; 국권회복운동』, 국사편찬위원회, 109쪽.

진출을 촉진하기 위하여 부동산법조사회不動産法調査會를 설치하고 (1906. 7. 24) 입법에 착수하였다. 그 실무를 맡은 것은 우메 겐지로梅謙次郎로서, 그는 일본에서 근대법령을 만들 때 이토를 도와 큰 역할을 했던 사람이었다. 그 결과로 나온 것이 「토지가옥증명규칙土地家屋證明規則」(1906. 10. 26)이다. 이 규칙의 주안점은 내지에서 일본인의 토지매매를 합법화하고, 소유권을 보호하기 위한 것으로서, 일본인 지주 및 자본의 내지 침투를 위한 문을 열어 놓는 것이었다.

이상에서 살핀 바를 정리하면, 일본 정부는 한국에서 일본인이 산업으로 육성하기에 가장 적당한 것이 농업이라고 단정하였다. 일본의 과잉인구를 이식시킬 수 있는 땅을 얻고, 부족한 식량을 공급할 수 있는 일거양득이 될 것으로 기대하였다. 일본 농가를 위해 한국을 개방시키는 수단으로 위에서 거론한 두 가지 대책을 설정하였다.[35]

한편 임업에 대해서는 "두만강과 압록강변은 삼림이 울창하며 특히 후자는 그 면적도 광대하고 운반도 또한 편리하여 한국의 재원 중 가장 유력한 것이다. 이들 삼림의 벌목권은 수년 전에 러시아인에게 양여되었으나 조만간 정부로 하여금 이를 폐기하여 우리나라 사람으로 하여금 대신 경영하게 하도록 할 것"을 규정하였다. 이외에 광업, 어업에 대한 방침도 정해놓고 있었다.[36]

결론적으로 일본이 입안한 「대한시설강령」의 구체적인 내용은 한국 농업을 일본 제국주의 체제 아래에 편입하였을 때 경제적인 측면에서 이득을 최대한 추출하기 위한 방침과 다른 것이 아니었다. 일본의 척식

---

35) 강창석, 1994, 『조선 통감부 연구』, 국학자료원; 日本 外務省, 『日本外交文書』 37 卷 1册, 351~356쪽

36) 「대한시설강령」에 대한 서술을 다음 글을 참고하였다. 권태억, 1999, 「3. 통감부의 식민지화 정책」, 『신편 한국사 42; 대한제국』, 국사편찬위원회, 301~303쪽.

계획의 주된 내용은 결국 한국을 식량 및 원료 공급지로 삼아 일본의 과잉인구를 한국에 이민시켜 인구문제를 해결하려는 것이었다. 이를 위해 일제는 황무지 개척권을 요구하고, 또 토지 소유를 확대하는 등의 구체적 방안을 수립하였다. 물론 한국을 일본 자본주의의 식량 및 원료 공급지로 삼으려는 일제의 침략 의도는 개항 이래 꾸준히 지속된 것이었다. 하지만 이때 강조된 것은 유통과정의 지배를 통한 식량 및 원료의 확보만이 아니었다. 그것은 일본인 농업이민과 식민농업회사를 앞세운 생산과정의 지배와 그를 통한 항구적 식량 및 원료 공급지의 확보라는 점에서 이전 시기와는 다른 차별성이 있었던 것이다.

일제의 그러한 야심이 본격적으로 드러난 것이 1904년 6월 황무지 개척권 요구였다. 이는 한국의 황무지를 대략 141만 정보로 파악한 일제가 그 개척권을 50년간 위임받아 여기에 일본인 700만을 이민시켜 개척한다는 것이었다. 이를 위해 일제는 대장성 관방장을 지낸 나가모리長森藤吉郎를 내세워 한국 정부에 황무지 개척권을 요구하였다.[37]

일제가 직접 황무지 개척권을 요구하지 않고 나가모리長森藤吉郎라는 개인을 계약자로 내세운 이유에는 그가 그간 황무지 개척에 대해 한국 관리와 교섭을 진행 중이었기 때문이었다. 이 같은 일본 정부의 결정은 당시 각국 공사관이 서울에서 활동하면서 영향력을 행사하고 있었고 이 시기 러일전쟁 중이었으므로 이들의 동향의 예의 주시할 필요가 있던 일제의 입장에서 일제의 침략정책을 전면에 드러내지 않기 위한 방편으로 볼 수 있다. 하지만 일제의 황무지 개척권 요구는 이상설, 원세성

---

37) 尹炳奭, 1964, 「日本人의 荒蕪地開拓權 要求에 對하여 - 1904年 長森名儀의 委任契約企圖를 中心으로 - 」, 『歷史學報』 22, 역사학회; 윤병석, 1996, 『近代 韓國民族運動의 思潮』, 集文堂.

등의 반대 상소와 황성신문의 반대 사설, 농광회사 설립을 통한 자주적 개간사업의 시도, 그리고 보안회를 중심으로 하는 조직적 반대운동 전개 등 한국민족의 거센 반발로 좌절되었다.

일본인이 농업경영을 목표로 한국으로 이주할 경우 농업식민 지침서에 의해서 얻은 지식이나 지인에 의해서 얻은 정보로 농업요충지에 자리를 잡고 토지를 매입하여 농장을 개설하는 것이 일반적으로 기대하는 방식이었다. 당시 한국의 지가는 일본에 비하여 비싼 지역이 1/5 내지 1/8 정도 일반적으로 1/20, 1/30 정도에 불과한 것으로 간주되었다.

그런데 문제는 한국의 법이 외국인의 내륙지방에서의 토지 소유를 불허하고 있다는 점이었다. 당시 한국정부는 일본인의 토지매매를 엄격히 금단하고 있었다. 한때 통감부는 토지문권과 장기간의 수확을 같이 매입하되, 토지대장 상의 명의를 한국인으로 하라는 방식의 해결책을 지시하기도 하였다. 그리고 일본인이 몰래 매입하는 것을 권장하였는데, 이는 조만간 한국을 일본이 점령할 것이라는 전망에 따른 것이었다. 이와 같은 고식적인 방안은 결국 임시방편의 성격을 띤 것이고, 한지역에 정착하여 농장경영을 하기위해서는 절대적인 소유권의 인정이 요구되었다. 그리하여 통감부는 한국정부를 지배하는 가운데 강점을 위한 정책을 펴나가면서 먼저 이 문제를 처리하였다.

통감부 시기에 일본은 한국에서 농업식민책을 수행하기 위해 여러 가지 정책을 펼치면서 토지 소유와 관련된 법제의 정비를 추진하였다. 토지 소유와 관련된 법제 정비는 일본의 한국 농업식민책의 사전 작업의 하나로 진행한 것이었다. 한국의 통치권을 사실상 장악한 일제는 한국정부를 강제적으로 동원하여 1906년 10월부터 연이어 일련의 토지관계 임시법규를 반포해 기왕의 일본인 매입 토지의 소유권을 법인法認하고,

일본인 상업자본과 지주자본의 토지투자를 촉진하기 위한 법제적 조치를 강구하여 갔다. 아울러 일제는 개항 이래 불법적으로 전개되어온 일본인의 토지 소유를 합법화하기 위하여 대한제국 정부의 양전지계사업을 중단시키고 외국인 토지 소유를 금하는 취지의 한국정부의 제반 법률 제정을 저지하였다.

통감부는 1906년 한국정부로 하여금 「토지가옥증명규칙土地家屋證明規則」 및 「동시행세칙同施行細則」을 반포하게 하였다. 외국인에게도 한국인과 마찬가지로 토지, 가옥 등의 부동산을 소유할 수 있는 권리를 인정하는 법령이었다. 일본인이 몰래 잠매潛賣한 토지의 합법화는 물론 국유지도 불하받을 수 있도록 하는 등 모든 토지 소유에서 일본인과 한국인의 차별을 없앰으로써 일본인들의 토지 소유권을 안정적으로 만들었다.[38]

계속해서 일제는 한국 정부로 하여금 1907년 7월 임시제실유급국유재산조사국臨時帝室有及國有財産調査局을 설치하여 국유재산과 황실재산을 분할 조사토록 하였다. 이어서 1908년 「토지가옥소유권증명규칙土地家屋所有權證明規則」, 및 「동시행세칙同施行細則」을 반포케 하였다. 또한 1907년 「국유미간지이용법」 및 「동시행세칙」을 반포케 하여 일본인이 이를 대여받아 대대적인 개간사업을 할 수 있게 하였다. 민간 소유가 아닌 모든 원야原野·황무지荒蕪地·초생지草生地·소택지沼澤地·간석지干潟地를 국유 미간지로 규정하고, 그것의 개간은 정부의 허가를 받도록 하였다.

---

38) 강점 이후에는 이러한 증명제도가 가지고 있던 한계도 완전히 극복하고 한국 토지를 완전히 장악하기 위한 사업을 준비하였으니 그것이 곧 토지조사사업과 이와 동시에 진행된 등기제도의 확립이었다는 것이다. 崔元奎, 1994, 「韓末日帝初期土地調査와 土地法硏究」 연세대학교 사학과 박사학위논문.

법제적 정비 조치는 궁극적으로 국유지 창출을 위한 것이었지만 부수적으로는 일본인의 토지침탈을 수월하게 하려는 것이었다. 이러한 법령의 정비는 일본인이 자유롭게 한국으로 건너와 자유롭게 농지를 소유할 수 있도록 법적인 조치에 해당하는 것이었다.[39] 그리고 1908년 12월 동양척식주식회사도 일제가 직접농업경영과 농업이민 정책을 수행하기 위해 설립한 것이었다. 그리하여 이 시기 일본의 지방관청에서도 식민조합과 회사를 세워 중앙정부의 대한對韓 토지점탈과 농업이민 정책을 적극적으로 지원한 결과 주한 이주 일본인, 한국에서 30정보 이상의 토지를 소유한 일본인 지주 그리고 주한일본인 농가와 농업자는 급증하였다.

결과적으로 이 법령은 실제로 일본인들의 토지침탈을 합법화하고 촉진하는 제도적 장치로 적극 활용되었으며, 특히 토지 소유권을 증거할 증빙자료가 없는 불안정한 소유의 토지를 거래할 때 주로 이용되었다. 그 결과 일제의 토지침탈은 가속화되었다. 이 법제는 외국인 특히 일본인들의 불법적인 토지 소유를 막기 위해 자체적으로 부동산등기법안을 준비하고 있었던 대한자강회大韓自强會나 대한제국정부의 의지를 억누르면서 제정된 것이었다.

토지관련 법제를 정비하는 것과 다른 맥락에서 통감부는 뒤떨어진 조선의 농업 시설과 농업 기구를 개량해야 한다고 하면서 권업모업장(1906년), 원예모범장(1906년), 종묘장(1908년) 등을 설립하고 조선의 품종 개량과 생산력 발달을 모색하였다. 이는 조선의 벼, 양잠, 면화 등

---

39) 통감부 시기 토지 소유권 관련 법령의 정비 과정에 관한 서술은 다음 논문을 참고하였다. 김용섭, 1992, 「일제의 초기 농업식민책과 지주제」, 『한국근현대농업사연구』 일조각; 정연태, 1995, 「대한제국 후기 부동산 등기제도의 근대화를 둘러싼 갈등과 그 귀결」, 『법사학연구』 16, 한국법사학회; 최원규, 1996, 「대한제국과 일제의 토지권법 제정 과정과 그 지향」 『동방학지』 94, 연세대 국학연구원.

의 품종을 개량하여 일본인 노동자에게 값싸게 공급하거나 혹은 공장의 원료로서 원활히 제공하기 위한 기초 작업이었다. 이와 같이 통감부는 조선의 농업생산력을 발달시키기 위한 것이라는 표방을 내세우고 권업모범장, 원예모범장, 종묘장 등을 설립하였다.[40) 권업모범장 설치와 관련된 전후 배경과 설치 경위를 좀 더 자세히 살펴본다.[41]

일제는 한국 농업에 대한 기초 조사 연구를 통해 기초자료를 수집한 결과를 토대로 한국의 미곡 생산을 확대하고 쌀의 품질을 높이기 위한 농사개량의 대책이 필요하다는 주장이 대두하였다. 그리고 일본 미곡상이 중심이 되어 이른바 농사시험장農事試驗場의 설립을 주장하게 되었다. 즉 1903년 재조선일본인상업회의소연합회在朝鮮日本人商業會議所聯合會가 당시 일본 공사 하야시 곤스케林權助에게 한국농사개량韓國農事改良에 관하여 청원서請願書를 제출하였다. 청원서의 주요한 내용은 "한국 정부로 하여금 중요한 토지에 농사시험장을 설치하게 하는 것이 시의에 합당한 것"이라고 주장하면서 이를 한국정부에 권고할 것을 요구하는 내용이었다. 이보다 앞선 시기인 1901년 8월에 목포 일본인 상업회의소에서 그리고 1903년 6월 부산 일본인 상업회의소에서 모두 벼농사의 습관 개량을 한국정부에 권고할 것을 하야시 곤스케 공사에게 청원하기도 하였다.[42]

당시 이미 한국에서 일본으로 쌀의 수출이 광범위하게 이루어지고 있었고, 일본 상인의 입장에서 한국에서 생산된 쌀이 일본에서 일반적으로 통용되는 기준에 합당하게 도달하기를 바라고 있었던 것이다. 이와

---

40) 이영학, 2014, 「통감부의 농업조사와 농업정책」 『역사문화연구』 49집, 한국외대, 역사문화연구소, 110쪽.

41) 金度亨, 1995, 「日帝의 農業技術 機構와 植民地 農業支配」, 연세대학교 박사학위논문.

42) 小早川九郎 編著, 1959, 『補訂 朝鮮農業發達史』 政策篇, 友邦協會, 40쪽.

같이 한국에 농사시험장을 설치하여 미곡 생산 기술, 생산된 미곡의 기준을 올리려는 모색이 일본 상업자본에서 먼저 청원되고 있다는 점은 다시 한번 일본의 한국식민지화가 갖고 있는 경제적 수탈이라는 점을 보여주고 있다.

통감부는 1906년 4월 권업모범장勸業模範場을 설치하였는데, 바로 농사시험을 맡아 수행하는 공식 기관이었다.[43] 통감부는 4월에 「권업모범장관제」를 공포하고 6월 15일에 경기도 수원에 권업모범장을 설립하였다.[44] 한국에 권업모범장을 설치함으로 2가지 목적을 갖고 있었다. 하나는 한국인에게 일본인의 선진 기술을 시위함으로서 한국인이 일본국에 대하여 감탄하고 승복하는 분위기를 조성하려는 것이었다. 다른 하나는 농사시험기관의 설치를 통해 한국 농업개발을 유도하여 한일간의 무역 증진 즉 한국에서 식량 원료를 확보하고 일본의 실업가 자본가를 끌어들여 일본의 제조업과 한국의 원료를 결합시킬 구상을 현실화시키려는 것이었다.[45]

일본이 한국에 농사모범장 즉 권업모범장을 설치하고자 한 이유는 「한국농사모범장설치이유서」에 다음과 같이 명시하고 있다.

한국의 부원富源을 개발하여 피아彼我의 무역을 발달시킬 방법으로 최급선무가 되는 것은 농사의 진흥이다. 한국의 농산은 농경 축산의 개량, 황무지의 이용, 수리시설 등으로 다대한 증식增殖을 기할 수 있다. 그러나 이 목적을 달성하는 것은

43) 김도형, 1995, 「勸業模範場의 식민지 농업지배」, 『한국근현대사연구』 3, 한국근현대사학회, 139~206쪽.
44) 김영진·김상겸, 2010, 「한국 농사시험연구의 역사적 고찰 — 권업모범장을 중심으로 —」, 『농업사연구』 9권 1호, 한국농업사학회.
45) 권태억, 1986, 「통감부시기 일제의 대한 농업시책」, 『노일전쟁전후 일본의 한국침략』, 일조각, 190쪽.

농사모범장의 설치로서 최첩경이 된다.[46]

위에서 볼 수 있는 바와 같이 일본과 한국의 무역을 발달시킬 방법으로 한국의 농사를 발달시켜야 하며, 그 가장 빠른 방법이 농사모범장의 설치라고 말하였다. 즉 농사모범장을 설치하여 농경 축산의 개량, 황무지의 이용, 수리시설 등을 갖추어 생산력을 발달시키고, 한국이 부유해져야 일한 무역이 발달할 수 있을 것이라 주장하였다.

또한 나아가 농사모범장은 "농작, 농법, 원예, 양잠, 축산, 수리 등의 모범을 보이고, 시험을 행하는 것은 물론 미개지의 소재 기타 지형, 지질과 아울러 한국 제농산諸農産의 종류, 품질의 그 현재 및 장래 등에 관하여 일한인민日韓人民으로 하여금 직원, 도서, 표본 등에 대하여 쉽게 그것을 이해시키고, 또 농업 경영에 관하여 그 기업자에 필요한 주의를 주는 기관"[47]이 될 것을 공포하였다.

권업모범장은 혼다 코스케를 장장場長으로 삼고, 6인의 전임기사와 8인의 전임기수, 4인의 전임서기 등 전원 일본인으로 조직되었다. 1906년 권업모범장의 초대 장장場長이 된 혼다는[48] 개장식에서 다음과 같이 권업모범장은 한국의 부원을 개발하기 위하여 한국의 농사 개량을 유도한다고 언급하였다.

---

46) 「韓國農事模範場設置理由」 『日本外交文書』 38-1, 877쪽(김도형, 2009 위의 책, 69쪽 재인용).
47) 「韓國農事模範場設置理由」 『日本外交文書』 38-1, 877쪽(김도형, 2009 위의 책, 69쪽 재인용).
48) 혼다 고토스케本田는 동경제국대학 농과대학 교수이었다가 일본 농상무성 관료가 되어 한국의 농업조사를 적극적으로 실시하였고, 통감부 시기 이후 한국의 농업식민책에 직접 관여하면서 큰 역할을 하게 된다.

한국의 부원富源을 개발 증진코자 함에 있어 국리민복 농업의 진흥은 실로 최대급무의 하나에 속한다. 그러나 이 목적을 달성하는 첩경은 실제로 개량의 모범을 보임으로써 농민을 유도 계발함에 있다. 일본제국정부는 이에 보는 바 있어 먼저 국본을 배양함으로써 선린유도의 책임을 다하기 위하여 작년 1906 4월 권업모범장을 설치하였다.[49]

권업모범장이 창립되었을 때「권업모범장관제」에는 그 업무를 "한국 산업의 발달 개량을 돕기, 모범 및 시험, 한국 물산의 조사와 아울러 산업상 필요한 물료物料의 분석 감정, 종묘 잠종 종금 종돈 등의 배부, 산업상의 지도 통신 및 강화를 담당한다"[50]고 하여 한국농업에 대한 연구 조사 시험을 통해 농업의 개량을 목적으로 한다고 언급하였다. 즉, 그런데 실제로는 그리하여 일제는 일본 자본을 끌어들여 이의 설립을 서둘렀던 것인데 이는 "해당 모범장이 실은 일본의 이익을 본위로 하기 때문"이었던 것이다.[51]

통감부시기에 창설된 수원의 권업모범장 규모는 총면적 87정보이며, 그중 밭 28정보는 민유지를 매수한 것이고, 논 59정보는 궁내부 소속지를 임차한 것이다. 1906년 10월 정리 사업의 설계를 마치고, 11월 2일 공사에 착수하였다. 이어서 신축공사를 하고 수원 정거장부터 권업모범장에 이르는 도로 및 논밭 27정보에 경지정리사업을 하는 등 1906년 말까지 시설과 설비를 완성하였다. 그리하여 수원에 총 면적 87여 정보를 사들인 뒤, 1906년 10월 정리사업 설계를 마치고, 11월 2일 공사에 착수

---

49)『記念誌』上 13쪽(권태억, 1986, 위의 논문, 189쪽 재인용).

50) 統監府, 1908,『明治 39·40年韓國施政年報』, 23쪽(김도형, 2009, 위의 책, 70쪽 재인용).

51)「韓國農事模範場設置理由」『日本外交文書』38-1, 877쪽(김도형, 2009, 위의 책, 69쪽 재인용).

하여, 1907년 5월 15일에 총 경비 16만 원을 들여 수원 서둔리西屯里에 권업모범장 설치를 완료하였다.[52]

그런데 1906년 10월 26일 대한제국 정부는 통감부에 권업모범장을 이양해 줄 것을 조회하였고, 그해 11월에 통감부는 종래 경영방침을 변경하지 않는다는 조건으로 대한제국 정부에 이양하였다. 1907년 3월 22일 대한제국 정부는「권업모범장관제」를 공포하였는데 "산업의 발달 개량에 자資할 모범조사 및 시험, 물산物産의 조사와 산업상 필요한 물료物料의 분석 및 감정, 종자 종묘 잠종 종금 및 종축의 배부, 산업상의 지도 통신 및 강화講話" 등을 목적으로 삼는 것이었다. 대한제국 정부의 권업모범장 사업은 통감부의 그것과 목적은 동일하였다.

한국정부로 이양된 후 권업모범장에는 장장 이하 기사 전임 7인, 기수 전임 12인, 서기 전임 4인를 두면서 앞서보다 인원이 확대되었다. 그러나 권업모범장의 주요 구성원은 거의 일본인이었다. 통감부가 대한제국을 통해서 권업모범장을 설치하고자 한 것은 양잠·과물果物·미맥米麥·면화 등의 농법을 개량하여, 이를 모범으로 삼고 또 일본에서 농업조사차 내한하는 자본가 혹은 실업가에 소개할 방침이었다. 즉 권업모범장은 단지 한국 척식의 기초자료를 제공하기 위한 목적을 가지고 설립된 것이었다.

권업모범장의 사업이 농업 전반에 걸친 것임에 비해 주로 채소, 과수 재배의 모범 및 개량을 위해 설치된 것이 원예모범장園藝模範場이었다. 원래는 대한제국 정부가 1905년에 농상공학교 부속 농사시험장 관제를 공포하고 서울 뚝섬에 밭 480정보를 선정하여 이 학교의 실습장 겸 농사시험장으로 사용하였다. 그러나 위치가 적당치 않고 설계에도 결함이

---

52) 통감부, 1908, 『명치40년 한국시정년보』, 통감부, 224~225쪽.

있어 1906년 5월 일제 통감부의 권고에 따라 그것을 폐지하고 부지 중 13정보에 원예모범장을 설치하기로 하여 9월에 원예모범장 관제를 반포하였다.[53]

원예모범장이 위치한 뚝섬은 한강 연안의 평원으로서 토질이 비옥하고 채소 재배에 가장 적당하여 부근 주민이 이를 생업으로 하는 자가 많았다. 원예모범장은 과수 채소 화훼 등을 재배하였다. 1906년 4월 일본으로부터 1년생 사과 묘목 10본을 들여와 심었는데 발육이 양호하였으며, 1907년 봄에는 서양의 각종 포도 사과 배 은행 매실 앵두 복숭아 감 등 많은 종류를 이식하였는데 성적은 대체로 양호하였다. 원예모범장은 1910년 총독부에 의해 권업모범장이 총독부권업모범장으로 개편되면서 권업모범장으로 합병되어 뚝섬 지장으로 바뀌었다.

대한제국 정부는 지방에도 기술기관이 필요하다는 인식하에 1908년 8월 「종묘장 관제」를 공포하고 경남 진주, 함남 함흥에 종묘장을 설치하여 그 지방에 적합한 종자·종묘의 육성 배부를 중심으로 농업개량에 기여하도록 하였으며, 이듬해 2월 전주, 광주, 해주, 의주, 경성 등 5개소, 1910년 2월에 공주 춘천 등 2개소에 종묘장을 증설하였다. 총 9개소의 종묘장은 농상공부에 직속하였는데, 조선총독부 관제의 공포와 함께 각 도에 이속되어 국고로부터 경비를 분할 배당 받게 되었다.

그 밖에 1910년 청주에 종묘장의 전신인 충청북도 모범농장이 설치되었으며, 1911년에는 평안북도의 각 군에 1개소씩 21개소의 종묘장과 함북에 6개소의 종묘장을 일본 천황이 한국에 지급하였던 소위 '임시 은사금' 운영 사업으로 설치하였다.[54]

---

53) 小早川九郎, 1944,『朝鮮農業發達史』政策編, 朝鮮農會, 58쪽(박석두, 2003, 위의 논문, 345쪽 재인용).

통감부가 한국의 농업을 농림학교의 설립, 권업모범장, 원예모범장, 종묘장의 건립을 통하여 개선하기도 하였지만, 다른 한편으로 품종의 개량을 통하여 한국 농업을 개선하여 일본의 식량 원료의 공급기지로 바꾸려는 계획을 세웠다. 통감부는 쌀 품종의 개량, 육지면의 재배, 잠종의 개선 등을 통하여 한국의 재배 품종을 바꾸어 일본 제조공업의 원료로 제공하고자 하였다.[55]

일본인 상인들도 한국의 미곡에 관심을 가지고 미곡의 상품화를 원활히 할 수 있도록 궁리하였다. 그리하여 목포 및 부산의 일본인 상업회의소는 1901년과 1903년 미곡의 탈곡 개량을 한국 정부에 건의해 줄 것을 일본 공사 하야시林勸助에게 청원한 바 있었고, 1903년에는 재조선 일본인상업회의소 연합회의 이름으로 한국 농업 개량에 관한 청원서를 올리기도 하였다.

특히 목포 일본인상업회의소에서는 1901년 일본 농상무성에 청원하여 당 지방에 적합한 우량미종자 및 면종자를 청원하였고, 이에 응해 일본 농상무성에서는 야마구치현山口縣의 벼 종자를 보내준 바 있었다.[56] 일본 상인들도 조선의 쌀을 수입하여 일본에 판매해야 했으므로 미곡의 상품화에 관심이 많았다. 쌀의 품질을 균질화하고 일본인의 입맛에 맞아야 했으므로 일본 벼 품종의 보급에 관심이 컸다.

일제는 이 시기 벼 품종 개량의 일환으로 일본의 종자를 들여와 이를

---

54) 小早川九郎, 1944,『朝鮮農業發達史』政策編, 朝鮮農會, 58쪽(박석두, 2003 위의 논문, 347쪽 재인용).
55) 통감부에서 추진한 품종개량에 대한 서술을 다음 논문을 참고하였다. 박석두, 2003,「일제의 식민지 지배체제 구축과 한국농업의 변모」,『한국 농업·농촌 100년사』, 농촌진흥청.
56) 권태억, 1986, 위의 책, 194쪽

재배 실험하고 보급하기에 주력하였다. 당시 권업모범장의 기사였던 사키사카 키사부로向坂幾三郎은 1906년 구마모토熊本에서 벼 품종을 들여와 이에 '와세신리키早神力'이란 명칭을 붙여 그 재배를 실험하고 이를 보급하기 시작하였는데,[57] 1910년경에는 대개 중부는 '와세신리키早神力', 북부는 '히노데日之出', 남부는 '고쿠료미야코穀良都'라는 개량 종자가 적합하다고 판명하였다. 그리하여 1909년에는 권업모범장과 각지의 종묘장을 통해 2백 여석의 수도水稻, 육도陸稻 종자가 배부되었다. 이와 같이 통감부 시기에 일본의 벼 품종으로 한국의 벼 품종을 대체해 가려는 시도가 대두하였고, 이러한 품종 개량 사업이 본격화한 시기는 일제가 한국을 병합한 이후인 1910년 이후였다.

이와 같이 통감부 시기에 일제는 한국의 벼 품종을 일본 벼 품종으로 전환하려 하였다. 조선의 벼 품종을 일본의 벼 품종으로 전환하려는 작업은 한국산 쌀을 일본에 수입하여 일본인 노동자들에게 값싼 가격으로 제공하는 의미를 갖고 있는 것이었다. 통감부 시기는 식량 원료를 공급하는 기초작업을 행하였던 것이고, 1910년 한국 침략 이후 일본제국주의는 한국을 식량 원료를 공급하는 기지로 만들기 위한 농업정책을 본격화하였다. 1910년대는 일제는 한국의 쌀, 면화, 양잠, 소의 품종을 개량하는 데에 전력을 기울였다.[58]

일제의 벼 품종 강제 보급은 농업생산의 과학적 접근이라는 시각에서도 매우 무거운 의미를 갖는 사건이었다. 농업의 발달에서 작물 품종의

---

57) 朝鮮農會, 1935, 『조선농회보』 9권 11호(1935.11), 13~14쪽.
58) 1910년대 농업정책에 대해서는 다음 논문을 참고하기 바란다. 정연태, 1988, 「1910 년대 일제의 農業政策과 植民地 地主制」, 『韓國史論』 20, 서울대학교 국사학과; 堀 和生, 1976, 「日本帝國主義の朝鮮における農業政策: 1920年代植民地地主制の形 成」, 『日本史研究』 171, 日本史研究會.

관리 연구는 매우 중요한 의미를 갖고 있다.[59] 예부터 작물을 재배함에 있어서 좋은 씨알에 접하게 되면 이것을 두었다가 종자로 해야 하겠다는 생각은 품종 개량의 주요한 동기가 되었다.

작물품종의 특성은 재배 환경에 따라서 변하지만 그것은 한도가 있었다. 콩의 커다란 낟알을 획득하기 위해 대립 품질이 요망될 때에는 대립 품종을 심어야지, 소립 품종을 심고 비배 관리를 아무리 잘해 보아도 대립은 생산되지 않는다. 수도의 냉해를 회피하려면 조생계통의 품종을 재배하는 것이 효과적이고, 맥류의 도복을 방지하려면 단간이며 줄기가 튼튼한 품종을 재배하는 것이 가장 효과적이다. 이처럼 작물 재배개선을 위해서는 재배 기술면보다 품종개량에 의존해야 할 분야가 매우 많다. 따라서 인류가 농경을 시작한 이래 우량품종에 대한 욕구가 커지고 그의 선발 기술도 꾸준히 발전해 왔다. 조선 근세 농업체제에서도 주요 작물의 품종 분화가 나타났고, 그 양상을 농서에 기록되어 있었다. 이와 같은 한국의 농업체제에서 자체적으로 개발하고 정립한 벼 품종을 일본의 농업환경과 생산 조건에서 개발한 벼 품종으로 대체하려는 시도는 한국의 벼 품종 체제를 몰락시키는 것이고 나아가 한국의 근대 농업체제를 왜곡시키는 것이었다.

19세기 후반 근대 농업체제를 지향하는 여러 변화가 나타났지만, 작물 품종에 대한 과학적인 검토는 농업교육과 더불어 미흡한 상태에 있었다. 뒤늦게나마 고종高宗이 1904년(광무 8년) 상공학교(1899년 창설)에 농과를 증설하여 농상공학교를 설립하고, 뚝섬에 부속 농사시험장을 설치하여 운영하게 함으로써 현대식 농사시험기구의 발족을 보게 되었

---

59) 품종과 관련된 설명은 다음 글을 참고하였다. 대한민국 학술원, 2004, 『한국의 학술연구: 농업생산과학』, 학술원, 13~16쪽.

다. 여기에서 농작물의 품종 개량을 모색할 기반이 마련되었지만 소기의 성과를 거두기에는 주변 상황이 매우 어려웠다고 할 수 있다.

이상에서 살펴본 바와 같이 통감부는 한국을 농업생산기지로 활용하기 위해서 농업생산의 이른바 '모범'을 제시하려는 의도에서 권업모범장을 설치하였다. 앞서 살펴본 바와 같이 통감부가 1906년에 설치한 권업모범장은 대한제국에서 개설하려고 계획하였던 권업모범장을 무산시키고 자신들이 주도하여 만든 것이었다. 그런데 농업기술의 개발과 보급에 특정한 기관을 설치하여 활용하려는 기획은 통감부의 독자적인 아이디어가 아니었다.

조선의 근세 농업체제가 공고하게 운영되었던 19세기 초반 서유구가 주장한 둔전屯田 설치론은 실제로는 '조선 농사시험장'을 설치하자는 주장과 다른 것이 아니었다.[60] 서유구는 조선의 농민들에게 교묘함과 졸렬함의 차이가 수고로움과 편안함으로 판이하게 나뉜다는 것, 그리고 선부善否가 크게 차이가 나는 것에 따라 이해利害도 현저하게 달라진다는 것 이것을 보여주는 것이 바로 둔전屯田이라고 주장하였다. 이러한 성격의 둔전은 달리 말해서 조선적인 농사시험장시범농장에 해당하는 것이었다. 다시 말해서 경사둔전은 농법農法, 수리법水利法 등을 시험하여 새로운 기술을 개발하고, 이를 사도팔도로 보급하는 곳으로 '조선 농사시험장'에 해당하는 것이었다.

18세기 말, 19세기 초반 '조선 농사시험장'에 해당하는 기관의 설치와 운영을 통해 조선의 지역적 실정에 맞는 농법農法을 개발하고 이를 보급하려는 논의가 제기되고 있다는 점을 살펴본 바 있다.[61] 그리고 새로

---

60) 염정섭, 2014, 「楓石의 農法 변통론과 農政 개혁론」, 『풍석 서유구 연구 上』 실시학사 실학연구총서09, 사람의 무늬.

운 농법을 모색하는 움직임은 1880년대에 서양농학의 내용을 수록한 농서 편찬자들을 통해 이루어진 바 있었다. 당시 안종수 등 개화기 농서 편찬자들은 조선의 관행농법과 서양의 실험농학에 의해 제시된 농업기술 농학원리를 접합시키고 융합시키려는 입장을 보여주고 있었다.[62] 이렇게 조선과 한국에 의해 시도되었던 새로운 농법의 개발과 보급이라는 과제는 일본이 설립한 통감부에 의해 왜곡되어 갔다. 일제가 강제 보급한 개량농법의 농업사적 의의, 근대 농업체제 형성에서 갖고 있는 의의에 대하여 다음에 자세히 검토할 것이다.

---

61) 본서 '제1부 조선 후기 근세 농업체제의 변동', 「4장 농업개혁론의 추이」의 서술 내용을 참고하기 바란다.
62) 본서 '제2부 개항기·대한제국기 근대 농업체제의 형성', 「4장 서양 농업기술의 도입 시도」의 서술 내용을 참고하기 바란다.

Ⅱ. 총독부의 토지조사사업과 미작개량책

1. 총독부의 농업식민정책

일본의 한국 식민지 통치기구는 앞서 통감부 조직을 유지하고, 여기에 대한제국 당시 정부 소속 관청을 축소시키고 흡수하는 방식으로 마련되었다. 이러한 과정에서 마련된 조선 총독부의 기구는 1910년 9월에 공포된 「조선총독부 관제」에 의해 확정된 것이다. 조선총독부의 관제기구는 식민지 한국에 대한 일본의 지배체제를 보여주는 것이었다. 여기에는 물론 한국의 농업을 식민지적인 체제로 재편하고, 그리하여 한국의 근대 농업체제를 식민지 근대 농업체제로 변형시키는 근대 농업체제의 변동을 강제적으로 추동하는 기제도 담겨 있었다.

일제는 1910년 8월 29일을 형식적 조약상의 기점으로 삼아 한국을 강제로 병탄하여 식민지로 강점하고 식민지 지배정책을 마련하여 실시하였다. 일본의 식민지 한국에 대한 지배는 이른바 무단통치 정책으로 대표되는 것이었다. 일제는 한국 민족의 끈질긴 저항을 탄압하기 위해 무단통치 정책을 강행하였다. 그것은 일종의 군사 계엄통치라고 할 수 있는데, 이러한 식민지배통치의 근간을 이루고 있던 것이 헌병경찰제였다. 1910년 9월 10일 반포된 「조선주차헌병조례」에 의해 창설된 헌병경찰제도는 헌병이 일반 경찰의 업무를 장악하고, 그를 지휘 통솔하는 것이었다.

1910년 경술국치 후에도 일제는 해산을 거부하고 국내 각지에서 항쟁하고 있던 의병부대를 헌병경찰제 아래의 헌병과 경찰을 동원하여 탄압하였다. 1910년 12월에는 안중근 의사의 사촌 동생인 안명근이 국내로 들어와 독립운동 자금을 모집 한 이른바 '안악사건'을 기화로 황해도 지역 민족운동자들을 대대적으로 탄압하는 만행을 저질렀다. 다음해인 1911년 9월에는 소위 '데라우치 마사다케寺內正毅총독 암살 음모 사건'을 조작하였다. 그리하여 1907년 4월 조직된 이래 비밀리에 독립운동을 계속하고 있던 신민회계열의 민족운동자들 6백여 명을 일제히 검거하여 잔혹한 고문을 가하였다. 나아가 이 가운데 105인의 지도급 인사들에게 실형을 언도하여 대중과 격리 시킴으로써 항일 독립운동역량을 말살하려고 하였던 것이다.

병합조약 이후 1910년 9월 30일 이른바 「조선총독부 관제」(칙령 제354호)가 공포되고, 그 이튿날부터 발효되었고, 이에 따라 조선총독부가 곧이어 설치되었다. 1910년 식민지 한국을 완전히 병합한 이후 일본은 한국에 조선총독부를 설치하였다. '조선총독부'라는 명칭은 대한제국이라는 공식 국호를 무시하고 조선이라는 이전 국호를 사용하여 한국민과 대한제국을 근저에서 부정하고 멸시하는 인식에서 나온 것으로 볼여지가 충분하다. 이는 일본의 식민지 지배정책이 갖고 있는 폭력성을 유감없이 보여주는 것이라고 하지 않을 수 없다.

총독부의 총독을 아예 육·해군 현역대장으로 임명하는 것을 명문으로 규정하였다. 이러한 명문을 바탕으로 일제의 한국 식민지 통치기구는 무관총독과 헌병경찰을 중심으로 한 군사적인 성격을 지닌 것으로 애초부터 확립되었다. 그리고 뒤이어 대한제국의 국가 정체를 소멸시키면서 일제의 통치 체제 내에 편입시키기 위한 제도를 마련해 나갔다.[1]

1910년 조선총독부가 설치되면서 일본의 식민 경영이 본격적으로 전개되었다. 일본의 한국 식민지화, 곧 일본의 한국 침략은 바로 근대 제국주의의 본질에 입각한 침략, 침탈이었다. 일본 제국주의가 한국을 식민지로 만든 가장 중요한 목적의 하나는 바로 경제적인 수탈이었다. 그런데 한국에서 일본의 독점자본이 거둘 수 있는 독점이윤, 경제적인 수탈은 결국 농업부문에서 이루어질 수밖에 없었다. 그것은 당시까지 한국 지배체제가 농업에 기반을 두고 있었고, 근세 농업체제에서 근대 농업체제로 변화하는 와중에도 여전히 농업생산이 사회적 생산의 주요 구성부분을 차지하고 있었기 때문이다.

일본의 한국 식민지 경영에서 가장 중요한 산업 분야가 바로 농업이었다. 한국에서의 농업생산 중에서도 또한 미곡米穀 즉 쌀이 주된 수탈 대상이었다. 일본은 1868년 메이지유신明治維新을 단행하며 근대 산업국가의 길로 들어섰지만, 산업 분야의 노동자들에게 공급할 식량 생산은 부족한 상태였다. 또한 산업 분야 중에서도 농업분야에서 획득할 수 있는 원료 특히 면화의 원활한 공급이 필요한 상황이었다. 이렇게 볼 때 일본은 한국을 식민지로 경영하면서 경제적인 수탈을 수행할 경우 미곡 생산, 면화 생산 등 농업 부문에 중점을 두지 않을 수 없었다. 달리 말해서 일본이 한국을 경제수탈의 대상으로 삼아 침략을 감행한 이유가 바로 식량

---

1) 강창일, 2002, 「일제의 식민지 통치기반 구축」『한국사』 47권, 국사편찬위원회, 22~24쪽.

공급 및 원료 공급에 필요한 자원을 한국에서 획득하려는 것이었다.

후발 자본주의 국가로서 제국주의 국가로 나아가던 시기의 일본은 식량 문제의 해결과 원료 공급의 해결을 위해 한국을 침략한 것이었다. 가장 중요한 일본의 한국 식민지화 목표는 일본 자본주의의 발전을 위해 한국을 식량 및 원료 공급지로 삼는 것이다. 즉 만성적 식량 적자 국가이자 후발 자본주의 국가인 일본이 식량 문제를 해결하고, 더 나아가 저미가低米價 정책을 계속 실행하면서 저임금 구조를 구축함으로써, 자국 상품의 가격 경쟁력을 높이기 위해 한국 침략을 단행한 것이다.

이 때문에 일제의 자원수탈의 초점은 한국농업으로 집중되었다. 물론 농업수탈은 값싼 식량과 원료를 안정적으로 획득하여 일본 자본주의의 국제 경쟁력을 높이면서 도약적인 발전을 이루려는 일제의 한국 침략목적을 실현하는 것이었다. 그러나 일제의 농업수탈은 단지 한국의 농업 현상에 따른 수탈에 그치는 것이 아니라, 일본 자본주의의 요구에 맞게 한국의 농업생산구조를 재편해 가면서 즉 한국에서 형성 과정에 있던 근대 농업체제를 변형시켜서 식민지 근대 농업체제로 개편하면서 이루어진 고도화된 수탈이었다.

조선 총독부는 한국에서 식민지 근대 농업체제를 구축하기 위한 식민지 농업정책을 1910년 이후 본격적 추진하였다. 이주 식민 정책 등 일본인이 이주하여 한국의 식민지 농업생산을 담당하게 하는가 하면 한국의 대토지 소유자를 회유 동원하고 윽박하여 식민지 대토지 농업생산에 적극 참여하도록 추동하였다. 이 과정에서 조선총독부는 식민지 농업정책을 현장에서 입안하고 수행하는 농업정책, 농업기구의 담당 관료층을 충당하는 데 힘을 기울였다. 뿐만 아니라 조직적인 식민지 농업생산을 실행하기 위한 조직, 단체 등을 지원하고, 또한 농업생산에 대한 차별적인 금융지원 관련 조치들도 실시하였다.

조선총독부는 1910년 이후로 본격적으로 본국의 식량부족 문제를 해결하기 위한 농업정책을 식민지 한국에서 시행하기 시작하였다. 일제는 한국 강제병합 전후 이주식민정책의 비현실성을 깨닫고 식량·원료의 공급기지화정책을 전면에 부각하는 정책 수정을 할 수밖에 없었다.[2] 1910년 강제 병합 당시 한국은 인구의 80% 정도가 농촌에 거주하면서 농업에 종사하는 농업사회로서 일본의 경제정책의 대종은 농업에 관한 것일 수밖에 없었다.

일제의 농업정책은 시기적으로 볼 때 1910년대와 1920년대 그리고 1930년대로 나누어 각각 그 특징이 드러나고 있다. 대체로 1910년대에는 미작·면작·양잠·축우 등 4대 분야의 개량정책을 추진하였으며, 1920년부터 1945년까지 4차에 걸쳐 미곡증산계획을 수립하여 '산미증식계획'으로 알려진 대대적인 미곡증산정책을 추진한 것으로 정리할 수 있다. 1931년 일제가 만주사변滿洲事變을 일으킨 이후 이른바 총동원체제를 1937년 수립하였을 때 조선총독으로 부임한 미나미 지로南次郎가 제시한 5대 정강에 국체명징國體明徵, 선만일여鮮滿一如, 교학진작敎學振作, 서정쇄신庶政刷新과 더불어 농공병진農工竝進이 제시되었다. 1937년 이후 황국신민화 정책 및 전시 동원 정책 아래에서 추진한 농업정책은 전쟁 수행에 필요한 인적·물적 동원을 위해 노동력, 생산력 등에 강압적인 체제를 강요하는 것이었다.[3]

1910년대 일제의 식민지 한국에 대한 식민농업책은 조선총독부의 농

---

2) 鄭然泰, 1994, 「日帝의 韓國農地政策(1905-1945)」, 서울대학교 대학원 국사학과 박사학위논문.
3) 1930년대 일제의 총동원체제 아래에서 이루어진 '근대 농업체제'와 관련된 역사적 양상을 추후에 다른 연구작업을 통해 정리할 계획이다.

상공부를 통해 입안되어 관철되고 있었다. 그리고 지방통치 체제를 통해 군면 단위로 전달되었다. 1910년대 조선 총독부에서 농업관련 부서는 농상공부-식산국-농무과로 이어지고 있었다. 이러한 농업관련 부서 체제는 앞서 대한제국의 그것과 유사한 것이었다. 농상공부 아래 서무과, 식산국殖産局, 상공부가 있고, 식산국 아래에는 농무과, 산림과, 수산과가 있고, 상공부 아래에는 광무과鑛務課, 상공과商工課가 있는 조직체계를 마련해 놓고 있었다. 1910년대 이른바 조선총독부의 관제는 식민통치의 저항을 완화하고 통치의 효율성을 기하기 위해 대한제국기 관제를 상당부분 활용한 것이었다.

총독부에서 농업관련 부서는 농상공부 소속으로 편제되었다. 1915년 5월 이전에는 부-국-과 체제였다가 관제 개정(1915.5.1.)으로 부-과 체제로 개정되었다. 사무분장은 농업, 잠업, 축산업 관련 업무와 국유미간지 관리와 관개사업을 관할했고, 권업모범장과 농림학교를 소속 관서로 두었다. 이와 같이 제도적으로는 대한제국과의 연관성을 두었지만, 인력 면에서는 제국-식민지의 지배-피지배 관계를 철저히 하였다.

일부 행정관료는 대한제국 전임관리들을 고용하기도 했고, 강제병합 이후에도 문관 시험을 통해 학력을 바탕으로 하는 자격을 갖춘 자들 중 채용하여 식민관료로 활용했다. 그러나 기술관료, 특히 고등기술관료는 거의 완벽하게 일본인 관료로 충원했다. 총독부가 존속한 36년간 총독부 본부 농림관계 기사와 권업모범장 기타 소속 관서의 기사 중 조선인은 단 1명뿐이었다.[4]

1910년대 조선총독부 농업관련 부서에서 농업고등기술관료로 진출

---

4) 이송순, 2016, 「도쿄東京제국대학 농대와 1910년대 조선총독부 농업고등기술관료 그룹의 형성」, 『韓國人物史硏究』 25, 한국인물사연구회, 245쪽.

하여 활동한 인물들은 대부분 도쿄제국대학 농과대학 출신이었다. 도쿄 제대 농대는 일본 근대화와 산업화를 이끌어 갈 능력있는 전문 실무관 료를 양성하기 위해 '제국대학'을 설립하고 철저한 국가관으로 무장한 최고 엘리트를 양성하여 국가운영과 제국주의적 침략 확대의 핵심 인력 으로 활용하고자 했던 일본 고등교육 시스템의 일환으로 설립되었다. 그 졸업자 중 일부가 조선총독부 고등기술관료로 진출해 식민정책의 기 획자이자 브레인으로 활동했다. '제국대학'이라는 최고 학력과 일본인 이라는 민족적 우월감을 바탕으로 조선총독부를 장악하고 식민통치의 권위와 위계를 세워나갔다.[5]

일본 조선총독부에서 한국에 대한 농업정책을 수행하는 체제, 방식 자체가 대한제국의 그것과 크게 다른 것이었다.[6] 조선총독부의 관료 기 구에서 농업정책을 입안하였고, 이를 일제의 권업모범장勸業模範場을 비롯한 농업기술기구와 조선농회朝鮮農會, 금융조합金融組合 등의 농 업관련 단체를 통해서 실현하였다. 또한 부府 군郡 면面으로 이어지는 지방통치 체제 하의 기구들도 총독부의 농업정책을 수행하는 하부 행정 기능을 담당하였다. 그리하여 한국 농업에 일본식 농법을 농업기술기구 를 통해서 강제하는 농업정책을 실시하였다.[7] 일본 식민지배의 폭력성, 폭압성은 '식민지 근대 농업체제'의 구축 과정에서도 유감없이 드러나 고 있었다.

5) 이송순, 2016, 「도쿄東京제국대학 농대와 1910년대 조선총독부 농업고등기술관료 그룹의 형성」, 『韓國人物史硏究』 25, 한국인물사연구회, 256~257쪽.
6) 1910년대 농업정책에 대해서는 다음 논문을 참고할 수 있다. 정연태, 1988, 「1910 년대 일제의 農業政策과 植民地 地主制」, 『韓國史論』 20, 서울대학교 국사학과; 堀 和生, 1976, 「日本帝國主義の朝鮮における農業政策: 1920年代 植民地 地主制の形 成」, 『日本史硏究』 171, 日本史硏究會.
7) 김도형, 2009, 『일제의 한국농업정책사 연구』, 한국연구원.

일본 식민권력에 의한 농정이 실행되는 과정에서 주의가 필요한 것은 메이지 시기 근대 일본에서 만들어진 '소작' 개념을 강제적으로 이식하고, 이 개념의 범주에 기초하여 기존의 토지관습을 분류, 조사, 기입(inscription)하는 것이 시작되었다는 점이다. 이 과정에서 조선 전통사회의 여러 이질적인 토지임차 관련 농민들의 실질적 권리들이 '소작'이라는 개념으로 단일하게 포착되어 '균질화'되었다. 전통사회에서 분할소유권의 성격을 지녔던 권리, 또는 계속 성장해오던 경작자의 권리는 식민국가의 입법과 조사의 실천에 의해 부정되거나 박탈되었다. 이들 권리는 식민자(colonizer)가 강제한 '소작' 개념에 의해, 단순한 채권적 토지임차나 『명치민법明治民法』(1898년)에서 설정한 영소작으로 약체화되었다.[8]

일본 식민권력에 의해서 조선한국의 경작농민이 향유하고 있던 경작권의 권능이 약화되어 결국 형해화되는 대표적인 사례로 조선 후기에 전라도 지역에서 성행하였던 화리花利(禾利)라는 이름의 도지권賭地權을 들 수 있다. 화리花利는 조선총독부에서 조사한 바에 따르면 전라도 전주全州에서 찾아볼 수 있는 소작관행의 하나로 전해지고 있다.[9]

총독부의 소작관행 조사에 따르면 전라도 전주지방에서는 예전부터 소작인이 자기의 소작지에 대하여 지주의 토지 소유권에 대항할 수 있는 일정한 관행적 권리를 가지고 지주의 승낙 없이 임의로 그 권리를 매매할 수 있는 전답이 있었다. 이러한 특수한 소작 관행을 이 지방에서는 화리禾利(또는 花利)라고 부르고, 이러한 소작 관행이 행해지는 토지를

8) 김인수, 2017, 「식민지 조선에서의 '소작' 개념의 정치」 『석당논총』 67집, 동아대학교 석당학술원.
9) 조선총독부, 『소작관행조사』, 전주 화리.

화리부답禾利付畓이라 불렀으며, 그 권리의 매매를 화리매매라고 하였다. 화리부답에서 소작인은 그 화리의 권리를 지주의 승낙 없이 자유롭게 매매·양도·저당·상속할 수 있었으며, 또 다른 소작인에게 전대轉貸할 수 있었다.

화리의 매매와 상속은 매우 성행하였으며, 화리의 권리를 매수한 자는 물론 이를 지주에게 대항시킬 수 있었다. 또한 지주가 변경되는 경우에도 소작인은 영향을 받지 않고 그 권리를 새로운 지주에게 대항시킬 수 있었다. 지주가 소작인을 변경하고자 할 때에는 먼저 소작인의 동의를 구하여 그 권리를 매수하지 않으면 안 되었다. 화리의 권리가 형성된 토지에서 실행된 소작료의 징수방법은 정조법定租法에 의거하였으며, 그 소작료율은 보통 소작에서의 소작료율보다 훨씬 저렴하였고, 풍흉豊凶에 관계 없이 지주와 소작인 양측이 서로 소작료의 증감을 요구할 수 없는 것이 관례였다. 이러한 화리 소작은 조선 후기에 이 지방 외에도 전라도의 전지역과 경상도의 역둔토驛屯土에서 행해졌으며, 소작지 면적도 광대하고 소작인수도 상당수에 달했으나, 일제강점기에는 이것이 급격히 소멸되어 1920년경에는 거의 자취를 감추었다.

전라도 지역에서 전해지고 있는 고문서 속에서도 화리花利의 존재를 확인할 수 있다. 연대가 불확실하지만 '임진년에 남원부에 사는 오현의 吳顯義라는 사람이 관官에 올린 소지所志'[10]를 보면 토지 매매에 화리가 개입되는 양상을 찾아볼 수 있다.

남원 수지방水旨坊에 거주하는 오현의는 입마전立馬田을 경작하면서 전세를 납부하고 있는데, 읍내에 사는 오아무개가 그 입마전을 사들

___

10) 「壬辰年에 南原府에 사는 吳顯義가 官에 올린 所志」, 전북대학교박물관 소장, 고유번호 고08572.

여 화리花利를 행사하고 있다면서 이를 하소연하는 내용의 소지를 올렸다. 여러 입마전에 관련된 이해관계자가 등장하는 데 읍내에 사는 오 아무개는 입마전을 사서 누군가 소작인에게 화리를 부여하는 것으로 보인다. 이에 대해 원래 입마전을 경작하고 있던 오현의가 자신의 경작권이 상실된 것에 대하여 항의하는 내용이다. 전후 관련 문서가 보이지 않아 정확하게 파악하기는 어렵지만, 화리花利라는 경작에 관련된 권리가 애초의 경작권자, 토지를 매입한 사람, 새롭게 화리를 부여받은 또는 획득한 사람들에게 영향을 끼치고 있었다는 점은 확인할 수 있다. 즉 화리는 쉽게 사라지지 않고 토지매매에도 영향을 끼칠 수 있는 소작인이 확보하는 경작에 관한 그리고 토지에 관한 권리였던 것이다.

또 다른 사례로 1900년 전주부 조촌면에 사는 백선명白善明이라는 사람이 전주부사全州府使에게 올린 소지所志[11]에 등장하는 화리 용례를 찾아볼 수 있다. 백선명은 전라북도 전주부 조촌면助村面 반룡盤龍 마을에 거주하고 있었다. 그는 같은 마을에 사는 박인행이라는 사람에게 800여 냥을 빌려주었는데 이자까지 합치면 1천 냥이 넘은 상태였다. 그러나 기한이 지나도록 박인행이 빌린 돈을 갚지 않자, 백선명은 그의 전답과 농우 및 가대까지 잡고 장기掌記를 받아놓았으나, 약속된 날짜

---

11) 「1900年에 全州府 助村面에 사는 白善明이 全州府使에 올린 所志」, 광무4년庚子, 전주역사박물관 소장, 고유번호 jhm00383; 府居.白善明 右謹陳所志事.挽近人心.雖曰不淑.豈有如助村面盤龍居 朴仁幸爲名人乎.今春夏間.渠之作農次.役粮數百兩請債.故依旨施給.而又七月良中.以乾魚商次.更給六百兩.則似可見利云.故亦依施給.八月良中.又有物貨價五十餘兩.合本八百餘兩.并利爲千有餘兩矣.過限不報.故去月二十二日.招來督錢.則渠之所作禾利田畓六十餘斗落與農牛家垈汏 [什] 物.盡爲成掌記執數.限今十二日準報之意.成票矣.不意今初九日.乘夜逃走.故緣由.票紙帖連.仰訴爲旀商教是後.依掌記自官推給之地.祝手行下向教是事 官司主 處分 庚子.十一月 日 官押 題辭 當者逃躱. 徵之何處.當 申飭該洞事 十二日 刑史.

로부터 3일 전에 박인행이 야반도주하였다. 백선명은 이 장기를 첨부하여 관에 올리면서 이에 의거하여 관에서 추급해줄 것을 요청하기 위해 이 소지를 올린 것이었다.

백선명이 박인행에게 채무를 받아내기 위해 장기掌記, 물목을 적어놓은 글에 집어넣은 대상 가운데 '그 박인행이 짓고 있는 화리禾利 전답田畓 60여 두락斗落'이 가장 중요한 것이었다. 이외에 농우農牛, 가대家垈, 집물什物 등도 같이 잡아놓고 있었다.[12] 이 문서에 등장하는 화리禾利는 채무를 변제받을 수 있는 전당품 가운데 들어가 있는 것이다. 그리고 화리가 붙은 전답의 규모는 그냥 1, 2두락 정도가 아니라 자그마치 60여 두락에 달하는 것이었다. 또한 백선명은 박인행에게 1,000여 냥을 받아야 하는데 그것의 변제를 위해 잡아놓은 것이 바로 화리가 붙은 전답이었던 것이다. 이와 같이 살펴볼 때 화리가 붙은 전답이란 그 작자에게 그 토지에 대하여 상당한 경제적인 이득을 가져다줄 수 있는 권한이 부여되어 있다고 보지 않을 수 없다.

위에서 살펴본 바를 종합하면 조선 후기 이래로 조선(한국)의 농민들이 토지에 대하여 확장시킨 경작권, 소작권 등 농민적 권리들이 분명하게 존재하고 있었음을 알 수 있다. 그리고 이러한 농민적 토지지배권들은 대한제국시기의 광무사검, 광무양전, 그리고 토지조사사업 등의 근대적 농업체제를 구축하는 과정 속에서 점차 사라져 버렸다. 그리고 그러한 농민적 토지지배력의 상실은 대한제국의 주권상실, 한국의 일본 식민지화와 더불어 마무리되어 나갔기 때문에 더욱 과격하고 강제적이

---

12) 「1900年에 全州府 助村面에 사는 白善明이 全州府使에 올린 所志」, 광무4년庚子, 전주역사박물관 소장, 고유번호 jhm00383.; 渠之所作禾利田畓六十餘斗落與農牛家垈汴 〔什〕 物.盡爲成掌記執數.

며 복원불가능한 것이 되고 말았다. 이러한 과정은 근세 농업체제가 1880년대 이후 근대적 농업체제로의 변화 추진, 1890년대 근대 농업체제의 형성, 1905년 이후 식민지 근대적 농업체제로의 전환이라는 단계적 변동 과정 속에서 관철되어 나갔다.

2. 조선토지조사사업의 전개와 성격

조선총독부의 식민농업책은 1910년부터 실시한 조선토지조사사업을 기반으로 전개되었다. 조선토지조사사업은 통감부 시기의 국유지정리와 역둔토조사사업을 이어받은 것으로 한국의 토지실태를 파악하고 그에 대한 지세를 거두기 위한 것이었다. 조선토지조사사업은 1910년에서 1918년에 걸쳐 민유지를 포함한 모든 토지의 실제를 측량하여 지적도와 토지대장을 작성하고 그 면적과소유주를 확인함으로써 그들에게 그 소유권을 새로인 인정하며, 지세地稅 부과의 기준을 새로 정하여 근대적인 지세제도를 확립하려는 목적 아래에서 실시된 것이었다.

조선총독부는 1910년에서 1918년에 걸쳐 2,040여 만 엔의 경비를 투입, 토지 소유권·토지가격·지형지모地形地貌를 조사하여 소위 근대적 토지제도와 지세제도를 확립하기 위하여 이른바 '조선토지조사사업'을 실시하였다.[13] 일제는 조선총독부가 토지와 지세를 효율적으로 장악하려는 사업의 목표를 설정하고 있었다. 이를 위해 일제는 1910년 3월에 토지조사국을 창설하였고, 같은 해 9월 「조선총독부임시토지조사국관제朝鮮總督府臨時土地調査局官制」(칙령 361호)[14]를 공포하였다. 그리

---

13) 토지조사사업에 대한 서술은 다음 글을 참고하였다. 강창일, 2002, 「일제의 식민지 통치기반 구축」『한국사』 47권, 국사편찬위원회, 56~63쪽.
14) 『한국근대사기초자료집 3; 일제강점기의 행정』 조선총독부 관제와 사무 분장, 朝

고 1912년에는 8월에 「고등토지조사위원회관제」와 「토지조사령」을 공포하였다. 토지조사 관련 조선총독부의 칙령 가운데 「조선총독부임시토지조사국관제」에 따르면 임시토지조사국은 토지의 조사와 측량에 관한 사무를 담당하게 규정되어 있었다.

일제는 이미 본토와 오키나와·대만에서 토지조사사업을 실시한 경험을 가지고 있었다. 그리고 영국이 이집트와 인도, 프랑스가 알제리 등에서 이와 비슷한 사업을 추진한 사례에 대해서도 파악하고 있었다. 그리하여 이러한 노하우가 총동원된 한국의 토지조사사업은 그만큼 철저할 수밖에 없었다.15)

조선총독부가 펴낸 『조선총독부시정연보朝鮮總督府施政年報』(1910년도 판) 서문에 따르면 일제는 토지조사사업의 목적과 배경을 다음과 같이 밝혀두었다.

> 토지조사는 지세地稅의 부담을 공평하게 하고 지적地籍을 명확히 하여 그 소유권을 보호하고, 그 매매·양도를 간첩簡捷(간결하고 민첩함)·확실하게 함으로써 토지의 개량 및 이용을 자유롭게 하고 또 그 생산력을 증진시키려는 것으로서 조선의 긴요한 시설이라는 것은 말할 필요도 없다.16)

그리고 이와 더불어 조선의 지세제도가 매우 불완전하고 탈세의 우려가 많다는 점도 지적하였다. 그리하여 일제가 토지조사사업을 추진하면서 내세운 목적은 지세 부담의 공평, 지적의 확정과 소유권의 보호, 토지

鮮總督府臨時土地調査局官制.

15) 宮嶋博史, 1991, 『朝鮮土地調査事業史の硏究』, 東京大學 東洋文化硏究所.

16) 朝鮮總督府, 1910, 『朝鮮總督府施政年報』, 1910년도 판 서문(강창일, 2002, 「일제의 식민지 통치기반 구축」, 『한국사』 47권, 국사편찬위원회, 56쪽 재인용).

개량과 이용의 자유 보장, 생산력의 증진 등이었다. 그렇지만 이것은 어디까지나 표면적인 이유였고 실질적인 목표는 일본인의 토지 소유와 조선총독부의 지세수입을 증대시키기에 적합한 토지제도를 만들어내는 데 있었다.

토지조사사업의 근간이 되었던 「토지조사령」(1912년 8월, 制令 제2호)의 핵심은, "토지의 소유자는 조선총독이 정하는 기간 내에 그 주소·성명 또는 명칭 및 소유지의 소재所在, 지목地目, 자번호字番號, 사표四標, 등급等級, 지적地積, 결수結數 등을 임시토지조사국장에게 신고해야 한다. 단 국유지의 경우는 보관관청이 임시토지조사국장에게 통지해야 한다"(제4조)였다.[17] 즉 토지 소유자는 조선총독이 정한 기간 내에 토지에 관한 모든 것을 신고해야 하는데, 한국인은 절차상의 번잡함과 이민족의 강압적 지배 등등의 이유 때문에 제대로 신고를 하지 않을 수도 있다는 우려가 내재되어 있었다. 실제로 조선총독부 정무총감 미즈노 렌타로水野鍊太郎도 그 사실을 인정한 것처럼, 신고인은 서류의 수속을 누락시키거나, 도장을 잃어버리던가, 형식에 잘못이 있어 서면접수를 기한 내에 하지 못하여 소유권을 잃어버린 경우가 있었다.[18]

토지조사는 '면장, 동·리장, 지주총대, 주요한 지주'와 '지방관청 당국자, 경찰 관헌, 해당 지방의 담당 토지조사국 준비원' 등에 의해, 말하자면 일본 관헌과 그 보호를 받던 '지주위원회'에 의해 수행되었다. 일본 관헌과 지주가 중심이 되어 토지조사를 행하면 일본인과 지주에게 유리하고 한국인과 영세농민에게 불리할 가능성이 충분히 상존하고 있었다.

토지조사사업의 과정에서 토지 소유권의 확정을 둘러싸고 일어난 분

---

17) 朝鮮總督府, 1941,『朝鮮法令輯覽』上, 朝鮮總督府.
18) 朝鮮總督府, 1919,『道知事會議速記錄』, 1919년 8월 10일, 朝鮮總督府, 6쪽.

쟁은 한국인 사이의 토지 소유권 다툼이나 경계 분쟁이 아니었다. 오히려 분쟁의 대부분은 민유지 대 국유지이거나 일본인 대 한국인 사이의 경계 다툼 등이었다. 토지 소유권을 둘러싼 3만 3천여 건의 분쟁 중에서 일제의 관권에 의해 화해·조정이 이루어진 것은 1만 2천여 건이었다. 일제는 국유지 편입 등에 관한 분쟁사건에서, 관유재산의 득실에 대해 중대한 처분을 내릴 경우 사회의 안녕을 교란할 수도 있다고 단정하여 경찰을 통해 단속과 탄압을 강화하였다.[19] 그 결과 이러한 분쟁에서 농민이 패배하는 경우가 많았다. 토지 소유권 분쟁의 대강은 분쟁지건수 33,937건(99,445필지), 화해건수 11,648건(26,423필지)이었다. 그 내역은 소유권분쟁 99,138필지(99.7%), 경계분쟁 307필지(0.3%), 국유지와의 분쟁 64,570필지(65%), 민유지 상호분쟁 34,875필지(35%)였다.[20]

토지조사사업은 결국 실제로 토지를 경작하고 있는 농민으로부터 전통적으로 형성된 여러 가지 권리를 빼앗고, 한 마을 한 집안의 공유지였던 동중·문중의 토지를 국유지로 만드는 결과를 초래했다. 왕실의 소위 1사司 7궁宮의 궁장토 중에서는 투탁지와 혼탈입지混奪入地라고 증명된 것 8건 약 160정보만이 환급되었을 뿐, 그 외의 전답田畓·노전蘆田 약 25,800정보, 산림·평야 19,400정보, 주택 190호, 택지 약 50정보는 모두 국유지에 편입되어 총독부의 소유가 되었다. 한국인이 궁장토의 국유지 편입에 대해 이의를 제기한 것은 3,132건(14,232필지)으로서, 분쟁지 중에서 가장 많은 부분을 차지했다.

토지조사사업은 겉으로 근대식 등기제도를 채용한 토지 소유권의 법인法認을 표방하고 있었다. 하지만 그것은 본질적으로 국유지 창출을

---

19) 李在茂, 1955, 「朝鮮における「土地調査事業」の實體」, 『社會科學研究』 7 − 5.
20) 朝鮮總督府, 1918, 『朝鮮土地調査事業報告書』, 朝鮮總督府.

통한 식민지 수탈기반의 마련과 안정적 식민지 지배를 위한 통치기반의 구축이라는 두 가지의 목적을 가지고 시행됐다. 이러한 사실은 일제가 한국을 강점하기도 전인 1907년에서 1908년에 걸쳐 재정정리財政整理 제실재산정리帝室財産整理의 명목으로 실시한 역둔토驛屯土 조사에서도 나타났다. 이때 일제는 역토驛土 둔토屯土뿐만 아니라 궁장토宮庄土 목장토牧場土 제언답堤堰畓 능원묘위토陵園墓位土 미간지未墾地 등 각종 토지를 국유지인 역둔토에 포함시켰다. 한국 강점 이후 자신들이 소유권을 행사할 수 있는 국유지로 확정하기 위한 것이었다. 따라서 일제의 한국 토지수탈 계획은 대한제국 말기에 이미 수립되었던 것이나 마찬가지라고 할 수 있다.

종래 공전·역토·둔토·목장토 등은 농민이 선조 대대로 경작하여 이 토지에는 사유지와 크게 다르지 않은 농민의 권리가 형성되어 있었다. 그럼에도 불구하고 일제가 역둔토라는 이름으로 이 토지를 국유지에 편입시킨 것은 식민지 지배권력이 경작농민으로부터 토지를 빼앗은 것과 마찬가지였다. 그것의 총면적은 1912년 당시 133,633정보로서 그 해 경지 총면적의 약 20분의 1에 해당할 정도로 방대하였다. 이 토지를 경작하는 소작인은 331,748명이나 되었다.[21]

토지조사사업 가운데, 식민지수탈 기반의 마련이라는 목적을 달성하기 위하여 토지신고제를 채택한 것이고, 또 구양안舊量案을 토지 소유권 사정 1차 자료로 채택한 것이었다. 따라서 일제는 한국 농민이 토지조사사업에 반대하여 신고를 거부한 토지는 물론, 절차를 몰라 신고하지 못한 미신고未申告 사유지를 국유화하여 조선총독부의 소유지로 만들었다. 아울러 일제는 광무년간(1897~1906)에 작성된 신양안新量案,

---

21) 印貞植, 1940, 『朝鮮の農業機構』, 白揚社, 60쪽.

즉 광무양안이 아니라 1719~1720년에 만들어진 구양안 즉 기해·경자
양안을 토지 소유권 사정 자료로 사용하였다. 그럼으로써 일제는 1719
년 이후 국유지와 미간지에 발생된 농민의 사적私的 소유권을 인정하지
않고, 수많은 토지를 국유화할 수 있었던 것이다.

　토지조사사업의 또 하나의 주요 목적은 지가地價를 사정하여 과세의
표준으로 삼고 빠짐없이 지세를 거둘 수 있는 장부체계를 만드는 것이
었다. 지가의 산정은 수확收穫·지세地勢·지질地質·수리水利, 경작의 난
이도, 교통의 편리 등에 따라 결정할 방침이었다. 그렇지만 이와 같은 정
밀한 사정은 현실적으로 불가능하여, 결국 기왕의 5년간 100평당 평균
수확고에 기초하여 지가의 등급을 매기는 방법을 사용했다. 지가의 산
출 과정에서 한국의 서북부보다는 남부가 비싸게, 그리고 한국인 소유
지보다는 일본인 소유지가 싸게 사정되었다는 비판이 제기되었다.
1918년에는 「지세령」이 발포되어 지가의 2천 분의 1이 지세로 확정되
었다. 그리하여 종래와 같이 풍흉에 따라 증감되는 지세의 대금납代金
納은 사라지고 지가에 따른 화폐납이 자리잡게 되었다. 토지조사사업의
결과 과세지는 52% 증가하고, 지세징수액은 1911년 6,245,000여 원이
었던 것에서 1920년에는 11,570,000여 원으로 약 2배나 증가했다.[22]

　토지조사사업과 더불어 일제는 「토지수용령」(制令 3호) 등을 통해서
도 토지를 집적했다. 1911년 4월에 발포된 「토지수용령」은 관공청사
설립, 도로·철도시설, 국방군사 및 제철·광산업 등에 필요하다고 여겨지
는 토지를 무제한으로 사유私有 여부를 불문하고 수용할 수 있도록 규
정하고 있었다.[23]

---

22) 趙錫坤, 1995, 「朝鮮土地調査事業에 있어서의 近代的 土地所有制度와 地稅制度의
　　確立」, 서울대 박사학위논문.

토지조사사업은 조선총독부와 일본인이 토지 소유를 증대시키는 중요한 계기가 되었다. 1918년 12월 현재 조선총독부의 소유지는 272,076 정보,[24] 일본인의 소유지는 236,586정보였다.[25] 일본인 농사경영자는 1909년에 692명이었던 것이 1915년에는 6,969명으로 10배가 증가하고, 소유 면적도 5만 2천 정보에서 20만 6천 정보로 증대하였다. 그중 전답만을 보아도 4만 3천 정보에서 17만 1천 정보로 약 4배, 그리고 투자액은 약 800만 원에서 약 4,600만 원으로 약 6배나 증가했다.

토지조사사업은 한국인 가운데 자작농과 자작 겸 소작농을 몰락시킨 반면, 소작농과 농업노동자 및 이농민을 증가시켰다. 토지조사사업이 종료된 1918년 현재 논의 65%, 밭의 43.6%가 소작지였다. 자작농은 19.7%, 자소작농은 39.4%, 소작농은 37.8%, 완전 지주 0.6%, 자작 겸 지주 2.5%였다. 그리하여 3.1%의 지주가 경작지의 50.4%를 소유하는 극단적으로 불균등한 토지 소유관계가 체제적으로 자리 잡게 되었다.[26]

토지조사사업이 마무리되면서 일제는 1919년 2월 현재 102만여 정보의 미간지를 포함한 총 137만여 정보 약 411,000만평, 여의도 면적의 1,618배의 막대한 토지를 국유화하였다. 일제는 이 토지를 직접 경영하거나, 또는 동양척식주식회사·불이흥업주식회사 등 식민농업회사와 일본인 이주민에게 불하하여 소작제로 경영케 함으로써 식민지 농업수탈을 감행하였다. 따라서 일제는 한국 소작농가의 28.7%에 달하는 307,800여 호의 소작농가를 거느린 식민지 최대 지주가 되었다.

조선토지조사사업 실시 과정을 거치면서 안정적인 식민지 지배 기반

---

23) 朝鮮總督府, 1941, 『朝鮮法令輯覽』上, 朝鮮總督府.
24) 『官報』, 1919년 2월 18일.
25) 『官報』, 1919년 11월 27일.
26) 小早川九郎 編著, 1944, 『朝鮮農業發達史 發達編』, 朝鮮農會, 592쪽.

을 구축하기 위해 일제는 지주 우대정책을 폈다. 앞서 근세 농업체제가 변동하고 근대 농업체제가 형성되는 과정에서도 여전히 누리고 있던 지주 우대정책을 펼친 것이다. 지주가 갖고 있던 기득권을 인정하는 것에서 한 걸음 더 나아가 소작지에 발생한 소작인의 채권적 권리인 도지권賭地權을 부정하여 지주의 토지 소유권을 강화해 주는 데까지 이르렀다. 게다가 소작지에 대한 소작인의 관습상의 경작권마저 부정하여 지주의 고율 소작료 징수의 길을 열어 놓았다. 이렇게 함으로써 근세사회에서 지배층의 주류를 형성하였던 지주들은 거의 그대로 식민지 지주로 온존되어 식민통치 체제 안정의 사회경제적 버팀목이 될 수 있었다. 반면에 농민 대중은 국유지에 형성된 사적 소유권과 소작지에 발생한 도지권, 그리고 미간지를 개간하여 소유할 수 있던 개간권이 부인되어 자영농민으로의 성장이 봉쇄되었다. 뿐만 아니라 안정적으로 소작지를 경작할 수 있던 관습상의 경작권과 국유임야에서 땔감이나 퇴비의 재료를 구할 수 있던 입회권入會權조차 박탈되었다. 이제 한국 농민은 완전 무권리 상태의 소작농민으로 전락할 수밖에 없었던 것이다.

더욱이 일제는 토지조사사업으로 지세부과 면적이 확대되자 지가를 높게 사정하면서 토지에 대한 조세를 수확량에 따른 결가제結價制가 아니라 지가제地價制로 매기는 방식으로 변경한 것은 조선총독부의 식민통치 재원 마련에 커다란 도움을 주었다. 지가제를 실시한 결과 토지조사사업 직후인 1920년 지세액은 1910년을 기준으로 약 2배 이상 급증하게 되었다. 이로써 일제는 한국의 토지에서 지세를 징수하여 통치자금을 조성하고, 이를 재원으로 한국민족을 지배하고 수탈하는 나름의 선순환구조(꿩 먹고 알 먹기)를 마련하게 되었다.

일제의 토지조사사업에 대한 한국 농민의 저항도 만만한 것이 아니었다. 토지조사사업이 진행될 때 온갖 방법으로 토지조사를 방해하거나 더 나아가 무력으로 토지조사단을 쫓아내기도 하였다. 그래서 일제는 무장 경관이 포함된 무장토지조사단을 구성할 수밖에 없었던 것이다. 이와 함께 합법적인 공간에서 국유지인 역둔토의 소유권을 둘러싸고 일제와 토지 소유권 분쟁을 야기하기도 하였다. 결국 일제는 토지조사사업을 통해 대규모의 토지를 약탈하고, 또 한국농민들이 가졌던 여러 권리를 부인하여 수탈과 통치 기반을 마련할 수 있었다. 하지만 다른 한편으로는 한국농민의 항일의식을 광범위하게 키웠던 것이다. 바로 이런 사회 경제적 요인이 토지조사사업 직후 3·1운동이 봉기하자 한국농민이 폭발적으로 독립만세운동에 참여하고, 더 나아가 3·1운동을 거족적인 민중운동으로 승화시켜 나갈 수 있었다.

1910년에 시작된 토지조사사업의 성격을 규정하는 문제는 이미 오래 전부터 많은 연구성과에서 나름의 논증과 평가를 통해 이루어졌다. 조선토지조사사업에 대한 연구성과는 여러 갈래로 제출되어 있다고 보인다. 토지조사사업의 성격과 그에 대한 역사적 평가와 깊이 연관된 많은 연구성과가 제출되어 있다.[27] 조선총독부에 의해서 실시된 1910년대 조선토지조사사업에 대해서 그동안 여러 가지 측면에서 연구가 이루어졌는데, 대체로 다음과 같은 주요한 논점을 검토할 수 있을 것으로 보인다.[28]

토지조사사업에 대한 평가는 내재적 발전론과 식민지근대화론의 두 연구 방법론에 따라 각각 사업의 성격 및 결과에 대한 다른 결론을 도출

---

27) 李喆雨, 1991, 「土地調查事業과 土地所有法制의 變遷」, 『박병호교수환갑기념 II 한국법사학논총』, 박병호교수환갑기념논총발간위원회.

28) 조선토지조사사업에 대한 연구사적 검토로 다음 논문을 참고하였다. 이송순, 2009, 「일제하 식민농정과 조선 농업, 농민 연구의 현황과 과제」, 『쌀삶문명연구』 창간호, 전북대 쌀삶문명연구원, 118~119쪽.

하고 있다.29) 내재적 발전론에 의거한 입장에서는 광무양전사업을 광무개혁의 일환으로 적극 평가하고, 그 연장선상에 있었던 토지조사사업의 식민지적 특성을 집중 부각하였다.30) 그리고 광무양전사업을 대한제국의 토지조사사업으로 파악하여 근대적 성격을 강조하기도 하였다.31)

그리고 지주적 입장에서 자본주의 경제체제를 지향한 서로 다른 두 주체인 대한제국과 일제가 시도했던 두 토지조사사업을 비교 검토하면서, 조선 후기부터 성장해오던 자주적인 내재적 흐름의 토지제도가 일제가 이식한 제도로 전화되기 직전 단계의 도달점과 그후 일제가 이것을 변용시켜 나간 점을 주목한 연구도 찾아볼 수 있다.32)

이른바 식민지근대화론의 입장에서는 토지조사사업의 약탈성이 과장되었음을 실증적으로 논박하고, 이와 더불어 앞서 실행된 광무양전사업 역시 근대적 토지제도 확립과정으로 보기 어렵다는 주장을 제기하였다.33) 그리고 광무양안의 '시주時主'의 의미를 재해석하고, 이를 통해 광

---

29) 다음 논문에 보이는 광무양전사업과 토지조사사업에 대한 자세한 연구사 정리를 참고할 수 있다. 조석곤, 2003, 「제1장 연구사 정리와 과제 설정」『한국 근대 토지제도의 형성』, 해남.
30) 김용섭, 1969, 「수탈을 위한 측량 - 토지조사」, 『한국현대사』, 신구문화사; 김용섭, 1984, 「光武年間의 量田·地契事業」, 『한국근대농업사연구』, 일조각; 신용하, 1982, 『조선토지조사사업연구』, 지식산업사; 한국역사연구회 토지대장반, 1995, 『대한제국의 토지조사사업』, 민음사.
31) 김용섭, 1969, 「수탈을 위한 측량- 토지조사」, 『한국현대사』, 신구문화사; 김용섭, 1984, 「光武年間의 量田·地契事業」, 『한국근대농업사연구』, 일조각; 신용하, 1982, 『조선토지조사사업연구』, 지식산업사; 한국역사연구회 토지대장반, 1995, 『대한제국의 토지조사사업』, 민음사.
32) 崔元奎, 1994, 「韓末日帝初期土地調査와 土地法研究」, 연세대학교 사학과 박사학위논문.
33) 조석곤, 1986, 「조선토지조사사업에 있어서 소유권 조사과정에 관한 한 연구」, 『경제사학』10, 경제사학회; 조석곤, 2003, 『한국 근대 토지제도의 형성』, 해남; 이영훈, 1990, 「광무양전에 있어서 <時主> 파악의 실상」, 『대한제국기의 토지제도』,

무양전의 '근대성'을 부인하기도 하였다.[34] 이는 곧 조선총독부가 실시한 토지조사사업을 통해 새로운 토지제도가 확립되었다는 점에 동의하는 것으로 볼 수 있다. 그리고 실제 토지조사사업의 약탈성이 과장되었음을 실증적으로 논박하고, 광무양전사업 역시 근대적 토지제도 확립과정으로 보기 어렵다는 주장도 제기되었다.[35]

한편 토지조사사업의 또 다른 목적이었던 지세제도의 변화에 대해서는 먼저 지세부담의 증가 여부가 쟁점이었으나 실제 지세율은 1.3%로 일본보다 낮은 비율로 결정되었는데 이는 일제가 식민지배의 동맹자로 지주를 선택함에 따른 정치적 산물이라고 보았다.[36] 나아가 지세의 부과기준인 지가地價 확정과 지세의 수취구조의 장악을 통해 식민통치를 위한 안정적인 재정 확보가 가능하게 되었다고 평가했다.[37]

조선총독부의 토지조사사업을 통해 근대적 토지제도가 확립되었다

민음사; 이영훈, 1993, 「토지조사사업의 수탈성 재검토」, 『역사비평』, 제22호; 宮嶋博史, 1991, 『朝鮮土地調査事業史の硏究』, 東京大學 東洋文化硏究所; 김홍식 외, 1997, 『조선토지조사사업의 연구』, 민음사.

34) 李榮薰, 1989, 「光武量田의 歷史的 性格-忠南 燕岐郡 光武量案에 관한 事例分析」, 『近代朝鮮의 經濟構造』, 比峰出版社.

35) 조석곤, 1986, 「조선토지조사사업에 있어서 소유권조사과정에 관한 한 연구」, 『경제사학』 10, 경제사학회; 이영훈, 1990, 「광무양전에 있어서 <時主>파악의 실상」, 『대한제국기의 토지제도』, 민음사; 이영훈, 1993, 「토지조사사업의 수탈성 재검토」, 『역사비평』 제22호, 1993, 가을, 역사비평사; 宮嶋博史, 1991, 『朝鮮土地調査事業史の硏究』, 東京大學東洋文化硏究所; 김홍식 외, 1997, 『조선토지조사사업의연구』, 민음사.

36) 宮嶋博史, 1983, 「'토지조사사업'의 역사적 전제조건의 형성」, 『한국근대경제사연구』, 사계절; 堀和生, 1983, 「일제하 조선에 있어서 식민지 농업정책」, 『한국근대경제사연구』, 사계절.

37) 배영순, 1988, 「한말·일제 초기의 토지조사와 지세개정에 관한 연구」, 서울대 대학원 경제학과 박사학위논문; 이영호, 1992, 「1894~1910년 地稅制度연구」, 서울대 대학원 국사학과 박사학위논문.

는 점에서는 상당한 동의를 할 수 있는 부분이 있지만, 근대적 토지제도가 성립, 확립될 수 있게 만든 그러니까 새로운 토지조사와 토지장부의 성립이 가능케 했던 요인으로서 조선사회의 토지제도의 발전 정도 및 성격에 대해서는 내재적 발전론과 식민지근대화론의 역사적 인식 차이가 여전히 존재하고 있다. 이러한 인식에 대해서 반론을 제기할 수 있는 여지가 많이 남아 있다. 특히 광무양전의 성격과 관련해서 토지조사사업의 성격에 대한 의미 부여가 달라질 수밖에 없기 때문이다.

이와 같이 토지조사사업에 대한 많은 연구가 이루어졌고 다양한 주장이 제기되고 있지만 여전히 많은 논점에 대해서 최종적인 결론이 내려지지 않은 상황으로 보인다. 토지조사사업의 성격과 관련하여 토지조사사업의 목표가 무엇이었는지에 대한 평가 문제, 그리고 토지조사사업에서 새로운 토지법제를 관철할 수 있었던 요인으로 한국(조선)사회의 토지제도의 발전 정도 및 성격, 그리고 토지조사사업 자체의 실행과정에서의 문제, 또한 광무양전사업과 토지조사사업 사이의 동질적인 부분과 이질적인 부분, 두 사업의 주체가 갖고 있는 근대화 지향의 성격, 방향성에 대한 논의에서는 많은 논란이 존재하고 있다고 생각된다.

필자가 보기에 토지조사사업에 대한 여러 연구성과의 다양한 평가는 기본적으로 총독부라는 식민통치권력에 의해서 수행된 토지조사사업이 한국의 토지 소유관계에 얼마나 영향을 끼쳤는가 이러한 의문에 대한 연구자 각자의 대답이 다른 데에서 연유하는 것으로 생각된다. 일부 논자는 토지조사사업이 오늘날의 소유권과 유사한 일물일권적 소유권을 기초로 한 조선의 토지귀속관계를 그대로 확인했다는 점에서 과거와의 '단절'이라기보다는 '연속'으로서의 측면을 강조한다. 다른 한편의 논자들은 토지조사사업이 광무양전으로 대표되는 국가적인 토지조사와

성격을 크게 달리한다는 점에 주목하면서 토지 소유관계의 근대적 성격
이 뚜렷하게 달성되었다는 점에서 '단절'의 속성을 크게 강조한다.

이러한 연속과 단절의 관점 가운데 여기에서는 대한제국의 양전지계
사업과 일제 토지조사사업을 연속적인 것으로 파악해야 할 것으로 생각
된다. 양자는 모두 근대적 소유권과 지세제도를 수립하려 했던 점에서
동질적인 것으로 볼 수 있다. 또한 두 사업 사이의 시간적 간격도 그리 크
지 않다. 그리하여 여기에서는 대한제국이 추진했던 양전지계사업이 더
진전된 모습으로 전개될 가능성이 일본의 한국식민지화에 의해, 그리고
일제의 토지조사사업에 의해 수포水泡로 돌아간 것으로 결론을 내리고
자 한다. 이에 대해 니생지泥生地의 토지 소유관계에 대한 사례를 심층
적으로 그리고 근세 농업체제에서의 양상과 비교하면서 살펴본다.[38]

니생지를 둘러싼 토지 소유관계의 처리 문제는 한편으로는 토지조사
사업에 따른 토지 소유권의 변화와 관련하여 한국(조선)의 관행적인 토
지관련 권리의 철폐를 보여주는 사례이다. 동시에 다른 한편으로 1920
년대 이전까지 조선의 관행적 토지 관련 권리가 지속되고 있었다는 점,
나아가 조선 후기 근세적 토지 소유의 권리의 전개 방향이 어떤 것인지
를 보여주는 사례라고 할 수 있다.

조선 근세 농업체제에서 다양한 요인에 의해 발생하는 경제적 이해관
계를 정리하는 관행은 나름 정연한 체제를 갖춘 것이었다. 이는 토지 소
유관계의 변화를 불가피하게 결정해야 하는 경우에도 다양한 직면 상황
에 맞추어 일관된 결정을 내릴 수 있게 작동하고 있었다. 이러한 토지 소

---

38) 최원규도 내재적 발전의 흐름을 중심 축에 두고 그 발전 변용과 일제에 의한 단절
된 것으로 볼 여지가 많다는 시각을 보여주고 있다. 崔元奎, 1994, 「韓末日帝初期
土地調査와 土地法研究」, 연세대학교 사학과 박사학위논문.

유관계의 결정 관행, 양상을 볼 수 있는 사례가 니생泥生과 포락浦落의 관계이다. 근세 농업체제에서 니생에 의해서 생겨난 니생지와 포락에 의해서 사라진 포락지의 관계를 기본적으로 상호 연결된 것으로 간주되고 있었다. 조선시대 전답을 소유하고 경작하던 농민들과 전세를 수취하던 관료들은 하천유역에서 자주 발생하던 포락을 곧바로 니생과 연관시켜서 파악하고 있었다. 즉 포락의 결과물이 니생이라고 받아들이는 인식을 갖고 있었다.

자연제방이나 인공제방으로 막아낼 수 없는 홍수로 인하여 물가의 농토가 곡식과 함께 떠내려가는 것을 포락이라 하였다. 이와 더불어 불어난 물이 빠졌을 때 새롭게 토양이 퇴적되어 생겨난 땅을 니생이라 하였다. 당시 사람들은 기본적으로 포락과 니생을 어쩔 수 없는 받아들여야 하는 자연현상이면서 상호 보완적인 현상으로 간주하였다. 따라서 포락의 피해를 받은 토지주인이 니생지에 대하여 토지 지배력을 행사할 수 있는 것이라는 관행을 세워두고 있었다.

18세기 후반의 사례를 살펴보면, 1798년 12월 임천군수 윤지범尹持範은 포락과 니생을 천지天地 강하江河에서 자연적으로 발생한 것으로 받아들이면서 두 가지를 연관시켜 파악하고 있었다. 또한 니생으로 인하여 새롭게 생긴 경작지를 지역민이 공동으로 이용해야 마땅한 것이었고, 한 사람이 사사롭게 이러한 니생처를 독차지해서는 안 되는 것이라고 파악하고 있었다.39)

그런데 현실의 개간된 경작지가 제한되어 있는 상황에서 한편에서는 포락으로 일없이 전토가 사라져 커다란 피해를 입는 반면에 다른 한편에서는 니생으로 인하여 저절로 새로운 전토 생겨난 것이기 때문에 양

---

39) 『承政院日記』 1801책, 正祖 22년 12월 7일 丙申 (95 - 514가) 林川 郡守 尹志範 上疏.

자를 둘러싸고 토지 소유권 분쟁이 발생하고 있었다. 이러한 상황에서 니생지를 둘러싼 토지 소유관계에 대한 분쟁은 어쩔 수 없이 현실의 권력관계의 영향을 받게 되었다.

1797년에 풍덕부 소재의 김귀인방金貴人房(숙종 후궁)에서 내수사로 이속된 면세답免稅畓을 다시 타량하여 작성한 어람용 양안[40]을 보면 니생과 포락의 토지 소유관계 분쟁에 개입한 권력의 실상을 찾아볼 수 있다. 이 양안에는 포락된 필지에 대한 기록이 들어 있고, 또한 니생된 필지에 대한 기록이 들어 있다. 그런데 니생된 필지를 기록하면서, "이쪽에서 포락된 것이 저쪽 편에서 니생되었다(此邊浦落 越邊泥生)"이라는 표기를 덧붙이고 있었다. 이와 같은 양안의 표기 방식은 당시인들이 포락과 니생을 연속적인 것으로 파악하였고, 토지지배력 또한 계승된 것으로 보았으며, 그러한 포락과 니생은 무리 없이 연속적으로 장악하기 위해서는 권력관계의 개입이 특정하게 필요하였다는 점을 알 수 있다.

이상에서 살핀 바와 같이 19세기 조선, 대한제국은 하천변에서 발생하는 니생지와 포락지의 직접적인 연관관계를 인정하고 사라져 버린 포락지의 소유자가 새로 생긴 니생지의 소유권을 확보하는 것에 대하여 용인하고 있었다. 니생지에 대한 포락지 소유자의 소유권을 인정하는 것은 농촌사회에서는 너무나 당연한 것으로 수용되고 있었다. 다만 포락지 소유자가 다수이고, 포락된 면적이 광대함에도 불구하고 새로 생긴 니생지의 규모가 협소할 경우, 니생지의 소유권을 주장하는 포락지 소유자들 사이에 갈등이 발생하지 않을 수 없었다.

니생지와 포락지의 소유권을 둘러싼 한국(조선)의 관행은 1910년에

---

40) 『豊德府金貴人房免稅畓移屬內需司改打量御覽成册』(奎18413, 서울대학교 규장각 한국학연구원).

서 1918년까지 일본의 토지조사사업에서 부정되었다. 즉 조선총독부의 토지정책에서 하천변의 공지空地와 포락지, 니생지 등을 모두 조선총독부의 소유지로 강제 편입시켰던 것이다.[41]

현대 대한민국의 법률체계에서 포락지浦落地는 공유수면관리법에 규정되어 있는데, 지적공부에 등록된 토지가 물에 침식되어 수면 밑으로 잠긴 토지를 말한다(제2조 제2호). 포락지란 특정인의 소유 토지가 바닷물이나 하천법상의 적용하천의 물에 개먹어 무너져 바다나 적용하천에 떨어짐으로써 그 원상 복귀가 사회통념상 불가능한 상태에 이르렀을 때의 토지를 의미한다. 이에 따라 포락지는 복구가 심히 곤란하여 토지로서의 효용을 상실하면 종전의 소유권이 영구히 소멸되고, 그 후 포락된 토지가 다시 성토되어도 종전의 소유자가 다시 소유권을 취득할 수는 없다고 파악한다(대법원 1994.12.13 선고 94다25209 판결). 판례는 바닷물이나 하천법의 적용을 받는 하천이 아닌 사실상의 하천이나 준용하천에 포락된 토지는 원상회복이 어렵게 되어도 소유권을 상실하지 않는다고 판시한 것이다. 이러한 현대의 판례를 살펴볼 때 토지조사사업에서 포락지와 니생지에 대하여 설정한 법적인 처분이 현재까지 이어지는 것으로 볼 수 있다. 이 점은 앞서 검토한 조선 근세 농업체제에서의 그것과 분명하게 구분되는 지점이라고 볼 수 있을 것이다.

이상에서 살핀 바와 같이 토지조사사업에 대한 연구는 한국 근대사회 성격 논쟁의 중요한 주제로서 일찍부터 많은 연구가 이루어졌고, 연구 수준 역시 각각의 입장에 따라 상당한 정도의 실증과 분석이 이루어졌

---

41) 신용하, 1982, 『조선토지조사사업연구』, 지식산업사, 100쪽. 최근에 신용하는 앞선 연구에 뒤이어 토지조사사업의 '수탈성'을 논증한 새로운 연구성과를 발표하였다. 신용하, 2019, 『일제 조선토지조사사업 수탈성의 진실』, 나남.

다고 평가할 수 있다. 사업으로 인해 근대적 토지 소유제도가 확립되었다는 점에서는 이론의 여지가 없지만, 그렇게 형성된 근대적 토지 소유제도가 조선 내부의 발전 맥락을 계승한 것인지, 아니면 새로운 패러다임을 형성한 것인지, 또한 그 결과 무토지 농민이 50%를 넘고, 토지 소유의 극심한 불균등성을 창출한 사업에 의한 토지 소유제도의 '근대성'을 어떻게 평가할 것인지, 이러한 사업의 근대성은 근대 자체의 본질인지, 식민지성의 착종에 의한 불완전태인지 등 사업의 성격 및 역사적 의의에 대해서는 여전히 한국 근대성의 규명이라는 과제와 함께 보다 심도있는 연구와 분석을 요구하는 과제로 남아 있다.

3. 1910년대 미작개량정책의 성격

1910년대 미작개량정책 및 1920년대 산미증식계획은 식민지 조선의 농업생산력을 증강하기 위한 정책이라는 점에 동질적인 성격을 갖고 있었다.[42] 1910년대 조선총독부가 추진한 미작개량정책이나 1920년대 장기간에 걸쳐 추진한 산미증식계획은 식민지 조선의 농업생산력을 상승시켜 많은 미곡을 생산하고 이렇게 확보한 미곡을 일본으로 이출하기 위한 정책이었다. 그리고 식민지 한국에서 미곡 생산을 증진하려고 한 일차적인 목적은 일본자본주의 발달에 필요한 저임금체제를 지탱할 수 있는 수 있는 저곡가시스템을 유지하기 위한 것이었다. 또한 미작개량정책은 일본인의 기호에 맞는 쌀을 생산하기 위하여 일본품종을 보급하고 수리, 시비, 농기구를 개량하는 것에 중점을 둔 정책이었다. 이를 위

---

42) 이송순, 2009, 「일제하 식민농정과 조선 농업, 농민 연구의 현황과 과제」, 『쌀삶문명연구』 창간호, 전북대 쌀삶문명연구원, 119~121쪽.

해 일본인의 입맛에 조선의 쌀 생산량 증가시키고 조선에서 일본으로 미곡의 이출을 크게 증가시켰다.

1910년대 일제의 식민농정책의 방점은 한국의 '미작개량'에 놓여 있었다. 1910년대 미작개량정책은 미곡의 품종개량, 수리시설 확충, 시비 개선, 농기구 개선 등을 추구한 것이었다. 이러한 정책적인 미작개량을 통해서 일본인 지주, 한국인 지주를 중심으로 농업경영이 전개되는 이른바 식민지지주제가 강화되었다.[43] 즉 미작개량을 통해서 토지의 생산성이 증대되었지만, 농민의 경영비 부담의 증대와 노동지출의 강화를 초래하였고, 결국 생산성 증대의 결실은 식민지적 착취 유통기구를 통해 식민지 권력과 지주계급에 귀결되었다고 볼 수 있다. 한편 1910년대 미작개량을 중심으로 하는 식민농정은 새로운 품종 보급과 이를 뒷받침할 수 있는 비료 증투 등으로 소기의 성과를 거두어 미곡생산량 증가로 이어졌다고 수량 자료를 강조하는 설명도 제기되어 있다.

조선총독부에서 미작개량이라는 방향으로 식민지 한국에서 실행할 식민농업책의 단서를 처음 밝힌 것은 1912년 3월 초대 총독 데라우치 마사다케寺內正毅가 각 도 장관과 권업모범장장에게 내린 '중대훈시'에 의해서였다. 그것은 미작·면작·양잠·축우 등의 개량증식에 대한 기본방침을 구체적으로 밝힌 것으로 이후 식민지 한국 농업생산정책의 토대가 되었다.

가장 먼저 총독부의 미작개량책의 내용으로 지목할 수 있는 것은 농업기술의 보급과 관련된 것이었다. 미작개량을 위해 우량품종의 보급, 건조조제의 개량, 관개설비의 개선, 시비의 장려 등을 실시하였다. 벼 우량품종으로서 와세신리키早神力, 고쿠료미야코穀良都, 히노데日の出,

---

43) 정연태, 1988, 「1910년대 일제의 농업정책과 식민지 지주제- 소위 미작개량정책을 중심으로」, 『한국사론』 20, 서울대 국사학과.

다마니시키多摩錦 등이 1908년부터 보급되기 시작하여 그 식부면적은 1912년의 3만 9천 정보 총 식부면적의 2.8%에서 1920년에 88만 3천 정보 57.7%로 확대되었다.

관개설비의 경우 1909～1918년에 제언 1,527개소(수축이 필요한 제언 2,987개소의 51%), 보 410개소(수축이 필요한 보 5,276개소의 8%)가 국고보조에 의해 수축되었으나 대규모 수리관개사업이 실시되지 않음으로써 1921년 3월 현재 논의 총면적 154만 정보 중 관개설비를 갖춘 논은 34만여 정보 22%에 불과하였다.

벼 우량품종은 비료 사용량을 늘리지 않는 한 증산 효과는커녕 생산저감을 초래하기 때문에 총독부는 1918년까지는 자급비료의 증산, 1919～1926년은 소극적 금비 장려, 1927년 이후 적극적 금비 장려 등의 시책을 폈다. 미곡의 건조·조제와 관련하여 총독부는 벼를 벤 후의 건조와 탈곡 후 및 도정 전의 알곡 건조를 장려하고, 멍석을 펴고 조제하도록 하는 한편, 도급기稻扱器, 당기唐箕, 만석万石 등 개량농구의 사용을 장려하였지만 4대 장려사항 중 건조·조제 개량의 성적이 가장 불량하였다.

이러한 개량농법의 여러 요소를 실질적으로 담고 있는 그리하여 1910년대 조선총독부가 일본인 이민자를 중심으로 한국 농촌에 보급하려고 한 농법은 이른바 후쿠오카농법福岡農法이었다.[44] 후쿠오카농법은 서구의 근대실험농학에 의해 수정 보완된 일본의 개량농법으로 농작업의 각 과정을 다수확을 위해 정비한 것이었다. 구체적으로 살펴보면 후쿠오카농법은 엄밀한 선종選種, 즉 염수선塩水選부터 시작하여 심경

---

44) 후쿠오카농법과 조선총독부에 의한 한국에서 개량 농법의 수용 등에 관련된 서술은 다음 논문을 참고하였다. 소순열, 2015, 「한국에서 근대농업기술의 변용-수용과 이전-」, 『농업사연구』 제14권 1호, 한국농업사학회.

深耕과 다비多肥, 주도 면밀한 중경제초中耕除草, 수확시 막이설치 즉 가간架干의 설치로 이어지는 일련의 도작기술체계로 알려져 있다. 당시 일제는 일본 자본과 농민이 주체가 되어 다로다비적多勞多肥的인 일본의 명치농법을 이식 보급하여 한국농업을 장악·지배하려는 목적하에 '한국농업개발론'을 내세우며 이에 대한 타당성과 방법론을 모색하고 있었다.

일본 개량 농법을 이식하는 방식으로 하나는 지주제에 기초한 대규모 농장을 설립하여 한국농민을 직접 장악하여 일본 농법을 적용 이식시키는 것이고, 다른 하나는 일본 농민을 직접 이주시켜 이들을 통해 농법을 이식시키는 것이었다.45) 그런데 아래에서 자세히 살펴볼 것이지만 후쿠오카농법으로 대변되는 개량농법이 한국의 농업현실과 얼마나 적합한 것인가 이러한 문제에 대한 고려는 전혀 보이지 않았다.

일제가 강제보급한 개량농법의 기술 방향은 우량품종의 종자를 염수塩水로 선발하고 집약적인 육묘관리를 하고 적기에 전식田植을 하면서 밀식재배를 한다. 그리고 이식 후에는 시비, 방제, 제초 등 철저한 비배관리와 심경을 통하여 비료효과를 높여가는 것이다. 이 신기술은 한국(조선)의 재래기술에 비하여 다수확을 위한 생물학적 기술이며 단위 면적당 투입요소의 증투에 의한 소농기술체계이다. 수량확대를 위해서는 다수확품종과 비료 증투가 필요하지만 다비조건하에서는 잡초와 병충해 발생이 증가하게 되었다. 또한 시비량을 유효하게 하기 위해서는 천수淺水로 관개하지 않으면 안 되었기 때문에 관개수灌漑水의 사용이 증대하게 되었다. 요컨대, 신기술은 품종, 비료, 관개라는 세 가지 투입요소를 통하여 단위면적당 수량을 증가할 수 있는 것이었다.46)

---

45) 최원규, 1993, 「일제의 초기 한국식민책과 일본인 '농업이민'」, 『동방학지』 77·78·79, 연세대 국학연구원, 695쪽.

이와 같이 개량농법의 기본은 후쿠오카 농법을 활용하여 나름의 다수확 지향을 위한 생물·화학적 기술의 적용이었다. 이러한 농법은 조방적인 재래농법에 비해 상대적으로 노동집약적인 기술로써, 투입요소의 증가로 단위면적당 수량을 극대화하는 소농기술의 적용이었다. 이러한 농업기술의 이식은 개량품종의 보급을 통해 관철되어 나갔다. 1912년 일본의 개량품종 이른바 우량품종 재배율이 2.2%에 불과하였는데 4년 뒤인 1916년은 40.4% 그리고 1920년에는 50%를 상회할 정도로 급속하게 보급되었다. 뒤인 1937년에는 89.7%, 1940년에는 무려 91.7%를 차지하였다.

일본의 이른바 개량농법은 한국의 재래농법에 비해 과학적이고, 다수확을 가능하게 하는 기술이었던 것으로 보인다. 개량농법은 내병성, 내비성이 강한 품종을 도입하기 때문에 비료의 증투를 통해 품종의 수량능력을 발휘할 수 있다. 또한 다비조건하에서는 잡초, 병충해의 발생이 증가하는데, 다비多肥하에서는 시비량을 유효화하기 위해 얕은 물로 관개해야 하기 때문에 관개수의 사용량이 증가한다. 이와 같이 개량농법은 우량품종, 비료, 관개가 중요하기 때문에 주도면밀한 재배관리가 필요하다. 그러나 개량농법이 조선에 도입될 당시에 이러한 기술체계의 보급은 뒤따르지 않았다. 1910년대에는 우량품종과 품종에 대한 경종기술이 보급되었다. 1920년대에는 대두박을 중심으로 금비, 화학비료가 보급되고, 1930년대에 이르러 산미증식사업을 통해 수리가 개선되어 개량 농법은 급속도로 확대되었다.[47]

---

46) 1920년대 후반 朝鮮總督府殖産局農務課(1928년)에 의하면 수도 단보당 수량은 개량농업이 벼 3,215석으로 재래농업의 1,940석보다 약 1.7배나 높다. 당연하지만 개량농법은 재래농법에 비해서 다수확 기술이다. 소순열, 2015, 「한국에서 근대농업 기술의 변용-수용과 이전-」, 『농업사연구』 제14권 1호, 한국농업사학회.

조선총독부는 강제적으로 통치권력을 동원하고 기술보급의 지도가 아니라 강압적인 기술 강요라는 방법으로 개량농법을 식민지 한국에 정착시키려 하였다. 총독부는 새로운 농업기술을 회비하는 농민들을 지도의 대상, 수동적이고 수구적인 관행농법만 추종하는 대상으로 상정하고 강력한 농촌지도가 필요함을 역설하였다. 그리하여 우량품종인 개량농법의 보급 과정에서 총독부는 행정력을 동원하여 모범전模範田 품평회, 정조식 품평회, 각종 강습회, 전시회를 통하여 기술보급을 추진하였고, 각종 전습소를 운영하였다. 이러한 과정은 기술보급이라는 지도 차원이 아니라 강제적 개량농법 시행 행정의 차원이었다.

일제강점기 조선의 농업기술은 메이지시기 일본에서와 같이 '재래농업기술＝경험농업기술'과 '외래농업기술＝실험농업기술'의 각축·대립의 형태로 발전된 것이 아니고, 외래농업기술이 재래농업기술을 대체하는 형태로 변화하였던 것이다. 한국과 일본 둘 다 신구新舊 농법이 경합하여 결국 신농법의 지배로 끝났지만, 일본의 경우 구농법이 신농법의 병존 내지 보조의 역할을 해온 반면 한국의 경우는 구농법이 신농법에 의해 압도되고 대체되었다.[48] 앞서 1880년대 서양 농법을 수용하면서 편찬된 안종수의 『농정신편』 등의 시비법이 조선(한국) 시비기술을 바탕으로 서양의 시비법을 융합하는 방향으로 정리하였던 것과 크게 대비된다. 이는 곧 조선(한국)이 자신의 시각과 방식으로 농업체제를 구축하고 발전시키는 것과 식민지 국가권력에 의해 농업기술의 변화와 방향을 강제당하던 조건이라는 차이점에서 나타난 것이라고 할 수 있다.

47) 소순열, 2015, 「한국에서 근대농업기술의 변용-수용과 이전-」, 『농업사연구』 제14권 1호, 한국농업사학회, 4～5쪽.
48) 소순열, 2015, 「한국에서 근대농업기술의 변용-수용과 이전-」, 『농업사연구』 제14권 1호, 한국농업사학회, 6쪽.

총독부의 개량 농법 관련 시책이 한국의 구농법을 배척하고 일본의 신농법으로 대체하는 것이라는 점을 한국 농민들이 꿰뚫어 보고 있었다. 개량농법 보급의 본질을 꿰뚫어보고 있던 한국농민이 일본식 농법의 도입에 적극적으로 나설 까닭이 없었다. 일제는 한국농민을 설득하거나 계몽하기보다는 권력을 행사하여 한국농민에게 일본식 농법을 강요했다. 농산물 증산을 위한 우량품종의 보급, 경작기술의 개선, 비료의 증시增施, 퇴비의 조성 등 모든 지도는 관청적 획일성과 권력적 강압성을 갖고 상명하달식上命下達式으로 추진되었다. 한국농민은 자신의 농사에 전력을 다할 수 없었다. 그저 지주와 관청이 시키는 대로 모를 내고, 비료를 뿌리고, 김을 매고, 풀을 뽑고, 벼를 말리면 그만이었다. '농민의 창의 같은 것은 전혀 존재하지 않은 것'이 1910년대 식민지 농정의 본질이었던 것이다.[49)]

일제의 조선총독부는 식민지 한국에 개량농법을 보급하는 데 자연스럽게 개량농법의 우수성을 한국의 농민들이 수용하고 내면화하는 방법을 따르지 않았다. 한국의 국권, 통치권을 차지하고 있는 조선총독부가 한국민의 자발적인 개량농법 수용을 도모하는 것 자체가 오히려 기대 밖의 일이고 상정할 수 없는 정책 방향이라고 할 수 있다. 조선총독부는 헌병경찰제라는 우수한 폭력적 통치기구를 통해서 개량농법을 강제적으로 한국농민, 농촌에 보급할 수 있었고, 이는 식민지 통치권력의 강압성을 고려한다면 당연한 방식이었다고 볼 수 있다. 따라서 일제의 개량농법 보급은 경제적인 범주를 벗어나는 경제외적 강제가 동반된 것이었다.

일제가 한국의 농업과 농민에게 가한 경제외적 강제에는 다음과 같은

---

49) 鄭然泰, 1994, 「日帝의 韓國 農地政策」, 서울대 대학원 국사학과 박사학위논문, 112
~127쪽.

것이 있었다.50) 지형·지목의 변경에 관한 제한, 경작물 종류에 관한 제한, 경작물 품종의 제한, 일본품종 경작 강요, 경작방법(소갈이·씨뿌리기·못자리·모내기·김매기·피뽑기·수확) 강요, 시비(판매 비료 사용·시비 회수 증가) 강제, 수리水利 강요, 제초·꼴베기·잡곡조제·포장 등에 관한 제한, 휴작畦作방법의 이용에 관한 제한, 소작권의 매매 및 소작지의 임대에 관한 제한 등이 있었다. 또한 소작 농민은 마름에 대한 보수, 미곡검사의 수수료, 지주·마름·추수원<소작료 징수를 위해 임시로 고용한 사람>의 향응접대비, 되질 경비(斗量賃) 및 조제장 사용료, 지주와 마름에 대한 선물, 지주와 마름 댁의 수리·소제의 수발 및 관혼상제 시의 노력 제공 등의 잡역을 부담하지 않으면 안 되었다.51) 오히려 소작인의 경제외적인 부담, 지주에 대한 노동력 수탈, 과도한 잡역 강요 등이 크게 늘어난 것으로 볼 여지도 충분하였다.

일제는 한국의 농업을 지도한다는 명목으로, 관의 지시에 따라 못줄을 대고 정사각형으로 모내기<정조식>를 하지 않으면 모를 밟아버리거나 뽑아버렸다. 그리고 벼의 수확과 가공에 이르는 전 과정에 일일이 간섭하고 철저히 감시했다. 당시 한국농민의 생활에 실제로 접촉했던 조선총독부의 일본인 소작관은 권력행사의 실상을 이렇게 회고했다.

벼를 탈곡 조정할 때 멍석을 펴지 않은 것은 도령道令으로써 벌금을 물게 한다고 하는 등의 간단한 법령으로 실행을 강요하고, 위반자를 처벌했던 사례는 미작지대인 각 도에서 이미 경험한 바이다. … 정말로 조선의 미작농업의 개발은 팽창하

50) 일제가 한국의 농업과 농민에게 가한 경제외적 강제에 대한 서술은 다음 글을 참고하였다. 강창일, 2002, 「일제의 식민지 통치기반 구축」, 『한국사』 47권, 국사편찬위원회, 66~73쪽.
51) 朝鮮農會, 『朝鮮の小作慣習』, 朝鮮農會, 119~120쪽.

는 내지 인구에 대한 식량공급이라는 국방경제적인 자급정책의 필요 때문에 무엇보다도 먼저 개시돼야 할 것이었다. 그러나 지도의 대상인 농민은 기술면에서나 자력면에서나 아무것도 소유하지 못했기 때문에 가장 극단적인 권력적 지도를 가했던 것이다. 게다가 그 권력적 개발은 일본인적인 성급함을 갖고 시행했기 때문에, 농민의 이해라고 하는 것 등은 고려되지 않았고, 뒤돌아 볼 여유도 없었던 것이다. 농민은 오직 관청적 지도의 명하는 바에 따라 배급받은 종자를 배운 모판에 뿌리고, 주어진 못줄에 따라 정조식正條植을 하고, 정해진 날에 비료를 뿌리고, 제초를 하고, 명령받은 날에 기장을 뽑고, 풀을 베고, 제시된 방법에 따라 건조 조사를 행할 뿐이었다. 거기에는 오직 감시와 명령만이 있었다. 설령 있을 법한 것이라 하더라도 농민의 창의 같은 것은 전혀 존재하지 않았던 것이다.[52]

일제가 한국의 농사를 개량하고자 한 이유는 일본 국내 인구에 대한 식량공급이라는 국방적·경제적 자급정책의 필요 때문이었다. 한국농민의 처지를 개선하기 위한 것이 결코 아니었다. 그렇기 때문에 총독부에서는 행정 및 지도기관을 동원하여 품종과 개량농법의 보급에 주력했을 뿐만 아니라 지주를 기술 보급의 매개로 삼았다.

총독부는 행정조직을 통하여 감독반을 조직하고 개량 품종의 보급을 독려하였다. 특히 3·1운동 이전의 수도품종 보급 초기의 농촌지도는 시행과정이 극히 강권적이어서 군대식이었다고까지 평가되고 있다. 한 품종이 장려품종으로 지정되면 곧 연차적 보급계획이 수립되고 일선 면단위에 전달되어 철저히 수행되었고, 정해진 품종 이외의 것은 재배가 금지되었다. '관의 지도'로 표현한 것과 같이 그 과정에서 지도원은 총을 휴대하고 지도사업에 임하였으며 "지도에 따르지 않은 품종의 못자리는 파괴되었고 정조식이 아닌 묘는 뽑아버릴"[53] 정도였다.

---

52) 久間健一, 1943, 『朝鮮農政の課題』, 7～8쪽(강창일, 2002, 「일제의 식민지 통치기반 구축」, 『한국사』 47권, 국사편찬위원회, 67쪽, 재인용).

3.1운동 이후 이른바 문화정치가 등장하면서 군대식 지도는 약간 완화되었으나 행정기관의 영농독려 방향이 근본적으로 전환된 것은 아니었다. 행정성과 위주의 행정지도로서 말단 행정에서의 강권지도는 계속되었으며 '감시와 명령'에 의한 외래적이고 타율적인 지도 방향은 일관되었다. 지도과정에서 농민의 경제성이나 창의성은 무시되었으며 타율적 강제에 의한 지도에 의해 일본이 의도하는 타율적인 경제활동의 궤도에 편입되었다.[54] 이와 같은 강압적이고 강제적인 보급과정을 거쳐 외견상 품종보급과 기술보급은 급속한 진전을 나타내고 있었다.

1910년대 미작개량책에 대하여 한국의 농촌, 농민의 수용 또는 거부의 움직임은 매우 계급적인 성격을 띠고 나타났다. 또한 당연하게도 총독부의 미작개량책에 대한 민족적 대응도 거의 동일하게 일본인 지주, 농업회사의 적극적인 동조 움직임과 한국인 소작농, 농민의 개별적 소극적 저항 움직임으로 대비하여 나타났다.

먼저 1910년대 미작개량사업의 적극적 주도층이 향촌에 거주하는 경작지주층이었고, 이들의 노력으로 1910년대 우량품종 보급은 양적인 측면에서 일정한 성과를 거두었다.[55] 지주들은 일본의 증산정책에 보조를 맞추어 우량종의 보급과 개량농법의 보급을 소작인에게 강요하였다. 대지주는 소작인에게 우량품종의 종자를 대부하여 품종을 보급하고 집합 못자리를 설치하여 품종 및 재래방법을 통일하고자 하였다. 지주가

53) 久間健一, 1943, 『朝鮮農政の課題』, 6쪽(강창일, 2002, 「일제의 식민지 통치기반 구축」, 『한국사』 47권, 국사편찬위원회, 69쪽, 재인용).
54) 안승택, 2009, 『식민지조선의 근대농법과 재래농법-환경과 기술의 역사인류학』 역사문화연구총서 9, 신구문화사.
55) 松本武祝, 1998, 「제1장 1910年代における農事改良政策と在村地主層」, 『植民地權力と朝鮮農民』, 社會評論社.

소작인에게 특정 소작조건을 만들어 새로운 농업기술과 품종을 강요한 것이었다. 특히 기술보급에 적극적인 지주는 일본인 대농장이었다. 대농장에서는 종자를 대부하거나 비료대를 대부하여 개량농법의 보급에 힘썼는데 이는 소작지대의 증가뿐 아니라 일본인 농장이 시장지향 생산을 통한 미곡수출 이익과 소작인에 대한 영농자금 알선을 통하여 상업자본과 비료대적 금융자본의 역할까지 겸하였다.

미작개량정책은 한편으로 식민지지주제라는 농업경영의 측면에서 커다란 영향을 끼친 것으로 파악되기도 하고, 다른 한편으로 개량 농법의 보급과 채택에 자작 지주들이 보다 주도적으로 참여하는 것으로 파악되기도 하였다.

1910년대 미작개량정책이 과연 생산력 향상이라는 효과를 거두웠는지, 아니면 식민지지주제를 강화시키는 기제로 작용하였는지, 그리고 재지의 경작지주층(자작지주)이 식민권력 하에서라도 농촌사회의 주도권을 잃지 않기 위해 일제의 '지도와 장려 정책'에 호응하여 주도적으로 개량농법을 채용·보급하는 역할을 하였는지 등에 대한 논의가 있다.

한국의 농민들은 일제의 개량농법 보급과 연관된 우량품종 보급에 대하여 기피하는 대응을 보였다. 우량품종은 당시의 일본 쌀 시장에 적합한 양질품종으로서 일본 품종기준으로서는 소비小肥품종이었으나 재래종에 비해서는 다비증수 품종이었다. 그러나 초기 보급과정에서 농민들이 우량품종의 기피 현상이 일어났다. 품종 자체 특성이 수리시설이 불충분한 답에서 한해, 냉해를 입거나 풍토에 순응되지 않아 피해가 격심한 것이라는 점에서 문제를 갖고 있었다.[56] 따라서 보수적인 농가에

---

56) 이송순, 2009, 『일제하 전시 농업정책과 농촌 경제』, 선인; 정연태, 2014, 『식민권력과 한국 농업』, 서울대 출판문화원.

서는 소출의 안정성을 의심하고 재배를 기피했다. 또한 농민이 친숙한 유망 재래 벼에 비해 무망종無芒種은 포장상태에서 증수를 인지하기가 어려웠다. 그리고 사회제도상으로 당시 미곡은 벼로서 거래되었으며 단위는 중량이 아닌 용량 즉 부피였다. 따라서 무망無芒 개량종은 같은 쌀을 생산하여도 용량이 적기 때문에 기피의 원인이 되었다. 특히 당시의 소작제하에서 인의 용량이 많은 재래종이 소작농의 선호도가 높을 수밖에 없었다.

또한 새로운 품종의 도입은 농민들이 꾸려나가는 농가경제상에 어려움을 가져다주었다. 우량품종은 개량농법을 수반하였으며 농법의 개량 방향이 비록 다수 지향이기는 하였으나 현금지출 부분이 크게 증가된 것이었기 때문에 농가경제에 부담이 되었다. 그럼에도 불구하고 급속한 일본품종의 급속한 보급, 교체, 통일과 이에 따른 조선 재래품종의 축출의 결과 식민지기 이전에 행하여 왔던 민간에 의한 품종선발이 단절되었다.

식민지 이전 농민은 생존을 위해 우량품종을 선발하여 장려하였고 타지역과 종자교환을 통해 생산증가와 품질개량을 행하였다57). 예를 들어 조동지趙同知라는 품종은 독농가 조중식趙重植이 돌연변이에 의해 우수한 품종이 출현된 것을 발견하여 선발재배한 것이다.58) 이러한 민간

---

57) 조선시대의 제반농서를 통하여 품종개량을 비롯한 경작법 등 농업기술이 어떤 범위에서 행하여졌으며 어떻게 전파되어 가는가 그리고 더 나아가서 그것을 담당한 계층에 대해 상세히 연구함으로써 식민지 농업기술의 성격을 명확히 할 수 있으리라 생각되는데, 이는 앞으로 한국 농업사 연구에 있어서 해결해야 할 가장 중요한 과제로 보인다.

58) 조중식趙重植은 관직都事에 있다가 향리인 경기도 여주군 금사면 전북리 442번지로 귀향하여 1886년 가을 이른바 조동지趙同知를 발견하였다. 조동지라고 그의 존칭으로 불리웠던 이 품종은 무망無芒 다수품종으로서 광택 및 미질, 식미食味가 양호하고 성숙기가 빠르며 또한 새끼를 짜는 데 적합하여 당시 경기도, 충남북의 미작

육종은 일본 야마가타현山形縣의 장내庄內지방에서 농사시험장 및 농회기술원의 지도하에 인공교잡에 의한 육종까지 착수한 것에 비해 아주 대조적인 것이었다.[59]

1910년대 미작개량정책의 개량농법에 대하여 한국의 농민대중들이 기피하는 태도를 보이고 있었다. 일본 개량농법의 수용과 불수용의 문제는 1920년대 산미증식계획에서도 똑같이 제기되고 있었다. 여기에서는 1910년 이후 식민지 한국에서 수도작水稻作 단작單作 중심으로 농업생산이 전개되었다는 점에 주목하고자 한다. 식민지 한국에서 수도작을 중심으로 한 획일적인 농업은 "일본 농업의 이식에 의해 발휘되었다는 의미에서 조선(한국)적인 것은 아니고, 일본적으로 개발된 것"이라는 점은 분명하다. 한국 농업은 "일본인이 의도하는 방향으로 재편되고 전체 일본의 방식을 기초로 한 개량을 계획한 것"[60]이라 할 수 있다.[61] 수도작 중심의 농업생산, 도작稻作을 단작單作으로 경작하는 것은 앞선 시기 조선 후기, 개항기, 대한제국기에 한국의 농민들이 활용하였던 논밭 작물을 모두 주곡主穀으로 경작하였던 영농관행의 흐름과 크게 어긋나는 것이었다.

지대 농가에 큰 환영을 받았다. 李台鍾, 1926, 「朝鮮在來水稻品種同知の起源」 雜錄, 『朝鮮總督府勸業模範場彙報』, 第2號, 4쪽. 석산조는 전북 김제군에 있는 이모씨가 자기 경작답 중 이형異型의 도稻를 발견, 채종하여 재배한데서 비롯되었다. 永井威三郎·中川泰雄, 1930, 「朝鮮に於ける水稻の主要品種とその分布狀況」, 『朝鮮總督府 勸業模範場彙報』, 第5卷 第1號, 35～36쪽.

59) 1893년～1921년 사이에 일본 庄內지방에서 민간육종가가 육성한 수도 우량품종은 42개에 달한다고 한다. 盛永俊太郎, 1956, 「育種の發展」, 『日本農業發達史』第9卷, 農業發達史調査會, 98～103쪽.

60) 小早千九郎, 1944, 『朝鮮農業發達史 發達編』, 朝鮮農會, 5～7쪽.

61) 소순열, 이두순, 2003, 「제9장 일제하 수도작 기술체계의 변화와 성격」 『동아시아 농업의 전통과 변화』, 한국농업사학회, 한국농촌경제연구원, 242쪽.

도작을 단작으로 경작하는 농업생산이 강제적으로 식민지 한국에 자리 잡게 된 것은 자연적인 것이 아니었다. 한국의 농민들이 새로운 농업생산 관행으로 이러한 경작 방식을 수용하는 과정 속에서 이루어진 것이 아니었다. 그리고 그러한 수용과정은 일본인 식민지권력의 의도적이고 계획적인 강압에 의해서 한국인 농민들에게 강제된 것이었다.

　식민지화 이전 한국(조선)의 농업생산은 지역성地域性이 매우 농후한 특성을 갖고 있었다. 아직 조선시대 농법의 지역성에 대해 많은 연구가 진행되지 않고 있는 상황이다.[62] 하지만 이미 1980년대에 김용섭은 조선시기의 농업기술을 연구하면서 농업기술의 지역성地域性을 처음으로 거론하였다. 김용섭은『산림경제山林經濟』에 수록된 농업기술의 특성을 설명하면서, 남부지방의 농업기술을 중심으로 서술하고 있다는 홍만선洪萬選의 편찬 자세를 지적하였다. 그렇지만 그는『산림경제』의 내용에 담겨 있는 농업기술의 지역성地域性을 주목하였지만, 그러한 시각을 좀 더 넓혀서 농서라는 틀로만 한정할 수 없는 농법農法의 지역적地域的 성격을 추적하는 연구 방향을 설정하지 못하였다.[63] 한편 조선 후기 수도水稻 건파법乾播法의 지역적 전개를 상세히 설명한 오인택吳仁澤은 '지역농법地域農法'을 언급하였지만 '농법農法의 지역적 성격'을 주목한 것이 아니라, '봉천답奉天畓에서 전개되는 지역의 농법'을 지적하는 정도에 머무른 것이었다.[64]

　조선 후기 특히 18세기 후반에 편찬된 100여 편이 넘는 '응지농서應

---

62) 최근에 18세기 후반을 중심으로 전북 지역의 농업의 특징을 정리한 다음 연구를 찾아볼 수 있다. 염정섭, 2022,『응지농서로 본 18세기 후반 전북의 농업』, 전북연구원.
63) 金容燮, 1988,『朝鮮後期農學史研究』, 一潮閣, 221～223쪽.
64) 吳仁澤, 1991,「18,19세기 水稻 乾播法의 지역적 전개와 農法의 성격」,『釜山史學』 20, 부산사학회, 69쪽.

旨農書'를 통해서 확인할 수 있듯이 지역농법이란 각 지역의 농업환경의 차이, 각 지역별 농작업 시기의 특색, 각 지역의 농사관행의 특수성 등을 종합적으로 엮어서 설정할 수 있는 것이었다. 이미 매우 오랜 농경생활 속에서 정립된 특별한 지방색地方色을 띤 농법이었다. 그리고 18세기 후반은 지역농법이 정립되거나 수립된 시기는 아니지만 그것을 단면으로 접근할 수 있는 시기였다.

실제로 18세기 후반에 찾아볼 수 있는 농법農法의 지역적 차이는 대지역大地域 구분인 각도各道의 차원에서 뿐만 아니라 군현郡縣이라는 더 작은 소지역 단위의 수준에서도 나타나고 있었다. 정조正祖에게 응지농서를 올린 유종섭劉宗燮은 자신이 거주하던 화성華城지역에서 수전水田 경종법이 면면 차원에서도 차이가 있다고 주장하였다.[65] 이와 같이 조선, 한국의 농법은 지역적으로 뿌리 깊은 관행농법에 의거하여 정립된 것이었다.

일본 식민농정 당국에서 수도작 중심의 농업생산을 기획하고 이를 강제적으로 보급시켜 나간 배경에는 그들이 파악한 한국 농법의 문제점에 대한 지적이 놓여 있었다. 1905년에 편찬된 『한국토지농산조사보고; 경기도·충청도·강원도편』에서 당시 한국에서 실행되던 농법에 대한 다음과 같은 평가기록을 찾아볼 수 있다.

> 밭농사에 있어서는 윤재輪栽, 간작間作, 혼재混栽 등 여러 형식이 있어서 일일이 거론할 겨를이 없을 정도이다. 특히 혼재가 많은 점은 놀라울 따름이다. … 도처에서 혼재가 많이 행해짐은 농업의 유치함을 나타내는 것으로, 혼재를 하면 각 혼재작물은 각기 그 수확량이 줄어듦은 농민 일반이 숙지하고 있는 점이나, 토지 소유

---

65) 염정섭, 2002, 『조선시대 농법 발달 연구』, 태학사, 399~416쪽.

면적이 많지 않은 자는 수요에 따라 각자 원하는 만큼 주작물의 틈새에 다른 작물을 재배함으로써 <남의> 무리한 요구를 따르지 않으려고 한다. 이는 농민의 조직적 지식의 결핍의 극치라 할 것이다.[66]

　『한국토지농산조사보고; 경기도·충청도·강원도편』의 기록은 위 인용문에서 쉽게 알 수 있는 바와 같이 윤재輪栽, 간작間作, 혼재混栽 등에 대하여 매우 낮게 평가하고 있다. 윤재輪栽는 윤작으로 그루갈이 즉 근경根耕을 가리키고, 간작間作은 달리 표현하면 간종間種이며, 혼재混栽는 혼작混作 또는 잡종雜種이라고 지적할 수 있다. 이는 한국의 밭작물 재배방식에서 1년 2모작, 또는 2년 3모작을 수행할 때 가장 중요하게 이용하는 경작방식이었다. 이러한 다작물을 다양한 방식으로 농사짓는 한국의 농업 현실에 대하여 불과 1~2년도 안되는 기간 동안 한국의 토지와 농산에 대하여 조사한 일본인은 수확량이 줄어들 뿐만 아니라 '조직적 지식의 결핍의 극치'라는 극단적인 혹평을 내놓고 있다. 더 중요한 문제는 이러한 근거가 박약하고 견문이 단편적인 것에 불과한 농학적인 근거에서 비롯된 한국농법에 대한 평가를 일본식민농정의 농정 기구의 구성과 일본농법 강제 이식의 논거로 삼고 있다는 점일 것이다. 한국의 농법에 대한 평가가 단순하고 얕은 것이었기 때문에 이러한 평가에 근거한 개량 농법의 보급도 많은 실패의 가능성을 내재하고 있다고 평가하지 않을 수 없다.

　일본의 개량 농법 보급은 개량종자의 강제적 보급普及, 시비의 강제적 시용施用, 경종耕種 관계 농사개량의 강제적 시행, 간척지干拓地에서의

---

66) 農商務省, 1905,『韓國土地農産調査報告: 京畿道·忠淸道·江原道』, (日本)農商務省農務局, 498쪽.

농사개량 실시實施 등의 방식으로 이루어졌다.[67] 그런데 일제하 일본인 농장과 농업회사에서는 쌀 증산을 위해 '농업기술을 개발한다'는 명분으로 한국의 기술관행, 관행기술을 무시하고 일본의 농업기술체계를 무조건적으로 적응시켰다. 원래 농업기술의 지도 보급이라는 것이 농민의 창의를 필요로 하는 면이 많기 때문에, 강제적 지도 보급이 불가능한 것으로 알려져 있다. 그런데 일제는 농업기술의 지도와 보급을 위해 행정력과 경찰력을 동원하여 강제적·강권적으로 수행하였다. 이 때문에 그것에 반대하는 농민들의 자연발생적 저항이 농촌 각지에서 빈번하게 일어나게 되었다. 이같은 사실은 당시 신문 기사에서 자주 찾아볼 수 있다.

한편 일본인 농장·농업회사에서는 일본 개량농법의 보급이 보다 용이하게 이루어졌을 것으로 보인다. 이 때 새로운 개량농법이라는 농업기술이 도입·보급되는 과정은 앞서 살펴본 바와 같이 농장, 농업회사의 소작인에 대한 강제에 의한 것이었다. 이러한 상황을 통해 '농업기술'이야말로 식민지수탈을 위한 제국주의의 가장 고도화된 형태였다는 것을 찾아볼 수 있다. 일제 식민지하 농업수탈을 식민지 지주제만을 가지고 설명함으로써, 농업수탈의 전반적인 메커니즘이 구체적으로 설명될 수 없다고 할 것이다.

일제가 강제 보급한 개량농법의 농업사적 의의, 근대 농업체제 변동 과정에서 갖고 있는 의의에 대하여 종합적으로 정리하려고 한다. 1910년대 미작개량을 중심으로 하는 식민농정은 새로운 품종 보급과 이를 뒷받침할 수 있는 비료 증투 등으로 소기의 성과를 거두어 미곡생산량 증가로 이어졌다고 볼 수 있다. 총독부 통계와 추계에서도 이와 같은 연

---

67) 김도형, 1997, 「日本人 農場·農業會社의 農業技術 普及體系」, 『국사관논총』77, 국사편찬위원회.

구결과를 보이고 있다. 하지만 생산량 증가의 정도 차이를 보여주는 연구결과도 있어서, 어떤 연구결과가 보다 합당하며 정확한 것인가를 검증할 필요가 있다. 전국적 레벨의 통계를 가지고 미곡 생산량의 전체적인 추세를 파악하는 것이 나름의 의의를 갖고 있다.

그러나 농업은 지역적 특성 및 자연환경에 많은 영향을 받는 산업인 만큼 전국적 레벨의 추세와 실제 각 지역별 생산단위의 추세는 차이가 있을 것이라는 점에 주목하여 전국적 차원의 추세와 함께 지역적 특성을 고려할 필요가 있을 것이다.[68] 또한 일제하 개량농법 보급이 미작 생산성 향상에 미친 영향을 분석한 연구에 따르면, 1910년대는 소비小肥 개량종 보급과 퇴비 증투로 미곡생산성이 상당히 증가했으며, 개량농법을 활용할 수 있는 상층농에게 유리한 국면이 조성되어 농촌사회는 양극분해가 이루어졌다고 볼 수 있을 것이다.[69]

한편 일제가 개량농법으로 강제 보급한 농업기술 가운데 정조식 이앙은 일본식민 농정당국에서 주도한 농업개량의 두 가지 주축인 경종법 개량과 토지개량 가운데 경종법 개량에 속하는 것이었다. 정조식 이앙은 논의 형태를 네모로 만드는 토지구획정리와 맞물린 것이기도 하였다. 못줄 등의 도구를 이용하여 가로세로 양방향 또는 이 중 한 방향의 일렬로 줄을 맞추어 조식條植 방식은 일본식 근대농법 구현의 과시에 해당되는 것이었다.

그런데 강제적인 정조식 보급에도 불구하고 한국의 관행적인 이앙방

---

68) 우대형은 조선의 농업지대를 남한지역 농업선진지역과 북한지역 후진지역으로 나누어 살펴보고, 시기별로 개량품종의 보급추세가 양 지역별로 차이가 있었음과 그로 인한 생산성의 증가 추세도 차이가 있었음을 밝히고 있다. 우대형, 2001, 『한국 근대농업사의 구조』, 한국연구원.
69) 우대형, 2001, 『한국 근대농업사의 구조』, 한국연구원.

식인 막모이앙이 한편에서 지속적으로 실행되고 있었다. 막모이앙은 대체로 다음과 같은 조건 아래에서 시행되고 있었다. 수리가 불안정한 천수답이고, 논배미 크기가 작고 모양이 불규칙한 논이며, 그리고 가뭄 끝에 뒤늦게 모내기에 나서는 만이앙晚移秧을 해야 한다는 조건이 바로 그것이었다. 그런데 이러한 수리 조건, 논의 형태 조건, 이앙시기의 지체라는 조건 등은 조선의 논농사가 일제강점기 시기는 물론 해방 이후로까지도 지속적으로 안고 있던 지배적인 농업환경요인에 해당하는 것이었다.[70] 즉 위에서 조건으로 설명한 한국의 농업환경 조건 다시 말해서 한국의 생산조건에 적합한 농업기술이 이미 한국에서 지역의 농법 관행으로 자리 잡고 있었다. 이러한 한국의 지역농법의 특색을 유념한다면 정사각형의 꼭짓점에 모를 심는 정연한 체제의 정조식이 과연 당시 한국의 생산조건에 적합한 것이었는지 의문이 생길 수밖에 없을 것이다.

또한 일본에서는 정조식이 크게 확산된 배경으로 회전식 제초기의 도입이 지목될 수 있는데, 한국에서는 논호미에 의한 제초 관행이 풀뿌리와 함께 토양 자체를 뒤집어 엎는 제초방법으로 이용되고 있어 회전식 제초기가 한국의 제초관행이 기본적으로 불편한 동거관계였다고 평가되고 있다. 그리고 제초관행에서 보이는 한국과 일본 사이의 차이가 기술적으로 우월한가의 차원이 아니라 "농업환경의 차이, 그리고 이와 상호작용하면서 역사적으로 발전시켜 온 농민문화의 특수성과 다양성이라는 차원에서 접근해야 할 문제였다[71]" 이렇게 평가된다.

이와 같이 정조식正條植 이앙법을 둘러싼 갈등 양상에서 일본의 강제

---

70) 안승택, 2009, 『식민지조선의 근대농법과 재래농법-환경과 기술의 역사인류학』 역사문화연구총서 9, 신구문화사, 178쪽.
71) 안승택, 2009, 『식민지조선의 근대농법과 재래농법-환경과 기술의 역사인류학』 역사문화연구총서 9, 신구문화사.

적인 개량 농법 보급과 관련해서 한국농촌에서 나타난 식민-피식민의 대립 갈등이라는 역사적 현상의 가장 전형적인 모습을 찾아볼 수 있었다. 정조식 이앙법을 둘러싼 갈등은 지역 농민들과 식민농정당국 사이에서 발생한 것이었다. 그런데 한국의 농민들은 단순히 농업생산에 종사하는 사람이라는 의미 뿐만 아니라 농업생산의 전문가로 자리매김되고 있었다. 농업생산의 전문가인 한국의 농민들에게 정조식 이앙을 비롯한 일본 개량농법의 각 요소를 보급하는 것은 애초에 강제성 없이는 불가능하였다. 식민 농정당국과 한국 농민들 사이의 농업기술을 둘러싼 갈등은 필연적으로 발생할 수밖에 없었다.

한국에서 농업생산 활동을 수행하면서 농업기술을 실제로 적용하고 있는 농민 즉 노농老農은 농서의 내용으로 수록되어 있는 농업기술을 직접적으로 활용하고 이를 농서편찬자에게 제공한 존재였다. 이렇게 생산 활동에 오랫동안 종사하면서 농사에 노련하고 노숙한 농업기술자로서의 농민을 노농이라고 부르고 있었다. 이들 노농은 현실의 농업기술과 농업사정에 익숙한 농민들이었고, 다양한 곡물의 품종 특성이나 파종播種의 적기適期에 관한 전문적인 경험을 쌓은 인물로 인정받고 있었다. 농사의 이모저모에 정통하고 새로운 농업기술을 추론하고 시험해볼 수 있는 능력을 지닌 명농자明農者이기도 했다.[72] 명농자들은 농서에 들어 있는 농업기술을 애초에 적당하게 활용하여 농업경영을 해나갈 수 있는 능력을 지니고 있었다.

농업기술에 정토한 노농老農들에게 일본 식민지 농정당국자들은 강

---

72) 力農者 또는 明農者로 불릴 수 있는 존재에 대해 徐有榘도 屯田論을 제기하면서 이들을 屯田經營의 선봉에 내세우려고 하였다. 유봉학, 1998, 『조선 후기 학계와 지식인』, 신구문화사.

압적으로 새롭다는 기술을 적용하라고 요구하는 상황이었다. 지도원과 순사들은 농민들에게 정조식 이앙에 대한 이점을 설명하고 이를 채택하지 않을 경우의 불이익까지 설명하였다. 지도원과 순사들은 줄모의 이점을 충분히 알고 또 그 '장려활동'의 의의를 어느 정도 숙지하고 있었다고 보아야 할 것이다. 최근의 연구에서 이러한 상황을 "지도원과 순사가 일본식 근대농법의 우월함을 믿지 않고 조선총독부와 일본인들에 대한 충성심만으로 그와 같은 행동난투극, 이미 막모로 이앙한 모를 뽑아내기을 했다고 본다면 이는 비현실적이다"[73] 라고 설명하고 있다. 즉 합리성으로 무장한 강압적인 지배권력은 지역 농민들이 관행으로 지켜온 농법을 강제로 바꾸도록 요구하고 있었다.

근세 농업체제에서 작동되던 농업기술의 변화 기제가 그 본질적인 측면에서 근대 농업체제에서도 그대로 발현되는 것이 가능하였다. 그런데 농업기술의 변화 과정을 따져볼 때 고려해야 할 요인으로 매우 덩치 큰 요인이 등장하면서 새로운 방식의 농업기술 변화, 변동, 보급이라는 현상이 나타나게 되었다. 그것은 농민 개인 차원이 아니라 권력 그것도 국가의 합법적 법제적 권위와 근대적 과학 기술 실험 등의 합리적 논리를 앞세운 농업기술의 보급 현상이었다. 이제 근세 농업체제에서 농민들이 가능한 경제적인 이득에 따라 농법의 변화 발달을 추동하였을 것으로 설명하는 방식과 어긋나는 상황을 접하게 되었다. 농업기술의 발달과 여건의 불가피성 때문에 농법의 전환이 이루어졌다고 설명으로 이어지는 경우도 나타나게 되었다. 그것은 농업기술의 변화, 변동이 매우 다양한 요인에 의해서 표출되는데, 경우에 따라서는 일본의 개량농법 보급

73) 안승택, 2009, 『식민지조선의 근대농법과 재래농법-환경과 기술의 역사인류학』 역사문화연구총서 9, 신구문화사, 125쪽.

에서 볼 수 있는 바와 같이 권력의 강제적 보급이라는 양상 속에서 나타나는 것이기도 하였다. 농정당국이라는 보다 강력한 권력체가 농법 전환의 주인공이 될 수 있는 역사적 환경이 등장한 것이었다.

이상에서 살핀 바를 바탕으로 앞서 근세 농업체제의 성격과 변화에 대하여 정리하면서 18세기 말, 19세기 초반 '조선 농사시험장'에 해당하는 기관의 설치와 운영을 통해 조선의 지역적 실정에 맞는 농법農法을 개발하고 이를 보급하려는 논의가 제기되고 있었던 것이[74] 한국의 농법의 개량, 창신, 혁신의 적절한 방향이었던 것으로 평가할 수 있다. 그리고 1880년대 새로운 농법을 모색하는 움직임이 서양농학의 내용을 수록한 농서 편찬자들을 통해 이루어진 바 있었던 것에 대해서도 주목해야 할 것이다. 당시 안종수 등 개화기 농서 편찬자들은 조선(한국)의 관행농법과 서양의 실험농학에 의해 제시된 농업기술 농학원리를 접합시키고 융합시키려는 입장을 보여주고 있었다.[75] 앞서 1880년대 안종수 安宗洙의『농정신편農政新編』, 정병하鄭秉夏의『농정촬요農政撮要』, 지석영池錫永의『중맥설重麥說』등의 농서에서 찾아볼 수 있는 서양 농법의 도입 논의가 한국의 농법 현실과의 결합, 융합을 주요한 방향으로 설정한 것[76]과 일본의 개량농법 강제는 크게 대비되는 것이었다.

그런데 식민지 한국에서 수도작을 중심으로 한 농업이 일본 농업의 이식에 의해 발휘되었다는 것의 역사적 의미는 분명하게 한국적인 것은

---

74) 본서 '제1부 조선 후기 근세 농업체제의 변동',「4장 농업개혁론의 추이」의 서술 내용을 참고하기 바란다.
75) 본서 '제2부 개항기·대한제국기 근대 농업체제의 형성',「4장 서양 농업기술의 도입 시도」의 서술 내용을 참고하기 바란다.
76) 염정섭, 2014,「1880년대 고종의 권농책과 서양농법 도입 논의」『역사문화연구』 51집, 한국외국어대학교 역사문화연구소, 35〜70쪽.

아니고, 일본적으로 개발된 것이라는 점이었다. 이렇게 볼 때 한국조선의 지역적 특색, 농법 개발의 전통, 새로운 농법 개발의 역사적 경험과 무관하게 일본의 개량농법을 보급하려는 것이 설사 수확량이나 생산성에서 높은 수치를 보인다고 하더라도 실제 농사를 수행하는 과정에서 항상적으로 조선 고유의 전통농법과 일본의 개량농법이 갈등적인 상황에 놓이지 않을 수 없다는 점을 인정할 수 있을 것이다. 이러한 점에서 일제의 개량농법 강제에 대하여 한국의 농민들이 여러 가지 측면에서 저항하였고, 그럴수록 일제의 농법 보급은 더욱 강제적인 것이 될 수밖에 없었다.

이상에서 살핀 바와 같이 1910년대에 마련된 조선총독부의 식민지 한국에 대한 농업식민책은 조선을 식량, 원료 공급지로 만들려는 그러한 기조에서 이루어진 것이었다. 또한 식민지 한국에 새로운 농업기술로서 강요한 개량농법은 조선 농민의 광범위한 반발에 직면하고 있다는 점에서 명확하게 알 수 있듯이 한국의 농업환경이나 농법전통과 융합되지 못한 것이었다. 일제의 농업기술 시험연구가 전통적인 관행기술을 경시하고 일본기술을 수입하는 형태로 이루어졌다는 점에서 일본류의 농업기술을 먼저 권업모범장에서 실행하여 그 시험경작 결과를 조선농가에 이입하는 형태로 진행되었다.

식민지 농업기술의 생태학적 합리성과 일본의 시험연구 방법을 하나로 융합시켜 조선에 맞는 농업기술을 개발하는 연구보다는 일본농업기술과 맞는 공통부분만을 대상으로 발전시키는 것이었다. 따라서 한국특유의 '건답직파', '윤답농법' 등과 같은 우수한 농업기술은 철저히 무시되었다.[77] 이와 같이 조선 총독부의 식민농업책은 철저하게 일본의

---

77) 소순열, 2015, 「한국에서 근대농업기술의 변용-수용과 이전-」, 『농업사연구』 제14권

제국주의 국가권력에 의해 일본 본국의 이익을 위해 마련되어 실시된
것이라고 할 수 있다.

1호, 한국농업사학회.

Ⅲ. 산미증식계획과 수리조합의 운영

1. 1920년대 산미증식계획의 실시

1920년대 조선총독부가 시행한 산미증식계획은 식민지 근대 한국에서 이전 근세사회의 농업체제와 크게 달라진 근대 농업체제의 성격을 보다 뚜렷하게 보여주는 식민지 권력의 농업정책이었다.[1] 1910년대 식민농업책의 실시, 8여 년에 걸쳐 이루어진 조선토지조사사업의 실행, 미작개량정책의 시행 등에 의해서 '식민지 근대 농업체제'의 기반을 조성한 이후, 1920년대에는 본격적으로 '식민지 근대 농업체제'의 구축이 이루어졌는데 이는 곧 조선왕조 말기, 대한제국 시기에 이루어진 주체적인 근대 농업체제의 형성 과정을 왜곡한 식민지 근대 농업체제로의 변동이었다.

식민지 근대 농업체제 구축의 가장 중요한 초석을 놓은 것으로 평가되어야 할 사태가 바로 1920년대부터 시도된 산미증식계획이었다. 쌀 생산에 모든 농업생산의 요소들을 집중시킨 식민지 지배권력의 농업정

---

1) 1920년대 조선총독부의 농업정책에 대한 정리는 다음 논문을 참고할 수 있다. 이영학, 2018, 「1920년대 조선총독부의 농업정책」, 『한국민족문화』 69, 부산대학교 한국민족문화연구소.

책, 여기에 호응하는 식민지 지주층의 동향, 그리고 그러한 증식계획을 실현하기 위한 강제적인 농법의 보급, 수리관개시설의 축조를 통한 수리조합의 설치 등은 식민지 근대 농업체제의 구축, 정립을 의미하는 것이었다. 대한제국기 근대적 농업정책이 제때 제대로 실행되었다면 1920년대의 '식민지 근대 농업체제'와 유사한 모습을 만들었을 것이다. 다만 대한제국의 근대 농업체제는 식민지가 아닌 독립국에서 이룩한 것이라는 점에서 전혀 다른 것이었을 것이다. 달리 표현하자면 한국(조선)이 19세기 말에서 20세기 초까지 만들어 나갔던 근대 농업체제가 제국주의 식민권력에 의해서 타율적으로 식민지 근대 농업체제로 변동한 것으로 정리하고자 한다.

최근까지 1920년대 조선산미증식계획에 대한 연구는 '개발을 통한 수탈'이라는 연구시각에서 많은 연구가 이루어졌다.[2] 일제의 조선 식민 지배정책 중 대표적인 것이 바로 1920년대 산미증식계획으로 규정하였고, 1920~1934년간에 실시된 산미증식계획과 산미증식갱신계획에 대해서 그 실시배경과 과정, 영향 등에 대해 실증적으로 밝혀냈다.[3] 그리하여 이 사업이 '개발'을 통한 수탈이라는 자본주의적 제국주의 수탈이었다는 점, 일본의 식량 문제와 국제수지 문제를 해결하는 데 큰 역할을 하였다는 점, 한국 내에서 미곡상품화를 바탕으로 식민지지주제를 강화시키는 결과를 초래하였다는 점, 그리고 실제 생산증대 효과에도 불구

---

2) 산미증식계획에 대한 연구사 정리로 다음 논문을 참고할 수 있다. 이송순, 2008,「일제하 식민농정과 조선 농업, 농민 연구의 현황과 과제」,『쌀·삶·문명연구』창간호, 쌀삶문명연구원, 전북대학교.

3) 河合和男, 1986,『朝鮮における産米增殖計劃』, 未來社; 羽鳥敬彦, 1988,「朝鮮産米增殖計劃とその實績」,『朝鮮民族運動史研究』5, 青丘文庫; 장시원, 1994,「산미증식계획과 농업구조의 변화」,『한국사』13, 한길사; 金洛年, 1995,「植民地期の朝鮮産米增殖計劃と工業化」,『土地制度史學』146, 土地制度史學會.

하고 조선농민의 빈궁화는 심화되었다는 점 등이 지적되었다. 이와 함께 산미증식계획의 생산력적 측면과 핵심사업이었던 수리조합사업에 대한 연구도 진행되었다.

그리고 1920년대의 산미증식계획이 일본 자본주의의 발달 과정에서 나타난 식량 문제를 해결하기 위해서 추진되었다는 점과 그리고 1930년대의 농촌진흥운동은 급격한 농민층 분해와 고율의 소작료로 인해 농촌 사회가 불안정해짐에 따라 취해진 농업정책이었다는 점도 주목된다. 또한 1930년대의 농촌진흥운동은 식민지 조선을 약탈함으로써 배태시킨 구조적 모순에 대한 반응이었다. 일제 편에서 보면 '빵'을 줌으로써 '사상의 오염(사회주의화)'이나 '악화'를 막고 장차 '충량한 황국 신민'으로 갱생시키는 것을 주요 목적으로 삼고 있었던 것이다.4) 그런데 1920년대 산미증식계획의 생산력적 측면을 밝히는 연구5)에 따르면 1910년대 농사개량품종, 비료 중심에서 농업인프라관개시설 개선을 중심으로 추진한 산미증식계획의 생산력적 효과는 오히려 1910년대와 1930년대보다 높지 않았음을 밝히고 있다.

1920년부터 본격적으로 추진된 산미증식계획은 1920년대의 대표적인 식민지 농업정책이었다. 조선총독부는 당초 30개년 계획으로 총 80만 정보의 토지를 개량하고 경종법을 개선하기 위해 대규모 자본을 투자했다. 대공황의 여파로 1934년에 중단되기까지 산미증식계획은 식민

---

4) 한도현, 1986, 「1930년대 농촌진흥운동의 성격」, 『한국 근대농촌사회와 일본제국주의』, 문학과 지성사, 235쪽.
5) 飯沼二郎, 1983, 「일제하 조선의 농업혁명」, 『식민지시대 한국의 사회와 저항』, 백산서당; 정문종, 1988, 「산미증식계획과 농업생산력 정체에 관한 연구」, 『한국 근대 농촌사회와 농민운동』, 열음사; 박영구, 1991, 「일제하 산미증식계획의 경제사적 성격 연구」, 연세대 경제학과 박사학위논문; 박섭, 1997, 『한국 근대의 농업 변동』, 일조각; 우대형, 2001, 『한국 근대 농업사의 구조』, 한국연구원.

지 산업정책의 중추적 역할을 담당했다. 나아가 수많은 자금과 인력이 투하된 산미증식계획은 조선사회에 커다란 변동을 가져왔다.[6)]

1920년 총독부가 조선산미증식계획을 마련하고 실시하게 된 것은 1919년 3·1운동을 계기로 이후 일제가 한국 식민통치 방침을 전환한 것에서 찾아볼 수 있다. 1910년대 조선총독부의 개량농법 보급과 품종 개량을 바탕으로 한 쌀 증산은 상당한 성과를 거두었다. 1913~1920년 간의 미곡생산성은 연 1.4% 정도의 성장을 거두었고, 특히 개량종 보급 률이 높은 남한지역이 더 높은 생산성 증대 효과를 나타냈다.

그러나 1918년 일본에서 일어난 쌀 소동이 일어나면서 더 많은 미곡 을 일본 국내에 조달할 절실한 필요성이 생겨났다. 즉 당시 일본에서는 제1차 세계대전기의 호황으로 공업이 급속히 발전하고 공장노동자가 증가한 상황이었는데, 국내 미곡생산량이 공장노동자 증가에 따른 쌀수 요를 감당하지 못하면서 쌀값이 폭등하고 식량 사정이 악화되었다. 서 민 생활의 악화는 결국 생활난 구제와 쌀값 인하를 요구하는 전국 각지 의 시위와 폭동으로 확대되었다.

이와 같이 1918년 일본에서 쌀값의 급격한 폭등에 의하여 발생한 전 국규모의 민중폭동인 '쌀폭동'[7)] 과 1919년 한국에서의 '3.1독립운동'은 조선산미증식계획을 추진하게 되는 결정적 계기가 되었다. 총독부는 산 미증식계획을 쌀 소동으로 상징된 일본의 식량 문제를 해결하고 3.1 독

---

6) 1920년대 산미증식계획기의 농정에 대해서는 다음 논문을 참고하였다. 이규수, 2007, 「제3장 산미증식계획기의 농정」『한국농업 근현대사』제2권 농정변천사상, 농촌진흥청.

7) 1910년대 말 일본 내에서 발생한 '쌀폭동'은 일제 당국 뿐만 아니라 일본인 농장·농 업회사에서도 획기적으로 농업기술을 발전시켜 쌀생산을 증대시키는 계기가 되었 다고 주장하기도 한다. 김도형, 1997, 「日本人 農場·農業會社의 農業技術 普及體系」, 『국사관논총』 77, 국사편찬위원회.

립운동에 의하여 직면하게 된 식민지 지배체제 위기의 대응책＝식민지 유화정책으로서 입안하였다.

일본 국내 쌀 수급을 원활하게 하기 위한 대책의 일환으로 일본쌀과 같은 자포니카계인 한국쌀의 도입이 추진되었다. 값싼 동남아시아의 쌀은 일본쌀과 질적으로 다르기 때문이었다. 그리고 동남아시아에서 쌀을 수입하는 것은 일본의 국제수지를 더욱 악화시킬 수 있다고 판단하였기 때문에 식민지 한국에서 일본으로 수입할 수 있는 쌀의 생산을 크게 늘리려는 것이었다. 이와 같이 일본 본국에서 쌀을 안정적으로 공급하는 것이 더욱 중요해지면서 일제는 식민지 한국에서 본격적인 쌀 증산정책을 실시하게 되었다.

대규모 쌀 증산을 도모하기 위해 1920년 토지개량을 중심으로 한 산미증식계획을 실시한 것이었다. 산미증식계획은 일본의 과잉자본을 한국에 투입함으로써 당면한 불황을 극복하기 위한 방책인 동시에, 지주 계층에게 지원을 집중하여 농정의 주체로 창출함으로써 식민통치를 안정적으로 수행하기 위한 방책이었다.

1920년 이후 1945년 패망에 이르기까지 경종법 개량 외에 경지의 개선 확장, 즉 토지개량을 중심으로 한 미곡증산계획을 4차에 걸쳐 수립하여 실행에 옮겼다. 1920～1925년의 '산미증식계획'과 이를 수정한 1926～1934년의 '산미증식갱신계획', 그리고 1940년의 '증미계획'과 이를 수정한 1942년의 '증미확충계획'이 그것이다.[8] 이 가운데 1920년에 시작되어 1934년에 중단되기까지 두 차례 시행된 계획만 산미증식계획으로 한정하여 규정하는 것이 일반적인 것으로 보인다.

---

8) 박석두, 2008, 「한국의 근대화 과정에서 농업의 변모」, 『농업사연구』 제7권 2호, 한국농업사학회, 83～89쪽.

산미증식계획은 농지(토지)개량사업(관개 개선, 지목 변경, 개간 및 간척)과 농사개량사업(시비증대, 우량품종보급)을 중심으로 추진되었다. 애초에 조선총독부는 1920년부터 30개년 계획으로 총 80만 정보의 토지를 개량하고 경종법을 개선할 방침을 세우고, 그 전반기에 해당하는 15개년 동안의 산미증식계획을 입안하여 시행했다. 이 계획은 15개년에 걸쳐 사업비 2억 3,621만 원을 투자하여 기성답의 관개개선 225,000정보, 밭을 논으로 바꾸는 지목변환 112,500정보, 개간·간척 9만 정보, 합계 427,500정보에 대해 1920~1934년의 15년에 걸쳐 토지개량사업을 시행함과 동시에 경종법 개량, 금비시용, 육도재배 확대 등을 시행함으로써 1년에 총 8,995,000석의 미곡을 증산하고, 그 중 460만 석을 일본에 추가로 이출함으로써 매년 700만 석 이상의 미곡을 이출한다는 계획이었다.

미곡증산을 달성하기 위한 세부계획은 토지개량공사에 의해 3,487,500석, 금비시용으로 3,050,000석, 경종법개량으로 2,405,000석, 육도 재배에 의해 52,500석을 증산하도록 되어 있었다. 또한 대규모의 관개개선 등 토지개량에 역점을 두어 토지개량 시행지역에서 5,838,750석, 기타 지역에서 3,156,250석을 증산하도록 되어 있었다. 미곡증산에 소요되는 자금 총 2억 3,621만 원은 국고부담금 6,301만 원, 정부알선 저리자금 7,500만 원, 기업자 조달자금 9,820만 원으로 충당하게 되어 있었다.

1920년부터 1925년까지 6년 동안의 실적은 사업 착수 예정 면적 165,000정보에 대하여 97,500정보(59%), 준공 예정 면적 123,100정보에 대하여 76,040정보(62%)에 불과하였고, 경종법의 개량 및 시비의 증가가 수반되지 않아 공사완성 후의 수확이 예정에 미치지 못하였다. 이리하여 미곡 생산량은 1917~1921년의 연평균 1,410만 석에서 1922~1926년의 연평균 1,450만 석으로 증가하는 데 그쳤으나, 일본으로의 이출량은 같은 기간 연평균 220만 석에서 434만 석으로 배증함으로써 조선의 1인당 미곡소비량은 0.686석에서 0.587석으로 감소하였다.[9]

산미증식계획을 추진하기 위하여 일제는 1920년 11월에는 총독부에 토지개량과를 신설하여 토지개량사업의 장려·감독·기본조사 업무를 관장케 하였다. 이어 동년 12월에 「토지개량 보조규칙」을 제정하여 공사비보조율을 종래의 15%에서 ① 개간·간척 시행면적 10정보 이상인 경우 공사비의 30% 이내, ② 기성답의 관개개선 30정보 이상인 경우 20% 이내, ③ 지목변환 30정보 이상인 경우 20% 이내 등으로 인상하였다. 이후 1923년 2월에는 특수한 경우 정률 이상의 보조도 가능하도록 개정하였다. 또한 1922년부터 '제1기 수도 종자갱신 5개년계획'을 수립하여 품종갱신을 위한 채종답을 설치하는 데 보조금을 교부하도록 하였다. 그외 1920~1929년에 토지개량기본조사를 완료하였으며, 1923년 3월에는 「공유수면매립령」을 제정하여 간척사업의 출원을 용이하게 하였다.

제1기 계획의 실적이 부진했던 원인은 물가상승에 의해 공사비가 계획 당초의 예상을 상회하였고, 반면에 보조금과 저리자금의 절대액이 적었기 때문이었다. 여기에 더하여 그 이율이 높았으며, 농업이나 토지에 대한 투자 수익이 토지 소유 투자의 수익보다 작았기 때문에 농업이나 토지에 대한 투자가 이루어지지 않았기 때문이었다. 그렇지만 계획의 실적이 부진하였던 본질적인 원인은 식민지지주제와 고율 소작료의 존재 때문이었다.

이처럼 사업이 부진하자 조선총독부는 1926년부터 12개년 동안 산미

---

9) 이처럼 사업의 진척이 부진했던 원인은 연이은 불황, 물가등귀에 따른 공사비 증대, 정부알선자금의 낮은 비중, 토지경영의 높은 수익률 등으로 인한 것이었다. 이 기간 동안에 미곡생산량은 다소 증가했지만 일본으로의 반출은 미곡생산량 이상으로 크게 증가하여 생산량보다 더 많은 쌀을 반출했다.

증식갱신계획을 시행하였다. 제2차 계획은 향후 12개년 동안 사업비 3억 2,533만 원을 투자하여 35만 정보의 토지개량을 시행하고, 약 817만 석의 미곡을 증수하여 일본으로 이출하고자 했다. 제2차 계획은 정부알선 저리자금의 비중을 크게 높이고(32% → 73%), 조선토지개량주식회사를 설립하여 사업을 적극적으로 추진하게 함으로써 제1차 계획에서 미흡했던 점을 보완했다.

그 결과 1920년대 후반에는 상당한 성과가 있었다. 하지만 1930년대에 들어 극히 부진한 결과를 보였다. 1926∼1929년에 5,751만 원을 투자하여 토지개량에 착수한 곳이 4만 100정보(계획의 35%)이고 준공한 것이 9만 2,600정보(계획의 85%)였다. 1930년 이후 대공황의 여파로 정부알선자금이 급격히 감소하고 쌀값 하락으로 수리조합의 경영이 악화되었기 때문에 실적이 부진했다. 이러한 상황에서 일본 농민들이 조선쌀 이입을 반대함으로써 조선토지개량주식회사도 해산하고 산미증식계획은 중단되었다.[10]

1920년 4월부터 산미증식계획이 본격적으로 실시되었는데, 식산국殖産局에서 수리水利에 관한 사업을 먼저 시작하였다. 그리고 그해 11월 토지개량과土地改良課가 설치되었으며, 이와 더불어 「토지개량보조규칙土地改良補助規則」이 반포되었다. 그리고 각 지방에는 1921년 4월부터 농무과農務課가 설치되면서 본격적으로 쌀증산을 위한 제도적 완비의 진전을 보였다. 그러나 제1차 산미증식계획은 토지개량과 더불어 농사개량이 뒷받침되지 않음으로써 실패로 돌아가고 말았다. 이에 일제는 제1차 계획을 수정하여 1926년 4월부터 제2차 산미증식계획을 실시

---

10) 이규수, 2007, 「제3장 산미증식계획기의 농정」, 『한국농업 근현대사』 제2권 농정 변천사상, 농촌진흥청, 120∼121쪽.

하게 되었던 것이다.

조선총독부는 1926년에 제1기 계획을 갱신한 것인데 제1기 계획에 비해 증산목표를 축소 조정한 반면 사업비는 대폭 늘린 데 특징이 있었다. 즉, 정부알선자금을 총사업비의 31.8%에서 67.9%로 대폭 늘린 대신 기업자조달자금의 비율은 41.6%에서 11.2%로 감축하였으며, 금리도 연리 9.5~11.0%에서 5.9~8.9%로 대폭 인하하였다. 또한 토지개량사업의 대행기관으로써 1926년 7월 동양척식주식회사에 토지개량부가 신설되고 1927년 7월에 조선토지개량주식회사가 신설되었으며, 계획의 추진기구로서 총독부에 토지개량부가 신설되었다. 그 외 제2기 계획에서는 조선인지주를 사업에 참여시키는 한편 1926년「조선농회령」을 발포하여 계통농회를 강력하게 설립하였다.

제2차 산미증식계획도 제1차 계획과 마찬가지로 그 내용은 토지개량사업과 농사개량사업으로 구분되지만, 제1차 계획과 다른 특징은 ① 기업자企業者의 부담을 대폭 경감하기 위해 거액의 저리자금低利資金을 정부가 알선한다는 것, ② 토지개량시행구역土地改良施行地域의 측량測量·설계設計 자금資金의 알선 조달, 공사감독사업 유지관리 등의 대행기관을 설치한다는 것(조선토지개량주식회사, 동양척식주식회사 토지개량부), ③ 일본인 지주 중시重視에서 조선인 지주도 끌어들이는 형태로 전환한다는 것, ④ 농사개량에 자급비료의 증식, 우량품종優良品種의 보급普及, 기타 경종법耕種法 개량改良 등을 행하는 외에 정부가 동척東拓, 식은殖銀 및 금융조합金融組合에 4천만원의 자금을 알선한다는 것 등이었다.[11]

특히 일제는 농사개량을 위해 '비료개량증산장려계획肥料改良增産

---

11) 河合和男, 1986,『朝鮮における産米殖殖計劃』, 未來社.

獎勵計劃'을 수립하여 자급비료의 생산을 증가시켰고, '농사개량저리자
금農事改良低利資金'을 통해 비료자금과 경우耕牛 자금資金으로 제공
하는 등 제도적 보완이 추진되었다. 이어서 그해 9월 총독부에는 수리水
利, 개간開墾 2과를 증설하였으며, 동척에 토지개량부土地改良部를 신
설하였다. 이와 더불어 일제는「수리조합령」을 개정하여 농사개량에
관한 시설도 수리조합의 사업으로 행할 수 있는 길이 열렸으며,「수리
조합령시행규칙」에 의해 그 시설의 범위를 확대하였다.[12] 그리고 수리
조합 구역 내 농업상 이용을 증진하기 위해 기존 수리조합에 농업農業
지도원指導員을 설치하여, 농사개량을 통해 농업생산을 증진하고자 하
였다.[13]

토지개량사업의 경우 관개 개선, 지목 전환, 개간 간척을 통하여 생산
기반을 개선하는 것이었다. 특히 주목되는 것은 수리조합사업이었는데,
일제 권력의 지원과 통제 아래에서 관제 금융기관과 일본인 대지주 사
이의 밀접한 의존관계를 기초로 전개되었다. 그리하여 결국 수리조합
내에서 일본인 대지주에게 토지가 집적된 반면, 한인 중소 지주의 토지
상실과 농민의 궁핍화는 촉진되고, 식민지 지주제의 확장을 초래하고
말았다.

다음으로 농사개량사업은 일본식 개량농법을 보급하는 것, 토지개량
을 전제로 품종개량과 비료사용의 증가 등을 통해 단위 면적당 수확량
을 증대시키려는 것이었다. 그리하여 한국식 농법과 일본식 농법이 대
립하게 되면서, 자생적인 전환을 모색하던 한국농법을 자체 완성을 보

---

12)「水利組合ノ農事改良施設ニ關スル件土地改良技術官會議指示」(1928.3.5), 朝鮮總
督府 農林局, 1941,『朝鮮土地改良關係例規』, 朝鮮行政學會, 255쪽.
13)「水利組合區域內農事改良ノ指導徹底ニ關スル件土地改良技術官會議指示」
(1933.1), 朝鮮總督府 農林局, 1941,『朝鮮土地改良關係例規』, 朝鮮行政學會, 257쪽.

기도 전에 붕괴하게 되고 말았다. 게다가 산미증식계획은 노골적인 지주육성책이었고, 지주의 성장에 유리한 환경을 제공하고 있었다. 일본인 지주와 한국인 지주 가운데 일부가 산미증식계획에 편승하여 일제로부터 재정적 지원을 받아 지주경영을 강화하고 미곡상품화에 적극 대응함으로써 지주제의 확대를 주도하였다.

제2기 계획에서는 35만 정보의 토지개량과 농사개량에 의해 약 817만 석을 증산하고 그 중 약 500만 석을 일본에 추가로 공급하여 매년 1,000만 석의 미곡을 일본에 이출하기로 하였으나 그 실적은 저조하였다. 토지개량사업의 착수면적은 1926~1929년에는 실적이 계획을 상회하였으나 1930년 이후에는 극히 부진한 실적을 나타냈다. 준공면적도 1930~1933년에는 85%의 실적을 보였으나 그 이후에는 급격히 실적이 악화되었다. 이리하여 1926년부터 1937년까지 토지개량사업의 계획에 대한 실적의 달성 비율은 착수면적 46%, 준공면적 51%에 불과하였다. 또한 토지개량 시행지역의 미곡증산 실적을 보면 1단보당 증수량은 계획의 90%를 상회하였지만 재배면적과 증수량은 1937년까지 예정되었던 계획에 비해 각각 53% 및 50%에 불과하였다.

토지개량사업의 실적이 계획에 훨씬 미달한 것은 1929년의 세계 대공황에 의해 미가가 폭락하고, 그에 따라 수리조합·동양척식회사·식산은행·조선토지개량주식회사 등의 경영이 악화된 것이 하나의 배경 원인이었다. 이에 따라 일본에서 조선의 산미증식계획을 중지하라는 논의가 일어났다. 그리고 토지개량사업을 위한 정부알선자금의 조달실적이 1926~1929년의 78%에서 1930~1933년의 56%, 1934~1937년의 9%로 계획보다 훨씬 미달하였다.

그리하여 1931년에 동양척식회사의 토지개량부가 폐지되고 1932년에 총독부의 토지개량부도 폐지되어 토지개량 사무는 농림국 소관으로 이관되고 규모도 축소되었다. 더욱이 1934년에는 토지개량사업이 중지되고 조선토지개량주식회사가 해산된 후에는 진행 중인 사업만 행해지게 되었다. 그 덕분에 농사개량사업에 대한 정부 알선자금의 실적은 1933년까지 계획의 75%에서 1934~1937년에는 181%로 급증하였다.[14]

전체적으로 산미증식계획의 경과를 살펴보면, 제1, 2기 계획을 통틀어 1920~1934년에 걸쳐 10여 년간 추진된 산미증식계획은 중단 및 실패로 끝나고 말았다. 하지만 식민지 한국의 농업경제, 농업체제에 심대한 영향을 미쳤다. 미곡생산기술이 향상되고 미곡생산량이 증대되어 일본으로의 이출량이 급증함으로써 일본의 식량 및 국제수지 문제를 해결하는 데 기여한 반면, 조선의 식량소비량은 오히려 감소하였으며, 미곡 단작농업과 식민지지주제가 형성·발전하게 되어 소작농을 비롯한 대다수 농가는 몰락의 길을 걷지 않을 수 없었다.

2. 수리조합의 설치와 운영

일제가 식민지 한국에서 수행한 식민농정책 가운데 하나가 수리조합의 설치와 운영이었다. 1905년 이후 통감부, 1910년 이후 총독부의 식민농정책에서 수리시설을 축조, 관리하는 주요한 주체를 수리조합으로 설정하고, 수리조합을 중심으로 수리사업을 펼쳐나가는 체계를 만들려고 하였다. 식민 지배권력의 정책적 지원을 받고 있었다는 점, 그리고 실제 수리 관련 사업을 개인이 아니라 다중이 조직을 만들어 수행하는 것

---

14) 박석두, 2008, 「한국의 근대화 과정에서 농업의 변모」, 『농업사연구』 제7권 2호, 한국농업사학회; 이규수, 2007, 「제3장 산미증식계획기의 농정」, 『한국농업 근현대사』 제2권 농정변천사상, 농촌진흥청.

이 보다 효율적이라는 점 등 때문에 수리조합은 식민지 근대 농업체제의 변동 과정에서 커다란 비중을 차지하고 있다고 평가된다.

앞서 살펴본 바와 같이 식민지 한국에서의 주요하게 생산하는 곡물이 미곡米穀이었고, 벼농사에서 수리 문제는 작황에 커다란 영향을 끼치고 뿐만 아니라 논 자체의 생산성을 변화시키는 매우 긴요한 것이었다. 일제의 식민농정책에서 채택한 수리조합을 통한 수리행정, 수리조직은 조선 근세 농업체제에서 조선왕조말기, 대한제국기로 이어지는 시기의 수리행정, 수리조직과 매우 다른 것이었다. 즉 수리조합 아래에서 수리관개 기술, 조직체계, 운영방식 등이 크게 바뀌어나갔다. 이는 곧 일제의 식민농정책 속의 수리조합 관련 역사적 사건 들이 바로 식민지 근대 농업체제의 변동을 잘 보여준다는 점을 다시 한번 확인할 수 있을 것이다.

지금까지 산미증식계획의 가장 핵심적인 사업으로 진행된 수리조합 사업에 대해서 많은 연구가 이루어졌다.[15] 수리조합 사업은 대지주층 중심으로 사업이 진행되면서 지주제 강화를 가져왔고, 사업비의 고액성과 조합비 부담의 과중으로 인해 농민들의 몰락을 촉진했다는 주장이 제기되었다.[16]

이에 대한 반론을 제기하는 연구에 따르면[17] 수리조합이 지주제 강화

---

15) 일제하 수리조합에 대한 주요 연구로 다음 글을 참고할 수 있다. 전강수, 1984, 「일제하 수리조합사업이 지주제 전개에 미친 영향」, 『경제사학』 8, 경제사학회; 이애숙, 1985, 「일제하 수리조합의 설립과 운영」, 『한국사연구』 50·51합집, 한국사연구회; 松本武祝, 1991, 『植民地期の朝鮮水利組合事業』, 未來社; 이영훈 외 공저, 1992, 『근대조선수리조합연구』, 일조각.

16) 이애숙, 1985, 「일제하 수리조합의 설립과 운영」, 『한국사연구』 50·51합집, 한국사연구회.

17) 이영훈 외 공저, 1992, 『근대조선수리조합연구』, 일조각. 이 책은 기존 수리조합사업 연구의 자료적 한계를 극복하고 사업 관련 원자료가 남아있는 수리조합에 대한 사례연구와 수리조합사업의 유형 분류를 시도하는 등 수리조합 연구의 과제를 확

와 농민 몰락의 주범으로 평가되었던 것 이외에 수리조합사업을 통해
조선농민들의 자발적 학습효과를 얻어 수리조합의 효용성을 파악하였
음을 지적하였다. 특히 산미증식계획이 중단된 이후 전시체제기에도 농
민 스스로 조선 구래의 수리조직을 활용한 공려수리조합 등을 만들었다
는 점을 설명하였다. 그리하여 수리조합사업이 일제의 이해관계에 의해
일방적으로 이식·강제된 사업이 아니었고, 조선 내부의 요구가 발현될
수 있는 계기로 작용하여, 그 학습효과가 높았음을 주장하고 있다. 이 연
구는 일본인 및 대지주계층 중심의 대규모 수리조합과 조선인 중소농민
중심의 소규모 수리조합을 구분하고 있지만, 일제의 식민농정이 물적
(대규모 저수지 등), 인적(수리관개사업에 대한 기술적 노하우 등) 유산
을 조선에 남겨놓았으며, 그것이 해방 후 국가건설 및 경제 육성에 뒷받
침이 되었다는 논리를 내포하고 있다는 점을 지적할 수 있을 것이다.

또한 수리조합 사업에 한국인들이 주체적으로 참여하였다는 점을 강
조하는 입장에서 검토한 연구도 등장하고 있다.[18] 계속해서 이러한 연
구에 대하여 이른바 한국농업의 근대적 발전상과 농업개발의 당위성을
부각한다는 목적에서 나온 것으로 평가하면서 부분적으로 논리의 타당
성을 지니고 있다 하더라도 이러한 측면만을 강조할 경우 자칫 일제하
수조사업의 본질이 왜곡되고 본말이 전도될 수 있는 위험성을 안고 있
다는 평가가 나오고 있다.[19]

장시켰다는 점은 높게 평가할 수 있다고 생각한다.
18) 李榮薰 외, 1992, 『近代朝鮮水利組合硏究』, 일조각; 정승진, 1997, 「일제시기 식민
지지주체의 기본 추이−충남 서천 수리조합지구의 사례−」, 『역사와 현실』 26호,
한국역사연구회.
19) 박수현, 2003, 「1920·30년대 水利組合事業에 대한 저항과 주도계층」, 『한국독립운
동사연구』 제20집, 독립기념관 한국독립운동사연구소, 246쪽.

최근까지 이루어진 수리조합 연구성과에 대하여 몇 가지 불충분한 점이 있다는 점을 지적하고자 한다. 첫 번째로 검토 대상으로 삼은 수리조합이 시기적, 유형적으로 한정되었다는 점이다. 1940년에 전반에도 수리조합 창설, 조선인을 주체로 하는 소규모 수리조합도 다수 존재하였기 때문에 식민지기 창설된 전조합全組合을 대상으로 시계열적 분석과 유형화 작업 요구된다. 두 번째로 개별 수리조합의 사례분석이 결여된 점이다. 수리조합 관련 1차자료의 이용 필요하고 창설 시기, 규모, 입지 조건, 관개형태에 따라 수리조합이 다양한 전개 양상을 보이고 있었던 것을 검출할 필요가 있다. 세 번째로 조선의 농업수리의 발달사에서 차지하는 식민지기 수리조합의 위치설정이 그다지 주목되지 않고 있다는 점이다. 수리조합의 역사적 의의를 주로 지주제와 토지 소유의 면에서 파악하고 있는 것에서 한 단계 진전하여 한국 수리관개기술, 수리조직, 수리관행 등의 측면을 역사적인 관점에서 체계적으로 정리하는 것이 필요하다. 여기에서는 1920년대에 한정하여 살펴보고 추후에 이후 시기의 수리조합에 대해서 검토할 것이다.

산미증식계획와 함께 실시된 수리조합사업의 경우 1920년대 뿐만 아니라 1930년대의 식민지 농업정책의 대표적인 사업이었다. 총독부는 산미증식계획 기간 동안 전국적으로 총 187개의 수리조합이 설치되고 몽리면적蒙利面積도 184,940정보에 달했다고 전해진다. 총독부는 산미 증산계획의 일환으로 수리조합 설치를 공권력을 동원하여 강력하게 추진하였다. 그 결과 쌀 증산에 일부 효과가 있었지만 한국 농촌사회에 커다란 변동을 가져왔다. 이 때문에 조선인들이 수리조합사업에 크게 저항하였고, 결국 1920년대 말~30년대 초 농업공황이 겹치면서 산미증식계획이 중단되고 말았다.[20]

수리조합 사업이 한국 농민의 이해관계를 반영한 것이 아니라 산미증식계획이라는 식민지 한국에서의 쌀 증산을 위한 식민지 농정의 지상목적을 지향하는 것이었다는 점을 강조하지 않을 수 없다. 또한 1910년대 이후 한국으로 이주한 일본인 지주, 농사회사 등은 벼농사의 원활한 수행을 위해, 그리고 높은 수확량을 확보하기 위해 수리관개 기술의 새로운 단계를 지향한 것이었다.[21]

산미증식계획에서 수리조합사업이 크게 확대되기 이전 대한제국 시기 수리행정, 수리조직 등에 관련된 사실을 살펴보면서 비교 검토하고자 한다. 1906년 3월 탁지부 부령으로 「수리조합조례水利組合條例」가 제정되면서, 한국의 농업현실에 등장하게 수륜원과 별개로 수리조합이라는 조직, 현실체가 등장하게 되었다.[22] 이후 1908년 7월 탁지부에서 「수리조합 설립요령 및 모범규약」을 공포하였다.

1906년 당시 한국통감부는 한국 정부로 하여금 「수리조합조례」를 공포하게 하였다. 즉 통감부는 새로운 수리조직으로 수리조합을 한국에 안착시키려는 의도를 갖고 있었던 것이다. 따라서 「수리조합조례」의 내용을 통해서 통감부가 지향하는 수리행정, 수리조직의 성격을 찾아볼 수 있다.

---

20) 李愛淑, 1985, 「日帝下 水利組合의 設立과 運營」, 『韓國史硏究』 50·51합집, 한국사연구회; 林炳潤, 1985, 「産米增殖計劃－그 추진주체의 성격규정을 중심으로－」, 『일제의 한국 식민통치』, 정음사; 박명규, 1989, 「일제하 수리조합의 설치과정과 사회경제적 결과에 대한 연구」, 『성곡논총』 20집, 성곡학술문화재단; 이경란, 1991, 「일제하 수리조합과 식민지지주제－옥구·익산지역의 사례」, 『학림』 12·13합집.
21) 대표적으로 다음 책을 참고할 수 있다. 이영훈·장시원·宮嶋博史·松本武祝, 1992, 『근대조선수리조합연구』, 일조각.
22) 「光武 10年 3月 26日月 度支部令 第3號 水利組合條例를 公布하다」 『官報』 第三千四百十八號, 議政府官報課, 光武 10年 3月 26日.

「수리조합조례」에 따르면 수리조합의 사업에 의해 이익을 받게 되는 토지의 구획 안에 토지를 소유한 자를 조합원으로 하여 탁지부대신의 인가를 받아 조합을 설치하고, 탁지부대신이 지정한 자가 조합을 관리하게 하였다. 또한 조합은 탁지부대신이 지정하는 적립금을 적립해야 하며 탁지부대신의 인가를 받지 않으면 기채할 수 없게 하였다. 이어서 조합비의 징수 및 체납처분은 결호세의 예에 의한다. 그러나 이 조례에 의거해 설치된 조합은 없었다. 아래는 『관보官報』에 실려 있는 「수리조합조례」인데 주요한 조목만 인용한다.

> 탁지부령度支部令 제3호第三號 수리조합조례水利組合條例
> 제1조 수리조합은 수리水利로 말미암아 토지의 관개소착灌漑疏鑿과 개척보호開拓保護에 관한 사업을 하기 위하여 설치한다.
> 제2조 조합은 조합사업을 위하여 이익을 받을 토지로써 구역區域을 정하고 해당 구역 내에 있는 매유자買有者(소유자)로써 조합원으로 한다.
> 제3조 조합을 설립하고자 할 때에는 탁지부대신度支部大臣에게 인가認可를 청하는 것이 가可하다.
> 제5조 조합의 비용은 토지의 면적面積 및 등급等級에 응하여 조합원이 이를 부담한다. 조합의 사업으로 특히 이익을 얻은 토지에 대해서는 그 이익에 응하여 특별한 부담을 담당하게 할 수 있다.
> 광무 10년 3월 26일 탁지부대신 민영기閔泳綺 법부령法部令 제1호[23]

위에 인용한 「수리조합조례」를 보면, 1조에 수리조합의 설립 목적이 관개소착, 개척보호에 있다는 점을 밝히고 있다. 이어서 2조는 조합 구역 내의 토지 소유자가 조합원이 된다는 점을 설명한 부분이고, 3조는

---

23) 「光武 10年 3月 26日月 度支部令 第3號 水利組合條例를 公布하다」『官報』第三千四百十八號, 議政府官報課, 光武 10年 3月 26日;『高宗實錄』光武 10年 3月 26日.

조합의 설립은 탁지부대신의 인가를 받아야 된다는 내용이다. 이외의 다른 조목과 함께 전체적으로 「수리조합조례」를 살펴보면 설립 인가의 권한은 국가권력이 장악하고 있지만, 실제의 수리조합 조직 운영은 모두 조합원에게 일임하는 모양새를 갖추고 있다. 여기에 제8조부터 12조까지는 수리조합의 재원, 부채, 예산, 결산 등 경영과 이해관계와 얽힌 내용을 담고 있다. 즉 수리조합의 운영은 이제 좀 더 경영적인 시각에서 접근해야 하는 사업체로 전환되고 있었던 것이다.

한편에서는 탁지부령으로 제정된 「수리조합조례」는 개별 수리조합의 자율성보다는 탁지부의 관리 감독에 의해 운영되는 공공성이 강조된 것에 주목할 수 있다. 공공성의 강조는 개별 수리조합이 처해 있는 조건, 환경에 대한 개별적인 고려가 줄어들 수밖에 없기 때문에 수리조합 자체의 수익성이 약화될 수밖에 없었을 것이다. 반면에 탁지부에서의 관리감독에 의거하여 수리조합 자체의 운영은 수리조합에 가입한 조합원들에게 공평하고 균등하게 이루어지는 것이 가능하였을 것으로 생각된다. 수리조합이라는 조직체가 처음 등장하고, 그에 대한 조례 또한 처음 만들어지는 것이었기 때문에 탁지부에서는 자신들의 관리, 감독을 강조하였던 것으로 보인다. 하지만 앞서 언급한 바와 같이 수리조합의 요체는 점차 수익성, 경제성, 경영체라는 특성으로 나아가고 있었던 것으로 보인다.

1908년에 한국 정부는 다시 「수리조합 설립 요령 및 모범조약水利組合設立要領及模範規約」[24]을 공포하여 조합 운영에 필요한 비용과 부역 현품 등을 조합원에게 부과할 수 있는 권한을 수리조합에 부여하였다. 그리하여 1908년 12월 「옥구서부수리조합沃溝西部水利組合」이 설립

---

24) 國家記錄院, 2008, 『日帝文書解題-土地改良篇』, 國家記錄院, 17쪽.

되었고, 이후 수리조합 설립이 전국적으로 확산되어 갔다. 옥구서부 이외에 임익수리조합臨益水利組合, 전익수리조합全益水利組合, 마구평수리조합馬九坪水利組合 등 4개의 수리조합이 처음 설치되었다.[25] 그리하여 1910년까지 몽리면적 7,980정보에 6개 조합이 결성되었다.

또한 1909년에는 총독부는 「제언 및 보의 수축에 관한 통첩(堤堰及洑修築ニ關スル通牒)」[26]이라는 공문을 통해 "설계감독은 지방청, 노동력은 몽리민, 비용은 국고보조로 하되 보조로 수축 된 제언 보의 유지관리는 몽리자로 계를 조직하여 맡게 한다"는 방침을 정하였다. 농민을 권유 지도하여 관개시설灌漑施設의 수축에 종사시키고 정부는 그 공사에 필요한 자재를 보조하는 방식으로 제언과 보의 수축을 장려하려고 하였다. 표면적으로는 총독부가 취하고 있는 정책의 방향은 장려와 지원이었지만, 실질적으로 국고 보조액으로 지원하는 금액은 그다지 많지 않았다. 이는 결국 수리조합의 설치와 운영에 필요한 재원의 상당 부분을 조합원이 마련해야 한다는 것을 가리키는 것이었다.

조선총독부는 쌀 증산정책으로 경종법 개선과 관개수 확충을 추진하고, 기존 수리시설을 최대한 이용한다는 방침 하에 수리관행조사 및 수리현황조사를 하는 한편 1909년의 「제언 및 보의 수축에 관한 통첩(堤堰及洑修築ニ關スル通牒)」에 의한 기존 수리시설의 수축사업에 주력하였다. 수리관행조사의 중점은 소유관계 조사였는데, 일제는 이를 통해 제언은 대개 국유, 보는 공유로 결론짓고, 이후 국유 제언을 수축하였다. 이러한 조사는 특정한 목적이 개입되어 있었던 것으로 보인다. 왜냐하면

---

25) 정승진, 2009, 「일제시대 전익수리조합의 전개 과정과 그 역사적 의의」, 『농촌경제』 제31권 제6호, 농촌경제연구원.
26) 國家記錄院, 2008, 『日帝文書解題-土地改良篇』, 國家記錄院, 17쪽.

조선 후기 근세 농업체제의 변동 과정에서 특기할 만한 사항이 바로 개인, 사인이 수리시설을 설치하고 이른바 수세水稅를 거두는 것이었다.[27)]

19세기에 경제적 이해관계에 촉각을 드리우고 있던 궁방과 상인, 부호층들은 자본을 투자해서 수리시설을 설치하고, 자신들이 관리하는 물에 대해 독점적인 권리를 행사하려 하면서 수세를 징수하는 관행이 형성되어 있었다. 수리시설이 사점私占되고 수세를 둘러싼 갈등이 심화되는 것이 이미 조선 근세 농업체제의 변동 과정에서 나타나고 있었다. 즉 수리시설의 공공적 성격에 비해서 점차 사익적 성격이 점차 농후한 상황으로 변해나가고 있었다. 따라서 비록 「수리조합조례」 등의 여러 법규, 공문에 공공성에 대한 강조가 들어 있다고 하더라도 실제 현실의 수리조합 조직과 운영에서는 경영상의 이해관계가 좀 더 유력한 관심사항이었을 것으로 추정해도 무방할 것이다.

1910년대 수리현황조사에서 전국에 제언 6,384개, 보 20,707개가 존재하는데, 이 중 수축을 요하는 것은 제언 2,987개(46.8%)와 보 5,276개(25.5%)로 조사되었다. 기존 수리시설의 수축사업에서는 1909~1918년에 제언 1,527개소(수축이 필요한 제언 2,987개소의 51%), 보 410개소(수축이 필요한 보 5,276개소의 8%)가 수축되었다. 또한 같은 기간에 9개 수리조합 몽리면적 32,883정보가 추가로 확보되어 1909~1918년에 총 15개 조합 몽리면적 40,863정보로 집계되었다.[28)]

1906년 이후 1910년까지 수리조합조례가 제정되고 개정되던 시기에

---

27) 이민우, 2008, 「19세기 水利시설의 私占과 水稅 갈등」, 서울대 국사학과 석사학위 논문(2009, 「19세기 水利시설의 私占과 水稅 갈등」 『韓國史論』 55, 서울대 국사학과 재수록).
28) 박석두, 2008, 「한국의 근대화 과정에서 농업의 변모」, 『농업사연구』 제7권 2호, 한국농업사학회, 82쪽.

당연하게도 한국의 수리시설은 아직 제언, 보를 중심으로 수축하고 활용되고 있었다. 수리조합은 이제 막 태동하던 때였다. 이 시기 무렵의 한국의 제언 분포 상황을 살펴보면 알 수 있는데, 1909년 농상공부가 발표한 전국의 대소 제언수는 2,781개소로서 그 지역분포상황은 다음 표와 같다.

<표5> 1909년의 제언 분포 상황(대한수리조합연합회, 1956
『한국토지개량사업10년사』, 대한수리조합연합회, 5쪽.)

도 별	제언수	도 별	제언수
경 기	149	경 남	205
강 원	68	황 해	157
충 북	54	평 북	16
충 남	194	평 남	21
전 북	434	함 북	9
전 남	311	함 남	45
경 북	1,118	계	2,781

위의 <표5>는 제언을 조사한 것으로 18세기 중후반 이래 왕성하게 전개되었던 축보의 결과물들인 보洑는 제외된 것이다. 특히 하삼도 각 지역에 많은 보洑가 축조되어 농업생산에 이용되고 있었던 사정을 감안한다면 위의 표에서 보여주는 내용만으로 19세기 말 20세기 초 한국의 수리시설 현황을 평가하는 것은 무리일 것이다.

1920년대 수리조합의 설치와 운영을 살피기 전에 식민지 근대 농업체제의 변동, 변화를 역사적으로 살피는 관점에서 수리조합에 이르는 한국 수리시설 축조 관리의 역사적 전개 과정에 주목하고자 한다. 18세기 중후반 이후 20세기 초반까지 한국 수리시설의 역사는 많은 우여곡절을 거쳤지만 특히 수리시설의 관리 주체, 즉 수리시설을 둘러싼 생산관계에서 커다란 변화가 있었다. 이러한 변화를 유의하고 주의한다면 일제의 1920년대 이후 수리조합 설치 운영이 갖고 있는 특징을 찾기에 용이할 것이라고 생각된다.

조선 후기 수리시설의 설치와 운영이 조정과 향촌 사회, 농민층 등 다양한 주체가 참여하는 가운데 제언堤堰과 보洑라는 수리시설을 중심으로 전개되었다.[29] 제언은 대규모 시설의 경우 중앙 및 지방 행정기관의 관여에 의해 설치되는 경우가 많았음에 비해 보는 소규모 시설이 지배적이며 각 지역에서 독자의 사업으로 설치 및 유지, 관리하는 경우가 대부분이었다. 따라서 18세기와 19세기를 막론하고 조선의 대표적인 수리시설은 제언과 보였다. 이러한 수리시설은 관개용灌漑用 시설인 제언堤堰, 보洑, 구거溝渠 등과 방수용防水用 시설인 방천防川, 방조제防潮堤로 나누어 설명하였다.[30]

조선 정부의 수리시설에 관한 정책이나 대책은 행정체계에서 상설적으로 수행하는 방향으로 나아가고 있었지만, 아직 전문적인 조직과 기구를 중심으로 운영되는 것은 아니었다. 비변사 당상으로 제언당상堤堰堂上이 17세기 후반 이후 임명되어, 조선 팔도의 제언의 관리, 감동을 담당하고 있었지만, 그것이 곧 제언의 효율적 관리, 체계적인 감독으로 이어지는 것은 아니었다. 무엇보다도 제언당상堤堰堂上이라는 직임職任 자체가 전문적인 수리에 관한 지식이나 정보를 통합하고 총괄하는 역할을 담당할 수 있는 관원이 차지하는 자리가 아니라 문관 가운데, 그리고 비변사 당상 사이의 업무 분장 관계 속에서 채워지는 자리였다는 점 때문이었다.

---

29) 李光麟, 1961, 『李朝水利史研究』韓國研究叢書 8輯, 韓國研究圖書館, 50~62쪽.
30) 李光麟, 1961, 『李朝水利史研究』韓國研究叢書 8輯, 韓國研究圖書館, 30~42쪽.

지방군현의 수령들은 대개의 경우 매년 정월 면 단위에서 권농관을 차출하여 제언을 수축하고 보축하였다. 작은 제언은 동민을 동원하여 수축하고, 큰 제언은 군현에 신고하고 인근 여러 면·동민을 동원하여 수축하였으며, 때로는 연군烟軍, 승군僧軍, 속오군束伍軍 등을 징발하거나 구휼책으로 양식을 지급하면서 인력을 동원하여 수리시설을 수축하기도 하였다.

대개의 제언 수축 절차를 보면, 민유용 시설인 경우 동장洞長이 집강의 허가와 도집강의 완문을 받아 개설하도록 하였으며, 관유 시설은 각 수령이 도관찰사 또는 제언사에 보고한 뒤 동민을 동원하여 수축하였는데 이 때 수령은 지방의 유능 인사를 제언감역관으로 임명하고, 완공시 제언사에 보고토록 하였다. 대부분의 수리시설이 국유 또는 공유였지만 개인이 소유하는 사유의 경우도 있었다. 수축과정, 소유관계 등의 여건에 따라 수리시설의 관리도 보계, 몽리계, 수리계 등 농촌공동체나 관청·궁방이 담당하거나 개인이 중간 관리인을 두어 관리하기도 하였다. 특히 민유인 경우 제언이나 보의 관리담당자를 선임하고 수세水稅를 받아 관리, 운영 경비와 일정한 수익을 차지하였다.

20세기 초반의 사례이지만, 1908년에 조직된 옥구군 미면 미제米提의 수리계절목에서 제언의 축조와 관리의 전형적인 사례를 찾아볼 수 있다.[31] 제언을 굴착할 때의 회비는 논의 소유주가 맡고 경작인은 부역한 다음 두락당 엽전 1전씩 수합하는 것을 기본 방식으로 삼고 있었다. 이렇게 모은 재원에서 축조비용을 제하고 남은 금액을 계전의 본전으로 삼아 월 4%로 식리하여 제언의 운영비용으로 삼았다. 그리고 만약 경작인이 부역하지 않을 경우 벌전으로 엽전 1냥씩 징수하도록 하였다.

---

31) 松本武祝, 1991, 『植民地期の朝鮮水利組合事業』, 未來社, 46~48쪽.

옥구군 미면의 수리계절목에서 알 수 있는 바와 같이 조선 후기 근세 농업체제에서의 수리정책은 조정과 향촌 사회, 농민층을 중심으로 제언과 보를 축조 관리하는데, 그것은 제언계나 보계, 수리계 등의 공동조직을 통해서 제언을 유지해 나가는 공동관리방식이 기본이었다. 제언이나 보와 같은 수리시설은 농민, 지주의 농업생산에 절절한 몽리혜택을 부여하는 관개시설이라는 성격이 매우 짙은 것이었다. 이와 같은 수리시설의 성격이 근대 농업체제에 들어서게 되면 점차 변화하는데, 그것은 수리시설 관리주체의 수익성을 높이는데 주력하거나, 재정을 확충하는 방안을 적극 실행하는 경영체로서의 성격이 갈수록 농후하게 드러나고 있었다.[32]

18세기와 19세기 근세 농업체제 아래에서 운영된 조선의 수리시설은 앞선 시기와 유사하게 제언, 보 등의 수리시설을 축조하고 그것을 통해 인수引水, 급수汲水, 방수防水하는 데 중점을 두었다. 이는 특히 벼농사에 주안점을 두고 있기 때문에 불가피한 것이었다. 벼농사의 가장 중요한 농절農節 행사는 적절한 물대는 시점에 맞춰 충분한 물을 공급하는 것이었다. 조선의 중앙정부, 지방군현, 그리고 향촌 사회의 유지들은 농민들과 더불어 수리시설을 축조하고 관리하여 이러한 벼농사의 농절 행사를 차질없이 수행하는 데 많은 힘을 기울였다. 일부 권세가와 불법을 자행하는 무리들이 제언 내에 자리한 옥토沃土를 작답作畓하기 위해 제언을 허물려는 일도 일어났다. 그렇지만 이러한 제언 내부의 경지를 모경冒耕하려는 시도는 그 행위 자체가 사회적 공분을 불러일으키는 일이

---

32) 위에서 살핀 20세기 초반의 수리조합의 조직과 운영, 그리고 대한제국 시기에 개간지 관리를 전담하면서 재정을 확충하는 데 노심초사하였던 대한제국의 수륜원은 관개라는 수리시설의 목적 자체 보다는 수리시설의 수익성에 보다 초점을 맞추고 있던 것으로 보인다.

었다. 사회적인 공분을 감수하면서 이득을 쫓는 권력자, 권세가라야 쉽게 가능한 것이었고 일반 민은 범법자로 낙인찍히는 것을 각오하지 않는 이상 함부로 나서기 어려웠다.

그리고 18세기 중후반 이후 대천大川을 관개에 활용하는 기술이 개발되면서 축보築洑 사업이 크게 벌어졌다. 그리하여 19세기 말 읍지에 산견되는 보洑 중에는 제언堤堰보다 몽리면적에서 우위에 있는 것도 적지 않았다.[33] 나아가 개인들이 특히 지주들이 수리시설을 축조하여 몽리답 규모를 확대하거나 일부는 수세를 징수하기 위해 수리시설을 새롭게 축조하기도 하였다.

19세기 후반 왕성하게 벌어진 개보開洑는 그 자체는 수리시설의 축조이지만 농촌사회 내부에 여러 가지 문제를 발생시켰다. 자기 답에 물을 대기 위하여 타인의 전답田畓을 파괴하거나, 다른 보의 상류를 막아 실농失農하게 하거나, 수세水稅를 과다하게 징수하는 등 다양한 문제, 다종의 이해충돌 상황이 벌어졌다.[34] 그리하여 20세기 초반 대한제국에서는 축보築洑 자체를 금지하기도 하고, 축보를 일정하게 규제하는 법규를 만들기도 하였다.[35]

이와 같이 수리시설은 민간에서 주로 관심을 기울이는 것이지만 그것이 갖고 있는 사회적 기반이라는 성격, 즉 20세기 후반 이후의 논의에서 사회간접자본으로 불리는 것과 같은 성격을 갖고 있기 때문에 국가적인 규제의 대상이 될 수밖에 없었다. 19세기 후반까지 사회적 경제적 이해관계 속에서 자신의 존재 위치, 기능과 역할을 관철하고 있었던 한국(조

---

33) 崔元奎, 1992, 「조선 후기 수리기구와 경영문제」, 『국사관논총』 39, 국사편찬위원회.
34) 『承政院日記』, 2530책 哲宗 3년 5월 (123-98).
35) 光武 8년 11월 26일 水輪院章程 9조; 통리군국사무아문, 『농과규칙』『농무규칙』 (1883년).

선)의 수리시설과 수리기술, 수리관행이 1910년 이후 수리조합이라는 새 형식의 수리관개 조직에 영향을 주었을 것으로 추정할 수 있다.

개항 이후 조선정부와 대한제국시기에 조야朝野에서 새로운 수리관개 기술을 도입하고 수리시설을 관리하는 데 힘을 기울였다. 수리시설 관리 기구도 앞선 시기의 제언사에서 새로운 독립기구를 조직하는 방향으로 변화하였다. 대표적인 수리정책 담당 기관이 1899년에 개편된 내장원의 수륜과에서 독립한 수륜원이었다. 수륜원은 황무지에 수륜을 부설하여 관개하고, 수세水稅를 징수하는 부서였다.36) 이때로서 왕실소속 외에도 각 부·군의 공유지가 그 개척대상이 되었다. 민간인도 황무지를 개척하려면 이 부서의 허가를 받아야 했다. 1904년에 들어와 수륜원과 관리서는 각각 농상공부와 내부로 이속되고 궁내부 관리의 감축이 있었으나 어공원御供院, 제용사濟用司가 신설되어 어장漁場·제언堤堰·포사庖肆 등 특산물의 경영관리를 맡음으로써 궁내부의 재원확충 노력은 지속되었다.

수륜과의 임무는 산록의 건조한 곳에 수차를 이용하여 관개 개간하고, 연해안의 범람지와 갯가는 물을 막아 간척하는 것이었다. 개간지의 소유·경영과 관련하여 수륜과에서는 공토 가운데 황무지를 개간하여 내장사의 경영지로 삼는 한편 일반 인민의 황무지개간에 대한 허가권과 개간한 토지에 대한 과세권을 행사하고자 하였다.

1900년 3월에는 수륜과 관제를 개정하여 13명씩의 외과장外課長과 주사를 전국 각도에 파견하여 업무를 수행하게 함으로써37) 수륜과의 업

36) 『韓末近代法令資料集』(국회도서관, 1970-1972) 2, 1899년 2월 7일 궁내부소속내장사수륜과장정, 443~444쪽.
37) 『皇城新聞』1900년 3월 21일 잡보 '水輪課改制'

무체계를 강화하였다. 수륜과 설치에 의하여 개간을 관장하는 기관과 개간규정이 구체적으로 마련된 것은 큰 의미를 지니는 것이며,[38] 광무 개혁 근대화의 하나의 표출 양상으로 평가할 수 있을 것이다. 또한 근대 농업체제 구축으로 나아가는 진일보였다고 의의를 부여할 수 있다.

대한제국이 궁내부를 황제권 강화를 위해 개편한 이후, 광무정권은 내외의 재정적인 기반을 마련하기 위해 수리와 관련된 방안을 실행하였다. 광무년간에 들어와 내장사內藏司가 1899년 내장원內藏院으로 개편되고,[39] 이용익李容翊이 내장원 경卿으로 취임한 후 삼정蔘政·광산鑛山·수륜水輪 등으로 담당업무를 확장하면서 각각의 업무를 분장하는 산하기구를 두었다. 그리하여 내장원에 수륜과水輪課가 설치되었는데, 곧이어 수륜과에서 수륜원으로 독립되었다. 수륜원은 황무지에 수륜을 부설하여 관개하고, 수세水稅를 징수하는 부서로서 왕실소속 외에도 각 부·군의 공유지가 그 개척대상이 되었다. 이와 같이 수륜과를 중심으로 전개된 대한제국의 수리행정은 개간지 경영과 연관시켜 진행되었고, 이는 수리행정을 개간과 결부시켜 농업생산의 증대를 목표로 삼는 것이었다. 또한 궁내부의 재원 확충, 또는 정부의 재정 수입 증대를 목표로 수리행정을 펼치는 것이었다는 점에서 앞선 시기의 농업생산의 보조적 의미를 지니고 있고, 수세水稅 수취를 둘러싸고 궁방, 제언계, 보계 등이 각축을 벌이던 것과는 다른 것이었다.

위와 같은 역사적 배경을 살펴볼 때 1920년대에서 30년대에 걸쳐 수

---

38) 『高宗實錄』 1901년 11월 22일 참조.
39) 내장원은 1899년 8월 궁내부 내장사에서 그 명칭이 바뀌면서 궁내부와 함께 대한제국기 개혁사업의 주요 담당기구가 되었는데, 1905년경리원으로 다시 그 명칭이 바뀌면서 그 기능도 축소되었다. 이는 대한제국의 실질적인 권력이 통감부로 이속되는 과정과 궤를 같이하는 것이었다.

행된 산미증식계획의 중요한 사업인 토지개량사업의 주요한 과업이었던 수리조합 사업에서도 수리조합의 설치 및 운영의 주체가 누구인가를 가장 핵심적인 요소로 검토해야 할 것으로 생각된다. 그런데 잘 알려져 있는 바와 같이 수리조합사업 중심적 추진자는 일본인 대지주층이었다. 수리조합지역 내에서 수리조합이 운영되면서 오히려 많은 조선인들이 토지를 상실하면서 일본인으로의 토지집중이 급속 진행되고 말았다. 이에 따르면 수리조합지역이 곧 식민지 지주제가 전형적으로 전개되었던 곳이라고 간주할 수 있고, 조선인 토지 소유자의 수리조합 설립 반대가 치열하게 전개되면서 수리조합 자체가 민족모순 체현의 장으로 간주할 수 있을 것이다.

1917년 이전까지 보조금이 교부되지 못하여 수리조합 사업에 커다란 진전을 찾을 수 없었다. 그리하여 1921년 3월 현재 논 총면적 154만 정보 가운데 관개설비를 지닌 논은 약 34만 1,000정보, 전체의 약 22%에 불과했고, 나머지 약 120만 정보는 천수답 상태였던 것이다.[40] 수리조합 설치에 의한 대규모 수리관개사업은 1917년의 「조선수리조합령」, 1919년 「수리조합보조규정」이 제정된 이후에 본격적으로 전개되었다.

1917년 「조선수리조합령」에 따르면 조합원은 구역 내에 토지·가옥·기타 공작물을 소유한 자로 정하여, 소작인은 조합원이 될 수 없도록 규정하였다. 그리고 수리조합을 설치하려면 조합원이 될 자 1/2 이상으로서 토지 총면적의 2/3 이상에 해당하는 토지 소유자의 동의를 얻도록 함으로써 소규모 토지 소유자의 설립 반대를 봉쇄하였다. 이 규정은 반대

---

40) 朝鮮總督府 殖産局編, 1921, 『朝鮮の灌漑及開墾事業』, 14면(이규수, 2007, 「제3장 산미증식계획기의 농정」, 『한국농업 근현대사』 제2권 농정변천사상, 농촌진흥청, 128쪽에서 재인용).

로 강제적으로 수리조합에 가입해야 한다는 의무를 부가하는 성격을 갖고 있었다.

또한 조합장 등 간부 직원은 도지사가 임명하거나 그 인가를 받고, 재산 처분도 도지사의 인가를 받는 등 행정관서의 통제를 받도록 하였다.[41] 이는 수리조합이 조합원의 자율적인 운영 대신 총독부로 이어지는 행정관서의 통제 아래에서 운영되어야 한다는 점을 가리키는 것이었다. 이처럼 수리조합의 설치와 운영은 지주층, 그리고 일제의 식민권력에 의해 주도되는 것이었고, 결국 일제의 식민농업책과 밀접하게 연관된 것일 수밖에 없었다.

다음으로 20세기 초반 수리조합에 의해 수리관개에 동원되고 있었던 수리시설을 살펴보면서 앞서 조선의 제언, 천방과 연속적인 측면을 검토한다. 20세기 초반 한국의 수리시설 가운데 보洑의 현황을 알려주는 자료로 1913년 조선총독부 중추원에서 조사한 「수리水利에 관關한 구관舊慣」[42]을 들 수 있다. 여기에 제언과 더불어 보洑를 다음과 같이 소개하고 있다.

> 보洑는 강물의 흐름을 막아 놓은 시설로서 그 구성 부분은 원래 보동洑垌 및 보내洑內의 둘로 구분할 수 있다. 보동洑垌이란 강물의 흐름을 단절하기 위해 쌓아 놓은 둑 그 자체를 말하는 것이다. 간단히 보-垌이라고도 칭하는데 보의 시작부분을 이루는 것으로 가장 터지고 무너지기가 쉬우며 큰 것은 창설하기 곤란하였을 뿐만 아니라 매년 고쳐 쌓기에도 막대한 비용이 필요하다. 보내洑內란 보안으로 읽는데, 보동洑垌에 의해서 흐름이 막힌 강물이 정체하고 있는 부분을 말한다. 보는 강

41) 박석두, 2008, 「한국의 근대화 과정에서 농업의 변모」, 『농업사연구』 제7권 2호, 한국농업사학회, 82쪽.
42) 국사편찬위원회, 「水利에 關한 舊慣」 大正 2년(1913) 한국사데이터베이스 : 2016년 12월 검색

물의 수면과 관개 수전의 높고 낮음의 차이에 따라 그 구조에 두 종류가 있었다.[43]

위 인용문에 따르면 보를 축조하여 농업용수로 활용하려면 가장 중요한 것이 동垌이라 불리는 둑, 제방, 방죽을 어떻게 만드느냐 이런 문제이다. 수리의 구관을 조사한 중추원 조사원은 한국의 보를 하천을 가로지르는 보의 둑 즉 보동의 성질에 따라서 상설보常設洑와 동축춘결冬築春決의 보 이렇게 두 가지로 나누고 있다. 보에 앞서 설명한 제언堤堰과 더불어 해안에 축조한 해언海堰을 포함하게 되면 조선 후기에 활용된 수리시설의 양상과 동일한 것이었다. 즉 1910년대의 식민지 한국의 수리시설 현황은 조선 근세 농업체제에서의 그것과 크게 다르지 않은 것이었다.

1910년 이후 식민지 한국에서 나타난 수리조합의 수리관개 시설 축조와 활용방식은 한국의 전래의 위와 같은 수리시설을 재배치하고 재활용하는 것이었다. 한국으로 이주한 일본인 지주, 농사회사 등은 벼농사의 원활한 수행을 위해, 그리고 높은 수확량을 확보하기 위해 수리관개 기술의 새로운 단계를 구축한 것만으로 설명하기 어렵다는 점을 강조하고자 한다. 조선한국의 재래의 수리시설이 일본인 지주, 농장을 중심으로 조직된 수리조합에서 활용한 양상을 옥구, 임피, 군산 등지를 사업대상지로 설립된 전익수리조합의 사례를 통해서 살펴볼 수 있다.

일제하 만경강 유역의 수리조합은 여러 수리조합이 창설되고 합병되면서 1940년대에 전북수리조합으로 통합되었다. 그런데 1910년에 창설된 전익수리조합은 재래 보洑를 주요 용수원으로 활용한 보형 수리조

---

43) 국사편찬위원회, 「水利에 關한 舊慣」 大正 2년(1913) 한국사데이터베이스 : 2016년
    12월 검색

합이었다.[44] 또한 전익수리조합 인근에 1908년에 만들어진 옥구서부 수리조합도 종래의 관습적, 비공식적 수리계水利契를 근대적, 공식적인 수리조합으로 전환한 사례에 속하는 것이었다.[45]

수리조합 자체는 수리조합은 수익자 부담의 원칙을 통해 자발성을 끌어내어, 물이란 자원을 효율적으로 관리할 수 있는 제도로 평가받고 있다. 그런데 수리시설을 활용하는 주체가 누구인가, 즉 국가-군현 전담, 향촌 사회-수리계, 개인 등으로 달라짐에 따라서 효율성 측면에서 크게 다른 결과를 맞이할 수밖에 없다. 따라서 수리이용 주체의 성격에 따라 어떠한 조직체가 적합한 지에 대해서도 상이한 결과가 나올 것이라는 점을 감안해야 할 것이다. 또한 수리조직이 과거의 수리시설을 활용하는 방식으로 구성된 것인지, 새로운 수리시설 이를테면 대형댐을 축조하면서 설립된 것인지 여부도 중요한 고려사항일 것이다. 이렇게 본다면 전익수리조합이 조선(한국)의 농민, 농민조직, 지주가 창설하여 운영하던 보洑를 기본적인 용수원으로 이용한다는 점에서 매우 깊은 역사적 계승성을 잘 보여주는 사례로 평가할 수 있다.

전익수리조합에서 인수하는 전주군 비비정 독주항보가 이미 19세기 초반 이전에 축조되어 활용되고 있었다는 조사 내용을 주목할 수 있다. 1913년에 작성된 「수리에 관한 구관」에 '개인이 소유한 보洑'의 몇 개의 사례를 제시하고 있는데, 그중에 하나가 바로 비비정 독주항보였다.

전익수리조합全益水利組合이 인수引水하는 전라북도 전주군 비비정飛飛亭 독

44) 정승진, 2009, 「일제시대 전익수리조합의 전개 과정과 그 역사적 의의」, 『농촌경제』 31권 6호, 농촌경제연구원, 81쪽.
45) 우대형, 2005, 「일제한 만경강 유역 수리조합 연구」, 『동방학지』 131, 연세대학교 국학연구원, 34쪽.

주항보犢走項洑는 처음에 민영익閔泳翊의 소유였다가 나중에 호소가와농장細川農場이 매수하였고, 지금은 전익수리조합의 소유로 되어있다.[46]

위 인용문은 비비정의 독주항보가 본래 개설되어 활용하고 있던 것을 수리조합 창설 이후에 계속 계승하여 이용하고 있다는 점을 설명하고 있다. 만경강 일대에 개설되었던 여러 수리조합의 조직, 운영과 관련하여 주목할 만한 인물이 후지이 간타로藤井寬太郎이다. 그는 만경강 북쪽 일대에 수리조합을 창설하고 이를 통해 농장을 운영하려고 하였다.

후지이 간타로는 1905년 8월 약 20여 명의 농장사원으로 '수원조사대水源調查隊'를 조직하여 농장 남단으로 흐르는 만경강에 대한 수원조사를 실시했다.[47] 수리문제가 농장경영의 성패를 좌우했기 때문이다. '수원조사대'는 의병의 습격에 대비하기 위해 완전무장하여 마치 아프리카 대륙탐험이라도 나갈듯한 모습으로 출발했다고 한다. 수원조사의 결과 후지이는 삼국시대에 축조된 저수지인 익산군 황등면의 요교제腰橋堤를 발견하고, 개축공사를 통한 임익수리조합 설치계획을 수립하기에 이르렀다.[48]

하지만 수리조합을 설치하려는 후지이의 구상은 현지에 농장을 설립한 다른 일본인 지주의 반대로 곧바로 실행할 수 없었다. 군산지역의 지주단체인 '군산농사조합'은 후이지가 제기한 수리관개 조사계획에 반대

---

46) 국사편찬위원회, 「水利에 關한 舊慣」大正 2년(1913년) 한국사데이터베이스 : 2016년 12월 검색
47) 후지이 간타로와 임익수리조합에 대한 서술을 다음 논문을 참고하였다. 이규수, 2005, 「20세기 초 일본인 상업자본가의 한국진출과 농장경영-후지이 간타로藤井寬太郎의 사례-」, 『대동문화연구』 49, 성균관대 대동문화연구원.
48) 藤井寬太郎, 「全北農場初期の經營と灌漑の苦心」, 『藤井寬太郎自敍傳』 (이규수, 2005, 위의 논문, 291쪽에서 재인용).

했다. 그들은 오히려 우량품종의 개발과 보급을 위한 '수원농사시험장 지소'의 개설을 주장했다. 상대적으로 수리관개와 무관한 비옥한 토지의 농장소유주는 무거운 수리조합비를 지불해야 하는 수리조합사업보다 우량품종의 개발과 보급에 의한 고율소작료를 징수하는 것이 현실적이라고 판단했기 때문이다. 이에 대해 후지이는 다음과 같이 농사시험장 유치여론을 비판하며 수리조합사업의 추진을 주장하였다.

> 수원의 농사시험장 지소를 군산에 개설하려는 청원은 분명 좋은 계획임에 틀림없다. 하지만 농사시험장과 같은 것은 자기가 경영하는 농장에서 각자 노력하면 될 일이다. 왜 이런 일에 조합 총회 결의가 필요한가. 생각건대 우리 국책에서 가장 중요한 식량 문제를 해결할 수 있는 방책을 강구하는 일보다 시급한 것은 없다. 수리사업은 여러 사업 가운데에서도 가장 어려운 사업이다. 학식과 경험 두 방면에서 노련한 전문가가 일하지 않으면 안 된다. 따라서 이번에 수리관개의 기본 조사를 맡길 기사 파견을 청원하는 일이 첫째가 되어야 한다.[49]

후지이가 주장한 임익수리조합의 설치계획은 결국 대다수 지주의 반대로 부결되었다. 그럼에도 불구하고 후지이는 전북농장의 합리적인 경영을 위해 수원확보를 위한 수리조합사업의 중요성을 몸소 실감했다. 그가 추진한 수리조합사업은 1907년에 이르러 당시 재정고문이었던 메가타와의 면담을 계기로 본격화되었다. 후지이와 메가타의 면담은 친형인 테라다의 알선으로 이루어졌다. 후지모토합자회사의 '회미부'는 미곡매입의 결제수단으로 제일은행 지폐와 백동화를 사용했다. 또 '수입대리부'는 수입품 판매를 통해 당시 통용되던 위조백동화와 1문전을 모

---

49) 保高正記, 1925, 『郡山開港史』, 119~120쪽(이규수, 2005 위의 논문, 292쪽에서 재인용).

아 도지부에 납입했다. 이러한 후지이의 '공로'가 '화폐정리사업'에 크게 공헌했다고 인정받아 면담이 실현된 것이었다.

메가타는 후지이에게 당면한 한국산업의 효과적인 지배를 위한 새로운 제안을 요청했다. 후지이는 "조선의 개발은 농업을 첫째로 삼아야하고, 농업의 발달은 먼저 수리조합사업부터 시작해야 한다"[50]고 주장했다. 후지이는 앞에서 지적한 '군산농사조합'이 내건 우량품종의 개발과 보급을 위한 '수원농사시험장 지소'의 설치계획을 비판함과 동시에 수리조합사업의 필요성을 설득한 것이다. 이 결과 메가타와 통감부는 1909년 「수리조합령」을 공포하여 후지이의 수리조합설치계획을 수용했다. 그리고 후지이에게 정부예산으로부터 수리조사비 명목으로 4만 5천원을 지급했다.

후지이의 수리사업계획은 '수원조사대'가 발견한 요교제를 복구하여 익산군의 황등면, 북일면, 오산면과 옥구군의 서수면, 임피면, 대야면 일대 약 3,686정보에 농업용수를 제공하는 일이었다. 1909년 2월 후지이는 임익수리조합을 설립하고 조합장에 취임했다. 1911년 5월에는 수로 간선과 배수로 등 설비공사와 인수로 개설공사가 완료되었다.

사업비는 합계 316,500원에 달했다. 사업자금은 총독부의 지불보증 아래 한호농공은행漢湖農工銀行 및 전주농공은행全州農工銀行으로부터 연리 8분 4리, 15년간 원리균등상환방식으로 총 20만 원을 대출받았다. 농공은행의 대출이율은 최고 1할 5분, 보통 1할 2분, 최저 9분이었는데, 임익수리조합의 대출이율은 그보다도 낮은 이율이었다.[51]

---

50) 不二興行株式會社, 『不二全北農場と臨益水利組合』, 1면(이규수, 2005, 위의 논문, 292쪽에서 재인용).
51) 이규수, 2005, 위의 논문, 292쪽.

후지이의 수리조합사업은 당국의 적극적인 후원과 수리시설의 필요성에 동감한 일본인 지주의 주도로 성취되었다. 임익수리조합 설립 당시의 조합원은 전북농장을 위시해 가와사키농장川崎農場, 미야자키농장宮崎農場, 시마타니농장島谷農場, 모리타니농장森谷農場, 사나다농장眞田農場, 구스다농장楠田農場 등 일본인 지주 21명과 한국인 토지소유자 829명 합계 850명이었다.[52]

이상에서 살펴본 바와 같이 후지이의 수리조합은 일본인 지주가 주도세력이었고, 당시 금융계통을 통해 사업자금을 확보하였지만, 익산군 황등면의 요교제腰橋堤와 전주군 비비정飛飛亭 독주항보犢走項洑라는 조선의 기존의 수리시설을 활용하고 있다는 점에서 앞선 시기의 수리관행과 연속되는 점을 품고 있었다.

---

52) 이규수, 2005, 위의 논문, 293쪽.

Ⅳ. 식민지 농업경영과
식민지 근대 농업체제의 성격

1. 식민지 지주의 농업경영과 소작쟁의

식민지 한국에서 근대 농업체제의 기반이 확고하게 정립되는 사정은 식민지 농업경영의 사례에서 분명하게 찾아볼 수 있다. 일본인 지주가 식민지 한국에서 경제적 기반을 마련하고 지주경영을 통해 농업자본가로 성장하는 과정이야말로 식민지 근대 농업체제의 정립, 한국 근대 농업체제의 변동이라고 할 수 있을 것이다. 그리고 한국인 소작농민들이 식민지 지주에 대항하여 소작쟁의를 전개한 양상도 주목해야 할 것이다. 이와 같이 식민지 지주가 자리를 잡는 과정을 사례로 살펴보고, 한국인 소작농의 소작 쟁의의 실상도 검토하면서, 식민지 근대 농업체제의 성격, 한국 근대 농업체제의 변동이 갖고 있는 역사적 성격을 정리하고자 한다.

러일전쟁 시기에 한국에 진출한 후지이 간타로藤井寬太郎는 러일전쟁이 발발하자 새로운 시장으로 한국에 주목하여 면포유입과 미곡유출을 통해 막대한 상업이득을 올린 상업자본가이다.[1] 또 그는 당시 최대의 화두였던 '일본의 인구 및 식량 문제'의 해결책이 한국에 있다고 보고, 한국을 일본 과잉인구의 흡수지, 식량공급지로 주목하였다.

후지이는 소작제 농장경영을 통한 미곡증산과 인구문제 해결을 위한 이민사업을 구상함으로써 자신의 한국진출 목표를 구체화하였다. 1914년에는 불이흥업주식회사不二興業株式會社를 설립하고 소작제 농장경영과 이민사업을 본격적으로 추진한다.[2] 전국에 걸쳐 분포한 불이농장의 소유면적은 당시 한국에서 최대지주인 동양척식주식회사에 이어 두 번째 지위를 차지했고, 집단농업이민 유치를 위해 건설한 불이농촌不二農村은 '이상농촌' 내지는 '모범농촌'으로 국내외에 선전되었다. 불이농장은 러일전쟁 시기에 한국에 진출한 대표적인 식민지 농사회사였다.[3]

상업자본가 후지이는 한국에 진출하기 이전 오사카를 중심으로 미곡 입찰에 관여하다가 러일전쟁을 계기로 한국에 진출했다. 그는 '실업가의 임무'를 표방하며 '한국경영'의 실제적인 담당자임을 자부했다. 먼저 '신천지 열풍'에 편승하여 일본 면포와 생활필수품을 한국으로 반입하고, 미곡과 우피 등을 일본으로 반출하여 막대한 상업이익을 올렸다. 또 다른 한편에서는 농장경영을 통한 고율의 토지수익률에 주목하여 자기

---

1) 아래 후지이 간타로의 사례에 대한 서술은 다음 논문을 주요하게 참고하였다. 이규수, 2005, 「20세기 초 일본인 상업자본가의 한국진출과 농장경영-후지이 간타로藤井寬太郎의 사례-」 『대동문화연구』 49, 성균관대 대동문화연구원.

2) 불이농촌에 관한 개인 기록으로 야마가타촌의 상황을 살핀 다음 논문을 참고할 수 있다. 엄지범·소순열, 2019, 「개인기록을 통해 본 일본인 이민농촌의 한 단면: 불이농촌의 야마가타촌(山形村)을 중심으로」, 『농업경제연구』 60집 3호, 한국농업경제학회.

3) 소순열, 2022, 「군산(不二農村)과 불이옥구농장(不二沃溝農場)- 일제하 의료문제를 중심으로-」, 『지역사회연구』 30권 2호, 한국지역사회학회. 두 지역은 간척으로 이루어진 독립된 공간의 일본인 자작농촌과 조선인 소작농촌으로 구성되어 있어 의료문제를 둘러싸고 제국주의의 식민성에 대한 보다 선명한 이미지를 밝혀놓고 있다.

자본의 투자대상을 토지로 바꾸어 나갔다. 토지집적과 소작제 농장경영으로부터 획득한 소작미를 일본에 직접 수출하는 것이 상업활동보다 높은 수익률을 창출할 수 있다고 판단했기 때문이었다.

러일전쟁 시기에 한국에 진출한 일본인의 토지집적은 일본 미곡시장과 밀접히 연결되었는데, 그들은 자본투자대상을 상업·금융·산업 일반으로부터 토지에 이르기까지 이윤을 극대화시킬 수 있는 부문에 자본을 집중했다. 그 중 소작제 농장경영을 통한 고율소작료의 획득과 상품화가 '한국경영'의 방침으로 확립된 것이었다. 후지이가 한국에 진출하여 불이농장을 운영한 것은 이른바 '한국경영' 방침의 전형적인 사례라고 할 수 있을 것이다.

후지이는 각지의 토지와 수리시설을 시찰하고 투자수익률에 따른 투자가능성을 타진하였는데, 천안, 공주, 논산, 강경지방을 시찰하고 다음과 같이 토지투자를 결심하기에 이르렀다고 토로하였다.

> 강경의 작은 언덕 옥녀봉玉女峯에 오르자 발밑으로 평평한 평야가 펼쳐졌다. 경지는 1반보에 10원 전후로 구입할 수 있다. 더구나 수입은 연간 2할 이하로 떨어지지 않는다고 들었다. 10만원으로 1천 정보의 대지주가 되어 연간 2할의 수입을 올릴 수 있다면 상업보다 훨씬 유리하다. 일본에서 1천 정보 대지주는 쉽게 될 수 없다. 또한 나는 농사개량의 모범을 보이는 일이 조선에서 무엇보다도 중요하다고 믿었다. 빨리 영농을 시작해야겠다는 생각을 굳혔다. 그리고 군산으로 향했다. 군산에 와서 이리와 군산 사이에 펼쳐진 전주평야를 보았다. 이곳 또한 영농의 후보지라는 것을 확신했다.[4]

---

4) 藤井寬太郎, 「渡鮮から農場經營着手まで」, 『藤井寬太郎自敍傳』(이규수, 2005, 「후지이 간타로(藤井寬太郎)의 한국진출과 농장경영」, 『대동문화연구』 49, 성균관대 대동문화연구원, 181쪽에서 재인용).

후지이의 토지투자를 자극한 것은 저렴한 지가만이 아니었다. 고율의 투지수익률이 더 큰 매력이었다. 개항장 군산을 거점으로 한국 내륙에 토지 소유를 확대하던 후지이는 관개설비가 열악한 미간지나 하전을 중심으로 토지를 확대했다. 단기간에 저렴한 지가의 토지를 확보하여 대지주로서의 지위를 확보하겠다는 방침도 작용했지만, 토지구입자금의 부족으로 비옥한 평야 중심의 기간지 구입할 수 없었기 때문이었다.

관개설비가 부족한 미간지 등을 주로 확보한 것은 그의 농장경영의 방침에 커다란 영향을 주었다. 높은 소작료 징수를 위해 품종개량과 비료 보급 등의 농사개량사업에도 큰 관심을 보였으나, 무엇보다 후지이가 소유한 토지의 대부분이 미간지와 낮은 등급의 땅이었기 때문에 후지이에게는 농장설립 직후부터 수리시설의 장악을 통한 안정적인 관개수 확보가 가장 절실한 과제였다. 그가 수리시설이 미비한 농사개량사업의 한계를 인식하고 수리조합사업을 적극적으로 추진한 것도 이 때문이었다.

후지이가 주도한 임익수리조합은 하전을 소유한 소수의 일본인 지주가 다수의 한국인 토지 소유자를 편입시킨 형태로 설립되었다. 후지이는 이후에도 소위 '사작창업四作創業'의 방침에 따라 황폐지의 매수와 간척지를 불하받았다. '사작창업'은 토지를 비옥하게 만들고, 농민을 육성하고, 농촌을 건설하고, 농산물을 생산한다는 4가지를 가리키는 것이었다. 그리고 간척 및 개간사업의 일환으로 수리조합사업을 통한 토지개량사업을 적극적으로 추진했다. 이는 총독부의 '산미증식계획' 방침과 부합되어 방대한 보조금과 저리자금의 원조를 받고 추진할 수 있었다.

수리조합이 한국인 농민들에게 피해를 가져다준 점을 도외시할 수 없을 것이다. 수리조합의 설치 및 토지개량 사업은 몽리구역 내외의 한국인 모두에 대한 경제적 약탈의 과정이기도 하였다. 몽리구역 외의 토지 소유자들은 이 사업으로 인하여 수원을 탈취당하게 되었고, 몽리구역 내 한국인 조합원은 높은 수리조합비를 부담할 수밖에 없었다. 소규모 토지 소유자는 수리조합비 등의 부담 때문에 결국 토지를 방매할 수밖에 없어 농장소작인으로 전락하였고, 그 토지는 다시 일본인 지주에게로 집중되는 등 한국농촌사회는 점차 대지주 중심의 왜곡된 구조가 심화되었다. 후지이의 토지집적과정은 표면적으로는 일반 민유지와 관계 없는 하전이나 미간지의 매수 혹은 국유미간지의 불하를 통해 이루어졌지만, 토지집적 후 수리조합사업 등의 추진 등은 바로 한국인 토지 소유자의 토지로부터의 이탈을 촉진시킨 직접적인 요인이었던 것이다.

후지이의 농장경영에서는 농장관리원(사원)이 소작료 결정과 소작권 이동 등 절대적인 권한을 장악했다. 소작료 납부시의 소작벼의 건조상태 감독이나 소작인의 동향파악 등에 관해서는 마름을 최대한 이용하는 농장관리원-마름-소작인이라는 지배관리체제를 정비했다. 또 농장은 소유지의 대부분이 개간지였기 때문에 개간사업의 감독 등을 위한 농업기술원제를 도입하여 농사개량시설의 관리와 영농관리지도를 철저히 시행했다.

러일전쟁의 승리를 계기로 한국에 진출한 일본인 상업자본가의 토지집적은 후지이의 사례에서 확인할 수 있는 것처럼 일본미곡시장과 밀접히 관련되었다. 그들은 먼저 자기자본의 투자대상을 미곡유출을 비롯한 상업 활동에 중점을 두었다. 한국으로부터의 미곡유출과 판매가 상업자본가로서의 성장과 직결되었기 때문이었다. 이후 그들은 자기자본의 투자대상을 토지로 전환하기에 이르렀다. 저렴한 지가와 고율의 토지수익률은 상업자본가로서의 투자의욕을 자극하기에 충분했다. 소작제 농장경영을 통한 소작미의 일본유출과 판매는 단순한 상업 활동보다 높은 수익을 보장하는 것이었다. 또한 이는 그들이 주장하는 '실업가의 임무'를 실현하는 과정이었다.

이상에서 일본인 지주, 일본인 농사회사의 대표적인 존재인 후지이의 사례를 살펴보았다. 후지이의 사례에서 전형적으로 볼 수 있는 바와 같이 일본인 농사회사는 총독부의 산미증식계획, 수리조합 정책 등에 의한 지원을 바탕으로 농장경영에서 소작료를 최대한 약탈하는 방식으로 고율의 수익률을 거두었다.

1920년대 식민지 한국에서 농민들이 '식민지 근대 농업체제'에 대한 대응은 직접적으로 농업경영의 주체로서 새로운 방식으로 자신들의 경제적 이해관계를 관철시키려는 것이었다. 식민지 한국의 농민들은 지주층이 일본 식민권력의 헌병경찰통치를 배경으로 삼아 강압적으로 자본주의적 농업 잉여를 착취하는 것에 대하여 직접적으로 대응하였다. 농업생산을 담당하는 식민지 한국의 농민들은 지주층에 대하여 지대地代를 놓고 농민투쟁을 여러 가지 방식으로 벌여나갔다.[5]

1920년대 식민지 한국의 농민투쟁은 지주층에 대한 지대地代 투쟁이라는 점에서 조선 후기 농민항쟁이 주요하게 국가에 대한 지세地稅 투쟁이었던 것과 크게 다른 것이었다. 19세기 중반 조선의 농민들은 부농富農과 빈농貧農을 막론하고 주요하게 국가 부세수취의 폐단, 이른바 삼정三政의 문란에 대하여 저항하였다. 삼정의 문란으로 말미암아 농민들이 생존의 위협에 직면하고 있던 것에 대한 저항으로 농민항쟁이 발생한 것이었다. 다시 말해서 1862년에 발생한 전국적인 농민항쟁은 기본적으로 항세抗稅투쟁이었던 반면에 1920년대 농민들의 투쟁은 기본적으로 항조抗租 투쟁이었던 것이다.[6]

---

5) 趙東杰, 1978, 『日帝下 韓國農民運動史』(오늘의 사상신서8), 한길사.

1920년대 한국의 인구 분포를 보면 당시 우리 나라 인구人口의 대부분을 농민들이 차지하고 있었다. 농민운동의 주체는 크게 자작농이 주체가 되는 경우와 소작농이 주체가 되는 경우로 나눌 수 있다. 자작농의 농민운동은 협동조합을 중심으로 한 것이며, 소작농의 농민운동은 소작쟁의小作爭議로 벌어지고 있었다. 그런데 중산 지주층인 자작농의 농민운동은 일제의 산미증식계획産米增殖計劃이나 비례세제 등에 의하여 자작농이 몰락하는 가운데 쇠퇴하면서 점차 독립적인 운동으로서의 성격이 사라졌다. 그에 반해 소작농이 계속 증가하였고, 또한 민족운동으로서의 성격도 강화되면서 농민운동의 대종을 소작쟁의, 소작농 중심의 민족운동으로 전개되었다.

식민지 농업수탈이 가속화되면서 민중적民衆的 민족운동民族運動은 격렬하고 극단적인, 그리고 대규모의 소작쟁의로 편중되어 갔다. 더구나 당시의 소작농은 소작조건으로 보아서 임금노동자와 다를 바가 없었기 때문에, 소작쟁의小作爭議는 노동운동과 손을 잡고 조선노농총동맹朝鮮勞農總同盟 등의 영향을 받으며 전개해 갔다. 이러한 사정 때문에 자작농自作農의 농민운동農民運動과는 별개의 운동영역을 형성할 수밖에 없었다. 농지면의 50% 이상이 소작지였고 또 전체 농가의 80% 이상이 소작농이었기 때문에, 자작농의 농민운동은 결국 농민의 대부분을 차지하고 있는 소작농의 농민 운동에 흡수되어 갔다. 그리하여 소작쟁의가 농민운동의 주류를 이루었다. 소작쟁의는 지역적으로 처음에 삼남지방에서 활발하게 전개되었고, 1920년대 말기부터 서북지방까지 광범위하게 전파되었다.[7]

6) 김용섭, 1992, 「한말 일제하의 지주제」, 『한국 근대사론』 I , 지식산업사.
7) 조동걸, 1978, 『일제하 한국농민운동사』(오늘의 사상신서8), 한길사.

1920년대 식민지 조선은 바야흐로 소작쟁의의 시대였다. 소작쟁의가 고조된 데에는 조선통감부 시대의 궁장토, 역둔토 등 토지조사, 조선총독부의 1910년대 토지조사사업을 거치면서 토지 소유권에 대한 법적인 정비가 대대적으로 진행되었고, 이에 따라 토지 소유권은 물론 종전까지 존재해왔던 '토지임차'의 권리와 관행에 큰 변화가 있었던 것이 하나의 이유이다.[8]

당시의 소작쟁의小作爭議는 식민지 근대 농업체제 속에서 자리잡게 된 소작관계의 성격에 근거하여 전개되었다. 식민지 한국에서의 소작계약에는 계약자유의 원칙과 일제의 식민 농업적 착취라는 원리가 함께 작용하여 농민을 압박하는 것이 기본적인 성격이었다. 1920년대 지주와 소작인 사이에 체결된 소작계약의 실례를 살펴본다.[9] 동양척식주식회사의 소작증小作證은 표면表面과 이면裏面으로 구성되어 있는데 표면에는 소작지에 대한 정보를 이면에는 소작인이 지켜야 할 내용을 적어놓았다.[10] 이면에 적혀 있는 소작인이 지켜야 할 내용을 옮겨보면 다음과 같다.

　　1. 소작인은 회사의 규칙을 준수할 것.
　　2. 소작료는 소작지로부터 수확한 것 또는 회사의 지정한 것을 회사의 지휘에 따라여 조제 정선하여 회사 지정 일한日限까지 지정 장소에 지체없이 납부할 것
　　3. 소작료는 회사의 지정에 의하여 두량斗量 또는 근량斤量을 납입할 것. 단, 회

---

8) 김인수, 2017, 「식민지 조선에서의 '소작' 개념의 정치」, 『석당논총』 67집, 동아대학교 석당학술원, 226～227쪽.
9) 이우재, 1986, 『한국농민운동사』, 한울; 임문호, 1935, 『조선의 농민운동사』, 조선농민사.
10) 조동걸, 1978, 「농민편」, 『독립운동사 제10권: 대중투쟁사』, 독립유공자사업기금운용위원회, 375～376쪽.

사에서 품질 정선 건조 등이 불충분한 것으로 인정할 때는 가두량加斗量을 지정함이 있음. 이 경우 소작인은 이의없이 그 요구에 응할 것.

　4. 아래의 경우에는 회사는 이 계약을 해제함. 이 경우는 소작인은 즉시 그 요구에 응하고 이의를 진술할 수 없음.

　천天. 소작료를 납입치 아니한 때

　지地. 소작지를 타인에게 전대한 때.

　현玄. 소작지를 황폐하거나 또는 황폐케 할 우려가 있을 때.

　황黃. 자의로 소작지의 지형을 변경하거나 또는 지목을 변경한 때.

　우宇. 회사 규칙에 위반한 때.

　주宙. 회사의 사업에 의하여 소작지의 반환을 필요로 한 때.

　5. 전항 천天에서 우宇까지의 경우에 회사가 손해를 입었을 때는 소작인을 원상에 회복하거나 또는 손해배상의 책임을 지게 됨.

　6. 보증인은 연대 책임으로써 계약이행의 책책임 지게됨.[11]

　약간 장황하게 인용한 위의 내용에서 알 수 있듯이 소작인은 소작료 납부와 같은 기본적인 의무 이외에 갖은 복잡하고 힘든 계약내용의 이행을 강제당하고 있었다. 특히 동양척식주식회사는 자의적으로 소작권을 반환받을 수 있었고, 나아가 회사가 받게 될 수 있는 손해에 대해서도 소작인에게 원상회복이나 손해배상의 책임을 부여하는 것이었다. 그리고 일본인 개인지주가 소작인과 맺은 소작계약은 훨씬 더 가혹한 것이었다. 지세 부과세와 모든 공과금이 소작인 부담으로 되어 있고, 30리밖에서 소작료를 운반해 줘야 하며, 더욱 소송이 제기되면 지주의 주소지를 관할하는 법원에서 재판하기로 약정하는 내용이었다.

　위에서 살펴본 가혹한 조건의 소작계약이 현실에서 한국 소작인에게

---

11) 조동걸, 1978, 「농민편」, 『독립운동사 제10권: 대중투쟁사』, 독립유공자사업기금 운용위원회, 375쪽.

관철시킬 수 있었던 것은 경제적인 배경 즉 지주와 소작인 사이의 경제적인 이해관계 속에서만 그 이유를 찾을 수 없을 것이다. 식민지 한국에서의 소작계약은 그 이전까지 조선(한국)의 소작인들이 확보하고 있었던 경작권이 강제적으로 박탈되는 역사적 과정을 겪었던 과정을 배경으로 삼아 도출된 것으로 보기 때문이다. 앞서 살펴본 바와 같이 고종대와 대한제국시기에 작인의 경작권을 박탈하는 갑오승총, 을미사검, 광무양전 등의 조치가 이루어졌다. 그리고 1910년 이후 조선토지조사사업이 실행되면서 소작인의 경작권은 그 형체를 알 수 없는 지경에 이르렀던 것이다.

최근에 법제사 연구에 따르면 통감부 시기에 식민권력에 의한 농정의 실천은 메이지기 근대 일본에서 만들어진 '소작'小作. 코사쿠 개념을 강제적으로 이식하고, 이 개념의 범주에 기초하여 기존의 토지관습을 분류, 조사, 기입(inscription)하는 것에서 시작되었다고 한다.[12] 이 과정에서 조선 전통사회의 여러 이질적인 토지 임차 관련 권리들이 '소작'이라는 개념으로 단일하게 포착되어 '균질화'되었다. 전통사회에서 분할소유권의 성격을 지녔던 권리, 또는 계속 성장해 오던 경작자의 권리는 식민국가의 입법과 조사의 실천에 의해 부정되거나 박탈되었다. 이와 같은 배경 속에서 1920년대 소작쟁의가 본격적으로 나타났던 것이다. 조동걸이 정리한 1920년대 식민지 한국의 소작쟁의 건수와 참가인원을 정리한 <표6>[13]과 소작쟁의의 원인을 정리한 <표7>을 살펴본다.[14]

12) 김인수, 2017, 「식민지 조선에서의 '소작' 개념의 정치」, 『석당논총』 67집, 동아대학교 석당학술원, 274쪽.
13) 아세아문제연구소 편, 1970, (제2책)『일제하 경제침탈사』(일제하의 한국연구총서 5책, 1970~1971), 민중서관.
14) 조동걸, 1978, 『일제하 한국농민운동사』(오늘의 사상신서8), 한길사.

<표6> 1920년대 식민지 한국 소작쟁의 상황

연도	건수	참가인원	참가인원지수	연도	건수	참가인원	참가인원지수
1922	24	100	100	1927	275	3,973	156
1923	176	356	356	1928	1,590	4,863	191
1924	164	273	273	1929	423	5,319	209
1925	204	157	157	1930	726	13,012	512
1926	198	108	108	1931	667	10,282	404

산미증식계획 이후 식민지지주의 확대에 수반하여 소작쟁의가 격증하게 되었다. 소작쟁의는 1920년 남부 지방에서 소작료의 감액을 요구하는 쟁의에서 시작된 이래 1920년의 15건에서 1923년 176건, 1925년 204건, 1927년 275건으로 증가하였다가 1928년에는 흉작에 기인하여 1,590건으로 격증하였다. 이후 1929년 423건, 1930년 726건으로 평년 수준의 증가 추세였다가 1931년과 1932년에는 농업공황에 의한 소작지 매매의 감소로 667건, 305건으로 감소하였다.

1933년에는 「조선소작조정령」에 따라 소작인의 조정신청이 증가함으로써 1,975건으로 급증하고, 1934년에는 「조선농지령」의 공포와 자연재해로 인해 7,544건으로 급증한 데 이어 1935년에는 「조선농지령」의 시행과 한해·수해로 25,834건으로 폭증하여 1936년 29,975건, 1937년 31,799건으로 절정에 달하였다가 1938년부터 감소하였다. 소작쟁의 발생 건수의 98.8%가 5정보 미만의 토지를 대상으로 발생하였으며, 1933~1936년에 발생한 총 65,328건의 소작쟁의 중 90%가 조선인 소작농과 조선인 지주간의 쟁의였고 10%가 조선인 소작농과 일본인 지주간의 소작쟁의였다.

소작쟁의 참가인원은 1920~1922년에 4,040인에서 2,539인으로 감소하였다가 1923년 9,063인으로 급증한 뒤 감소로 전환되어 1926년 2,745인까지 감소하였으나 1927년 이후 증가 추세로 반전되어 1930년 13,012인에 달하였다가 1932년 4,687인으로 다시 감소하였으나 1933 ~1937년에 10,337인에서 77,515인으로 급증하여 최고조에 달한 뒤 1938년부터 감소하기 시작하였다. 그러나 소작쟁의 1건당 참가인원은 1920년의 269인에서 1923년 52인, 1926년 14인, 1928년 3인으로 급격히 줄어들었다가 1929~1932년에 15인 내외로 약간 증가한 뒤 1933년에는 5인, 1934년 이후에는 내내 2~3명 이하였다. 1933년 이후 소작쟁의 발생 건수와 참가인원이 증가한 반면 1건당 참가인원이 격감한 것은 「조선소작조정령」과 「조선농지령」에 의해 소작쟁의가 대중적, 집단적 투쟁에서 개인적·법률적 투쟁으로 변질되고, 사회주의·민족주의 운동의 성격이 약화되었음을 의미한다.

소작쟁의의 발생 원인은 주로 소작권 이동 문제였다. 1927~1939년에 발생한 소작쟁의 140,159건 중 112,200건(80.1%)이 소작권 이동을 원인으로 발생한 쟁의였으며, 25,346건(18.1%)이 소작료 문제로 발생한 쟁의였다. 소작료 관련 문제 중에서는 48%가 소작료 일시 감면에 관한 쟁의, 19%는 소작료 체납, 11%는 소작료 인하를 둘러싸고 쟁의가 발생하였으며, 그 외에 소작료 결정방법의 변경과 관련해서도 쟁의가 발생하였다. 소작권 관련 쟁의는 1933년 이후 급증하였으며, 소작료에 관한 쟁의는 일반적으로 1934년 이후 급증하였다. 그 외 소작료의 일시적 감면에 관한 쟁의는 흉작이었던 1928년과 1934~1937년 및 1939년에 많았다.

<표7> 1920년대 식민지 한국 소작쟁의 원인

쟁 의 원 인	건 수	구 성 비
소작 취소 또는 소작권 관계	2,315	51.0%
흉 작	652	14.4%
소작료 대납	312	6.9%
소작료 증징	211	4.6%
소작료 고율	582	12.9%
공조. 공과 및 비료대의 부담관계	129	2.8%
소작료 결정관계	43	0.9%
두세 . 장세 등 특종 부담관계	10	0.2%
소작료 운반비관계. 무상노동	27	0.6%
소작료 불통일 . 소작지 개간비	29	0.7%
수지불상 및 생활곤란	80	1.7%
소작료 품질관계 . 부정양정	47	1.4%
기 타	87	1.9%
계	4,524	100.0%

위의 <표7>에서 알 수 있듯이 1920년대의 소작쟁의를 원인별로 분석하면 첫째가 소작권 취소, 둘째가 소작료 감액요구, 셋째가 지조와 공과금의 지주부담 요구임을 알 수 있다.[15] 전체적으로 보아 소작민이 지주에게 부담하는 부담액, 부담수준에 관련된 것이라고 할 수 있다. 특히 소작료와 관련된 부담이 매우 무거웠다. 소작료의 크기뿐만 아니라 소작료 납부 방법, 현물의 운반비 및 포장비 등의 부수적 지출이 매우 무거운 것이었다. 또한 비료대, 종자대, 수리 조합비, 그 밖에 마름의 보수와 향응 접대비 등도 소작인이 부담하였다. 이러한 부수적인 부담을 포함하는 실제상의 소작료는 서류상의 소작료에 비해 훨씬 높은 것이었고, 이 때문

---

15) 조동걸, 1978, 앞의 책, 한길사.

에 소작인들이 소작료의 감액을 요구하는 소작쟁의을 일으킨 것이었다.

소작쟁의의 수단으로서 1920~1926년에는 단체적 쟁의가 많았으나 그 후 감소하여 1933년 이후에는 소작 관계 법률이 정비됨으로써 쟁의 건수는 급증하였지만 단체적 쟁의는 감소하였다. 또한 소작쟁의가 발발하면 소작인은 개인적으로 또는 대표를 뽑아 지주 측에 구두로 요구하는 것이 통례였으나 1930년대 후반에는 내용증명 우편으로 요구하는 일도 있었으며, 요구가 받아들여지지 않으면 관헌에 조정을 신청하거나 하였다. 1933년 이후에는 「소작조정령」에 의한 조정신청을 하는 경우가 늘었다.

소작쟁의는 대부분 발생 연도 내에 해결되고 미해결 건수는 극소수에 지나지 않았으나 해결 유형을 시기별로 보면 1920~1932년에는 매년 소작인 요구의 '일부 관철타협'이 가장 많고 '전부 관철'이 두 번째로 많았음에 비해 1933년부터는 '전부 관철'이 가장 많고 '일부 관철'이 두 번째로 많게 되었다. 1920~1939년에 발생한 소작쟁의의 해결 유형별 비율을 보면 소작인 요구의 '전부 관철'이 57.1%, '일부 관철'이 24.8%, '철회' 10.4%, '자연소멸' 4.3%, '미해결' 3.3% 등의 순이었다.

테라우치寺內正毅 총독은 1912년 1월 훈시에서 소작 문제에 대해 정부의 조정 및 소작에 관한 법령의 필요성을 언급하면서 소작관행 조사 등을 지시하였다. 그 후 1920년에 소작쟁의가 발생하자 총독부는 1921년 5월부터 6개월간 소작관행을 조사하는 한편 소작제도를 법령으로 제정하고자 하였으나 실제로 실현되지는 않았다. 이어 1924년 각 도 농무과장 회의에서 제시된 대책에 따라 일제는 소작쟁의에 대해 행정관헌이 조정하고, 이에 응하지 않으면 경찰을 동원하여 탄압하는 방식으로 대처하였다. 그럼에도 소작쟁의가 계속 발생하자 총독부는 1927년 농무과에 소작제도관행조사 주임관을 배치하고 5년 계획으로 소작관행조사에 착수하여 1931년에 이를 완료하였다.

총독부는 앞서 1928년 2월 '임시소작조사위원회'를 설치하여 소작문제에 대한 대책을 답신하도록 한 다음, 이를 토대로 동년 7월에는 정무총감 통첩 「소작관행 개선에 관한 건」을 각 도지사에게 하달하여 각 지방 실정에 따라 개선책을 강구하도록 하였으며, 1929년 9월에는 「조선총독부 지방관 관제」를 개정하여 전남, 전북, 경남, 경북, 황해의 5도에 소작관 5명과 소작관보 2명을 설치하였다. 그 후 1932년에 곡가 하락으로 인한 소작료 및 제부담의 경감을 요구하는 집단쟁의가 격증하는 한편 일부 지주 사이에 소작쟁의 방지 수단으로 위탁경작제도가 행해지게 되자 총독부는 1932년 12월 「조선소작조정령」을 제정하여 1933년 2월부터 시행하고, 부·군·도소작위원회를 설치하여 소작쟁의 조정 및 소작관계의 판정을 맡게 하였다. 1933년 이후 소작쟁의 건수가 급증하였음에도 단체쟁의가 줄어든 것은 이 법령 덕분이었다. 그러나 「소작조정령」은 지주·마름·소작인 등 이해관계자의 권리와 의무 및 상호 관계 등을 규제하는 내용은 들어 있지 않았기 때문에 소작쟁의의 원인을 해소할 수 있는 근본적인 법령이라고는 할 수 없었다. 이리하여 조선총독부는 지주층의 조직적인 반대운동에도 불구하고 1934년 4월 본격적인 소작법령인 「조선농지령」과 「조선부군도소작위원회관제朝鮮府郡島小作委員會官制」를 공포하였다.

이상에서 살핀 바와 같이 소작농민들이 일으킨 소작쟁의는 일본의 식민지 한국에 대한 농업식민책의 실행과 그에 따른 식민지주제의 착취에 대한 소작농민층의 저항이었다고 볼 수 있다. 일제강점기 소작농은 소작계약이라는 문서행위에 의해 소작이라는 경제활동을 하게 되었지만,

그것은 앞서 지적한 바와 같이 조선 후기 이래 대한제국기까지 소작농민의 토지에 대한 지배력의 강화, 이른바 경작권의 물권화를 일체 부인하는 것이었다. 소작농민의 경작권 상실과정은 일본식민권력에 의해서 처음으로 자행된 것이 아니라 이미 대한제국기의 둔토屯土 관련 정책 시행, 광무사검, 광무양전 과정에서 이루어진 것이었다.

2. 식민지 근대 농업체제의 성격

1920년대 산미증식계획이 실시되면서 식민지 한국의 농업은 식민지 근대 농업체제의 구조 속에서 농업생산의 일선에서 지배적인 권력으로 농업경영을 주도하는 일본인, 조선인 식민지 지주와 농업회사, 그리고 식민농정을 입안하고 추진하는 식민농정당국인 조선총독부, 이러한 권력 주체를 중심으로 전개되었다. 여기에 한국인 소작농민의 소작쟁의와 같은 사건도 발생하였다. 조선총독부의 식민농정책 가운데 특히 1920년대의 산미증식계획은 앞선 조선 후기 근세 농업체제의 변동양상과 개항기 이후 대한제국기까지 정립해 온 근대 농업체제의 정립 과정을 크게 제약하고, 드디어 한국 식민지의 농정을 식민지 근대 농업체제로 구축시킨 주요한 요인이었다. 또한 산미증식계획은 1930년대 이후 한국 농정의 큰 틀을 규정하였고, 동시에 식민지 근대 농업체제의 골격 자체였다. 따라서 해방 이후 한국 농업의 역사적 전개에도 커다란 영향을 미치고 있다고 생각된다. 여기에서는 산미증식계획을 중심으로 식민지 근대 농업체제의 성격 몇 가지를 규명할 것이다.

1920년대 조선총독부의 산미증식계획은 식민지 한국의 식민농정을 수행하는 목적으로 설정하고 있던 일본 자본주의 발달에 필요한 식량·

원료 공급을 보다 원활하게 진행하려는 의지에서 나온 것이었다. 그렇기 때문에 일면에서는 외형적인 성과를 보인 부분도 있었지만, 여러 가지 측면에서 한국의 농업과 농민에 부정적인 영향을 끼쳤다. 일제는 본국의 식량부족 문제를 해결하기 위하여 식민지 조선에서 1920년부터 1945년까지 기간에 4차에 걸쳐 미곡증산계획을 수립하고 시행하였다. 그 결과 관개설비의 혜택을 받는 논이 증가하고, 벼 우량품종의 재배가 확대되고, 소수의 품종으로 통일되었으며, 비료사용량이 증대되었고, 이에 따라 미곡 생산량 및 이출량이 급증하였다.

조선총독부의 산미증식계획은 보조금이나 그 외에 다른 방법을 통해서 경지개량이나 수리조합 등을 만들어 이를 통해 미곡을 증산하는 데 상당한 지원을 해주고 있었다. 그렇지만 그러한 지원이 식민지 지주, 농업회사를 중심으로 이루어지고, 자영농이나 소작농은 수리조합의 수세, 조합비 등의 부담을 짊어져야 했고, 나아가 토지에서 더욱 유리되는 상황으로 피동적으로 밀려가고 있었다. 이러한 여러 사정을 고려할 때 산미증식계획, 미곡증산책의 성과보다 폐해 한국의 농업, 농촌에 구조적으로 자리잡게 된 것이라고 보인다.

산미증식계획의 폐해는 식민지 조선의 농업생산을 미곡단작농업으로 고착시키고, 식민지 지주제가 굳건하게 자리잡게 하였으며, 이에 따라 소작쟁의가 광범위하게 발생하였고, 농가경제의 피폐 등의 구조적인 문제를 고착시킨 점 등으로 요약 정리할 수 있다. 다시 말해서 한국농업에 미작단일화를 가속화시켰고, 농촌에서의 식민지지주경영 강화에 따른 농민층 분해를 촉진시켰으며 그리하여 농촌에서 유리된 노동자의 양산을 초래하였고, 농민의 생활수준을 극도로 저하시켰다.

이 가운데 미곡 단작으로 작물생산이 단순화된 것은 해방 이후에도 점점 그 정도가 심화되었다. 그리고 식민지 지주제의 강화에 따른 지주와 소작인 사이의 대립 갈등은 1949년 농지개혁법의 실시에 의해 법제적으로 형식적으로나마 해결되었다. 농가경제의 피폐 문제는 해방 이후 특히 1960년대 이후 산업화가 진전되면서 농촌인구가 급격하게 감소하였고, 농촌마을의 노령화가 심화되면서 이미 일반적이고 보편적인 현상이 되었다. 다만 농가소득의 부익부빈익빈이 가중되는 현상이 추가되었을 뿐이다.

이와 같이 간략하게 요약 정리한 것을 상세하게 다시 살펴본다. 산미증식계획의 실시는 조선 후기의 근세 농업체제를 개항 이후 조선왕조와 대한제국이 근대 농업체제로 변화시키려는 노력을 끝내 수포水泡로 만들어버린 최종적이고 불가역적인 사건이었다. 단순히 근대적인 농업체제에서 식민지성이 추가된 그러한 성격을 부여한 것이 아니라 한국농업의 전통적인 흐름을 왜곡시킨 것이었다는 점에 산미증식계획 이후 식민지 한국에서 전개된 '식민지 근대 농업체제'의 성격을 다방면에서 깊이 살펴보는 것이 필요하다.

먼저 식민지 근대 농업체제의 폐해, 일제의 식민지 한국에 대한 식민농정의 모순을 정리할 때 가장 먼저 지목해야 될 점은 한국의 농업을 '미곡단작농업'으로 고착화했다는 점이다. 조선총독부가 실시한 식민농정책의 주된 기조는 미곡증산을 추구하는 것이었다. 그리고 미곡단작농업이라는 농업생산구조를 한국의 전지역에 강제하면서, 미곡단작화에 의해 밭농업이 위축되었고, 이에 따라 전통적인 다양하고 지역적으로 특색 있었던 한전농법旱田農法이 쇠퇴하였다.

일제는 산미증식계획을 통해 미곡의 증산과 이출 증대를 추진함으로써 조선의 농업 생산구조를 미곡단작형 상업적 농업으로 변모시켰다.

논 면적이 1920년의 1,547,804정보에서 1934년의 1,692,733정보로 144,929정보(9.4%)가 증가한 반면, 밭 면적은 2,819,610정보에서 2,812,748정보로 6,812정보(0.2%)가 줄었다.

작물의 재배 면적 추이를 보면, 미곡과 맥류 및 무·배추는 1940년까지 계속 증가 추세였음에 반해 두류·잡곡·서류 등은 감소 추세로 전환되었다. 개별 농가의 작물별 수입 면에서 남부 지방의 경우 미곡 수입의 비중이 1910년의 37.5%에서 1935년에 70.3%로 증가하면서 맥류·두류의 비중이 감소하였고, 서·북부 지방의 경우 미곡 수입의 비중이 32.9%에서 79.3%로 급증한 반면 잡곡과 두류의 비중이 크게 줄었다. 산미증식계획을 통한 미곡 생산의 증대와 그에 따른 미곡 단작화에 의해 밭 농업이 위축되고 전통적 한전농법旱田農法이 쇠퇴하였던 것이다. 이와 같은 작물 생산방식이 바로 일본의 식민지 한국에 대한 식민농정책에서 유래한 식민지근대 농업체제의 기반이라고 규정할 수 있다.

미곡 단작경영은 토지·자본·노동을 특정 작물(미곡)에 집중 배분함으로써 생산기술 생산성 향상과 판매 경영 효율의 증대 및 경영규모 확대를 꾀할 수 있다는 장점이 있는 반면, 특정 작물의 풍흉과 가격 변동에 의한 위험이 커지며 인력 축력 기계 토지 등의 생산요소를 연간 규칙적으로 또 충분히 사용할 수 없게 된다는 단점이 있었다. 특히 일제의 식민농정이 펼쳐지던 시기에는 관개시설, 교통수단, 저장시설 등이 상대적으로 부족하였고, 이에 따라 미곡생산이 극히 불안정하고 판매 조정이 어려웠으며, 더욱이 지주적 토지 소유와 고율소작료가 지배적이었기 때문에 미곡 단작농업은 지주에게는 유리하고 소작농에게는 극히 불리하였다.

또한 미곡 단작 중심의 농업생산은 조선, 그리고 대한제국에 이르는 시기의 근세 농업체제의 전개 과정, 조선(한국)의 근대 농업체제의 성립 형성 과정에서는 찾기 어려운 것이었다. 조선에서 한국에 이르는 농업 체제에서는 농업생산의 경우 기본적으로 벼농사와 밭농사를 병행하고 여기에 일부 상품작물로 약재, 채소 등을 재배하는 생산방식을 팔도 전 지역의 각 농가에서 공통적으로 실행하고 있었다. 논밭 병행영농이 중부지역을 중심으로 한반도 거의 전 영역에 광범위하게 펼쳐져 있었다고 평가할 수 있다.[16]

이와 같이 논농사와 밭농사를 병행하면서도, 각 지역별로 작물선택의 차이, 그리고 각 작물별 품종선택의 특색, 각 작물의 경작시기의 선후 차이, 농기구와 수리시설의 지역적 특색 등을 감안한다면 오히려 농법의 지역성, 지역농법이라는 특징으로 근세 농업체제를 규정하는 것이 적당할 것이다. 그리고 논밭 병행영농, 지역농법이라는 근세 농업체제의 성격은 여러 가지로 변동을 겪으면서도 고종대, 대한제국 시기의 근대 농업체제의 형성 과정에서도 지속적으로 유지되고 있었다.

논농사와 밭농사의 병행, 그리고 복잡한 밭 이모작 농법이라는 논밭 병행영농이라는 개념은 조선 후기 18세기 무렵에 형상화시킬 수 있는 조선 각 지역의 기후, 토질 등 농업환경 속에서 기경, 제초, 농력農曆 등 농법의 주요한 특색에 기댄 '지역농법'이라는 개념과 더불어 근세 농업 체제를 규정하는 특징이라고 할 수 있다.

조선 근세 농업체제의 특색 가운데 가장 중요한 것이 지역농법의 전개라고 강조하고자 한다. 근세 농업체제의 지역농법이란 각 지역의 농업환경의 차이, 각 지역별 농작업 시기의 특색, 각 지역의 농사관행의 특수성 등을 종합적으로 엮어서 설정할 수 있는 개념이라고 할 수 있다.[17]

---

16) 안승택, 2009,『식민지조선의 근대농법과 재래농법-환경과 기술의 역사인류학』
역사문화연구총서 9, 신구문화사, 356쪽.

이미 매우 오랜 농경생활 속에서 정립된 특별한 지방地方마다 독특한 성격을 갖고 있는 농법이고, 그러한 지역농법이 총체적으로 구성되는 농업생산방식이 근세농업체제의 특징이라고 설명할 수 있다. 그리고 18세기 후반은 지역농법이 정립되거나 수립된 시기는 아니지만 그것을 단면으로 접근할 수 있는 시기라고 생각하고 있다.

또한 조선 근세 농업체제에서 조선의 특유한 농업생산방식으로 지목하였던 '논밭병행영농', '벼농사와 밭농사의 병행', 그리고 그러한 기조를 바탕으로 각 지역의 생산조건(기후, 토질)에 따라 관행적으로 축적된 '지역농법', '지역적 농법'은 일본 식민농정이 산미증식계획을 통해 확고하게 강요한 미곡 단작 중심의 개량농법과 크게 결을 달리하는 것이었다.

또한 일본이 무력을 동원하여 강요한 개량농법에 의거한 미곡 단작농업은 조선의 근세 농업체제에서 논농사에 적용하던 다양한 경종법耕種法을 정조식 이앙법으로 단일화시키고, 밭농사에서 여러 작물의 이어짓기(윤작), 섞어짓기(혼작), 사이짓기(간작) 등 다양한 이모작 농법을 구사하여 일견 복잡해 보이지만 농민들에게 손에 익은 그러한 다채로운 한국 농법의 발전을 폄하하고 왜곡하여 나아가 말살한 것이었다.

이와 더불어 19세기 후반에서 20세기 초반에 걸쳐 한국의 전통적인 이른바 '재래농법'이 서양의 실험농학의 성과로 정리된 '근대적 농법'과 접합하고 융합하여 새로운 한국적 농법으로 발전할 수 있는 가능성이

---

17) 염정섭, 2002, 『조선시대 농법 발달 연구』, 태학사, 399~416쪽. 18세기 후반에 찾아볼 수 있는 농법農法의 지역적 차이는 대지역大地域 구분인 각도各道의 차원에서 뿐만 아니라 군현郡縣이라는 더 작은 소지역 단위의 수준에서도 나타나고 있었다. 대표적인 것으로 정조正祖에게 응지농서를 올린 유종섭劉宗燮이 자신이 거주하던 화성華城지역에서 수전水田 경종법이 면면 차원에서도 차이가 있다고 주장한 것을 들 수 있다. 평자는 지역농법의 개념에서 농법의 구체성을 계속 파헤칠 때 도달하는 지점이 마을, 그리고 농지, 노농老農일 수밖에 없을 것으로 생각하고 있다.

현재화되고 있었다. 안종수 등 서양 농법을 소개하는 농서를 편찬한 인물들은 서양 농법을 조선의 기존 농법과 융합시키는 방법을 이론적으로 제시하고 있었다. 이와 같이 조선(한국)의 근대 농업체제에서 조선 농법과 서양 농법의 새로운 융합을 성취할 수 있던 현실적 가능성이 일본 식민 권력에 의해 식민지 근대 농업체제가 정립되면서 무산되고 말았다.

식민지 근대 농업체제의 두 번째 특징은 식민지 지주의 농업경영에서 찾아볼 수 있다고 생각된다. 식민지 지주제의 형성과 소작쟁의 발생은 식민지 근대 농업체제의 전형적인 모순관계를 보여주는 것이라고 볼 수 있다. 1919년에 소작지 비율이 전 농지의 50.2%였으며, 특히 논의 소작지 비율은 64.5%에 달하였으므로 지주제는 그 전에 이미 형성되어 있었으나 산미증식계획 이후 미곡 상품화가 진전되고 지주의 소작인에 대한 수탈이 강화됨으로써 지주제가 더욱 확대되는 한편 소작쟁의도 이에 따라 더욱 격화되었다.[18]

식민지 지주제가 자리를 잡아 확대되면서 소작지 면적이 크게 증가하였다. 1920년의 220만 정보에서 1927년 230만 정보, 1934년 254만 정보로 계속 증가함으로써 전체 농지에서 차지하는 비율도 50.8%에서 52.5%, 57.4%로 증가하였다. 소작지 비율은 전시기에 걸쳐 지목별로 밭보다는 논, 지역별로 북부지역보다 남부지역에서 높았으며, 조선인 소유지보다 일본인 소유지에서 높았다.

그리고 산미증식계획 초기에는 지주가 증가하고 자작농이 감소하였는데, 1928년부터 지주가 감소 추세로 바뀌었고, 1932년부터 자소작농

---

18) 일제강점기 지주, 소작관계에 대한 서술은 다음 논문을 참고하였다. 소순열, 2003, 「일제하 지주 소작 관계」, 『한국 농업구조의 변화와 발전-한국 농업 농촌100년사 논문집 제1집』, 한국농촌경제연구원.

이 급감하고 소작농과 화전민이 급증하였다. 그리고 조선인 대지주 숫자는 1925년경까지 급증하였다가 감소 추세로 반전된 데 반해 일본인 대지주 숫자는 전시기에 걸쳐 증가하는 추세였다.

이와 같이 식민지 지주제가 형성되어 고착화되면서 지주와 소작인 사이의 형식적인 문서계약에 의한 소작관계가 형성되었지만, 지대 수취관계는 소작인에게 극히 불리하게 마련되어 있었다. 결국 일본 식민권력에 의해서 조선(한국)의 경작농민이 향유하고 있던 경작권의 권능이 약화되어 결국 형해화되는 대표적인 사례로 앞서 살펴본 조선 후기에 전라도 지역에서 성행하였던 화리花利, 화리禾利라는 이름의 도지권賭地權[19]은 1920년대 식민지 한국에서는 찾아볼 수 없는 것이 되고 말았다.

조선 후기 이래로 조선(한국)의 농민들이 토지에 대하여 증대시켜온 경작권, 소작권 등 농민적 권리들이 분명하게 존재하고 있었다. 그런데 이러한 농민적 토지지배권들은 대한제국시기의 광무사검, 광무양전, 그리고 토지조사사업 등의 근대적 농업체제를 구축하는 과정 속에서 점차 사라져 버렸다. 그리고 그러한 농민적 토지지배력의 상실은 대한제국의 주권상실, 한국의 일본 식민지화와 더불어 마무리되어 나갔기 때문에 더욱 과격하고 강제적이며 복원 불가능한 것이 되고 말았다.

이렇게 살펴볼 때 조선(한국) 농민들이 토지에 대해서 갖고 있던 제반 권리가 조선 근세 농업체제가 1880년대 이후 변화 과정을 겪으면서 근대 농업체제의 형성 단계를 거치고, 1905년 이후 식민지 근대 농업체제로 변동하는 단계적이고 점진적이며 급격한 변화 과정 속에서 역사적이고 현실적으로 상실되어 나간 것으로 정리할 수 있을 것이다.

---

19) 화리花利는 조선총독부에서 조사한 전라도 전주全州에서 찾아볼 수 있는 소작관행의 하나로 전해지고 있었다. 조선총독부, 『소작관행조사』, 전주 화리.

세 번째로 식민지 근대 농업체제의 특징은 식민 농정책의 결과로 실질적인 농가경제의 피폐가 갈수록 심화되었다는 점이다. 산미증식계획에 의해 농업생산과 농업기술은 향상되었지만 농가경제는 갈수록 피폐해졌음을 여러 측면에서 확인할 수 있다. 또한 근세 농업체제와 근대 농업체제에서 농업생산이 제대로 성취되지 못하였을 때 당연하게 실시하였던 흉년 극복 시책이 구황救荒과 기민 구제救濟가 식민지 근대 농업체제에서는 제대로 궤도에도 올라가지 못하고 있으나 마나할 정도로 전락해 버렸다. 이에 따라 농가경제의 곤란함을 제대로 타개책을 찾아내지 못하고 극빈의 처지에서 계속 세대의 악순환이 나타나게 되었다.

농가경제의 수지 적자가 전 계층에 확산되어 나타났다. 1930년대에 이르게 되면 농가의 수지 적자는 자작농을 망라한 전 계층으로 확산되었다. 또한 농가부채가 자작농, 소작농을 가리지 않고 모두 증대하였다. 농가부채의 원인은 자작농의 경우 생산과 관련된 것이 많았고, 소작농은 생산과 관련 없는 생활상의 필요에 의한 부채가 많았다. 특히 식량 부족이 농가부채의 첫째 원인이었는데, 이는 농업생산으로 지주에 대한 지대 납부, 수세를 비롯한 각종 부세 납부 등을 완료한 나머지로는 자급자족조차 매우 곤란한 상황이었다는 점을 알려준다.

1인당 양곡 소비량이 매우 감소하였고, 더불어 미곡소비도 매우 희소한 일이 되어버렸다. 농가 1인당 전체 양곡 소비량이 줄어들면서 특히 영세 소작농 계층의 식량 사정은 참혹한 처지에 떨어져 있었다. 이에 따라 농가의 국내 전업 및 해외 이주가 증가하였다. 일본이나 만주와 시베리아 지역으로 이주하는 농민이 증가하였고, 만주지역에 거주하는 조선인의 수는 1938년에 100만을 넘어섰고, 재일 조선인의 수는 1938년에는 80만에 달하였으며, 러시아에 거주하는 조선인도 1935년에 30만 정도에 이르렀다.

일제강점기 특히 1930년대 식민지 한국의 농가경제의 피폐함은 농업
생산이 자연적인 재해로 말미암아 흉년이 일상적으로 발생하였기 때문
에 나타난 것이 아니었다. 한국 농가경제의 피폐함은 일제의 식민농정
책의 결과물이고 식민지 지주제로 말미암아 초래된 것이었다. 조선 근
세 농업체제에서 조정과 국왕이 수행하는 권농이나 감농과 비견할 수
있는 농정을 식민지 한국에서 조선총독부의 강압적인 성격의 농사지도
등이 실행된 것으로 볼 여지가 있다.

하지만 앞서 지적한 대로 흉년이 닥쳤을 때 조선 정부가 명분상으로
는 있는 힘을 다 끌어모아 실시했던 황정荒政에 해당하는 조처를 조선
총독부의 식민농정에서는 찾아볼 수 없었다. 조선왕조의 황정[20]이란 어
느 한해의 농업생산이 가뭄과 홍수 등의 재해로 말미암아 소기의 성과
를 거두지 못하게 되었을 때, 재해를 최소화하려는 노력을 기울이고, 재
해를 입은 농지를 파악하여 농간이 없게 하며, 회생할 수 있는 대책을 수
립하여 추진하는 정책적인 과정을 가리키는 것이었다.[21]

1920년대 후반에서 1930년대 초반에 조선총독부가 실시한 사회사업
정책은 '농촌사회문제'에 대한 대응을 근간으로 하였는데, 잉여 노동문
제로 인한 실업문제에 대한 대응으로 직업소개사업을 실시하였고, 촌락
안정화를 목적으로 소농에 대한 '소액생산자금대부사업'을 실시하였다.
조선총독부는 1920년대 후반에 행정적 지배를 강화하였으며 이에 따라
사회교화사업인 지방개량이 모범부락사업을 통하여 확대되었다.

---

20) 鄭亨芝, 1993,「朝鮮後期 賑恤政策 硏究-18世紀를 중심으로」, 梨花女大 大學院 사
   학과 박사학위논문.
21) 조선 근세 농업체제에서 실시된 황정荒政에 대해서는 본서 '제1부 조선 후기 근세
   농업체제의 변동',「2장 농정책의 마련과 실시」에 정리되어 있다.

그리고 조선총독부는 빈곤문제를 정신의 문제로 파악하고 사회교화를 강화하였다. 농촌사회사업은 농촌진흥운동과 교집합 관계에 있었으며 소농에게 '근면윤리'를 보급하고 촌락의 상호부조를 강조하였다. 폭증하는 빈민에 대하여 조선총독부는 동포애, 사회연대, 인보상조 등을 강조하면서 조선인 자산가들의 참여를 촉구하였다. 걸인·부랑자수용 시설 설립에 있어 지역 자산가들의 참여가 나타났으며 이로써 '관민협력'의 사회사업시설이 등장하였다.[22]

이와 같이 조선총독부의 사회사업은 농민들의 나태함을 전제로 삼고 정신교육, 부랑자 수용 등으로 노동력을 확보하는 성격이 강한 것이었다. 농민들이 최소한의 재생산을 해나갈 수 있도록 구제救濟하는 성격의 조선의 황정과 크게 다른 것이었다. 조선총독부의 사회사업은 비록 농정 자체는 아니지만 결과적으로 식민농정의 특색이 제대로 드러나는 부문이라고 할 수 있다.

이상에서 살펴본 것처럼 일제가 조선총독부와 동양척식회사 등 농업회사, 일본 식민지 지주 등을 동원하여 식민지 한국에 구축하려고 한 '식민지 근대 농업체제'는 기본적으로 국가적인 차원에서 재배품종이나 곡물 등을 권장하는 등 농업생산에 대한 직접적인 개입을 바탕으로 삼고 있다. 그리고 일본 개량농법으로 포장된 농업기술에서의 선진적인 농업기술, 즉 서양의 실험농학에서 유래하고 일본식의 개선작업을 거친 새로운 농업기술의 도입 강제 실행 등도 포함할 수 있다.

또한 문서계약에 의해 근대적인 계약관계에 의거한 식민지 지주, 농업회사의 합리적인 농업경영 지향도 식민지근대 농업체제의 한 측면으

---

22) 예지숙, 2017, 「조선총독부 사회사업정책의 전개와 성격1910년~1936년」, 서울대학교 국사학과 박사학위논문.

로 지목할 수 있다. 앞에서 정리한 것을 인정한다면 이러한 식민지 근대 농업체제는 1920년대 산미증식계획의 실시와 더불어 그 진면목을 온전히 드러낸 것으로 평가할 수 있을 것이다. 식민지지주제를 바탕으로 쌀 중심의 증산정책을 추진한 것은 단적인 모습이라고 할 것이다.

1930년대 이후에는 세계대공황으로 촉발된 일본제국주의의 전면적 위기 상황 속에 조선 농촌사회에서 식민지 지주제의 모순이 심화되었고 그에 저항하는 계급운동이 민족해방운동으로 발전하면서 식민지배 자체를 위협하는 수준에 이르렀다. 총독부는 생산 위주의 농업정책을 생산 및 유통의 조절, 생산관계 조정을 통해 식민지배 체제의 안정을 꾀하는 방향으로 전환하였고, 중일전쟁 이후 전시체제기 농업통제정책이 실시되었다.[23]

1905년 이후 일본 제국주의의 식민지 한국에 대한 식민정책에서 농업과 농촌·농민문제는 핵심적 사안이었으며, 식민농정은 식민지배의 성격을 규명하는 데 중요한 부문이라 할 수 있다. 식민정책은 고정된 것이 아니라 일본자본주의제국주의 발전 단계에 따라 변화해 간 것이었다. 식민지 한국에서 조선총독부에 의해 구축된 근대 농업체제는 기본적으로 식민지 국가권력에 의해 타율적으로 이루어진 것이었다.

이러한 점에서 20세기 초반 식민지 근대 농업체제의 구축은 한국의 국체와 주권 아래에서 자발적으로 또는 자연적으로 이루어진 것이 아니었다. 또한 한국의 대지주, 중소지주, 자영농, 소빈농 사이에서 경제적인 권력관계의 변화, 또는 국가의 지배체제의 변동에 따른 농업정책의 변동, 지향의 변화에 의한 농업환경의 새로운 전개 등에 의해서 근세 농업

23) 이송순, 2008, 「일제하 식민농정과 조선 농업, 농민 연구의 현황과 과제」, 『쌀삶문명연구』 창간호, 전북대 쌀삶문명연구원, 114쪽.

체제에서 근대 농업체제로의 전환이 이루어진 것도 아니었다.

근대적인 토지 소유관계에 의거한 투입-비용-수익 등으로 이어지는 경제적 수익 창출 공식만으로, 즉 경제적인 이해관계만으로 식민지 근대 농업체제를 규정하는 것은 매우 부당한 설명이라고 생각된다. 이와 더불어 농업 생산과정의 각 단계, 각 시기에 이루어지는 모든 의사결정 과정에서 경제적인 절대이윤 추구라는 변수만 작용하는 것으로 근대 농업체제의 여러 내용을 규정하는 것 또한 일면적이라고 할 수 있다.

결론적으로 한국의 자영농민, 지주, 소작인이라는 농업생산 과정에 참여하는 여러 계급 사이의 대립, 투쟁, 합의의 과정 자체가 기본적인 운영 요소로 작용하지 않는 근대 농업체제가 바로 식민지 근대 농업체제였다. 무엇보다도 한국의 식민지 근대 농업체제는 일차적으로 일본 식민권력의 농업정책에 기반하여 구성된 것이었다. 위에서 정리한 바와 같이 일본이 한국에서 구축한 식민지 근대 농업체제의 성격은 바로 1920년대 산미증식계획에서 가장 전형적으로 드러났다. 그리고 산미증식계획이라는 미곡증산에만 매몰된 총독부의 정책 지향과 실행은 한국의 농업과 농촌에 커다란 구조적 문제와 폐해를 남겨놓았다.

결론

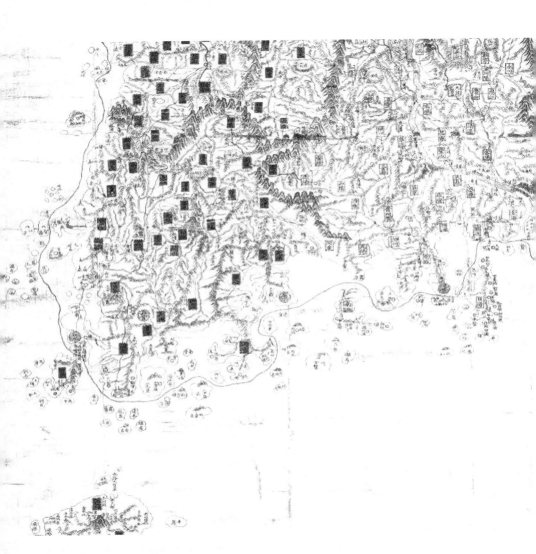

본서는 18세기 중반부터 20세기 초반까지 한국 사회의 경제적 토대를 구성하고 있던 농업 생산의 역사적 흐름과 성격을 규명하기 위하여 농업체제의 역사적 전개 과정을 분석, 검토, 정리한 연구작업의 성과이다. 조선 후기 근세 농업체제의 성격과 변동에 대한 해명을 바탕으로 삼고, 고종대와 대한제국 시기에 주체적이고 대내외 요인에 따라 나타난 근대적 변화 과정 속에서 근대 농업체제가 형성되는 과정을 정리하고, 20세기 초반에 일본이 한국(조선)을 식민지배하면서 식민지 근대 농업체제로 변동되는 과정을 차례로 검토하였다. 비교적 장기간에 걸친 시간적 연구범위를 설정하고, 농업사의 역사적 전개 과정을 구조적으로 검출하기 위해 '농업체제'라는 도구적 개념을 활용하였고, 이러한 연구 시각을 통해 조선 후기 농업사와 근대 농업사를 새로운 시각으로 재검토하고 재구성하였다. 본문의 내용을 요약하여 결론을 제시하고 나아가 장래의 연구과제를 제시하고자 한다.

조선 후기 근세 농업체제에서 농업기술의 변화와 발달은 농민들의 자체적인 기술개발과 보급을 중심으로 전개되었다. 그리고 국가적인 차원에서 수리시설의 관리, 축조, 수차의 보급 노력 등이 덧붙여지고 있었다.

그리고 조정을 중심으로 마련되고 실제 지방 수령이 직접 담당하는 농정책農政策이 실시되었다. '근세 농업체제'에서 조정에서 국왕과 관리를 중심으로 마련되고 실시된 농정책은 농업생산을 보다 원활하게 수행하기 위해 국가의 총체적인 노력이 집결되는 지점이었다. 19세기 초반 점차 국가의 전답에 대한 부세행정과 농민의 농업생산의 원활한 전개가 맞물리지 않고 서로 틀어지는 상황이 나타나게 되었다. 이른바 삼정의 문란은 조선의 '근세 농업체제'가 맞이하게 된 체제적 위기상황이었다.

17세기 토지 소유권 발달과 양반층 농업생산에 변동이 크게 나타났다. 앞서 16세기 후반에 대토지 소유자들은 대규모 농업경영을 농장적인 요소를 띤 노비제적인 경영에서 병작제로 전환해 나갔다. 그리고 전체적으로 시간이 흐르면서 지대납부방식이 타조법에서 도조법으로 이행되었는데, 도조법으로의 전환은 작인의 농업경영 수익 배분에 조금이나마 도움을 주고 나아가 작인의 소작지 확보에도 영향을 주었다.

조선시대의 소농小農 경영은 소규모 개별적 생산의 성격을 띠고 있었지만, 농지 소유의 영세화 경향 속에서 농민층의 토지상실과 이농離農 등을 초래하고 있었다. 농촌사회에 광범위하게 존재하는 이러한 영세농민은 작인作人, 즉 소작농으로서 다른 사람의 토지를 빌려 병작幷作하거나, 아예 단기적이거나 장기적인 고공雇工이 되어 다른 사람과 특정한 농업노동에 대한 계약을 맺으며 생계를 유지하는 농업 임금노동자가 되었다. 이러한 상황에서 조선왕조에서 지주의 횡포를 견제하는 한편 소농경영을 보장하는 정책이 제대로 실행될 수 없었다.

18세기에서 19세기 중반에 걸치는 시기 여러 인물이 조선의 농업생산을 둘러싸고 나타난 문제를 지적하고, 이를 근거로 농업 문제의 해결 방안으로 농업개혁론農業改革論을 제시하였다. 대체로 이들의 논의는 국가적인 차원에서 농업체제를 재구성해야 한다는 것이 요점이었다. 서유구가 '조선 농사시험장'의 구상을 제시한 것은 개항 이후 조선 정부에서 실행한 농무목축시험장의 설치와 운영, 대한제국에서 시도한 권업모범장의 설치 시도 등으로 이어지는 것이었다.

19세기 후반 근세 농업체제의 위기적 상황이 도래하였지만, 대원군의 농촌 수습책은 왕조체제를 유지하기 위해 방안에 불과하였다. 농촌 지역에서 서원書院 정리와 토호土豪 징치를 수행하고, 전국적으로 암행어사를 파견하였지만 농민항쟁에 대한 본격적인 수습책이라기보다는 간접적인 대책에 불과하였다. 농민층을 근원적으로 보호할 수 있는 전제田制 개혁, 즉 토지 소유관계의 개혁과 같은 개혁책은 실시하지 못하였다.

고종은 즉위 이후에 앞선 선왕들이 실시하였던 권농윤음 반포, 친경 실시 등을 수행하였고, 이외에 신무문 외곽 경복궁 후원을 중심으로 권농공간을 조성하면서 새로운 누각과 전답을 만들었다. 1871년(고종 8)에 친경의례를 실행하였고, 궁궐 후원 지역에 새로운 권농 관련 건물 등을 조성하면서 선왕先王의 권농책을 계승하려고 하였다.

1880년대 이후 고종은 국정 운영기조를 변화시키고 새로운 국정 운영기관, 농업관련 전담 관청을 설치하면서 근대 농업체제를 만들어나가는 데에 힘을 기울이면서도 또한 조선 근세 농업체제의 근간을 이루는 권농책도 계승하고 있었던 이중적인 성격의 조치를 병행하고 있었다. 고종이 재위하던 시기 조선의 농업체제는 조선왕조의 근세 농업체제에서 근대 농업체제로 변화하는 이행기였다고 볼 수 있을 것이다.

조선은 1876년 일본과 수호조약을 체결하면서 본격적인 서양 세력과 접촉을 시작하였다. 그리하여 1880년대 이후 근대 농업체제로의 변화,

근대 농업체제의 형성 과정으로 볼만한 변동이 나타났다. 1882년 편민이국에 관한 내정을 담당한 통리군국사무아문 아래에 농업정책을 관장하는 농상사農商司가 설치되었고, 여기에서 호戶, 농農, 상桑, 다茶를 담당하고, 수시로 아문에서 관리를 파견하여 형편을 살펴보고, 각읍에서도 농상農桑에 대한 상황, 개간開墾, 파종播種 상황을 담당하였다.

농상사를 중심으로 1880년대 근대 농업체제로의 변화를 잘 보여주는 것이 바로 직접적으로 수행된 여러 가지 농업정책이라고 할 수 있다. 농업의 권장, 개간의 장려, 그리고 그러한 농업정책을 구체적인 '규칙'으로 제정하여 반포하는 양상 등이 그것이었다. 그리고 1885년 고종은 통리군국사무아문을 대신하는 성격을 지닌 내무부內務府를 설치하였는데 이때 농무국農務局이 만들어졌다. 농무국은 이전의 농상사가 하던 일을 계승하여 수행하였다. 1880년대 농업정책의 가장 중요한 모습은 과세課稅 토지를 넓히기 위한 토지 개간開墾 정책이었다. 그리고 서구 자본주의 사회에서 성행하는 회사의 개념을 도입함으로써 새로운 농상회사를 설립하게 되었다.

1880년대 근대적 농업체제를 만들기 위한 고종대 조정의 움직임은 청나라와 일본에 시찰단을 파견하여 근대적 변모양상을 파악하고 이를 조선의 국가체제, 농업체제에 반영하려는 것이었다. 그리고 서양 농업기술을 직접 도입하기 위해 왕실 직속의 농사시험장으로 농무목축시험장을 설치하였다. 왕실 직속의 농무목축시험장의 활동 속에서 고종의 농업정책이 서양 농법의 도입이라는 방향으로 나아가는 것이었다.

1894년 갑오개혁 이후 조선 정부는 근대적 지배체제를 구축하면서 조정에서 추진한 농업정책도 그러한 방향으로 전개되었고 본격적인 근대 농업체제의 형성과 정립에 다가서고 있었다. 1894년에 설치된 농상아문農商衙門은 농업분야를 전담하는 아문으로 새롭게 설치되었다. 그리하여 농상農桑으로 대표되는 농업생산의 여러 측면, 생산기술, 환경 개선, 어업, 지질 등 여러 부문을 총괄적으로 중앙정부에서 관장하고 행정을 펼쳐나가겠다는 의지를 보여준 것이었다.

계속해서 1895년의 관제 개편에 따라 농상공부가 설치되었다. 농상공부는 농업뿐만 아니라 상업·공업 및 우체·전신·광산·선박 등에 관한 일을 관장하게 되었다. 이는 조선의 생산 영역 거의 전반을 농상공부에서 관리하게 되었음을 의미하는 것이었다. 또한 궁내부에서도 농사시험장과 관련하여 종목국을 설치하여 운영하였다. 이러한 농업관련 아문 설치와 운영, 그리고 직제는 1905년 일본의 한국통감부와 1910년 일본의 조선총독부에서 그대로 통용되었다. 한국통감부의 식민지화 농업정책, 농업식민책, 그리고 조선총독부의 식민지 농업정책이 모두 농상공부를 집행기관으로 삼아 이루어지고 있었다고 할 수 있다.

한국 식민지화를 실질적으로 수행하기 위해 설치되었던 한국통감부, 그리고 조선총독부에서 수행된 농업정책의 기본적인 성격이 앞선 시기 고종의 농상사 설치, 1894년 이후 농상아문, 1895년 농상공부에서 시행했던 농업정책과 유사한 것이라고 할 수 있다. 그것은 바로 근세적인 농업체제에서 근대적 농업체제로의 변화에 동반된 농업정책을 담당하는 전담 기구의 설치라고 정리할 수 있을 것이다.

1897년 대한제국의 수립 이후 광무정권의 주요한 식산흥업정책殖産興業政策은 재정개혁을 통해 이른바 근대화 사업을 수행하기 위한 재원을 확보하는 문제였다. 이를 위해 양전사업量田事業과 호구조사 등을 실시하였다. 양전量田 지계地契사업은 지세地稅 제도를 개혁하기 위한 기초작업인 동시에 세입歲入의 대부분을 차지하는 지세 수입을 증대시킴으로써 근대화 사업에 필요한 재원을 마련하려는 것이었다.

조선 근세 농업체제의 양전은 토지와 토지 소유권자를 확인하여 양안에 기재함으로써 그 토지의 소유권을 보장해주는 것이기는 하지만, 그 후의 변동에 대해서는 어떠한 규제도 마련하지 못하고 있었다. 광무양전에서는 토지 소유자에게 지계를 발행하는 것을 통하여 토지 소유권을 법인한다는 데에 목표를 둔 것이었다. 이전의 토지 소유관계의 관행을 새로운 사회에 적응될 수 있도록 근대국가의 법제로서 개정하는 것이라는 의미를 갖고 있었다.

1880년대에 서양 농업기술에 주목하여 새롭게 『농정신편』과 『농정촬요』, 그리고 『중맥설』 등이 편찬되었다. 서양 농업기술을 소개하는 1880년대에 편찬된 농서들이 비료肥料의 구성요소에 대한 실험농학의 결과물에 크게 주목하였다. 그런데 시비법의 경우 서양농학기술의 원리만 오롯이 의거한 것이라기보다는 조선의 앞선 시비법을 바탕으로 많은 거름 재료를 활용하는 방법을 바탕으로 삼고 있었다. 서양의 시비법과 조선의 시비법을 종합하고, 나아가 오행五行 원리를 이용하여 실제 활용할 수 있는 상태의 거름으로 처방하는 모습도 보이고 있었다. 또한 서양농업기술의 화학비료를 소개하고 있었지만, 그럼에도 불구하고 시비법에 화학비료의 원리를 적용하는 방식이 곧바로 채택하고 있는 것은 아니었다. 한편 1880년대 고종 재위 시기에 서양농업기술 도입 시도의 한 사례로 찾아볼 수 있는 것이 '공상소工桑所'라는 기관의 설치와 운영이었다.

1905년 이후 1910년까지 일제가 통감부를 통해 한국을 실질적인 식민지로 확보하고 식민지배체제를 정비하였다. 일본 정부가 수립한 「대한방침對韓方針」과 「대한시설강령對韓施設綱領」 속에 한국을 정치 군사적으로는 한국을 보호국화하고 경제적으로는 수탈을 강화하려는 속셈을 분명히 볼 수 있다.

그리고 경제적 수탈의 주요한 대상은 한국의 농업이었고, 일제는 한국을 식량 및 원료 공급지로서의 성격을 강화하면서, 일본의 과잉인구를 한국에 이주시켜 인구문제를 해결하려고 하였다. 이를 위해 한국의 농업사정을 파악할 필요가 있었다. 일본 정부는 조선의 농업, 농지, 농촌 사정에 대한 정세를 파악하기 위해 일본 정부의 관료를 파견하였다. 통감부는 일본 농민의 한국으로의 이주식민정책에 초점을 두고 있었지만, 다른 한편으로 이주식민정책뿐만 아니라 식량 원료의 공급기지화정책을 병행하는 것이 일제의 초기 한국 농업에 대한 식민정책의 기조였다.

한국에서 농업식민책을 수행하기 위해 여러 정책을 펼치면서 토지 소유와 관련된 법제의 정비를 추진하였다. 또한 통감부는 뒤떨어진 조선의 농업 시설과 농업 기구를 개량해야 한다고 하면서 권업모업장(1906년), 원예모범장(1906년), 종묘장(1908년) 등을 설립하고 조선의 품종 개량과 생산력 발달을 모색하였다. 그러나 일본의 농법 개발 보급의 추진은 조선과 한국에 의해 시도되었던 새로운 농법의 개발과 보급이라는 과제를 일본이 왜곡시킨 것이었다.

일제는 1910년 8월 29일을 형식적 조약상의 기점으로 삼아 한국을 강제로 병탄하여 식민지로 강점하고 식민지 지배정책을 마련하여 실시하였다. 일본의 한국 식민지 경영에서 가장 중요한 산업 분야가 바로 농업이었다. 한국에서의 농업생산 중에서도 또한 미곡米穀 즉 쌀이 주된 수탈 대상이었다. 1910년대 일제의 식민지 한국에 대한 식민농업책은 조선총독부의 농상공부를 통해 관철되고 있었다. 그리고 지방통치 체제를 통해 군면 단위로 전달되었다.

조선총독부의 식민농업책은 먼저 1910년부터 실시한 조선토지조사사업을 기반으로 전개되었다. 조선토지조사사업은 통감부 시기의 국유지정리와 역둔토조사사업을 이어받은 것으로 한국의 토지실태를 파악하고 그에 대한 지세를 거두기 위한 것이었다. 조선토지조사사업은 1910년에서 1918년에 걸쳐 민유지를 포함한 모든 토지의 실제를 측량하여 지적도와 토지대장을 작성하고 그 면적과 소유주를 확인함으로써 그들에게 그 소유권을 새로이 인정하며, 지세地稅 부과의 기준을 새로 정하여 근대적인 지세제도를 확립하였다.

　조선토지조사사업 실시 과정에서 안정적인 식민지 지배 기반을 구축하기 위해 일제는 지주 우대정책을 폈다. 기존 지주층의 기득권을 인정한 위에 소작지에 발생한 소작인의 채권적 권리인 도지권賭地權을 부정하여 지주의 토지 소유권을 강화해 준 것이었다. 토지조사사업이 오늘날의 소유권과 유사한 일물일권적 소유권을 기초로 한 조선의 토지귀속관계를 그대로 확인했다는 점에서 과거와의 '단절'이라기보다는 '연속'으로서의 측면을 갖고 있었다. 하지만 대한제국이 추진했던 양전지계사업이 더 진전된 모습으로 전개될 가능성이 일본의 한국식민지화에 의해, 그리고 일제의 토지조사사업에 의해 수포로 돌아가고 말았다.

　1910년대 일제의 식민농정책의 방점은 '미작개량'에 놓여 있었다. 1910년대 미작개량정책은 미곡의 품종개량, 수리시설 확충, 시비개선, 농기구 개선 등을 추구한 것이었다. 1910년대 조선총독부가 일본인 이민자를 중심으로 한국 농촌에 보급시키려고 한 농법은 이른바 후쿠오카농법福岡農法이었다. 우량품종의 우량종자를 채택하여 집약적인 육묘관리를 하고, 적기에 이앙하여 밀식재배를 통해 생산력의 극대화를 기대하는 농법이었다.

조선총독부는 강제적으로 통치권력을 동원하고 기술보급의 지도가 아니라 강압적인 기술 강요라는 방법으로 개량농법을 식민지 한국에 정착시키려 하였다. 그리하여 농업기술에 정통한 노농老農들에게 일본 식민지 농정당국자들은 강압적으로 새롭다는 기술을 적용하라고 요구하였다. 그런데 식민지 조선에서 수도작을 중심으로 한 농업은 일본 농업의 이식에 의해 발휘되었다는 의미는 조선적인 것은 아니고, 일본적으로 개발된 것이라는 것은 분명하였다. 이렇게 볼 때 한국(조선)의 지역적 특색, 농법 개발의 전통, 새로운 농법 개발의 역사적 경험과 무관하게 일본의 개량농법을 보급하려는 것이 설사 수확량이나 생산성에서 높은 수치를 보인다고 하더라도 실제 농사를 수행하는 과정에서 항상적으로 조선 고유의 전통농법과 일본의 개량농법이 갈등적인 상황에 놓이지 않을 수 없었다.

1910년대 식민농업책의 실시, 조선토지조사사업의 실행, 미작개량정책의 시행 등에 의해서 '식민지 근대 농업체제'의 기반을 조성한 다음 1920년대에는 본격적으로 '식민지 근대 농업체제'의 구축이 이루어졌다. '식민지 근대 농업체제' 구축의 가장 중요한 관건은 바로 1920년대 산미증식계획의 추진이었다. 미곡생산에 집중시킨 식민지 한국의 지배권력의 농업정책, 여기에 호응하는 식민지 지주층의 동향, 그리고 그러한 증식계획을 실현하기 위한 강제적인 농법의 보급, 수리관개시설의 축조를 통한 수리조합의 설치 등은 앞선 시대와 전혀 다른 농업체제의 완성을 의미하는 것이었다.

1기, 2기 계획을 통틀어 1920~1934년에 걸쳐 10여 년간 추진된 산미증식계획은 중단 및 실패로 끝난 셈이지만 식민지조선의 농업경제에 심대한 영향을 미쳤다. 미곡생산기술이 향상되고 미곡생산량이 증대되어 일본으로의 이출량이 급증함으로써 일본의 식량 및 국제수지 문제를 해결하는 데 기여한 반면 조선의 식량소비량은 오히려 감소하였으며, 미곡 단작농업과 식민지지주제가 형성·발전하게 되어 소작농을 비롯한 대다수 농가는 피폐의 길을 걷지 않을 수 없었다.

일제가 식민지 한국에서 수행한 식민농정책 가운데 하나가 수리조합의 설치와 운영이었다. 그런데 수리조합의 설치 및 운영의 주체가 바로 일본인 대지주층이었고, 수리조합지역내에서 조선인은 많은 경우 토지를 상실하면서 일본인으로의 토지집중이 급속 진행되었다. 수리조합의 설치와 운영은 지주층, 그리고 일제의 식민권력에 의해 주도되는 것이었고, 결국 일제의 식민농업책과 밀접하게 연관된 것일 수밖에 없었다. 하지만 후지이의 수리조합에서 볼 수 있듯이 일본인 지주가 주도 세력이었고, 당시 금융계통을 통해 사업자금을 확보하였지만, 기존의 조선 수리시설을 활용하고 있다는 점에서 앞선 시기의 수리관행과 연속되는 점을 품고 있었다.

1920년대 식민지 한국에서 농민들은 '식민지 근대 농업체제'에 대하여 직접적으로 농업경영의 주체로서 새로운 방식으로 자신들의 경제적 이해관계를 관철하려고 하였다. 그것은 식민지 한국의 농민들은 지주층이 일본 식민권력의 헌병경찰통치를 배경으로 삼아 강압적으로 자본주의적 농업 잉여를 착취하는 것에 대하여 소작쟁의라는 형태로 직접적으로 대응하였다.

1920년대 산미증식계획이 실시되면서 식민지 한국의 농업은 식민지 근대 농업체제의 구조 속에서 일본인, 조선인 식민지지주와 농업회사, 식민농정당국인 조선총독부의 식민농업책에 의해 주도되었다. 산미증식계획이 한국의 농업에 끼친 영향은 당대에만 그치는 것이 아니라 이후 한국 농업의 역사적 전개에도 커다란 영향을 미치고 있다.

1920년대 조선총독부의 산미증식계획은 조선의 식민지 근대화 과정에서는 일본 자본주의 발달에 필요한 식량·원료 공급을 보다 원활하게 진행하려는 의지에서 나온 것이었다. 그렇기 때문에 일면에서는 외형적인 성과를 보인 부분도 있었지만, 여러 가지 측면에서 한국의 농업과 농민에 부정적인 영향을 끼쳤다. 일제는 본국의 식량부족 문제를 해결하기 위하여 식민지 조선에서 1920년부터 1945년까지 기간에 4차에 걸쳐 미곡증산계획을 수립하고 시행하였다. 그 결과 관개설비 논이 증가하고, 벼 우량품종의 재배가 확대되고, 소수의 품종으로 통일되었으며, 비료 사용량이 증대되었고, 미곡 생산량 및 이출량이 급증하였다.

조선총독부의 산미증식계획은 보조금이나 그 외에 다른 방법을 통해서 경지개량이나 수리조합 등을 만들어 이를 통해 미곡을 증산하는 데 상당한 지원을 해주고 있었다. 그렇지만 그러한 지원이 식민지 지주, 농업회사를 중심으로 이루어지고, 자영농이나 소작농은 수리조합의 수세, 조합비 등의 부담을 짊어져야 했고, 나아가 토지에서 더욱 유리되는 상황으로 피동적으로 밀려가고 있었다. 따라서 미곡증산책의 성과보다 폐해를 한국의 농업, 농촌에서 찾아볼 수 있다.

산미증식계획의 폐해는 식민지 조선의 농업체제를 미곡단작농업으로 고착시키고, 식민지지주제가 굳건하게 자리잡고 이에 따라 소작쟁의가 광범위하게 발생하였으며, 농가경제의 피폐 등의 구조적인 문제를 고착시킨 점 등으로 정리할 수 있다. 다시 말해서 한국농업에 미작단일화를 가속화했고, 농촌에서의 식민지지주경영 강화에 따른 농민층 분해를 촉진하였으며 그리하여 농촌에서 유리된 노동자의 양산을 초래하였고, 농민의 생활 수준을 극도로 저하시켰다. 결국 산미증식계획의 실시는 조선 후기의 근세 농업체제를 개항 이후 조선왕조와 대한제국이 근대 농업체제로 변화시키려는 노력을 끝내 수포水泡로 만들어버린 최종적이고 불가역적인 사건이었다. 단순히 근대적인 농업체제에서 식민지성이 추가된 그러한 성격을 부여한 것이 아니라 한국농업의 전통에 뿌리내린 역사적인 흐름을 왜곡시킨 것이었다.

결론적으로 한국의 자영농민, 지주, 소작인이라는 농업생산 과정에 참여하는 여러 계급 사이의 대립, 투쟁, 합의의 과정 자체가 기본적인 운영 요소로 작용하지 않는 근대 농업체제가 바로 식민지 근대 농업체제였다. 무엇보다도 한국의 식민지 근대 농업체제는 일차적으로 일본 식민권력의 농업정책에 기반하여 구성된 것이었다. 위에서 정리한 바와 같이 일본이 한국에서 구축한 식민지 근대 농업체제의 성격은 바로 1920년대 산미증식계획에서 가장 전형적으로 드러났다. 그리고 산미증식계획이라는 미곡증산에만 매몰된 총독부의 정책 지향과 실행은 한국의 농업과 농촌에 커다란 구조적 문제와 폐해를 남겨놓았다.

본서의 연구성과를 바탕으로 앞으로 '농업체제'의 개념을 보다 정교하게 정립하고 그런 다음 '한국 근세 농업체제', '한국 중세 농업체제' 등을 구체적으로 연구하는 과제가 남아있다. 또한 '한국 농업사'의 전체 모습을 체계적이고 구조적으로 분석 정리하고, 이와 더불어 한국 농민農民의 역사적 삶을 의미있게 재구성하는 연구 목표가 여전히 남아있다. 향후 한국을 포함하여 일본, 중국의 농업사 연구를 비교, 통섭하여 동아시아 농업체제의 역사를 재구성하는 것도 장래의 연구과제이다. 본 연구의 문제점을 면밀히 분석하여, 장차 선사시대 농경의 시작부터 현대 농업체제까지 한국 농업의 역사적 전개과정을 궁구하는 연구과제에 본격적으로 다가가고자 한다. 그리고 그동안 익숙함 속에 무뎌진 연구 자

세를 일신하여, 연구자로서의 진정眞情을 두텁게 다지고, 연구작업의
정성精誠을 도탑게 쌓아나가는 초심을 되살리고자 한다.

참고문헌

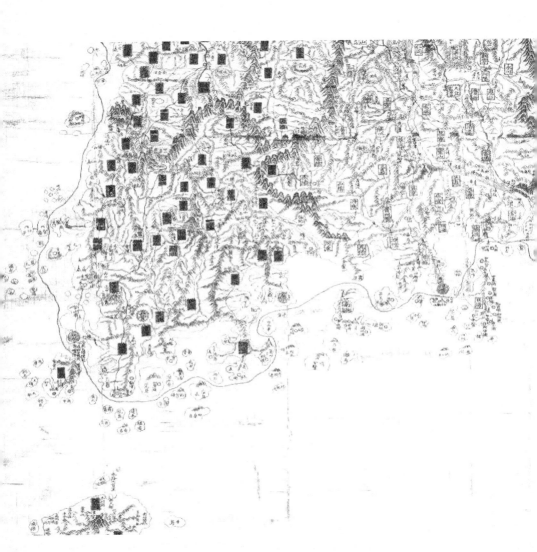

1. 1차 사료

朝鮮王朝實錄
『承政院日記』
『日省錄』
『備邊司謄錄』
『各司謄錄』
『增補文獻備考』
『仁祖戊寅史草』(규장각 古4254-36).
『綸綍』(奎12855)
『經國大典』
『經國大典註解』
『受教輯錄』
『新補受教輯錄』
『續大典』
『大典通編』
『萬機要覽』
『大典會通』
『六典條例』
『度支志』

『親耕儀軌』

『度支田賦考』

『華城城役儀軌』

『仁祖戊寅史草』(서울대 규장각한국학연구원, 古4254-36)

『量田謄錄』(서울대 규장각한국학연구원, 經古 333.335-Y17).

金履載, 『量田事目』(연세대 도서관).

『農事直說』

高尙顔, 『農家月令』

徐浩修, 『海東農書』

柳重臨, 『增補山林經濟』

洪萬選, 『山林經濟』

禹夏永, 『農家總覽』

朴趾源, 『課農小抄』

朴齊家, 『北學議』

徐有榘, 『林園經濟志』

_____, 『杏蒲志』

池錫永, 『重麥說』(성균관대학교 존경각, 청구기호 C06A-0012).

鄭秉夏, 『農政撮要』(국립중앙도서관, BC古朝80-10).

安宗洙, 『農政新編』(농촌진흥청, 2002『농정신편』고농서국역총서 2, 농촌진흥청)

徐丙肅, 『農林視察日記』(한국학중앙연구원 장서각, 청구기호 K3-0314).

『農務牧畜試驗場所存穀藥種』(서울대 규장각한국학연구원, 奎11507).

『工桑所實錄』吳宏默 撰(한국학중앙연구원, 청구기호 C6A＾8).

『豊德府金貴人房免稅畓移屬內需司改打量御覽成冊』(서울대 규장각한국학연구원, 奎 18413).

『八道御史齎去事目』(서울대 규장각한국학연구원, 奎1127).

『八道御史賫去事目京畿』(한국학중앙연구원 장서각, 청구기호 K2-3673).

『官許農桑會社章程』

『交河農桑社節目』(서울대 규장각한국학연구원, 古4256-44)

『農商工部去來文』(서울대 규장각한국학연구원, 奎17802)

『嶺左兵營啓錄』(서울대 규장각한국학연구원, 奎15102, 1책)

『韓末近代法令資料集』(국회도서관)

國家記錄院, 2008,『日帝文書解題-土地改良篇』, 國家記錄院.

正祖,『弘齋全書』

高宗,『珠淵集』

李瀷,『星湖先生全集』

柳馨遠,『磻溪隨錄』

金堉,『潛谷遺稿』

李肯翊,『燃藜室記述』

柳得恭,『古芸堂筆記』,

丁若鏞,『與猶堂全書』

徐有榘,『楓石全集』

趙準永,『日本聞見事件草二』

朴定陽,『農商務省職掌事務』.

_____,『從宦日記』,『朴定陽全集』2, 1984 亞細亞文化社.

_____,『日本內務省及農商務省視察書啓』(서울대학교 규장각한국학연구원 소장, 奎 2577)

朴定陽,『日本農商務省視察記』(서울대학교 규장각한국학연구원 소장, 奎2450)

加藤末郎, 1904,『韓國農業論』, 裳華房.

小早川九郎, 1944,『朝鮮農業發達史』政策編, 發達編, 朝鮮農會.

和田一郎, 1920,『朝鮮土地制度及地稅調査報告書』. 朝鮮總督府.

_____, 1920,『朝鮮土地及地稅制度調査報告書』, 朝鮮總督府(1942년 복각판, 宗高 書房).

朝鮮農村社會衛生調査會編, 1940,『朝鮮の農村衛生』, 岩波書店.

統監府, 1906,『韓國ニ於ケル農業ノ經營』, 韓國統監府.

朝鮮總督府, 1933,『土地改良事業の概況』, 朝鮮總督府.

朝鮮總督府 官房土木部, 1920,『治水及水利踏査書』, 朝鮮總督府.

朝鮮總督府 臨時土地調査局, 1918,『朝鮮土地調査事業報告書』, 朝鮮總督府.

朝鮮總督府, 1927,『朝鮮の人口現狀』, 調査資料 第22編, 朝鮮總督府.

_____, 1932,『朝鮮の小作慣行』上·下, 朝鮮總督府.

_____, 1933,『朝鮮ニ於ケル小作ニ關スル 參考事項摘要』, 朝鮮總督府.

小早千九郞, 1944,『朝鮮農業發達史 發達編』, 朝鮮農會.

朝鮮農會,『朝鮮の小作慣習』, 朝鮮農會.

朝鮮總督府, 1941,『朝鮮法令輯覽』上, 朝鮮總督府.

印貞植, 1937,『朝鮮の農業機構 分析』, 白揚社.

_____, 1948,『朝鮮農村問題事典』, 新學社.

朝鮮總督府, 1918,『朝鮮土地調査事業報告書』, 朝鮮總督府.

農商務省, 1905,『韓國土地農産調査報告: 京畿道·忠淸道·江原道』, (日本)農商務省農務局.

_____, 1905,『韓國土地農産調査報告: 慶尙道,全羅道』, (日本)農商務省農務局.

2. 저서

강창석, 1994,『조선 통감부 연구』, 국학자료원.

고석규, 1998,『19세기 조선의 향촌사회연구-지배와 저항의 구조-』, 서울대학교 출판부.

곽건홍, 2001,『일제의 노동정책과 조선노동자: 1938-1945』, 신서원.

宮嶋博史, 1992,『朝鮮土地調査事業史の研究』, 동경대학 동양문화연구소.

權錫奉, 1986,『淸末 對朝鮮政策史硏究』, 一潮閣.

권태억, 1989,『한국근대면업사연구』, 일조각.

근대사연구회 편, 1987,『한국중세사회 해체기의 제문제』, 한울.

金光彦, 1986,『韓國 農器具攷』, 韓國農村經濟硏究院.

金榮鎭, 1983,『農林水産 古文獻備要』, 韓國農村經濟硏究院.

_____, 1984,『朝鮮時代前期農書』, 韓國農村經濟硏究院.

金榮鎭·李殷雄, 2000,『조선시대 농업과학기술사』, 서울대학교 출판부.

金容燮, 1970,『朝鮮後期 農學의 發達』(韓國文化硏究叢書 2), 서울대 한국문화연구소.

_____, 1970,『朝鮮後期農業史研究[I]−農村經濟·社會變動−』, 一潮閣.

_____, 1971,『朝鮮後期農業史研究-農業變動·農學思潮-』II, 一潮閣.

_____, 1984,『증보판 한국근대농업사연구』상·하, 일조각

_____, 1992,『韓國近現代農業史研究』, 일조각.

김건태, 2004,『조선시대 양반가의 농업경영』, 역사비평사.

김경옥, 2004, 『朝鮮後期 島嶼硏究』, 도서출판 혜안.

김낙년 편, 2006, 『한국의 경제성장 1910~1945』, 서울대 출판부.

김도형, 2009, 『일제의 한국 농업정책사 연구』, 한국연구원.

김백철, 2010, 『조선후기 영조의 탕평정치-『속대전』의 편찬과 백성의 재인식-』, 태
　　　학사.

金成潤, 1997, 『朝鮮後期 蕩平政治 硏究』, 지식산업사.

김영희, 2003, 『일제시대 농촌통제정책 연구』, 경인문화사.

김용달, 2003, 『일제의 농업정책과 조선농회』, 혜안.

金雲泰, 2002, 『朝鮮王朝政治·行政史: 近代篇』, 博英社.

김정인 외, 2016, 『한국근대사 ②』 (한국역사연구회시대사총서 08), 푸른역사.

김준형, 2001, 『1862년 진주농민항쟁』, 지식산업사.

김태영, 1988, 『실학의 국가 개혁론』, 서울대학교출판부.

김홍식 外, 1989, 『대한제국기의 토지제도』, 민음사.

대한민국 학술원, 2004, 『한국의 학술연구: 농업생산과학』, 학술원.

망원한국사연구실 편, 1988, 『1862년 농민항쟁: 중세 말기 전국 농민들의 반봉건투쟁』,
　　　동녘.

망원한국사연구회, 1989, 『한국근대민중운동사』, 돌베개.

문중양, 2000, 『朝鮮後期 水利學과 水利담론』, 集文堂.

미야지마 히로시, 2013, 『미야지마 히로시, 나의 한국사 공부 - 새로운 한국사의 이해
　　　를 찾아서 -』, 너머북스.

閔成基, 1988, 『朝鮮農業史硏究』, 一潮閣.

朴慶植, 1973, 『日本帝國主義の朝鮮支配』, 靑木書店.

朴秉濠, 1983, 『韓國法制史考』, 法文社.

박 섭, 1998, 『한국근대의 농업변동-농업경영의 성장과 농업구조의 변동』, 일조각.

朴宗根 외, 1983, 『갑신갑오기의 근대 변혁과 민족운동』 (한국 근대사화의 형성과 전
　　　개2), 청아출판사.

白承哲, 2000, 『朝鮮後期 商業史硏究- 商業論·商業政策』, 혜안.

서울대학교 규장각 편, 『親耕儀軌』 奎章閣 資料叢書 儀軌篇, 2001.

서정익, 2003, 『일본근대경제사』, 혜안.

松本武祝, 1991, 『植民地期の朝鮮水利組合事業』, 未來社.

송찬섭, 2002, 『朝鮮後期 還穀制 改革硏究』, 서울대 출판부.

신용하, 1982, 『조선토지조사사업연구』, 지식산업사.

＿＿＿＿, 2019, 『일제 조선토지조사사업 수탈성의 진실』, 나남.

아세아문제연구소 편, 1970 (제2책) 『일제하 경제침탈사』 (일제하의 한국연구총서 5책, 1970~1971), 민중서관.

延甲洙, 2001, 『대원군집권기 부국강병정책 연구』 (서울대학교 한국사연구총서 10), 서울대학교 출판부.

염정섭, 2002, 『조선시대 농법 발달 연구』, 태학사.

＿＿＿＿, 2014, 『18~19세기 농정책의 시행과 농업개혁론』, 태학사.

염정섭·소순열, 2021, 『농업기술과 한국문명』 (한국의 과학과 문명 021), 들녘.

염정섭, 2022, 『응지농서로 본 18세기 후반 전북의 농업』, 전북연구원.

오미일 편, 1991, 『식민지시대 사회성격과 농업문제』, 풀빛.

우대형, 2001, 『한국 근대 농업사의 구조』, 한국연구원.

유봉학, 1995, 『燕巖一派 北學思想 硏究』, 一志社.

＿＿＿＿, 1998, 『조선후기 학계와 지식인』, 신구문화사.

윤병석, 1996, 『近代 韓國民族運動의 思潮』, 集文堂.

李景植, 1984, 『朝鮮前期土地制度硏究』, 一潮閣.

李光麟, 1961, 『李朝水利史硏究』 (韓國文化叢書 8), 韓國硏究院.

이세영 외, 2008, 『조선후기 경자양전 연구』, 도서출판 혜안.

이송순, 2008, 『일제하 전시 농업정책과 농촌경제』, 선인.

이영학, 2013, 『한국 근대 연초산업 연구』, 신서원.

이영호, 2018, 『근대전환기 토지정책과 토지조사』, 서울대 출판부.

이영훈 외, 1996, 『조선토지조사사업의 연구』, 민음사.

이영훈 편, 2004, 『수량경제사로 다시 본 조선 후기』, 서울대 출판부.

李榮薰, 1988, 『朝鮮後期社會經濟史』, 한길사.

이영훈·장시원·宮嶋博史·松本武祝, 1992, 『근대조선수리조합연구』, 일조각.

李佑成, 1982, 「崔漢綺의 生涯와 思想」, 『韓國의 歷史像』, 創作과 批評社.

이우재, 1986, 『한국농민운동사』, 한울.

李春寧, 1965, 『李朝農業技術史』, 韓國硏究院.

＿＿＿＿, 1989, 『한국農學史』, 民音社.

李泰鎭, 1989, 『朝鮮儒教社會史論』, 知識産業社.

이호철, 1992, 『농업경제사연구』, 경북대 출판부.

이훈구, 1935, 『농업경제론』, 한성도서.

임문호, 1935, 『조선의 농민운동사』, 조선농민사.

장영숙, 2010, 『고종의 정치사상과 정치개혁론』, 선인.

전상운, 2000, 『한국과학사』, 사이언스북스.

전석담·최윤규, 1959, 『19세기 후반기-일제통치 말기의 조선사회경제사』, 조선노동당
　　　출판사.

정석종, 1983, 『조선후기 사회변동연구』, 일조각.

_____, 1994, 『朝鮮後期의 政治와 思想』, 한길사.

정승진, 2003, 『韓國近世地域經濟史』, 경인문화사.

정연태, 2014, 『식민권력과 한국 농업』, 서울대 출판문화원.

정연학, 2004, 『한중농기구 비교연구: 따비에서 쟁기까지』, 민속원.

정태헌, 1996, 『일제의 경제정책과 조선사회』, 역사비평사.

조기준, 1977, 『한국자본주의성립사론』, 대왕사.

조동걸, 1978, 『일제하 한국농민운동사』(오늘의 사상신서8), 한길사.

주봉규·소순열, 1998, 『근대 지역농업사 연구』, 서울대 출판부.

지수걸, 1993, 『일제하 농민조합운동 연구』, 역사비평사.

최문형, 1979, 『열강의 동아시아정책』, 일조각.

崔益翰, 1947, 『朝鮮社會政策史』, 博文出版社.

_____, 1955, 『실학파와 정다산』, 국립출판사.

崔洪奎, 1995, 『禹夏永의 實學思想 硏究』, 一志社.

河合和男, 1986, 『朝鮮ニ於ケル産米増殖計劃』, 未來社.

河合和男·尹明憲, 1991, 『植民地期의 朝鮮工業』, 未來社.

한국역사연구회 19세기정치반연구반, 1990, 『조선정치사 1800~1863 상·하』, 청년사.

한국역사연구회 19세기정치반연구회, 1990, 『조선정치사 1800~1863』 상·하, 청년사.

한국역사연구회 근대사분과 토지대장연구반, 1995, 『대한제국의 토지조사사업』, 민
　　　음사.

한우근, 1970, 『한국개항기의 상업연구』, 일조각.

한창호 외, 1971, 『日帝의 經濟侵略史』, 아세아문제연구소.

허수열, 2005,『개발 없는 개발』, 은행나무.

홍성찬 외 지음, 2006,『일제하 만경강 유역의 사회사』, 혜안.

홍이섭, 1959,『정약용의 정치경제사상 연구』, 한국연구원.

3. 논문

姜萬吉, 1973,「大韓帝國 時期의 商工業問題」,『亞細亞硏究』16-2호, 고려대 아세아문
　　　　제연구소.

_____, 1973,「제3장 開城商人과 人蔘栽培」,『朝鮮後期 商業資本의 發達』, 高麗大學
　　　　校出版部.

_____, 1978,「대한제국의 성격」,『창작과비평』48, 창작과비평사.

강창일, 2002,「일제의 식민지 통치기반 구축」,『한국사』47권, 국사편찬위원회.

고동환, 1991,「19세기 부세운영의 변화와 그 성격」,『1894년 농민전쟁연구-농민전쟁
　　　　의 사회경제적배경』1, 역사비평사.

고석규, 1990,「18세기말 19세기초 평안도지역 향권의 추이」,『한국문화』11, 서울대
　　　　한국문화연구소.

_____, 1991,「19세기 향촌지배세력의 변동과 농민항쟁의 양상」, 서울대 대학원 국사
　　　　학과 박사학위논문.

고영진, 1995,「해방 50년 조선시대사 연구의 동향과 과제」,『한국학보』79, 일지사.

久間健一, 1935,「農民家族經濟と其の經營規模に關する硏究」,『朝鮮農業의 近代的樣
　　　　相』, 西ヶ原刊行會.

_____, 1943,「巨大地主의 農民支配」,『朝鮮農政의 課題』, 成美堂.

구자옥 외 3인, 2010,「혼다 고노스케와『한국토지농산조사보고』(1904~1905)」,『농
　　　　업사연구』제9권 1호, 한국농업사학회.

堀和生, 1983,「일제하 조선에 있어서 식민지 농업정책」,『한국근대경제사연구』, 사계절.

宮嶋博史, 1974,「朝鮮甲午改革以後의 商業的農業」,『史林』57−6, 史學硏究會.

_____, 1975,「'土地調査事業'의 歷史的前提條件의 形成」,『朝鮮史硏究會論文集』12,
　　　　朝鮮史硏究會.

_____, 1977,「李朝後期農書의 硏究」,『人文學報』43, 京都大 人文科學硏究所.

_____, 1980,「朝鮮農業史上における十五世紀」,『朝鮮史叢』3, 靑丘文庫.

＿＿＿＿, 1981, 「李朝後期における朝鮮農法の發展」, 『朝鮮史研究會論文集』 18, 朝鮮史研究會.

＿＿＿＿, 1983, 「'토지조사사업'의 역사적 전제조건의 형성」, 『한국근대경제사연구』, 사계절.

＿＿＿＿, 1983, 「李朝後期の農業水利-堤堰溜池灌漑を中心に-」, 『東洋史研究』 41-4, 東洋史研究會.

권내현, 2015, 「내재적 발전론과 조선후기사 인식」, 『역사비평』 2015년 여름호(통권 111호), 역사비평사.

權五榮, 1984 「申箕善의 東道西器論 研究」, 『淸溪史學』 1, 한국정신문화연구원.

권태억, 1986 「통감부 시기 일제의 농업시책」, 『러일전쟁 전후 일본의 한국침략』, 역사학회 편, 일조각.

＿＿＿, 1994, 「1904~1910년 일제의 한국 침략 구상과 '시정개선'」, 『한국사론』 31, 서울대 국사학과.

＿＿＿, 1994, 「통감부 설치기 일제의 조선 근대화론」, 『국사관논총』 53, 국사편찬위원회.

＿＿＿, 1999, 「3. 통감부의 식민지화 정책」, 『신편 한국사 42; 대한제국』, 국사편찬위원회.

金建泰, 1997, 「16~18世紀 兩班地主層의 農業經營과 農民層의 動向」, 成均館大 史學科 博士學位論文.

金度亨, 1995, 「日帝의 農業技術 機構와 植民地 農業支配」, 연세대학교 박사학위논문.

金蓮玉, 1996, 「歷史속의 小氷期」, 『歷史學報』 149, 역사학회.

김경태, 1978, 「개항 초기의 정치사상상황」, 『이대사원』 15, 이화여대 사학과.

＿＿＿, 1994, 「중화체제 만국공법질서의 착종과 정치세력의 분열」, 『한국사』 11권, 한길사.

김도형, 1983, 「대한제국의 개혁사업과 농민층동향」, 『한국사연구』 41, 한국사연구회.

＿＿＿, 1989, 「대한제국 말기의 국권회복운동과 그 사상」, 연세대 사학과 박사학위논문.

＿＿＿, 1995, 「勸業模範場의 식민지 농업지배」, 『한국근현대사연구』 3, 한국근현대사학회.

＿＿＿, 1997, 「日本人 農場·農業會社의 農業技術 普及體系」, 『국사관논총』 77, 국사편찬위원회.

김동식, 2018, 「이식(移植)·근세조선(近世朝鮮)·후진성(後進性)-1970년대 근대 문학 기점 논의를 위한 예비적 고찰」, 『한국학연구』 48, 인하대학교 한국학연구소.

金洛年, 1995, 「植民地期の朝鮮産米增殖計劃と工業化」, 『土地制度史學』 146, 土地制度史學會.

김문식, 2009, 「「擬上經界策」에 나타난 서유구의 지역인식」, 『한국실학연구』 18, 한국실학학회.

김선경, 1990, 「1862년 농민항쟁의 도결혁파요구에 관한 요구」, 『이재룡환력기념논총』, 논총편찬위원회.

김세건, 2014, 「강원도 산간지역의 '쟁기'의 발달과 특징: 겨리쟁기인가 아니면 겨리연장인가?」, 『사회과학연구』 제53집 2호, 강원대 사회과학연구원;

김세은, 2004, 「고종초기(1863∼1873) 국가의례 시행의 의미」, 『조선시대사학보』 31, 조선시대사학회.

김양식, 1992, 「대한제국·일제하 역둔토 연구」, 단국대학교 사학과 박사학위논문.

金榮鎭, 1985, 「農書를 통하여 본 朝鮮時代 主要作物의 作付體系」, 『農村經濟』 8-2, 韓國農村經濟硏究院.

김영진, 2002, 「해제」 『농정신편』 고농서국역총서 2, 농촌진흥청.

김영진·이은웅, 2000, 『조선시대 농업과학기술사』, 서울대학교 출판부

김영진·홍은미, 2006, 「1880년대 한국농서에 기록된 서양농업과학」, 『농업사연구』, 제5권 1호, 한국농업사학회.

김영진·홍은미, 2006, 「농무목축시험장農務牧畜試驗場 1884-1906의 기구변동과 운영」 『농업사연구』 제5권 2호, 한국농업사학회.

김영진, 2007, 「개화기농서의 특징과 농업기술」, 『농업사연구』 제6권 1호, 한국농업사학회.

_____, 2011, 「개화기 한국의 구미 농업과학기술 도입에 관한 종합연구」, 『농업사연구』 제10권 2호, 한국농업사학회.

김영진, 홍은미, 2006, 「1880년대 한국농서에 기록된 서양농업과학」, 『농업사연구』, 제5권 1호, 한국농업사학회.

김영진·김상겸, 2010, 「한국 농사시험연구의 역사적 고찰—권업모범장을 중심으로—」, 『농업사연구』 9권 1호, 한국농업사학회.

金泳鎬, 1968, 「韓末 西洋技術의 受容-近代 西洋의 挑戰에 對한 主體的 對應의 一面-」,

『亞細亞硏究』11-3, 고려대 아시아문화연구소.

金容燮, 1968,「광무년간의 양전·지계사업」,『아세아연구』31, 고려대학교 아세아문제
  연구소.

_____, 1974,「갑신·갑오개혁기 개화파의 농업론」,『동방학지』15, 연세대 국학연구원.

_____, 1981,「農書小史」,『農書』1 - 韓國近世社會經濟史料叢書 3, 아세아문화사.

_____, 1983,「純祖朝의 量田계획과 田政釐正문제」,『김철준박사회갑기념 사학논총
  』, 논총편찬위원회.

_____, 1984,「철종기의 삼정수습책」,『韓國近代農業史硏究』, 일조각.

_____, 1992,「18,9세기의 농업실정과 새로운 농업경영론」,『增補版 韓國近代農業史
  硏究』上, 一潮閣.

_____, 1992,「근대화과정에서의 농업개혁의 두 방향」,『한국근현대농업사연구』, 일
  조각.

_____, 2000,「世宗朝의 農業技術」, 韓國中世農業史硏究, 知識産業社.

琴章泰, 1987,「惠崗 崔漢綺의 實學思想」,『韓國實學思想硏究』, 集文堂.

金正起, 1994,「1876-1894년 淸의 朝鮮政策 硏究」, 서울대 대학원 국사학과 박사학위
  논문.

金芝英, 2001,「『親耕儀軌』解題」,『親耕儀軌』奎章閣 資料叢書 儀軌篇, 서울대학교 규
  장각한국학연구원.

金泰永, 1983,「조선전기 소농민경영의 추이」,『朝鮮前期土地制度史硏究』, 知識産業社.

吉野城, 1978,「李朝末期における米穀輸出の展開と防穀令」,『朝鮮史硏究論文集』15
  집, 朝鮮史硏究會.

김영호, 1968,「한말 서양기술의 수용」,『아세아연구』31, 고려대 아세아문제연구소.

김영희, 1986,「대한제국시기의 잠업진흥책과 민영잠업」,『대한제국연구』5, 이화여
  대 한국문화연구원.

김용섭, 1956,「철종조 민란발생에 대한 시고」,『역사교육』1, 역사교육연구회.

_____, 1968,「광무년간의 양전·지계사업」,『아세아연구』31, 아세아문제연구소.

_____, 1974,「갑신·갑오개혁기 개화파의 농업론」,『동방학지』15, 연세대 국학연구원.

_____, 1974,「철종 임술년의 응지삼정소와 그 농업론」,『한국사연구』10, 한국사연
  구회.

_____, 1976,「조선후기의 농업문제와 실학」,『동방학지』17, 연세대 국학연구원.

_____, 1988, 「近代化過程에서의 農業改革의 두 方向」, 『한국자본주의 성격논쟁』, 大旺社.

_____, 1992, 「일제의 초기 농업식민책과 지주제」, 『한국근현대농업사연구』, 일조각.

_____, 1989, 「조선후기 촌락조직의 변모와 1862년 농민항쟁의 조직기반」, 『진단학보』 67, 진단학회.

金仁杰, 1991, 「조선후기 鄕村社會 변동에 관한 연구-18,19세기「鄕權」담당층의 변화를 중심으로」, 서울대 대학원 국사학과 박사학위논문.

_____, 1997, 「1960, 70년대 '內在的 發展論'과 韓國史學」, 『韓國史 認識과 歷史理論』, 金容燮敎授停年紀念韓國史學論叢刊行委員會.

_____, 2013, 「조선시대사 연구가 걸어온 길: '근대 기획' 넘어서기」, 『지식의 지평』 14, 아카넷.

김인수, 2017, 「식민지 조선에서의 '소작' 개념의 정치」, 『석당논총』 67집, 동아대학교 석당학술원.

金廷美, 1996, 「朝鮮後期 對淸貿易의 전개와 貿易收稅制의 시행」, 『韓國史論』 36, 서울대 국사학과.

김준석, 1992, 「柳馨遠의 變法觀과 實理論」, 『東方學志』 75, 연세대 국학연구원.

_____, 1993, 「柳馨遠의 政治·國防體制 改革論」, 『東方學志』 77·78·79 합집, 연세대 국학연구원.

김지영, 2002, 「英祖代 親耕儀式의 거행과 『親耕儀軌』」, 『韓國學報』 107, 일지사.

나애자, 1984, 「이용익의 화폐개혁론과 일본제일은행권」, 『한국사연구』 45, 한국사연구회.

노대환, 1999, 「19세기 동도서기론 형성과정 연구」, 서울대학교 대학원 국사학과 박사학위 논문.

_____, 2012, 「19세기 후반 신기선의 현실 인식과 사상적 변화」, 『동국사학』 53, 동국대학교 동국사학회.

大野保, 1941, 『朝鮮農村の實態的研究』, 滿洲大同學院.

도면회, 1989, 「갑오개혁 이후 화폐제도의 문란과 영향(1894~1905)」, 『한국사론』 21, 서울대 국사학과.

_____, 1993, 「근대=자본주의사회 기점으로서의 갑오개혁」, 『역사와 현실』 9호, 한국역사연구회.

_____, 1995, 「일제의 침략정책(1905~1910년)에 대한 연구성과와 과제」, 『한국사론』 25, 국사편찬위원회.

도진순, 1985, 「19세기 궁장토에서의 중답주와 항조-재령 여물평장토를 중심으로」, 『한국사론』 13, 서울대 국사학과.

盧大煥, 1999, 「19세기 東道西器論 形成過程 硏究」, 서울대 대학원 국사학과 박사학위논문.

柳永益, 1993, 「興宣大院君」, 『韓國史市民講座』 13, 일조각.

李光麟, 1968, 「內衙門의 설치와 그 기능」, 『全訂版 韓國開化史硏究』, 一潮閣.

李愛淑, 1985, 「日帝下 水利組合의 設立과 運營」, 『韓國史硏究』 50·51합집, 한국사연구회.

李哲成, 1999, 「19세기 前半 包蔘貿易 전개 과정과 西路商人」, 『東西史學』 5, 韓國東西史學會.

문중양, 1995, 「조선후기의 수리학」, 서울대 과학사·과학철학 협동과정 박사학위논문.

閔丙河, 1983, 「書院의 農莊」, 『韓國史論』 8, 한국사학회.

閔成基, 1979, 「동아시아의 古農法上의 耦犁攷-中國과 朝鮮의 耕種法 比較-」, 『省谷論叢』 10, 성곡학술문화재단.

_____, 1980, 「朝鮮前期 麥作技術考-『農事直說』의 種麥法 分析」, 『釜大史學』 4, 부산대학교 사학회.

_____, 1982, 「朝鮮後期 旱田輪作農法의 展開」, 『釜大史學』 6, 부산대학교 사학회.

_____, 1983, 「朝鮮時代의 施肥技術 硏究」, 『釜山大學校人文論叢』 24, 부산대학교 인문대학.

_____, 1985, 「『農家月令』과 16世紀의 農法」, 『釜大史學』 9, 부산대학교 사학회.

_____, 1986·1988, 「『四時纂要』의 種木綿法에 대하여」上·下, 『釜山大學校人文論叢』 29·34, 부산대학교 인문대학.

박광성, 1968, 「진주민란의 연구」, 『인천교대 논문집』 3, 인천교대.

_____, 1971, 「궁방전의 연구」, 『인천교육대학논문집』 5, 인천교육대학교.

朴光用, 1994, 「조선후기 '蕩平' 연구」, 서울대 대학원 국사학과 박사학위논문.

박만규, 1994, 「보호국체제의 성립과 통감정치」, 『한국사』 11, 한길사.

박명규, 1989, 「일제하 수리조합의 설치과정과 사회경제적 결과에 대한 연구」, 『성곡논총』 20집, 성곡학술문화재단.

_____, 1992, 「1910년대 식민지 농업개발의 성격」, 『한국의 사회제도와 농촌사회제도의 변동』, 문학과 지성사.

박병선, 1986, 「조선후기 궁방염장 연구」, 『교남사학』 2, 교남사학회.

박병호, 1986, 「한국 가부장권 법제의 사적 고찰」, 『한국여성학』 2, 한국여성학회.

박석두, 2003, 「일제의 농업이민과 식민지 농업기구의 구축」, 『한국 농업·농촌 100년사』 상, 한국농촌경제연구원.

_____, 2003, 「일제의 식민지 지배체제 구축과 한국농업의 변모」, 『한국 농업·농촌 100년사』, 농촌진흥청.

_____, 2008, 「한국의 근대화 과정에서 농업의 변모」, 『농업사연구』 제7권 2호, 한국농업사학회.

박 섭, 1988, 「식민지 조선에 있어서 1930년대의 농업정책에 관한 연구」, 『한국 근대 농촌사회와 농민운동(장시원 편, 열음사상총서 4)』, 열음사.

_____, 2003, 「내재적 발전론의 의의와 한계」, 『오늘의 우리 이론 어디로 가는가』, 생각의 나무.

박수현, 2003, 「1920 30년대 水利組合事業에 대한 저항과 주도계층」, 『한국독립운동사연구』 제20집, 독립기념관 한국독립운동사연구소.

박영구, 1991, 「일제하 산미증식계획의 경제사적 성격 연구」, 연세대 경제학과 박사학위논문.

박원서, 1991, 「식민지 조선에서의 수도생산력 발전의 지역차」, 서울대 석사학위논문.

박은영, 2011, 「요시오카 코키吉岡弘毅의 정한론 비판에 대한 일고찰 - 그의 기독교 사상과 조선인식을 중심으로」, 『일본사상』 21, 한국일본사상사학회.

朴宗根, 1974, 「朝鮮における1894·5年の金弘集政權開化派政權の考察 II」 『歷史學研究』 417, 歷史學研究會.

박준성, 1984, 「17,18세기 궁방전의 확대와 소유형태의 변화」, 『한국사론』 11, 서울대 국사학과.

박찬승, 1983, 「한말·역토 둔토에서의 지주경영의 강화와 항조」, 『한국사론』 9, 서울대 국사학과.

_____, 1987, 「조선후기 농민항쟁사 연구현황」, 『한국중세사회 해체기의 제문제』 하, 한울.

_____, 1994, 「개화파의 근대국가 구상과 그 실천」, 『근대 국민국가와 민족문제』, 지

식산업사.

_____, 2007, 「한국학 연구 패러다임을 둘러싼 논의-내재적 발전론을 중심으로-」, 『한국학논집』 35, 계명대학교 한국학연구원.

박　현, 2010, 「조선총독부의 전시경제정책, 1937-1945」, 연세대학교 경제학과 박사 논문.

박현수, 1990, 「식민지도시에 있어서 일본인 사회의 성립-1900년 무렵 부산과 대구의 경우」, 『인류학연구』 5집, 영남대 문화인류학연구회.

박현채, 1979, 「일본자본주의의 성립과 제국주의화 과정」, 『현대 일본의 해부』, 한길사.

飯沼二郎, 1983, 「일제하 조선의 농업혁명」, 『식민지시대 한국의 사회와 저항』, 백산 서당.

방기중, 1984, 「17,18세기 전반 금납조세의 성립과 전개」, 『동방학지』 45, 연세대 국 학연구원.

_____, 1986, 「조선 후기 군역세에 있어서 금납조세의 전개」, 『동방학지』 50, 연세대 국학연구원.

_____, 1986, 「조선후기 수취제도 민란연구의 현황과 '국사' 교과서의 서술」 『역사교 육』 39, 역사교육학회.

배성준, 1998, 「일제하 경성지역 공업 연구」, 서울대학교 대학원 국사학과박사학위논문.

배영순, 1979, 「한말·역둔토조사에 있어서의 소유권분쟁-광무사검시의 분쟁사례에 대 한 분석을 중심으로」, 『한국사연구』 25, 한국사연구회.

_____, 1988, 「韓末·日帝初期의 土地調査와 地稅改正에 관한 硏究」, 서울대 경제학과 박사학위논문.

배항섭, 1988, 「임술민란 전후 명화적의 활동과 그 성격」, 『한국사연구』 60, 한국사연 구회.

_____, 2015, 「동학농민전쟁에 대한 새로운 이해와 내재적 접근」, 『역사비평』 2015 년 봄호(통권 110호), 역사비평사.

山口宗雄, 1978, 「荒蕪地開拓問題 めぐる對韓イメジの形成,流布過程についで」, 『史 學雜誌』 87-10, 公益財団法人 史学会.

서영희, 1983, 「1894～1904년의 정치체제 변동과 궁내부」, 『한국사론』 23, 서울대 국 사학과.

_____, 1996, 「일제의 한국 保護國化와 統監府의 통치권 수립과정」, 『韓國文化』 18,

서울대 한국문화연구소.

석태문·박근필, 2002, 「개화기 서양농학의 수도작 재배기술로의 적용-『農政新編』을 중심으로」, 『농업사연구』 창간호, 한국농업사학회.

成大慶, 1983, 「大院君初期執政期의 勸力構造」, 『大東文化研究』 15, 성균관대 대동문화연구소.

盛永俊太郎, 1956, 「育種の發展」, 『日本農業發達史』 第9卷, 農業發達史調査會.

蘇淳烈, 1994, 「植民地後期朝鮮地主制の研究」, 京都大 博士學位論文.

_____, 2003, 「일제하 지주 소작 관계」, 『한국 농업구조의 변화와 발전-한국 농업 농촌100년사 논문집 제1집』, 한국농촌경제연구원.

_____, 2015, 「한국에서 근대농업기술의 변용-수용과 이전-」, 『농업사연구』 제14권 1호, 한국농업사학회.

_____, 2022, 「군산(不二農村)과 불이옥구농장(不二沃溝農場)- 일제하 의료문제를 중심으로-」, 『지역사회연구』 30권 2호, 한국지역사회학회.

소순열, 이두순, 2003, 「제9장 일제하 수도작 기술체계의 변화와 성격」 『동아시아 농업의 전통과 변화』, 한국농업사학회, 한국농촌경제연구원.

篠田統, 1967, 「種藷譜と朝鮮の甘藷」, 『조선학보』 44 조선학회.

孫晋泰, 1941, 「甘藷전파고」, 『진단학보』 13, 진단학회.

孫炯富, 1993, 「19세기 초·중엽의 海防論과 박규수」, 『全南史學』 7, 전남대 사학회

송규진, 1991, 「구한말·일제초(1904~1918) 일제의 미간지정책에 관한 연구」, 『사총』 39, 고려대 역사연구소.

송병건, 2010, 「농업혁명, 의회 인클로저와 농촌사회의 변화, 1750-1850」, 『영국연구』 제23호, 영국사학회.

宋炳基, 1976, 「光武改革研究-그 性格을 中心으로」, 『史學志』 10, 단국대학교 사학회.

_____, 1976, 「광무년간의 개혁」, 『한국사』 19, 국사편찬위원회.

松本武祝, 1998, 「제1장 1910年代における農事改良政策と在村地主層」, 『植民地權力と朝鮮農民』, 社會評論社.

송양섭, 2000, 「17세기 군영문 둔전의 확대와 경영형태의 변화」, 『역사와현실』 36, 한국역사연구회.

宋讚燮, 1985, 「17·18세기 新田 開墾의 확대와 경영형태」, 『韓國史論』 12, 서울대 국사학과.

_____, 1989, 「1862년 진주농민항쟁의 조직과 활동」, 『한국사론』 21, 서울대 국사학과.

_____, 1997, 「Ⅲ-2. 삼남지방의 민중항쟁」, 『한국사36: 조선후기 민중사회의 성장』, 국사편찬위원회.

신동원, 1995, 「공립의원 제중원, 1885-1894」, 『한국문화』 16, 서울대 규장각한국학 연구원.

신용하, 1979, 「독립협회의 자주민권자강운동」, 『독립협회연구』, 일조각.

_____, 1984, 「갑신정변甲申政變의 개혁사상改革思想」, 『韓國學報』 36, 일지사.

심희기, 2017, 「근세조선의 민사재판의 실태와 성격」, 『법사학연구』 56, 한국법사학회.

안병욱, 1986, 「19세기 임술민란에 있어서의 향회 요호」, 『한국사론』 14, 서울대 국사 학과.

_____, 1989, 「19세기 부세의 도결화와 봉건적 수취체제의 해체」, 『국사관논총』 7, 국사편찬위원회.

_____, 2000, 「19세기 鄕會와 民亂」, 서울대 대학원 국사학과 박사학위논문.

안병직 외, 1989, 『近代朝鮮의 經濟構造』, 비봉출판사.

안병직, 1990, 「다산의 농업경영론」, 『이우성교수정년기념논총 – 민족사의 전개와 그 문화』, 창작과비평사.

양상현, 2001, 「대한제국기 울산 농민의 항조운동」 『울산사학』 10, 울산대 사학회.

양진석, 1992, 「1862년 농민항쟁의 배경과 주도층의 성격」, 『1894년 농민전쟁연구2: 18·19세기의 농민항쟁』(한국역사연구회 편), 역사비평사.

_____, 1999, 「17·18세기 還穀制度의 운영과 機能변화」, 서울대 대학원 국사학과 박 사학위논문.

엄지범·소순열, 2019, 「개인기록을 통해 본 일본인 이민농촌의 한 단면: 불이농촌의 야 마가타촌(山形村)을 중심으로」, 『농업경제연구』 60집 3호, 한국농업경제학회.

연갑수, 1992, 「대원군 집정의 성격과 권력구조의 변화」, 서울대 국사학과 석사학위논문.

_____, 1998, 「大院君 執權期(1863~1873) 西洋勢力에 대한 대응과 軍備增强」, 서울 대 국사학과 박사학위논문.

廉定燮, 1994, 「15~16세기 水田農法의 전개」, 『韓國史論』 31, 서울대 국사학과.

_____, 1995, 「농업생산력의 발달」, 『한국역사입문』 ②, 한국역사연구회 엮음, 풀빛.

_____, 1996, 「正祖 後半 水利施設의 築造와 屯田經營」, 『韓國學報』 82집, 一志社.

_____, 2000, 「숙종대 후반 양전론의 추이와 경자양전의 성격」, 『역사와 현실』 36, 한

국역사연구회.

_____, 2000,「조선시대 農書 편찬과 農法의 발달」서울대학교 대학원 국사학과 박사
학위논문.

_____, 2002,「18세기 후반 正祖代 勸農策과 水利 진흥책,」『韓國文化』29, 서울대 한
국문화연구소.

_____, 2003,「18세기 家蔘 재배법의 개발과 보급」,『國史館論叢』102, 국사편찬위원회.

_____, 2003,「世宗代 農政策의 전개와 의의」,『애산학보』29, 애산학회.

_____, 2005,「과잉해석의 성긴 틈새를 빠져나오지 못한 수량 자료-이영훈 편,『수량
경제사로 다시 본 조선 후기』(2004, 서울대 출판부)」,『한국문화연구』8호, 이
화여대 한국문화연구원.

_____, 2013,「순조대 초반 勸農策의 시행과 양전 추진」,『역사교육논집』50, 역사교
육학회.

_____, 2014,「1880년대 고종의 권농책과 서양농법 도입 논의,」『역사문화연구』51
집, 한국외국어대학교 역사문화연구소.

_____, 2014,「楓石의 農法 변통론과 農政 개혁론」,『풍석 서유구 연구 上』(실시학사
실학연구총서09), 사람의 무늬.

_____, 2016,「조선 후기 사회성격을 어떻게 이해할 것인가: 내재적 발전론과 소농사
회론」,『지역과 역사』38, 부경역사연구소.

_____, 2017,「조선후기 경영형부농론을 사학사에 내려놓기」,『내일을 여는 역사』
69호, 내일을여는역사재단.

_____, 2020,「지주전호제」,『한국학 학술용어』, 한국학중앙연구원.

_____, 2021,「한국사 시대구분론의 전개와 과제-근세와 근대를 중심으로」,『한국사
연구』195, 한국사연구회.

永井威三郎·中川泰雄, 1930,「朝鮮に於ける水稻の主要品種とその分布狀況」,『朝鮮總
督府 勸業模範場彙報』, 第5卷 第1號.

예지숙, 2017,「조선총독부 사회사업정책의 전개와 성격1910년~1936년」, 서울대학
교 국사학과 박사학위논문.

吳壽京, 1995,「朝鮮後期 利用厚生學의 展開와 『甘藷譜』의 編纂」,『安東文化』, 16집 안
동대학교 안동문화연구소.

오수창, 1992,「'홍경래란'의 주도세력과 농민」,『1894년농민전쟁연구-18·19세기

의 농민항쟁』 2, 역사비평사.

吳仁澤, 1991, 「18,19세기 水稻 乾播法의 지역적 전개와 農法의 성격」, 『釜山史學』 20, 부산사학회.

＿＿＿, 1994, 「朝鮮後期 新田開墾의 성격」, 『釜山史學』 18, 부산사학회.

＿＿＿, 1996, 「17·18세기 量田事業 硏究」, 부산대학교 사학과 박사학위논문

＿＿＿, 1998, 「庚子量田의 시행 논의」, 『釜山史學』 23, 부산사학회.

＿＿＿, 2000, 「경자양전의 시행 조직과 양안의 기재 형식」, 『역사와 현실』 38, 한국역사연구회.

吳一根, 1992, 「조선후기 재정구조의 변동과 환곡의 부세화」, 『실학사상연구』 3, 역사실학회.

왕현종, 1989, 「한말(1894~1904) 지세제도의 개혁에 관한 연구」, 연세대 사학과 석사학위논문.

＿＿＿, 1991, 「광무양전사업의 다양한 성격과 좁은 시각-(『대한제국기의 토지제도』, 김홍식 외 4인 공저, 민음사, 1991)」, 『역사와 현실』 5, 한국역사연구회.

＿＿＿, 1999, 「2. 광무양전·지계사업」「대한제국기의 개혁」『신편 한국사』 42 대한제국, 국사편찬위원회.

우대형, 2005, 「일제한 만경강 유역 수리조합 연구」, 『동방학지』 131, 연세대학교 국학연구원.

羽鳥敬彦, 1988, 「朝鮮産米增殖計劃とその實績」, 『朝鮮民族運動史硏究』 5, 靑丘文庫.

우치다가즈요시[內田和義], 2002 「개화기에 있어서 일본의 서양농학 수용-츠다센(1873-1908)을 중심으로-」, 『농업사연구』 창간호, 한국농업사학회.

유봉학, 1985, 「徐有榘의 學問과 農業政策論」, 『奎章閣』 9, 서울대 규장각한국학연구원.

＿＿＿, 1989, 「19세기전반 세도정국의 동향과 연암일파」, 『동양학』 19, 단국대 동양학연구소.

＿＿＿, 1995, 「徐有榘의 學問과 農業政策論」, 『燕巖一派 北學思想 硏究』, 一志社.

유승원, 2014, 「한우근의 조선 유교정치론·관료제론: 조선근세론을 아울러서」, 『진단학보』 120, 진단학회.

유영익, 1990, 「군국기무처의안의 분석」, 『갑오경장연구』, 일조각.

尹炳奭, 1964, 「日本人의 荒蕪地開拓權 要求에 對하여-1904年 長森名儀의 委任契約 企圖를 中心으로-」, 『歷史學報』 22, 역사학회.

_____, 1978,「일제의 한국주권침탈과정」,『한국사』19, 국사편찬위원회.

윤용출, 1996,「조선후기 기장현의 삼정 운영」,『한국민족문화』8집, 부산대학교 한국 민족문화연구소.

이경란, 1991,「일제하 수리조합과 식민지지주제ー옥구·익산지역의 사례」,『학림』12· 13합집.

李景植, 1973,「17世紀 農地開墾과 地主制의 展開」『韓國史硏究』9, 한국사연구회.

_____, 1976,「16세기 地主層의 動向」,『歷史敎育』19, 역사교육연구회.

_____, 1994,「朝鮮前期 土地의 私的 所有問題」,『東方學志』85, 연세대 국학연구원.

李光麟, 1969,「安宗洙와 農政新編」,『改訂版韓國開化史硏究』, 일조각.

_____, 1980,「農務牧畜試驗場의 設置에 對하여」,『韓國開化史硏究』, 일조각.

_____, 1986,「韓國에 있어서 萬國公法의 收容과 그 影響」,『韓國開化史의 諸問題』, 一潮閣.

_____, 1989,「統理機務衙門의 組織과 機能」,『開化派와 開化思想硏究』, 一潮閣.

이구용, 1985,「대한제국의 성립과 열강의 반응-칭제건원 논의를 중심으로」,『강원사 학』1, 강원대 사학과.

이규수, 2003,「20세기초 일본인 농업이민의 한국이주」『대동문화연구』43, 성균관 대 대동문화연구원.

_____, 2005,「후지이 간타로(藤井寬太郞)의 한국진출과 농장경영」,『대동문화연구』 49, 성균관대 대동문화연구원.

_____, 2007,「제3장 산미증식계획기의 농정」,『한국농업 근현대사』제2권 농정변천 사상, 농촌진흥청.

이민우, 2009,「19세기 水利시설의 私占과 水稅 갈등」『韓國史論』55, 서울대 국사학과.

이민원, 1988,「칭제논의의 전개와 대한제국의 성립」,『청계사학』5, 한국정신문화연구원.

李相培, 2000,「18~19세기 自然災害와 그 對策에 관한 硏究」,『국사관논총』89, 국사 편찬위원회.

이성무, 2006,「제4장 조선전기」,『한국의 학술연구ー역사학ー』, 대한민국학술원.

李世永, 1983,「18·19세기 곡물시장의 형성과 유통구조의 변동」『한국사론』9, 서울대 국사학과.

_____, 1985,「18,19세기 양반토호의 지주경영」,『한국문화』6, 서울대 한국문화연구소.

_____, 1989,「조선시기 농업사 연구동향」『역사와현실』창간호, 한국역사연구회.

_____, 1991, 「19세기 농촌사회의 계급구조」, 『한신논문집』 8, 한신대 출판부.

이송순, 2008, 「일제하 식민농정과 조선 농업, 농민 연구의 현황과 과제」, 『쌀·삶·문명연구』 창간호, 쌀삶문명연구원, 전북대학교.

_____, 2016, 「도쿄東京제국대학 농대와 1910년대 조선총독부 농업고등기술관료 그룹의 형성」, 『韓國人物史研究』 25, 한국인물사연구회.

_____, 2018, 「1920년대 식민지 조선의 산미증식계획 실행과 농업기술관료」, 『史叢』 94, 고려대학교 역사연구소.

이영석, 2016, 「9장 그들은 왜 기계를 예찬했는가?」 『영국사 깊이 읽기, 푸른역사.

李永鶴, 1987, 「朝鮮時期 農業生産力 研究現況」, 『韓國中世社會解體期의 諸問題』 下, 한울.

_____, 1990, 「한국근대 연초업에 대한 연구」, 서울대 대학원 국사학과 박사학위논문.

_____, 1991, 「광무양전사업 연구의 동향과 과제」, 『역사와 현실』 6, 한국역사연구회.

_____, 1993, 「조선후기 상품작물의 재배」, 『외대사학』 5, 한국외대 사학연구소.

_____, 1997, 「開港期 朝鮮의 農業政策-1876~1894년을 중심으로」, 『한국근현대의 민족문제와 신국가건설』 (김용섭교수정년기념한국사학논총3), 지식산업사.

_____, 1997 「대한제국의 경제정책」, 『역사와 현실』 26, 한국역사연구회.

_____, 2011, 「통감부의 조사사업과 조선침탈」, 『역사문화연구』 39, 한국외국어대학교 역사문화연구소.

_____, 2014, 「통감부의 농업조사와 농업정책」 『역사문화연구』 49집, 한국외대, 역사문화연구소.

_____, 2018, 「1920년대 조선총독부의 농업정책」, 『한국민족문화』 69, 부산대학교 한국민족문화연구소.

이영호, 1984, 「18,19세기 지대형태의 변화와 농업경영의 변동」, 『한국사론』 11, 서울대 국사학과.

_____, 1988 「1862년 진주농민항쟁의 연구」, 『한국사론』 19, 서울대 국사학과.

_____, 1992, 「1894~1910년 地稅制度 연구」, 서울대 대학원 국사학과 博士學位論文.

_____, 2000, 「일제의 식민지 토지정책과 미간지 문제」, 『역사와 현실』 37, 한국역사연구회.

_____, 2011, 「'내재적 발전론' 역사인식의 궤적과 전망」, 『한국사연구』 152, 한국사연구회.

이영훈, 1988, 「궁방전과 아문둔전의 전개과정과 소유구조」, 『조선후기사회경제사』, 한길사.

_____, 1988, 「量案의 성격에 관한 재검토」, 『朝鮮後期社會經濟史』, 한길사.

_____, 1989, 「光武量田의 歷史的 性格-忠南 燕岐郡 光武量案에 관한 事例分析」, 『近代朝鮮의 經濟構造』, 比峰出版社.

_____, 1990, 「광무양전에 있어서 <時主> 파악의 실상」, 『대한제국기의 토지제도』, 민음사.

_____, 1996, 「韓國史에 있어서 近代로의 移行과 特質」, 『經濟史學』 21, 경제사학회.

_____, 2002, 「조선후기 이래 소농사회의 전개와 의의」, 『역사와 현실』 45, 한국역사연구회.

이윤상, 1986, 「일제에 의한 식민지 재정의 형성과정-1894~1910년의 세입구조와 징세기구를 중심으로」, 『한국사론』 14, 서울대 국사학과.

_____, 1993, 「한국근대사에서 개항의 역사적 위치」, 『역사와 현실』 9호, 한국역사연구회.

_____, 1996, 「1894~1910년 재정제도와 운영의 변화」, 서울대 국사학과 박사학위논문.

이이화, 1977, 「斥邪衛正論의 비판적 검토」, 『한국사연구』 18, 한국사연구회.

李載龒, 1988, 「16세기의 量田과 陳田收稅」, 『孫寶基博士停年紀念論叢』, 정년기념논총간행위원회.

이종춘, 1968, 「통리기무아문에 대한 고찰」, 『청주교육대학논문집』 3, 청주교육대학교.

李哲成, 1991, 「肅宗末葉 庚子양전의 실태와 역사적 성격-比摠制로의 변화」, 『史叢』 39, 고려대학교 사학회.

李喆雨, 1991, 「土地調査事業과 土地所有法制의 變遷」, 『박병호교수환갑기념 II 한국법사학논총』, 박병호교수환갑기념논총발간위원회.

李台鍾, 1926, 「朝鮮在來水稻品種同知の起源」 雜錄, 『朝鮮總督府勸業模範場彙報』, 第2號.

李泰鎭, 1979, 「14·5世紀 農業技術의 발달과 新興士族」, 『東洋學』 9, 단국대 동양학연구소.

_____, 1984, 「세종대의 농업기술정책」, 『세종조문화연구』 2, 한국정신문화연구원.

_____, 1986, 「세종대의 천문연구와 농업정책」, 『애산학보』 4, 애산학회.

_____, 1994, 「조선 초기의 水利정책과 水利시설」, 『李基白古稀紀念 韓國史學論叢下』, 一潮閣.

이헌창, 1995, 「갑오을미개혁기의 산업정책」, 『한국사연구』 90, 한국사연구회.

_____, 1999, 「반계 유형원의 경제사상에 관한 연구」, 『조선시대사학보』 10, 조선시대사학회.

_____, 2007, 「한국사 파악에서 내재적 발전론의 문제점」, 『한국사시민강좌』 제40호, 일조각.

_____, 2017, 「근세 실학의 선구자이자 실천자인 金堉(1580~1658)」, 『한국실학연구』 33, 한국실학학회.

李蕙遠, 2009, 「景福宮 중건 이후 殿閣構成의 변화-「경복궁배치도」와 「北闕圖形」을 중심으로」, 경기대학교 대학원 건축공학과 박사학위논문.

이호철, 1978, 「日帝侵略下의 農業經濟를 形成한 歷史的 背景에 關한 研究(上)-農民의 社會的 存在形態를 中心으로」, 『韓國史研究』 20, 韓國史研究會.

이호철·박근필, 1997, 「19세기초 조선의 기후변동과 농업위기」, 『朝鮮時代史學報』 2, 조선시대사학회.

이훈상, 1996, 「회고와전망-朝鮮後期」, 『역사학보』 152, 역사학회.

林炳潤, 1985, 「産米增殖計劃-그 추진주체의 성격규정을 중심으로-」, 『일제의 한국 식민통치』, 정음사.

장동표, 1993, 「1860년대 반침략·반봉건운동의 의의」, 『역사와 현실』 9호, 한국역사연구회.

장시원, 1994, 「산미증식계획과 농업구조의 변화」, 『한국사』 13, 한길사.

장지연, 2009, 「권력관계의 변화에 따른 東郊 壇廟의 의미 변화-근대 선농단과 동관왕묘를 중심으로」, 『서울학연구』 36, 서울학연구소.

전강수, 1984, 「일제하 수리조합사업이 지주제 전개에 미친 영향」, 『경제사학』 8, 경제사학회.

全遇容, 1997 「19世紀末~20世紀初 韓人 會社 연구」, 서울대 대학원 국사학과 박사학위논문.

全海宗, 1962, 「統理機務衙門 設立의 經緯에 대하여」, 『歷史學報』 17·18합집, 역사학회.

정구복, 1970, 「磻溪 柳馨遠의 社會改革思想」, 『歷史學報』 45, 역사학회.

정문종, 1988, 「산미증식계획과 농업생산력 정체에 관한 연구」, 『한국 근대 농촌사회와 농민운동』, 열음사.

정석종, 1985, 「정약용(1762~1836과 정조·순조년간의 정국」, 『역사와 인간의 대응』, 한울.

鄭善男, 1990, 「18·19세기 田結稅의 收取제도와 그 운영」, 『韓國史論』 22 서울대 국사 학과.

정성일, 1993, 「조선산 인삼 종자와 일본의 인삼 수입대체」, 『春溪 朴光淳教授 華甲紀 念 經濟學論叢』, 광주광역시 전남대학교 경제학과.

정승진, 1997, 「일제시기 식민지지주체의 기본 추이－충남 서천 수리조합지구의 사례 －」, 『역사와 현실』 26호, 한국역사연구회.

_____, 1999, 「19, 20世紀前半 在地地主家의 土地所有와 農業經營」, 『朝鮮時代史學報』 10, 조선시대사학회.

_____, 2009, 「일제시대 전익수리조합의 전개과정과 그 역사적 의의」, 『농촌경제』 31권 6호, 농촌경제연구원.

정연태, 1988, 「1910년대 일제의 농업정책과 식민지 지주제- 소위 미작개량정책을 중 심으로」, 『한국사론』 20, 서울대 국사학과.

_____, 1994, 「大韓帝國後期日帝의 農業殖民論과 移住殖民政策」, 『韓國文化』 14, 서 울대 한국문화연구소.

_____, 1994, 「일제의 한국 농지정책(1905~1945)」, 서울대 대학원 국사학과 박사학 위논문.

_____, 1995, 「대한제국 후기 부동산 등기제도의 근대화를 둘러싼 갈등과 그 귀결」, 『 법사학연구』 16.한국법사학회.

_____, 1999, 「'식민지근대화론' 논쟁의 비판과 신근대사론의 모색」, 『창작과비평』 27-1, 창작과비평사.

鄭玉子, 1965, 「紳士遊覽團考」, 『歷史學報』 27, 역사학회.

정우진, 심우경, 2012, 「조선시대 궁궐 후원 농경지農耕地조영의 특성」, 『한국조경학 회지』 제40권 4호, 한국조경학회.

정창렬, 1970, 「이조후기의 둔전에 대하여」, 『이해남박사화갑기념사학논총』, 화갑기 념논총편찬위원회.

_____, 1982, 「한말 변혁운동의 정치·경제적 성격」, 『한국민족주의론』 1, 창작과비평사.

_____, 1984, 「조선후기 농민봉기의 정치의식」, 『한국인의 생활의식과 민중예술』(대

동문화연구총서 I), 성균관대 대동문화연구원.

정태헌, 1989, 「1910년대 식민농정과 금융수탈기구의 확립과정」, 『3.1민족해방운동 연구』, 역사비평사.

_____, 1991, 「1930년대 식민지 농업정책의 성격 전환에 관한 연구」, 『일제말 조선사 회와 민족해방운동』, 일송정.

鄭亨芝, 1993, 「朝鮮後期 賑資調達策」, 『이화사학연구』 20,21 합집, 이화사학연구소.

_____, 1993, 「朝鮮後期 賑恤政策 硏究-18世紀를 중심으로」, 梨花女大 大學院 사학과 박사학위논문.

_____, 2001, 「정조대의 진휼정책」, 『正祖思想硏究』 4, 正祖思想硏究會.

조동걸, 1978, 「농민편」, 『독립운동사 제10권: 대중투쟁사』, 독립유공자사업기금운용 위원회.

_____, 1981, 「지계사업에 대한 정산의 農民抗擾」 『사학연구』 33, 사학연구회.

조석곤, 1986, 「조선토지조사사업에 있어서 소유권 조사과정에 관한 한 연구」, 『경제 사학』 10, 경제사학회.

_____, 2003, 「제1장 연구사 정리와 과제 설정」, 『한국 근대 토지제도의 형성』, 해남.

趙世烈, 1987, 「朝鮮後期 水稻作法의 集約化傾向」, 『慶熙史學 朴性鳳敎授回甲論叢』 14, 경희대 사학회.

조승연, 1994, 「일제하 농촌의 인구구성과 인구유출에 관한 연구」, 『인류학연구』 7집, 영남대 문화인류학연구회.

_____, 1997, 「농촌사회의 변동과 농업생산구조」, 영남대 박사학위논문.

_____, 1999, 「일제하 농민의 농업생산형태에 관한 연구」, 『역사민속학』 8집, 한국역 사민속학회.

주강현, 1987, 「조선후기 변혁운동과 민중조직」, 『역사비평』 1, 역사비평사.

주진오, 1989, 「한국 근대 집권관료 세력의 민족문제 인식과 대응」, 『역사와현실』 창 간호, 한국역사연구회.

_____, 1993, 「독립협회와 대한제국의 경제정책 비교연구」 『국사관논총』 52, 국사편 찬위원회.

朱剛玄, 1995, 「두레연구」, 경희대학교 대학원 박사학위논문.

진덕규, 1983, 「대한제국의 권력구조에 관한 정치사적 인식」 1, 『대한제국연구』 4, 이 화여대 한국문화연구원.

_____, 1984, 「대한제국의 권력구조연구 2- 중추원의 분석적 고찰」, 『대한제국연구』 5, 이화여대 한국문화연구원.

차명수, 2001, 「우리나라의 생활수준, 1700~2000」 『한국경제성장사』(안병직 편), 서울대 출판부.

차하순, 1970, 「時代區分의 理論的 基礎」, 『歷史學報』 45, 역사학회.

_____, 1994, 「時代區分의 理論과 實際」, 『韓國史時代區分論』, 소화.

천관우, 1952, 「磻溪 柳馨遠 研究」上, 『歷史學報』 2, 역사학회.

최덕수, 1994, 「갑신정변과 갑오개혁」, 『한국사』 11권, 한길사.

崔元奎, 1992, 「朝鮮後期 水利기구와 經營문제」 『國史館論叢』 39, 국사편찬위원회

_____, 1993, 「일제의 초기 한국식민책과 일본인 '농업이민'」 『동방학지』 77·78·79, 연세대 국학연구원.

_____, 1994, 「韓末日帝初期土地調査와 土地法研究」, 연세대학교 사학과 박사학위논문.

_____, 1995, 「대한제국 전기 量田과 官契發給事業」, 『대한제국의 토지조사사업』, 민음사.

_____, 1996, 「대한제국과 일제의 토지권법 제정 과정과 그 지향」, 『동방학지』 94, 연세대 국학연구원.

최윤오, 1992, 「18·19세기 농업고용노동의 전개와 발달」, 『韓國史研究』 77, 韓國史研究會.

_____, 2001, 「17세기 土地所有權의 發達과 起主의 등장」, 『동방학지』 113, 연세대 국학연구원.

_____, 2001, 「반계 유형원의 정전법과 공전제」, 『역사와 현실』 42, 한국역사연구회.

_____, 2001, 「朝鮮後期 土地所有權의 發達과 地主制」, 연세대학교 사학과 대학원 박사논문.

_____, 2002, 「19, 19세기 서울 不在地主의 土地集積과 農業經營」, 『韓國 古代·中世의 支配體制와 農民』, 金容燮敎授停年紀念韓國史學論叢 2, 정년기념사학논총간행위원회.

_____, 2002, 「조선후기 사회경제사 연구와 근대-지주제와 소농경제를 중심으로-」, 『역사와 현실』 45, 한국역사연구회.

최이돈, 2019, 「근세 조선의 형성: 나의 책을 말한다」, 『역사와 현실』 113, 한국역사연구회.

崔鍾成, 1998,「國行 무당 祈雨祭의 歷史的 研究」『震檀學報』86, 진단학회.

최창희, 1999,「3. 황무지개척권 반대운동」,『신편 한국사 43권; 국권회복운동』, 국사편찬위원회.

崔賢淑, 1993,「開港期 統理機務衙門의 設置와 運營」, 고려대 역사교육과 석사학위논문.

하원호, 1985,「개항후 방곡령실시의 원인에 관한 연구 상·하」『한국사연구』49·50·51, 한국사연구회.

한국역사연구회, 2010,「제3부 연구의 쟁점과 歷程」,『대한제국의 토지제도와 근대』, 혜안.

한도현, 1984,「1930년대 농촌진흥운동의 성격」『한국 근대농촌사회와 일본제국주의』, 문학과 지성사.

한상권, 1981,「1811년 곡산농민항쟁연구」,『역사와 현실』5, 한국역사연구회.

_____, 1991,「역사연구의 심화와 사료이용의 확대-암행어사 관련자료의 종류와 사료적 가치-」,『역사와 현실』6, 한국역사연구회.

韓㳓劤, 1996,「開港當時의 危機意識과 開化思想」『朝鮮時代思想史研究論攷』, 일조각.

韓哲昊, 1994,「統理軍國事務衙門(1882~1884)의 組織과 運營」『李基白先生古稀紀念 韓國史學論叢下』, 一潮閣.

_____, 1999,「조선정부의 대응(1885~1893)」,『신편 한국사 39권: 제국주의의 침투와 동학농민전쟁』, 국사편찬위원회.

함한희, 1998,「일제 식민지 시대의 가족제도의 변화」,『한국인류학의 성과와 전망』이광규교수정년기념논총간행위원회, 집문당.

許東賢, 1986,「1881年 朝鮮 朝士 日本視察團에 관한 一研究-『見聞事件』類와『隨聞錄』을 중심으로-」,『韓國史研究』52, 한국사연구회.

_____, 1994,「1881年 朝士視察團의 明治 日本 政治制度 理解-朴定陽의 內務省『視察記』와『聞見事件』類 등을 중심으로-」,『韓國史研究』86, 한국사연구회.

_____, 1995,「1881年 朝士視察團의 활동에 관한 연구」,『國史館論叢』66, 국사편찬위원회.

_____, 1996,「1881年 朝士 魚允中의 日本 經濟政策 認識」,『韓國史研究』93, 한국사연구회.

_____, 2002,「朝士視察團(1881)의 일본 경험에 보이는 근대적 특징」,『한국사상사학』

　　　19집, 한국사상사학회.

허수열, 1996, 「식민지적 공업화의 특징」, 『공업화의 제유형 II』, 경문사.

＿＿＿, 2015, 「식민지근대화론의 주요 주장의 실증적 검토」, 『내일을 여는 역사』 59
　　　호, 내일을 여는 역사.

홍덕기, 1990, 「茶山 丁若鏞의 土地改革思想 研究－閭田論를 中心으로」, 전남대학교
　　　박사학위논문.

洪性讚, 1985, 「韓末·日帝下의 地主制研究-谷城 曺氏家의 地主로의 成長과 그 變動」,
　　　『東方學志』 49, 연세대 국학연구원.

＿＿＿, 2002, 「日帝下 地主層의 存在形態」, 『韓國 近現代의 民族問題와 新國家建設;
　　　김용섭교수 정년기념 한국사학논총2』, 정년기념사학논총간행위원회.

홍승기, 1997, 「한국사 時代區分論」, 『한국사시민강좌』 20, 일조각.

洪在烋, 1968, 「『農家月令』攷-附原文, 校註-」, 『東洋文化』 6.7合, 영남대학교.

한국 근대 농업체제의 형성과 변동

초판 1쇄 인쇄일	2025년 2월 15일
초판 1쇄 발행일	2025년 2월 20일

지은이	염정섭
펴낸이	한선희
편집/디자인	정구형 이보은 박재원
마케팅	정진이 한상지
영업관리	정찬용 한선희
책임편집	한상지
인쇄처	으뜸사
펴낸곳	국학자료원 새미(주)
	등록일 2005 03 15 제25100-2005-000008호
	경기도 고양시 덕양구 권율대로 656 클래시아더퍼스트 1519호
	Tel 02)442-4623 Fax 02)6499-3082
	www.kookhak.co.kr
	kookhak2010@hanmail.net

ISBN	979-11-6797-225-5 *94910
	979-11-6797-224-8 *(SET)
가격	44,000원

* 저자와의 협의하에 인지는 생략합니다.
잘못된 책은 구입하신 곳에서 교환하여 드립니다.

국학자료원·새미·북치는마을·LIE는 국학자료원 새미(주)의 브랜드입니다.